2023
미래지도

고물가, 고금리, 고환율을 이겨내는 전방위 투자 전망

2023
미래지도

이상우 지음

여의도
책방

그럼에도,
기회는 있다

| 온갖 악재들로 험난했던 2022년

2022년은 40년 만에 등장한 인플레이션이란 병과 사투를 벌인 한 해였다. 코로나19 팬데믹을 극복하기 위해 불가피하게 단행했던 양적완화 정책은 경제와 투자자산 가치의 급격한 하강을 일부 방어해주었지만, 근본적 치료가 아닌 일시적인 진통제를 놓아준 것에 불과하다 보니 부작용이 결국 터지고 만 것이다. 미국 소비자물가지수가 점차 상승하던 2021년 3, 4분기에 제롬 파월(Jerome Powell) 연방준비제도(Fed, 이하 연준) 의장은 물가 상승이 일시적이라며 시장 유동성을 회수할 타이밍을 뒤로 늦췄다. 이때까지는 시장 참여자 대다수가 이런 정책에 동의했기에 증시가 출렁거림은 있었을지언정 재차 우상향 할 기대가 남아 있었다.

하지만 2022년 2월, 설마 했던 러시아의 우크라이나 침공이 현실화되었고 러시아가 천연가스, 원유, 원자재를 무기화 삼아 서방을 압박하면서 글로벌 물가는 급격히 치솟기 시작했다. 극심한 인플레이션이 발생한 것인데 미국 연준에서 경기 침체를 각오하며 기준금리를 4%까지 빠르게 인상했지만 여전히 미국 물가 상승세가 7%에 달한다. 엎친 데 덮친 격으로 매크로 환경이 어려운 상황에서 미국과 중국의 긴장은 무역분쟁을 넘어 헤게모니 전쟁으로 격화되었고, 지구는 미국 진영과 중국 진영의 양대 진영으로 더욱 갈라지며 신냉전 체제로 전환되고 있다. 이로 인해 많은 투자자들은 계속된 악재성 이슈로 심각한 자산 가치 손실을 입으며 지쳐갔고 자신감을 상실해갔다.

| 경기 침체가 우려되는 2023년. 그럼에도 기회는 있다

2023년에도 글로벌 자산시장은 금리, 물가, 환율이 야기하는 불확실한 매크로 환경에 지배당할 전망이다. 특히 물가를 둘러싸고 각국의 대응 방향이 서로 충돌할 것이며 여기에 지정학적 리스크가 수시로 투자자들의 눈살을 찌푸리게 만들 전망이다. 이에 한국은 정치, 경제적 상황에서 어려운 딜레마에 매번 봉착할 전망이다.

미국의 기준금리는 4% 중반~5%대의 높은 레벨에서 지속 유지되면서 위험자산에 비우호적 환경을 강제할 것이다. 의도적으로 수요를 억제하기 위해 고금리를 유지하는 정책이기에 주요국의 실업률은 계속해서 상승할 수밖에 없다. 차후 인플레이션 압력이 낮아질지라도 실업률은 경기 후행지표이기에 계속해서 경제에 부정적 영향을 끼칠 것이다. 러시아는 계속적인 동원령을 실시하고 핵 위협 도발을 감행하며 전쟁 장기화 준비를 이어가고 있다. 이는 유럽에 지속적인 경제 충격을 가하며 이로 인해 세계 경제도 영향을 받을 것이다. 정치적 논리로 인해 글로벌 공급망은 더욱 급변할 것인데, 각국이 각자가 보유한 자원, 농산물, 특허를 전략 무기화해 상대방을 압박하는 트렌드가 더욱 확산될 것이며, 지난 몇십 년간 구축된 공급망에서 벗어나 리쇼어링, 프렌드쇼어링이 더욱 활발히 진행될 것이다. 이미 미국은 반도체 수출제한 확대와 인플레이션감축법(IRA), 유럽은 유럽 원자재법(RMA) 법안을 공표하며 공급망 혼란의 시작을 선포했다.

매크로, 지정학 이슈들로 인해 한국 경제는 높은 기준금리에 의한 부동산 시장 침체 장기화 우려, 한계 기업 속출, 가계 부채 리스크 우려, 기업의 설비투자 동력 약화 및 가계 소비 활력도 감소 등이 야기할 어려움을 헤쳐나가야 할 전망이다. 이처럼 2023년은 명확하게 전망하기 어렵고 에너지, 지정학, 경제, 금융 등 여러 차원의 위기가 상호적으로 증폭하며 전개되는 복합 위기가 발생할 전망이다. 비바람이 불고 거친 파도가 몰아쳐 정상적인 항해가 어려울 2023년의 카오스 속에서 투자자는 어떻게 헤쳐나가야 할까? 자산 증식이라는 투자 목적지로 순항할 방법은 없을까?

답은 분명히 있다. 어려운 환경에도 독자적 성장세를 보여줄 산업과 기업은 존재하기 때문이다. 복잡한 매크로 환경 및 미국과 중국이 첨예한 갈등을 일으키는 과정에서 한국 기업이 벌어질 틈새를 기회로 이용할 상황이 있기 때문이다. 용기를 내어 적극적으로 헤쳐나갈 기업은 난세의 영웅이 될 것이다. 매출의 외형과 이익의 내실이 탄탄해지고 증가하는 기업에 수많은 돈이 몰릴 것이다. 2023년에는 경제 불황이 전망되기에 시장 수급은 철저히 실적 상향이 전망되는 종목에 집중될 것이다. 한 번 수급으로부터 소외된 종목은 한 해 내내 소외될 확률이 높다.

다만, 그런 산업과 기업은 게으른 투자자에게는 아무도 알려주지 않는다. 떠먹여 주지 않는다는 말이다. 설령 운 좋게 해당 기업을 매수했다 하더라도 성장 전망에 확신이 없으면, 단 한 번의 외풍조차 견디지 못해 매도하게 되며 얼마 후 급등하는 주가를 보며 후회할 것이다. 철저한 준비 없이 주식 시장이라는 전쟁터에 뛰어들면 뛰어난 무기를 손에 쥐었다 해도 활용할 새도 없이 적에 쫓기거나 비참한 결과를 맞이할 수 있다. 시시각각 바뀌는 세계 경제의 트렌드를 철저히 공부하며 명확한 기준을 가지고 시장에 대응해야 한다. 노력 없이 달콤한 성과를 얻을 수 있다는 허황된 자세는 2023년에는 더욱 어렵다. 준비된 투자자만이 숱한 위기를 기회로 이용할 수 있다.

단기 수익에 눈이 멀어 수익보다 더 큰 리스크를 안고 시장에 참여해 엉뚱한 실수를 하지 말고, 인내심과 통찰력을 지닌 투자자로서 시장에 참여하자.

┃ 위기 속에서 기회를 보여줄 『2023 미래지도』

『2023 미래지도』는 혼란스러울 증시에서 투자자가 집중해야 할 범위를 좁혀주는 답을 제시해줄 것이다. 또한 2023년 전망뿐 아니라 향후 몇 년간 미국과 한국 경제의 성장을 이끌 핵심 섹터들이 무엇이며, 왜 성장하며, 어떤 기업들이 주된 플레이어가 될지를 압축해 보여준다. 투자자가 개별적으로 확인해야 했던 성장 섹터 선정, 향후 시장 규모, 성장 근거, 비즈니스 구조, 밸류체인, 관련 국내 기업부터 글로벌 기업은 물론 관련 ETF까지 이 책에서 총망라하고 있기 때문이다. 다수의 증권사, 경제 연구소, 산업 분석 기관, 해외 리서치 및 언론에서 다루는 매우 방대한 자료들을 이중 삼중으로 체크하고 그 속에서 진정 경제를 선도할 수 있으며 위기에서 기회를 창출할 수 있는 산업과 기업을 선정하는 과정을 거쳐 작성했다.

2023년 증시에서 성과를 거두기 위해 먼저 세 가지 방향에서 고민했다. 첫째는 듬직한 성장을 이룰 미래 산업에 투자하는 방향이며 둘째는 세계 경제에 위협이 되는 위기 속에서 오히려 기회를 맞이한 산업을 보는 것이며 마지막으로는 고환율, 고인플레이션, 고금리 매크로 환경에 제대로 맞설 수 있는 투자 아이디어를 갖춘 산업에 접근하는 것이다. 이에 대한 고민과 분석을 25개의 테마주와 3개의 매크로 대응 전략으로 세분화하여 집필했다. 이 책에서 다루는 산업들, 기업들은 2023년 증시에서 각자의 독특한 성장 사이클로 시장을 선도할 것이다.

각 챕터의 본문에서는 먼저 해당 산업이 주목받을 이유를 설명하고, 개괄적인 이해와 성장의 근거, 글로벌 동향을 중심으로 소개했다. 그 후 성장 전망의 더 깊고 쉬운 이해를 돕기 위해 산업의 핵심 개념 및 산업 구조를 직관적으로 이해할 수 있도록 다양한 도표, 삽화 및 그래프를 많이 담았다. 산업에 대한 이해를 쌓은 후에는 마인드맵으로 구성한 밸류체인을 통해 산업의 큰 그림을 눈에 익히고 각 영역에 속한 국내외 기업 및 ETF를 확인할 수 있도록 배치했다. 마지막으로 국내외 핵심 기업을 선별해 투자 포인트를 제시했다. 산업에 대한 이해를 더욱 높이기 위해 용어 설명도 꼼꼼히 작성하였다. 개별 투자자가 공부를 하려면 상당한 시간이 필요하며 방대한 양에 지칠 수 있으나 이 책을 통해서는 그중, 핵심의 핵심만 추려내어 제시했기에 남들보다 몇 발자국 앞서 나갈 지식을 쌓는 데 상당한 도움이 될 것이다. 이는 당연히 중장기적으로 긍정적 영향을 미칠 것이다.

또한 유튜브, 블로그 그리고 오프라인 세미나에서, 많은 투자자들이 작년 말에 출간한 『2022 미래지도』를 통해 산업과 기업 분석력 및 통찰력을 넓힐 수 있었고 2022년의 어려운 증시 환경에서도 수익을 낼 수 있었다며 감사하다는 말을 해주었다. 이에, 더 많은 투자자에게 2023년 증시 대응을 앞두고 자신감을 불어넣어 주기 위해 이 책을 집필하게 되었다. 매 순간 거센 폭풍이 몰아칠 혼란스러울 증시에서 독자분들이 어디로 어떻게 나아가야 할지를 고민하고 있을 때, 이 책이 그 방법을 제시해주는 최적의 나침반이 되길 바란다. 또한 최적의 산업, 기업을 선택하고 뚝심 있는 투자 결정을 내리는 데 큰 도움이 되길 바란다.

2023년은 계묘년(癸卯年), 즉 검은 토끼의 해다. 우리가 어렸을 때 읽었던 『토끼와 거북이』, 『토끼전』 등에서 토끼는 굉장히 영리하고 활동적이며 이익에 밝은 이미지로 묘사되어 있다. 또한 사자성어 '교토삼굴(狡兔三窟)'은 위기를 이겨내기 위해 미리 대책을 세우는 토끼로 묘사하였고, '탈토지세(脫兔之勢)'는 동작이 매우 신속하고 민첩한 토끼를 묘사하고 있다. 우리가

2023년 증시에서 괄목할 만한 성과를 거두기 위해선 토끼와 같이 미리 대책을 철저히 세우고 충분한 스터디를 통해 시장을 민첩하게 헤쳐나갈 지혜를 갖춰야 한다. 이 책을 읽는 모든 투자자분들의 2023년 투자 성과가 성공적이길 진심으로 바란다.

차례

서문　　　그럼에도, 기회는 있다　　　　　　　　　　　　　　004

PART 1 | 미래에 투자하다

CHAPTER 1　　반도체　　　　　　　　　　　　　　　　　015

CHAPTER 2　　바이오 & 헬스케어　　　　　　　　　　　047

CHAPTER 3　　미래 모빌리티

　　　　　　　3-1　전기차　　　　　　　　　　　　　　085

　　　　　　　3-2　수소차　　　　　　　　　　　　　　111

　　　　　　　3-3　자율주행　　　　　　　　　　　　　137

　　　　　　　3-4　도심항공모빌리티(UAM)　　　　　161

　　　　　　　3-5　2차전지　　　　　　　　　　　　　177

　　　　　　　3-6　배터리 리사이클링　　　　　　　　211

CHAPTER 4　　미디어 & 콘텐츠

　　　　　　　4-1　OTT 및 콘텐츠, IP 제작　　　　　229

　　　　　　　4-2　게임, 디지털 콘텐츠　　　　　　　249

　　　　　　　4-3　엔터테인먼트　　　　　　　　　　281

CHAPTER 5　　로봇 & AI　　　　　　　　　　　　　　295

CHAPTER 6　　K-글로벌　　　　　　　　　　　　　　323

CHAPTER 7　　여행 & 소비　　　　　　　　　　　　　343

PART 2 위기에서 기회를 보다

CHAPTER 8 식량 위기

8-1 농기계   371

8-2 식음료   383

CHAPTER 9 에너지 위기

9-1 태양광 & 풍력   405

9-2 LNG   431

9-3 원전   447

CHAPTER 10 지정학 위기

10-1 핵심광물 & 희토류   465

10-2 방산 & 우주산업   491

CHAPTER 11 기후위기   511

PART 3 매크로 환경에 맞서다

CHAPTER 12 고환율 대응   533

CHAPTER 13 고인플레이션 대응   545

CHAPTER 14 고금리 대응   561

부록 1. 2022년 신규 상장주 리스트 및 2023년 실적 전망   570

부록 2. 저자 엄선, 저평가 + 성장성 동시 보유 종목 10선   574

PART

1

미래에
투자하다

1

반도체

미국 Chips Act

미세공정

EUV

DDR5

패키징

OSAT

파운드리

1 글로벌 경기 침체 우려 및 공격적 금리 인상에 의한 IT 제품 수요 부진으로
2023년 상반기부터 업황 반전을 모색할 전망

2 미국의 중국 반도체 수출 제재 및 칩4(CHIP4) 동맹 등으로 한국 반도체 산업의
현명한 투자 방향 결정 필요

3 경기 등락에 상관없이 수요가 급증하고 있는 시스템반도체(AI반도체, 차량용반
도체, 전력반도체 등), 후공정 패키징 산업 주목

수십억 개의 미세한 트랜지스터로 구성된 반도체는 우리가 흔히 사용하는 PC, 스마트폰 및 전자기기를 포함해 거의 모든 산업에서 필수적으로 사용되는 핵심 제품이다. 탑재된 반도체 성능에 따라 전자기기의 성능이 크게 좌우되며, 모든 산업의 기술 발전을 위해서는 지금보다 더욱 성능이 뛰어난 반도체가 필요한 만큼 전 세계 경제에 있어 필수불가결한 제품이 바로 반도체다. 미래를 선도할 인공지능, 사물인터넷, 5G 및 6G, 클라우드 컴퓨팅, 자율주행, 스마트팩토리, UAM 분야 등에서 고성능 반도체가 더욱 필수로 떠오르고 있다.

| 중국의 반도체 굴기를 제재하는 미국

4차 산업혁명 시대로 진입한 세계 경제의 패권을 잡고 싶은 국가들은 반도체 산업에서의 자신의 위치를 확고하게 다져놓는 것이 매우 중요해졌다. 반도체 제조 분야에서만 두각을 나타내던 중국이 '제조 2025'를 바탕으로 막대한 투자와 정책 지원을 통해 힘을 키우려 하자 전통적인 반도체 시장의 강자인 미국이 불편한 심기를 대놓고 드러내기 시작했다.

반도체 산업에서 미국이 장비, 소재, 설계 기술에서 압도적인 실력을 갖추고 있다 보니, 중국은 반도체 굴기를 내세우면서 공격적인 인수합병으로 크게 벌어진 격차를 좁히려 했다. 이를 견제하기 위해 미국은 트럼프 시절, 중국 제1의 IT 기업인 화웨이를 제재했고 미국의 반도체 특허나 기술이 적용된 장비, 소재를 중국 기업에 팔지 못하게 노골적으로 막기까지 했다. 중국의 반도체 시장 성장세가 꿋꿋해지고 코로나로 인한 반도체 공급망까지 훼손되자 미국은 2022년 8월, 반도체 산업 육성법으로 지칭되는 반도체 지원 법안(CHIPS Act)을 발효하며 중국 반도체 산업을 더욱 옭아매고 있다. 한국은 반도체 완제품 수출의 약 60%가 중국 및 홍콩 향(向)인 데다 중국에서 반도체 제조 공장을 운영하고 있어 미중 간의 정치적 갈등 속에서 현명한 결정을 내려야 한다.

| 글로벌 경기 침체, 금리 인상에 따른 업황 침체

2020년 코로나19 이후, 미국을 포함한 주요 국가들은 공격적으로 돈을 살포하며 경제 하강을 방어했지만 풀린 돈을 빠르게 걷어들이는 데 실패하며 결국 고(高)인플레이션 상황을 초래했다. 미국이 공격적으로 단행하고 있는 기준금리 인상이 나비효과처럼 전 세계에 영향을 미치게 되자 소비자들은 지출을 줄이기 위해 지갑을 닫기 시작했다. 이는 반도체가 주로 쓰이는 전방산업의 침체를 불러왔고 D램, 낸드플래시 수요 감소 및 가격 하락으로 이어졌다. 선진국의 인플레이션이 2%~3% 수준으로 안정되고 소비자심리 지표가 개선되는 시그널이 보이면, 반도체 구매 기업들의 재고 확충 시도가 이뤄지며 업황 개선이 이뤄질 전망이다.

| 성장하는 분야에 주목

글로벌 경제 및 반도체 업황이 당장은 어두운 터널 속에서 빠져나오지 못하고 있지만 중장기 성장세가 높은 분야에는 꾸준한 관심이 필요하다. 따라서 4차 산업혁명의 핵심으로 꼽히는 미래 모빌리티 산업, 5G 및 6G, 로봇 및 인공지능 등의 산업에 필수적으로 쓰일 시스템반도체에 주목해야 한다. 파운드리 분야 점유율이 약 53%인 대만 TSMC의 아성이 매우 강하지만 삼성전자가 3nm 미세공정 양산에 먼저 성공하며 점유율 격차를 좁히기 위한 초석을 다졌다. 글로벌 초대형 고객사 유치 여하에 성패가 달려 있지만, 최첨단 미세공정 실력을 보유한 기업이 앞선 두 기업밖에 없다. 그리고 미국의 중국 반도체 제재 하에 두 기업 모두 미국 본토에 막대한 시설투자를 집행하고 있기에 시스템반도체 산업 내에서 삼성전자의 점유율은 더욱 높아질 전망이다. AI반도체, 미래 모빌리티 산업 성장과 연결되는 차량용반도체, 전력반도체와 연관된 밸류체인 기업에도 관심을 두어야 하는 이유다.

그리고 반도체 성능 향상을 위한 미세공정 발전이 한계점에 봉착하자, 후공정 분야에서 성능 향상을 꾀하려는 시도 및 투자가 이어지고 있다. 후공정은 전공정을 마친 반도체 칩을 메인보드로 연결하는 패키징과 이를 검사하는 테스트로 이뤄지는데, 성능을 향상시킨 어드밴스드(Advanced) 패키징을 적용하고 테스트 단계를 확대해 수율을 높이는 방식 등이다. 대만의 ASE와 미국의 암코 등 선도 기업들이 후공정 시장을 장악하고 있지만 차근차근 해당 영역에서 실력을 키워가는 국내 후공정 장비, 소재 기업들을 눈여겨볼 필요가 있다.

반도체란

전기나 열이 잘 흐르는 도체, 전기나 열이 흐르지 않는 물질인 부도체의 성격을 모두 갖고 있다. 특정 조건에서만 전기가 통하는 물질로 필요에 따라 전류를 조절한다.

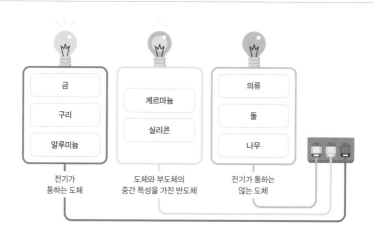

출처: 미디어 SK

반도체 제품 분류

개별소자(다이오드, 트랜지스터)와 집적회로(IC)로 구분된다. 집적회로에는 D램, 낸드의 메모리 및 시스템반도체로 구분된다.

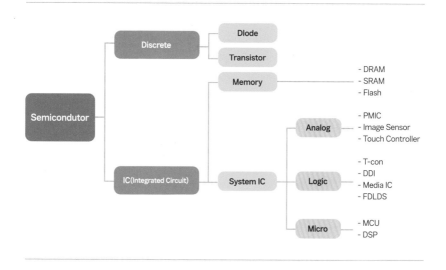

D램의 주 사용처

구조가 간단하고 집적이 용이해 대용량 임시기억장치로 사용된다.

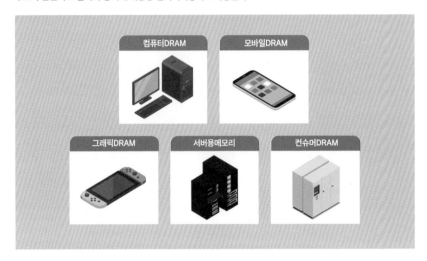

낸드플래시의 주 사용처

전원이 없는 상태에서도 데이터를 저장할 수 있으며, 데이터를 자유롭게 저장하고 삭제할 수 있는 플래시메모리의 주된 형태다.

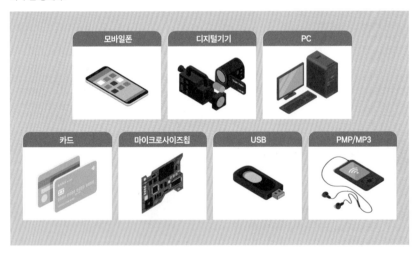

D램과 낸드플래시의 차이

D램은 매우 짧은 초단기 저장이 가능하나 낸드플래시는 최소 1년에서 10년 이상 저장할 수 있다. 또한 전원 차단 시 D램은 데이터가 소멸되나 낸드는 계속 존재한다.

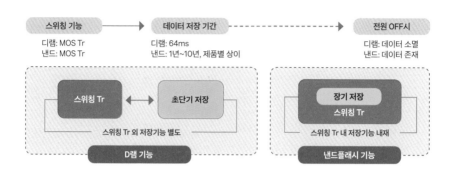

출처: SK하이닉스 뉴스룸

반도체의 생태계

기본적으로 회로 설계 → 웨이퍼 생산 → 후공정에서 패키징 및 테스트 → 판매 및 유통의 단계를 거친다. 각 기업의 업무에 따라 참여하는 범위가 다르다.

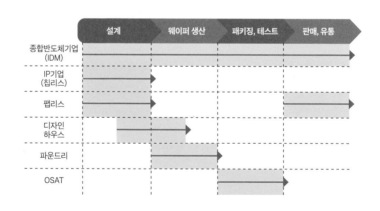

메모리와 비메모리(시스템반도체)의 비교

메모리가 소품종 대량 생산인 반면 비메모리는 다품종 소량 생산 방식이다. 또한 업황 민감도 측면에서 비메모리는 메모리 대비 민감도가 낮다. 대만 TSMC, 엔비디아, 인텔 등이 시장을 선도하고 있다.

메모리	vs	비메모리
낮음	브랜드 가치	높음
소품종 대량 생산(Commodity)	생산방식	다품종 소량 생산
제품 간 차별화가 크지 않음	기술력	기술력과 IP 차이 극심
높은 경기 민감도, 가격 민감도	민감도	메모리 대비 낮은 민감도
삼성전자, SK 하이닉스, Micron	대표 기업	엔비디아, 인텔, AMD 등

시스템반도체의 구분

큰 틀에서는 설계 전문회사(팹리스), 생산 전문회사(파운드리) 그리고 종합 반도체 회사로 나눌 수 있고 추가로 칩리스, EDA 등으로 구분되기도 한다.

파운드리 대표 기업들의 기술 로드맵

2nm~3nm 공정을 두고 삼성전자와 TSMC의 기술 경쟁이 먼저 시작됐지만, 후발주자인 인텔이 2024년 상반기에 2nm 공정에 진입하며 3파전을 벌일 전망이다.

삼성전자 TSMC 인텔 시스템반도체 양산 로드맵

*인텔3은 핀펫 최적화 및 EUB 활용도 높인 공정. 인텔4 대비 와트당 18% 성능 향상 전망

출처: 머니투데이

글로벌 D램, 낸드 수급 전망

2023년 1분기까지는 수요가 정체되겠지만 이후 수요가 증가하면서 수급이 점차 개선될 전망이다.

글로벌 DRAM 수급 전망

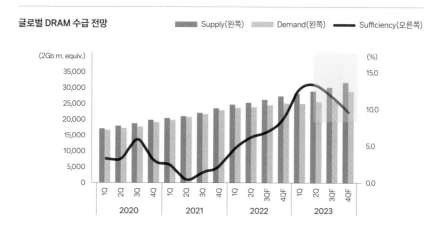

글로벌 NAND 수급 전망

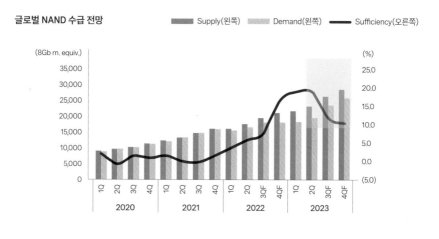

출처: DRAMeXchange, SK증권

반도체 CHIP4 동맹국들의 강점

미국 주도하에 결성된 반도체 4국 협력체 CHIP4는 각국의 반도체 산업 내 강점을 무기로 중국을 배제한 공급망 구축 및 최첨단 반도체의 대중 수출 규제 성격을 띠고 있다.

CHIP 4 동맹

국가	국가별 장점	주요 기업
미국	반도체 설계, 반도체 장비	인텔, 어플라이드매터리얼(Applied Materials), 마이크론, 퀄컴
한국	메모리반도체, 파운드리 위탁 생산	삼성전자, SK하이닉스
일본	메모리반도체, 반도체 소재 및 장비	도시바, 도쿄일렉트론
대만	파운더리 위탁 생산	TSMC, UMC, MediaT

출처: 케이프투자증권리서치본부

메모리, 시스템반도체 매출 전망

연평균 성장률이 높았던 시스템반도체뿐 아니라 그간 포화상태로 여겨졌던 메모리 부분이 신 시장 확대로 2024년 이후 수요가 크게 확대될 전망이다.

메모리 vs 비메모리 매출
2022년부터 전망치(단위: 억 달러)

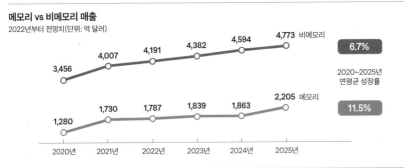

출처: 매일경제, 옴디아

일반 반도체보다 엄격한 차량용 반도체

뜨거운 여름, 추운 겨울에 급변하는 외부 온도 등 가혹한 조건에서도 불량률 0%에 근접한 성능을 15년 이상 유지할 수 있는 수명이 필요하다.

조건	차량용 반도체	가정용 반도체
필요수명	15년 이상	1~3년
온도조건	-40~15도	0~40도
습도조건	0~100%	낮음
허용불량률	약 0% 목표	약 3%
재고보유기간	30년	1~3년

출처: SK하이닉스, 유진투자증권

SiC 전력 반도체의 광범위한 수요처

미래 모빌리티, 가전 일상 제품, 철도, 산업용 등 다양한 전방 수요처를 통한 높은 성장이 예상된다.

출처: 한국전기연구원

차량용 반도체와 전력 반도체 시장 전망

전방산업의 수요가 크게 증가하여 글로벌 경기 변동에 큰 영향 없이 고성장세를 이어갈 전망이다.

차량용 반도체 시장 규모
(단위: 원)

전기차 SiC 전력 반도체 시장 전망
(단위: 100만 달러)

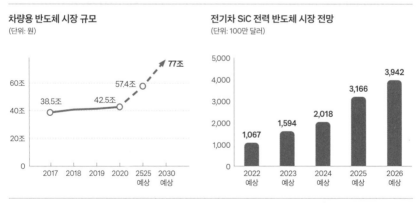

출처: 야노경제연구소, TrendForce

미국의 중국 반도체 수출 제재

미 반도체 장비, 대중 수출 금지	중국에서 반도체를 생산하는 외국 기업도 별도 심사 삼성, SK하이닉스 중국 공장도 영향권
통제 대상 첨단 기술	18mm 이하 D램 128단 이상 낸드플래시 14nm 이하 로직 칩
미 반도체법 혜택 기업에 가드레일	10년간 중국에 첨단 반도체 투자 금지
해외 직접 생산품 규칙 적용 가능성	

출처: 매일경제

주요 반도체 기업의 미국 투자 계획

기업	투자 내용	금액
삼성전자	미국 텍사스 테일러 시에 5나노 이하 파운드리 공장 건설해 2024년 가동 예정	170억 달러
	향후 텍사스 11개(오스틴 2곳, 테일러 9곳)에 추가 Fab 건설	1,921억 달러
SK하이닉스	미 대학과 연계해 반도체 R&D 및 첨단 패키징 시설 구축	150억 달러
	실리콘밸리에 AI, 낸드 연구 R&D 센터 설립	10억 달러
인텔	미국 애리조나주에 파운드리 공장 건설해 2024년 가동 예정	200억 달러
	글로벌 파운드리 인수 추진	300억 달러
	미국 오하이오주에 파운드리 공장 건설해 2025년 가동 예정	200억 달러
TSMC	미국 애리조나 5나노급 공정 파운드리 공장 건설해 2024년 가동 예정. 이후 메가 Fab 규모로 확대하며 5개 공장 추가 증설	350억 달러
	향후 3년간 R&D 및 증설 투자	1,000억 달러
마이크론	미국 뉴욕주에 향후 20년간 신규 반도체 공장 증설	1,000억 달러
텍사스 인스트루먼트	수만 개의 300mm/일 웨이퍼 반도체 칩 제조 예정이며 2025년 가동 예정	30억 달러

출처: 케이프투자증권

반도체 제조 공정 요약 – 전공정

공정	공정 설명	장비, 소재
웨이퍼 제작	자연에서 채취한 모래에서 실리콘을 추출해 실리콘 기둥인 잉곳 제조 후 절단하여 원판(웨이퍼)를 만듦. 불순물이 함유된 규소를 고순도 규소로 정제. 이를 베어 웨이퍼(bare wafer)라 부르며 삼성전자와 SK하이닉스 같은 회사가 베어 웨이퍼를 구매함	8인치 웨이퍼, 12인치 웨이퍼
회로 설계/ 마스크 제작	거대한 도면에 CAD 프로그램을 통해 전자회로 패턴 설계. 도면 검사를 마친 회로는 포토마스크라는 유리판에 옮겨짐. 쿼츠 → 블랭크마스크 → 포토마스크 순서로 제작. 회로 패턴이 그대로 담긴 사진용 원판 구실을 하게 됨(포토마스크는 필름, 웨이퍼는 인화지 개념)	쿼츠, 블랭크마스크, 포토마스크
산화	불순물로부터 웨이퍼를 보호하기 위해 800~1,200도의 고온에서 웨이퍼 위에 산소나 수증기를 뿌려 얇은 실리콘 산화막을 형성. 반도체는 제조과정에서 눈에 보이지 않는 미세한 오염물질에도 치명적 영향을 받기 때문	RTP(Rapid Thermal Processing), 건식 산화, 습식 산화
감광/노광	감광: 웨이퍼에 빛에 민감한 물질인 감광액을 골고루 바르는 작업. 회로가 그려진 마스크를 감광액을 바른 웨이퍼 위에 놓음. 마스크 설계 도면은 약 50~100m 정도 크기인데 이를 축소해 유리판에 옮긴 것이 마스크. 이 감광액은 자외선과 같은 강한 빛을 쏘이면 화학 결합이 끊어져 눈 녹듯 사라짐	감광액(포토 레지스트), 노광기, EUV, 펠리클
	노광: 사진을 찍듯이 웨이퍼에 빛으로 마스크에 그려진 회로 패턴을 옮기는 작업. 반도체 공장에서 쓰는 수백억 원짜리 카메라로 비유. 반도체의 생산성을 좌우하는 매우 중요한 공정. 회로를 그리는 선폭이 얇을수록 웨이퍼 한 장에서 나오는 반도체의 양이 늘어나기 때문. D램 10나노미터 초반 및 시스템반도체 7나노미터~5나노미터 이하에 주력으로 쓰이는 EUV의 경우 1,500억 ~ 2,000억 원 가량	
식각	부식액으로 필요한 회로만 남기고 깎아냄. 감광액이 덮인 산화막 부분은 부식액이 닿지 못함. 산화막 부분만 남아 회로 모양 형성. 화학액으로 깎아내거나 가스로 제거	건식 식각, 습식 식각, 불화수소, 무수불산, Electorde, Ring
확산/ 이온주입	순수한 실리콘으로만 구성된 웨이퍼는 전기가 통하지 않는 부도체이기에 실리콘 웨이퍼에 반도체 이온(불순물)을 주입해 전류를 흐르게 하는 전도성 부여함. 이 불순물을 미세한 가스 입자로 만들어 포토/식각을 통해 노출된 부위에 원하는 깊이만큼 넣어주면 웨이퍼가 비로소 반도체 성질을 갖게 됨. 확산 공정을 거치면 웨이퍼에 그려진 선은 전기가 통하는 회로로 변신	Diffuse
증착	손톱만 한 반도체 위에 미세한 회로가 수없이 놓이면서 회로 간 전기 간섭 현상이 일어날 수 있기에 전기 간섭에서 회로를 보호하기 위한 공정. 여러 개별소자가 무수히 연결된 집적회로(IC)를 만들기 위해서 여러 층을 쌓아 올리는 작업. 웨이퍼 위에 박막을 입히고 포토/식각 공정을 수백 번 반복. 진공 챔버 속에 금속, 화합물을 가열, 증발시켜 그 증기를 물체 표면에 얇은 막으로 입힘	LPCVD, PECVD, ALD, 스퍼터, 전구체(Precursor), High-K
CMP/세정	CMP: 미세한 회로를 쌓아 올리는 과정에서 발생된 높낮이 차이를 평탄화하는 작업	CMP, Slurry, 삼불화질소(NF3), 세정액, 불산, Scrubber, Chiller
	세정: 웨이퍼 및 진공 챔버에 남아 있는 잔여물, 파티클 등을 제거	
금속 배선	반도체 회로 패턴을 따라 전기길을 연결. 구리, 알루미늄, 텅스텐 등 금속이 쓰임	
EDS	웨이퍼상에 있는 다이(Die)의 양품, 불량품 여부 판단 후 솎아냄	

반도체 제조 공정 요약 – 후공정

공정	공정 설명		장비, 소재
테스트	웨이퍼 테스트	웨이퍼상 칩들의 특성과 품질을 테스트를 통해 확인하고 검증	Probe card, STF 기판
		칩들에 전류와 신호를 인가하거나 읽어야 하며 웨이퍼와 테스트 장비간 전기적 연결이 있어야 함	
		EPM(Electrical Parameter Monitoring, 전기적 데이터 확인) → 웨이퍼 번인 → 테스트 → 리페어 → 테스트 순으로 진행	
	번인 테스트	제품에 전압과 온도로 스트레스를 가하는 테스트	테스트 핸들러, 번인 소터, 번인 소켓
	파이널 테스트	패키징이 완료된 제품에 가하는 테스트	IC Test 소켓, 핀
		번인에서 신뢰성 테스트를 거친 뒤 코어 공정과 스피드 공정을 거침	
		코어 공정: 칩 내부가 잘 만들어졌는지 테스트. 셀, 회로 등 테스트하여 동작 문제여부 판단	
		스피드 공정: 신뢰성, 코어에서 통과하더라도 스피드(속도)가 요구 레벨에 부합하는지 테스트	
	모듈 테스트	모듈화된 D램, SSD에 대한 테스트. PCB와 칩의 연관관계 점검	–
		상온에서 직류 전류, 기능 테스트 진행 후 실제 고객 환경에서의 칩 동작 실장 테스트	
어셈블리 (Assembly) 및 패키징	백그라인딩	원판에서 회로가 없는 뒷면을 갈아 얇게 만드는 공정	–
		두께를 줄이는 역할을 넘어 칩의 적층이나 집적도 향상에 기여	
		테이프 접합(Tape Lamination) → 백그라인딩(Back Grinding) → 웨이퍼 장착(Wafer mounting)	
	다이싱	얇게 만든 웨이퍼를 개별 칩으로 분리하는 공정	–
		웨이퍼 두께가 얇아지면 성능 향상 및 패키징 과정 시 단차 낮출 수 있음	
		웨이퍼 두께에 따라 블레이드 다이싱, 레이저 다이싱, 플라즈마 다이싱을 활용	
	본딩	양품으로 선별된 개별 칩을 기판에 붙이고 칩과 기판을 전기적으로 연결	Wire Bonding
	패키징	반도체를 충격이나 습기로부터 보호하기 위해 보호막을 두르고 외부 단자와 칩을 연결하는 기술	WLP, PLP, 리드프레임, 솔더볼

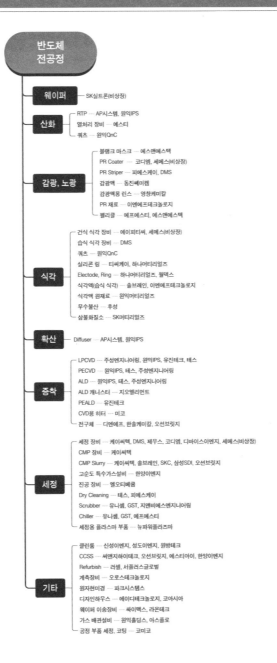

반도체
전공정

웨이퍼 ─ SK실트론(비상장)

산화
- RTP ─ AP시스템, 원익IPS
- 열처리 장비 ─ 예스티
- 쿼츠 ─ 원익QnC

감광, 노광
- 블랭크 마스크 ─ 에스앤에스텍
- PR Coater ─ 코디엠, 세메스(비상장)
- PR Striper ─ 피에스케이, DMS
- 감광액 ─ 동진쎄미켐
- 감광액용 린스 ─ 영창케미칼
- PR 재료 ─ 이엔에프테크놀로지
- 펠리클 ─ 에프에스티, 에스앤에스텍

식각
- 건식 식각 장비 ─ 에이피티씨, 세메스(비상장)
- 습식 식각 장비 ─ DMS
- 쿼츠 ─ 원익QnC
- 실리콘 링 ─ 티씨케이, 하나머티리얼즈
- Electode, Ring ─ 하나머티리얼즈, 월덱스
- 식각액(습식 식각) ─ 솔브레인, 이엔에프테크놀로지
- 식각액 원재료 ─ 원익머티리얼즈
- 무수불산 ─ 후성
- 삼불화질소 ─ SK머티리얼즈

확산 ─ Diffuser ─ AP시스템, 원익IPS

증착
- LPCVD ─ 주성엔지니어링, 원익IPS, 유진테크, 테스
- PECVD ─ 원익IPS, 테스, 주성엔지니어링
- ALD ─ 원익IPS, 테스, 주성엔지니어링
- ALD 캐니스터 ─ 지오엘리먼트
- PEALD ─ 유진테크
- CVD용 히터 ─ 미코
- 전구체 ─ 디엔에프, 한솔케미칼, 오션브릿지

세정
- 세정 장비 ─ 케이씨텍, DMS, 제우스, 코디엠, 디바이스이엔지, 세메스(비상장)
- CMP 장비 ─ 케이씨텍
- CMP Slurry ─ 케이씨텍, 솔브레인, SKC, 삼성SDI, 오션브릿지
- 고순도 특수가스설비 ─ 한양이엔지
- 진공 장비 ─ 엘오티베큠
- Dry Cleaning ─ 테스, 피에스케이
- Scrubber ─ 유니셈, GST, 지엔비이엔지니어링
- Chiller ─ 유니셈, GST, 에프에스티
- 세정용 플라스마 부품 ─ 뉴파워플라즈마

기타
- 클린룸 ─ 신성이엔지, 성도이엔지, 원방테크
- CCSS ─ 씨앤지하이테크, 오션브릿지, 에스티아이, 한양이엔지
- Refurbish ─ 러셀, 서플러스글로벌
- 계측장비 ─ 오로스테크놀로지
- 원자현미경 ─ 파크시스템스
- 디자인하우스 ─ 에이디테크놀로지, 코아시아
- 웨이퍼 이송장비 ─ 싸이맥스, 라온테크
- 가스 배관설비 ─ 원익홀딩스, 아스플로
- 공정 부품 세정, 코팅 ─ 코미코

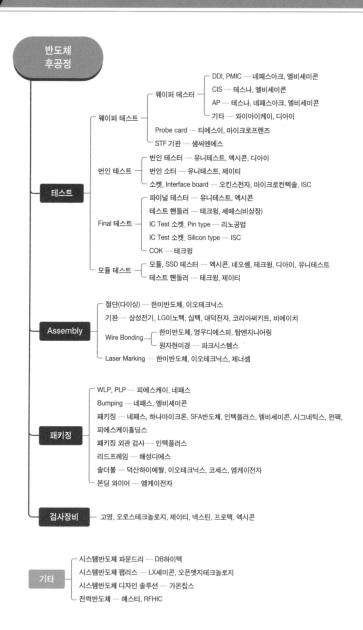

반도체
후공정

테스트

웨이퍼 테스트
- 웨이퍼 테스터
  - DDI, PMIC --- 네패스아크, 엘비세미콘
  - CIS --- 테스나, 엘비세미콘
  - AP --- 테스나, 네패스아크, 엘비세미콘
  - 기타 --- 와이아이케이, 디아이
- Probe card --- 티에스이, 마이크로프렌즈
- STF 기판 --- 샘씨엔에스

번인 테스트
- 번인 테스터 --- 유니테스트, 엑시콘, 디아이
- 번인 소터 --- 유니테스트, 제이티
- 소켓, Interface board --- 오킨스전자, 마이크로컨텍솔, ISC

Final 테스트
- 파이널 테스터 --- 유니테스트, 엑시콘
- 테스트 핸들러 --- 테크윙, 세메스(비상장)
- IC Test 소켓, Pin type --- 리노공업
- IC Test 소켓, Silicon type --- ISC
- COK --- 테크윙

모듈 테스트
- 모듈, SSD 테스터 --- 엑시콘, 네오셈, 테크윙, 디아이, 유니테스트
- 테스트 핸들러 --- 테크윙, 제이티

Assembly
- 절단(다이싱) --- 한미반도체, 이오테크닉스
- 기판 --- 삼성전기, LG이노텍, 심텍, 대덕전자, 코리아써키트, 비에이치
- Wire Bonding
  - 한미반도체, 영우디에스피, 탑엔지니어링
  - 원자현미경 --- 파크시스템스
- Laser Marking --- 한미반도체, 이오테크닉스, 제너셈

패키징
- WLP, PLP --- 피에스케이, 네패스
- Bumping --- 네패스, 엘비세미콘
- 패키징 --- 네패스, 하나마이크론, SFA반도체, 인텍플러스, 엘비세미콘, 시그네틱스, 윈팩, 피에스케이홀딩스
- 패키징 외관 검사 --- 인텍플러스
- 리드프레임 --- 해성디에스
- 솔더볼 --- 덕산하이메탈, 이오테크닉스, 코세스, 엠케이전자
- 본딩 와이어 --- 엠케이전자

검사장비 --- 고영, 오로스테크놀로지, 제이티, 넥스틴, 프로텍, 엑시콘

기타
- 시스템반도체 파운드리 --- DB하이텍
- 시스템반도체 팹리스 --- LX세미콘, 오픈엣지테크놀로지
- 시스템반도체 디자인 솔루션 --- 가온칩스
- 전력반도체 --- 예스티, RFHIC

반도체
글로벌 주요 기업 및 ETF

전공정
- 웨이퍼 ─ 신에츠화학(일본), 섬코(일본), 글로벌웨이퍼스(대만), 실트로닉스(독일), 선에디슨(미국)
- 산화
  - RTP ─ Applied Materials(미국), Mattson Technology(미국)
  - Diffusion Furnace ─ TEL(일본), 히타치(일본)
- 감광, 노광
  - 블랭크 마스크 ─ Hoya(일본), 신에츠화학(일본)
  - 포토마스크 ─ 프로토닉스(미국), Toppan(일본), Hoya(일본)
  - PR ─ 신에츠화학(일본), JSR(일본), TOK(일본)
  - PR Coater ─ Applied Materials(미국), TEL(일본)
  - 노광기
    - Nikon(일본), Cannon(일본)
    - EUV ─ ASML(네델란드)
- 식각
  - 식각장비 ─ 램리서치(미국), Applied Materials(미국), TEL(일본)
  - 쿼츠웨어 ─ 신에츠화학(일본)
  - 식각액 ─ Stellachemifa(일본), Morita(일본), Kanto Denka(일본)
  - PR Striper ─ 램리서치(미국)
- 증착
  - CVD ─ 램리서치(미국), Applied Materials(미국), TEL(일본)
  - ALD ─ ASML(네델란드), 램리서치(미국)
  - Precursors ─ Air Product(프랑스), Linde(독일)
- 세정
  - 세정 장비 ─ 램리서치(미국), TEL(일본), Shibaura(일본)
  - CMP 장비 ─ AMAP(미국), Ebara(일본)
  - CMP Slurry ─ Cabot(미국), Air Product(미국), Dow Chemical(미국), 히타치(일본)
- 기타 ─ 공정 제어 ─ KLA(미국)

후공정
- 테스트
  - 테스터 ─ Teradyne(미국), Advantest(일본)
  - Probe station ─ TEL(일본)
- 백그라인딩, 절단 ─ Disco(일본)
- Wire Bonding ─ 파나소닉(일본)
- 패키징
  - 기판 ─ Ibiden(일본), Shinko(일본), Unimicron(대만)
  - OSAT ─ ASE(대만), Amkor(미국), JCET(중국), SPIL(대만)

메모리반도체 ─ Micron(미국), 키옥시아(일본), 웨스턴디지털(미국)

시스템반도체
- 파운드리 ─ TSMC(대만), UMC(대만), SMIC(중국), GlobalFoundry(미국), 인텔(미국)
- 팹리스 ─ 퀄컴(미국), 엔비디아(미국), 미디어텍(대만), AMD(미국), Broadcom(미국)
- 칩리스 ─ ARM(영국), Faraday(대만)
- EDA ─ Cadence(미국), Synopsys(미국)
- 기타
  - 차량용 반도체 ─ NXP(네델란드), 인피니언(독일), 르네사스(일본), 텍사스인스트루먼트(미국), ST마이크로일렉트로닉스(스위스), 온세미컨덕터(미국)
  - 이미지센서 ─ 소니(일본), 옴니비젼(미국)
  - CPU ─ 인텔(미국), AMD(미국)
  - GPU ─ 엔비디아(미국), 퀄컴(미국)
  - 전력반도체 ─ 인피니언(독일), OnSemiConductor(미국), ST마이크로일렉트로닉스(스위스), 미쯔비시(일본)
  - SiC 전력 디바이스 ─ ST마이크로일렉트로닉스(스위스), 인피니언(독일), Wolfspeed(미국), OnSemiConductor(미국), Rohm(일본)

ETF
- iShares PHLX Semiconductor ETF - SOXX
- VanEck Vectors Semiconductor ETF - SMH
- SPDR S&P Semiconductor ETF - XSD

TSMC

시가총액		2021년	2022년(전망)	2023년(전망)
474조 원	**매출액**	71조 1,100억 원	99조 8,500억 원	110조 7,740억 원
국적	대만			
	순이익	26조 7,240억 원	43조 원	43조 8,700억 원

- 글로벌 반도체 파운드리 1위 사업자(점유율 53%)
- 굴지의 팹리스 업체들 다수가 TSMC에 위탁 생산 계약(애플, 퀄컴, 브로드컴, TI, NXP, AMD, 엔비디아 등)
- 애플 향(向) 매출액이 가장 높으며(약 24%) AMD 10%, 퀄컴 및 미디어텍 8%
- 다수의 EUV를 통한 5nm, 3nm 공정으로 최첨단 고성능 시스템반도체 생산 트렌드를 선도
- 압도적 지배력 및 전방산업의 성장으로, 경기 침체에도 꾸준히 가격을 인상하며 실적 개선
- 미중 반도체 분쟁의 중심에 속해 있으며, 미국 반도체법 영향으로 미국 현지 투자 활성 계획

인텔

시가총액		2021년	2022년(전망)	2023년(전망)
148조 원	**매출액**	104조 6,000억 원	92조 5,400억 원	95조 4,760억 원
국적	미국			
	순이익	30조 3,700억 원	13조 5,300억 원	15조 480억 원

- 컴퓨터 중앙처리장치(CPU) 압도적 1위 기업. 개인용 PC 및 데이터센터 수요에 민감
- 글로벌 경기 침체 여파로 IT 수요 부진에 따른 PC 수요 급감. 서버 시장에서 답을 찾는 과정
- 2016년에 이어 2022년 하반기에 대규모 감원으로 비용 통제 전략 계획
- 미국 반도체법 및 유럽의 반도체 자립 전략에 발맞추어 미국, 유럽(이탈리아, 독일, 프랑스, 아일랜드 등)에 대규모 투자 계획
- 재진출한 파운드리 사업은 2024년경에 최첨단 미세공정인 2nm 영역에 진입해 경쟁자들과 비슷한 공정에 도달 전망
- 반도체 첨단 패키징, 사물인터넷 및 자율주행(자회사 모빌아이) 등 사업 다각화 중

마이크론

시가총액 **81조 원**		2021년	2022년(전망)	2023년(전망)
	매출액	38조 7,800억 원	43조 610억 원	32조 8,300억 원
국적	미국			
	순이익	8조 2,000억 원	12조 1,610억 원	4조 4,100억 원

- 메모리 반도체 D램 세계 3위(점유율 24%) 및 낸드플래시 세계 5위(점유율 12%) 기업
- 2007년 메모리 치킨 게임에서 살아남은 후, 엘피다, 이노테라 등 인수하며 사업 규모 확대
- D램에서 매출의 72% 창출하며 항목별로는 컴퓨팅 및 네트워크 분야에서 46% 창출
- 글로벌 경기 침체 중에도 북미 지역 데이터센터 기업들의 투자 지속으로 실적 방어 기대
- 2023년도 시설투자 축소 및 가동률 조절로 업황 부진 시기에 대응
- 뉴욕에 반도체 공장 건설 위해 약 1,000억 달러 투자 계획 발표(2022.10.). 2025년 가동 목표

ASML

시가총액 **227조 원**		2021년	2022년(전망)	2023년(전망)
	매출액	26조 400억 원	30조 8,000억 원	36조 5,400억 원
국적	네델란드			
	순이익	8조 2,300억 원	9조 300억 원	11조 3,900억 원

- 반도체 미세공정 구현에 가장 중요한 노광 장비 제조
- 특히, 파운드리 및 D램 최첨단 미세공정에 적용되는 EUV를 사실상 독점 공급
- 파운드리 분야에서 인텔이 EUV 구매에 뛰어들고, D램 분야에서도 EUV 사용 확대 중
- 비싼 가격에도 EUV 공급이 글로벌 수요를 따라가지 못하는 상황은 더욱 심화될 것
- 반도체 전방산업의 침체에도 기술 진입장벽이 높은 EUV 장비로 중장기 실적 상승 이어질 것

어플라이드 머티리얼즈

시가총액 **93조 원**		2021년	2022년(전망)	2023년(전망)
	매출액	32조 2,800억 원	35조 6,900억 원	39조 6,000억 원
국적 | 미국	**순이익**	8조 2,400억 원	9조 3,800억 원	10조 6,900억 원

- 글로벌 반도체 장비 1위 공급사. 증착, 열처리, 이온 주입, 평탄화 장비 등에서 더욱 강점
- 계측 및 검사 장비 시장 점유율도 확대하며 종합 반도체 장비 기업의 지위 공고화 중
- D램에서도 3D 구조로의 변화 양상 및 파운드리의 GAA FET으로의 변경 등으로 공정 장비 수요 급증 전망
- 미국의 대중 반도체 장비 규제로 인해 동사의 중국 향(向) 장비 매출 감소 불가피할 전망

엔비디아

시가총액 **408조 원**		2021년	2022년(전망)	2023년(전망)
	매출액	23조 3,400억 원	37조 6,790억 원	38조 3,710억 원
국적 | 미국	**순이익**	8조 7,900억 원	15조 7,600억 원	11조 9,500억 원

- GeForce 브랜드로 유명한 그래픽카드 글로벌 대표 기업
- 주 매출처는 게임에서 50%, 데이터센터에서 38% 매출 창출
- 미래 먹거리로 데이터 센서 인공지능 사업 및 자율주행 분야에 주력
- 글로벌 암호화폐 시장의 부진으로 채굴 수요 급감에 따른 그래픽카드 수요 부진
- 미중 분쟁 여파로 동사의 중국 향(向) 인공지능 관련 제품 수출이 어려워질 불확실성 존재

삼성전자

☑ D램 • 낸드플래시 • 파운드리 • 3nm • 미국 투자

시가총액	주요 주주	삼성생명 외 15인 20%, 국민연금 7%, 블랙록 펀드 5%
332조 원	주 매출처	무선 38%, 메모리 26%, 영상기기 10%, DP 10%

- 글로벌 1위 D램, 낸드플래시 및 2위권의 파운드리 기업
- 글로벌 경기 침체 여파로 IT 수요 부진에 따른 메모리 가격 하락은 내년 상반기까지 이어질 전망
- 파운드리 압도적 1위 TSMC보다 3nm에 먼저 진입하며 점유율 격차 축소에 총력
- 미중 반도체 분쟁 여파 속에서 미국 시설투자를 늘리며 대응하고 있지만, 중국 시안(낸드플래시), 쑤저우(후공정) 공장에서의 사업 불확실성 상존

실적 추이 및 전망

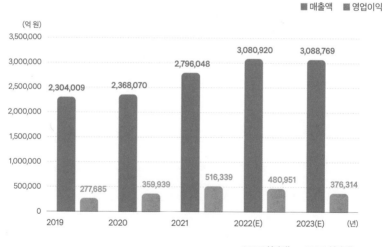

2022년 예상		2022년(전망)	2023년(전망)
PER 10.1, PBR 1.1, ROE 12%, 부채비율 37%	매출액 전년 대비	10%	0%
	영업이익 전년 대비	-7%	-22%

SK하이닉스

☑ D램 • 낸드플래시 • 미국 투자 • 인텔 낸드(솔리다임)

시가총액 68조 원	주요 주주	SK스퀘어 외 9인 20%, 국민연금 8%
	주 매출처	반도체 100%

- 글로벌 D램 점유율 2위 및 인텔의 낸드플래시 사업부 인수로 낸드플래시 점유율 2위 등극
- 매출의 대부분이 반도체 업황에 노출되어 있기에 실적 변동성이 큼
- 메모리 반도체보다 2배 이상 시장 규모가 크고 수요가 급증한 시스템반도체 분야 진출이 늦은 단점
- 미중 반도체 분쟁 여파 속에서 미국 시설투자를 늘리며 대응하고 있지만, 중국 다롄(낸드플래시), 우시(D램), 충칭(패키징) 공장에서의 사업 불확실성 상존

실적 추이 및 전망

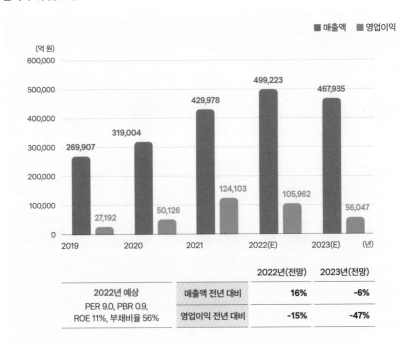

2022년 예상 PER 9.0, PBR 0.9, ROE 11%, 부채비율 56%		2022년(전망)	2023년(전망)
	매출액 전년 대비	16%	-6%
	영업이익 전년 대비	-15%	-47%

원익IPS

☑ 증착 장비 · PECVD

시가총액	주요 주주	원익홀딩스 외 5인 33%, 삼성전자 외 1인 7%
1조 1,900억 원	주 매출처	반도체 제품 89%

- 삼성전자와 삼성디스플레이에 반도체, 디스플레이 장비를 공급하는 국내 대표 장비 기업
- 삼성전자와 삼성디스플레이가 동사의 지분을 3.77%로 동일하게 보유
- ALD, CVD 등 증착 장비 중 PECVD는 D램, 낸드, 파운드리에 모두 적용 가능한 핵심 장비
- 삼성전자 및 SK하이닉스의 내년도 시설투자 축소 이슈로 당분간 장비 모멘텀은 약해질 전망

실적 추이 및 전망

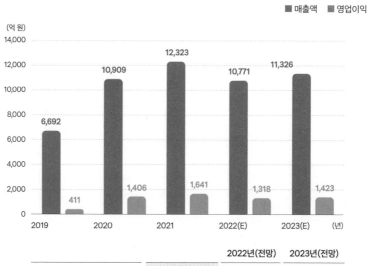

■ 매출액 ■ 영업이익

(억 원)

연도	매출액	영업이익
2019	6,692	411
2020	10,909	1,406
2021	12,323	1,641
2022(E)	10,771	1,318
2023(E)	11,326	1,423

		2022년(전망)	2023년(전망)
2022년 예상 PER 10.4, PBR 1.2, ROE 13%, 부채비율 52%	매출액 전년 대비	-13%	5%
	영업이익 전년 대비	-20%	8%

DB하이텍

시가총액	주요 주주	DB Inc. 외 5인 17%, 국민연금 8%
1조 7,500억 원	주 매출처	반도체 97%

- 8인치 웨이퍼가 주력인 세계 10위권, 국내 2위 파운드리 기업
- 전력반도체, 이미지센서 부문에서 기술 경쟁력을 키워오며 성장
- 차량용 반도체 및 무선 이어폰 시장의 확대로 8인치 웨이퍼 파운드리 성장세 지속될 전망
- 미래를 위한 투자로 차세대 전력반도체로 꼽히는 SiC, GaN 전력반도체 개발 추진

실적 추이 및 전망

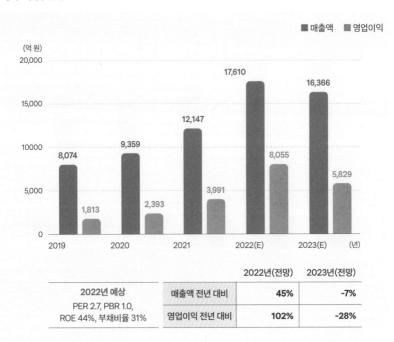

■ 매출액　■ 영업이익

(억 원)

	2019	2020	2021	2022(E)	2023(E)
매출액	8,074	9,359	12,147	17,610	16,366
영업이익	1,813	2,393	3,991	8,055	5,829

		2022년(전망)	2023년(전망)
2022년 예상 PER 2.7, PBR 1.0, ROE 44%, 부채비율 31%	매출액 전년 대비	45%	-7%
	영업이익 전년 대비	102%	-28%

AP시스템

☑ OLED · RTP · ELA · 봉지 장비

시가총액	주요 주주	APS홀딩스 외 4인 25%
2,500억 원	주 매출처	디스플레이 장비 87%, 반도체 장비 12%

- 반도체 열처리 및 OLED ELA, 봉지장비 제조
- OLED 디스플레이 분야 매출 기여도가 매우 높지만 반도체 장비 사업 비중 확대에 노력
- D램, 낸드 장비분 아니라 시스템반도체 시장에서도 열처리 장비(RTP) 공급 확대

최근 실적 및 주요 재무지표

	2021년	2022년(전망)	2023년(전망)		2022년 상반기	
매출액	5,287억 원	5,016억 원	5,851억 원 (yoy 16%)	매출액	2,019억 원	PER 3.5 PBR 1.1
영업이익	643억 원	644억 원	713억 원 (yoy 10%)	이익	339억 원	ROE 37% 부채비율 115%

두산테스나

☑ 웨이퍼 테스트 · 두산그룹

시가총액	주요 주주	두산인베스트먼트 19%, 국민연금 7%
3,400억 원	주 매출처	Wafer test 92%

- 시스템반도체 테스트 외주 전문 기업. 웨이퍼 또는 패키지 검사 대행
- 이미지센서, AP, 컨트롤러 등 주력 고객사의 시스템반도체 웨이퍼테스트 외주 1위 유지
- 두산그룹이 미래 먹거리인 반도체 사업에 진출하기 위해 테스나를 2022년 4월에 인수

최근 실적 및 주요 재무지표

	2021년	2022년(전망)	2023년(전망)		2022년 상반기	
매출액	2,076억 원	2,478억 원	2,998억 원 (yoy 21%)	매출액	1,158억 원	PER 10.4 PBR 1.3
영업이익	541억 원	553억 원	699억 원 (yoy 26%)	이익	256억 원	ROE 13% 부채비율 118%

이오테크닉스

☑ 레이저 장비 · 미세공정 · 패키징

시가총액	주요 주주	성규동 외 10인 31%
7,800억 원	주 매출처	레이저마커 및 응용기기 100%

- 반도체 및 디스플레이 레이저 응용 장비 제조. 대량 생산이 어려운 산업
- 전공정 및 파운드리의 미세공정 경쟁에 동사 성장 확대
- 멀티칩 패키징의 진화가 중장기 실적 전망에 긍정적

최근 실적 및 주요 재무지표

	2021년	2022년(전망)	2023년(전망)		2022년 상반기	
매출액	3,909억 원	4,435억 원	4,692억 원 (yoy 5%)	매출액	2,261억 원	PER 9.2 PBR 1.4
영업이익	781억 원	997억 원	1,072억 원 (yoy 7%)	이익	535억 원	ROE 16% 부채비율 17%

한솔케미칼

☑ 과산화수소 · 전구체 · 퀀텀닷 · 2차전지 · 바인더 · 음극재

시가총액	주요 주주	조동혁 외 9인 15%, 국민연금 12%
2조 4,000억 원	주 매출처	전자 및 2차전지 소재 44%, 정밀화학 34%, 제지 및 환경 15%

- 반도체 과산화수소, 전구체, 퀀텀닷 소재, 2차전지 바인더 등 제조
- 종합 소재업체로 저변 확대 중이며 자회사 테이팩스가 전자재료용 테이프 제조
- 2차전지 바인더 및 실리콘 음극재 투자로 미래 성장동력 확보

최근 실적 및 주요 재무지표

	2021년	2022년(전망)	2023년(전망)		2022년 상반기	
매출액	7,687억 원	9,287억 원	10,591억 원 (yoy 14%)	매출액	4,529억 원	PER 11.7 PBR 2.2
영업이익	1,977억 원	2,210억 원	2,612억 원 (yoy 18%)	이익	1,145억 원	ROE 22% 부채비율 53%

솔브레인

☑ 에천트 • CMP 슬러리 • 2차전지 • 전해액

시가총액	주요 주주	정지완 외 8인 46%, 템플턴 에셋 6%
1조 5,800억 원	주 매출처	반도체 재료 63%, 2차전지 재료 23%, 디스플레이 재료 13%

- 반도체, 디스플레이, 2차전지 전해액 등 생산
- 삼성전자 파운드리 GAA FET 공정 진입으로 3nm 공정 향(向) 특수 에천트 매출 본격화될 전망
- 전기차 시장 성장으로 2차전지 셀 업체에 납품하는 전해액 부분의 높은 가동률 유지 전망

최근 실적 및 주요 재무지표

	2021년	2022년(전망)	2023년(전망)		2022년 상반기	
매출액	1조 239억 원	1조 1,084억 원	1조 1,770억 원 (yoy 6%)	매출액	5,544억 원	PER 9.1 PBR 2.0
영업이익	1,888억 원	2,196억 원	2,410억 원 (yoy 9%)	이익	1,129억 원	ROE 24% 부채비율 16%

리노공업

☑ 테스트 소켓 • 핀 • 포고 타입 • 미세공정

시가총액	주요 주주	이채윤 34%, Wasatch Advisors 7%, 국민연금 5%
2조 1,100억 원	주 매출처	IC Test Socket 59%, Leeno Pin 32%

- 국내 반도체 검사용 테스트 소켓, 핀 분야 강자
- 파운드리용으로 쓰이는 포고타입 소켓 수요 증가 전망
- 미세공정 심화 트렌드에 동사 테스트 제품 수요 증가

최근 실적 및 주요 재무지표

	2021년	2022년(전망)	2023년(전망)		2022년 상반기	
매출액	2,802억 원	3,343억 원	3,765억 원 (yoy 12%)	매출액	1,807억 원	PER 17.9 PBR 4.2
영업이익	1,171억 원	1,411억 원	1,589억 원 (yoy 12%)	이익	788억 원	ROE 26% 부채비율 17%

심텍

☑ PCB • DDR5 • 패키지 기판

시가총액	주요 주주	심텍홀딩스 외 8인 33%
1조 1,000억 원	주 매출처	Package Substrate 77%, Module PCB 22%

- 메모리 반도체용 PCB 기판 제조 및 비메모리 모듈로의 사업 다각화 성공
- 미세공정 한계 봉착으로 반도체 성능 향상 위한 고성능 패키지 기판 수요 증가 전망
- 인텔의 사파이어 래피즈 출시로 DDR5 수요 증가에 따른 동사의 기판 실적 호조 전망

최근 실적 및 주요 재무지표

	2021년	2022년(전망)	2023년(전망)		2022년 상반기	
매출액	1조 3,658억 원	1조 8,813억 원	2조 400억 원 (yoy 8%)	매출액	8,951억 원	PER 3.5 PBR 1.6
영업이익	1,743억 원	4,371억 원	4,744억 원 (yoy 8%)	이익	1,995억 원	ROE 59% 부채비율 123%

하나마이크론

☑ 패키징 • 테스트 • 범핑 • 하나머티리얼즈

시가총액	주요 주주	최창호 외 8인 27%
4,700억 원	주 매출처	반도체 제조 64%, 반도체 재료 35%

- 국내에서 가장 규모가 큰 후공정 기업. 테스트, 패키징 분야 주력
- 테스팅, 범핑 및 자회사 하나머티리얼즈(웨이퍼 제조 소재) 성장에 주목
- 삼성전자 낙수효과 및 SK하이닉스 향(向) 위탁계약 호재

최근 실적 및 주요 재무지표

	2021년	2022년(전망)	2023년(전망)		2022년 상반기	
매출액	6,695억 원	9,254억 원	1조 2,893억 원 (yoy 39%)	매출액	4,579억 원	PER 10.2 PBR 1.5
영업이익	1,047억 원	1,302억 원	1,718억 원 (yoy 32%)	이익	699억 원	ROE 16% 부채비율 147%

LX세미콘

☑ Driver IC • 팹리스 • OLED • SiC 전력반도체 • MCU

시가총액	주요 주주	LX홀딩스 외 2인 33%
1조 3,360억 원	주 매출처	Driver IC 88%

- 디스플레이 DDI(구동칩) 주력 생산하는 팹리스 기업
- 핵심 고객인 LG디스플레이의 OLED 패널 출하량이 경기 침체로 감소되는 부분에 영향 받음
- 디스플레이 매출 의존도 낮추기 위해 SiC 전력반도체, MCU 등 신사업 진행 중

최근 실적 및 주요 재무지표

	2021년	2022년(전망)	2023년(전망)		2022년 상반기	
매출액	1조 8,988억 원	2조 3,050억 원	2조 3,872억 원 (yoy 3%)	매출액	1조 1,843억 원	PER 4.2 PBR 1.2
영업이익	3,696억 원	3,923억 원	3,775억 원 (yoy -3%)	이익	2,375억 원	ROE 34% 부채비율 47%

에스에프에이

☑ 물류 자동화 • 2차전지 장비

시가총액	주요 주주	디와이홀딩스 외 8인 43%, 삼성디스플레이 10%
1조 3,400억 원	주 매출처	반도체패키징 44%, 시스템솔루션 36%

- 반도체, 디스플레이 물류 자동화 장비 주력
- 2차전지 향(向) 물류 장비 및 검사기 등의 대규모 수주 성공으로 반도체, 디스플레이 업황 부진 만회
- 2차전지 노칭, 스태킹, 코터 장비 등 장비 다각화 시도로 사업 포트폴리오 안정성 강화 전략

최근 실적 및 주요 재무지표

	2021년	2022년(전망)	2023년(전망)		2022년 상반기	
매출액	1조 5,649억 원	1조 7,510억 원	2조 442억 원 (yoy 16%)	매출액	8,130억 원	PER 11.4 PBR 1.0
영업이익	1,889억 원	2,050억 원	2,539억 원 (yoy 23%)	이익	923억 원	ROE 10% 부채비율 37%

종목명	시가총액 (억 원)	사업 내용	2022년, 2023년 전년비 EPS 성장률 (전망)
동진쎄미켐	14,400	반도체 감광액 및 다수 화학제품 생산	전망치 미집계
테크윙	2,140	반도체 후공정 테스트 핸들러 제조	28%, 72%
네패스	4,200	반도체 WLP, PLP 등 패키징 기술 선도	전망치 미집계
네패스아크	2,600	시스템반도체 웨이퍼 및 패키지 테스트	32%, -4%
가온칩스	2,400	시스템반도체 디자인 솔루션 제공	전망치 미집계
고영	9,600	반도체 3D 검사장비 제조(SPI, AOI)	20%, 6%
한미반도체	11,800	반도체 후공정 검사 제품 Vision Placement 제조	0%, 4%
피에스케이	2,300	반도체 식각. PR Strip 글로벌 1위	-1%, 11%
테스	3,000	반도체 CVD, 식각 장비 및 디스플레이 장비 제조	41%, -25%
유니테스트	2,800	반도체 테스트 및 태양광 사업 영위	적자지속, 흑자 전환
ISC	6,000	반도체 소켓 제조	62%, 21%
티씨케이	11,220	반도체 노광에 쓰이는 고순도 카바이드 제조	24%, 16%
SFA반도체	7,200	삼성전자, SK하이닉스 등에 후공정 패키징 솔루션 제공	29%, 25%
하나머티리얼즈	6,300	반도체 식각에 쓰이는 Electrode, ring 제조	12%, 13%
유진테크	4,800	반도체 증착 장비인 LPCVD를 주력으로 제조	-6%, 2%
덕산하이메탈	2,560	반도체 패키징 소재인 솔더볼 제조	4%, 24%
한양이엔지	2,300	반도체 및 디스플레이 클린룸 특수설비	전망치 미집계
제주반도체	1,280	모바일용 메모리 팹리스. 낸드플래시 멀티칩패키지 제조	전망치 미집계
GST	1,850	반도체 가스 정화장비(스크러버), 온도 조절장비(칠러) 제조	15%, 12%
에스앤에스텍	5,080	반도체 블랭크마스크, 펠리클 제조	전망치 미집계
코미코	4,690	국내 세정, 코팅 시장 점유율 1위	전망치 미집계
원익QnC	6,040	반도체 웨이퍼 보호 시 사용되는 쿼츠 생산	47%, 17%
에프에스티	2,620	반도체 펠리클 및 칠러 제조	전망치 미집계
월덱스	3,150	반도체 실리콘 전극 및 링 제조	24%, 19%
넥스틴	4,780	전공정 내 웨이퍼 패턴 결함 검사 장비 생산	132%, 50%
디바이스이엔지	1,000	반도체 세정공정 장비 제조	전망치 미집계

※ EPS: Earning Per Share. 주당순이익을 뜻하며, 기업의 자본 규모와 상관없이 1주당 얼마의 이익을 창출했는지를 나타내기에
기업의 실질적인 수익성을 가늠해볼 수 있음

다이

Die라고 쓴다. 웨이퍼 한 장에서 여러 개의 집적회로가 생산되는데 웨이퍼는 절단을 통해 각각 한 개의 집적회로가 포함된 여러 개의 집적회로 조각으로 나뉜다. 이를 다이라 부른다.

IC

Integrated Circuit. 트랜지스터, 레지스터, 커패시터 등 여러 종류의 반도체 소자가 한 조각의 게르마늄 또는 실리콘 조각 위에 구현된 형태다.

웨이퍼

반도체 소자를 만드는 데 사용되는 재료로, 실리콘을 정제하여 결정을 만든 후 얇게 잘라낸 것이다.

포토마스크

석영 유리판에 회로를 본떠 그린 회로도 원판이다.

펠리클

마스크 위에 덮어씌워져 대기 중의 오염물질 분자로부터 노광 마스크를 보호한다.

PR

Photo Resist. 빛을 받아 반도체 회로를 새기는 노광 공정용 특수 고분자 물질이다. 빛을 가했을 때 빛에 노출된 부분이 사라지는 포지티브(positive) 형, 반대로 노출된 부분이 남아 있는 네거티브(negative) 형으로 분류된다.

EUV

Extreme Ultra Violet. 극자외선을 활용한 차세대 노광장비다. 파운드리 미세공정에서 반드시 필요한 장비이며 1대 당 2,000억 원 수준으로 비싸지만 글로벌 반도체 기업들이 없어서 못 구할 정도로 수요 대비 공급이 부족한 장비. 미중 반도체 분쟁에서 미국이 중국 반도체를 제제하는데 쓰이는 수단 중 하나다.

CVD

Chemical Vapor Deposition. 가스의 화학 반응을 이용해 증착하는 공정이다. 플라즈마 상태를 이용하여 증착하는 PECVD 및 LPCVD, MOCVD 등으로 구분한다.

CMP

Chemical Mechanical Polishing. 웨이퍼를 평탄화 시키기 위한 화학적, 기계적 연마 장비를 뜻한다.

Chiller

반도체 공정 중 주로 식각 공정에서 공정 챔버 내의 온도 조건을 안정적으로 제어하는 온도 조절 장비다.

CCSS

Central Chemical Supply System. 화학물질 중앙공급장치다. 초정밀 화학물질 공급 및 블렌딩 기능을 수행한다. 패턴을 형성하는 각 전공정 단계에 필요한 케미컬 혹은 가스가 CCSS를 통해서 챔버 내부로 주입되고 공정이 완료된 후에 스크러버 등을 통해 후처리된다.

전구체

Precursor. 패턴 형성의 기초가 되는 소재로 전기적 특성, 화학적 안정성 등이 중요한 요소로 꼽히는 증착 공정 소재다.

리퍼비시

Refurbish. 기존 반도체 생산 장비를 개조, 재구성해 기능과 성능을 새롭게 만드는 작업을 뜻한다.

OSAT

Outsourced Assembly and Test. 반도체 공정 중 후공정을 외주로 수행하는 업체들을 뜻한다.

DDI

Display Driver IC. 디스플레이 패널을 구성하는 픽셀을 구동하는 데 쓰는 반도체다.

PMIC
Power Management IC. 전력반도체라는 뜻으로 다른 반도체 칩에 필요한 전압을 복합적으로 제어하는데 쓰인다.

다이싱
Dicing. 웨이퍼 절단 방식으로 하나로 단일 방향으로 절단하는 방식이다.

Probe card
웨이퍼 상태에서 웨이퍼 내에 제작된 칩의 전기적 동작 상태를 검사하기 위해 가는 선 형태의 프로브 핀(Probe pin)을 일정한 규격으로 회로기판에 부착한 카드다. 웨이퍼와 테스트 장비의 중간 매개체다.

STS 기판
probe card에 들어가는 부품으로 테스트 신호를 웨이퍼에 전달 및 MEMS Pin의 지지체 역할을 수행한다.

테스트 핸들러
반도체 후공정 검사장비에 들어가는 자동화 장비다. 각 디바이스를 테스트 할 수 있게 이송하고 테스트가 완료된 디바이스를 등급별로 분류해주는 역할을 한다. 또한 반도체 제품이 실제로 사용될 때 다양한 온도에서 제대로 작동하는지 검증하기 위해 온도 조건을 설정해주는 역할을 한다.

Wire Bonding
열, 압력, 진동을 이용하여 금속 와이어로 칩과 기판 또는 리드프레임을 전기적으로 연결해주는 방식으로 와이어링을 위한 물질로 금이나 구리가 활용된다.

WLP
Wafer Level Package. 반도체 칩과 PCB를 연결시키는 기판을 사용하지 않고 패키징 업체에서 직접 기판을 제작하는 방식을 뜻한다. 패키지 두께 감소 및 수율 확보 시 원가절감이 가능하다.

PLP
Panel Level Package. WLP가 몰딩된 웨이퍼를 기반으로 하는 기술인 반면 PLP는 PCB 타입의 패널 기반 기술이다. 적층 및 집적화에 중점을 두었다. PLP는 네모난 기판을 이용하기 때문에 칩 절단 시 원형 웨이퍼를 사용할 때보다 버리는 면적이 훨씬 적은 것이 장점이다.

리드 프레임
칩과 외부회로와의 접속을 위한 지지대다.

Bit Growth
메모리반도체의 전체적인 성장률을 설명할 때 사용하는 용어로, 메모리반도체의 개수를 기준으로 할 때 생길 수 있는 왜곡을 방지하기 위해 도입된 개념이다. 이는 각 메모리 용량(256Mb, 512Mb, 1Gb 등)을 1비트 단위로 환산해, 성장률을 계산하는 것으로, 첫해에 256Mb 1개를 팔고, 그 다음해에 512Mb 1개를 판매한 경우, 수량 기준 성장률은 0%지만 비트성장률은 100%가 된다.

Book to Bill ratio
반도체 장비업체의 수주금액을 출하금액으로 나눈 지표이며 1.0을 초과하는 경우 장비 수주 개선을 의미한다. 수주금액이 출하금액을 상회한다는 뜻이다.

SiC
Silicon Carbide. 실리콘과 탄소가 결합한 반도체 화합물이다. 뜨겁고 가혹한 환경에 잘 견디고 고전압 취급 가능. 전기차 및 전력 변환 장치 사용에 용이하다.

솔더볼
Solder ball. 반도체 칩과 기판을 연결하고 전기적 신호를 전달하는 주석으로 만든 미세한 공 모양의 부품이다. 후공정 테스트 과정 중 본딩과 몰딩 후 공정에서 솔더볼이 적용. 와이어나 리드프레임 대비 접합 신뢰성 및 전기적 신호 전달에 장점이 있어 적용이 확대되고 있다.

2

바이오 & 헬스케어

바이오시밀러

CDMO

mRNA

미국 투자

ADC

에스테틱

CGT

1 녹록지 않은 매크로 환경에 영향받고 있으나, 인간의 건강 및 수명과 관련된 만큼
   지속적인 성장 전망
2 미국의 바이오 제조 이니셔티브에 대응해야 하는 환경에서 각 기업의 대응 전략
   확인
3 바이오시밀러, CDMO, CGT, ADC, 에스테틱 등 산업 내 고성장 트렌드에 주목

제약, 바이오 그리고 헬스케어 산업은 인간의 건강 및 수명과 관련되어 있어 빨라지는 고령화 및 경제 성장세에 맞춰 지속적인 성장이 이뤄지는 산업이다. 다만 인체를 대상으로 하기에 엄격하고 까다로운 연구 개발, 상당한 비용과 오래 소요되는 임상실험 그리고 각국 의약품 허가기관의 까다로운 승인 절차가 필요한 만큼 상상하기 힘든 위험 요소가 곳곳에 있는 산업 분야다.

그럼에도 수많은 기업이 운명을 걸고 이 분야에 뛰어드는 이유는 성공할 경우, 상당한 보상이 기대되기 때문이다. 성공한 파이프라인을 보유한 기업의 경우 높은 영업이익률을 기록하는 회사로 성장하거나 임상 단계에서 기술 수출을 통해 막대한 마일스톤을 수취할 수 있다. 글로벌 제약업체의 경우 30%에서 70%에 육박하는 압도적인 영업이익률을 기록하고 있는데 이는 타 산업에서는 쉽게 찾아보기 힘든 이익률이다.

주식 투자 측면에서 상당한 난도

국내외 수많은 기업이 투자금을 확보하기 위해 증시 상장을 목표로 하고 상장 후에도 자신들의 장밋빛 미래와 청사진을 제시하며 투자자들에게 매력을 어필하고 있다. 하지만 주식 투자 측면에서는 상당한 난도를 자랑하는 산업임을 꼭 명심해야 한다.

유망한 신약 파이프라인을 가진 기업은 많지만, FDA 기준으로 임상 1상에서 신약 출시까지의 확률은 항암제 5%, 비항암제 11%일 정도로 극소수의 파이프라인만 살아남는다. 또한, 임상 도중 기술력을 인정받아 타사에 기술 수출을 해도 얼마 지나지 않아 권리를 반환받는 경우도 흔하다. 성공률 자체가 희박하고 성과를 확인하는 데 장시간이 필요하며 수시로 증자, 채권 발행 등을 통해 비용을 마련해야 하는데 해당 이슈마다 기업의 주가 변동성이 커지기 때문에 투자 대응이 절대 쉽지 않다. 그리고 임상 관련 용어, 기술, 적응증 등 산업에 대한 전문적인 내용을 파악하기 어렵고, 정보 접근성도 낮으며, 재무제표를 통한 기업가치 산정이 어렵기에 투자에 주의를 기울일 필요가 있다. 지금처럼 금리가 상승하는 시기에는 자금 조달이 어려워지고 비용이 높아지기에 미래에 거둘 이익이 낮아지는 점도 고려해야 한다.

| 미국의 바이오 제조 이니셔티브

시간이 지날수록 더욱 첨예한 다툼이 이어지는 미중 관계가 바이오 산업에 이르기까지 영향을 미치고 있다. 미국은 바이오 기술에서 압도적으로 세계 선두를 지키고 있으나 제조 분야에선 해외에 의존하고 있었는데, 코로나19를 거치면서 의약품 공급망이 문제가 되는 것을 경험하면서 의약품 공급 안정화를 위해 노력하고 있다. 바이오 시장 2위인 중국이 바이오 경제 5개년 계획을 발표하며 미국을 압박해왔기에, 미국은 2022년 9월 바이오 제조 이니셔티브 행정명령을 발표하며 대응을 시작했다. 이는 미국에서 개발한 생명공학 분야 제품을 자국에서 생산하는 것을 의미한다. 동시에 미국이 바이오산업 내 타국에 의존했던 비중을 줄이고 주도적으로 산업을 이끌어갈 수 있는 체계를 만들면서 자국의 바이오산업을 바짝 추격하는 중국을 견제하고자 했다. 특히 바이오 분야는 의약품에 한정되지 않고 에너지, 재료, 식량 분야까지 확장되고 있기에 패권을 유지하는 것은 매우 중요하다.

이런 환경에서 한국에서 의약품을 제조해 미국으로 수출하는 기업들에 현명하고 발 빠른 대응이 요구되고 있다. 의약품을 만들기 위한 공장을 미국에 지금부터 설립하려 해도 시설 설립에서 실사, 허가에만 오랜 기간이 걸리며, 시설 투자를 위한 자금 마련을 해야 할 시기가 하필이면 글로벌 금리가 오르는 시기인 것도 고려해야 한다. 미국 내 생산기지 확보를 위한 움직임 및 현지 파트너사와의 파트너십을 잘 유지해가는 기업들의 동향을 관심 있게 바라볼 필요가 있다.

| 산업 내 고성장 트렌드에 주목

코로나19는 바이오 업종 지형을 크게 바꿔놓았다. 특히 mRNA 기술이 빠르게 성장했고 위탁생산의 중요성이 더욱 크게 부각되었으며 원격 의료, 진단 등 다양한 산업에서 실력 있는 기업들이 출현했다. 코로나 확진자 수가 전 세계적으로는 줄어들고 있지만 주목을 받은 산업들은 지속적인 성장을 이뤄갈 전망이다. 새롭게 떠오른 분야와 기존 분야 중, 앞으로도 성장세가 확대될 분야 및 밸류체인 기업들에 주목해보자. 산업을 둘러싼 매크로 환경이 결코 녹록지는 않지만 결국 인간의 건강 및 수명과 관련된 산업이기에 침체가 계속 이어질 순 없으며, 매크로 환경이 개선되면 가장 활발한 회복이 이뤄지며 막대한 스마트 머니가 몰려들 산업이기 때문이다.

먼저, 글로벌 제약 시장에서 가장 규모가 큰 자가면역질환 분야에서 바이오시밀러에 대응하고 있는 기업에 주목해보자. 특히 블록버스터 의약품인 휴미라, 스텔라라의 특허 만료가 다가오는데 이들은 현 바이오시밀러 기업들의 성공을 이끈 레미케이드, 리툭산, 허셉틴, 아바스틴 등의 오리지널 의약품 매출보다 훨씬 크기에 바이오시밀러 기업들이 취할 수익도 더욱 커질 수 있다.

또한, 제약사들이 요구하는 엔드투엔드(End-to-End) 서비스 제공이 가능한 위탁개발생산(CDMO) 기업들, CDMO와 활발히 협력하며 성장하고 있는 세포, 유전자 치료제 기업들, 유방암 분야에서 게임 체인저로 불리는 항체-약물 접합체(ADC) 분야에서 임상을 진행하는 기업들, EGFR 돌연변이 양성 비소세포폐암 치료제 타그리소의 내성을 해결하기 위해 임상에 도전 중인 기업들, RNA 치료제 기업들 그리고 진단 분야에서 액체생검 관련 기업들에도 주목해볼 수 있다. 마지막으로 포스트 코로나 시기, 에스테틱을 포함한 미용 수요가 전 세계적으로 꾸준히 증가할 전망이다. 이에, 보툴리눔톡신, 필러, 리프팅 시술, 임플란트 기업에도 관심을 기울여볼 만하다.

의약품의 분류

여러 화학물질을 적절히 배합해 인공적으로 만드는 합성의약품과 살아 있는 세포를 배양해 만드는 바이오 의약품으로 분류할 수 있다.

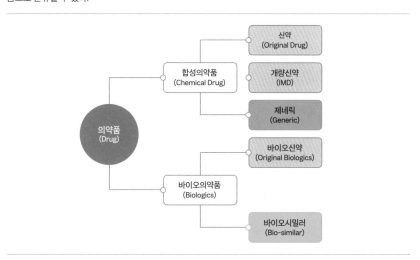

바이오 의약품의 분류

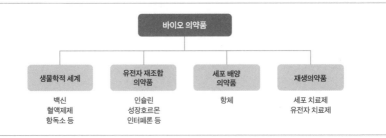

바이오 의약품의 구분

바이오신약, 바이오시밀러 및 바이오베터로 구분한다. 바이오베터는 특허를 인정해주며 오리지널 특허와 상관없이 시장에 출시할 수 있다.

특징	바이오신약(Biologics)	바이오시밀러(Biosimilar)	바이오베터(Biobetter)
유사성	오리지널과 동일	유사하지만 오리지널과 동일하지 않음	오리지널보다 우수
개발 비용	20~30억 달러	1~3억 달러	2~5억 달러
약물 개발 기간	약 10~12년	약 5~7년	약 5~7년
규제	지금까지 미국 시장에서 바이오시밀러의 상호 교환 가능한 지정이 부족하여 보호됨	국가별 별도의 승인 트랙	오리지널 의약품보다 우수하므로 별도의 호환성 지정 필요 없음
의약품 가격	일반적으로 특허 독점기간 동안 높은 가격으로 책정	오리지널 의약품의 50~70%	안전성, 효능이 우수해 바이오시밀러 대비 20~30% 높음

바이오 산업의 구분

큰 관점에서 분류한다면 레드바이오는 의료, 제약 분야, 그린바이오는 농업, 식품 분야 그리고 화이트바이오는 환경, 에너지 분야로 나눌 수 있다.

구분	상징	분야
레드(Red)바이오	피	바이오 의약품, 바이오 의료기기
그린(Green)바이오	식물, 곡물	바이오 식품, 바이오 농업, 생명 자원
화이트(White)바이오	깨끗함	바이오 소재, 바이오 에너지

출처: 유럽바이오산업연합(EuropaBio), 산업통상자원부(2020년 12월)

글로벌 바이오 의약품별 시장 규모 및 전망

CGT(세포, 유전자 치료제)의 성장세가 두드러지며, 절대적 매출 크기는 바이오시밀러가 지속적으로 과반수를 차지하고 있다.

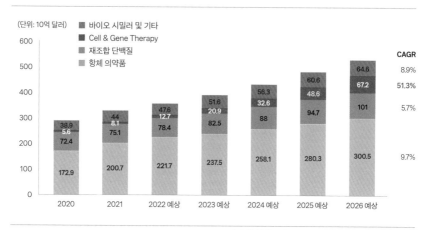

출처: 삼성바이오로직스, Evaluate & Mckinsey, 메리츠증권리서치센터

제약바이오 비즈니스 모델

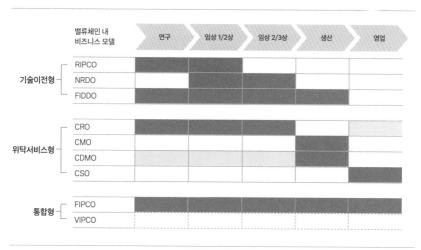

출처: 미래에셋증권 리서치센터

신약 개발 단계

신약 후보 물질을 발견한 후 동물 시험을 통과하면 사람을 대상으로 한 임상실험을 3상에 걸쳐 진행한다. 후보 물질이 허가를 받을 만큼 효과가 있고 안전한지를 공신력 있는 기관의 주도하에 조사 및 입증하는 과정이기도 하다. 약 5,000개에서 1만 개의 후보 물질에서 시작해 10년에서 15년의 연구 기간 동안 최소 수백억 이상을 투자하며 개발이 진행된다.

의약품 연구 개발							상업화	
의약품 발견	의약품 개발						제조	판매
후보물질	기초연구 (비임상실험 및 제제화연구)	임상연구(임상시험)			허가	생산	판매	
		1상	2상	3상				
		수개월~1년 (20명~80명)	1년~2년 (100명~300명)	3년~5년 (1,000명~5,000명)				

FDA의 임상 단계별 성공 가능성

비항암제의 성공 확률이 항암제 대비 소폭 높으며, 대체로 죽음의 계곡이라 불리는 임상 2상 단계에서 실패 확률이 가장 높다. 또한 임상시험에 필요한 환자를 충분히 모집하는 것과 임상 비용을 마련하는 것도 상당히 어려운 편이다.

(단위: %)

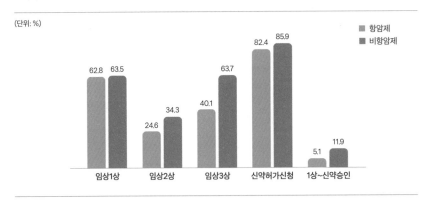

■ 항암제
■ 비항암제

	임상1상	임상2상	임상3상	신약허가신청	1상~신약승인
항암제	62.8	24.6	40.1	82.4	5.1
비항암제	63.5	34.3	63.7	85.9	11.9

바이오시밀러와 제네릭의 구분

바이오시밀러는 바이오 의약품의 복제 제품이며 제네릭은 케미칼(합성의약품)의 복제 제품을 뜻한다.

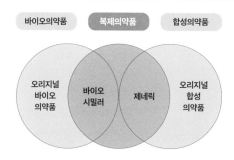

	바이오시밀러	제네릭
생산	살아 있는 세포, 조직 이용	공식화된 화학 반응
허가 절차	1상~3상 중 2상만 생략. 나머지 신약 개발과 거의 비슷	생물학적 동등성 시험
구조	복잡	단순
분자 크기	매우 큼	작음
안정성	환경에 따라 구조 변경 가능. 불안정	안정
임상 기간	2~4년	6개월 정도
개발 비용	1,000억 ~ 1,500억 원 수준	100억 원 미만

바이오 의약품 종류별 아웃소싱 비율

세포, 유전자 치료제(CGT) 분야에서 약 90%의 높은 비율로 아웃소싱(위탁생산)을 진행하며, 해당 치료제의 성장이 가속화되기에 아웃소싱 산업도 동반 성장세를 이어갈 전망

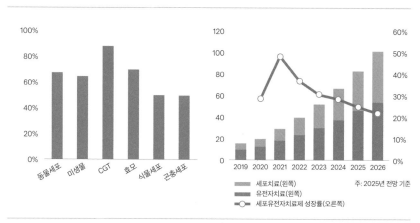

자료: BioPlan Associates, Frost & Sullivan(2020.10), 생명공학연구센터

글로벌 바이오시밀러 경쟁 현황

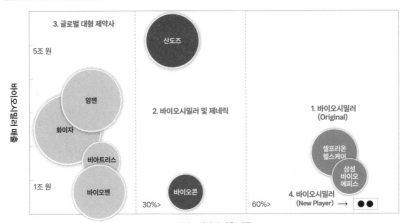

자료: Bloomberg, NH투자증권리서치본부

CDMO의 사업 범위 및 가치 창출

바이오 의약품 CDMO 사업 범위	
연구 개발	세포주 개발, 세포은행 구축 및 원료 분석 서비스 제공
임상시험	비임상 및 임상시험, 샘플 생산, 품질시험, 생산 최적화 및 스케일업(Scale-up) 서비스 제공
제품 생산	대량 생산, 제조공정 프로세스 및 완제품 검증 서비스 제공
CDMO 사업의 가치 창출	
부가 가치 창출	연구개발 단계 기술을 제공함으로써 생산 외 부가가치를 창출
생산 시설 대안	시설 보유가 제한되는 중소 회사들의 생산 시설 대안
리스크 공유	공동 개발을 통해 제품 개발 리스크를 분담하고 성공 시 이익 공유
유통 적시성 제공	제품 보관 역할을 대행하고 유통망을 제공함으로써 상업화 실현

주요 질환별 시장 점유율 및 성장률 전망

인간의 평균 수명이 증가하는데 암이 가장 큰 장애물이며 아직 완치가 어려운 상황이다. 이에, 항암제가 약 20% 정도의 높은 점유율을 차지하면서 연평균 성장률도 10% 이상 높을 전망이다. 또한 면역억제제 시장이 가장 높은 성장세를 보일 전망이다.

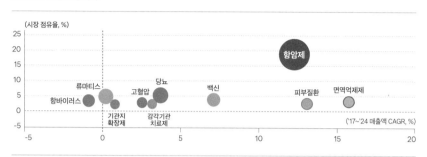

출처: Evaluate Pharma, 메리츠증권 리서치센터

글로벌 매출 TOP 항암제

제품명	기업명	주요 적응증	매출액(100만 달러)
키트루다	머크	비소세포폐암	17,606
옵디보	BMS/오노	흑색종	11,430
입랜스	화이자	유방암	9,808
임브루비카	애브비/얀센	혈액암	9,337
레블리미드	셀젠/BMS	혈액암	7,860
타그리소	아스트라제네카	비소세포폐암	5,447
다잘렉스	얀센	다발성골수종	5,148
퍼제타	로슈	유방암	4,975

항암제 발전 단계

현재 3단계 면역 항암제가 널리 쓰이고 있으며 암세포를 굶겨 죽이는 방법인 대사 항암제가 연구 개발 중이다.

	1단계 화학 항암제	2단계 표적 항암제	3단계 면역 항암제	4단계 대사 항암제
내용	세포 분열을 억제하는 독성물질을 주입해 암세포 공격	암세포를 표적해 정밀 타격	우리 몸의 면역체계를 이용해 세포 주변 환경을 공격	암세포에 필요한 에너지원을 차단
단점	멀쩡한 세포도 공격	내성이 생기고 전이암 환자에게 효과 떨어져	독성은 적지만 효능 있는 환자 수 많지 않음	시판 치료제가 한 개밖에 없어 보다 많은 연구 필요

세포치료제의 분류

줄기세포, 면역세포, 체세포로 나눌 수 있으며 특히 줄기, CAR-T, NK 세포에 주목할 필요가 있다.

순위	종류	세부 유형 예시	적용질환 예시
줄기 세포	배아 줄기세포	조혈모 줄기세포(HSC) 중간엽 줄기세포(MSC)	심혈관질환 척수손상 관절염, 당뇨
	역분화 줄기세포		
	성체 줄기세포		
면역 세포	T세포	종양침윤 T세포(TIL) CAR-T세포 TCR-T세포	백혈병, 림프종 간암, 폐암 전립선암 자가면역질환
	NK세포	CAR-NK	
	수지상 세포	유전자 조작 수지상세포	
체세포	피부세포	표피, 진피	피부화상, 흉터
	연골세포	연골	퇴행성관절염

글로벌 체외진단 시장 지역별 수익 전망(2020-2025년)

코로나19를 기점으로 체외진단 시장의 성장세가 더욱 가파르게 이어질 전망이다. 절대적 규모로는 북미 지역이 가장 크지만 연평균 성장률은 아시아태평양 지역이 높을 것으로 예상된다.

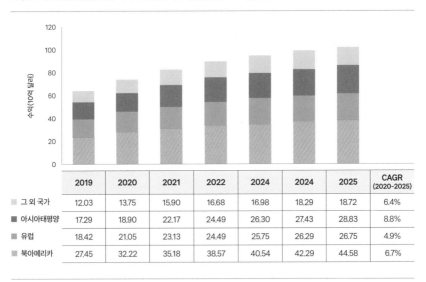

	2019	2020	2021	2022	2024	2024	2025	CAGR (2020-2025)
■ 그 외 국가	12.03	13.75	15.90	16.68	16.98	18.29	18.72	6.4%
■ 아시아태평양	17.29	18.90	22.17	24.49	26.30	27.43	28.83	8.8%
■ 유럽	18.42	21.05	23.13	24.49	25.75	26.29	26.75	4.9%
■ 북아메리카	27.45	32.22	35.18	38.57	40.54	42.29	44.58	6.7%

출처: 프로스트 앤 설리번

mRNA 백신 및 치료제 시장 전망

코로나19 바이러스가 출현하자마자 화이자와 모더나는 mRNA를 활용해 인류 역사상 가장 치열했던 백신 경쟁에서 승리할 수 있게 되었다.

이중항체 치료제 시장 전망

면역세포는 강화시켜주면서 암세포를 공격하는 항체다. 항암치료에 유용하게 쓰일 수 있으며 병용투여법의 단점을 해결해줄 수 있기에 주목받고 있다. 면역항암제와 표적항암제의 기능을 동시에 하는 것과 같다.

(단위: 10억 달러)

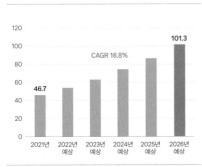

CAGR 16.8%

출처: Research and Markets, 메리츠증권리서치센터

출처: 루츠애널리시스

글로벌 디지털 헬스케어 시장 전망

디지털 헬스케어 시장은 실시간 건강관리(Fitbit과 같은 기업 등), 디지털 진단 및 치료(Lunit과 같은 기업 등), 원격 의료 모니터링(Teladoc, Medtronic과 같은 기업 등) 등으로 구성되어 있으며, 2027년에는 2022년 대비 약 130% 성장할 전망이다.

(단위: 억 달러)

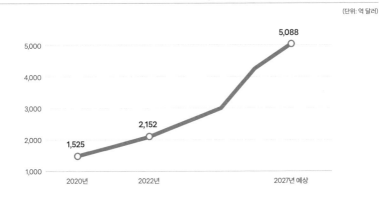

출처: 글로벌인더스트리애널리스트

블록버스터 항체 의약품의 지속적인 특허 만료

글로벌 바이오시밀러 기업들의 고속 성장을 촉진할 동인이 될 전망이다.

제품명	회사	2021년 매출액	특허 만료 시점	주요 적응증
휴미라(Humira)	애브비	약 30조 원	2023년	류마티스 관절염, 크론병
스텔라라(Stelara)	존슨앤존슨	약 12조 7,000억 원	2023~2026년	건선, 크론병
엔티비오(Entivio)	다케다	약 7조 1,000억 원	2024~2026년	크론병, 궤양성 대장염
프롤리아(Prolia)	암젠	약 5조 원	2025년	골다공증
키트루다(Keytruda)	머크	약 24조 원	2028~2033년	흑색종, 비소세포폐암
옵디보(Opdivo)	BMS	약 13조 원	2028~2031년	흑색종, 비소세포폐암
코센틱스(Cosentyx)	노바티스	약 6조 5,000억 원	2029~2030년	건선, 관절염

출처: GlobalData, 메리츠증권

글로벌 대표 면역질환 치료제의 2021년 매출 순위

자가면역질환 치료제는 대표적으로 TNF-알파 억제제, JAK 억제제 및 인터루킨 억제제 등으로 구분할 수 있으며 TNF-알파 억제제 분야가 적응증이 많고 매출 규모도 큰 상황이다.

TNF-알파 억제제		JAK 억제제		인터루킨 억제제	
휴미라 (애브비)	약 26조 원 (YoY 23%)	젤잔즈 (화이자)	약 3조 원 (YoY 15%)	스텔라라 (얀센)	약 11조 4,000억 원 (YoY 34%)
엔브릴 (암젠)	약 5조 6,000억 원 (YoY 1%)	린버크 (애브비)	약 2조 원 (YoY 150%)	듀피젠트 (사노피)	약 7조 원 (YoY 49%)
레미케이드 (얀센)	약 4조 원 (YoY -2%)	올루미언트 (릴리)	약 1조 4,000억 원 (YoY 100%)	코센틱스 (노바티스)	약 5조 9,000억 원 (YoY 34%)

출처: 의약뉴스

플랫폼 기술을 보유한 국내 주요 제약바이오 기업

기존 의약품에 적용해 다수의 후보 물질을 도출할 수 있는 기반 기술이다. 다양한 질환 분야에 적용할 수 있으며 끊임없는 기술적 진화와 파급효과를 통해 높은 부가가치를 지닌 수익모델을 확보할 수 있다.

회사명	플랫폼 기술	주요 성과 및 기타
한미약품	주사용 항암제를 경구용으로 바꾸는 기술(오라스커버리) 단백질 의약품 반감기를 늘려 약효 지속 기술(랩스커버리) 차세대 이중 항체 기술(펜텀바디)	바이오 신약 개발에 접목해 지속적인 기술 수출 성과 창출
종근당	염증성 질환 영향 물질 억제 기술(HDAC6)	샤르코 마리투스, 자가면역질환 치료제 개발 중
셀리버리	단백질 약물 세포 내 전달 기술(TSDT)	신약 후보 물질 도출
에이비엘바이오	서로 다른 두 항체를 붙이는 이중 항체 기술(그랩바디-B)	면역항암제, 퇴행성 뇌 질환 신약 적용. 미국 트리거테라퓨틱스에 1조 3,000억 원 규모 기술 수출
셀리드	항암 면역 백신에 암세포 항원을 교체해 각종 암 치료(Celivax)	코로나19 백신 개발에 적용
알테오젠	정맥 주사를 피하 주사로 제형을 바꾸는 기술(인간 히알루로니다제)	기술 수출 누적 약 6조 4,000억 원
레고켐바이오	항체-약물 결합(ADC) 기술(콘쥬올)	기술 이전 누적 약 2조 원
제넥신	약물의 지속성을 높이는 기술	

출처: Dart, 한미약품

미국 바이오 제조 이니셔티브에 대응하는 국내 제약바이오 기업들

미국의 중국 바이오산업 성장 제제 측면에서 바이오 제조 분야의 리쇼어링을 목적으로 한 행정명령 이후, 미국 내 생산기지 확보가 향후 국내 제약 바이오 기업들의 해외사업 추진에 필수적일 전망이다.

회사명	대응
삼성바이오로직스	샌프란시스코 CDMO 연구개발 센터 운영. 현지 공장은 없으나 설립 의지 표명
셀트리온	미국 현지 공장은 없으나 2023년 이후 미국에 출시될 제품은 셀트리온헬스케어 미국법인을 통해 직접판매 방식으로 판매할 예정
SK바이오팜	미국 뉴저지에 현지 공장 설립. 뇌기능 개선제 엑스코프리 생산 중
SK바이오사이언스	미국 현지 공장은 없으나 미국 법인 설립 결정
롯데바이오로직스	BMS의 미국 시큐러스 공장 인수하며 CDMO 사업 도전
GC셀	미국 CDMO 기업 바이오센트릭 인수
SK팜테코	미국 CDMO 기업 엠펙 인수

출처: 언론 기사

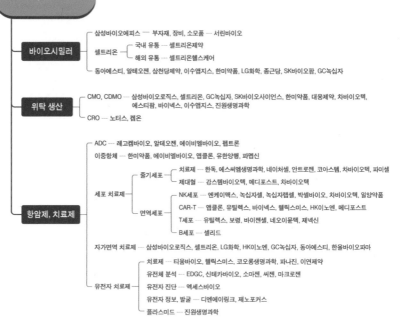

바이오, 헬스케어

바이오시밀러
- 삼성바이오에피스 ─ 부자재, 장비, 소모품 ─ 서린바이오
- 셀트리온 ─ 국내 유통 ─ 셀트리온제약
  ─ 해외 유통 ─ 셀트리온헬스케어
- 동아에스티, 알테오젠, 삼천당제약, 이수앱지스, 한미약품, LG화학, 종근당, SK바이오팜, GC녹십자

위탁 생산
- CMO, CDMO ─ 삼성바이오로직스, 셀트리온, GC녹십자, SK바이오사이언스, 한미약품, 대웅제약, 차바이오텍, 에스티팜, 바이넥스, 이수앱지스, 진원생명과학
- CRO ─ 노터스, 켐온

항암제, 치료제
- ADC ─ 레고켐바이오, 알테오젠, 에이비엘바이오, 펩트론
- 이중항체 ─ 한미약품, 에이비엘바이오, 앱클론, 유한양행, 파멥신
- 세포 치료제
  - 줄기세포
    - 치료제 ─ 한독, 에스씨엠생명과학, 네이처셀, 안트로젠, 코아스템, 차바이오텍, 파미셀
    - 제대혈 ─ 강스템바이오텍, 메디포스트, 차바이오텍
  - 면역세포
    - NK세포 ─ 엔케이맥스, 녹십자셀, 녹십자랩셀, 박셀바이오, 차바이오텍, 일양약품
    - CAR-T ─ 앱클론, 유틸렉스, 바이넥스, 헬릭스미스, HK이노엔, 메디포스트
    - T세포 ─ 유틸렉스, 보령, 바이젠셀, 네오이뮨텍, 제넥신
    - B세포 ─ 셀리드
- 자가면역 치료제 ─ 삼성바이오로직스, 셀트리온, LG화학, HK이노엔, GC녹십자, 동아에스티, 한올바이오파마
- 유전자 치료제
  - 치료제 ─ 티움바이오, 헬릭스미스, 코오롱생명과학, 파나진, 이연제약
  - 유전체 분석 ─ EDGC, 신테카바이오, 소마젠, 씨젠, 마크로젠
  - 유전자 진단 ─ 엑세스바이오
  - 유전자 정보, 발굴 ─ 디엔에이링크, 제노포커스
  - 플라스미드 ─ 진원생명과학

바이오, 헬스케어

코로나19

- 백신
  - SK바이오사이언스, 유바이오로직스, 제넥신, 진원생명과학, 아이진, 셀리드
  - 콜드 체인 ─ 태경케미컬, 대한과학, 일신바이오, 서린바이오, 풍국주정, 녹십자랩셀, 동아쏘시오홀딩스
- 치료제 ─ 일동제약, 현대바이오, 진원생명과학, 세종메디칼, 한국파마, 압타바이오, 헬릭스미스
- m-RNA
  - 타겟팅 기술 ─ 올리패스
  - LNP 약물 전달체 기술 ─ 에스티팜
  - 원료 공급 ─ 셀루메드
  - 생산
    - 원료 생산(DS) ─ 한미약품
    - 완제 생산(DP) ─ 녹십자

헬스케어

- 보툴리눔톡신 ─ 휴젤, 메디톡스, 대웅제약, 휴온스바이오파마, 휴메딕스, 파마리서치, 종근당, 제테마, 한국비앤씨, 종근당바이오
- 필러 ─ LG화학, 휴메딕스, 휴젤, 한국비앤씨, 메디톡스, 케어젠
- 치과 ─ 임플란트 및 재료 ─ 오스템임플란트, 덴티움, 덴티스, 디오, 메타바이오메드, 나이벡
- X-Ray
  - 바텍, 레이, 디알젬, 디알텍
  - 부품(디텍터) ─ 뷰웍스, 레이언스, 디알텍
  - 소프트웨어 ─ 제이엘케이, 뷰노, 인피니트헬스케어
- AI 의료기기
  - AI 영상진단 ─ 딥노이드, 뷰노, 제이엘케이
  - AL 신약개발 ─ 신테카바이오
- 진단
  - 면역 진단 ─ 에스디바이오센서, 휴마시스, 바디텍메드, 피씨엘, 수젠텍
  - 분자 진단 ─ 에스디바이오센서, 씨젠, 바이오니아, 랩지노믹스, EDGC, 지노믹트리, 진매트릭스
  - 항원 진단 ─ 엑세스바이오
  - 액체 생검
- 심장 제세동기 ─ 메디아나, 씨유메디칼
- 안과 ─ 휴비츠, 인터로조, 휴메딕스
- 인공호흡기 ─ 멕아이씨에스
- 체성분 분석기, 혈압계 ─ 인바디, 셀바스헬스케어
- 에스테틱 ─ 클래시스, 제이시스메디칼, 하이로닉, 이루다, 비올, 루트로닉, 파마리서치

테마 밸류체인(해외 및 ETF)

바이오, 헬스케어 해외 기업 및 ETF

위탁 생산
- CMO, CMDO — 론자(스위스), 캐털런트(미국), 우시 바이오로직스(중국), 베링거인겔하임(독일), 후지(일본)
- CRO — IQVIA(미국), Covance(미국), Syneos Health(미국), Icon plc(아일랜드), PRA Health(미국), Charles River(미국)

바이오시밀러
애브비(미국), 얀센(미국), 암젠(미국), 화이자(미국), 로슈(스위스), 노바티스(스위스), 베링거인겔하임(독일), MSD(다국적)

항암제, 치료제
- 세포치료제
  - CAR-T 세포 치료제 — 노바티스(스위스), 길리어드 사이언스(미국)
  - NK세포 치료제 — 사노피(프랑스), Fate Therapeutics(미국), NantKwest(미국), Nkarta(미국), 다케다(일본)
- 항암제 — BMS(미국), 아스트라제네카(영국), MSD(다국적), 암젠(미국), 로슈(스위스), 얀센(미국), 화이자(미국), 일라이 릴리(미국)
- 유전자 치료제
  - 유전자 치료제 — 카이트 파마(미국), 로슈(스위스), 노바티스(스위스)
  - 유전자 가위 — 크리스퍼(스위스), 에디타스(미국), 인텔리아(미국)
- 자가면역 질환
  - 치료제
    - TNF-알파 억제제 — 애브비(미국), 얀센(미국), MSD(다국적), 암젠(미국), 화이자(미국)
    - JAK 억제제 — 화이자(미국), 애브비(미국), 일라이 릴리(미국)
    - 인터루킨 억제제 — 일라이 릴리(미국), 애브비(미국), 로슈(스위스), 사노피(프랑스), 노바티스(스위스), 얀센(미국)
  - 진단 — 지멘스(독일), Abbott(미국), Thermo Fisher Scientific(미국), Danaher(미국)
- 이중항체 — 암젠(미국), 로슈(스위스)
- ADC — 다케다(일본), 길리어드 사이언스(미국), MSD(다국적)

코로나19
- 백신
  - 플랫폼
    - m-RNA — 화이자(미국), 모더나(미국), 바이오앤테크(독일), 큐어백(독일)
    - 바이러스 벡터 — 아스트라제네카(영국), 얀센(미국)
    - 재조합 백신 — 노바백스(미국)
    - 불활화 백신 — 시노팜(중국), 시노백(중국)
  - 콜드 체인 — 캐리어 글로벌(미국)
- 치료제
  - 경구용 치료제 — 머크(미국), 화이자(미국), 로슈(스위스), 시오노기(일본)
  - 항체 치료제 — 일라이 릴리(미국), GSK(미국), 로슈(스위스), 아스트라제네카(영국), 길리어드 사이언스(미국)

헬스케어
- 보툴리눔독소 — 애브비(구 엘러간)(미국), Ipsen(프랑스), Revance(미국), Evolus(미국), Merz (독일)
- 에스테틱 — 인모드(미국), Establishment Labs(미국), 큐테라(미국)
- AI 영상진단 — Butterfly Network(미국), ContextVision(스웨덴), 메드트로닉(미국)
- AI 신약개발 — Schrodinger(미국), AbCellera(캐나다)
- 진단
  - 면역 진단 — 로슈(스위스), Abbott(미국), Thermo Fisher Scientific(미국), 비오메리으(프랑스), 퀴델(미국), 벡톤디킨슨(미국)
  - 분자 진단 — 로슈(스위스), Abbott(미국), Thermo Fisher Scientific(미국), 비오메리으(프랑스), 홀로직(미국), QIAGEN(독일), 벡톤디킨슨(미국), Fluidigm(미국), Bio-Rad(미국)
  - 액체 생검 — 가던트헬스(미국), 그레일(미국), 이그젝트사이언스(미국)
- 치과 — 스트라우만(스위스), Danaher(미국), 덴츠플라이 시로나(미국), 짐머바이오멧(미국), Henry Schein(미국), 얼라인테크놀로지(미국), Patterson Companies(미국)
- 혈당측정기 — 로슈(스위스), 메드트로닉(미국), 바이엘(독일), 존슨앤존슨(미국), Abbott(미국), 덱스콤(미국), Sinocare(중국), Bionime(대만)
- 안과 — 톱콘(일본), 칼짜이즈 메디텍(독일), Essilor(프랑스), 올림푸스(일본), 니콘(일본), 존슨앤존슨(미국)
- X-ray 및 디텍터 — GE(미국), 지멘스(독일), 필립스(네덜란드), 후지필름(일본), 아그파 게바트(벨기에), 캐논(일본), 홀로직(미국), Varian Medical Systems(영국), 퍼킨엘머(미국)
- 심장 및 혈관 — 메드트로닉(미국), Abbott(미국)
- 외과 — 메드트로닉(미국), 존슨앤존슨(미국), 스트라이커(미국)
- 당뇨 관리 — 메드트로닉(미국), Abbott(미국), 덱스콤(미국)
- 디지털 헬스케어 — 오라클(미국), 필립스(네덜란드), 레즈메드(미국), 가민(미국), 텔라닥 헬스(미국)

ETF
- iShares U.S. Medical Devices ETF - IHI
- S&P Health Care Equipment Select Industry - XHE
- Invesco Dynamic Phamaceuticals ETF - PJP
- Health Care Select Sector SPDR - XLV
- iShares Biotechnology ETF - IBB
- iShares U.S. Pharmaceuticals ETF - IHE

화이자

시가총액			2021년	2022년(전망)	2023년(전망)
336조 원		**매출액**	113조 8,000억 원	139조 9,000억 원	110조 7,800억 원
국적	미국	**순이익**	31조 3,800억 원	47조 5,200억 원	33조 8,300억 원

- 글로벌 의약품 매출 1,2위를 번갈아 기록하고 있는 거대 제약사
- 비아그라, 센트룸 등을 포함해 자가면역질환 치료제 엔브렐, 젤잔즈 등 제조
- 특히 코로나 mRNA 백신 제조로 2021년에만 약 44조 원의 매출 기록
- 블록버스터 오리지널 주요 의약품의 바이오시밀러 다수 보유(레미케이드, 맙테라, 허셉틴, 휴미라 등)
- 현금 규모가 2019년 대비 최근 3년간 3배가량 급증하며 대규모 M&A를 준비할 전망

존슨앤존슨

시가총액			2021년	2022년(전망)	2023년(전망)
605조 원		**매출액**	131조 2,600억 원	133조 원	137조 8,400억 원
국적	미국	**순이익**	29조 2,200억 원	35조 6,800억 원	36조 8,700억 원

- 제약회사 얀센, 의료기기 분야의 존슨앤존슨메디컬, 화장품 분야 컨슈머 그리고 아큐브렌즈를 생산하는 비전케어 등 4가지 다각화된 비즈니스 영역 보유
- 주요 제품으로 컨슈머헬스 분야의 타이레놀, 베이비로션, 리스테린, 뉴트로지나, 아비노, 제약 분야의 레미케이드, 스텔라라, 임부르비카 등 보유
- 1961년 얀센을 인수하면서 글로벌 제약사로 자리매김했으며 제약 부분이 핵심 캐시카우
- 연 배당률 2.5%를 유지하면서 50년 넘게 배당을 늘려온 대표적인 배당주

애브비

시가총액			2021년	2022년(전망)	2023년(전망)
353조 원		매출액	78조 6,700억 원	82조 5,100억 원	77조 2,000억 원
국적	미국	순이익	16조 550억 원	26조 6,500억 원	17조 5,300억 원

- 글로벌 판매 1위 블록버스터급 자가면역치료제 약품 '휴미라'를 보유하고 있는 빅파마(Big Phama)
- 자가면역질환 치료제의 최강자로서, 휴미라를 포함해 12건의 치료제 개발 이력
- 2020년 5월 앨러간을 인수해 글로벌 1위 보툴리눔톡신 제품 '보톡스' 확보함
- 휴미라 후속 약품인 스카이리지, 린보크 등이 기대주로 등극

일라이릴리

시가총액			2021년	2022년(전망)	2023년(전망)
440조 원		매출액	39조 6,400억 원	40조 2,900억 원	42조 4,000억 원
국적	미국	순이익	7조 8,100억 원	8조 9,100억 원	10조 8,100억 원

- 인슐린, 항암제, 항우울제 등의 주력 상품 제조. 페니실린, 인슐린을 최초로 대량 생산한 회사
- 당뇨 치료제, 코로나19 항체 치료제, 비소세포폐암 치료제, 건선 치료제 등 주요 품목들 매출 신장 중
- 비만치료제 '마운자로', FDA로부터 패스트트랙(Fast Track)으로 지정. 2022년 말경 NDA 제출 전망
- 차세대 사업으로 RNA 기반 치료제 개발 전략 선정해 관련 기업 인수

머크

시가총액			2021년	2022년(전망)	2023년(전망)
327조 원		매출액	68조 4,700억 원	81조 9,900억 원	80조 6,300억 원
국적	미국	순이익	17조 2,800억 원	23조 3,400억 원	24조 1,500억 원

- 매출의 약 35% 비중인 키트루다, 선발주자인 옵디보를 꺾고 PD-1 시장 과반수 이상을 과점
- 2021년, 코로나 mRNA 백신 제품을 제외하고 애브비의 휴미라에 이어 키트루다가 높은 매출 기록
- 분기마다 배당을 지급하고 있으며 10여 년 이상 꾸준히 배당금이 증가하고 있음

메드트로닉

시가총액 152조 원		2021년	2022년(전망)	2023년(전망)
	매출액	42조 1,600억 원	44조 3,600억 원	44조 1,600억 원
국적	미국			
	순이익	5조 490억 원	7조 570억 원	8조 1,400억 원

- 세계 최대 의료기기 기업으로 160여 개 국가에 의료기기와 의료 기술 솔루션을 제공
- 심장박동기를 필두로 흉부, 심혈관, 최소 침습 치료 분야에 강점 보유
- 2018년 이스라엘의 의료용 로봇 업체인 마조 로보틱스를 인수하며 수술용 로봇 시장 진출

종목명	시가총액 (조 원)	사업 내용	2022년, 2023년 전년비 EPS 성장률 (전망)
GSK	86	백신에 강점이 있는 다국적 제약회사	-1%, 9%
BMS	211	암, 에이즈, 심혈관, 류마티스 등의 의약품을 생산하는 미국 국적 제약회사	140%, 5%
노바티스	233	CAR-T 치료제인 킴리아를 생산하는 스위스 다국적 제약회사	-43%, 7%
로슈	376	대표적 항암제인 아바스틴, 허셉틴, 리툭산 보유	26%, 4%
사노피	140	심혈관, 혈전증, 대사장애, 중추신경계 분야가 전문인 프랑스 제약회사	36%, 4%
아스트라제네카	238	종양학, 호흡기 등 다양한 분야의 처방 의약품 개발, 발굴	8,262%, 12%
길리어드사이언스	117	타미플루를 포함해 에이즈, 호흡기 및 심혈관 질환 환자용 의약품 파이프라인 보유	32%, 1%
모더나	74	mRNA 기술을 적용한 코로나19 백신 제조	-9%, -72%
암젠	188	류머티즘 관절염의 블록버스터 치료제인 엔브렐 생산	70%, 7%
론자	52	글로벌 2위 CMO	-61%, 17%

※ EPS: Earning Per Share. 주당순이익을 뜻하며, 기업의 자본 규모와 상관없이 1주당 얼마의 이익을 창출했는지를 나타내기에
기업의 실질적인 수익성을 가늠해볼 수 있음

삼성바이오로직스

☑ CMO · CDMO · 바이오시밀러

시가총액 **57조 원**	주요 주주	삼성물산 외 4인 74%, 국민연금 5%
	주 매출처	CDMO 제품 및 서비스 87%

- 내년 기준, 생산 capa 62만 리터 전망의 글로벌 1위 의약품 위탁 제조, 생산 기업
- 위탁 생산 수요가 높은 세포, 유전자 치료제 등에 CDMO 비즈니스 진출 계획
- 자회사 삼성바이오에피스가 자가면역질환 치료제 바이오시밀러 라인업 보유 중(플릭사비 – 레미케이드 바이오시밀러, 베네팔리 – 엔브렐 바이오시밀러, 임랄디 – 휴미라 바이오시밀러)

실적 추이 및 전망

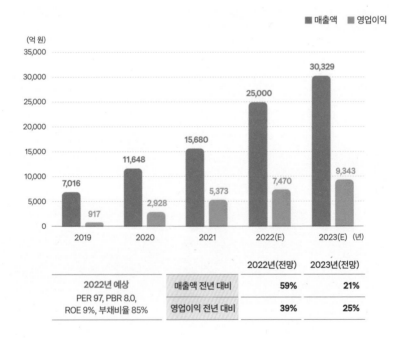

(억 원)

■ 매출액　■ 영업이익

	2022년(전망)	2023년(전망)
매출액 전년 대비	59%	21%
영업이익 전년 대비	39%	25%

2022년 예상
PER 97, PBR 8.0,
ROE 9%, 부채비율 85%

셀트리온

☑ 바이오시밀러 • 램시마 • 트룩시마 • 허쥬마

시가총액	주요 주주	셀트리온홀딩스 외 74인 22%, 국민연금 7%
23조 원	주 매출처	바이오의약품 69%, 케미컬의약품 30%

- 류마티스 관절염 치료제 렘시마로 고속 성장한 각종 단백질 치료제 개발, 생산 기업
- 2013년 램시마 출시 이후 6개의 바이오시밀러 제품이 글로벌로 진출(램시마, 트룩시마, 허쥬마, 램시마 SC, 유플라이마, 베그젤마)
- 크게 확대될 미국 바이오시밀러 시장 적극 공략 및 수익성 증대 목적으로 미국 직판 도전 중

실적 추이 및 전망

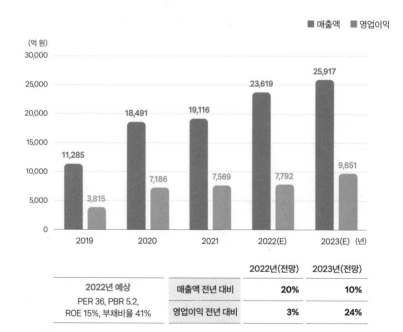

■ 매출액 ■ 영업이익

(억 원)

	2019	2020	2021	2022(E)	2023(E) (년)
매출액	11,285	18,491	19,116	23,619	25,917
영업이익	3,815	7,186	7,569	7,792	9,651

2022년 예상		2022년(전망)	2023년(전망)
PER 36, PBR 5.2, ROE 15%, 부채비율 41%	매출액 전년 대비	20%	10%
	영업이익 전년 대비	3%	24%

한미약품

☑ 랩스커버리 • 라이센스 아웃 • 롤론티스 • 포지오티닙

시가총액 **2조 8,000억 원**	

주요 주주	한미사이언스 외 3인 41%, 국민연금 10%
주 매출처	의약품 96%(정제 37%, 캡슐제 16%)

- 전문의약품(ETC) 내수 1위. 2015년 대규모 라이선스 아웃 이후 국내 제약 바이오 시장 선도
- 독자적 플랫폼 기술인 랩스커버리로 지속적인 라이선스 아웃 이력
- 2022년 9월, 호중구감소증 신약 롤론티스가 FDA로부터 시판 허가 획득
- 비소세포폐암 치료제인 포지오티닙의 FDA 품목 허가 관련 이슈 체크

실적 추이 및 전망

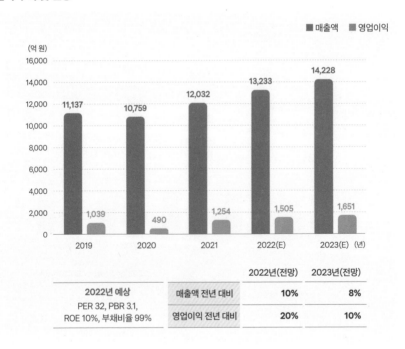

		2022년(전망)	2023년(전망)
2022년 예상 PER 32, PBR 3.1, ROE 10%, 부채비율 99%	매출액 전년 대비	10%	8%
	영업이익 전년 대비	20%	10%

SK바이오사이언스

☑ 코로나19 백신 · 스카이코비원 · 안동 L하우스 · 노바벡스

시가총액 **5조 6,000억 원**	주요 주주	SK케미칼 외 2인 68%
	주 매출처	CMO 등 용역매출 88%, 백신제제 10%

- SK케미칼에서 물적 분할된 백신 및 바이오의약품 연구개발, 생산, 판매 기업
- 아스트라제네카, 노바백스의 코로나19 백신 CMO 수주
- 코로나19 유행 정점 통과로 자체 개발 코로나 백신인 스카이코비원의 매출액 저하 및 노바백스 백신 생산 규모 감소 중
- 안동 L하우스 제조 설비 증설로 mRNA, 차세대 바이러스 벡터 등 신규 플랫폼 시설 구축 전망

실적 추이 및 전망

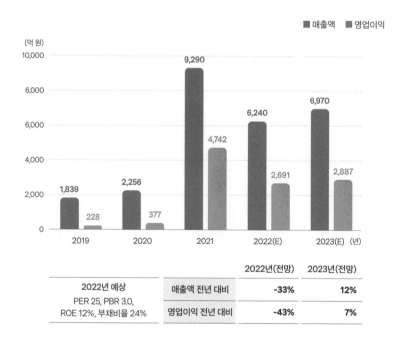

		2022년(전망)	2023년(전망)
2022년 예상 PER 25, PBR 3.0, ROE 12%, 부채비율 24%	매출액 전년 대비	-33%	12%
	영업이익 전년 대비	-43%	7%

유한양행

☑ 렉라자 • 레이저티닙 • 표적항암제

시가총액	주요 주주	유한재단 외 1인 15%, 국민연금 10%
4조 1,000억 원	주 매출처	약품 사업 69%, 해외 사업 12%

- 1926년에 설립된 국내 대표적인 ESG 실천 제약, 바이오 기업
- 대표적인 EGFR 표적항암제인 타그리소가 내성 한계점에 이르며 최근 렉라자에 주목
- 동사의 대표 파이프라인인 폐암 치료제 '렉라자', 2023년 상반기 임상 결과 확인 후 FDA 허가 신청 전망
- 마이크로바이옴 치료제 연구개발 기업을 인수하며 신약, 건강기능식품 파이프라인 개발 계획

실적 추이 및 전망

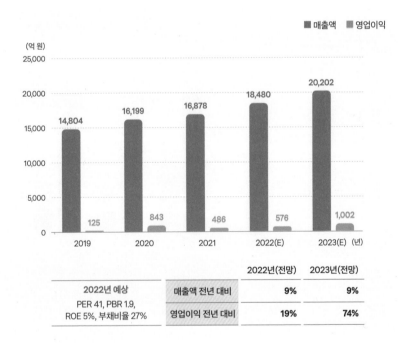

■ 매출액　■ 영업이익

(억 원)

	2019	2020	2021	2022(E)	2023(E) (년)
매출액	14,804	16,199	16,878	18,480	20,202
영업이익	125	843	486	576	1,002

2022년 예상		2022년(전망)	2023년(전망)
PER 41, PBR 1.9, ROE 5%, 부채비율 27%	매출액 전년 대비	9%	9%
	영업이익 전년 대비	19%	74%

HK이노엔

☑ 컨디션 • 헛개수 • 케이캡 • 세포 유전자 치료제

시가총액	주요 주주	한국콜마 42%
1조 원	주 매출처	전문 의약품 91%, HB&B 9%

- 컨디션, 헛개수 등 160여 개 전문의약품 보유
- 세포 유전자 치료제 관련, 다수 파이프라인 및 GMP 인증시설 보유
- 위식도역류 신약 '케이캡', 인도네시아 식품의약국으로부터 품목 허가 획득
- 오송 수액 신공장 풀가동으로 규모의 경제를 활용해 기업의 중장기 안정적 이익 확보 전략

실적 추이 및 전망

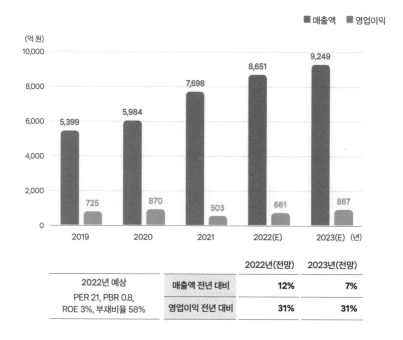

■ 매출액 ■ 영업이익

(억 원)

	2019	2020	2021	2022(E)	2023(E)
매출액	5,399	5,984	7,698	8,651	9,249
영업이익	725	870	503	661	867

			2022년(전망)	2023년(전망)
2022년 예상 PER 21, PBR 0.8, ROE 3%, 부채비율 58%		매출액 전년 대비	12%	7%
		영업이익 전년 대비	31%	31%

셀트리온제약

☑ 셀트리온 • 국내 유통 • 고덱스

시가총액 2조 4,000억 원	주요 주주	셀트리온 외 15인 55%
	주 매출처	상품(램시마, 트룩시마, 허쥬마 등) 39%, 고덱스 16%

- 셀트리온이 제조한 바이오시밀러의 국내 유통 담당(램시마, 트룩시마, 허쥬마 등)
- 다케다 제약의 아시아 태평양 지역 18개 프라이머리 케어 제품 중 14품목의 국내 판매 담당
- 간장약인 고덱스의 급여 유지 잡음 해소로 고덱스 포트폴리오 확대 전략

최근 실적 및 주요 재무지표

	2021년	2022년(전망)	2023년(전망)		2022년 상반기	
매출액	3,987억 원	전망치 미집계	전망치 미집계	매출액	1,942억 원	PER 114 PBR 8.6
영업이익	478억 원	전망치 미집계	전망치 미집계	이익	187억 원	ROE 7% 부채비율 74%

셀트리온헬스케어

☑ 셀트리온 • 해외 유통 • 바이오시밀러

시가총액 10조 5,000억 원	주요 주주	셀트리온홀딩스 외 21인 38%
	주 매출처	램시마 41%, 트룩시마 30%, 허쥬마 10%, 램시마 SC 9%

- 셀트리온이 제조한 바이오시밀러의 글로벌 유통 담당(램시마, 트룩시마, 허쥬마 등)
- 글로벌 제약사 화이자, 테바 등 포함해 약 30여 개 파트너와 판매 및 유통 파트너십 구축
- 2023년부터 도래할 글로벌 바이오시밀러 업황 호조에 가장 큰 수혜를 받을 전망

최근 실적 및 주요 재무지표

	2021년	2022년(전망)	2023년(전망)		2022년 상반기	
매출액	1조 8,000억 원	2조 570억 원	2조 5,390억 원 (yoy 14%)	매출액	9,347억 원	PER 49.3 PBR 4.6
영업이익	1,994억 원	2,795억 원	3,218억 원 (yoy 15%)	이익	1,191억 원	ROE 9% 부채비율 101%

SK케미칼

SK바이오사이언스 • 재생 플라스틱 • 기넥신

시가총액	주요 주주	SK디스커버리 외 8인 41%, 국민연금 6%
1조 4,500억 원	주 매출처	그린 케미칼 사업 76%, Life Science 사업 41%, 내부거래 –18%

- SK바이오사이언스의 지분 약 68%를 보유
- 코폴리에스터, 엔지니어링 플라스틱. 접착 및 코팅제 사업의 그린 케미칼, 제약 및 백신 사업의 라이프 사이언스 사업부로 구분
- 친환경 재생 플라스틱 사업 생태계 구축 및 LNG 열병합 발전 전환 추진으로 미래 먹거리 확보 계획

최근 실적 및 주요 재무지표

	2021년	2022년(전망)	2023년(전망)		2022년 상반기	
매출액	2조 896억 원	2조 2,340억 원	2조 4,992억 원 (yoy 11%)	매출액	9,194억 원	PER 10.9 PBR 0.9
영업이익	5,552억 원	4,870억 원	6,042억 원 (yoy 24%)	이익	1,359억 원	ROE 7% 부채비율 43%

SK바이오팜

세노바메이트 • 엑스코프리

시가총액	주요 주주	SK 외 5인 64%, 국민연금 5%
4조 2,700억 원	주 매출처	세노바메이트 97%

- 뇌전증 치료제인 엑스코프리의 처방 수가 지속적으로 증가 중. 성공적 미국 진출 및 유럽에서도 판매 증가
- 2022년 5월, 미국 디지털 치료제 기업이자 손목 웨어러블 기기 기업인 칼라 헬스에 투자
- 해외 유망 제약, 바이오 기업들과 오픈이노베이션 확대 중(miRNA 타깃 신약 후보물질 발굴 및 표적 단백질 분해 기술 기반 차세대 항암 신약 연구 등)

최근 실적 및 주요 재무지표

	2021년	2022년(전망)	2023년(전망)		2022년 상반기	
매출액	4,186억 원	2조 570억 원	3,381억 원 (yoy 43%)	매출액	945억 원	PER -36.9 PBR 12.9
영업이익	950억 원	-1,169억 원	-309억 원 (적자 축소)	이익	-772억 원	ROE -30% 부채비율 61%

녹십자

☑ 혈액제제 • 독감 백신 • 헌터라제 • 유비케어 • 면역글로불린 주사제

시가총액 **1조 4,000억 원**	주요 주주	녹십자홀딩스 외 9인 51%, 국민연금 7%
	주 매출처	일반제제류 22%, 혈액제제류 22%, 진단 신약 및 제조 21%

- 혈액, 독감 및 기타 백신 제제 및 OTC 의약품 제조 판매
- 세계 2번째로 개발된 중증형 헌터증후군 치료제인 헌터라제 ICV가 유럽 희귀의약품으로 지정
- 2021년, EMR 기업인 유비케어를 인수해 디지털 헬스케어 플랫폼 구축에 집중

최근 실적 및 주요 재무지표

	2021년	2022년(전망)	2023년(전망)		2022년 상반기	
매출액	1조 5,300억 원	1조 7,200억 원	1조 7,850억 원 (yoy 3%)	매출액	8,401억 원	PER 22.1 PBR 1.0
영업이익	737억 원	1,092억 원	1,090억 원 (yoy 0%)	이익	549억 원	ROE 4.9% 부채비율 65%

알테오젠

☑ 히알루로니다제 • 피하주사제 • 성장호르몬 치료제

시가총액 **1조 7,200억 원**	주요 주주	박순재 외 7인 25%, 형인우 외 2인 5%
	주 매출처	상품매출 81%, 기술용역 11%

- ADC 기술 활용한 바이오베터 사업 및 아일리아, 허셉틴 등 바이오시밀러 개발 사업 영위
- 피부, 안과용 치료제 및 체내 반감기 증가 기술 보유
- 바이오의약품 정맥 주사의 피하주사제 전환 기술인 히알루로니다제 보유
- 지속형 성장호르몬 치료제 후보물질 임상 진행

최근 실적 및 주요 재무지표

	2021년	2022년(전망)	2023년(전망)		2022년 상반기	
매출액	411억 원	465억 원	868억 원 (yoy 86%)	매출액	128억 원	PER 216 PBR 11.5
영업이익	-128억 원	-65억 원	294억 원 (흑자 전환)	이익	-159억 원	ROE 5% 부채비율 66%

에스디바이오센서

☑ 체외진단 • 코로나19 진단키트 • M&A

시가총액	주요 주주	조영식 외 15인 63%
2조 9,000억 원	주 매출처	면역화학진단 제품 92%(Standart-Q, F, E)

- 체외진단 토탈 플랫폼 전문 기업으로 코로나19 이후 진단키트로 크게 성장
- 막대한 현금 보유로 미국 체외진단 기업 인수 및 다수의 기업 M&A 진행
- 미국, 인도, 인도네시아, 중국, 브라질에 인수합병 기업 포함한 현지 법인 보유
- 포스트 코로나 시대 대응 전략으로 현장 신속분자진단 플랫폼인 Standart M10의 글로벌 시장 공략 계획

최근 실적 및 주요 재무지표

	2021년	2022년(전망)	2023년(전망)		2022년 상반기	
매출액	2조 9,300억 원	2조 9,300억 원	1조 6,500억 원 (yoy -43%)	매출액	2조 1,830억 원	PER 2.8 PBR 0.9
영업이익	1조 3,640억 원	1조 2,300억 원	6,300억 원 (yoy -48%)	이익	9,677억 원	ROE 38% 부채비율 25%

클래시스

☑ 슈링크 • HIFU • 베인캐피탈

시가총액	주요 주주	BCPE Centur Investment 73%
1조 원	주 매출처	클래시스 브랜드 70%, 소모품 20%

- 집속초음파(HIFU)기술을 바탕으로 제품 '슈링크'를 앞세워 글로벌 HIFU 리프팅 시술 선도
- 2022년 1월, 글로벌 PEF 운용사 베인캐피탈에 인수
- 슈링크의 높은 병원 보급률로 제품 및 소모품의 지속적인 매출 확대

최근 실적 및 주요 재무지표

	2021년	2022년(전망)	2023년(전망)		2022년 상반기	
매출액	1,006억 원	1,364억 원	1,736억 원 (yoy 27%)	매출액	681억 원	PER 18.8 PBR 4.6
영업이익	517억 원	660억 원	888억 원 (yoy 34%)	이익	320억 원	ROE 28% 부채비율 68%

오스템임플란트

☑ 임플란트 • 치과 장비 • 중국 시장

시가총액 1조 7,000억 원	주요 주주	최규옥 외 2인 20%, Lazard Asset Management 7%
	주 매출처	치과용 임플란트 82%, 치과용 기자재 14%

- 글로벌 임플란트 시장 점유율 4위 및 국내 1위
- 임플란트뿐 아니라 영상 진단장비, 유니트체어 등을 포함한 치과 장비, 치과 재료 분야 매출 창출
- 가파른 성장이 전망되는 중국 임플란트 시장 점유율 최상위 수준. 현재 의사들 교육을 통한 점유율 확대 전략
- 2022년 1월, 횡령 사건으로 거래 정지가 되었으나 4월 말 거래 재개 후 정지 전 주가 수준 회복

최근 실적 및 주요 재무지표

	2021년	2022년(전망)	2023년(전망)		2022년 상반기	
매출액	8,246억 원	1조 518억 원	1조 2,300억 원 (yoy 16%)	매출액	4,995억 원	PER 11.3 PBR 4.4
영업이익	1,433억 원	2,140억 원	2,593억 원 (yoy 21%)	이익	1,076억 원	ROE 53% 부채비율 381%

대웅제약

☑ 우루사 • 임팩타민 • 나보타 • 보툴리눔톡신 • 펙수클루

시가총액 1조 7,000억 원	주요 주주	대웅 외 5인 57%, 국민연금 10%
	주 매출처	기타 제품 35%, 기타 상품 27%, 우루사 8%, 크레스토 7%

- 우루사, 임팩타민 및 의약품 상품 매출 높아
- 메디톡스와의 보툴리눔톡신 균주 소송 종료 후, 나보타의 미국 향(向) 매출 지속 증가
- 나보타의 중국 및 영국 진출, 당뇨병 신약, 위식도역류질환 치료제, AI 기반 항암 신약 등 미래 성장 위한 동력 확보 중

최근 실적 및 주요 재무지표

	2021년	2022년(전망)	2023년(전망)		2022년 상반기	
매출액	1조 1,530억 원	1조 2,461억 원	1조 3,319억 원 (yoy 7%)	매출액	6,205억 원	PER 21.6 PBR 2.5
영업이익	889억 원	1,188억 원	1,542억 원 (yoy 29%)	이익	530억 원	ROE 13% 부채비율 103%

종목명	시가총액 (억 원)	사업 내용	2022년, 2023년 전년비 EPS 성장률 (전망)
CMG제약	2,924	차바이오텍 계열사. 호흡기 질환 제품 및 H&B 사업	전망치 미집계
EDGC	1,766	차세대 염기서열 분석 기반 유전체 분석	전망치 미집계
HLB	43,136	간암 신약 '리보세라닙'으로 FDA 허가 도전	전망치 미집계
HLB생명과학	11,838	항암 신약 연구 및 태양광, 지열 등 에너지 사업 영위	전망치 미집계
HLB제약	3,902	치매치료제를 기반으로 HLB 그룹의 의약품 생산기지 역할	전망치 미집계
JW중외제약	3,959	수액제 국내 1위 및 리바로, 악템라 등 제품 보유	흑자 전환, 24%
강스템바이오텍	1,024	아토피 피부염 줄기세포 치료제 개발	전망치 미집계
노터스	3,218	비임상 임상시험 수탁기관(CRO)	전망치 미집계
대웅	11,512	대웅그룹 지주회사. 대웅제약, 대웅바이오, 한올바이오파마 등 종속회사 보유	전망치 미집계
덴티스	1,035	임플란트 기반 디지털 덴티스트리 기업. 투명교정에서 두각	1,846%, 66%
덴티움	9,231	임플란트 기반 디지털 덴티스트리 기업. 국내 점유율 2위(16%)	81%, 15%
동국제약	7,069	잇몸약 '인사돌'을 포함해 OTC, ETC, 헬스케어 사업 고루 영위	17%, 29%
동아에스티	4,059	위점막보호제, 성장호르몬 등 ETC 사업. 스텔라라 바이오시밀러 기대	전망치 미집계
디오	2,986	임플란트 기반 디지털 덴티스트리 기업. 국내 점유율 4위(8%)	-17%, 57%
랩지노믹스	2,417	코로나 항원 신속 진단키트 제조 및 유전체 분석	전망치 미집계
레고켐바이오	8,142	항체약물접합체(ADC) 항암제 플랫폼 보유	전망치 미집계
레이	2,329	치과용 영상진단시스템 및 디지털 치료 솔루션 개발	흑자 전환, 139%
레이언스	1,571	치과용 임플란트 제조. 디지털 덴티스트리 제품 라인업 확장	37%, 7%
루닛	2,469	인공지능 기반 영상진단 솔루션	전망치 미집계
루트로닉	4,837	레이저, 고주파, LED 의료기기 등 국내 1위 에스테틱 의료기기 기업	66%, 9%
마크로젠	1,935	개인 유전체 분석 서비스를 기반으로 한 디지털 헬스케어 기업	422%, 55%
메디톡스	6,885	국내 대표 보툴리눔 톡신 및 필러 제조 기업	-57%, 1%
메디포스트	2,269	줄기세포 치료제, 제대혈 은행 및 건기식 사업	전망치 미집계
메지온	3,570	폰탄 수술 환자 치료제 '유데나필' FDA 허가 도전	전망치 미집계
바디텍메드	2,262	해외 매출 비중 높은 면역진단 카트리지 및 진단기기 제품 개발	전망치 미집계
바이넥스	3,541	케미컬의약품 판매 및 바이오의약품 CMO 영위	-4%, 13%
바텍	4,441	치과 기자재 제조. 신제품 3D GCT 부분 국내외 판매 성과 기대	29%, 8%

종목명	시가총액 (억 원)	사업 내용	2022년, 2023년 전년비 EPS 성장률 (전망)
보령	6,635	위장병 치료제 '겔포스', 고혈압 치료제 '카나브' 보유 및 LBA 전략 1호 브랜드 항암제 '젬자' 자체 생산	-4%, 1%
보로노이	2,800	신약 후보물질 연구개발 전문업체	전망치 미집계
뷰웍스	3,201	X-ray 디텍터 등 의료, 산업용 영상솔루션 전문 기업	5%, 24%
비올	1,041	미용 목적 의료기기 개발. 마이크로 니들링 시스템, RF 제어 기술	140%, 43%
삼진제약	3,315	대표 브랜드 '게보린' 보유. 인공지능 기반 혁신 신약 개발 집중	-55%, 미집계
삼천당제약	6,682	점안제, 호흡기 질환 치료제, 항생제 등 매출 창출	전망치 미집계
서린바이오	1,075	mRNA 합성서비스 국내 유일 공급. 삼성바이오로직스에 의약품 납품 레퍼런스 보유	전망치 미집계
셀루메드	1,752	골이식재 및 mRNA 생산 효소 개발 및 백신 개발 사업	전망치 미집계
셀리드	1,411	표적항암제, 면역항암제 관련 플랫폼 기술 보유 및 코로나19 백신 임상 진행	전망치 미집계
셀리버리	3,913	아토피 피부염 치료제 및 흡입형 코로나19 면역치료제 의약품 생산	전망치 미집계
수젠텍	1,632	체외진단 기업으로 코로나19 진단 키트 제조	전망치 미집계
신테카바이오	1,010	유전체 빅데이터 기반 인공지능 신약개발 기업	전망치 미집계
씨젠	15,328	면역진단, 분자진단용 시약 및 키트 제조. 코로나19 진단키트로 기업가치 퀀텀 점프	-55%, -47%
아미코젠	3,783	세포배양 배지, 레진 생산	전망치 미집계
압타바이오	3,010	당뇨병성 신증 신약후보물질 개발	전망치 미집계
앱클론	2,305	HER2 양성 위암 표적치료제 및 CAR-T 치료제 임상 진행	전망치 미집계
에스티팜	15,480	RNA 치료제 원료의약품 글로벌 생산 능력 1위	307%, 109%
에이비엘바이오	8,817	이중항체 기술 기반 항체치료제 연구, 개발	전망치 미집계
엔케이맥스	5,092	면역세포 중 하나인 NK세포 활용 면역세포치료제 플랫폼 보유	전망치 미집계
오스코텍	5,996	면역질환 및 암질환 신약 개발. 유한양행에 '렉라자' 기술 이전	전망치 미집계
올릭스	2,576	RNA 간섭 치료제 전문. 비알콜성 지방간염(NASH) 치료제 임상 진행	전망치 미집계
유틸렉스	2,606	면역항암 세포치료제, CAR-T 세포치료제 및 항체치료제 임상	전망치 미집계
이루다	865	레이저를 활용한 미용 의료기기 제조	전망치 미집계
이수앱지스	1,818	면역 항암치료제 옵디보의 바이오시밀러 연구 개발 중	적자지속, 적자지속
이연제약	3,321	세포, 유전자 치료제 개발 및 백신 원료, 완제의약품 생산 공장 보유	전망치 미집계

종목명	시가총액 (억 원)	사업 내용	2022년, 2023년 전년비 EPS 성장률 (전망)
일동제약	7,183	브랜드 '아로나민' 보유. 시오노기제약과 코로나 경구 치료제 개발 중	적자지속, 흑자 전환
제넥신	5,600	자궁경부암 치료 관련 키트루다와의 병용투여 임상 진행 중	전망치 미집계
제이시스메디칼	4,378	피부 미용기기(HIFU 초음파, 레이저, RF 고주파) 생산	105%, 36%
제일약품	2,691	글로벌 빅파마의 상품 매출 및 당뇨치료제 임상 진행 중	전망치 미집계
종근당	9,099	합성신약, 개량신약 사업 및 빈혈치료제, 황반변성 치료제 등 임상 진행	113%, 2%
진원생명과학	7,970	Plasmid DNA 제품을 미국 현지법인에서 생산. 코로나 백신 및 경구용 치료제 임상	전망치 미집계
차바이오텍	7,540	줄기, 면역세포 특허 보유. 고형암 면역세포치료제 기술수출 타진	전망치 미집계
티움바이오	2,734	희귀난치질환 전문 신약 개발. 기술수출 주력	전망치 미집계
파마리서치	5,966	조직 재생 활성물질로 재생 치료, 의료 미용산업 영위	1%, 36%
펩트론	1,588	펩타이드 합성기술 개발 및 신물질 발굴. 뇌혈관 치료제 임상	전망치 미집계
한미사이언스	21,033	한미약품그룹의 지주회사. 한미헬스케어 합병	전망치 미집계
한올바이오파마	7,235	안구건조증 치료제 및 자가면역질환 파이프라인 보유	46%, 35%
헬릭스미스	4,900	당뇨병성 신경병증 신약 '엔진시스' 임상	전망치 미집계
현대바이오	7,738	코로나19 치료제 및 차세대 항암제 후보물질 개발 중	전망치 미집계
휴마시스	6,109	체외진단기기 전문. 코로나19 진단키트로 기업가치 퀀텀 점프	전망치 미집계
휴메딕스	2,009	히알루론산 기반 필러 및 점안제 제조	232%, 1%
휴온스	3,533	점안제, 치과용 국소마취제, 건기식, 보툴리눔 톡신 포트폴리오 보유	25%, 29%
휴젤	13,735	보툴리눔톡신 '보툴렉스' 중국, 유럽 수출. 미국 FDA 품목허가 도전	5%, 21%

※ EPS: Earning Per Share. 주당순이익을 뜻하며, 기업의 자본 규모와 상관없이 1주당 얼마의 이익을 창출했는지를 나타내기에 기업의 실질적인 수익성을 가늠해볼 수 있음

알아두면 좋은 용어

바이오 의약품
세포 배양, 유전자 재조합, 유전자 조작 등의 생명공학 방법을 직간접적으로 활용해 만들어낸 신약을 뜻한다.

바이오시밀러
바이오 의약품에 대한 복제약을 뜻한다. 이미 품목허가를 받은 오리지널 의약품이 존재하고 오리지널 의약품에 대해 품질, 비임상, 임상 단계에서 비교 동등성 실험을 수행하게 되며 이를 통해 유사성을 입증한 의약품이다. 합성의약품과 달리 오리지널 의약품과 동일한 생산품을 만들기 어렵기에 바이오에 시밀러라는 용어를 사용한다.

바이오베터
새로운 기술을 적용해 기존 바이오 의약품을 보다 우수하게 개량해 가치를 향상시킨 의약품이다. 오리지널 의약품에 비해 효능, 투여횟수 등이 개선되었다. 기존 바이오 의약품보다 더 낫다는 의미에서 베터(better)라는 단어를 사용한다. 바이오베터는 오리지널 의약품의 특허에 영향을 받지 않아 신약과 같은 높은 수익성을 갖고 이미 오리지널 의약품을 통해 시장성이 입증되어 있기 때문에 신약 개발 대비 사업 리스크가 적은 편이다.

CMO
Contract Manufacturing Organization. 의약품을 위탁 생산하는 의약품 전문 생산 사업으로 의뢰된 의약품을 대신 생산해주는 것을 뜻한다. 자체 생산보다는 위탁 생산을 통해 효율화를 꾀하고자 할 때 선택하는 방안이다. 반도체 비메모리에서 파운드리 업체가 수행하는 업무 방식과 비슷하다.

CDMO
CMO와 CDO를 함께 일컫는 말이다. 신약 개발부터 생산까지 아웃소싱해 시간과 비용을 줄일 수 있게 해주는 비즈니스 형태다. CDMO 전문업체는 대량 생산을 통해 규모의 경제를 실현할 수 있다. 다국적 제약사들이 선택과 집중을 통해 신약은 자체적으로 생산을 하더라도 기존 블록버스터 품목은 위탁생산에 맡기고 있다. 위탁 생산 비율이 현재 15%에서 향후 50%까지 증가할 전망이다.

CRO
Contract Research Organization. 임상시험 수탁기관이라 부르며 신약개발 단계에서 제약사, 바이오 기업의 의뢰를 받아 임상시험 진행의 디자인과 컨설팅, 모니터링, 데이터 관리, 허가 등의 업무를 대행한다.

FDA
Food and Drug Administration. 미국연방식품의약국. 우리나라로 치면 식품의약품안전청에 해당한다. 미국 자국민을 타국에서 들어오는 유해한 상품으로부터 보호하기 위해 까다로운 사항들을 지키도록 요구하는 기관이다.

EMA
European Medicines Agency. 유럽의약품기구. 유럽연합의 의약품 평가 및 감독을 담당하는 기관이다.

GMP
Good Manufacturing Practice. 우수 의약품 제조기준으로서 제조장소의 설비를 비롯해 원료의 구입에서부터 보관, 제조, 포장, 출하에 이르기까지 전 공정에 걸친 제조 및 품질관리에 관한 조직적이고 체계적인 규정. 미국 FDA가 1963년에 GMP를 제정 및 공표한 후 각국에서 GMP를 도입하기 시작했으며 한국은 1977년에 도입 후 1995년에 의무화했다. 미국이 적용하는 기준은 cGMP, 유럽이 적용하는 기준은 EUGMP로 부른다.

EUA
Emergency Use Authorization. 긴급 사용 인가. 코로나19와 같은 국가 재난 상황에서 의약품 및 의료기기를 신속하게 확보하기 위해 평상시의 FDA 승인절차가 아닌 간소화된 절차를 진행해서 빠르게 FDA를 승인해주는 제도다.

IND
Investigative New Drug. 임상시험계획 승인 신청. 인체를 대상으로 한 안전성, 유효성 자료 수집을 목적으로 해당 의약품을 사용해 임상시험을 실시하고자 하는 자가 식약처, 미국의 경우 FDA에 승인을 신청하는 과정이다.

NDA

New Drug Approval. 신약승인제도. IND 허가를 받은 신물질들의 임상시험이 종료될 때 식약처가 제약기업에서 제출한 모든 비임상, 임상시험 자료를 검토해 최종 시판허가 여부를 결정하는 과정이다.

BLA

Biological Licence Application. 생물의약품 허가. 미국 공중위생국 법률 하에서 시장판매가 허가된 바이오의약품이다. BLA 제출 후 FDA 리뷰에 약 1년 정도 걸린다.

CRL

Complete Response Letter. 최종 보완요구 공문. 최종 허가 전에 FDA가 허가 관련 자료 보완을 요구하는 공문을 뜻한다.

ORR

Overall Response Rate. 객관적 반응률. 부분 또는 완전 반응의 최상의 전체 반응을 달성하는 환자의 비율을 의미한다.

CR

Complete Response. 환자의 병변이 모두 사라졌거나 관찰되지 않는다는 것을 뜻한다.

interchangeabillity

대체 처방이 가능 바이오시밀러. 향후 바이오시밀러 경쟁에서 가장 큰 변수 중 하나다. 오리지널 → 바이오시밀러 → 오리지널 → 바이오시밀러로 약물을 바꿔가며 투약했을 때도 오리지널 의약품만 투약 받은 환자군과 안전성 및 유효성, 부작용이 동일하다는 점을 임상으로 입증한다. 쉽지는 않지만 점차 대체처방 개발이 필수적으로 바뀔 것이다.

마일스톤

Milestone. 기술 수출 후 임상 단계가 올라갈 때마다 받는 성과 수수료다. 연구가 중단되거나 임상시험 결과가 좋지 않아 개발 단계를 이어가지 못하면 이후 마일스톤은 지급되지 않는다.

기술 수출

Licence Out. 자사가 보유한 경쟁력 있는 신약 파이프라인의 기술, 물질, 제품, 노하우 등의 권리를 타사에 수출하는 것을 뜻한다. 전임상 및 임상 1, 2상 단계에서 기술 수출이 주로 이뤄진다. 라이센스 계약 시 수익 구조로는 확정된 계약금 → 마일스톤 → 로열티 순으로 지급된다.

항원검사

통상 인체에 침입하는 바이러스를 항원, 외부에 침입한 항원에 대응하기 위해 인체에서 만드는 물질을 항체로 명명한다. 따라서 항원검사는 바이러스 의심 환자의 검체 내 항원이 진단키트에 탑재된 항체와 결합, 감염여부를 진단하는 방식이다.

항체검사

바이러스 감염 후 인체에서 만들어진 항체를 진단키트에 있는 항원과 결합, 감염 여부를 진단하는 방식이다. 항체검사는 민감도는 높일 수 있으나 특이도가 불확실하다. 증상발현 이후 7일 이후 항체 생성 이후 검사 가능해 감염 초기 활용이 어렵다.

ADC

항체(antibody)와 약물(drug)이 링커(linker)로 연결되는 의약품으로 항체의 표적화 능력과 약물의 세포 독성을 이용한 기술이다. ADC 기술은 암세포를 선택적으로 선별하는 항체에 항암 치료용 약물을 결합해 암세포를 효과적으로 제거하는 장점이 있다. 특히 ADC 파이프라인(신약후보물질)은 희귀의약품이나 혁신신약, 패스트 트랙으로 대부분 지정돼 상대적으로 빠른 개발이 가능하다.

이중항체

면역세포와 암세포에 동시 작용하는 항체다. 면역세포는 강화시켜주면서 암세포를 공격하는 항체라고 보면 된다. 이중항체는 단일 항체보다 효능이 뛰어나다고 알려져 있다. 자연계에는 없는 인공 항체이며 이중항체 신약은 약 100여 개가 넘는 플랫폼 기술이 연구 개발 되고 있다. 2017년 로슈의 혈우병 치료제 헴리브라를 포함한 소수의 신약만이 시판허가를 받은 상태다. 대표적인 이중항체 플랫폼 기술로는 암젠의 바이트(BiTE), 로슈의 크로스맵(CrossMab) 등이 있다.

제대혈

출산과정 중 신생아의 탯줄에서 채취한 혈액을 뜻한다. 난치성 질환 치료에 효과적인 조혈모세포와 중간엽 줄기세포가 다량 함유돼 의학적 가치가 높고 이식 시에 거부반응도 적어서 합병증 위험도 낮기에 의학적 가치가 부각되고 있다.

CAR-T

Chimeric Antigen Receptor T-cell. 체내의 면역세포를 꺼내 항체의 바이러스 벡터를 활용해 암세포에 특이적인 CAR를 발현시킨 뒤, 다시 넣어주는 방식의 새로운 항암제다. 현재 백혈병, 림프종 등의 혈액암에서 완치 수준의 치료 효과를 나타내는 것으로 확인되고 있다. 이후 고형암으로 적용 범위 확대를 위한 연구가 진행 중이다.

T세포, B세포

T세포 또는 T림프구는 비정상적인 세포를 죽이거나 B세포가 항체를 생산할 수 있도록 도와주고 면역기능을 조절하는 역할을 담당하고 있다. T세포가 기능을 잃어버리면 에이즈 같은 질병이 유발될 수 있다. B세포는 림프구 중 항체를 생산하는 세포인데 면역 반응에서 외부로부터 침입하는 항원에 대항해 항체를 생성한다.

플라스미드

Plasmid. 염색체와는 별개로 존재하며 자율적으로 증식하는 유전자를 통칭하는 용어다. 바이러스 운반체 기반 유전자 치료제의 원료 물질로 이용되어 글로벌 유전자 치료제 의약품 생산의 근간을 이루는 주요 물질이기도하다. mRNA 백신 제조 시 핵심 원료로 부각되고 있다.

디텍터(검출기)

디텍터는 디지털 X-Ray를 구현함에 있어 피사체를 통과한 엑스선을 감지해 사람이 이를 볼 수 있도록 변환하는 장치다.

침습

피부를 관통해 들어가는 방식의 시술/수술을 의미한다. 넓은 의미로는 세균 등이 체내에 들어가 조직 내로 들어가는 것도 일컫는다.

비침습

피부를 관통하지 않거나 신체의 어떤 구멍도 통과하지 않고 질병을 진단하거나 치료하는 방법이다. 예를 들어 초음파 검사 따위와 같이 신체에 상처를 내지 않고 행하는 검사를 비침습적 검사라고 한다. 미용과 관련해서는 고주파, 초음파 등을 활용한 시술이 대표적인 비침습 시술이다.

고강도 집속 초음파(HIFU) 시술

집속된 초음파를 이용해 피부 안쪽의 조직을 응고시키면서 주로 눈썹 리프팅, 바디 윤곽 시술에 활용된다.

고주파(RF) 시술

미세바늘을 이용해 피부 안쪽에 고주파 에너지를 발생하고, 진피 세포의 응고와 콜라겐 재생을 유도한다(미세절연침을 이용해 여드름 치료에 활용하기도 한다).

레이저 시술

파장의 종류에 따라 피부 색소병변 치료에 활용하거나, 조직의 절개, 파괴, 제거에 활용되기도 한다.

아이피엘(IPL) 시술

펄스형태의 빛을 방출해 다양한 피부질환 치료에 활용된다.

체외진단 의료기기

통상 체외진단 의료기기(In Vitro Diagnostics Devices)는 질병 진단과 예후 판정, 건강상태의 평가, 질병의 치료 효과 판정, 예방 등의 목적으로 인체로부터 채취된 조직, 혈액, 소변 등 검체를 이용한 검사에 사용되는 의료기기로 사용되는 시약을 포함한 기기를 모두 의미한다. 특히 코로나19를 통해 목격했듯이 체외진단 산업은 전염병 발생 시 확진자 구분은 물론 질병 예방에 기여함으로써 사회적 비용 감소, 국민 건강증진, 건강권 확보와 직결된다. 따라서 주요 국가들은 판매 전 제품의 인증과 허가를 요하고 있다.

3

미래 모빌리티

전기차

EV ●
2차전지 ●
충전 인프라 ●
미국 IRA ●
유럽 RMA ●
침투율 ●
JV ●

1 탄소중립 목표 달성을 위해 성장 중인 전기차 산업의 시장 침투율은 아직 초기
   단계
2 전기차 시대에 수요가 급증하는 핵심 부품들과 기업들에 집중
3 미국 IRA, 유럽 RMA 등 법안에 산업 주요 플레이어들은 현지 투자 및 활발한
   조인트벤처로 대응

전 세계적인 탄소중립, 친환경 정책으로 미국, 유럽, 중국을 포함한 경제 선진국들이 일제히 이 목표를 달성하기 위해 모빌리티(Mobility) 분야에도 대대적인 변화를 가하고 있다. 지구의 온도가 상승하는 이유 중 하나로 지적되는 이산화탄소 배출량 중 약 16%가 운송 분야이기 때문이다. 이에, 일본과 대한민국의 자동차 기업이 주도하는 하이브리드(배터리+엔진) 자동차가 인기를 끌고 있지만 역시나 이산화탄소를 배출할 수밖에 없다는 점에서 한계에 봉착한다.

세계에너지기구(IEA)와 EU, 미국, 중국, 일본 등은 내연기관차의 이산화탄소 배출량을 줄이기 위해 내연기관차 판매 금지 시한을 명시하며 관리, 감독하고 있고 전 세계적으로 완성차 업체들도 이에 발맞추어 공격적으로 전기차 라인업을 확충하며 시장에 뛰어들고 있다. 앞으로 대용량 배터리를 탑재한 전기차가 미래 모빌리티 시장을 주도할 전망이다.

전기차 산업 초기엔 한국을 포함한 주요 선진국들이 전기차 생태계를 빠르게 형성하기 위해 막대한 지원금을 살포해 초기 성장을 유도했고, 시간이 지날수록 전기차 및 배터리 성능 발전, 충전 인프라 확충, 제조 비용 하락 등이 맞물리며 2023년에서 2025년을 기점으로 글로벌 전기차 시장은 폭발적으로 성장할 전망이다. 전기차 시장 1위 기업인 테슬라가 산업 초기 적자에 허덕이다 최근 들어 본격적인 이익 창출 구간에 접어든 점은 시사하는 바가 크다. 전기차의 시장 침투율이 미국 8%, 중국과 유럽이 20% 안팎에 머무르고 있기에 전기차 시장 성장은 이제 초입단계라고 봐도 무방하며, 2030년에 경제 핵심 권역별로 전기차 침투율이 40%에서 55% 구간에 도달할 때까지 가파른 성장세가 이뤄질 전망이다.

| 자동차 부품 산업에 불어오는 변화

전기차는 구동을 포함해 모든 부분에서 원활한 전기 공급이 필요하기에 내연기관차와 설계 단계에서부터 완전히 다르게 출발한다. 내연기관차는 엔진, 변속기, 클러치 및 엔진 성능 향상을 위한 다양한 기계 부품들을 포함해 약 3만여 개의 부품이 필요한데 반해 전기차는 모든 동력원을 배터리에 저장된 전력으로 모터를 회전해 구동하기에 배터리, 모터, 전력변환장치 등 필수적인 전기장치를 포함해 약 1만 1,000개 정도의 부품만 필요하다. 내연차 대비 약 37% 정도의 부품만 들어간다.

전기차 시장이 성장할수록 자동차 부품업계에도 상당한 변화가 불가피하다. 내연기관차에만 필요한 부품에 주력하는 기업들은 재빠르게 전기차 부품 분야로의 진출이 필요하다. 전기차에 필수적으로 탑재되는 2차전지 배터리, 구동 모터, 전력변환장치, 회생 제동장치, 배터리 관리 시스템, 충전 장치, 인버터, 파워트레인, 전기차 전용 열 관리 시스템, 카메라를 포함한 각종 센서류와 MCU 그리고 첨단소재를 적용한 경량화 부품 등에 강점을 가진 기업들에 주목해볼 만하다.

▌ 빠르게 확충되고 있는 충전 인프라

전기차 산업의 성장이 정체되었던 이유로는 차량 제조, 배터리 기술의 발전 속도의 영향도 있지만 특히 배터리 충전 인프라의 성장 속도가 기대만큼 빠르지 못했던 점도 들 수 있다. 그래도 주요국 정부의 충전 인프라 지원이 꾸준히 이뤄지고 기술력과 자본력을 가진 기업들이 충전 관련 사업에 뛰어들면서 충전 인프라가 최근 빠르게 확충되고 있다.

이제는 국내에서도 신축 아파트나 주요 공공기관, 주차장 등에서 전기차 충전소를 이용할 수 있다. 한국은 충전기 1대당 전기차 보급대수가 2.6대로 주요국들 대비 가장 낮을만큼 충전 인프라가 상대적으로 빠르게 갖춰지고 있다. 글로벌 전기차의 시장 침투율이 아직 초기 단계인 점을 감안할 때, 충전 인프라 분야에서 두각을 나타내는 국내외 기업들에 관심을 가져볼 만하다.

▌ 미국 IRA로 인한 산업 밸류체인 변화 및 복잡한 대응법

미국의 중국 견제 수위가 점차 고조되면서, 중국이 산업을 선도하고 있는 전기차, 2차전지 분야에서도 미국의 공격이 본격적으로 시작되었다. 조바이든 미국 대통령이 인플레이션감축법(IRA)을 발표하면서 2023년부터 미국 소비자들은 전기차 구매 시 세액 공제를 충분히 받으려면 미국 및 우방국의 핵심 광물, 부품을 일정 비율 사용한 배터리를 장착한 전기차 및 미국에서 생산한 전기차를 구매해야 한다.

중국을 포함한 아시아 지역에 전기차, 2차전지 밸류체인이 편중되는 상황이 조만간 큰 변화를 맞이할 전망이며 미국의 계산대로 흘러갈 경우, 중국 전기차 산업은 자국 내로 고립될 수도 있다. 대한민국 완성차의 대표 기업인 현대기아차는 연간 전기차 30만 대 생산이 가능한 미국 조지아 공장완공이 2025년으로 예정되어 있기에 그전까지는 국내에서 생산한 물량으로 미국 시장에 뛰어들어야 한다. 완성차 기준으로 미국 전기차 점유율 2위를 차지하고 있는 현대차는 조지아 공장만 완공되면 2조 원이 넘는 세액 공제 혜택을 받겠지만 그전까지 향후 2년간의 위기에서 최대한 전기차 시장 지배력을 유지할 수 있는 액션이 필요할 전망이다.

▌ 산업 내 트렌드가 되어가는 완성차와 배터리 기업의 조인트벤처

전기차 시장에 진입하려면 기업의 전체 운명을 걸고 뛰어들어야 한다. 치열한 미래 모빌리티 시대 생존 경쟁을 위해 업체마다 기본적으로 수십조 원 단위의 투자를 집행하며 각자의 전략을 펼치고 있는데 그중 투자 효율을 극대화하기 위한 선택과 집중 차원에서 완성차 업체와 배터리 업체 사이의 조인트벤처(JV, Joint Venture)가 산업 내 트렌드처럼 이뤄지고 있다. 현대기아차, GM, 스텔란티스는 LG에너지솔루션과 합작 법인을 설립했고, 포드는 SK온, 도요타는 파나소닉과 동행하고 있는데 이젠 배터리 제조 기업에서 더 나아가 2차전지 핵심 소재인 양극재 제조 기업과의 조인트벤처에 이르기까지 범위가 넓어지고 있다. 미국 IRA 및 유럽 원자재법(RMA) 시행으로 조인트벤처 비중은 2021년 12% 수준에서 2026년에 54%까지 증가할 전망이다. 글로벌 기업 간의 조인트벤처 현황 및 변화를 항시 체크할 필요가 있다.

글로벌 전기차 보급량 전망

전기차 제조 비용이 하락하고 충전 인프라 확충 및 소비자들의 구매 인식 변화 등으로 전기차 보급은 2025년에서 2030년에 본격적인 폭발 성장세를 보일 전망이다.

글로벌 전기차 침투율(지역별)

주요 선진국의 전기차 침투율이 아직 8%에서 20% 구간에 머물러 있지만, 전기차 보급량 확대, 글로벌 탄소중립 이행 압박 등으로 2024년에서 2026년을 기점으로 침투율이 크게 상승할 전망이다.

단위: 대(누적 기준)

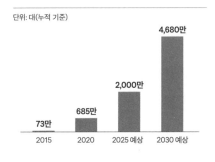

출처: 국제에너지기준

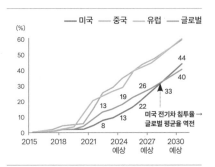

출처: Bloomberg NEF, 삼성증권

전기차의 구조

내연기관차에서 매우 중요한 엔진이 전기차에는 없으며, 배터리의 힘을 통한 모터가 이를 대신한다. 또한 연비 향상을 위한 차량 경량화를 위한 소재로 구성되어 있다.

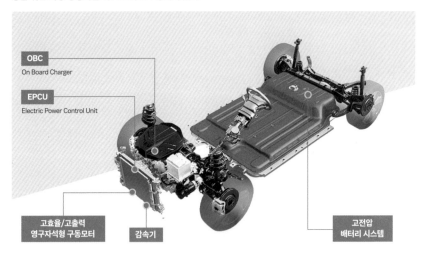

출처: 현대차

내연기관차의 전기차 전환 시 부품 수 변화

내연기관차의 핵심 부품인 엔진, 변속기, 클러치, 엔진 성능 향상에 필요한 기계 부품들이 전기차 시대에서는 쓰임새를 잃어갈 수밖에 없다.

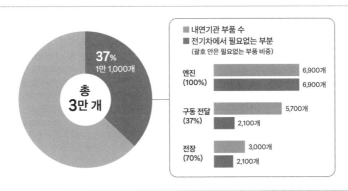

출처: 매일경제

자동차 부품별 전동화 영향

전기차는 배터리에 저장된 전기로 모터를 구동하기에 동력원, 동력 발생 분야에서 새로운 부품들이 부각되고 있다.

출처: 한국수출입은행, 메리츠증권리서치센터

전기차 1대 내 부품별 원가 비중

기타 20%

배터리팩 45%

개발비 20%

모터 및 파워트레인 15%

출처: 하나증권

주요국 내연기관 차량 판매금지 계획

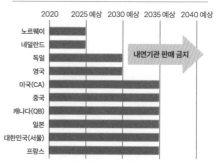

출처: 하이투자증권

글로벌 전기차 충전 인프라 시장 전망

충전 인프라가 빠르게 성장할수록 전기차 보급량 및 시장 침투율이 이에 비례한 성장을 거둘 전망이다.

(단위: 1억 달러)

CAGR +28.0%

70.1 (2021)

646.7 (2030 예상)

출처: Precendence Research, NH투자금융리서치본부

전기차 전장부품 시장 전망

2021년에서 2025년(예상)까지 연평균 무려 42%의 고속 성장세를 보일 전망이기에, 전기차 생태계에서 수요가 급증하는 핵심 부품들과 제조 기업들에 관심을 가질 필요가 있다.

(단위: 10억 달러)

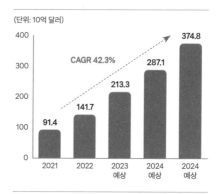

CAGR 42.3%

91.4 (2021) 141.7 (2022) 213.3 (2023 예상) 287.1 (2024 예상) 374.8 (2024 예상)

출처: 메리츠증권리서치센터

세계 전기차 판매 순위(2022년 상반기 기준)

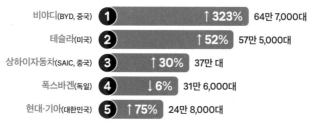

비야디(BYD, 중국) ❶	↑ 323%	64만 7,000대
테슬라(미국) ❷	↑ 52%	57만 5,000대
상하이자동차(SAIC, 중국) ❸	↑ 30%	37만 대
폭스바겐(독일) ❹	↓ 6%	31만 6,000대
현대·기아(대한민국) ❺	↑ 75%	24만 8,000대

출처: SNE리서치

전기차 충전 속도에 따른 분류

급속충전기	완속충전기(개인용 완속충전기 기준)
• 완전 방전 상태에서 80% 충전까지 30분이 소요됨 • 주로 고속도로휴게소, 공공기관 등 외부장소에 설치됨 • 충전기는 고용량의 전력을 급급해야 하므로 50kW급이 주로 설치됨 • 사용 요금은 100km당 2,700원 정도임	• 완전 방전에서 완전 충전까지 4시간에서 5시간 정도 소요됨 • 주로 주택이나 아파트에 설치됨 • 배터리 용량은 약 6kW에서 7kW로 전력 용량을 가진 충전기가 주로 설치됨 • 전기 요금은 100km당 1,100원 정도임

구분	급속충전기	완속충전기
공급용량	50kW	3~7kW
충전시간	15분~30분	4~5시간

출처: 저공해차 통합누리집, IBK투자증권

패러다임 전환에 따른 자동차 부품 수요 변화 전망

구분	유망 부품	수요 감소 및 퇴출 부품
파워트레인	e모터, 인버터, 파워전자, 배터리시스템, 감속기, 충전부품	엔진, 캠샤프트, 크랭크샤프트, 밸브, 윤활제, 얼터네이터, 점화장치, 변속기, 클러치, 기어박스, 프로펠러샤프트
섀시	ADAS, 적응현가장치, 능동조향 및 제동시스템, E-액슬, 비전센서	유압조향시스템, 전통적 액슬, 일반 현가장치
외장	경량 소재, 강화 플라스틱 소재, 비구조적 합성소재, 카메라, 스크린, 주행모드표시, 모바일 폰 사용 잠금시스템, 루프	주물 부품, 비구조 스틸 부품, 측후방미러
내장	HMI, 디스플레이기술, 확장형 인포테인먼트 솔루션, 내장 절연처리, 전자와 표면통항, 시트	아날로그 표시 클러스터, 버튼 및 스위치, 전통적 밸브, 펌프 및 컴프레서

출처: 한국자동차연구원

주요국 전기차 정책 및 계획

국가	지원 정책 및 계획
미국	- 인플레이션감축법안(IRA) 발효. 북미에서 생산한 전기차 대상 최대 7,500달러의 세액 공제 - 2030년까지 경량급 승용차의 전기차 판매비율 50% 달성 목표
중국	- 배터리 서비스 탑재 전기차에 보조금 가격 상한선 기준 예외 적용 - 주행거리 연장형 전기차 보조금 지급 대상 포함 - 배터리 교환기술 탑재 기술 적용 시 보조금 상한선 예외 인정 - 보조금 기준(30만 위안 이하) 낮춰 외국산 배제 - 2025년까지 신에너지차 2,000만 대를 위한 충전 인프라 구축
한국	- 8,500만 원 이하 전기차에 보조금 지급 - 전기 버스, 전기 트럭 등 중국산 전기 차량이 보조금을 크게 가져가고 있음 - 2025년에 친환경차 누적 보급대수 283만 대, 2030년에 785만 대로 확대(전체 차량의 약 30% 비율) - 전기차 충전시설을 2025년까지 50만 기로 구축 계획
일본	- 외부 전력 공급 기능 장착한 차량에 추가 보조금 지급 - 2030년까지 전기차 공공 충전소 15만 개로 확대 - 2035년까지 신차 판매의 100%를 친환경자동차(하이브리드 포함)로 전환하겠다는 목표
독일	- 기업이 구매하는 전기차 보조금 지급 제외 - 내연기관이 탑재되어 있는 플러그인 하이브리드 차량에 상대적으로 높은 보조금 지급
이탈리아	- 보조금 지급 가격 상한선 낮게 책정
프랑스	- 저렴한 전기차(4만 5,000유로)에 많은 보조금 지급
EU	- 기후변화 대응을 위한 입법패키지인 핏포55(Fit for 55)를 통해 2035년부터 모든 등록 차량은 반드시 공해물질을 내뿜지 않아야(Zero Emission Vehicle)한다고 발표

출처: 언론 기사

미국 현지에 생산 기반을 확보한 상장 부품사

기업	미국 내 소재지	주요 생산 부품
구영테크	앨라배마주	차체 부품, 변속기 부품, 시트 부품, 시트 프레임 부품
대원강업	앨라배마주	차량용 코일 스프링, 스태빌라이저 바
동아화성	테네시주	고무, 플라스틱 제품
동양피스톤	앨라배마주	엔진용 피스톤
동원금속	앨라배마주, 조지아주	도어프레임, FEM 캐리어, 범퍼빔, 임팩트빔, 도어 이너어셈블리
HL만도	앨라배마주, 조지아주	캘리퍼, BCM, PRP, S/Strut, ABS/ESC, R-EPS, Casting
상신브레이크	조지아주	브레이크 패드
서연이화	앨라배마주, 조지아주	D/Trim, P/Tray, L/Side trim, T/Gate trim, PNL Molding
세종공업	앨라배마주, 조지아주	머플러, 컨버터
에스엘	앨라배마주, 테네시주	헤드램프, 리어램프, 레버
서진오토모티브	앨라배마주	쏘렌토 R핸들, 엘란트라 핸들, 옵티마 핸들
엔브이에이치코리아	조지아주, 미시건주	플루어 매트, 카 매트, 카고 트레이

인지컨트롤스	앨라배마주	실리던 헤드커버, 밸브 바디커버, 내외장 부품
인팩	켄터키주	컨트롤 케이블, Horn, Feeder Cable
피에이치에이	앨라배마주, 미시건주	도어모듈, 랫지
한온시스템	앨라배마주	HVAC, PTC, FT, E&FP
현대모비스	앨라배마주, 조지아주, 오하이오주, 미시건주	섀시 운전선 모듈, 범퍼, 컴플리트 섀시 모듈
화신	앨라배마주	카울 컴플리트, 오일 팬, RR C/MBR, RR Roof rail

출처: 각 사 Dart, 유진투자증권

전기차 완성차와 2차전지 배터리 기업 간 조인트벤처

전기차 완성차	주요 배터리 기업	기타
현대기아차	LG에너지솔루션, SK온, CATL	LG와의 합작법인 – HLI 그린파워
테슬라	LG에너지솔루션, 파나소닉, CATL	
비야디(BYD)	BYD	
폭스바겐	LG에너지솔루션, SK온, CATL, 파나소닉	노스볼트와 합작법인
GM	LG에너지솔루션, CATL	LG와의 합작법인 – Ultium Cells
도요타	파나소닉, BYD, CATL	파나소닉과의 합작법인 – Prime Planet
BMW	삼성SDI, CATL	
다임러	LG에너지솔루션, SK온, 파나소닉, BYD	
포드	LG에너지솔루션, 삼성SDI, SK온, 파나소닉	SK와의 합작법인 – Blue OvalSK
혼다	파나소닉, BEC	
JEEP	삼성SDI	
아우디	LG에너지솔루션, 삼성SDI, CATL	
르노	LG에너지솔루션	
볼보	LG에너지솔루션, 삼성SDI, CATL, 노스볼트	
스텔란티스	LG에너지솔루션, 삼성SDI, CATL	삼성SDI와의 합작법인 LG와의 합작법인 – Nextstar Energy
메르세데스-벤츠	LG에너지솔루션, SK온, CATL	

출처: 각 사 Dart, 언론 기사

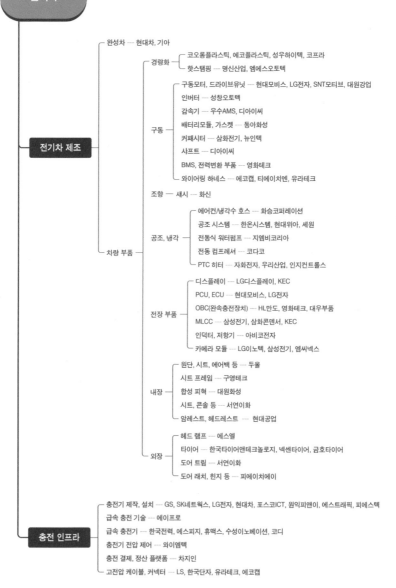

전기차

- **전기차 제조**
  - 완성차 ─ 현대차, 기아
  - 차량 부품
    - 경량화
      - 코오롱플라스틱, 에코플라스틱, 성우하이텍, 코프라
      - 핫스탬핑 ─ 명신산업, 엠에스오토텍
    - 구동
      - 구동모터, 드라이브유닛 ─ 현대모비스, LG전자, SNT모티브, 대원강업
      - 인버터 ─ 성창오토텍
      - 감속기 ─ 우수AMS, 디아이씨
      - 배터리모듈, 가스켓 ─ 동아화성
      - 커패시터 ─ 삼화전기, 뉴인텍
      - 샤프트 ─ 디아이씨
      - BMS, 전력변환 부품 ─ 영화테크
      - 와이어링 하네스 ─ 에코캡, 티에이치엔, 유라테크
    - 조향 ─ 섀시 ─ 화신
    - 공조, 냉각
      - 에어컨/냉각수 호스 ─ 화승코퍼레이션
      - 공조 시스템 ─ 한온시스템, 현대위아, 세원
      - 전동식 워터펌프 ─ 지엠비코리아
      - 전동 컴프레셔 ─ 코다코
      - PTC 히터 ─ 자화전자, 우리산업, 인지컨트롤스
    - 전장 부품
      - 디스플레이 ─ LG디스플레이, KEC
      - PCU, ECU ─ 현대모비스, LG전자
      - OBC(완속충전장치) ─ HL만도, 영화테크, 대우부품
      - MLCC ─ 삼성전기, 삼화콘덴서, KEC
      - 인덕터, 저항기 ─ 아비코전자
      - 카메라 모듈 ─ LG이노텍, 삼성전기, 엠씨넥스
    - 내장
      - 원단, 시트, 에어백 등 ─ 두올
      - 시트 프레임 ─ 구영테크
      - 합성 피혁 ─ 대원화성
      - 시트, 콘솔 등 ─ 서연이화
      - 암레스트, 헤드레스트 ─ 현대공업
    - 외장
      - 헤드 램프 ─ 에스엘
      - 타이어 ─ 한국타이어앤테크놀로지, 넥센타이어, 금호타이어
      - 도어 트림 ─ 서연이화
      - 도어 래치, 힌지 등 ─ 피에이치에이
- **충전 인프라**
  - 충전기 제작, 설치 ─ GS, SK네트웍스, LG전자, 현대차, 포스코ICT, 원익피앤이, 에스트래픽, 피에스텍
  - 급속 충전 기술 ─ 에이프로
  - 급속 충전기 ─ 한국전력, 에스피지, 휴맥스, 수성이노베이션, 코디
  - 충전기 전압 제어 ─ 와이엠텍
  - 충전 결제, 정산 플랫폼 ─ 차지인
  - 고전압 케이블, 커넥터 ─ LS, 한국단자, 유라테크, 에코캡

전기차 글로벌 주요 기업 및 ETF

전기차 제조
- 미국 — 테슬라, GM, 포드, 리비안, 루시드 모터스, 크라이슬러, JEEP
- EU — 스텔란티스, 폭스바겐, BMW, 메르세데스-벤츠, 다임러, 볼보, 르노, 아우디
- 중국 — BYD, 니오, 지리
- 일본 — 도요타, 닛산, 혼다

전기차 부품
- 글로벌 대표 기업
  - 미국 — Lear Co., 존슨 컨트롤스, 델파이, Borgwarner, Aptiv
  - 일본 — 덴소, 아이신, 히타치, 스미토모
  - 프랑스 — 발레오, 포레시아
  - 독일 — 보쉬, 컨티넨탈, ZF 프리드리히하펜, 티센크루프, 바스프, 인피니언
  - 그 외 — 마그나(캐나다)
- 타이어 — 굿이어(미국), 브리지스톤(일본), 미쉐린(프랑스), 컨티넨탈(독일)

배터리 충전
- 충전소 제조
  - EVBox(네델란드)
  - Charge Point(미국)
  - 지멘스(독일)
  - Heliox(네델란드)
  - Alfen(네델란드)
  - Abb(스위스)
  - 슈나이더 일렉트릭(독일)
  - 보쉬(독일)
- 충전소 운영
  - Festned(네델란드)
  - Allego(네델란드)
  - Blink Charging(미국)
  - 테슬라(미국)
  - EVGo(미국)
- 토지 및 시설 소유
  - BP(영국)
  - Total(프랑스)
  - Shell(영국, 네델란드)
- 유틸리티
  - Nuon(스웨덴)
  - Hubject(독일)
  - Fortum(핀란드)
  - Innogy(독일)
  - Vattenfall(네델란드)
  - Ecotricity(영국)

ETF
- Global X Autonomous and Electric Vehicles ETF - DRIV
- SPDR S&P Kensho Smart Mobility - HAIL
- Capital Link NextGen Vehicles & Technology - EKAR
- Invesco WilderHill Clean Energy ETF - PBW
- KraneShares Electric Vehicles and Future Mobility Index - KARS

테슬라

시가총액 **900조 원**		2021년	2022년(전망)	2023년(전망)
	매출액	75조 3,500억 원	119조 750억 원	173조 5,400억 원
국적 미국	**순이익**	7조 7,300억 원	17조 6,300억 원	26조 4,600억 원

- 글로벌 시장에서 가장 많은 전기차를 판매하고 있는 압도적 1위 기업
- 전기차 원가의 40%를 차지하는 배터리 가격 협상력 보유 및 차세대 배터리 트렌드 주도
- 중국의 전기차 침투율 30% 육박 및 로컬 기업 비야디(BYD)의 부상에 따른 경쟁 심화 직면
- 핵심 광물 밸류체인 확보 및 전기차 구매 세액 공제 등으로 미국 인플레이션감축법의 정책 수혜 가장 클 전망
- FSD를 앞세운 독보적 소프트웨어 기술로 자율주행 시장에서도 핵심 플레이어
- 2023년 8월, 사이버 트럭 출시 및 에너지 사업부의 고성장 기대

폭스바겐

시가총액 **107조 원**		2021년	2022년(전망)	2023년(전망)
	매출액	346조 5,200억 원	389조 9,500억 원	405조 8,000억 원
국적 독일	**순이익**	21조 3,000억 원	24조 4,000억 원	24조 680억 원

- 벤틀리, 포르쉐, 람보르기니, 아우디 등 전통적인 럭셔리 브랜드를 보유한 글로벌 대표 기업
- 2015년 디젤게이트 사건으로 침체기를 겪은 후, 뉴오토(New Auto) 전략으로 전기차 업체로 변신 추진
- 2024년까지 약 13종의 전기차를 출시할 계획이며 유럽과 중국 시장에서 테슬라와 경쟁할 전망
- 자체 배터리 사업부(PowerCo)를 통해 2025년 양산을 목표로 전기차 배터리 생산 준비
- 내연기관차 라인업에서 벗어나 전기차 시대를 대비한 수직계열화 구축 중(전기차, 배터리, 충전, 차량용 소프트 웨어)

GM

시가총액 **67조 원**		2021년	2022년(전망)	2023년(전망)
	매출액	179조 750억 원	214조 2,000억 원	227조 1,500억 원
국적	미국 **순이익**	14조 1,300억 원	13조 3,800억 원	12조 600억 원

- 100년이 넘는 역사를 가진 북미 자동차 업계 TOP 3 기업 중 하나(포드, 크라이슬러)
- 미국 인플레이션감축법의 수혜를 받을 전망이며 2022년 8월, 역대 최다 전기차 판매량 기록
- 2023년, 캐딜락 리릭, 셀레스틱, 쉐보레 실버라도, 블레이저, 이쿼녹스 등 다수 전기차종 출시 계획
- LG에너지솔루션과 배터리 합작사 Ultium Cells 설립. 2024년까지 미국에 총 4개의 공장 가동 계획
- 북미에서 2025년까지 연간 전기차 100만 대 생산 능력 확보 목표
- 자율주행 자회사인 크루즈는 캘리포니아의 70% 지역에서 로보택시 서비스 중

BYD

시가총액 **138조 원**		2021년	2022년(전망)	2023년(전망)
	매출액	41조 8,300억 원	75조 3,200억 원	105조 6,500억 원
국적	중국 **순이익**	6,000억 원	1조 9,600억 원	3조 4,800억 원

- 중국 최대 전기차 기업이자 중국 2위의 2차전지 기업
- 중국의 자국 전기차 산업 지원 및 중국의 전기차 침투율이 30%에 육박하면서 가파른 성장
- 전기차 생산, 배터리 제조, 리사이클링 등 영위로 수직계열화 체계 확보에 따른 원가 절감
- 중국 로컬 전기차 기업뿐 아니라 포드, 도요타에도 2차전지를 납품하며 배터리 점유율 신장 중
- 올해 폭스바겐을 제치고 글로벌 자동차 업계 시가총액 3위 차지. 유럽에도 본격 진출 계획

현대자동차

☑️ 전기차 • 수소차 • 자율주행차 • AAM • 조지아 공장 • 아이오닉

시가총액	주요 주주	현대모비스 외 8인 29%, 국민연금 7%
36조 원	주 매출처	차량(RV) 42%, 차량(승용) 34%

- 테슬라, 폭스바겐과 글로벌 전기차 3강 체제 형성 중
- 2025년까지 모든 차종을 소프트웨어 중심의 자동차로 전환, 스마트 모빌리티 산업 선도 목표
- 전기차뿐 아니라 수소차, 자율주행차, 미래 항공 모빌리티(AAM), 로봇택시 등 미래 모빌리티 산업에 전방위적 진출 및 투자
- 아이오닉 5를 필두로 미국 베스트셀링 전기차에 꾸준히 10위권 내 위치
- 다만, 미국 IRA 법안으로 인해 아이오닉의 최대 강점인 가성비 매력이 감소
- 2025년 미국 조지아주 전기차 공장 완공전까지 어려움 겪을 우려

실적 추이 및 전망

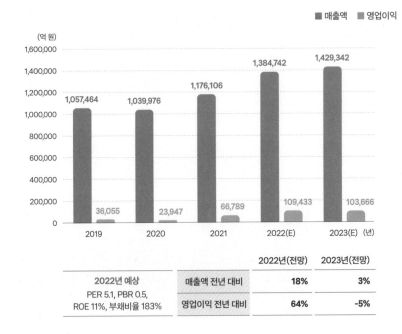

■ 매출액 ■ 영업이익

(억 원)

	2019	2020	2021	2022(E)	2023(E)
매출액	1,057,464	1,039,976	1,176,106	1,384,742	1,429,342
영업이익	36,055	23,947	66,789	109,433	103,666

2022년 예상		2022년(전망)	2023년(전망)
PER 5.1, PBR 0.5, ROE 11%, 부채비율 183%	매출액 전년 대비	18%	3%
	영업이익 전년 대비	64%	-5%

기아

시가총액	주요 주주	현대자동차 외 5인 35%, 국민연금 7%
28조 원	주 매출처	차량(RV) 62%, 차량(승용) 17%

- 차량용 반도체 쇼티지에 기인한 생산 차질이 완화되며 역대급 호실적 지속 중
- 자동차 전통 강호가 포진한 유럽 전기차 시장에서 2022년 2분기 기준, 판매량 점유율 4위 기록
- 전기차 EV6 및 내년 4월 EV9 출시를 포함해 2027년 전기차 14종 라인업 구축 계획
- 현대차와 마찬가지로 미국 인플레이션감축법 여파로 미국 내 전기차 경쟁자들에 맞설 도전 전략 필요

실적 추이 및 전망

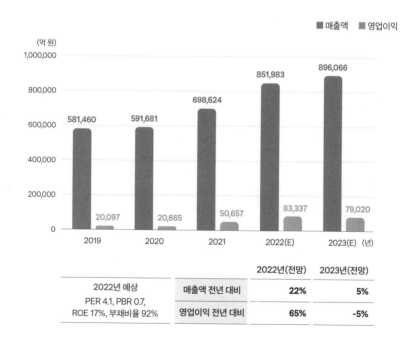

2022년 예상 PER 4.1, PBR 0.7, ROE 17%, 부채비율 92%		2022년(전망)	2023년(전망)
	매출액 전년 대비	22%	5%
	영업이익 전년 대비	65%	-5%

현대모비스

시가총액 **18조 원**	주요 주주	기아 외 8인 31%, 국민연금 9%
	주 매출처	모듈 및 부품제조 79%, A/S용 부품 20%

- 국내 8곳과 해외 20곳 등 총 28곳에서 자동차 모듈 공장을 운영하는 세계 6위권 부품 기업
- 현대기아차뿐 아니라 크라이슬러, GM, 스텔란티스, 폭스바겐, 지리자동차, 벤츠 등에 차량 모듈 및 램프, 사운드 시스템 등 공급
- 2022년 3분기, 메르세데스-벤츠 전기차 전용 4개 차종 공급용 섀시 모듈 양산
- 자동차 밸류체인 내 전장 부품 비중이 확대되는 트렌드에 부합해 전장, 전동화, 자율주행 관련 제품 강화에 주력

실적 추이 및 전망

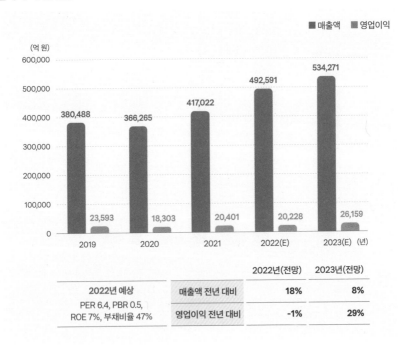

■ 매출액 ■ 영업이익

(억 원)

	2019	2020	2021	2022(E)	2023(E)
매출액	380,488	366,265	417,022	492,591	534,271
영업이익	23,593	18,303	20,401	20,228	26,159

		2022년(전망)	2023년(전망)
2022년 예상 PER 6.4, PBR 0.5, ROE 7%, 부채비율 47%	매출액 전년 대비	18%	8%
	영업이익 전년 대비	-1%	29%

HL만도

☑ ADAS • HL클레무브

시가총액	주요 주주	한라홀딩스 외 4인 30%, 국민연금 12%
2조 원	주 매출처	(지역) 대한민국 46%, 중국 27%, 미국 17%

- 기존 제동, 조향장치, 서스펜션 등을 공급하던 국내 대표 자동차 부품 회사
- 전기차, 자율주행차 시장 성장에 수요가 폭발할 ADAS 부분에서 선두
- 인수 및 물적 분할한 기업의 통합 회사인 자율주행 기업 HL클레무브를 자회사로 둠
- 대한민국분 아니라 미국, 인도, 중국 사업이 고루 성장하며 전체 실적 호조세 지속
- 북미 전기차 업체와의 동행 성장을 통한 가파른 매출 성장 지속

실적 추이 및 전망

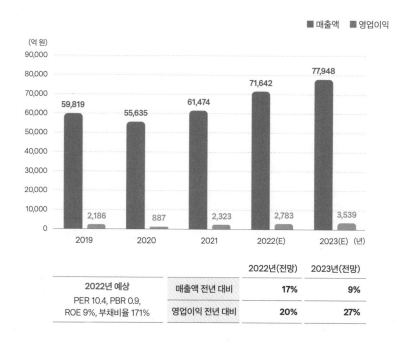

(억 원)

■ 매출액 ■ 영업이익

	2019	2020	2021	2022(E)	2023(E)
매출액	59,819	55,635	61,474	71,642	77,948
영업이익	2,186	887	2,323	2,783	3,539

2022년 예상		2022년(전망)	2023년(전망)
PER 10.4, PBR 0.9, ROE 9%, 부채비율 171%	매출액 전년 대비	17%	9%
	영업이익 전년 대비	20%	27%

한온시스템

☑ 공조 시스템 • 히트펌프

시가총액 **4조 원**	주요 주주	한앤코오토홀딩스 50%, 한국타이어앤테크놀로지 19%
	주 매출처	(고객사) 현대차그룹 47%, Ford 12%, VW 8%, GM 6%

- 차량용 에어컨, 파워트레인 쿨링, 압축기 등 자동차 열 관리 시스템 부품 생산
- 전기차에서 열 관리 즉, 공조 시스템이 더욱 중요하기에 동사의 히트펌프는 핵심 성장동력이 될 전망
- 현대차의 E-GMP, 폭스바겐의 MEB 등 전기차 전용 플랫폼에 열 관리 시스템 공급
- 추후 아우디, 포르쉐, 벤츠, 포드, 피아트크라이슬러, 리비안 등에도 시스템 공급 전망

최근 실적 및 주요 재무지표

	2021년	2022년(전망)	2023년(전망)		2022년 상반기	
매출액	7조 3,514억 원	8조 5,260억 원	9조 1,617억 원 (yoy 7%)	매출액	4조 869억 원	PER 22.7 PBR 1.7
영업이익	3,258억 원	2,783억 원	4,797억 원 (yoy 72%)	이익	906억 원	ROE 7% 부채비율 242%

에스엘

☑ LED 헤드램프

시가총액 **1조 3,000억 원**	주요 주주	이성엽 외 10인 64%, 국민연금 8%
	주 매출처	Lamp parts 82%, Chassis parts 12%

- 차량용 헤드램프 국내 점유율 약 67%를 차지하고 있는 세계 100대 자동차 부품사
- 동사의 LED 램프는 할로겐, HID 램프보다 전력 소비량이 적기에 에너지 고효율, 긴 수명 장점
- 상대적으로 고가인 현대자동차의 제네시스 및 고객사의 전기차 모델 위주 생산 증가로 이익 증대
- 동사 매출의 약 12%를 차지하는 GM의 북미 공장 가동률 향상으로 에스엘 실적 호조 전망

최근 실적 및 주요 재무지표

	2021년	2022년(전망)	2023년(전망)		2022년 상반기	
매출액	3조 원	4조 260억 원	4조 4,100억 원 (yoy 9%)	매출액	1조 8,608억 원	PER 6.1 PBR 0.7
영업이익	1,105억 원	2,643억 원	3,070억 원 (yoy 16%)	이익	1,194억 원	ROE 13% 부채비율 72%

SNT모티브

☑ 구동모터 • 드라이브 유닛

시가총액	주요 주주	S&T홀딩스 외 1인 41%, 국민연금 9%
6,200억 원	주 매출처	차량부품 84%

- 현대차그룹 전기차, 하이브리드차에 모터 및 GM 전기차 볼트에 드라이브 유닛 공급
- 글로벌 완성차업체의 친환경차 출시가 이어지면서 동사의 모터 사용 범위 및 부가가치 확대
- 미국 IRA 법안에 맞추어, 한국 전기차 밸류체인 기업들이 기진출한 미국 오하이오주에 동사도 입주

최근 실적 및 주요 재무지표

	2021년	2022년(전망)	2023년(전망)		2022년 상반기	
매출액	9,417억 원	1조 304억 원	1조 1600억 원 (yoy 13%)	매출액	4,348억 원	PER 6.4 PBR 0.6
영업이익	916억 원	1,042억 원	1,160억 원 (yoy 11%)	이익	436억 원	ROE 10% 부채비율 42%

명신산업

☑ 핫 스탬핑 • 테슬라 • 현대차그룹 • BYD • 패러데이퓨처

시가총액	주요 주주	엠에스오토텍 외 2인 45%, 국민연금 7%
8,500억 원	주 매출처	(고객사) 글로벌 전기차 기업 67%, 현대기아차 33%

- 전기차 경량화 트렌드에 부합하는 강성과 경량화에 효율적인 핫 스탬핑 공법 적용 부품 제조
- 글로벌 전기차 산업을 선도하는 테슬라, 현대차그룹, 비야디를 포함해 중국 패러데이퓨처에도 부품 공급
- 북미 전기차 고객사의 전기차 생산 확대에 따른 매출 증가 기대

최근 실적 및 주요 재무지표

	2021년	2022년(전망)	2023년(전망)		2022년 상반기	
매출액	1조 1,077억 원	1조 4,290억 원	1조 6,748억 원 (yoy 17%)	매출액	6,357억 원	PER 9.3 PBR 2.1
영업이익	565억 원	1,030억 원	1,310억 원 (yoy 27%)	이익	431억 원	ROE 26% 부채비율 131%

화신

☑ 섀시 • 미국 공장 • E-GMP

시가총액	주요 주주	글로벌오토트레이딩 외 16인 50%
2,700억 원	주 매출처	섀시 62%, 바디 12%

- 조향장치 구성품인 섀시 및 슬리팅 제품 등 제조
- 미국 IRA 법안과 관련해, 동사는 현대자동차 앨라배마주 및 기아자동차 조지아주 공장에 부품 공급 중
- 현대차그룹의 전기차 플랫폼 E-GMP 향(向) 섀시 공급 업체로서 현대차그룹의 미국 생산시설 증설 트렌드에 수혜 전망

최근 실적 및 주요 재무지표

	2021년	2022년(전망)	2023년(전망)		2022년 상반기	
매출액	1조 2,366억 원	1조 5,790억 원	1조 7,477억 원 (yoy 10%)	매출액	7,472억 원	PER 3.6 PBR 0.7
영업이익	242억 원	766억 원	920억 원 (yoy 20%)	이익	332억 원	ROE 22% 부채비율 196%

코오롱플라스틱

☑ 엔지니어링 플라스틱 • POM

시가총액	주요 주주	코오롱인더스트리 외 5인 66%
3,670억 원	주 매출처	엔지니어링 플라스틱(POM) 56%, Compound 43%

- 국내 최대 엔지니어링 플라스틱 제조 기업으로 자동차 내, 외장재 생산
- 전기차에 동사의 강성과 내마모성이 우수한 동사의 주력 제품 POM(폴리옥시메틸렌) 활용됨
- 글로벌 탄소중립 트렌드에 맞추어 폐플라스틱 및 수소 산업에도 진출

최근 실적 및 주요 재무지표

	2021년	2022년(전망)	2023년(전망)		2022년 상반기	
매출액	4,053억 원	5,057억 원	4,857억 원 (yoy -3%)	매출액	2,556억 원	PER 10.3 PBR 1.4
영업이익	277억 원	448억 원	510억 원 (yoy 13%)	이익	226억 원	ROE 15% 부채비율 62%

종목명	시가총액 (억 원)	사업 내용	2022년, 2023년 전년비 이익 성장률 (전망)
한국타이어앤 테크놀로지	42,551	전기차 전용 타이어인 아이온을 전기 승용, 트럭, 버스에 납품	16%, -5%
넥센타이어	7,325	전기차 신차용 타이어 생산. 아이오닉6에도 공급	적자 전환, 흑자 전환
성우하이텍	4,104	범퍼레일 현대차 독점공급 및 사이드멤버 등 생산	전망치 미집계
KEC	3,860	디지털 콕핏 적용 터치스크린을 테슬라에 공급	전망치 미집계
원익피앤이	2,540	전기차 충전 인프라 생산. 자회사가 전기차 충전사업 영위	전망치 미집계
서연이화	1,878	현대기아차에 도어트림, 시트, 콘솔, 범퍼 등 내외장재 공급	전망치 미집계
엠에스오토텍	1,737	현대차그룹에 차체 생산 공급. 명신산업 지분 33% 보유	전망치 미집계
디아이씨	1,637	전기차용 감속기를 현대차, 테슬라에 납품	전망치 미집계
인지컨트롤스	1,610	현대차에 냉각 온도제어용 밸브 및 PTC 히터 등 제공	전망치 미집계
대원강업	1,596	아이오닉7에 탑재될 전기차 구동모터 제조	전망치 미집계
코프라	1,422	전기차 경량화 및 강성 확보에 적용되는 엔지니어링 플라스틱 제조	전망치 미집계
세종공업	1,271	자동차 유해가스를 정화하는 컨버터 및 소음, 진동을 줄여주는 머플러 생산	전망치 미집계
피에이치에이	1,241	도어래치, 힌지 등 자동차 도어잠금장치 제조	-31%, 28%
우리산업	1,210	차량 공조장치 PTC 히터 생산해 현대모비스, 한온시스템 등에 납품	전망치 미집계
동아화성	1,196	자동차 흡배기호스, 가스켓 등 고무부품 생산. 현대차그룹, GM 등에 납품	전망치 미집계
대원화성	1,155	현대차, 기아, 리비안 등에 차량용 고급 소재 합성피혁 공급	전망치 미집계
에코캡	1,141	전기차 고전압 케이블 및 와이어링 하네스 등 생산	전망치 미집계
우수AMS	967	전기차 차동장치 부품 Differential Case 생산	전망치 미집계
뉴인텍	938	현대기아차 E-GMP 플랫폼에 차량용 커패시터(DC-Link) 공급	전망치 미집계
현대공업	874	차량용 내장재 시트패트, 암레스트, 헤드레스트 등 생산	전망치 미집계
에스트래픽	848	SSCharger 브랜드로 전기차 충전소 구축 사업	전망치 미집계
두올	764	제네시스 등에 시트, 에어백용 원단 및 시트 커버, 에어백 쿠션 등 공급	전망치 미집계
대우부품	746	전기차 완속충전장치 생산	전망치 미집계
구영테크	649	시트 프레임, 엔진에 장착되는 오일 팬, 브라켓, 컨트롤 암 등 생산	전망치 미집계

알아두면 좋은 용어

HEV
Hybrid Electric Vehicle. 엔진과 모터 동력원을 모두 이용해 연비를 극대화한다.

PHEV
Plug-in Hybrid Vehicle. 전기를 이용해 모터만으로 운행 가능하며 기존 가솔린 및 디젤로도 주행할 수 있다.

BEV
Battery Electric Vehicle. 리튬 이온 등의 2차전지에 전기를 충전해 모터를 작동시켜 운행하는 전기차를 뜻한다.

FCEV
Fuel Cell Electric Vehicle. 수소를 원료로 하는 연료전지를 통해 모터를 작동시키는 전기차를 뜻한다.

ZEV
Zero Emission Vehicle. 매연이 전혀 없는 차를 지칭한다.

급속 충전
Quick Charge. 15분에서 30분 정도의 충전 시간으로 간편하고 편리하게 충전하는 방식으로 완전히 방전된 상태에서는 80%까지 충전할 수 있다. 직류 100V에서 450V 또는 교류 380V를 충전기와 자동차의 제어장치가 신호를 주고받으며, 가변적으로 전기를 공급해 배터리를 충전하는 방식이다.

완속 충전
Standard Charge. 충전 속도가 4시간에서 5시간 정도로 오래 걸리지만, 완전 충전이 가능하다. 직류와 교류를 가변적으로 사용했던 급속충전과 달리 완속충전은 교류 220V를 공급해 배터리를 충전한다. 충전 속도가 느린 만큼 배터리 부하를 줄일 수 있는 장점이 있다.

비접촉식 충전방식
Inductive Charge. 충전기와 전기차를 연결하는 선 없이도 충전되는 방식이다. 주차장 바닥 또는 천장에 교류를 발생시키는 급전선로를 자성재료(코어)와 함께 매설해, 자기장을 통해 전기 에너지를 전기차로 전달. 주차만 해도 충전이 가능한 미래형 충전 방식이다.

OBC
On Board Charger. 차 내부에 탑재되는 충전기라는 의미다. 일반적인 배터리 충전소가 적용하고 있는 AC(교류) 전원을 공급받으면 이를 적절한 수준의 DC(직류) 전원으로 변환해주는 역할을 하며 차량의 배터리를 더 빠르게 충전할 수 있다.

회생제동
감속 시 발생하는 운동에너지를 전기 에너지로 변환해 배터리로 충전하는 장치다.

인버터
전기모터에서 생산된 교류를 직류로 변환시켜 배터리에 저장하거나, 역으로 배터리에 저장된 전류를 교류로 변환해 전기모터에 공급하는 장치. 전류 변환뿐만 아니라 효율적인 동력 배분 역할도 담당한다.

히트펌프
난방 사용으로 인한 주행거리 감소를 최소화하기 위해 개발된 기술이다. 외부 공기에서 얻은 열과 모터와 배터리 등의 폐열을 활용해 난방으로 사용하는 시스템이다.

PTC 히터
Positive Temperature Coefficient Heater. 내연기관이 없는 전기, 수소차의 고전압 전력을 활용해 실내 난방을 하는 장치. 겨울철 전기, 수소차의 유일한 난방 시스템이다. 운전자가 설정한 난방 온도에 맞춰 실내 온도를 유지해야 하기에 높은 기술력이 요구된다.

ECU

Electronic Control Unit. 자동차에 장착된 수많은 센서와 장치들을 총괄해 컨트롤하는 전자제어장치다.

핫 스탬핑

Hot Stamping. 950도의 고온으로 가열된 철강 소재를 금형에 넣고 프레스로 성형한 뒤 금형 내에서 급속 냉각시키는 공법으로 만들며, 가볍고 강도가 높은 차체를 만들 수 있다. 전기차의 경우 배터리 무게와 전장 부품 비율 상승으로 차량 무게가 늘어나고 있는데 주행거리 확보 또한 중요하기에 차량 경량화를 위한 핫 스탬핑 부품 적용률이 높아지고 있다.

가스켓

Gasket. 배터리팩의 다양한 접합부를 밀봉하는 데 쓰이는 고무 제품이다.

구동 모터

구동축에 회전력을 전달하는 동력계 장치. 전기차 부품 중 배터리와 함께 단가가 높은 축에 속한다.

커넥터

전력 공급장치에 연결된 유연성 케이블 1개에 내장되거나 부착되는 자동차 커플러의 일부다.

배터리 관리 시스템

Battery Management System. 전기자동차 배터리의 충전 및 방전을 제어/관리하는 시스템이다.

3

미래 모빌리티

수소차

그린 수소 ●

액화 수소 ●

암모니아 ●

수소 충전소 ●

연료전지 ●

수전해 기술 ●

수소 경제 ●

1 글로벌 탄소중립 이행 강제로 친환경 에너지원으로서 장점이 많은 수소 산업 부각

2 생산, 저장, 운송, 충전, 활용 등 광범위한 수소 생태계에 주요 선진국 및 자본력 갖춘 기업 집단이 경쟁 중

3 수소차 산업은 고성장세를 이어갈 전망이지만 그 과정에서 해결해야 할 과제도 존재함

점점 심각해지는 지구온난화로 인해 글로벌 탄소중립 이행이 강제화되면서 다양한 친환경 에너지원들이 저마다의 장점을 내세워 산업 생태계를 이루고 있다. 그중 우주 질량의 75%를 차지할 정도로 양이 풍부한 수소도 글로벌 산업 생태계를 형성해가고 있다.

수소는 지구 어디에서나 확보할 수 있는 자원이자, 에너지 효율이 휘발유의 4배, 천연가스의 3배 수준으로 매우 높다는 점, 수소와 산소의 화학반응에 의한 전기 생산 과정에서의 부산물이 물밖에 없어 환경 친화적이라는 점, 흡수된 에너지를 장기간 보관할 수 있다는 독보적인 장점 덕에 주목받고 있다. 수소를 효율적으로 활용하기 위해선 높은 기술력이 필요하다 보니 폭넓은 상용화가 지연되면서 그 사이 전기차가 모빌리티 산업에서 먼저 두각을 보이지만, 최근 10여 년간 연료전지 시스템의 고도화 및 수소차의 활용 범위가 크게 확대되면서 수소 생태계가 빠르게 확장되고 있다.

국제에너지기구의 보고서에 따르면 2050년 탄소중립 시대에 글로벌 수소 시장 규모는 3,000조 원에 달할 전망이며 전 세계 에너지 중 약 18%가 수소로 만들어질 것으로 전망하고 있다. 이런 행보에 발맞추어 미국, 중국, 일본, 유럽 선진국들이 일제히 각자의 로드맵을 발표하고 적극적인 산업 부흥을 지원하고 있다. 원유 사업으로 대표되는 중동마저 사우디가 네옴 시티를 필두로 한 비전 2030 프로젝트, 아랍에미레이트(UAE)는 수소 개발 프로젝트를 독일, 일본과 협력해 진행하고 있다. 우리나라도 2040년까지 수소차 620만 대, 충전소 1,200개 소, 그린 수소 비중을 70%로 증대, 수소연료전지 발전량 세계 1위 등의 로드맵을 발표했다.

| 수소 산업의 분류

수소 산업은 크게 생산, 저장, 운송, 충전, 활용 등으로 구분할 수 있다. 생산 단계에서는 석화, 철강 산업의 부산물로 산출되는 부생 수소와 이를 생산 시 배출되는 이산화탄소를 포집한 블루 수소, 천연가스를 열분해 기술을 활용해 수소와 고체 탄소로 분해해 생산하는 청록 수소, 그리고 신재생에너지를 에너지원으로 활용해 물을 전기분해해(수전해) 생산되는 그린 수소로 나눌 수 있다. 이 과정에서 탄소포집 활용저장기술(CCUS), 개질 수소 시스템 및 수전해 설비 시스템 사업이 산업 발전을 주도할 것으로 예상된다.

저장 단계에서는 기체 상태의 수소를 액화시켜 저장하기 위한 액화 플랜트 설비 및 생산된 수소를 질소와 반응시켜 액화 암모니아로 저장하는 과정이 이뤄진다. 액화 암모니아는 액화 수소보다 수소 저장 밀도가 높아서 동일 부피에서 1.5배 가량 더 많은 양의 수소를 저장할 수 있기에 주목받고 있다.

운송 단계에서는 수소의 물리적 상태에 따라 방법이 나뉜다. 기체 상태의 수소일 경우 장거리 수송 시 튜브 트레일러, 단거리 및 특정 지역 내 수송 시엔 파이프라인을 활용하며 주로 파이프라인 운송 방식이 많이 쓰이고 있다. 그리고 수소가 액체 상태일 경우 탱크로리를 통해 이동시킨다. 자국 내가 아닌 해외에서 생산된 수소를 국내로 운송할 땐 수소 운반 선박을 이용하고 있다.

충전 단계에서는 수소 공급처에 따라 온오프사이트(On, Off site)로 분류할 수 있다. 오프사이트(Off-site)형 충전소는 중앙 공급 방식으로 충전소 외부에서 파이프라인 또는 튜브 트레일러를 통해 수소가 운송되며 온사이트(On-site)형 충전소는 충전소 자체적으로 천연가스를 개질하거나 수전해를 통해 수소를 생산해 충전에 활용한다. 또한 고정식 충전소에서 주민 민원 또는 고장, 사고 등에 의해 수소 연료 공급이 끊길 수 있는 위험에 대비하기 위해, 대형 트럭 컨테이너 1대 안에 수소 충전에 필요한 설비가 모두 장착되어 충전에 활용하는 이동식 충전소 사업도 성장하고 있다.

활용 단계에서는 수송용, 산업용, 건물용, 발전용 등 광범위한 용도로 쓰인다. 수송용으로는 가파른 성장세가 전망되는 수소 승용차, 버스, 트럭뿐 아니라 기차, 지게차, 선박, 비행기 및 드론 등에도 활용될 수 있다. 산업용으로는 철강, 화학, 정유, 우주 산업 등에서 원료로 쓰일 수 있으며 건물용으로는 가정, 공공 기관, 상업용 건물 등의 연료전지에 수소가 사용될 수 있다.

발전용으로는 수소 연료전지 발전소의 발전 효율이 석탄 화력 발전소보다 상대적으로 높기에 대규모 발전소를 중심으로 발전용 수소 활용처가 늘어나고 있다. 또한 각국의 신재생에너지 의무 사용 비율로 발전용 연료전지 설비 수요가 꾸준히 증가할 전망이다.

| 높은 연평균 성장률이 전망되는 수소차 산업

수소전기차는 수소와 산소를 전기 화학 반응을 시켜 전기를 얻어 움직이는 차량을 뜻하는데 전기차보다 충전 속도가 빠르고 주행거리가 길다는 장점이 있다. 특히 버스, 트럭, 선박 등에서 수소가 전기차보다 더 높은 효율을 낼 것으로 기대된다. 수소 승용차 점유율 압도적 1위인 현대차는 일찍부터 트럭 분야에서도 국내 및 유럽에 차량을 출시해 실적을 꾸준히 향상해오고 있다.

그린 수소의 생산 보편화, 충전 인프라에 대한 주요국들의 투자 및 대량 생산 체제 확립으로 인한 차량 가격 합리화 등으로 수소차 시장은 빠른 성장세를 보일 전망이지만 넘어야 할 과제도 산적해 있다. 흔히 수소 폭탄을 연상하며 수소 충전소에 대한 부정적 시각이 존재하는데, 수소에너지는 원자가 아닌 분자로 구성되어 있고 수소는 공기보다 14배나 가벼운 기체이기에 공기 중에 노출 시 빠르게 확산되며 점화 온도가 500도로 높기에 자연 발화 사례가 드문 점이 수소차 소비자들에게 더욱 알려져야 할 것이다.

또한 인프라가 빠르게 확충되겠지만 아직은 수소차 구매 비용이 높고 수소 충전소가 매우 부족하다. 또한 전기차의 대량 생산 및 2차전지 배터리 성능 향상으로 전기차 구매 비용이 하락하고 있고 전기차 충전소가 빠르게 확충되고 있기에 전기차 산업과의 경쟁이 불가피한 수소차 산업으로서는 지금보다 더욱 실효성 있는 전략을 갖출 필요가 있다고 생각한다.

수소의 종류

회색 수소(그레이 수소 → 부생 수소, 개질(추출) 수소), 블루 수소 그리고 그린 수소로 이뤄져 있으며 궁극적으로 한국은 2040년까지 그린 수소 비중을 70%까지 올릴 계획이다.

	그린 수소 Green Hydrogen	회색 수소 Grey Hydrogen	블루 수소 Blue Hydrogen
생산방법	태양광 풍력 등 재생에너지로 생산한 전기로 물을 분해해 수소 추출	**1 부생 수소** 석유화학 공정이나 철강등을 만드는 과장에서 부산물로 나오는 수소 **2 추출 수소** 천연가스를 고온 고압의 수증기로 분해해 수소 생산	회색 수소에 탄소 포집 저장 (CCS) 기술 적용
온실가스 배출량	없음	수소 1kg 생산 시 이산화탄소 (CO_2) 5-10kg 배출	소량의 이산화탄소 배출

출처: 조선비즈

수소에너지의 장점

다양한 에너지원으로 수소를 생산 및 이용 가능하며 고압탱크에 저장, 탱크 및 파이프라인을 통해 운송하기 때문에 화석연료와 달리 유해한 부산물이 없어 탄소중립 로드맵에서 핵심적인 에너지원으로 부각되고 있다.

구분	장점
생산	- 수소는 다양한 에너지원 및 방식으로 생산 가능
소비	- 연료전지를 통해 가정용, 산업용, 수송용 등 모든 소비 부분에서 수소 이용 가능 - 사용과정에서 전력과 열 모두 이용 가능
저장 및 운반	- 수소는 액화 압축시켜 고압탱크에 저장 가능 - 탱크 및 파이프라인 통해 운송
효율성	- 발전소로부터 전기 에너지 이용 효율 35% 수준 대비 - 수소에너지를 이용한 연료전지의 효율은 80% 수준
친환경성	- 화석연료와 달리 유해한 부산물 없음 - 수소 생산과정에서 신재생에너지로부터 얻은 전력 활용 시 CO_2 배출 양 제로 가능

출처: 산업연구원

수소에너지의 밸류체인

수소 생산 → 저장 및 운송 → 충전 → 활용(이용) 등의 밸류체인에 글로벌 선진국 및 자본력을 보유한 대기업 집단들이 대거 진입해 경쟁 중이다.

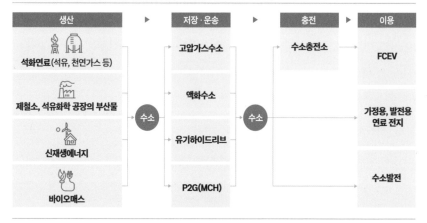

출처: 에너지경제연구원

국내 그룹별 수소 밸류체인 추진 현황

국내 경제를 이끄는 주요 대기업 그룹들이 밸류체인 전반에서 사업을 추진하고 있다.

그룹	생산		저장	유통	활용		
	그레이&블루	그린 수소			모빌리티	발전	기타
HYUNDAI	부생 (리포머)	수전해		충전소 (튜브트레일러)	차 트램	연료전지	환원제철
SK	개질 부생	수전해	액화수소	충전소 (탱크로리, 파이프라인)	드론	연료전지 혼소	지게차
POSCO	부생 개질	풍력	암모니아	충전소 수소트레이딩 수소터미널		혼소	환원제철
LOTTE	부생		(연료탱크)	충전소 그린암모니아 벙커링		연료전지	
Hanwha	부생	태양광	(연료탱크)	연료탱크 활용 운송 (수소 컴프레서)	연료전지 혼소		
GS	부생 개질		액화수소	충전소		연료전지	
▲현대중공업	부생	수전해		충전소	선박	연료전지	건설장비
DOOSAN	개질	풍력	액화수소		드론	연료전지	수소터빈
HYOSUNG	부생	풍력	액화수소 (연료탱크)	충전소			

출처: 매일경제

한국의 수소 산업 지원 방향

정부는 수전해를 통한 그린 수소, CCUS를 활용한 블루 수소, 액화 수소, 암모니아, 수소차, 연료전지, 수소 혼소
발전 등에 집중 지원할 계획이다.

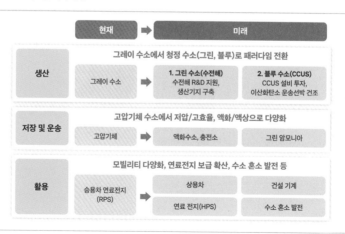

	현재 ➡	미래
생산	그레이 수소에서 청정 수소(그린, 블루)로 패러다임 전환	
	그레이 수소 ➡	1. 그린 수소(수전해) 수전해 R&D 지원, 생산기지 구축 / 2. 블루 수소(CCUS) CCUS 설비 투자, 이산화탄소 운송선박 건조
저장 및 운송	고압기체 수소에서 저압/고효율, 액화/액상으로 다양화	
	고압기체 ➡	액화수소, 충전소 / 그린 암모니아
활용	모빌리티 다양화, 연료전지 보급 확산, 수소 혼소 발전 등	
	승용차 연료전지 (RPS) ➡	상용차 / 건설 기계 / 연료 전지(HPS) / 수소 혼소 발전

출처: 산업통상자원부, 메리츠증권리서치센터

글로벌 수소차 시장 전망

아직은 수소차 시장의 크기가 매우 작아 전기차 시장에 비교도 할 수 없지만, 주요국들의 2030년 수소 인프라 지원 로드맵에 의해 매우 높은 연평균 성장률을 기록할 전망이다.

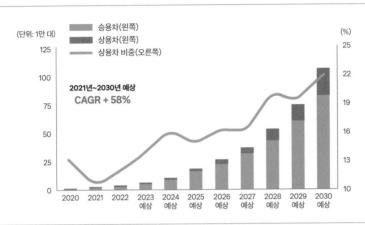

한국 수소 수요 전망

2020년에는 2,900만 톤에 불과하지만 정책 집중 및 현대차를 대표로 주요 대기업들의 공격적인 수소 산업 진입에 따라, 2030년 이후 국내 수소 수요가 폭발적으로 증가할 전망이다.

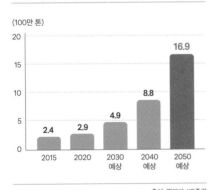

글로벌 수소차 점유율

현재 수소차는 한국과 일본 등 아시아 권역이 주도하고 있으며, 현대자동차가 승용 및 트럭 분야에서 압도적이다.

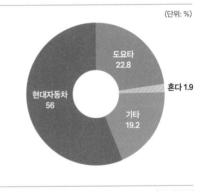

수소차와 전기차, 장단점 비교

수소차는 상대적으로 전기차 대비 주행거리가 길고 충전시간이 짧으며 출력 대비 차체 무게가 가볍고 고출력 구현에 유리하다. 다만, 전기차와 마찬가지로 수소차만의 별도 충전 및 저장 시설이 필요하다.

	수소자동차	전기차
주행거리	전기자동차보다 오래 달림	배터리 효율이 늘어 격차가 줄고 있음
충전시간	몇 분 이내 연료 보충 가능	현재 수십 분 소요. 고효율 '슈퍼커패시터' 실용화되면 차이 없음
충전소	별도의 저장시설이 필요	전원만 있으면 어디서든 충전
무게	출력 대비 무게가 가벼움	출력 대비 다소 무거움
성능	열용량이 커 고출력 구현에 유리	구조가 단순해 승용차 등에 적합
경제성	수소 생산과 저장 비용이 큼	전기 요금만 부담

수소차 구동 원리

공기 중의 산소와 연료 탱크의 수소가 만나면 전기와 물이 만들어진다. 전기는 모터를 돌려 자동차를 움직이고 물은 밖으로 배출한다.

공기 중의 산소와 연료 탱크의 수소가 만나면 전기와 물이 만들어진다. 전기는 모터를 돌려 자동차를 움직이고 물은 밖으로 배출한다.

① 수소 탱크에 수소가 충전된다.
② 공기 중의 산소가 들어온다.
③ 수소와 산소가 연료 전지에서 화학 반응을 일으킨다.
④ 이때 만들어진 저기는 모터를 움직여 바퀴를 굴린다.
⑤ 일부 전기는 축전지에 보관되었다가 필요한 때 쓰인다.
⑥ 연료 전지에서 만들어진 물은 밖으로 배출된다.

출처: 어린이 과학동아

수소연료전기차의 주요 부품

연료전지 시스템, 고전압 배터리, 구동 모터 및 수소 저장 시스템 등으로 구성되어 있다.

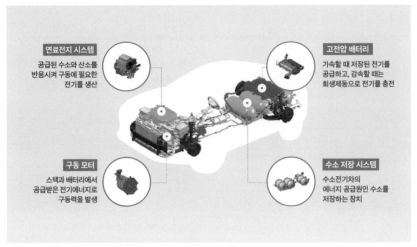

수소 충전소의 수소 공급 방식

중앙 공급은 부생 수소 방식이며 대규모 생산 지역에서 수소를 튜브 트레일러를 이송해 사용하는 충전소다. 현지 공급은 개질 수소 방식으로 이뤄지고 있다.

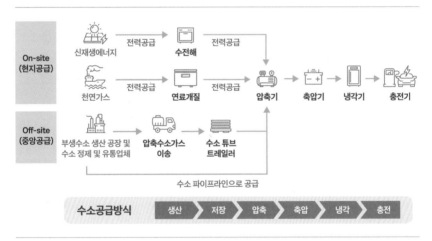

국내 수소충전소 구축 계획

2030년에 전국 660개, 2040년에 1,200개, 2050년에 2,000개를 목표로 전국적 수소 충전소 인프라 구축을 진행하고 있다.

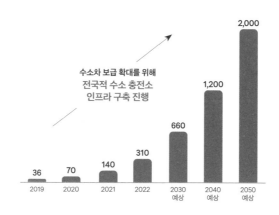

수소차 보급 확대를 위해 전국적 수소 충전소 인프라 구축 진행

2,000
1,200
660
310
140
70
36

2019 2020 2021 2022 2030 예상 2040 예상 2050 예상

출처: 환경부, 한국가스안전공사

탄소경제와 수소경제의 비교

	탄소경제	수소경제
에너지 패러다임	탄소자원(석유, 석탄, 가스 등) 중심	탈탄소화 수소 중심
	수입 의존(99%)	국내 생산으로 에너지 자립 기여
에너지 공급	대규모 투자가 필요한 중앙집중형 에너지 수급	소규모 투자로 가능한 분산형 에너지 수급
	입지적 제약이 크고 주민 수용성이 낮음	입지적 제약이 적고 주민 수용성이 높음
경쟁 양상	자원 개발 및 에너지 확보 경쟁	기술경쟁력 확보 및 규모의 경제 경쟁
환경성	온실가스, 대기오염물질 배출 * CO_2, NOx, SOx 등	온실가스 배출이 적어 친환경적 * 부산물=물(H_2O)

출처: 신영증권리서치센터

수소 연료전지의 종류

수소로 화학 반응을 일으켜 전기 에너지를 만드는 장치. 중심에 전해질막이 있고 양쪽에 연료극, 공기극이 접합되어 있다. 접합된 한 요소를 셀(cell)이라 부르는데 셀을 적층하면 스택이 되고, 여러 장치를 붙이면 수소연료전지가 되는 구조로, 모빌리티에는 주로 PEMFC 연료전지가 사용된다.

구분	특징
고분자전해질(PEMFC)	- 연료: LNG, LPG, 메탄올, 가솔린 / 주 촉매는 백금 - 50℃~100℃의 저온형이며 약 45%~50%의 에너지 효율 - 소형화 용이, 높은 응답성의 장점이 있지만 고순도 수소 필요 - 모빌리티 및 가정용, 휴대용 전원 등에 적합
직접메탄올(DMFC)	- 연료: 메탄올 / 주 촉매는 백금 - 50℃~100℃의 저온형이며 약 40%의 에너지 효율 - 모빌리티 및 초미세 전원(휴대용 전원)에 적합
용융탄산염(MCFC)	- 연료: LNG, LPG, 메탄올, 석탄가스 / 주 촉매는 Perovskites - 600℃~650℃의 고온형이며 약 40%~45%의 에너지 효율 - 내부 개질 가능. 열병합 대응 가능하나 부식 및 독성물질 유출 - 대규모 발전 및 중소 사업소 설비 등에 적합
고체산화물(SOFC)	- 연료: LNG, LPG, 메탄올, 석탄가스 / 주 촉매는 니켈 - 500℃~1,100℃의 고온형이며 약 50%~60%의 에너지 효율 - 높은 효율 및 복합발전이 가능하나 부피가 크고 기술 완성도가 낮음 - 대규모 발전 및 이동체용 전원 등에 적합
인산염(PAFC)	- 연료: LNG, LPG, 메탄올 / 주 촉매는 백금 - 150℃~200℃의 저온형이며 약 40%~50%의 에너지 효율 - 낮은 연료 순도 민감도의 장점이 있지만 부식 및 인산의 유출 우려 - 중소 사업소 설비 발전용에 적합
알칼리(AFC)	- 주 촉매는 니켈 및 은 - 50℃~120℃의 저온형 - 우주 발사체 및 전원 등에 적합

출처: EIA, 한국에너지공단

수전해 기술의 종류

수전해 기술은 물을 전기 분해해 분리막으로 이온을 이동시킴으로써 수소와 산소를 생성하는 전기화학적 기술이다. 전해질은 생성된 음, 양이온을 한 전극에서 다른 전극으로 운반하는 매개체이며 셀에서 전기화학적 반응이 일어난다. AEM 방식이 차세대 기술로 주목받고 있다.

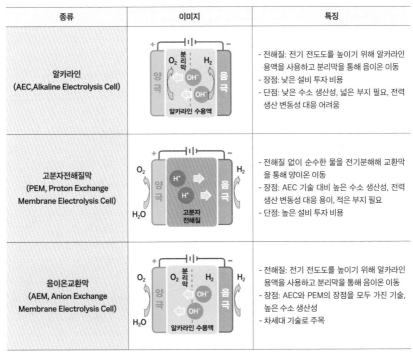

종류	이미지	특징
알카라인 (AEC, Alkaline Electrolysis Cell)		- 전해질: 전기 전도도를 높이기 위해 알카라인 용액을 사용하고 분리막을 통해 음이온 이동 - 장점: 낮은 설비 투자 비용 - 단점: 낮은 수소 생산성, 넓은 부지 필요, 전력 생산 변동성 대응 어려움
고분자전해질막 (PEM, Proton Exchange Membrane Electrolysis Cell)		- 전해질 없이 순수한 물을 전기분해해 교환막을 통해 양이온 이동 - 장점: AEC 기술 대비 높은 수소 생산성, 전력 생산 변동성 대응 용이, 적은 부지 필요 - 단점: 높은 설비 투자 비용
음이온교환막 (AEM, Anion Exchange Membrane Electrolysis Cell)		- 전해질: 전기 전도도를 높이기 위해 알카라인 용액을 사용하고 분리막을 통해 음이온 이동 - 장점: AEC와 PEM의 장점을 모두 가진 기술, 높은 수소 생산성 - 차세대 기술로 주목

출처: 한화 저널

수전해설비 비용절감 요소

최적 설계 및 구축	규모의 경제 실현	촉매의 재구성
분리막 두께 감소 전류밀도 증가 전극 면적 확대	대량생산 모듈 크기 향상 스택 생산라인 자동화 플랜트 표준화 등	니켈(알칼라인), 이리듐, 백금(PEM)보다 경제적인 고효율 촉매로의 전환

출처: 한국과학기술기획평가원, 신영증권리서치센터

수소차

생산

- 그레이 수소 ── 롯데케미칼, 현대제철, 현대로템, SK이노베이션
- 그린 수소
  - 수전해
    - 에너지원
      - 신재생 ── 코오롱글로벌
      - LNG ── SK가스
    - 생산 ── PEM 방식 ── 한화솔루션
  - 인프라
    - 암모니아 ── 삼성엔지니어링
    - CCUS ── DL이앤씨

저장, 운송

- 저장 ── 액화 플랜트
  - 플랜트 ── SK가스, 두산에너빌리티, 효성, 한국가스공사, GS칼텍스
  - 밸브 배관, 안전장치 등 ── 모토닉, 디케이락, 세종공업, 유니크, EG
- 운송
  - 튜브 트레일러 ── 일진하이솔루스, 엔케이
  - 수소 탱크 ── 일진다이아, 일진하이솔루스, 효성첨단소재, 코오롱플라스틱, 한화솔루션, 롯데케미칼, 한국조선해양
  - 암모니아 유통 ── 롯데정밀화학

활용

- 수송용
  - 수소차
    - 완성차 제조 ── 현대차
    - 수소 공급장치 ── 현대모비스, 세종공업, 유니크, 모토닉, 삼보모터스, 아모센스
    - 공기 공급장치 ── 한온시스템, 뉴로스, 코오롱인더스트리, 세종공업
    - 열 관리장치 ── 한온시스템, 지엠비코리아, 인지컨트롤스
    - 수소 저장장치 ── 롯데케미칼, 한화솔루션, 유니크, 모토닉, 하이록코리아, 디케이락, 세종공업
    - 연료전지스택
      - 막전극접합체(MEA)
        - 상아프론테크, 코오롱인더스트리, 시노펙스, 켐트로스, 비나텍
        - 슬롯다이 ── 지아이텍
      - 가스확산체(GDL) ── 효성첨단소재, 평화홀딩스
      - 분리판 ── 현대제철, POSCO, 세종공업
      - 가스켓 ── 평화홀딩스, 동아화성
      - 앤드 플레이트 ── 대원강업
      - 인클로저, 매니폴드 ── 동양피스톤
      - 흡기, 배기 호스 ── 동아화성
    - 경량화 ── 코오롱플라스틱, 에코플라스틱, 성우하이텍
  - 수소 트럭 ── 현대차
  - 수소 선박 ── 삼성중공업, 한국조선해양, 대우조선해양, 현대차
  - 수소 열차 ── 현대로템, 디케이락, 풍국주정, 우수AMS, 평화홀딩스, 유니크
  - 수소 잠수함 ── 범한퓨얼셀
  - 수소 지게차 ── 현대건설기계
- 산업용
  - 수소 환원제철 ── POSCO
  - 수소 혼소발전 ── SK가스, 두산에너빌리티(가스터빈)
  - 반도체 분야 고압 수소 어닐링 ── HPSP
- 발전, 가전용 ── 연료전지
  - 인산염 (PAFC) ── 두산퓨얼셀
  - 고분자 전해질 (PEMFC) ── 현대모비스, 범한퓨얼셀, 에스퓨얼셀
  - 고체산화물 (SOFC) ── STX중공업, 미코

충전

효성중공업, 이엠코리아, 엔케이, 현대제철, SK가스, GS칼텍스, 제이엔케이히터, 롯데케미칼

플러그파워

시가총액 **14조 원**		2021년	2022년(전망)	2023년(전망)
	매출액	7,000억 원	1조 2,500억 원	1조 9,400억 원
국적 미국	**순이익**	-6,500억 원	-8,000억 원	-4,000억 원

- 수소 사업 내, 차량용 연료전지, 수전해 핵심 설비인 전해조, 수소충전소 건설 등 다수의 수소 핵심기술 보유
- 수소 생산부터 사용하는 애플리케이션까지 전 수소 밸류체인 수직계열화를 이룬 유일한 수소 회사
- 미국에 그린 수소 네트워크 구축. 아마존 및 마이크로소프트에 공급 계약
- 아마존, 월마트 등 글로벌 유통기업에 독점적으로 수소 지게차를 공급하면서 미국 수소 지게차 시장 독점
- SK E&S, 2021년 1월에 동사의 지분 10% 투자

린드(린데)

시가총액 **199조 원**		2021년	2022년(전망)	2023년(전망)
	매출액	43조 4,000억 원	47조 3,600억 원	48조 620억 원
국적 독일	**순이익**	5조 3,800억 원	5조 6,500억 원	7조 3,000억 원

- 세계 제1의 산업용 가스 제조 및 유통업을 영위하는 미국, 독일, 아일랜드계의 다국적 화학 회사
- 수소 생태계 전반의 글로벌 리더로 세계 최대 액화수소 용량과 유통시스템 갖춘 기업
- 수소 경제 관련 글로벌 CEO 협의체 수소위원회의 회원. 수소 경제와 관련된 모든 사업과 연관
- 전 세계 200개 이상의 수소 충전소 및 80개 수소 전기분해 플랜트 설치 경험
- 미국에서 그린 수소 생산량 늘리기 위해 기존 생산량의 2배에 해당하는 전해조 공장 건설 계획
- 수소차 관련해 현대차(독일 수소 모빌리티 네트워크 H2에 지분 투자한 공통점), 삼성전자(반도체 산업용 가스), 효성(JV 린데수소에너지 설립)과 파트너십을 맺음

에어리퀴드

시가총액 **88조 원**		2021년	2022년(전망)	2023년(전망)
	매출액	32조 5,500억 원	41조 3,700억 원	42조 2,700억 원
국적 | 프랑스	**순이익**	3조 6,000억 원	4조 1,500억 원	4조 6,300억 원

- 산업, 의료용 가스와 관련된 기술, 서비스 분야 세계 선도 기업
- 지난 50여 년간 수소의 생산, 저장, 유통, 애플리케이션까지 밸류체인 전반에서 사업 영위
- 연간 130만 톤의 수소 생산, 1,850km의 수소 파이프라인, 170여 개소의 수소 충전소, 50여 개의 수소 공장 및 40개의 수전해 설비 운영 경험
- 미국 네바다주에 대규모 액체 수소 생산 및 물류 인프라 시설 투자
- 롯데케미칼과 부생 수소, 수소 충전소, 액화 수소 생산 시설, 수소 탱크 기술 등 협업

에어프로덕트

시가총액 **76조 원**		2021년	2022년(전망)	2023년(전망)
	매출액	14조 5,500억 원	17조 4,000억 원	18조 2,000억 원
국적 | 미국	**순이익**	2조 8,600억 원	3조 2,200억 원	3조 6,000억 원

- 글로벌 산업용 가스 전문 기업. 수소 연료 및 관련 기술, 인프라 제공
- 2019년부터 사우디아라비아에서 신재생에너지로 암모니아를 생산하는 네옴 프로젝트를 통해 그린 수소 생산 모델 개발
- 미국 최대 용량의 수소전기버스 충전소 구축, 미국 루이지애나에 블루 수소 생산 메가 프로젝트 건설 및 영국에 저탄소 수소 생산 시설 구축
- 현대글로비스와 액화 및 청정수소 공급망 구축 MOU 체결, 현대차와 수소상용차 보급 확대 협력 그리고 현대오일뱅크의 블루 수소 생태계 구축에 합류

현대자동차

☑ 수소차 • 전기차 • 수소차 • 자율주행차 • 넥쏘

시가총액	주요 주주	현대모비스 외 8인 29%, 국민연금 7%
36조 원	주 매출처	차량(RV) 42%, 차량(승용) 34%

- 수소차 세계 1위이자 글로벌 전기차 시장을 선도하는 3대 기업 중 하나
- 2025년까지 모든 차종을 소프트웨어 중심의 자동차로 전환, 스마트 모빌리티 산업 선도 목표
- 전기차뿐 아니라 수소차, 자율주행차, 미래 항공 모빌리티(AAM), 로봇택시 등 미래 모빌리티 산업에 전방위적 진출 및 투자
- 2022년 1~8월, 수소차 넥쏘를 앞세워 세계 수소연료차 판매량 7,400대 판매 및 점유율 59%로 압도적 1위
- 현대차 및 계열사와 협력해, 수소 생산(부생, 그린), 충전소, 트램, 연료전지 및 수소 환원제철 분야 등 광범위한 밸류체인에서 사업 진행

실적 추이 및 전망

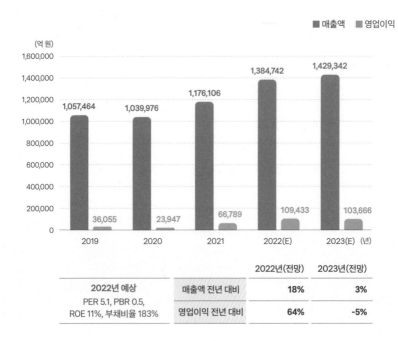

	2022년(전망)	2023년(전망)
매출액 전년 대비	18%	3%
영업이익 전년 대비	64%	-5%

2022년 예상
PER 5.1, PBR 0.5,
ROE 11%, 부채비율 183%

코오롱인더스트리

☑ 수분제어장치 • PEM • MEA • 아라미드 • 타이어코드 • 패션

시가총액	주요 주주	코오롱 외 9인 34%, 국민연금 7%
1조 2,000억 원	주 매출처	산업자재 42%, 패션 21%, 화학소재 21%

- 탄화수소계 멤브레인막 국산화 대표 기업이자 PET 타이어코드, 아라미드, 패션 분야 등 다각화된 사업 운영
- 수소연료전지 소재인 수분제어장치 글로벌 1위. 현대차 넥쏘 및 신형차에 공급
- 수소연료전지인 고분자 전해질막(PEM) 및 연료전지 스택 원가의 40%를 차지하는 막전극집합체(MEA) 생산
- 친환경 플라스틱 사업, 아라미드 생산량 증설 및 친환경차 보급으로 수요가 증가하는 타이어코드 생산량 증대 중

실적 추이 및 전망

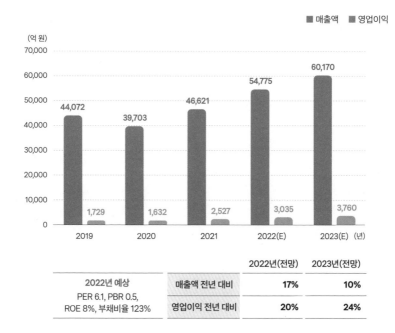

■ 매출액 ■ 영업이익

(억 원)

	2019	2020	2021	2022(E)	2023(E) (년)
매출액	44,072	39,703	46,621	54,775	60,170
영업이익	1,729	1,632	2,527	3,035	3,760

2022년 예상		2022년(전망)	2023년(전망)
PER 6.1, PBR 0.5, ROE 8%, 부채비율 123%	매출액 전년 대비	17%	10%
	영업이익 전년 대비	20%	24%

두산퓨얼셀

☑ 수소 연료전지 • 수소충전소 • 트라이젠

시가총액	주요 주주	두산에너빌리티 외 14인 37%, 국민연금 6%
1조 7,300억 원	주 매출처	연료전지 60%

- 국내 발전용 연료전지 점유율 1위. 저온 인산형 타입 연료전지 국내 유일 생산
- 연료전지 주요 부품인 개질기 활용, 수소 충전소 사업 진출 전망
- 수소, 전기, 열 동시 생산 가능한 트라이젠 연료전지 모델로 온사이트(On-site) 방식 수소충전소에 적용 계획
- 2025년부터 선박용 연료전지 상용화 계획

최근 실적 및 주요 재무지표

	2021년	2022년(전망)	2023년(전망)		2022년 상반기	
매출액	3,814억 원	4,816억 원	8,063억 원 (yoy 67%)	매출액	1,253억 원	PER 146 PBR 4.0
영업이익	180억 원	163억 원	494억 원 (yoy 202%)	이익	-78억 원	ROE 3% 부채비율 48%

한온시스템

☑ 공조 시스템 • 히트펌프 • 공기압축 • 쿨링팬 모터

시가총액	주요 주주	한앤코오토홀딩스 50%, 한국타이어앤테크놀로지 19%
4조 원	주 매출처	(고객사) 현대차그룹 47%, Ford 12%, VW 8%, GM 6%

- 차량용 에어컨, 파워트레인 쿨링, 압축기 등 자동차 열 관리 시스템 부품 생산
- 전기차뿐 아니라 수소차에서도 열 관리 즉, 공조 시스템이 더욱 중요하기에 히트펌프가 핵심 성장 동력이 될 전망
- 연료전지 스택으로 공기를 공급하는 공기압축기 및 스택 냉각을 위한 고전압 쿨링팬 모터 공급
- 현대차, 폭스바겐, 루시드 모터스, 니오, 샤오펑 등에 친환경차 열 관리 시스템 공급

최근 실적 및 주요 재무지표

	2021년	2022년(전망)	2023년(전망)		2022년 상반기	
매출액	7조 3,514억 원	8조 5,260억 원	9조 1,617억 원 (yoy 7%)	매출액	4조 869억 원	PER 22.7 PBR 1.7
영업이익	3,258억 원	2,783억 원	4,797억 원 (yoy 72%)	이익	906억 원	ROE 7% 부채비율 242%

세종공업

☑ 머플러 • 컨버터 • 금속분리판 • 수소 센서

시가총액	주요 주주	에스제이원 외 3인 44%
1,260억 원	주 매출처	머플러 및 배기가스 정화기 93%

- 자동차 배기 부품인 머플러, 컨버터를 제조하며 국내시장 점유율 30%로 1위
- 매출 대부분이 현대기아차 향(向)이며 북미, 중국, 유럽 등 현대기아차 주요 생산거점에 동반 진출
- 현대차의 수소차 개발 단계부터 참여해 수소 누설 감지 센서, 수소 압력 유지 센서, 밸브 등 개발
- 자회사인 세종이브이에서 수소차 스택용 금속분리판 생산

최근 실적 및 주요 재무지표

	2021년	2022년(전망)	2023년(전망)		2022년 상반기	
매출액	1조 5,881억 원	전망치 미집계	전망치 미집계	매출액	8,388억 원	PER -7 PBR 0.3
영업이익	-42억 원	전망치 미집계	전망치 미집계	이익	-35억 원	ROE -4% 부채비율 198%

상아프론테크

☑ 엔지니어링 플라스틱 • 멤브레인 • 분리막 • 수전해 설비

시가총액	주요 주주	이상원 외 20인 42%
3,970억 원	주 매출처	2차전지 21%, 반도체 19%

- 산업 전반에 쓰이는 엔지니어링 플라스틱을 원료로 첨단 부품, 소재 생산
- 수소연료전지 스택에 적용되는 진입장벽이 높은 멤브레인 분리막 생산해 현대자동차 넥쏘, 도요타 미라에 2세대 모델에 납품
- 차후 수소 PEM 수전해 설비에도 핵심 소재 납품 기대

최근 실적 및 주요 재무지표

	2021년	2022년(전망)	2023년(전망)		2022년 상반기	
매출액	1,785억 원	전망치 미집계	전망치 미집계	매출액	872억 원	PER 46 PBR 2.5
영업이익	120억 원	전망치 미집계	전망치 미집계	이익	63억 원	ROE 6% 부채비율 81%

범한퓨얼셀

☑ 막전극집합체 · 분리판 · 연료전지 · 잠수함 · 수소충전소

시가총액	주요 주주	범한산업 51%
2,600억 원	주 매출처	연료전지 72%, 수소충전소 28%

- 해양(잠수함), 지상(버스, 트럭) 모빌리티용 수소 연료전지 제조 및 수소 충전소 사업 영위
- 수소연료전지 막전극집합체(MEA) 및 분리판 제조 기술 보유
- 차후 공항, 항만 물류센터 등 공공 부문 수소 차량 분야에도 진출 계획

최근 실적 및 주요 재무지표

	2021년	2022년(전망)	2023년(전망)		2022년 상반기	
매출액	461억 원	625억 원	전망치 미집계	매출액	146억 원	PER 28.7 PBR 2.7
영업이익	62억 원	98억 원	전망치 미집계	이익	9억 원	ROE 14% 부채비율 24%

SK가스

☑ LPG · LNG · 에어리퀴드 · 부생 수소 · 복합 화력발전소

시가총액	주요 주주	SK디스커버리 외 2인 72%, 국민연금 6%
1조 1,000억 원	주 매출처	LPG 판매 99%

- 국내 LPG 시장 1위 기업이며 LNG 및 수소 사업으로 비즈니스 포트폴리오 확장 중
- LNG 냉열을 활용한 액화수소 생산, LNG 추출 수소 계획
- Air Liquide, 롯데케미칼과 부생 수소 기반 발전사업 및 수송용 수소 사업 합작사 설립
- 울산에 1조 2,000억 원 투자해 세계 최초 LNG, LPG 복합 화력발전소를 2024년 완공 목표로 건설 중

최근 실적 및 주요 재무지표

	2021년	2022년(전망)	2023년(전망)		2022년 상반기	
매출액	6조 4,945억 원	8조 2,775억 원	7조 8,200억 원 (yoy -5%)	매출액	4조 2,734억 원	PER 5.4 PBR 0.4
영업이익	1,055억 원	2,127억 원	2,004억 원 (yoy -5%)	이익	1,627억 원	ROE 9% 부채비율 156%

종목명	시가총액 (억 원)	사업 내용	2022년, 2023년 전년비 EPS 성장률 (전망)
현대모비스	194,227	연료전지 시스템 및 수소차에 핵심부품 양산	23%, 12%
한화솔루션	94,874	2023년까지 수전해 기술 개발 목표	8%, 19%
두산에너빌리티	89,682	발전용 대형 가스터빈 제조 기술로 수소 전소, 혼소 연소기 개발 중	-37%, 13%
현대제철	41,502	수소 연료전지용 금속 분리판 제조	6%, -19%
한국가스공사	31,802	전국에 구축된 천연가스 인프라를 통한 수소 생산	15%, 2%
롯데정밀화학	15,145	국내 암모니아 시장 70% 점유를 기반으로 그린 암모니아 사업 추진	-61%, 51%
효성첨단소재	14,448	수소 모빌리티용 탱크의 원재료인 탄소섬유 제조	-16%, 12%
일진하이솔루스	10,967	수소 모빌리티용 탱크 및 수소 충전소용 튜브 트레일러 사업	-4%, 31%
HPSP	10,573	고압 수소 어닐링 기술을 반도체 분야에 적용	63%, 25%
효성중공업	5,035	수소충전소 설치 및 린데 그룹과 액화수소 사업 협력	-66%, 200%
코오롱플라스틱	3,770	수소 모빌리티용 탱크 라이너 개발 중	64%, 18%
비나텍	2,340	PEMFC 스택의 핵심 부품인 MEA 제조	59%, -7%
일진다이아	2,173	자회사 일진복합소재가 넥쏘에 수소탱크 공급	전망치 미집계
시노펙스	1,878	수소차 연료전지 강화막 개발 및 연료전지용 PTFE 멤브레인 제조라인 보유	전망치 미집계
에스퓨얼셀	1,492	수소 연료전지시스템 제조 및 판매	-49%, 48%
풍국주정	1,480	자회사 에스디지가 산업용 수소 취급	전망치 미집계
제이엔케이히터	1,235	수소 스테이션 개질기 설계 및 제작	전망치 미집계
이엠코리아	1,197	자회사 이엠솔루션이 수전해 방식 수소 충전소 구축	전망치 미집계
유니크	999	현대차에 수소제어모듈(밸브) 독점 공급	전망치 미집계
디케이락	921	모토닉을 통해 현대 수소차에 수소차용 밸브 공급	전망치 미집계
엔케이	710	수소 스테이션용 저장용기 개발 및 수소충전소 설립 추진	전망치 미집계

※ EPS: Earning Per Share. 주당순이익을 뜻하며, 기업의 자본 규모와 상관없이 1주당 얼마의 이익을 창출했는지를 나타내기에 기업의 실질적인 수익성을 가늠해볼 수 있음

수전해 방식
전기화학 반응을 이용해 물을 분해하는 방식으로 물에 전기를 가해 생성되는 수소로 전해질에 따라 알칼라인 수전해, 고분자 전해질 수전해, 고체산화물 수전해로 분류된다.

개질 수소
천연가스, 석탄 등의 화석연료를 촉매반응을 통해 생성하는 수소로 수증기 개질, 부분 산화, 건식 개질, 열분해반응을 통해 생성된다.

부생 수소
석유화학, 제철 공정에서 화학반응에 의해 부수적으로 생산되는 수소이며, 공정 폐가스 활용을 통해 생산하기 때문에 추가설비 투자 비용이 없어 경제성이 높다는 장점이 있다.

블루 수소
탄소 포집 및 저장 또는 활용 장치를 결합함으로써 그레이, 브라운 수소 생산 과정에서 발생하는 탄소 배출이 줄어든다.

그린 수소
수전해(물을 전기분해) 방식으로 수소 생산하는 방식으로 수소 생산 위한 전력은 재생에너지로 조달한다.

액화수소 플랜트
수소를 액체로 만드는 시설. 액화수소는 수송과 저장하기가 쉽다.

수소전기차
FCEV. 수소를 연료로 이용하는 자동차를 뜻한다.

오프사이트(Off-site) 방식
수소 중앙 공급 방식이고 부생 수소 방식이라 불린다. 대규모 생산지역에서 수소를 튜브 트레일러를 활용해 이송하거나 수소 파이프라인을 활용해 사용하는 수소 충전소다.

암모니아
NH3. 한 개의 질소와 세 개의 수소가 결합한 물질이며 탄소를 포함하고 있지 않아 연소 과정에서 이산화탄소를 배출하지 않는다. 상대적으로 쉽게 액화되기에 수소 저장과 운송이 쉽다. 이미 세계적으로 1억 7,000톤 이상 생산, 판매되고 있기에 기존의 해상 및 육상 운송 인프라를 수소 경제에서 그대로 이용할 수 있는 이점으로 주목받고 있다.

온사이트(On-site) 방식
현지 공급 방식이라 불리며 개질수소 방식이라 불린다. 신재생에너지로부터 얻은 전력을 수전해 공급하거나 LPG에서 얻은 전력을 연료 개질을 통해 수소로 변환해 공급한다.

수소 스테이션
수소연료전지차에 수소를 공급하는 인프라 중 하나다. 수소 생산, 저장 및 충전 등 기술이 포함되어 있다. 수소 스테이션 관련 장비제조업(제조 설비, 압축기, 저장용기, 충전기 등) → 수소 스테이션 건설업(설계용역, 건설용역) → 수소 스테이션 사업자 등의 밸류체인을 갖추고 있다.

튜브 트레일러
수소를 생산지에서 압축, 저장 후 충전소로 운송하는 수소 물류의 동맥 같은 핵심 장비다. 트레일러가 충전소에 도착하면 바퀴가 달린 튜브 트레일러만 충전소에 설치되고 운송 동력원인 차량은 다시 생산지로 돌아가는 방식이다. 이후 트레일러 내부에 보관된 수소는 충전소 압축 패키지를 거쳐 수소 차량의 연료로 충전된다. 현대글로비스에 이어 2021년 8월, 일진하이솔루스가 2025년 10억 달러 규모 튜브 트레일러 시장을 선점하겠다고 발표했다.

가스확산층(GDL)
수소연료전지 원가의 약 20% 비중을 차지하고 있다. 분리판으로부터 공급되는 가스를 촉매로 환산하는 역할을 한다. 높은 가스 확산성, 높은 배수성, 높은 도전성이 필요하며 탄소섬유를 사용한다.

막전극접합체(MEA)

수소연료전지에서 산소와 수소의 화학적 반응을 이끌어내 전기 에너지로 변환시키는 역할을 하는 필름 형태의 접합체다. 고분자 전해질막과 전극, 분리막으로 이루어져 있다. 이중 전해질막과 전극을 일체화시킨 것이며 MEA의 구성과 성능이 연료전지의 핵심일 만큼 중요하다.

COD 히터

수소차의 전기 생산의 부산물로 생성되는 물이 겨울철에 얼지 않도록 관리하고 차를 운행하지 않을 때 수소전지 스택 내부에 남은 물과 산소를 제거하는 데 필요한 장치다.

워터 펌프

전기모터를 구동해 냉각수를 순환시키기 위해 사용되는 부품으로 배터리, 연료전지의 냉각에 필요하다.

TMS 모듈

수소전기차의 온도를 제어하는 모듈이다.

금속분리판

수소연료전지 원가의 약 18% 비중을 차지한다 수소와 공기는 분리판 양면에 있는 유로를 통해 각 전극 내부에 공급. 반응 가스의 공급, 분리뿐 아니라 전기전도, 물 배출, 내부 열관리 등 역할 수행. 스테인리스강을 주로 사용한다.

가스켓

수소연료전지 원가의 약 10% 비중. 각 단위 셀에 반응기체 및 냉각수의 기밀성을 확보하기 위해 고무 가스켓을 사용한다.

온도압력센서

수소 공급 라인 압력을 모니터링하는 기능으로 하나의 패키지에 일체화 해 원가 및 중량 저감이 가능하다.

열관리 부품

수소연료전지 스택은 출력을 일으키는 만큼 에너지로 열을 방출한다. 이에 부동액 또는 증류수를 연료전지 스택으로 순환시켜 약 60도~70도의 온도를 유지시키는 냉각 장치다.

End plate

수소연료전지 스택 내부에 있는 수십 개의 전지판을 서로 연결시켜 주는 부품 장치다. 단위 전지들의 적층물인 스택을 일정한 압력으로 지지해주는 역할로 스택에 가해주는 일정하고 균일한 압력은 스택 내부의 접촉 저항을 줄이고, 공급되는 가스의 누설 및 전극의 균열을 방지하는 중요한 역할을 한다.

매니폴드

수소와 산소가 이동하는 경로. 방수 및 방진 역할도 담당한다.

3

미래 모빌리티

자율주행

스마트카 ○
커넥티드 카 ○
ADAS ○
카메라 ○
레이더 ○
라이다 ○
V2X ○
로보택시 ○
무인 운송 ○
인공지능 ○

1 자율주행차의 가장 큰 목적 중 하나는 인간의 실수를 줄이기 위한 것으로 이를 통해 사회적 비용 감축 및 삶의 질 향상을 추구

2 자율주행 핵심 기술로 카메라, 레이더, 라이더 등 센서 및 ECU(제어장치) 등의 ADAS(운전자 지원 시스템) 부각. 추후 V2X(차량사물통신) 기술로 발전 이어갈 것

3 자율주행 시장의 패권을 차지하기 위해 글로벌 완성차 기업뿐 아니라 빅테크 기업들도 시장에 진입

한 나라의 성장이 대도심 권역으로 집중되면서 점차 교통사고로 인한 사망 및 교통혼잡에 따른 비용이 급증하고 있다. 도로 위 모든 사고의 약 95%는 사람의 실수와 연관되어 있기에 운전자의 개입을 최소화해 사고 원인을 제거하기 위한 목적이 최첨단 기술과 접목되며 전 세계적으로 자율주행 기술이 빠르게 발전하고 있다. 역사적으로 신기술의 도입은 교통사고 사망자 수를 지속해서 줄여왔다.

자율주행은 사람이 직접 운전하지 않게끔 도와 여가를 누리게 할 수 있다. 또한 교통 약자의 이동성 개선 등을 꾀하는 기술에 이르기까지 다양한 방면에서 연구를 이어가고 있다. 또한, 자율주행 택배 배송, 24시간 무인 운송 및 로보 택시 등 다양한 산업으로 이어져 파급효과까지 미치고 있기에 전 세계 첨단 기술을 주도하는 빅테크 기업들까지 자율주행 시장에 뛰어들면서 산업의 경쟁 강도가 치열해지고 있다.

자율주행은 기본적으로 센서를 통해 상황을 인식하고, 전자제어장치(ECU) 등에서 상황에 대한 정보를 파악, 판단해 기계 장치들을 제어한다. 다만 그 구현 원리가 아직은 운전자지원시스템(ADAS)과 크게 다르지 않다. 지금은 제한적 자율주행 단계지만 업계를 선도하는 테슬라가 오토파일럿 등 신경망 기반 완전 자율주행 서비스를 향상시키고 있고 굵직한 글로벌 기업들이 대거 산업에 참전하고 있기에 자율주행 기술은 상당한 속도로 발전할 전망이다. 글로벌 시장조사업체인 AMR(Allied Market Research)은 자율주행 자동차 시장 규모를 2019년 542억 달러에서 2026년 5,560억 달러 규모로 연평균 39.5% 성장을 전망했다.

| 자율주행이란?

운전자의 조작 없이 자동차 스스로 주변 환경을 인식하고 위험을 판단해 주행 경로를 계획해 운전자의 운행조작을 최소화하며, 스스로 안전주행이 가능한 인간 친화형 자동차를 의미한다. 눈, 발, 손의 사용유무에 따라 레벨 0부터 5단계까지 5~6개 단계로 구분되는데(업계마다 1단계가량 차이가 있다) 레벨 4~5단계는 우리가 흔히 떠올리는 완전 자율주행차이다.

자율주행차가 상용화되면 교통혼잡도 감소, 오염배출량 감소, 개인 여가 시간 증가, 음주 및 졸음운전 감소 및 인간의 실수로 인한 사고 감소 등의 장점을 얻을 수 있다. 현재 실생활에서 쓰이고 있는 ADAS 기술, 즉 운전자 지원 시스템은 완전 자율주행으로 가기 위한 초, 중반 단계 기술이며 그 후엔 자동차가 주변 자동차, 사물과 끊임없이 정보를 주고받으며 소통하는 커넥티드 카(스마트카)로 발전할 것이다.

| 자율주행 산업 성장의 두 가지 축, 인공지능 vs 하드웨어

산업 내 밸류체인을 분석하면 상당히 많은 투자 아이디어를 찾을 수 있겠지만 크게 인공지능 분야와 하드웨어 분야로 구분할 수 있다. 먼저, 테슬라, 현대차를 포함해 수많은 완성차 기업들이 자사의 주행 보조기술을 차량에 심어 상당한 주행 기록을 쌓으면서 인공지능 기술 향상을 위한 기초가 되는 빅데이터를 구축하고 있다. 주행 중인 차량이 직면하는 수많은 상황별 대응법을 지속적인 테스트를 통해 결과를 쌓고 분석하고 수정하며 업데이트를 진행하고 있다. 인공지능은 자율주행 차량의 두뇌 역할이기에 주행 능력이 향상될수록 주행 안전을 위해 동시에 처리해야 할 데이터 양이 기하급수적으로 늘어난다. 이에, 인공지능을 구현할 반도체는 낮은 전력 소비, 고도의 연산 능력이 필요하다.

또 한 가지의 축은 하드웨어인데 자율주행은 기본적으로 센서를 통해 상황을 인식한다. 센서는 카메라, 레이더, 라이다 등의 하드웨어를 뜻하는데 사람의 눈으로 비유할 수 있을 만큼 자율주행차 성능에 매우 중요한 역할을 담당한다. 센서 중 카메라와 라이다의 시장 규모가 가파르게 커질 전망이지만 장점에도 불구하고 아직 비싼 비용이 부담이다. 연평균 성장률은 가파르겠지만 절대적 규모로는 타 센서들의 규모를 당장 뛰어넘긴 힘들 전망이다.

자율주행은 기술 발전 단계를 level 0(비자동화)에서 level 5(완전 자율주행)까지 분류하고 있다. 자율주행차 1대당 카메라 탑재량이 level 2(부분 자율주행) 단계에서는 3~4개가 필요했지만 level 3에서는 8~9개 그리고 글로벌 자율주행 산업의 다음 상용화 도전 단계인 level 4(고급 자율주행)에선 15~20개의 카메라가 필요해진다. 단순히 개수만 더 필요한 것이 아니라 각 카메라의 성능도 훨씬 뛰어나야 한다. 또한 라이다의 단점을 4D 이미징 레이더 기술이 커버하면서 보쉬, 덴소 등의 기업들을 필두로 매년 성장세를 이뤄가고 있다. 라이다는 악천후에서의 단점과 기술 발전을 통한 합리적 가격 수준을 이뤄낸다면 차후 자율주행 센서 분야의 대표로 성장할 수 있을 전망이다.

▎ 자율주행 핵심 기술, ADAS와 V2X

운전자지원시스템이라고도 불리는 ADAS는 차량이 스스로 운전 중 발생하는 상황을 인지해 차량을 제어하는 기술이다. 이를 위해 차량 내 수많은 카메라와 센서가 쉬지 않고 상황을 판단하고 있다. ADAS 적용을 통한 충돌 사고 경감 효과가 매우 큰 만큼, 국가별로 ADAS 관련 제품 장착을 의무화해 안전 규제를 강화하고 있다. 글로벌 완성차 업체들이 앞다퉈 ADAS 장착에 나서면서 이 시장은 크게 성장할 것으로 예상된다.

이후 첨단 기술 트렌드는 차량사물통신으로 알려진 V2X(Vehicle to Everything)로 이어지고 있다. V2X는 자율주행 및 커넥티드 카 환경의 핵심 기술이다. 자율주행 센서와 카메라만으로 완벽한 자율주행 구현에 한계를 갖기에 차량과 차량 간 통신(V2V), 차량과 사물 간 통신(V2I)을 구현하는 V2X 기술이 주목받을 것이다. 그 밖에 전자제어 장치인 ECU, 고정밀 지도 등이 성능 발전을 이뤄내며 완전 자율주행으로 가는 길을 빠르게 견인할 전망이다.

글로벌 자율주행차 시장 전망

연평균 성장률은 2025년까지 크게 확대되지만, 시장의 전체적인 크기는 2025년에서 2035년 구간에 확대될 전망이다.

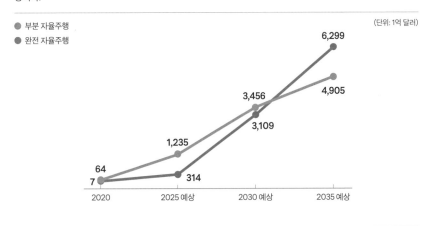

- 부분 자율주행
- 완전 자율주행

(단위: 1억 달러)

	2020	2025 예상	2030 예상	2035 예상
부분 자율주행	64	1,235	3,456	6,299
완전 자율주행	7	314	3,109	4,905

출처: 소프트웨어정책연구소, 한국과학기술정보연구원(KISTI)

자율주행 분야별 시장 전망

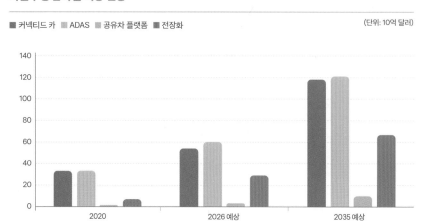

■ 커넥티드 카 ■ ADAS ■ 공유차 플랫폼 ■ 전장화

(단위: 10억 달러)

출처: Yole Development, 신한금융투자

자율주행 차량 구성

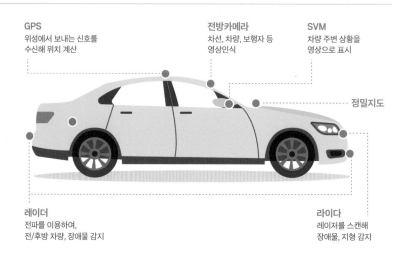

GPS
위성에서 보내는 신호를
수신해 위치 계산

전방카메라
차선, 차량, 보행자 등
영상인식

SVM
차량 주변 상황을
영상으로 표시

정밀지도

레이더
전파를 이용하여,
전/후방 차량, 장애물 감지

라이다
레이저를 스캔해
장애물, 지형 감지

자료: 현대모비스, 키움증권 리서치

자율주행차의 핵심 기기

센서류(카메라, 레이더, 라이더), HD맵, GPD, ECU, 스마트 액추에이터, V2X 통신 기기 등을 통해 자율주행을 구현할 수 있다.

자율주행기술	주요 기기	내용
주행환경 인식	카메라, 레이더, 라이더	센서를 사용하여 장애물, 도로표식, 교통신호 등 인식
위치인식 및 맵핑	HD맵, 고정밀 위성측위 기기	HD맵, GPS, 센서 융합을 통해 차량의 절대/상대 위치 추정
판단	ECU, ADAS, DCU	인지 신호들을 효율적으로 처리하여 차량의 행동 지시
제어	스마트 액추에이터	지시된 행동을 추종하기 위해 조향, 가감속 등 제어
인터렉션	HVI, V2X 통신	차량과 운전자, 차량과 주행환경이 서로 정보를 교환

자율주행차 발전 단계

현재는 부분 및 조건부 자율 단계지만 2025년 정도에는 자율주행이 가능한 환경 조건이 대폭 확대될 전망이다. 완전 자율주행은 2035년부터 가능할 것으로 추정된다.

	부분 자율	조건부 자율	고도 자율	완전 자율
	현재	2020년	2025년	2035년
정의	운전자: 주행 시스템: 조향 및 가속, 감속 기능 복합 되어 특정 주행 모드 수행	시스템: 주행 운전자: 시스템의 개입 요청에 적절히 대응 항상 차량 제어를 위한 준비 자세	시스템: 주행 운전자가 개입 요청에 적절히 대응 못하는 경우에도 시스템 주행 가능	모든 조건에서 시스템이 상시 운전
주요기능	• 차간 거리유지 + 차선 유지 • 자동 주차	• 고속도로 자율주행 • 기상상황 제외한 자율주행	• 특정 구간 및 기상 상황 제외한 자율 주행	• 자율주행 • 무인 운송

출처: 국토교통부

자율주행 핵심 센서 비교

센서	기능	장점	단점
라이다	빛(레이저)으로 사물 원근감, 형태, 거리, 속도 인식	센서 중 가장 높은 해상도와 정확도를 지녔으며, 3D 입체 지도 구현 가능함	눈과 비 등 날씨에 민감하며 가격이 높은 편
레이더	전자기파 송수신을 통한 거리, 속도 측정	날씨 등 외부환경의 영향을 거의 받지 않으며 사물 투과 측정이 가능함	표지판을 인식하지 못하며 직선 거리만 측정 가능함
카메라	렌즈를 통해 시각적으로 주변 사물, 상황 인식	질감, 색상, 대비 정도 포착 가능하며 저렴한 가격	날씨 등 외부 환경에 취약하며 장거리를 측정하는 데 취약함

자율주행 기능별 레벨 분류

현재는 2단계에서 2.5단계 정도이며 2023년에 레벨 3을 지원하는 차량이 출시될 전망이다. 또한, 우리가 흔히 생각하는 의미의 자율주행은 레벨 4, 5단계부터 이뤄질 전망이다.

단계	구분	내용
Level 0	비자동화	자율주행 기능이 없는 일반 자동차
Level 1	운전자 지원 기능	자동 브레이크, 자동 속도 조절 등 운전 보조 기능 탑재
		간단한 조향이나 제동을 도와주는 단계
Level 2	부분적 자율주행	운전자가 운전하는 상태에서 2가지 이상의 자동화 기능 작동
		속도와 방향을 스스로 제어하는 단계
		운전자의 상시 감독 필요
Level 3	조건부 자율주행	차량 내 인공지능에 의한 제한적 자율주행 가능
		교통신호와 도로 흐름을 인식하는 단계
		다만, 특정 상황에 따라 운전자의 개입이 반드시 필요
Level 4	고급 자율주행	시내 주행을 포함한 도로 환경에서 주행 시 모니터링 필요
		자동차 스스로 입력된 목적지까지 이동구간 탐색 및 주행
Level 5	완전 자율주행	모든 환경에서 운전자 개입 없이 완벽한 자율주행 구현

자율주행 단계별 글로벌 차량 보급 전망

2030년부터 진정한 자율주행 단계의 차량이 보급될 전망이며 2040년경에는 자율주행 차량의 3분의 2 이상이 레벨 3~5단계 차량으로 구성될 전망이다.

자율주행 기술 수준별 센서 탑재량 전망

자율주행 기술 수준이 향상될수록 더욱 방대하고 정확한 데이터를 필요하기에 이에 따른 고성능 센서 필요량도 증가한다.

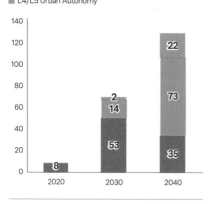

■ L2 ADAS
■ L3/L4 Highway Autonomy
■ L4/L5 Urban Autonomy

(단위: 100만 대)

자료: 키움증권 리서치

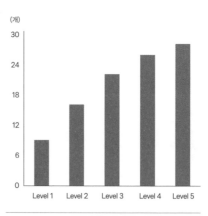

(개)

출처: Yole Development, 신한금융투자

ADAS 센서 및 컴퓨팅 기술 시장 전망

연평균 성장률은 라이다에서 압도적이나, 시장 점유율 크기 및 절대적 시장 크기로는 레이더와 카메라 모듈이 압도적인 모습일 것으로 전망된다.

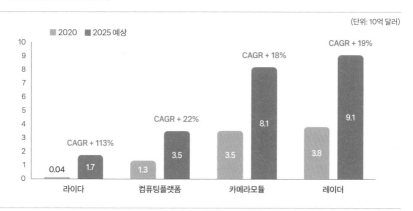

(단위: 10억 달러)

출처: Yole Development, 하나금융투자

OTA 탑재 차량 전망

테슬라가 타 OEM(주문자상표부착생산) 대비 자율주행에서 독자적인 행보로 공격적인 개발이 가능했던 배경은 OTA(무선통신 소프트웨어) 업데이트를 통해 제품 출시 이후 성능을 보완할 수 있었기 때문으로 분석된다. OTA를 통한 콘텐츠 업데이트는 구독 기반 비즈니스 모델을 만들 수 있는 근간이 된다.

(단위: 100만 대)

출처: 메리츠증권리서치센터

글로벌 V2X 시장 규모 전망

자율주행을 위해서는 자동차와 사람, 사물, 공간이 연결되는 V2X(vehicle to everything)가 중요하다. 무선통신기술을 통해 차량과 차량, 차량과 인프라 간 통신을 통해 차량에 부착된 센서 외에 추가정보를 통해 자율주행의 인지기능 보완이 가능하기 때문이다.

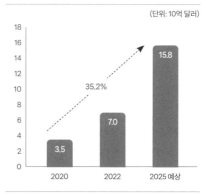

(단위: 10억 달러)

참고: DRSC 방식 통신 제어장치인 CCU,
장착비용, 보안조치비용, 통신비용 포함

인지, 판단, 제어로 구성되는 자율주행 알고리즘 구조

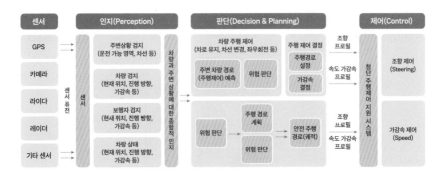

출처: 하이투자증권

차량별 ECU 탑재량

ECU는 자동차의 엔진, 자동변속기, ABS 등의 상태를 컴퓨터로 제어하는 전자장치인데, 전기차 시장의 성장과 차량 내 ADAS 탑재 등으로 인해 차량의 전장 시스템이 고도화될수록 ECU 탑재 수가 급증할 전망이다.

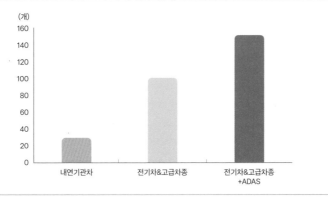

출처: 메리츠증권리서치센터

주요국의 자율주행 산업 동향

국가	동향, 제도
미국	- 레벨 3을 주별로 법안 만들어 허용 - 무인 자율주행 시범사업을 2020년부터 시행(애리조나, 캘리포니아) - 자율주행 소프트웨어 1~4위 기업 포진(구글, 엔비디아, 포드, 크루즈GM)
독일	- 2021년 5월, 고도 자율주행(레벨 4) 근거법 마련 - 무인 자율주행차 관련법에 기술감독관, 제작사 규정 포함 - 벤츠, 내년 레벨 3 자율주행차(드라이브 파일럿) 한국 출시 준비

중국	- 레벨 3 상용화 허용해 누적 주행거리, 데이터 확보 - 무인 자율주행 시범사업을 2021년부터 베이징에서 시행 - 자율주행 소프트웨어 5위 기업(바이두) 보유
한국	- 레벨 3 자율주행은 임시운행만 허용, 상용화는 아직 - 2027년까지 레벨 4 자율주행 상용화 목표 추진 - 자율주행 기록장치 설치 의무화 - 무인 자율주행 시범사업 미실시(운전자 탑승 필요) - 자율주행 분야 소프트웨어 경쟁력 미미

출처: 매일경제

주요 기업들의 자율주행 L3 이상 사업 계획

		2022	2023	2024	2025
CHIP	테슬라	FSD 정식 출시		무(無) 운전대 차량 출시	
	엔비디아	오린(Orin) 칩		하이페리온 (Hyperion) 8	알트란(Atlan) 칩
	모빌아이		EyeQ6	레벨 4 출시	250만 대의 REM 데이터 수집
	퀄컴			스냅드래곤 라이드 플랫폼(Snapdragon Ride Platform)	
OEM	현대차그룹	모셔널, 자율배송 서비스 출시	모셔널, 로보택시 서비스 출시	레벨 4 출시	
	GM+크루즈	운전대 없는 차량 생산 허가 신청	울트라크루즈 (Ultra Cruise)에 스냅드래곤 탑재		
	폭스바겐	화웨이 자율주행 사업부 인수 논의		V.W.OS(자율주행 칩) 출시	로보택시 출시 목표
	포드	미국 13만 마일 도로 내에서 블루크루즈 (Blue Cruise)	모빌아이와의 REM 생태계 협력		
	BMW	스냅드래곤 라이드 비전(Snapdragon Ride Vision), 어라이버(Arriver)			뉴 클래스(Neue Klasse) 플랫폼에 스냅드래곤 탑재
	메르세데스 벤츠	Orin 기반의 OS 개발		하이페리온 8 탑재	
	도요타	Auroza와 캘리포니아에서 자율주행 테스트		Arene OS 출시	
	루시드	드림드라이브 (DreamDrive)에 엔비디아 플랫폼 채택		그래비티(Gravity) SUV에 하이페리온 9 탑재	
	지리(Geely)	EyeQ5 기반 SEA 플랫폼 차량 개발		레벨 4 탑재	

출처: 하이투자증권

완성차 업체의 자율주행 인지 센서 활용 전략

구분	카메라 + 레이더	라이다 + HD Map
업체	- 테슬라 FSD(Full Self-Driving)	- 볼보, 웨이모, GM 크루즈(Cruise), 혼다, 현대차
전략	- 레이더와 카메라를 활용한 유사 라이다(Pseudo LiDAR)	- HD 맵(Map)에 저장된 정보에 라이다가 매칭해 위치 파악
장점	- 슬램(SLAM) 기법을 활용해 HD 맵 부재 시에도 자율주행 가능 - 카메라의 높은 가격 경쟁력(라이다 대비)	- 자율주행차의 정확한 위치 파악 가능
단점	- 교통혼잡 또는 야간 주행 시 인식능력 저하	- HD 맵 부재 시 자율주행 불가 - 라이다의 고가 비용

출처: 산업연구원(KIET)

차량용 통신 기술 성능 비교

항목	C-V2X	WAVE(DSRC 기반)
특징	셀룰러, LTE/5G 기반	와이파이 기반
장점	커버리지, 전송속도 등	오랜 연구개발에 따른 안정성
단점	즉각적 상용화 어렵고 웨이브 방식 매몰 비용	커버리지 및 제한적 확장성
커버리지	수 km	최대 1km(별도 기지국)
지연시간	0.1초 미만(100ms)	0.1초 미만(100ms)
채택국가	미국, 중국(단일표준)	유럽(WAVE, LTE 병행)

출처: 신한금융투자

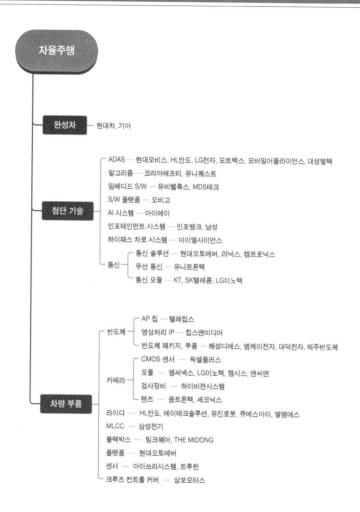

자율주행

완성차 — 현대차, 기아

첨단 기술
- ADAS — 현대모비스, HL만도, LG전자, 모트렉스, 모바일어플라이언스, 대성엘텍
- 알고리즘 — 코리아에프티, 유니퀘스트
- 임베디드 S/W — 유비벨록스, MDS테크
- S/W 플랫폼 — 오비고
- AI 시스템 — 아이에이
- 인포테인먼트 시스템 — 인포뱅크, 남성
- 하이패스 차로 시스템 — 아이엘사이언스
- 통신
  - 통신 솔루션 — 현대오토에버, 라닉스, 켐트로닉스
  - 무선 통신 — 유니트론텍
  - 통신 모듈 — KT, SK텔레콤, LG이노텍

차량 부품
- 반도체
  - AP 칩 — 텔레칩스
  - 영상처리 IP — 칩스앤미디어
  - 반도체 패키지, 부품 — 해성디에스, 엠케이전자, 대덕전자, 제주반도체
- 카메라
  - CMOS 센서 — 픽셀플러스
  - 모듈 — 엠씨넥스, LG이노텍, 캠시스, 앤씨앤
  - 검사장비 — 하이비젼시스템
  - 렌즈 — 옵트론텍, 세코닉스
- 라이다 — HL만도, 에이테크솔루션, 유진로봇, 큐에스아이, 엘엠에스
- MLCC — 삼성전기
- 블랙박스 — 팅크웨어, THE MIDONG
- 플랫폼 — 현대오토에버
- 센서 — 아이쓰리시스템, 트루윈
- 크루즈 컨트롤 커버 — 삼보모터스

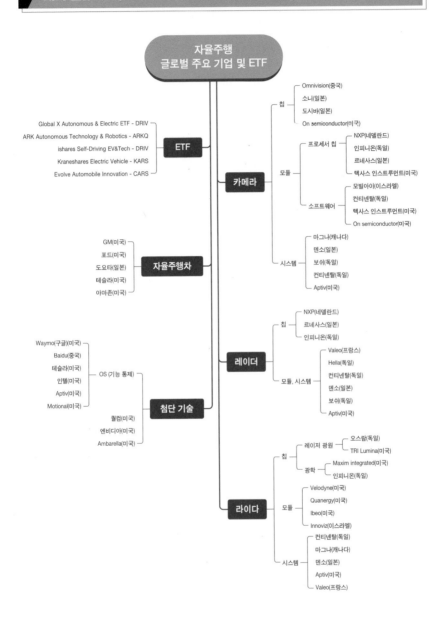

자율주행
글로벌 주요 기업 및 ETF

ETF
- Global X Autonomous & Electric ETF - DRIV
- ARK Autonomous Technology & Robotics - ARKQ
- ishares Self-Driving EV&Tech - DRIV
- Kraneshares Electric Vehicle - KARS
- Evolve Automobile Innovation - CARS

자율주행차
- GM(미국)
- 포드(미국)
- 도요타(일본)
- 테슬라(미국)
- 아마존(미국)

첨단 기술
- OS (기능 통제)
  - Waymo(구글)(미국)
  - Baidu(중국)
  - 테슬라(미국)
  - 인텔(미국)
  - Aptiv(미국)
  - Motional(미국)
- 퀄컴(미국)
- 엔비디아(미국)
- Ambarella(미국)

카메라
- 칩
  - Omnivision(중국)
  - 소니(일본)
  - 도시바(일본)
  - On semiconductor(미국)
- 모듈
  - 프로세서 칩
    - NXP(네델란드)
    - 인피니온(독일)
    - 르네사스(일본)
    - 텍사스 인스트루먼트(미국)
  - 소프트웨어
    - 모빌아이(이스라엘)
    - 컨티넨탈(독일)
    - 텍사스 인스트루먼트(미국)
    - On semiconductor(미국)
- 시스템
  - 마그나(캐나다)
  - 덴소(일본)
  - 보쉬(독일)
  - 컨티넨탈(독일)
  - Aptiv(미국)

레이더
- 칩
  - NXP(네델란드)
  - 르네사스(일본)
  - 인피니온(독일)
- 모듈, 시스템
  - Valeo(프랑스)
  - Hella(독일)
  - 컨티넨탈(독일)
  - 덴소(일본)
  - 보쉬(독일)
  - Aptiv(미국)

라이다
- 칩
  - 레이저 광원
    - 오스람(독일)
    - TRI Lumina(미국)
  - 광학
    - Maxim integrated(미국)
    - 인피니온(독일)
- 모듈
  - Velodyne(미국)
  - Quanergy(미국)
  - Ibeo(미국)
  - Innoviz(이스라엘)
- 시스템
  - 컨티넨탈(독일)
  - 마그나(캐나다)
  - 덴소(일본)
  - Aptiv(미국)
  - Valeo(프랑스)

테슬라

시가총액		2021년	2022년(전망)	2023년(전망)
900조 원	**매출액**	75조 3,500억 원	119조 750억 원	173조 5,400억 원
국적	미국	**순이익**	7조 7,300억 원	17조 6,300억 원	26조 4,600억 원

- 글로벌 시장에서 가장 많은 전기차를 판매하고 있는 압도적 1위 기업
- 완전자율주행(FSD)을 앞세운 독보적 소프트웨어 기술로 자율주행 시장에서 핵심 플레이어
- 슈퍼컴퓨터 도조(Dojo) 기반으로 주행 데이터를 머신러닝해 자율주행 성능 지속 개선
- 자율주행 제조사 최초로 OTA(온라인 업데이트) 방식 도입, 소프트웨어 성능 최신화 및 사용자 편의성 증대
- 로보택시, 인포테인먼트, 보험 등 비즈니스 확장 중

엔비디아

시가총액		2021년	2022년(전망)	2023년(전망)
408조 원	**매출액**	23조 3,400억 원	37조 6,790억 원	38조 3,710억 원
국적	미국	**순이익**	8조 7,900억 원	15조 7,600억 원	11조 9,500억 원

- 그래픽카드 지포스(GeForce) 브랜드로 유명한 반도체 대표적 팹리스 기업
- 주 매출처는 게임으로 이곳에서 50%, 데이터센터에서 38% 매출 창출
- 미래 먹거리로 데이터 센서 인공지능 사업 및 자율주행 분야에 주력
- GPU, AI 분야의 뛰어난 기술력을 기반으로 자율주행 시스템인 엔비디아 드라이브 등 솔루션 제공
- 글로벌 암호화폐 시장의 부진으로 채굴 수요 급감에 따른 그래픽카드 수요 부진
- 미중 분쟁 여파로 동사의 중국 향(向) 인공지능 관련 제품 수출이 어려워지는 불확실성 존재

현대자동차

☑ 전기차 • 수소차 • 자율주행차 • 모셔널 • G90

시가총액	주요 주주	현대모비스 외 8인 29%, 국민연금 7%
36조 원	주 매출처	차량(RV) 42%, 차량(승용) 34%

- 글로벌 내연기관차, 전기차, 수소차 시장을 선도하는 대표적 기업
- 미국 자율주행 기술 회사 앱티브와의 조인트벤처로 설립된 '모셔널', 세계 자율주행 6위권
- 모셔널, 우버와 레벨 4 자율주행 서비스 제공 계약
- 미국 차량 공유 업체 2위 리프트와 레벨 4 수준의 완전 자율주행 기반 로보택시 사업 추진
- 자율주행 스타트업 인수, KT와의 지분 교환, 카카오모빌리티와 자율주행 협약 등 자율주행 생태계 전반에 활발히 투자
- 2023년 초, 자율주행 3단계를 탑재한 신형 자율주행차 G90 출시 계획

실적 추이 및 전망

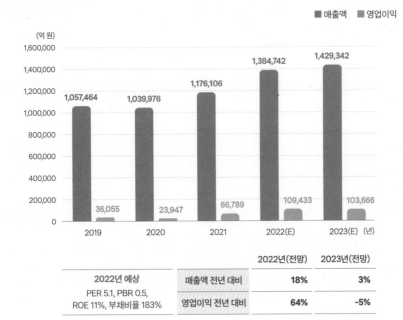

■ 매출액　■ 영업이익

(억 원)

	2019	2020	2021	2022(E)	2023(E) (년)
매출액	1,057,464	1,039,976	1,176,106	1,384,742	1,429,342
영업이익	36,055	23,947	66,789	109,433	103,666

2022년 예상		2022년(전망)	2023년(전망)
PER 5.1, PBR 0.5, ROE 11%, 부채비율 183%	매출액 전년 대비	18%	3%
	영업이익 전년 대비	64%	-5%

HL만도

ADAS · HL클레무브 · 4D 이미징 레이더

시가총액	주요 주주	한라홀딩스 외 4인 30%, 국민연금 12%
2조 원	주 매출처	(지역) 한국 46%, 중국 27%, 미국 17%

- 기존 제동, 조향 장치, 서스펜션 등을 공급하던 국내 대표 자동차 부품 회사
- 전기차, 자율주행차 시장 성장에 수요가 폭발할 ADAS 부분에서 선두
- 인수 및 물적 분할한 기업의 통합 회사인 자율주행 기업 HL클레무브를 자회사로 둠
- 라이다 및 4D 이미징 레이더 등 개발로 자율주행 레벨 4 이후의 센서 경쟁력 확보 계획
- 현대차그룹에 쏠렸던 매출처의 다변화(테슬라, 리비안, GM 등) 및 전기차, 자율주행차 향(向) 매출 향상으로 실적 안정성 확보

실적 추이 및 전망

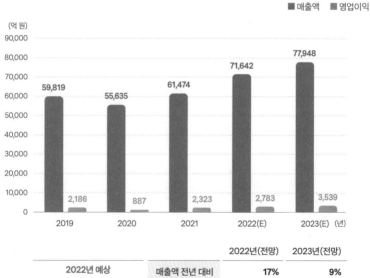

		2022년(전망)	2023년(전망)
2022년 예상 PER 10.4, PBR 0.9, ROE 9%, 부채비율 171%	매출액 전년 대비	17%	9%
	영업이익 전년 대비	20%	27%

3-3 자율주행   **153**

현대모비스

☑ 자동차 부품 • 레이더 • 카메라 • ADAS

시가총액	주요 주주	기아 외 8인 31%, 국민연금 9%
18조 원	주 매출처	모듈 및 부품제조 79%, A/S용 부품 20%

- 국내 8곳과 해외 20곳 등 총 28곳에서 자동차 모듈 공장을 운영하는 세계 6위권 부품 기업
- 현대기아차뿐 아니라 크라이슬러, GM, 스텔란티스, 폭스바겐, 지리자동차, 벤츠 등에 차량 모듈 및 램프, 사운드 시스템 등 공급
- 자율주행 산업의 핵심기술인 레이더, 카메라 등 센서 기술 및 ADAS 기술 다수 보유
- 자율주행 라이다 기업인 벨로다인, AR 기반의 헤드업디스플레이(HUD) 기업, 현대차그룹이 투자한 도심항공모빌리티(UAM) 기업인 슈퍼널, 로보틱스 기업 보스턴 다이내믹스 등에 투자하며 미래 성장동력 확보 중

실적 추이 및 전망

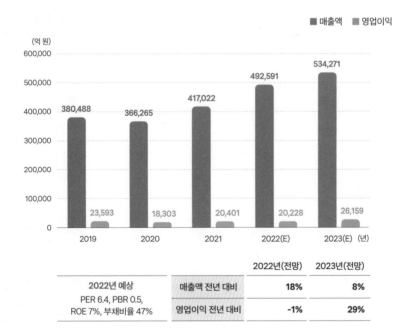

		2022년(전망)	2023년(전망)
2022년 예상	매출액 전년 대비	18%	8%
PER 6.4, PBR 0.5, ROE 7%, 부채비율 47%	영업이익 전년 대비	-1%	29%

엠씨넥스

 카메라 모듈 • 센싱 카메라

시가총액	주요 주주	민동욱 외 6인 28%
4,800억 원	주 매출처	휴대폰용 카메라 모듈 85%, 자동차용 13%

- 차량용 카메라 국내 1위, 글로벌 5위권 기업(점유율 약 7%)
- 전장사업 매출 비중 지속 증가 중(2019년 9%, 2020년 11%, 2021년 16%)
- 자율주행 핵심인 센싱 카메라를 현대차 제네시스, 기아 셀토스 등에 납품
- 자율주행 관련 라이다, 미러리스 카메라 등 기술 개발 중
- 메타버스 시장의 핵심인 3D 센싱 모듈 관련 모멘텀 주목

실적 추이 및 전망

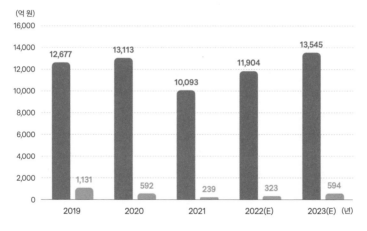

2022년 예상 PER 10.8, PBR 1.4, ROE 14%, 부채비율 82%		2022년(전망)	2023년(전망)
	매출액 전년 대비	18%	14%
	영업이익 전년 대비	35%	84%

현대오토에버

☑ 자율주행 소프트웨어 플랫폼

시가총액	주요 주주	현대차 외 4인 75%, 국민연금 7%
3조 2,000억 원	주 매출처	ITO 부문 45%, SI 부문 35%, 차량용 SW 부문 18%

- 모빌리티 소프트웨어 플랫폼을 구축, 현대차그룹 미래 모빌리티 사업의 핵심 계열사 지위
- 현대차그룹의 소프트웨어 중심의 자동차 전략으로 동사의 역할에 더욱 주목
- 현대차그룹의 자체 차량용 운영체제(OS)인 ccOS 개발. 자율주행 성능 향상을 위한 운영체제의 역할 더욱 중요
- 차량과 도로 간 쌍방향 통신 가능한 C-ITS 사업 운영

최근 실적 및 주요 재무지표

	2021년	2022년(전망)	2023년(전망)		2022년 상반기	
매출액	2조 704억 원	2조 5,860억 원	3조 원 (yoy 16%)	매출액	1조 1,898억 원	PER 34.9 PBR 2.1
영업이익	961억 원	1,222억 원	1,553억 원 (yoy 27%)	이익	511억 원	ROE 6% 부채비율 63%

기아

☑ 쏘울 • 니로 • AutoMode

시가총액	주요 주주	현대자동차 외 5인 35%, 국민연금 7%
28조 원	주 매출처	차량(RV) 62%, 차량(승용) 17%

- 전기차 쏘울EV, 니로EV에 자율주행 기술 적용
- 미국 자율주행업체 오로라에 전략투자 및 기술 협력
- 2026년까지 모든 신차에 자율주행 관련 기술인 오토모드(AutoMode)를 적용할 계획

최근 실적 및 주요 재무지표

	2021년	2022년(전망)	2023년(전망)		2022년 상반기	
매출액	69조 8,624억 원	85조 1,983억 원	89조 6,066억 원 (yoy 5%)	매출액	40조 2,332억 원	PER 4.2 PBR 0.6
영업이익	5조 567억 원	8조 3,337억 원	7조 7,900억 원 (yoy -5%)	이익	3조 8,406억 원	ROE 17% 부채비율 92%

켐트로닉스

시가총액	주요 주주	김보균 외 10인 28%
2,300억 원	주 매출처	화학 51%, 전자 48%

- 자율주행 관련 통신시스템 소형기지국 원격 업그레이드(RSU) 및 하이브리드 차량용 단말기 차량탑재장치(OBU) 제조
- 동사의 원격 업그레이드(RSU), 차량탑재장치(OBU), 서울시 C-ITS, 새만금 테스트베드, 한국도로공사 C-ITS 등 다수 프로젝트에 채용되며 국내 검증 경험
- 자율주행 핵심 기술인 V2X 및 카메라 기술 기반의 ADAS 보유하며 포트폴리오 확장

최근 실적 및 주요 재무지표

	2021년	2022년(전망)	2023년(전망)		2022년 상반기	
매출액	5,634억 원	5,889억 원	6,164억 원 (yoy 4%)	**매출액**	3,135억 원	PER 15.3 PBR 1.4
영업이익	385억 원	266억 원	288억 원 (yoy 8%)	**이익**	147억 원	ROE 10% 부채비율 237%

텔레칩스

시가총액	주요 주주	이장규 외 2인 19%, LX세미콘 10%
1,720억 원	주 매출처	디지털 미디어 프로세서 88%, 모바일 TV 수신칩 1%

- 자동차 AVN(오디오·비디오·내비게이션)용 반도체 AP칩 제조
- 차량용 카메라의 이미지 센서로부터 발생한 신호를 영상 신호로 전환하는 역할의 ISP(Image Signal Processor) 반도체를 현대자동차에 공급
- 현대자동차, 기아에 적용되는 AVN(Audio, Video, Navigation) 용 AP(애플리케이션 프로세서) 점유율 약 80%
- 2022년 중순, 반도체 팹리스 국내 대표기업 LX세미콘이 동사의 지분 약 10% 인수

최근 실적 및 주요 재무지표

	2021년	2022년(전망)	2023년(전망)		2022년 상반기	
매출액	1,364억 원	1,607억 원	1,893억 원 (yoy 17%)	**매출액**	674억 원	PER 12.6 PBR 1.5
영업이익	81억 원	133억 원	172억 원 (yoy 29%)	**이익**	39억 원	ROE 12% 부채비율 108%

칩스앤미디어

☑ 반도체 IP · NXP · 모빌아이 · 텔레칩스

시가총액	주요 주주	한투반도체투자 26%, 텔레칩스 8%
1,560억 원	주 매출처	로열티 59%, 라이선스 36%

- 국내 유일 반도체 IP(설계자산) 기업. 비디오 IP에 특화
- 글로벌 자율주행차 반도체 1위 NXP에 부품 공급
- 인텔 자회사 모빌아이에 설계 자산 공급

최근 실적 및 주요 재무지표

	2021년	2022년(전망)	2023년(전망)		2022년 상반기	
매출액	200억 원	252억 원	284억 원 (yoy 12%)	매출액	112억 원	PER 19.5 PBR 3.6
영업이익	52억 원	77억 원	93억 원 (yoy 20%)	이익	30억 원	ROE 22% 부채비율 27%

모바일어플라이언스

☑ ADAS · 반도체 IP · 현대모비스 · 모빌아이

시가총액	주요 주주	이재신 17%
1,100억 원	주 매출처	제품 96%(영상기록장치, HUD, ADAS, 내비게이션 등)

- 시스템반도체 설계자산 개발 및 판매. 내비게이션, ADAS, HUD, 블랙박스 등 제조
- 딥러닝, 빅데이터, 5G 통신 기반 자율주행 기술 보유
- 레이더 이벤트 기록 장치를 벤츠, BMW, 아우디 등 독일 3사에 공급. 자율택시 이슈에 민감
- 인텔의 자율주행 자회사 모빌아이의 IPO(기업공개) 이슈에, 해당 기업에 설계자산 공급 이력으로 관심

최근 실적 및 주요 재무지표

	2021년	2022년(전망)	2023년(전망)		2022년 상반기	
매출액	478억 원	전망치 미집계	전망치 미집계	매출액	185억 원	PER 32 PBR 2.1
영업이익	23억 원	전망치 미집계	전망치 미집계	이익	-2억 원	ROE 6% 부채비율 79%

종목명	시가총액 (억 원)	사업 내용	2022년, 2023년 전년비 EPS 성장률 (전망)
한국단자	5,666	전기차, 친환경자동차 등에 초정밀 커넥터 납품	전망치 미집계
모트렉스	3,944	오디오, 비디오, 내비게이션 시스템 및 HUD, ADAS 등 제조	전망치 미집계
삼화콘덴서	3,259	차량 전장화 부품과 하이브리드차용 전력변환 콘덴서를 생산해 국내 자동차 업체에 공급	-4%, 15%
하이비전시스템	2,286	자회사 퓨런티어, 글로벌 자동차 부품 회사에 자율주행 카메라 모듈 캘리브레이션 장비 공급	전망치 미집계
유니퀘스트	2,276	자회사 '에이아이매틱스', 인공 자율주행 소프트웨어 개발. 현대차그룹에 LDW 공급 이력	전망치 미집계
아이에이	2,078	자율주행용 ADAS 핵심기술인 '카메라 기반 인공지능 시스템 개발' 국책 과제에 참여	전망치 미집계
캠시스	1,742	자율주행차 센서에 적용되는 티오에프(ToF), AI 카메라 기술 보유. 삼성 스마트폰 향(向) 전, 후면 카메라 모듈 제조	전망치 미집계
유진로봇	1,561	자율주행 기술에 적용되는 2D, 3D 스캐닝 라이다 개발 및 생산	전망치 미집계
팅크웨어	1,454	내비게이션에서 AR기술을 입혀 경로 안내, ADAS 기능 제공 등 개발	전망치 미집계
MDS테크	1,285	자율주행차 검증을 위한 드라이빙 시뮬레이터 솔루션 개발	전망치 미집계
아이쓰리시스템	1,166	자율주행차에 적용되는 적외선 영상센서 제조 기술 보유	전망치 미집계
삼보모터스	1,105	자율주행차의 차간 거리 조정 등 핵심 역할을 수행하는 SCC COVER(크루즈 콘트롤 커버) 개발. 제네시스 및 소나타 모델 등에 납품 이력	전망치 미집계
오비고	1,067	국내외 완성차에 스마트카 인포테인먼트 플랫폼 제공. LG유플러스가 지분 5% 투자	전망치 미집계
인포뱅크	1,061	차량용 인포테인먼트 솔루션 및 서비스 사업 영위. 현대차그룹에 스마트카 임베디드 소프트웨어 공급	전망치 미집계
유비벨록스	1,007	스마트폰, 스마트카 및 스마트카드 전문기업. 다양한 영역에 Embeded S/W Total solution 제공	28%, 7%
옵트론텍	960	자율주행 레벨 4에 적용될 수 있는 카메라 렌즈 개발. 라이다에 들어가는 필수 광학 부품도 신규 사업 추진	전망치 미집계
대성엘텍	939	ADAS 시스템 및 AVM 제품군인 FCWS(전방추돌방지시스템), LDWS(차선이탈방지시스템) 등 개발	전망치 미집계
유니트론텍	575	AI 기반 자율주행 컴퓨팅 모듈 개발 및 서비스 실증 사업 완료	전망치 미집계
라닉스	573	지능형 교통시스템의 핵심기술인 DSRC(단거리 전용통신) 솔루션 및 자율주행 핵심 기술 V2X 솔루션 개발	전망치 미집계

※ EPS: Earning Per Share. 주당순이익을 뜻하며, 기업의 자본 규모와 상관없이 1주당 얼마의 이익을 창출했는지를 나타내기에 기업의 실질적인 수익성을 가늠해볼 수 있음

스마트카

Smart Car. IT 기술 등 여러 기술의 융합을 통해 안전성 및 편의성을 획기적으로 발전시켜 향상된 고객 경험과 가치를 제공할 수 있는 자동차다.

커넥티드 카

Connected Car. 자동차와 각종 스마트기기가 무선 네트워크로 연결된 미래 자동차다.

자율주행 카

Autonomous Car. 운전자가 핸들과 가속 페달, 브레이크 등을 조작하지 않아도 스스로 목적지까지 찾아가는 자동차. 스마트카의 핵심 기술이다.

ADAS

Advanced Driver Assistance Systems. 첨단 운전자 보조 시스템. 운전 중 발생할 수 있는 수많은 상황 가운데 일부를 차량 스스로 인지하고 상황을 판단, 기계장치를 제어하는 기술이다. 차량 내 카메라와 센서를 통해 사람과 차량, 장애물 등을 미리 식별하고 브레이크, 핸들 조향장치를 활용해 사고를 방지하는 장치로, 복잡한 차량 제어 프로세스에서 운전자를 돕고 보완하며, 궁극으로는 자율주행 기술을 완성하기 위해 개발한다.

V2X

Vehicle to Everything. 차량이 도로를 주행하면서 도로 인프라 및 다른 차량과 지속적으로 상호통신해 교통정보, 차량 접근, 추돌 가능성 등 각종 유용한 정보를 교환하도록 돕는 기술을 뜻한다. 자율주행 및 커넥티드 카 환경의 핵심 기술이다.

카메라

가시광을 통해 대상 물체에 대한 형태인식 정보를 제공한다. 차선, 표시판, 신호등 등의 정보를 판독할 수 있다. 비교적 먼 거리를 볼 수 있으며 기타 센서에 비교해 가격이 저렴하지만 기상 악화, 안개, 불순물 등 외부 장애물이 있을 시 인식이 어려운 단점이 있다.

레이다

Radar. 전자파를 발사해 돌아오는 전파의 소요 시간과 주파수를 측정, 주변 사물과의 거리 및 속도를 탐지하는 데 쓴다. 유효 감지 거리가 라이다보다 약 2배 이상 긴 200미터 정도이다. 주변 차량의 속도 또한 상대적으로 쉽게 감지하는 장점이 있지만 주변 차량들의 주행속도를 감지하는 데 라이다보다 성능이 낮다.

라이다

LiDAR. 고출력의 펄스 레이저를 사용해 거리 정보를 획득한다. 실시간으로 주변 환경에 대한 3차원 데이터를 수집함으로써 도심과 같이 수많은 물체들이 존재하고 활동하는 환경에서 중요하다. 다만, 가격이 비싸고 레이저가 눈, 비 등에 반사가 될 수 있어 기후 조건에 취약하다.

임베디드 S/W

Embedded Software. 자율주행차에 설치된 마이크로 프로세서에 미리 정해진 특정 기능을 수행하는 소프트웨어를 내장시킨 것이다.

인포테인먼트 시스템

Infotainment system. 운송수단에 불과했던 자동차 내에서 더 편리하고 인간 친화적인 첨단 기능들을 구현한 시스템이다. 차량 탑승자에게 필요한 정보와 재미를 동시에 주는 자동차 환경을 뜻하며 내비게이션, 카 오디오 등이 이에 속한다.

OTA

Over-The-Air. 와이파이 등을 이용해 무선으로 자율주행차에 세팅된 펌웨어를 업데이트하는 기술이다. 차량의 유무선 통신 제어기가 OTA 서버로부터 데이터를 다운받아 업데이트를 진행한다. 테슬라가 타 OEM 대비 자율주행에서 독자적 행보로 공격적인 개발이 가능했던 배경 중 하나다. 테슬라의 원천 경쟁력이기도 하다. OTA를 통한 컨텐츠 업데이트로 구독 기반 비즈니스 모델을 구축할 수 있다.

3

미래 모빌리티

도심항공모빌리티(UAM)

UAM ○

RAM ○

AAM ○

eVTOL ○

1 주요 선진국 도시들의 도시 집중화에 따른 부작용 심화로 도심항공모빌리티 (UAM) 산업 니즈 태동

2 아직은 산업 초기 단계로서 수직이착륙 기체, 지상 인프라, 배터리, 부품 및 자율주행 기술 등의 발전이 요구됨

3 K-UAM 로드맵 발표로 한국 기업들이 컨소시엄을 구성한 가운데, 현대차그룹 의 도전에 주목

주요 선진국의 경제가 지속 발전하면서 핵심 도시로의 도시 집중화 현상이 심화되고 있다. 이는 필연적으로 심각한 교통체증을 유발하고, 이로 인해 낭비되는 시간과 비용이 크게 증가하다 보니 사회, 경제적으로 방대한 손실이 발생하고 있다. 이를 해결하기 위해 도로, 철도 등을 확장하고 있으나 지상과 지하 공간이 이미 포화 상태라, 더 이상 2차원 평면 공간의 활용만으로는 교통문제 해결의 한계에 부딪히고 있다.

이와 같은 환경에서 공중 공간을 활용한 도심 내 단, 장거리 항공 운송에 대한 니즈가 커지고 있다. 최근 이를 구현할 기술력이 향상되고 있으며 막대한 자금력을 갖춘 민간 기업들과 투자자들이 미래 성장성을 보고 과감히 투자를 이어가면서 도심항공모빌리티(UAM) 시장이 점차 형태를 갖춰가며 성장하고 있다. 아직은 시장 초기 형성 단계이기에 UAM 산업의 글로벌 선도 기업이더라도 산업 내에서 유의미한 매출을 내진 못하고 있지만 2040년까지 연평균 30%에 달하는 막대한 성장성의 개화가 몇 년 내로 도래하기에 투자 측면에서도 UAM 산업은 반드시 관심 있게 봐야 한다.

▎ UAM의 장점

UAM(Urban Air Mobility)이란 도시 권역을 수직 이착륙하는 개인용 비행체로 이동하는 공중 교통 체계를 의미한다. 도심항공모빌리티라고도 한다. 수직이착륙(VTOL) 기체는 얼핏 보기엔 헬리콥터나 좀 큰 드론으로 보일 수 있으나 모터, 배터리, 운행 시스템 분야의 최첨단 기술이 집약되어야만 구현될 수 있다. 별도의 활주로 없이 육상, 수상, 건물 옥상 등에 위치한 버티포트에서 이착륙이 가능하며 승객은 기존의 교통 시스템인 버스, 택시, 철도 등의 수단으로 버티포트까지 이동한 뒤, 버티포트에서 수직이착륙기를 탑승하고 목적지 인근의 버티포트에서 내려서 다시 현 교통 시스템 수단을 이용한다. 이 기체는 처음엔 운행하는 조종사는 한두 명 필요하지만 결국 가격 경쟁력을 갖추려면 자율비행이 필수이기에 소프트웨어 기술 또한 더욱 고도화되어야 한다.

도심항공모빌리티는 도심과 그 주변 광역권을 모두 아우르는 메가시티의 새로운 이동성 옵션으로 볼 수 있다. 세부적으로는 도심 내 단거리를 이동하는 시티 택시의 개념, 도심과 공항을 연결하는 공항 셔틀의 개념 그리고 도심과 주변 도심을 연결하는 통근용 인터 시티의 개념을 아우르고 있다. 시장의 예측대로 산업이 성장한다면 도심항공모빌리티는 새로운 교통수단으로서 도시 집중화에 따른 부작용을 완화시켜주고 삶의 반경을 넓혀주며 삶의 질 또한 향상시킬 교통수단의 게임 체인저가 될 전망이다.

▎ UAM에서 더욱 발전된 체계, RAM과 AAM

도심항공모빌리티는 에어 택시 등 혼잡한 도심 내 신속한 이동에 초점을 맞추고 있지만 최근 이보다 더 장거리 지역을 운행할 수 있는 RAM(Regional Air Mobility), 즉 지역 간 항공모빌리티 개념도 부각되고 있다. 비행거리가

100km 내외인 도심항공모빌리티보다 장거리 비행이 가능하기에 인프라 측면에서 추진 시스템, 배터리 등의 기술 발전이 더욱 요구되는 산업이다. 이에, UAM의 상용화 시기보다 몇 년 늦은 2030년 초, 중반경에 상용화될 것으로 전망된다.

UAM과 RAM의 특징이 다른 가운데 이 두 가지 체계의 장점을 포함하는 서비스로서 광의의 개념인 AAM(Advanced Air Mobility), 즉 미래항공모빌리티도 부상하고 있다. 미항공우주국(NASA)의 경우 미래항공모빌리티를 기존 항공 서비스를 받지 못하는 장소 사이에 사람과 화물을 이동하는 항공 운송 시스템으로 정의하기도 한다. 이 산업에 글로벌 대기업과 신생 스타트업 기업들이 경쟁에 참전하여 산업 전체적인 성장세가 빠르게 이뤄지고 있다.

다만, 미래항공모빌리티는 기본적으로 친환경을 지향하기에 배터리 또는 수소 연료전지를 사용한다는 점이 중요하다. 현재 전기차, 수소차가 상용화되고 있지만 화재, 폭발, 이상 작동 등의 상황 발생 시 도로 위를 주행하는 자동차보다 미래항공모빌리티에서 우려되는 피해가 더욱 심하기에 해당 부품의 성능은 더욱 개선될 필요가 있다. 또한 버티포트, 버티허브, 통신 기술 등 지상 인프라 그리고 고성능 모터, 기체 경량화, 첨단 센서 및 자율주행 기술의 지속적인 발전이 요구된다.

| 현대차그룹의 도전 및 K-UAM 컨소시엄

세계적으로 중국의 이항, 독일의 벨로콥터와 릴리움 그리고 미국의 조비 에비에이션이 도심항공모빌리티 상용화에 앞서 있는 가운데, 현대차그룹도 도심항공모빌리티 시장에 본격 참전했다. 2020년에 미국에 도심항공모빌리티 법인 슈퍼널을 설립하고 본격적인 미래항공모빌리티 산업까지 확장하여 준비하는 동시에 밸류체인 내 유망한 국내외 기업을 인수하거나, 이들과 협력하면서 기술을 발전시키고 있다.

현대차그룹이 자동차 생산, 공급망 관리에서 깊은 노하우를 쌓아왔고 전기차, 하이브리드, 수소 연료전지차 등 다양한 친환경차 파워트레인 분야의 기술력을 보유하고 있다는 점은 앞선 도심항공모빌리티 상용화 선두주자들 대비 경쟁 우위를 점할 수 있는 부분으로 분석된다. 수직이착륙(VTOL) 기체의 이착륙을 위한 버티허브, 버티포트 등 인프라는 현대건설이 담당할 수 있고 도심항공모빌리티 기체 설계 작업과 고속 통신, 센서 분야에서는 그룹 내 역량이 부족하지만 지분 교환, 인수 및 협력 등을 통해 충분히 만회 및 시너지를 낼 기회가 있다고 전망한다.

대한민국 정부는 2020년 6월에 K-UAM 로드맵을 발표하면서 2023년에서 2025년 사이에 도심항공 상업 운항 서비스를 시작하겠다고 발표했다. 높은 성장성이 전망되는 산업이기에 앞서 언급한 현대차그룹뿐 아니라 한화시스템, SK텔레콤, LG유플러스, 카카오모빌리티, 롯데그룹 등 다양한 기업들이 컨소시엄 형태를 구축하여 도전장을 내고 있다. 대기업 집단 외에 일부 중소기업도 각자의 장점을 내세워 K-UAM 밸류체인 내에서 활동하려고 하지만, 도심항공모빌리티 상용화까지의 시간이 다소 필요하고 막대한 자금력이 지속적으로 요구되는 산업이기에 투자 측면에서는 대기업 집단에서 도심항공모빌리티 사업 관련 성과를 창출하거나 해외 유수의 기업과 활발히 협력을 진행 중인 기업으로 압축하여 보는 게 좋다.

글로벌 도심항공모빌리티 시장 전망

아직은 산업 초기로 유의미한 시장이 형성되어 있진 않지만 세계 도처에서 자금력과 첨단 기술을 갖춘 기업들의 대거 도전이 이뤄지고 있기에 2040년까지 연평균 30%의 고성장세가 전망된다.

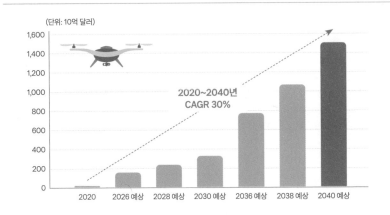

(단위: 10억 달러)

2020~2040년
CAGR 30%

2020 2026 예상 2028 예상 2030 예상 2036 예상 2038 예상 2040 예상

출처: 모건스탠리

2040년 글로벌 도심항공모빌리티 시장 분석

도심항공모빌리티 시장은 승객 운송뿐 아니라 화물 운송, 군용 및 관련 기술 분야에서 고루 큰 규모의 자체 시장을 형성할 전망이다.

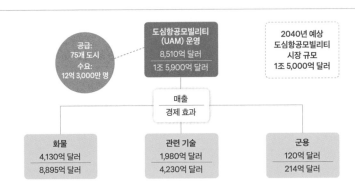

공급:
75개 도시
수요:
12억 3,000만 명

도심항공모빌리티
(UAM) 운영
8,510억 달러
1조 5,900억 달러

2040년 예상
도심항공모빌리티
시장 규모
1조 5,000억 달러

매출
경제 효과

화물
4,130억 달러
8,895억 달러

관련 기술
1,980억 달러
4,230억 달러

군용
120억 달러
214억 달러

출처: 모건스탠리, 국토교통부, UAM Geomatrics, 신한금융투자

도심항공모빌리티 생태계

출처: Velocopter, 신영증권리서치센터

주요국별 도심항공모빌리티 추진 현황

중국의 이항, 독일의 벨로콥터와 릴리움 그리고 미국의 조비 에비에이션이 도심항공모빌리티 상용화에 가장 앞서 있다.

		설계 및 제작	시험 평가(무인)	시험 평가(유인)	시험 서비스	상업 운용
🇰🇷	현대자동차	2020				
	한화시스템	2020				
🇺🇸	조비 에비에이션			2017		2024
	키티호크		2018	2018		
	릴리움 제트	2013	2017	2018		2024
🇪🇺	시티에어버스	2015	2019			
	벨로콥터	2011		2017	2020	2023
🇨🇳	이항	2014		2017	2018	2024

출처: 신영증권리서치센터

시기별 한국의 도심항공모빌리티 시장 변화 형태

	초기 1단계(2025~)	성장기 2단계(2030~)	성숙기 3단계(2035~)
기체	속도 150km/h	속도 240km/h	속도 300km/h
	거리 100km	거리 200km	거리 300km
	배터리 300Wh/kg	배터리 450Wh/kg	배터리 680Wh/kg
	유인조종	원격조종	자율비행
항행/교통	유인교통관리	자동화+유인 교통관리	완전자동화 교통관리
	Fixed Corridor	Mixed Corridor	Mixed Corridor
	5대 운용	8대 운용	16대 운용
버티포트	버티포트 4개	버티포트 24개	버티포트 52개
	이착륙장 4개	이착륙장 24개	이착륙장 104개
	계류장 16개	계류장 120개	계류장 624개

출처: 국토교통부

선진국 대비 국내 UAM 기술 수준

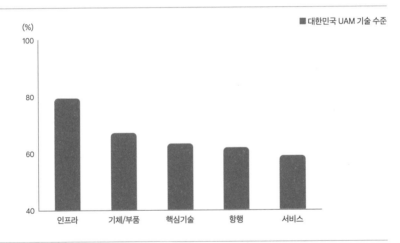

출처: K-UAM기술로드맵, 신영증권리서치센터

주요국 UAM 기체 개발 기업 수

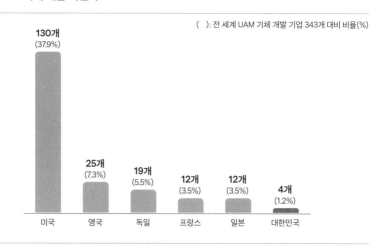

( ): 전 세계 UAM 기체 개발 기업 343개 대비 비율(%)

130개
(37.9%)

25개
(7.3%)

19개
(5.5%)

12개
(3.5%)

12개
(3.5%)

4개
(1.2%)

미국 영국 독일 프랑스 일본 대한민국

출처: 전국경제인연합회, 연합뉴스

eVTOL 추진기술 비교

세부적으로는 더욱 다양한 추진기술이 있지만 크게 멀티로터, 리프트 앤두 크루즈 및 틸트형으로 구분된다.

구분	멀티로터(Multi Rotor)	리프트&크루즈형(Lift+Cruise)	틸트형(Tilt)
형태			
기술개념	다수 로터를 가진 형태로 로터의 수직-수평 회전이 불가능함. 리프트 전용	로터와 날개를 함께 가진 형태로 이착륙 시 수직 방향의 로터가 회전 형태로 작동하고, 비행 시 수평 방향의 로터가 고정익 형태로 작동	틸트로터, 틸트덕트. 틸트 윙을 총칭하고, 회전(이착륙 시 수직 방향, 비행 시 수평 회전) 형태에 따라 구분
운항속도	70~120km/h	150~200km/h	150~300km/h
기술수준	상대적으로 낮음	중간 수준	가장 높음
운항거리	50km 내 운항에 적합	인접 도시 운항 가능	인접 도시 운항 가능
탑재중량	1~2인승	멀티 로터와 유사(1~2인승)	탑재 중량 가장 높음
기종(기업)	이항216(중국) 벨로시티(독일)	코라(미국)	S4(미국) 릴리움 제트(독일)

출처: NASA, 강왕구, 한국무역협회 국제통상무역연구원

현대차그룹의 UAM과 RAM

서로 다른 장점이 있는 기체를 동시에 개발하여 미래 미래항공모빌리티 시장에서 차별성을 보일 전망이다. 2028년까지 도심항공모빌리티를 상용화하고 성장 잠재력이 큰 미래 플라잉카 시장 선점 전략도 제시한다.

구분	도심항공교통(UAM)	지역 간 항공교통(RAM)
동력원	배터리	수소연료전지 + 배터리
특징	도심 내 사람, 화물 운송	지역 거점 간 사람, 화물 운송
이동 거리	100km 이상	200km 이상
사용화 시기	2028년 이후	2030년 이후
명칭	S-A1	프로젝트 N
크기	날개 15m, 전장 10.7m	직경 6m

출처: 매일경제

VTOL 관련 주요 용어

VTOL을 통해 도로라는 물리적 제약에서 벗어나 3차원 공간으로 이동 수단을 확장할 수 있는데, 여기에 전기 추진 시스템을 활용한 기체를 eVTOL이라 지칭한다. 수직 이착륙이 가능하기에 활주로가 필요 없어서 도심 빌딩 숲에서도 활용할 수 있다.

분류방식	기체형식		정의
운용 방식	단일모드(Single Mode)		일반 항공기의 비행모드로 운행하는 비행체
	이중모드(Dual Mode)		지상에서는 일반 자동차 주행모드로 운행하고 공중에서는 비행모드로 운행하는 비행체
이착륙 방식	Non electric	CTOL (Conventional Take-off and Landing)	고정익 항공기와 유사한 형태로 이착륙 시 보통의 활주거리를 필요로 하는 통상적인 비행체
		STOL (SHORT Take-off and Landing)	짧은 활주로 또는 저속으로도 이착륙이 가능한 비행체
		VTOL (Vertical Take-off and Landing)	활주로 없이 수직으로 이착륙하는 비행체
	Electric	e-CTOL (electric Conventional Take-off and Landing)	활주로 없이 전력을 사용해 수직으로 이착륙하는 비행체
		e-STOL (electric SHORT Take-off and Landing)	기존 엔진을 전기 모토로 레트로피트(retrofit)하는 방식
		e-VTOL (electric Vertical Take-off and Landing)	짧은 활주로 또는 저속으로, 전기모터로 이착륙이 가능한 비행체
동력원	내연기관(Internal Combustion Engine)		화석연료를 에너지원으로 사용하는 전통적인 추진 방법
	전기 추진 시스템(Electrical System)		이차전지, 태양전지 등의 동력원에서 전력을 공급받아 모터를 구동하는 방법
	하이브리드 시스템(Hybrid-System)		전기 동력을 이용하는 시스템에 연료전지, 내연기관, 발전기 등을 결합하는 방법

출처: 신영증권리서치센터

UAM 국내외 주요 기업 및 ETF

국내 기업
- 기체, 부품
  - 현대차, 한화시스템, 한국항공우주
  - 배터리, 연료전지 ─ 한화에어로스페이스
  - 부품 ─ 한화에어로스페이스, 켄코아에어로스페이스
- 운항 시스템 ─ 대한항공, 제주항공, LG유플러스, 롯데정보통신
- 인프라 ─ 현대건설, GS칼텍스, 롯데건설, 대우건설
- 통신 ─ KT, SKT
- ※ 유의미한 매출보단 컨소시엄 형태의 준비 단계

해외 기업
- 기체, 부품
  - 기체 ─ 추진방식
    - Multy rotor ─ 이항(중국), 볼로콥터(독일)
    - Lift & Cruise ─ 위스크 에어로(미국), 볼로콥터(독일), 혼다(일본), 폭스바겐(독일), 베타 테크놀로지(미국)
    - Vectored thrust ─ 조비 에비에이션(미국), 릴리움(독일) 아처 에비에이션(미국), 버티컬 에어로스페이스(영국), Supernal(미국), 오버에어(미국), 키티 호크(미국)
  - 배터리 ─ 테슬라(미국), 커스텀셀즈(독일), Electric Power Systems(미국)
  - 부품 ─ 도레이(일본), 덴소(일본), 사프란(프랑스), 하니웰(미국), GE(미국), 롤스로이스(영국), 벨(미국), 엠브라에르(브라질)
  - 드론 제조 ─ DJI(중국), 유니(중국), 파롯(프랑스)
- 서비스 플랫폼 ─ 우버(미국), 테슬라(미국), 페덱스(미국)
- 인프라 ─ 유나이티드 항공(미국), 이항(중국), 어반 에어포트(영국)
- 항행, 교통 ─ 트림블(미국), 보잉(미국), 에어버스(프랑스)

ETF
- SPDR S&P Kensho Smart Mobility ETF - HAIL
- AdvisorShares Drone Technology ETF - UAV

조비 에비에이션

시가총액		2021년	2022년(전망)	2023년(전망)
3조 7,500억 원	매출액	없음	전망치 미집계	전망치 미집계
국적	미국	순이익	-2,500억 원	전망치 미집계	전망치 미집계

- 미국 실리콘밸리의 전기식 수직이착륙(eVTOL) 항공기 대표 기업
- eVTOL의 최장 비행기록 보유 및 미연방항공국의 상업 비행용 허가 G-1 인증 가장 먼저 승인을 받음
- 2020년 우버의 UAM 사업부를 인수하며 사세를 크게 확장
- 미국 우버, 일본 도요타, ANA, 한국 SKT 등과 협력 중
- 2024년부터 우버 에어 서비스에 기체 독점 납품 전망
- 뉴욕같은 세계에서 가장 붐비는 도시와 영공에서 비행 네트워크 운용 계획
- SK텔레콤과 2025년부터 eVTOL 도입 통한 한국에서의 UAM 사업 협력 전망
- 당장 매출은 창출하지 못하고 있으나 2022년 2분기말 기준 1조 6,000억 원 가량의 현금 자산 보유

이항

시가총액		2021년	2022년(전망)	2023년(전망)
2,000억 원	매출액	127억 원	전망치 미집계	전망치 미집계
국적	중국	순이익	-690억 원	전망치 미집계	전망치 미집계

- 2014년에 설립된 중국의 대표적 드론 제작 기업이자 UAM 기체 개발 제작사
- 2019년 12월 나스닥에 상장되면서 세계 최초의 상장 UAM 기업 지위
- eVTOL 분야에서 멀티로터(Multy Rotor) 추진 방식으로 기체 제작
- 한국 UAM 실증사업 참여 및 일본 자율주행 항공기 시범 관광 비행 참여
- 장거리보단 5km에서 20km 내외의 단거리 시장을 공략할 전망
- 아직 매출 사이즈가 작고 흑자를 내진 못하고 있으나 지속적으로 수주 확보 중

현대자동차

☑ 전기차 · 수소차 · 자율주행차 · 슈퍼널 · RAM

시가총액	주요 주주	현대모비스 외 8인 29%, 국민연금 7%
36조 원	주 매출처	차량(RV) 42%, 차량(승용) 34%

- 글로벌 내연기관차, 전기차, 수소차 시장을 선도하는 대표적 기업
- 그룹의 차량 개발 경험, 자율주행 기술, 대량 생산 노하우 등을 UAM 시장에 접목하는 전략
- 2020년, 미국에 UAM 독립법인인 '슈퍼널' 설립
- 슈퍼널, 미국 방산, 항공장비 기업 허니웰과 전기 항공택시 개발 사업 진행
- KT와 약 7,450억 원 규모의 지분 교환으로 UAM 운항에 필수적인 관제 및 통신망 분야 협력 계획
- 도심내 이동 목표의 UAM을 넘어 더욱 장거리 대응이 가능한 RAM 기체 개발도 진행

실적 추이 및 전망

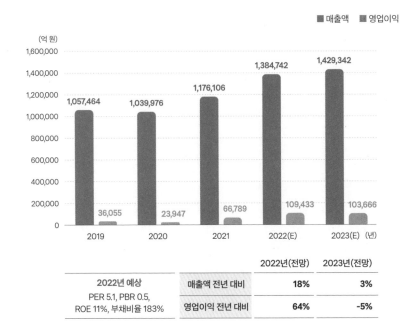

	매출액	영업이익
2019	1,057,464	36,055
2020	1,039,976	23,947
2021	1,176,106	66,789
2022(E)	1,384,742	109,433
2023(E)	1,429,342	103,666

2022년 예상		2022년(전망)	2023년(전망)
PER 5.1, PBR 0.5, ROE 11%, 부채비율 183%	매출액 전년 대비	18%	3%
	영업이익 전년 대비	64%	-5%

한화시스템

☑ 배터리팩 · 모터 · 버티허브 · 오버에어

시가총액 **2조 1,000억 원**	주요 주주	한화에어로스페이스 외 7인 59%, 국민연금 7%
	주 매출처	방산 74%, ICT 25%

- 한화 그룹 차원의 미래 먹거리인 UAM 사업 추진의 대표 기업
- 미국 방산, 항공 기업 허니웰 및 영국 에어택시 기업 버티컬 에어로스페이스 등과 UAM 기체 개발 및 부품 공급 계약
- 미국 UAM 선두 업체로 평가받는 오버에어에 설립 초기부터의 투자로 약 45% 지분 보유
- 오버에어에 UAM 기체의 구동계 역할을 하는 배터리팩 및 모터 공급 예정
- 에어택시 정류장으로 불리는 버티허브를 김포공항에 설립 계획

실적 추이 및 전망

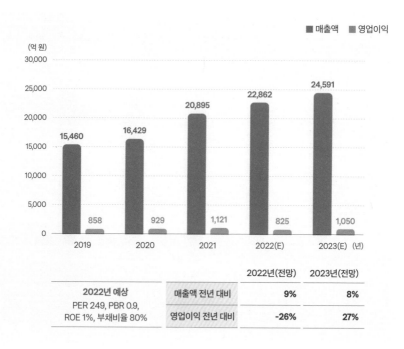

(억 원)

■ 매출액 ■ 영업이익

	2019	2020	2021	2022(E)	2023(E) (년)
매출액	15,460	16,429	20,895	22,862	24,591
영업이익	858	929	1,121	825	1,050

2022년 예상 PER 249, PBR 0.9, ROE 1%, 부채비율 80%		2022년(전망)	2023년(전망)
	매출액 전년 대비	9%	8%
	영업이익 전년 대비	-26%	27%

PAV

Personal Air Vehicle. 개인용 비행체를 뜻하며 미항공우주국(NASA)이 2003년경 일반인이 운전면허만으로 운전할 수 있도록 하는 PAV 개발 프로젝트를 추진하면서 등장한 용어다.

RAM

Regional Air Mobility. UAM이 커버하는 지역보다는 더 장거리 지역을 연결하는 중소형 항공 모빌리티를 뜻한다. 수직 이착륙 방식과 더불어 기존의 지역 공항 인프라를 활용한 일반적인 이착륙 방식 운용도 가능하며 비행거리가 100km 내외인 UAM 대비 장거리 비행에 중점을 두고 있다.

AAM

Advanced Air Mobility. UAM과 RAM을 포함하는 항공 서비스로 도시 간 운송 수단으로 주목받고 있다. 승객 수송보다는 장거리 물류 대안으로 부각 중이다.

VTOL

Vertical Take-off and Landing. 활주로 없이 수직으로 이착륙하는 비행체다.

eVTOL

electric Vertical Take-off and Landing. 짧은 활주로 또는 저속으로 전기 모터로 이착륙이 가능한 비행체다.

버티포트

Vertiport. UAM 항공기가 이착륙하기 위한 기반 시설이다. 육상, 수상, 건물 옥상 등에 위치할 수 있다.

틸트형

Tilted. UAM 기체의 주동력원이 되는 엔진이나 엔진을 장착한 날개가 기체와 수평을 이룬 상태로 고정된 것이 아니라 필요에 따라 임의로 회전할 수 있게 만들어진 형태다. 비행기의 장점과 헬리콥터, 멀티콥터의 장점을 고루 갖췄다는 평가를 받는다.

플라잉 카

Flying Car. 땅과 하늘을 모두 달릴 수 있는 자동차를 뜻한다.

드론 택시

Drone Taxi. 무인조종 및 자율주행을 전제로 한 대중교통 서비스다.

MaaS

Mobility as a Service. 개인이 원하는 모든 교통수단에 대하여 출발점과 도착점 간 이동 계획, 예약, 발급, 지급결제 등을 원스톱으로 제공하는 통합 디지털 플랫폼이다.

3

미래 모빌리티

2차전지

미국 IRA

북미, 유럽 투자

원자재 확보

JV

전고체 배터리

양극재

음극재

분리막

전해질

1 미국 인플레이션감축법(IRA), 유럽 원자재법(RMA) 등으로 글로벌 배터리 공급망은 격변의 시기를 맞고 있음

2 배터리 밸류체인에서의 중국 의존도를 줄이기 위해, 북미, 유럽 현지 투자 및 원자재의 독자적 확보 전략 필요

3 배터리 산업 내 높은 성장성이 전망되는 분야들에 관심 필요

글로벌 주요국들의 그린에너지에 대한 지원 및 규제 정책 강화 트렌드가 모빌리티 시장에도 영향을 미치면서, 탄소를 적게 또는 아예 배출하지 않는 모빌리티 플랫폼이 각자의 성장 스토리를 그려가고 있다. 그중 현재 전기차 시장이 가장 높은 침투율을 기록하며 성장하고 있는데, 이런 환경에서 전기차의 주 동력원이자 생산 원가의 40%가량을 차지하는 2차전지, 즉 배터리의 수요도 더불어 급증하고 있다.

전기차의 시장 침투율이 지역별로 아직 8%~20% 수준이고 배터리 제조 비용이 점차 낮아지고 있으며 배터리 성능 강화 및 충전시설 확충 등으로 배터리 수요는 지속해서 증가할 전망이다. 시장조사 전문기관 스태티스타(Statista)에 따르면 글로벌 배터리 시장은 2020년 185GWh 대비 2030년에 2,035GWh로 10년간 연 평균 약 27%의 고성장세를 이어갈 것으로 전망하고 있다.

| 격변의 시기를 맞고 있는 글로벌 배터리 공급망

코로나19 및 러시아-우크라이나 전쟁 그리고 미중 갈등에 따른 미국의 중국 배터리 산업 제재로 글로벌 배터리 공급망은 격변의 시기를 맞고 있다.

팬데믹과 전쟁은 어느 정도 시간이 지나면 해결되어 배터리 공급망에 미치는 영향력이 줄어들 수 있겠으나 미중 갈등에 따른 여파는 끝을 가늠할 수 없으며 영향력의 크기도 예단할 수 없기에 전기차 밸류체인 기업들에 상당한 파급력을 가할 전망이다.

미국은 인플레이션감축법을 통과시켰는데, 이로 인해 2023년부터 전기차 완성차 업체들은 미국 및 미국과 FTA를 맺은 국가에서 조달한 광물을 40% 이상 적용한 배터리를 장착해야 세액공제 형태의 보조금을 받을 수 있다. 또한 배터리 부품은 2023년부터 북미산을 50% 이상 써야 하는 규제도 생겼다. 중국산 원자재와 부품 의존도를 줄이고 미국 내 공급망을 확대하겠다는 것이 법안의 핵심인데 여기에 유럽도 유럽 원자재법을 도입하며 배터리 공급망에 혼란을 가하고 있다.

▎ 북미, 유럽 지역을 중심으로 활발한 시설투자

한국 배터리 기업들은 미국과 유럽의 배터리 관련 법안이 공표되기 훨씬 이전부터 유럽과 북미 지역에 미리 진출해 상당한 생산, 공급 이력을 쌓고 있었다. 글로벌 전기차 3대 시장 중 하나인 중국이 철저한 자국 기업 중심의 보조금 정책을 펼치며 한국 배터리 기업들이 사업을 영위할 틈을 주지 않았기 때문에 필사적으로 유럽과 북미 지역에 투자를 이어가야 했다. 이에, 미국과 유럽의 배터리 관련 법안을 필두로 한국 배터리 기업들은 온전한 수혜를 누릴 전망이 대두되고 있다.

중국 배터리 대표 기업이자 글로벌 시장을 주도하고 있는 CATL과 BYD는 미국, 유럽의 법안으로 인해 중국 외 지역에서의 사업 계획에 막대한 차질을 입게 됐다. 그 파이는 글로벌 배터리 2위, 5위, 6위권에 위치하고 있으며 배터리 성능 측면에서 중국 기업보다 월등하다 평가받는 한국산 배터리가 온전히 가져갈 확률이 높다. 특히 전 세계 전기차 완성차 제조사들이 미국 시장 진출 시 선택할 수 있는 배터리 업체는 사실상 국내 배터리 대형 3사가 최우선 선택사항이 될 것으로 전망한다.

이 기회를 한국 기업들은 적극적으로 활용하며 미래를 위한 선제적이고 공격적인 투자를 이어가고 있다. LG에너지솔루션은 GM, 스텔란티스, 혼다와 조인트벤처(JV)를 설립해 미국과 캐나다에 배터리 공장을 짓고 있고 SK온은 포드와 조인트벤처를 설립했다. 삼성SDI는 스텔란티스와 조인트벤처를 설립해 미국 현지에 막대한 투자를 집행하고 있다. 또한 대형 3사는 헝가리, 폴란드, 터키 등에도 생산 공장을 보유 및 신, 증설을 앞다퉈 발표하고 있다.

배터리 소재 기업들도 이런 트렌드에 발맞추고 있다. 에코프로비엠, 포스코퓨처엠, 엘앤에프, 일진머티리얼즈, SKC, 솔루스첨단소재 등이 북미 투자를 늘려가고 있고 유럽 헝가리, 폴란드, 룩셈부르크, 스페인 등에도 투자를 이어가고 있다. 또한, 배터리 기업들의 활발한 국내외 투자로서, 해당 기업들과 긴밀한 협력 관계를 맺고 있는 배터리 공정 장비, 소재 기업에도 관심을 가져볼 필요가 있다.

┃ 중국이 장악한 배터리 원자재 시장에서의 생존 경쟁

배터리 핵심 소재를 생산하는 지역은 각자 다르나(리튬 - 호주 53%, 니켈 - 인도네시아 36%, 코발트 - 콩고 73%) 이를 정제, 가공하는 주체는 중국이 독식하면서 해당 밸류체인에서의 절대적 지위를 누리고 있다. 한국 배터리 기업들의 중국 의존도도 당연히 높은 상황이다(리튬 83%, 니켈 77%, 코발트 81% 등).

이에 국내 기업들은 혼란스러운 배터리 공급망 여파에서 살아남기 위해 독자적인 원자재 확보 전략을 펼치고 있다. LG에너지솔루션은 인도네시아,

호주 기업들과 니켈 장기 공급 협상을 하고 있다. 또한 미국, 칠레, 독일 기업과 리튬 공급 계약을 맺고 있고 포스코는 호주에서 니켈 공급망, SK온은 스위스 글렌코어와 코발트 공급을, 에코프로 그룹은 미국에서 리튬 공급 계약을 맺고 있다. 앞으로도 국내 기업은 독자적인 원재료 확보 전략을 계속 이어질 수 밖에 없으며 해당 기업들의 관련 행보를 계속 주목할 필요가 있다.

| 높은 성장성이 전망되는 분야 주목

배터리는 전기차 제조 비용의 약 40%를 차지하고 있을 뿐 아니라 아직도 빈번히 화재 이슈가 잇따르고 있으며 내연기관차 대비 1회 주유 시 최대 항속 거리에서 단점을 가지고 있기에 지속적인 비용 감축, 안정성 확보, 주행거리 및 출력 향상 등의 노력이 이어지고 있다. 이런 트렌드에서 향후 배터리 시장을 이끌어갈 분야들이 시장에서 주목받고 있다.

중국 전기차를 제외한 대다수 전기차의 대표적 배터리 타입인 삼원계 (NCM) 배터리는 코발트와 니켈 가격이 워낙 비쌀 뿐 아니라 핵심 광물 경쟁에서 중국이 주도권을 잡고 있다 보니 이를 대체하기 위한 노력으로 삼원계보다 망간 비중을 높여 저렴해진 하이망간 배터리가 주목받고 있다. 중저가 전기차량에서 수요가 높을 것인데 중국 배터리 기업이 장악하고 있는 LFP 배터리보다 에너지 밀도가 높고 무게도 가볍기에 장점이 더욱 부각될 수 있다.

그리고 양극재 에너지 밀도를 높여주는 양극재 도전재, 인조흑연 음극재보다 용량이 10배 이상 높은 실리콘 음극재, 실리콘 음극재의 팽창을 보완해주고 충전시간을 단축시켜 줄 음극재 도전재, 음극재의 에너지 밀도를 높여줄 동박, 인장강도가 우수하며 배터리 슬림화에 용이한 습식 분리막, 화재 위험이 없고 에너지 밀도와 출력이 높은 전고체 배터리 그리고 배터리 수명 향상 및 고출력에 도움을 주는 전해액 첨가제 등을 꼽을 수 있다.

또한, 테슬라가 주도하는 새로운 원통형 배터리 규격인 4680 배터리, 배터리 공간 효율을 높이기 위해 CATL이 개발에 앞서나가고 있는 CTP 기술 그리고 전기차 부품 수를 줄여주고 중량을 낮춰주는 장점을 보유한 테슬라가 공개한 CTC 기술들의 동향도 배터리 기업에 관심있는 투자자라면 꼭 체크할 필요가 있다.

전기차용 2차전지의 구성

구분	정의	형태
배터리 셀	- 전기 에너지를 충전 및 방전할 수 있는 전지의 기본 단위 - 양·음극 등을 알루미늄 캔 및 파우치에 넣은 형태	
배터리 모듈	- cell을 외부 충격 과열 진동 등으로부터 보호하기 위해 일정한 개수로 묶어 프레임에 넣은 조립체	
배터리팩	- 전기 자동차에 장착되는 최종 형태 - 냉각 시스템 BMS(Battery Manangement System), 보호 회로 등을 장착함	

출처: Medium.com

글로벌 배터리 수요 전망

글로벌 전기차 침투율이 아직 지역별로 8%~20% 수준에 머물러 있고 탄소중립 이행 압박, 배터리 기술도 향상, 전기차 충전 인프라 확충 등으로 배터리 수요 역시 지속 증가세를 이어갈 전망이다.

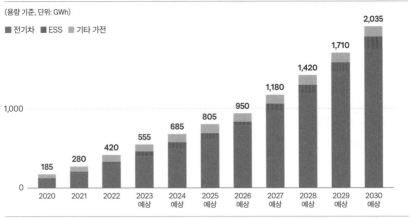

(용량 기준, 단위: GWh)

■ 전기차 ■ ESS ■ 기타 가전

2020	2021	2022	2023 예상	2024 예상	2025 예상	2026 예상	2027 예상	2028 예상	2029 예상	2030 예상
185	280	420	555	685	805	950	1,180	1,420	1,710	2,035

출처: 스태티스타

전기차 대당 배터리 탑재량 증가에 따른 배터리 수요 증가

배터리 1회 충전 시 주행거리 확대 니즈가 커지면서 전기차 1대당 배터리 탑재량이 증가하고 있는 점은 배터리 수요가 더욱 가파른 증가세를 이어가는 데 기여할 전망이다.

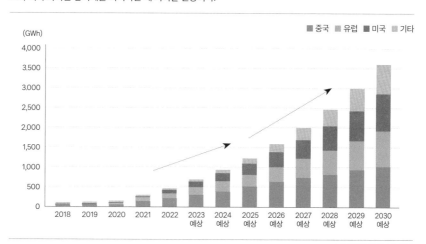

출처: 한화투자증권리서치센터

2차전지 상세 구성별 비용 분석

배터리 핵심 소재 중 하나인 양극재가 배터리 총 비용의 약 30%~40%를 차지한다.

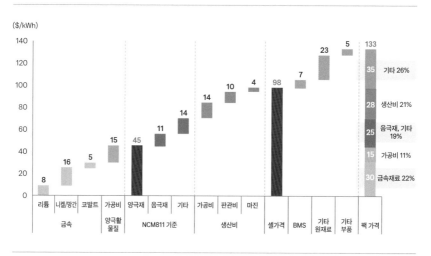

출처: 유진투자증권

글로벌 전기차용 배터리 점유율

2022년 중국 전기차 시장이 큰 성장을 보이며 중국 로컬 전기차 향(向) 배터리 매출이 높은 CATL이 한국 배터리 3사를 포함한 후발주자와의 격차를 크게 벌려가고 있다.

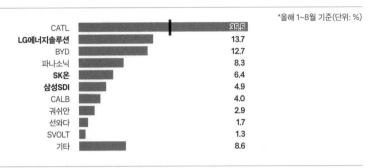

*올해 1~8월 기준(단위: %)

CATL	35.5
LG에너지솔루션	13.7
BYD	12.7
파나소닉	8.3
SK온	6.4
삼성SDI	4.9
CALB	4.0
궈쉬안	2.9
선와다	1.7
SVOLT	1.3
기타	8.6

출처: 서울신문, SNE리서치

국내 배터리 기업들의 지역별 배터리 생산 능력 전망

전기차 수요가 높을 뿐 아니라 인플레이션감축법에 대응하기 위해 미국 현지 생산시설 규모가 가장 크게 증가할 전망이다.

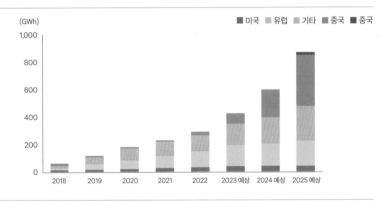

출처: Markliens, 하이투자증권

국내 배터리 업체의 셀 케미스트리 전략

국내 배터리 3사가 모두 전고체 배터리 개발을 진행 중이며 중저가 전기차를 타겟으로 한 차세대 배터리에서는 하이망간 LFP 배터리로 이원화되어 있다.

	중 / 고가 전기차			저가 전기차	
	NCM(A)	NCA	전고체	하이망간(NMx)	LFP
LG에너지솔루션	O		△	△	
삼성SDI	O	O	△	△	
SK온	O		△		△

출처: 삼성증권

LFP 배터리와 NCM 배터리 비교

중국 CATL과 BYD가 주도하는 LFP 배터리는 NCM 배터리 대비 화학적 안정성이 높고 비용이 저렴하며 수명이 길다는 장점을 가지고 있는데, 테슬라가 이 장점에 주목해 스탠다드 트림 모델에 채택하면서 막대한 수요처를 확보하게 되었다.

LFP	LFP 배터리		NCM 배터리	NCM
철 / 인산	인산·철	주요 양극재	니켈, 코발트, 망간	니켈 / 코발트 / 망간
	35만 3,126원	셀 가격	38만 4,912원	
	300~400km	주행 거리	400km 이상	
	CATL, BYD 등 중국 업체	주요 생산업체	LG, 삼성 등 한국 배터리 3사	
중국 기업 주력 제품	테슬라 스탠다드 재가모델	주요 장착 차량	아이오닉 5 등 고성능 전기차	한국 기업 주력 제품

출처: IBM투자증권

배터리 공급 밸류체인 내 중국 점유율

배터리 필수 원자재 채굴, 정제, 가공 그리고 핵심 소재 및 셀 제조까지 모든 배터리 밸류체인에서 중국이 시장을 선도하고 있으며, 이는 미국이 인플레이션감축법을 제정한 배경이 되었다.

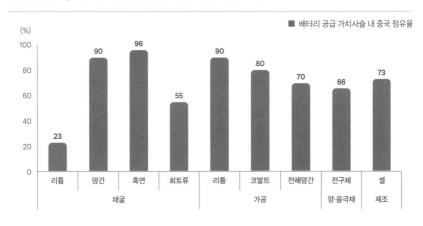

출처: Simon Moores 'The Global Battery Arms Race', NH투자증권리서치본부

배터리 4대 핵심 소재의 글로벌 점유율

양극재, 음극재, 분리막, 전해액 등 모든 분야에서 중국이 과점하고 있는 상황이며, 한국 배터리 기업들이 미국 인플레이션감축법(IRA) 및 유럽 원자재법 등의 공급망 재편 흐름에 결단력 있는 대응이 필요하다.

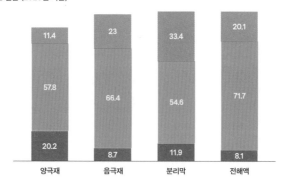

■ 한국 ■ 중국 ■ 일본 (2020년 기준)

출처: SNE리서치, B3

리튬이온 배터리와 차세대 배터리로 불리는 전고체 배터리 비교

현재의 리튬이온은 양극을 이동할 경우 전해질을 통하지만 화재 위험이 높다는 단점이 있다. 전고체 배터리는 이를 위한 대안이면서 성능도 향상시킬 수 있는 장점이 있다.

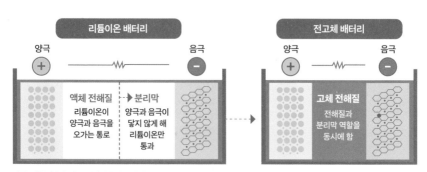

양극: 리튬이온이 원천, 배터리 용량과 전압 결정
음극: 리튬이온을 저장했다 방출하여 전류가 흐르게 함

출처: 삼성SDI

차세대 배터리 기술, CTC, CTP

CATL과 BYD가 주도하는 CTP(Cell to Pack)은 셀, 모듈, 팩으로 이어지는 제조 공정에서 모듈을 생략하고 셀을 바로 팩에 조립하는 공정인데 모듈을 없애 공간 효율을 키울 수 있다. 또한 테슬라는 배터리팩의 바닥 패널이 차량 섀시에 결합되는 CTC(Cell to Chassis) 구조로 전기차 부품 수를 줄이고 중량을 감소시켜 주행거리를 개선하려는 시도를 하고 있다.

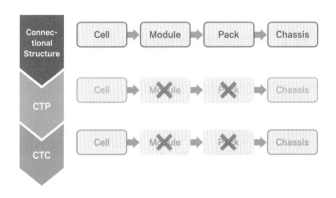

출처: CATL, 삼성증권

양극재 종류별 시장 내 비중 전망

2023년을 기점으로 니켈을 85%~90% 또는 그 이상 사용하는 하이니켈 배터리가 중국이 주도하며 테슬라가 채용한 LFP 배터리의 사용 비중을 넘어설 전망이며 2030년엔 하이니켈 배터리가 전체의 약 62%를 점유할 것으로 예측된다.

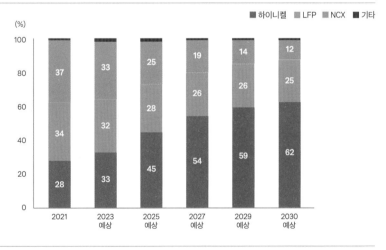

주요: 하이니켈은 Ni 비중 80% 이상의 양극재이다.

출처: SNE리서치, 신영증권리서치센터

국내 양극재 4개사의 생산 능력 전망

전기차 수요가 증가하고 침투율이 높아지면서 이에 대응하기 위한 국내 대표 양극재 기업들의 공격적인 생산 능력 확대 전략이 시행되고 있다.

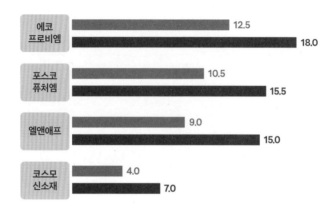

에코 프로비엠: 12.5 / 18.0
포스코 퓨처엠: 10.5 / 15.5
엘앤에프: 9.0 / 15.0
코스모 신소재: 4.0 / 7.0

출처: 각 사

실리콘 음극재 시장 전망

전기차의 주행거리를 향상시키고 출력을 높일 수 있는 실리콘 음극재 시장은 2030년까지 연평균 54%라는 막대한 성장성을 보여줄 전망이다.

(단위: 1,000톤)

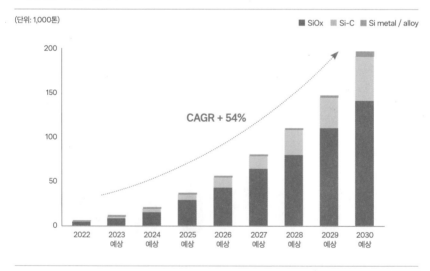

CAGR + 54%

■ SiOx ■ Si-C ■ Si metal / alloy

출처: 대주전자재료, 키움증권리서치센터

전고체 배터리 시장 전망

전고체 배터리 개발에 나선 배터리 기업들의 양산 목표 시기가 2025년~2027년으로 전망되며 해당 시기부터 본격적인 고속 성장세를 보일 전망이다.

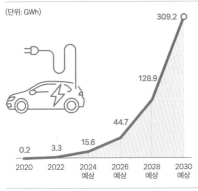

(단위: GWh)

309.2
128.9
44.7
15.6
0.2 3.3

2020 2022 2024 2026 2028 2030
         예상   예상   예상   예상

출처: SNE리서치

배터리용 동박 글로벌 수요 전망

2차전지 음극재의 집전판으로 사용되는 구리로 구성된 동박은 두께가 얇을수록 배터리 셀 내에 재료 투입량을 늘려 배터리의 에너지 밀도를 확대할 수 있다.

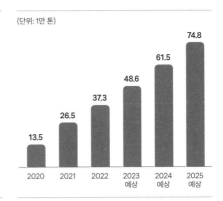

(단위: 1만 톤)

74.8
61.5
48.6
37.3
26.5
13.5

2020 2021 2022 2023 2024 2025
                   예상   예상   예상

출처: SNE리서치

전기차용 2차전지 대표적 3가지 형태의 특징

형태	장단점	배터리 공급사	완성차 업체
원통형	**특징:** 크기가 작은 원통형 스틸 캔 케이스 **장점:** 공정 난도가 낮고 제작 비용이 낮음 기술 축적이 오래되어 안정성 높음 대량 생산에 용이 **단점:** 표준화된 사이즈로 제작해 다양한 디자인으로 제작 불가능, 방전 반복 시 성능 저하 발생으로 수명 짧음	LG에너지솔루션, 삼성SDI, 파나소닉	테슬라, 리비안
각형	**특징:** 알루미늄 캔 케이스 **장점:** 공정 난도가 낮고 제작 비용이 낮음 알루미늄 캔 외장 소재 사용 및 안전장치를 탑재해 안정성이 높고 외부충격에 강함 대량 생산에 용이 **단점:** 경량화, 소량화가 어려워 디자인에 유연성 낮음 충, 방전 반복 시 성능 저하 발생으로 수명 짧음 저출력 및 저밀도 열 방출이 힘들어 특수 냉각 처리 필요	삼성SDI, CATL, 파나소닉, BYD, 노스볼트	도요타, BMW, 아우디, 포드, 폭스바겐, 포르쉐
파우치 형	**특징:** 부드러운 필름으로 포장한 얇으며 내부가 꽉참 **장점:** 소량화, 경량화가 가능해 다양한 디자인으로 제작 가능 셀 내부 빈 공간을 최소화해 고용량 니켈 함량을 높여 에너지 밀도 극대화 충, 방전을 반복해도 급격한 성능 저하가 없음 **단점:** 다른 폼팩터에 비해 안전장치 부족 공정 난도가 높아 개발이 어려우며 비용이 높음	LG에너지솔루션, SK온	현대기아차, GM, 포드, 메르세데스 벤츠, 르노, 볼보 등

출처: 언론 기사, NH투자증권

배터리 4대 핵심 소재별 특징 및 고성장 전망 분야

소재	특징	고성장 전망 분야
양극재	- 리튬이온을 생성하는 역할. 2차전지 성능의 핵심 - 배터리 출력을 좌우하며 배터리 원가에서도 비중이 가장 높음 - 높은 에너지 밀도 필요 - 니켈 함량 높을수록 에너지 밀도 높아져 항속거리가 길어짐 - 화학적 안정성이 높고 비용이 저렴한 LFP 배터리 수요 증가	하이니켈 양극재 LFP 배터리 하이망간 양극재 전구체 양극재용 도전재
음극재	- 양극재에서 생산된 리튬이온을 저장하는 역할 - 주 원료는 흑연을 사용하며 최근엔 인조흑연 수요 증가 - 현 음극재는 흑연 소재의 이론적 최고 성능에 가까움. 실리콘 대두	실리콘 음극재 음극재용 도전재 동박
분리막	- 양극과 음극의 접촉 차단으로 전기적 쇼트 방지. 배터리 안정성 기여 - 리튬이온만 잘 통과시키는 것이 분리막의 제품 차별화 요소 - 배터리의 기본을 해치지 않는 필터 역할 및 안정성 중요 - 높은 내열성 필요	습식 분리막
전해질	- 배터리 내에서 전류의 이동을 가능하게 하는 소재 - 이온은 전해액으로 이동하고 전자는 도선으로 이동 - 전해액은 리튬이온이 잘 이동할 수 있도록 이온 전도도가 높은 물질로 사용 - 전해액은 염, 용매, 첨가제로 구성 - 높은 배터리 안정성 필요	전고체 배터리 전해액 첨가제

주요 배터리 공급사의 밸류체인

공급사	양극재	음극재	분리막	전해액	동박
LG에너지솔루션	LG화학 포스코퓨처엠 엘앤에프 유미코어(벨기에)	포스코퓨처엠 미쓰비시(일본) BTR(중국)	SKIET 도레이(일본) W-Scope(일본)	엔켐 동화기업 중국, 일본기업	일진머티리얼즈 SKC 솔루스첨단소재 Wason(중국)
SK온	에코프로비엠 엘앤에프 유미코어(벨기에)	포스코퓨처엠 미쓰비시(일본) BTR(중국)	SKIET	엔켐 동화기업 솔브레인 중국, 일본기업	SKC 솔루스첨단소재 Wason(중국)
삼성SDI	에코프로비엠 엘앤에프 유미코어(벨기에)	포스코퓨처엠 미쓰비시(일본) BTR(중국)	SKIET 도레이(일본) W-Scope(일본)	동화기업 솔브레인 중국, 일본기업	일진머티리얼즈 SKC 솔루스첨단소재 Wason(중국)
CATL	닝보 산산(중국) 텐치리튬(중국)	닝보 산산(중국) BTR(중국)	중국 로컬기업	중국 로컬기업	Wason(중국) Nuode(중국)
파나소닉	스미토모(일본)	미쓰비시(일본) 히타치(일본)	도레이(일본) 일본 로컬기업	일본 로컬기업	일본 로컬기업

출처: IBK투자증권, 한화투자증권

2차전지 공정 설명 및 주요 기업의 고객사 분류

공정	설명	주요 기업	LGES	SK온	삼성SDI
전극공정	- 양극, 음극 극판 제조 공정 - 정해진 면적에 최대한 양, 음극을 많이 넣느 냐에 에너지 밀도 개선 달려있음 - 2차전지 라인 투자의 약 30% 차지 - 믹싱, 코팅, 압연(캘린더링), 절단(슬리팅), 검사 과정 진행	티에스아이	O	O	O
		피엔티	O	O	O
		씨아이에스	O		O
		탑엔지니어링	O		
		지아이텍	O	O	
조립공정	- 양극재, 음극재를 전지용기에 삽입 후 셀로 조립 - 원통형, 각형, 파우치형에 따라 공정 다름 - 노칭, 와인딩, 웰딩, 필링, 스태킹, 팩킹, 디게 싱, 검사 과정 진행	피엔티	O	O	O
		엠플러스		O	
		유일에너테크		O	
		나인테크	O		
		디에이테크놀로지	O		
		디이엔티	O		
		하나기술	O	O	O
화성공정	- 완성된 셀에 전기성 특성 부여 - 2차전지 장비 capa 중 약 30% 차지 - 에이징, 포메이션, 검사 과정 진행 - 이 중, 셀에 전기적 특성을 부여하기 위해 충 방전을 반복하는 포메이션 공정이 가장 중요	원익피앤이	O	O	O
		에이프로	O		
		하나기술	O	O	O
탈철	- 자장(Magnetic field)을 활용해 배터리에 포 함된 철 또는 비철금속을 제거하는 공정 - 배터리 폭발 이슈로 배터리 안전성 확보 니즈 에 탈철 적용 공정 확대	대보마그네틱	국내, 중국 대다수 업체		
검사 및 자동화	- X-ray를 통한 내부 결함, 외관 검사 및 셀의 절연이나 전압을 검사하는 IR/OCV 등 진행 - 원재료, 재공품, 제품의 로딩, 언로딩 등 수행 하는 물류 자동화 과정	엔시스	O		O
		브이원텍	O		
		이노메트리	O	O	O
		하나기술	O	O	O
		코윈테크	O		
		아바코	O		
		에스에프에이		O	O

출처: 하나기술, 유진투자증권, 미래에셋증권

국내 배터리 기업들의 북미, 유럽 투자 현황

기업	투자, 진출 지역	규모	일정 및 기타
LG에너지솔루션	미국 미시간, 애리조나	40GWh	- 미시간 가동 중. 애리조나는 2024년 하반기 양산 계획
	미국 오하이오	40GWh	- 혼다와의 JV. 2026년 양산
	미국 오하이오	40GWh	- GM과의 JV. 2022년 하반기 양산(Ultium Cells)
	미국 테네시	45GWh	- GM과의 JV. 2023년 하반기 양산(Ultium Cells)
	미국 미시간	50GWh	- GM과의 JV. 2025년 상반기 양산(Ultium Cells)
	캐나다 온타리오	45GWh	- 스텔란티스와의 JV. 2022년 하반기 착공, 2025년 상반기 양산
	유럽 폴란드	70GWh	- 2018년 가동. 2025년까지 100GWh 증설 예정
SK온	미국 조지아	9.8GWh	- 2022년 양산 계획
	미국 조지아	11.7GWh	- 2023년 양산 계획
	미국 테네시	43GWh	- 포드와의 JV. 2025년 양산 계획(BlueOvalSK)
	미국 켄터키	43GWh	- 포드와의 JV. 2025년 양산 계획(BlueOvalSK)
	미국 켄터키	43GWh	- 포드와의 JV. 2025년 양산 계획(BlueOvalSK)
	유럽 헝가리	47.5GWh	- 전체 공장 중 30GWh 규모의 공장은 2024년 1분기 양산 계획
	터키 앙카라	미정	- 포드, 터키 코치 JV. 2025년 양산 계획
삼성SDI	미국 인디애나	33GWh	- 스텔란티스와의 JV. 2024년 3~4분기 가동 목표
	유럽 헝가리	24GWh	- 2022년 하반기 2공장 가동 예정. 향후 50~60GWh까지 증설 계획
에코프로비엠	미국 미정	미정	- SK온, 포드와의 JV. 2023년 하반기 착공 및 2025년 하반기 양산 목표 - 포드 F-150 lightning에 단독 공급
	유럽 헝가리	10.8만 톤	- 2024년 하반기에 1단계, 2025년 하반기에 2단계 양산 목표
포스코퓨처엠	캐나다 퀘백	3만 톤	- GM과 양극재 합작사 얼티엄 캠 설립. 얼티엄셀즈에 공급 - 2024년 하반기 완공
	유럽 미정	미정	- Britishvolt, Morrow와 협력 강화
엘앤에프	미국 미정	미정	- 미국 Redwoods와 미국 양극재 공급망 구축 예정 - 2024 ~ 2025년경 양산 계획
	유럽 미정	미정	- 미국 공장 확정 발표와 함께 유럽 계획도 발표 예정
일진머티리얼즈	미국 미정	미정	- 미국 투자 계획 발표 계획
	유럽 스페인	2.5만 톤	- 폭스바겐 그룹의 스페인 전기차 프로젝트에 컨소시엄 참여 - 2024년까지 한국, 말레이시아, 스페인에서 연산 13만톤 규모 생산체제 구축 목표
SKIET	유럽 폴란드	총 15.4억m²	- 총 4단계에서 2단계는 2023년 하반기 양산 계획 - 3단계는 2024년 상반기, 4단계는 2024년 하반기 계획
SKC	미국 미정	미정	- 미국 투자 계획 발표 계획. 2025년 상반기 양산 목표
	유럽 폴란드	5만 톤	- 2024년 상반기 준공 및 2024년 하반기 본격 양산 계획 - 2025년까지 한국, 말레이시아, 유럽, 북미 등에서 연간 25만 톤 규모 생산체제 구축 목표

	캐나다 퀘백	1단계 1.7만 톤	- 캐나다 퀘벡주에 연간 6만 톤 생산 가능한 부지 매입 완료 - 2022년 하반기 착공, 2024년 하반기 1단계 양산 계획 - 동박 생산 인프라 갖춘 공장 매입으로 증개축 추진
솔루스첨단소재	유럽 헝가리	총 10만 톤	- 총 3단계에서 2단계는 2022년 하반기 양산 계획. - 3단계는 2024년 하반기 및 2025년 하반기에 순차 양산 계획 - 2024년까지 캐나다, 헝가리에서 연산 6만톤 규모 생산체제 구축 목표
동화기업	미국 테네시주	4만 톤 이상	- 2022년 하반기 착공 및 2024년 상반기 가동 계획
	유럽 헝가리	2만 톤	- 2022년 4월 준공
엔켐	미국 조지아	2만 톤	- SK온에 공급

주: JV(조인트벤처)   출처: 언론 기사, 키움증권, 대신증권

실리콘 음극재의 장단점 및 국내 배터리업계의 개발 현황

배경	- 천연흑연은 흔한 광물이기에 가격은 저렴하나 충전 시 효율이 떨어지는 단점 - 이에, 천연흑연보다 수명이 2~3배 길고 충전 효율 우수한 인조흑연을 쓰고 있으나 현재 이론적 최고 성능에 도달했다는 평가
장점	- 리튬이온 고용량, 흑연 대비 10배: 전기차 주행거리 확대 - 음극판 두께 최소화: 배터리 출력 상향 - 급속 충전 속도를 50% 가량 개선
단점	- 흑연보다 4~5배 부풀어올라 터질 수 있는 위험(스웰링). CNT 도전재 필요 - 초기 충방전 효율 저하 및 비싼 가격

기업	개발 주체	개발 현황
LG에너지솔루션	대주전자재료 공동 개발	실리콘 함량 7% 음극재 개발 중
SK온	미국 그룹14 테크놀로지와 합작사 설립	경북 상주 음극재 공장 건설 중
포스코퓨처엠	자체 개발	실리콘산화물과 실리콘-탄소복합체 시제품 개발. 리튬메탈 음극재 선행 개발

출처: 아시아경제, NH투자증권

미국 중심 공급망 변화에 변화되는 한국 배터리 체인

기업	원자재, 소재, 부품	합작기업(국가) 혹은 공급사
LG에너지솔루션	니켈, 코발트, 리튬	중국 화유코발트와 합작
	황산코발트, 수산화리튬	캐나다 광물업체 3곳
	알루미늄 파우치 필름	한국 율촌화학
SK온	리튬	호주 글로벌 리튬
삼성SDI	리튬	중국 간펑리튬
LG화학	양극재	미국 GM
포스코퓨처엠	양극재	미국 GM
	음극재 중간소재인 코팅용 피치	한국 OCI와 합작
SK넥실리스	구리	잠비아
에코프로	리튬	독일 AMG리튬

출처: 아시아경제

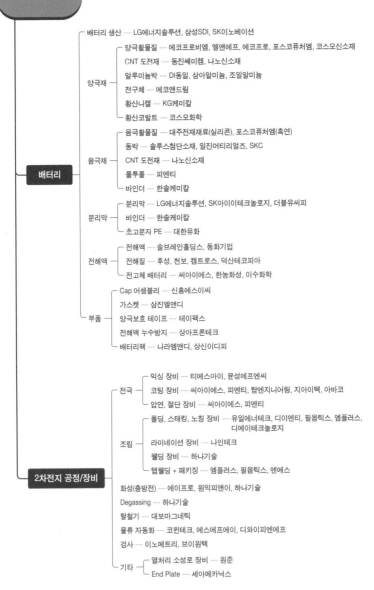

2차전지

배터리

배터리 생산 --- LG에너지솔루션, 삼성SDI, SK이노베이션

양극재
- 양극활물질 --- 에코프로비엠, 엘앤에프, 에코프로, 포스코퓨처엠, 코스모신소재
- CNT 도전재 --- 동진쎄미켐, 나노신소재
- 알루미늄박 --- DI동일, 삼아알미늄, 조일알미늄
- 전구체 --- 에코앤드림
- 황산니켈 --- KG케미칼
- 황산코발트 --- 코스모화학

음극재
- 음극활물질 --- 대주전자재료(실리콘), 포스코퓨처엠(흑연)
- 동박 --- 솔루스첨단소재, 일진머티리얼즈, SKC
- CNT 도전재 --- 나노신소재
- 롤투롤 --- 피엔티
- 바인더 --- 한솔케미칼

분리막
- 분리막 --- LG에너지솔루션, SK아이이테크놀로지, 더블유씨피
- 바인더 --- 한솔케미칼
- 초고분자 PE --- 대한유화

전해액
- 전해액 --- 솔브레인홀딩스, 동화기업
- 전해질 --- 후성, 천보, 켐트로스, 덕산테코피아
- 전고체 배터리 --- 씨아이에스, 한농화성, 이수화학

부품
- Cap 어셈블리 --- 신흥에스이씨
- 가스켓 --- 삼진엘앤디
- 양극보호 테이프 --- 테이팩스
- 전해액 누수방지 --- 상아프론테크
- 배터리팩 --- 나라엠앤디, 상신이디피

2차전지 공정/장비

전극
- 믹싱 장비 --- 티에스아이, 윤성에프엔씨
- 코팅 장비 --- 씨아이에스, 피엔티, 탑엔지니어링, 지아이텍, 아바코
- 압연, 절단 장비 --- 씨아이에스, 피엔티

조립
- 폴딩, 스태킹, 노칭 장비 --- 유일에너테크, 디이엔티, 필옵틱스, 엠플러스, 디에이테크놀로지
- 라미네이션 장비 --- 나인테크
- 웰딩 장비 --- 하나기술
- 탭웰딩 + 패키징 --- 엠플러스, 필옵틱스, 엔에스

화성(충방전) --- 에이프로, 원익피앤이, 하나기술

Degassing --- 하나기술

탈철기 --- 대보마그네틱

물류 자동화 --- 코윈테크, 에스에프에이, 디와이피엔에프

검사 --- 이노메트리, 브이원텍

기타
- 열처리 소성로 장비 --- 원준
- End Plate --- 세아메카닉스

2차전지 글로벌 주요 기업 및 ETF

원자재
- 니켈 ── Vale(브라질), Nornickel(러시아), Jinchuan(중국), 글렌코어(스위스), GEM(중국), 스미토모(일본)
- 리튬 ── 앨버말(미국), SQM(칠레), 강봉리튬(중국), Livent(미국), 텐치리튬(중국)
- 코발트 ── 글렌코어(스위스), 화유코발트(중국), Nornickel(러시아), ERG(영국), 차이나몰리브덴(중국), Hunan(중국)

배터리
- 배터리 제조 ── CATL(중국), 파나소닉(일본), BYD(중국)
- 양극재 ── Umicore(벨기에), 스미토모(일본), 닝보 산산(중국), 텐치리튬(중국), Nichia(일본), 용백과기(중국), 거린메이(중국)
- 음극재 ── 쇼와덴코(일본), **Baoan(중국), Tokai Carbon(일본), 히타치(일본), 미쓰비시화학(일본), 닝보 산산(중국), BTR(중국)**, XFH(중국), Zichen(중국), 푸타이라이(중국)
- 동박 ── Furukawa(일본), Wason(중국), Nuode(중국), CCP(대만)
- 분리막 ── 아사히 카세이(일본), **도레이(일본), W-Scope(일본), Senior(중국)**
- 전해질 ── 선전 캠켑(Capchem) 기술 (중국), 천사첨단신소재**(중국), 미쓰비시화학(일본), Central Glass(일본)**, Ube(일본), Huarong(중국)

공정/장비
- 전극 ── 하리노(일본), 도레이(일본), ASADA(일본), TOYO(일본), Nishimura(일본), Primix(일본), 선도지능장비(중국)
- 조립
  - 스태킹, 노칭 장비 ── Manz(독일), Solith(이탈리아), 선도지능장비(중국), 잉허과기(중국)
  - 탭웰딩 + 패키징, Degassing ── 캐논(일본), Manz(독일)
  - 기타 설비 ── 캐논(일본), 히타치(일본)
- 화성(충방전) ── Nippon Steal(일본), Kataoka(일본)
- 탈철기 ── NMI(일본)

전고체 전지
퀀텀스케이프(미국), **도요타(일본), 파나소닉(일본), CATL(중국), BYD(중국)**

ETF
- Global X Lithium & Battery Tech ETF - LIT
- Global X Autonomous and Electric Vehicles ETF - DRIV
- Amplify Lithium & Battery Technology ETF - BATT
- Invesco WilderHill Clean Energy ETF - PBW

CATL

시가총액 **196조 원**		2021년	2022년(전망)	2023년(전망)
	매출액	25조 8,100억 원	60조 3,600억 원	80조 1,500억 원
국적	중국			
	순이익	3조 1,540어 원	5조 1,700억 원	7조 8,500억 원

- 세계 배터리 시장 점유율 약 30%를 상회하는 부동의 1위 기업
- 빠른 속도로 증가한 전기차 침투율의 성장 속도 둔화 우려로 적극적인 해외 사업 확장 시도
- 2023년, 리튬, 코발트 등 배터리 핵심자원의 내재화 및 배터리 물량 확대로 수익성 상향 전망
- 2023년 초, 동사의 3세대 배터리이자 CTP 기술 적용된 기린배터리 양산 전망
- 글로벌 패권 다툼 속에서 미국, 유럽의 중국 공급망 견제로 인한 대외 불확실성 존재
- 북미 지역 생산라인 확충 대신 헝가리 공장 투자 계획. 독일 공장에 더해 유럽 지역 생산 능력은 약 200GWh에 달할 전망

BYD

시가총액 **138조 원**		2021년	2022년(전망)	2023년(전망)
	매출액	41조 8,300억 원	75조 3,200억 원	105조 6,500억 원
국적	중국			
	순이익	6,000억 원	1조 9,600억 원	3조 4,800억 원

- 중국 최대 전기차 기업이자 중국 2위권의 2차전지 기업
- 중국의 자국 전기차 산업 지원 및 중국의 전기차 침투율이 30%에 육박하면서 가파른 성장
- 전기차 생산, 배터리 제조, 리사이클링 등 영위로 수직계열화 체계 확보에 따른 원가 절감
- 중국 로컬 전기차 기업뿐 아니라 포드, 도요타에 2차전지를 납품하며 배터리 점유율 신장 중
- 올해 폭스바겐을 제치고 글로벌 자동차 업계 시가총액 3위 차지. 유럽에도 본격 진출 계획
- 글로벌 패권 다툼 속에서 미국, 유럽의 중국 공급망 견제로 인한 전기차, 배터리 사업의 대외 불확실성 존재

LG에너지솔루션

☑ 배터리 세계 2위 • IRA 수혜 • 현대기아차 • GM • 스텔란티스

시가총액 **119조 5,700억 원**	주요 주주	LG화학 외 1인 81%, 국민연금 5%
	주 매출처	배터리 수출 66%, 내수 34%

- LG화학의 전지사업부문이 물적 분할되며 설립됨. 전기차, ESS, 2차전지 등 제조
- 글로벌 전기차용 배터리 점유율 2위이자 중국 향(向) 물량을 제외하면 글로벌 1위 점유율
- 테슬라, 폭스바겐, 르노, GM, 포드, 현대, 기아차 등에 전기차 배터리를 공급
- GM, 스텔란티스와의 조인트벤처 및 공격적인 북미 지역 생산시설 확충으로 미국 인플레이션감축법안의 장기 수혜 전망
- 지속적인 수요가 증가하며 산업에 파급력을 가할 전망인 4680 원통형 배터리 개발 중

실적 추이 및 전망

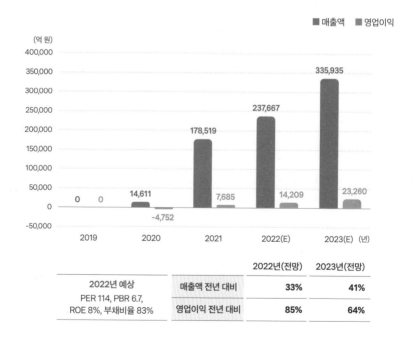

2022년 예상 PER 114, PBR 6.7, ROE 8%, 부채비율 83%		2022년(전망)	2023년(전망)
	매출액 전년 대비	33%	41%
	영업이익 전년 대비	85%	64%

SK이노베이션

☑ 배터리 세계 5~6위권 · 포드 · 정유 · 윤활유

시가총액	주요 주주	SK 외 35인 33%, 국민연금 8%
14조 2,500억 원	주 매출처	석유사업 68%, 화학사업 15%, 배터리사업 7%, 윤활유사업 6%

- 원유를 활용한 정제 및 윤활유 사업을 주로 진행하며 배터리 자회사 SK온 보유
- 기업 총 영업이익의 약 90%가 석유, 화학 사업에서 창출. 배터리 분야 이익 기여도는 아직 낮음
- 글로벌 전기차용 배터리 점유율은 5~6위권 형성(2022년 8월 기준, 누적 점유율 약 6.4%)
- 포드와 조인트벤처 설립해(BlueOval SK) 미국 인플레이션감축법안의 조건 확충 및 북미 전기차 시장 공략
- 국내외 공격적 투자로 배터리 연간 생산량 증대 전망(2022년 77GWh에서 2025년 220GWh, 2030년 500GWh 전망)

실적 추이 및 전망

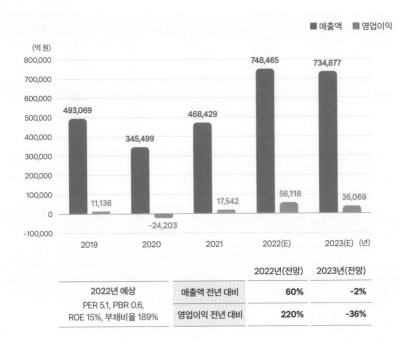

		2022년(전망)	2023년(전망)
2022년 예상	매출액 전년 대비	60%	-2%
PER 5.1, PBR 0.6, ROE 15%, 부채비율 189%	영업이익 전년 대비	220%	-36%

삼성SDI

☑ 배터리 세계 5~6위권 • 스텔란티스 • 폭스바겐 • 원통형

시가총액 **45조 500억 원**	주요 주주	삼성전자 외 5인 20%, 국민연금 8%
	주 매출처	에너지솔루션 82%, 전자재료 18%

- 소형전지, 전기차 배터리 및 ESS를 생산하는 에너지솔루션 사업부. 매출 비중 약 80%
- 반도체 및 디스플레이 소재 및 전자재료를 생산하는 전자재료 사업부. 매출 비중 약 20%
- 글로벌 전기차용 배터리 점유율은 5~6위권 형성(2022년 8월 기준, 누적 점유율 약 4.9%)
- 폭스바겐, 아우디, BMW, 볼보 등 다수의 유럽 완성차 기업들에 전기차 배터리 납품
- 스텔란티스와 조인트벤처를 설립해 미국의 인플레이션감축법안의 조건 확충 및 북미 전기차 시장 공략
- 지속적인 수요가 증가하며 산업에 파급력을 가할 전망인 4680 원통형 배터리 개발 중

실적 추이 및 전망

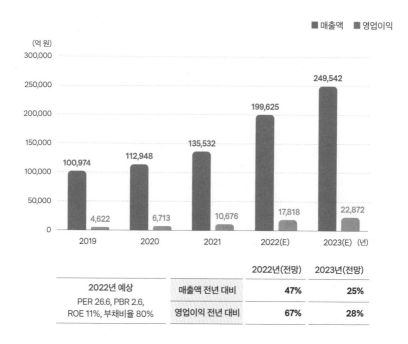

2022년 예상		2022년(전망)	2023년(전망)
PER 26.6, PBR 2.6, ROE 11%, 부채비율 80%	매출액 전년 대비	47%	25%
	영업이익 전년 대비	67%	28%

에코프로비엠

☑ NCM · 하이니켈 · 삼성SDI · SK온 · 포드

시가총액 **10조 1,500억 원**	주요 주주	에코프로 외 15인 51%
	주 매출처	양극활물질 및 전구체 등 100%

- 국내 대표 배터리 양극재 제조 기업(NCA + NCM). 하이니켈 양극재 사업 강화 중
- 삼성SDI와 합작사(에코프로이엠) 및 SK온, 포드와 북미 양극재 생산 시설 공동 투자 진행
- 양극재 생산 능력 대거 확대로 양극재 세계 5위권 진입 목표(2020년 기준 점유율 6%로 6위권)
- 양극재 생산 능력, 2021년 7만 7,000톤에서 2026년 55만 톤으로 높일 계획
- 배터리 원재료 수직계열화 진행으로 미국 IRA, 유럽 RMA 대응 경쟁력 확충

최근 실적 및 주요 재무지표

	2021년	2022년(전망)	2023년(전망)		2022년 상반기	
매출액	1조 4,856억 원	5조 1,232억 원	7조 7,173억 원 (yoy 50%)	매출액	1조 8,496억 원	PER 33.5 PBR 8.5
영업이익	1,150억 원	4,171억 원	6,337억 원 (yoy 52%)	이익	1,440억 원	ROE 34% 부채비율 133%

에코프로

☑ 에코프로비엠 · 하이니켈 양극재 · 리사이클링 · 전구체

시가총액 **3조 6,000억 원**	주요 주주	이동채 외 9인 27%
	주 매출처	에코프로비엠(연결) 96%, 에코프로머티리얼즈 14%, 기타 조정 −22%

- 2차전지용 양극활물질 및 전구체를 제조
- 배터리 자회사 에코프로비엠(지분 46%), 에코프로GEM(지분 51%) 등 보유
- 리사이클된 배터리 원재료 공급받기 위해 미국 어센드 엘리먼츠와 MOU 체결
- 에코프로비엠 및 삼성SDI와 공동 출자한 에코프로이엠 운용으로 양극소재 생산 능력 대거 증대

최근 실적 및 주요 재무지표

	2021년	2022년(전망)	2023년(전망)		2022년 상반기	
매출액	1조 5,041억 원	5조 129억 원	6조 7,453억 원 (yoy 34%)	매출액	1조 9,124억 원	PER 8.7 PBR 2.3
영업이익	865억 원	4,955억 원	5,923억 원 (yoy 19%)	이익	2,238억 원	ROE 30% 부채비율 127%

포스코퓨처엠

☑ 양극재 · 음극재 · 화유코발트 · GM · 철강 내화물

시가총액	주요 주주	포스코 외 4인 62%, 국민연금 5%
15조 2,000억 원	주 매출처	에너지소재 53%, 라임화성 27%, 내화물 19%

- 포스코의 철강 생산용 내화물 제조가 주력 사업이며 국내 유일하게 배터리 양극재, 음극재 생산
- 배터리 사업 호조로 2022년 3분기 기준, 9분기 연속 매출 증가
- 적극적인 배터리 원재료 현지 수급 전략 및 그룹 차원의 배터리 밸류체인 시스템으로 독보적 성장세 전망
- 중국 화유코발트와 양극재 조인트벤처, GM과 하이니켈 양극재 조인트벤처(얼티엄캠) 설립
- 2025년 양극재 34만 톤, 음극재 17만 톤 및 2030년 양극재 61만 톤, 음극재 32만 톤으로 생산 능력 확대 계획

최근 실적 및 주요 재무지표

	2021년	2022년(전망)	2023년(전망)		2022년 상반기	
매출액	1조 9,895억 원	3조 5,401억 원	5조 9,775억 원 (yoy 68%)	매출액	1조 4,678억 원	PER 71.3 PBR 5.7
영업이익	1,217억 원	2,396억 원	4,526억 원 (yoy 89%)	이익	807억 원	ROE 8% 부채비율 78%

일진머티리얼즈

☑ 동박 세계 4위 · LG에너지솔루션 · 삼성SDI · 롯데케미칼

시가총액	주요 주주	롯데 배터리 머티리얼즈 USA 53%, 국민연금 5%
2조 6,000억 원	주 매출처	소재부문 85%

- 배터리 음극재 핵심 요소인 동박 생산(2021년 기준 세계 4위, 점유율 약 13%)
- LG에너지솔루션, 삼성SDI 등 전기차 배터리 생산 대표기업들을 주요 고객사로 확보
- 2022년 10월, 롯데케미칼에 인수됨. 롯데케미칼의 2030년 배터리 분야 4조 원 투자에 수혜 전망
- 말레이시아, 스페인, 미국에 공장 보유 및 건설 계획

최근 실적 및 주요 재무지표

	2021년	2022년(전망)	2023년(전망)		2022년 상반기	
매출액	6,889억 원	8,873억 원	1조 2,013억 원 (yoy 35%)	매출액	3,885억 원	PER 31.5 PBR 2.0
영업이익	699억 원	1,100억 원	1,603억 원 (yoy 45%)	이익	468억 원	ROE 7% 부채비율 20%

SKC

시가총액 3조 6,500억 원		
주요 주주	SK 외 6인 40%, 국민연금 10%	
주 매출처	화학 44%, Industry 소재 34%, 2차전지 소재 18%	

- PO 등의 화학제품 및 일반 산업재에 쓰이는 PET 필름을 생산
- 2020년, 배터리 동박 세계 2위권 기업 SK넥실리스를 인수(지분 100%)
- 생산량의 절반 가량을 LG에너지솔루션에 납품 중이며 미국, 유럽 해외 업체로 매출 다각화 중
- 연 5만 2,000톤 생산체계 구축 중이며 폴란드, 말레이시아에 각각 5만 톤 규모 동박 생산라인 건설 중
- 미국 IRA에 따라 북미 지역에 5만 톤 규모 동박 공장 2곳 신설 검토 중

최근 실적 및 주요 재무지표

	2021년	2022년(전망)	2023년(전망)		2022년 상반기	
매출액	3조 3,961억 원	4조 1,775억 원	4조 1,318억 원 (yoy -1%)	매출액	2조 1,974억 원	PER 17.5 PBR 1.5
영업이익	4,647억 원	3,934억 원	3,755억 원 (yoy -4%)	이익	2,424억 원	ROE 9% 부채비율 159%

솔루스첨단소재

시가총액 1조 1,900억 원		
주요 주주	스카이레이크 SPC 외 1인 53%	
주 매출처	동박, 전지박 65%, 첨단소재 24%	

- 배터리 동박 및 OLED 유기물질 핵심 소재인 ETL 생산
- 주력 고객사로 LG에너지솔루션을 확보 중이며 테슬라 및 유럽 배터리 업체(ACC)와도 공급 계약 체결
- 헝가리, 룩셈부르크 공장을 운영하며 캐나다에 연간 6만 톤 규모 동박 생산공장 건설 중

최근 실적 및 주요 재무지표

	2021년	2022년(전망)	2023년(전망)		2022년 상반기	
매출액	3,812억 원	5,062억 원	7,296억 원 (yoy 44%)	매출액	2,465억 원	PER 147 PBR 2.7
영업이익	20억 원	-182억 원	564억 원 (흑자 전환)	이익	-100억 원	ROE 2% 부채비율 64%

코스모신소재

☑ 양극재 • 코스모화학 • 전구체 • 하이니켈

시가총액	주요 주주	코스모화학 외 6인 29%, 국민연금 8%
1조 8,970억 원	주 매출처	양극활물질 61%, 기능성필름 33%

- 전기차 배터리용 양극재 NCM, LCO 타입 생산. 황산니켈 제조사 코스모화학의 자회사
- 중국에서 90% 이상 수입 중인 양극재 전구체 전체 생산 가능한 기술 보유. 연 2,400톤 규모 생산 설비 구축
- LG에너지솔루션과 삼성SDI에 NCM523 양극재를 공급 중이며, LG에너지솔루션에 하이니켈 양극재 납품 추진 중

최근 실적 및 주요 재무지표

	2021년	2022년(전망)	2023년(전망)		2022년 상반기	
매출액	3,059억 원	4,800억 원	8,850억 원 (yoy 84%)	매출액	2,100억 원	PER 62.7 PBR 8.0
영업이익	218억 원	380억 원	660억 원 (yoy 73%)	이익	191억 원	ROE 13% 부채비율 80%

엘앤에프

☑ 양극재 • 하이니켈 • 테슬라 • 폭스바겐 • Redwoods

시가총액	주요 주주	새로닉스 외 14인 23%
7조 4,600억 원	주 매출처	2차전지 양극활물질 100%

- 전기차 배터리용 양극재 NCM 및 하이니켈 NCMA 타입 생산
- 주력 고객사로 LG에너지솔루션과 SK온을 확보하고 있고 LG를 통해 테슬라, SK를 통해 폭스바겐에 납품 중
- 미국의 인플레이션감축법안에 대응하기 위해, 미국 레드우드(Redwoods)와 협력해 미국 전기차 향(向) 양극재 납품 준비 중
- 원재료 수급이 어렵고 가격이 비싼 코발트 함량을 대폭 줄인 코발트레스(cobalt less) 양극재, 2023년 양산 계획

최근 실적 및 주요 재무지표

	2021년	2022년(전망)	2023년(전망)		2022년 상반기	
매출액	9,708억 원	4조 1,946억 원	6조 3,000억 원 (yoy 50%)	매출액	1조 4,164억 원	PER 27.5 PBR 6.6
영업이익	443억 원	3,044억 원	4,686억 원 (yoy 53%)	이익	1,143억 원	ROE 32% 부채비율 115%

천보

☑ 전해액 첨가제 • 리튬염 • LG에너지솔루션 • CATL • 테슬라

시가총액	주요 주주	이상율 외 11인 55%
2조 1,500억 원	주 매출처	2차전지 소재 63%, 전자소재 27%

- 배터리 전해액에서 리튬이온 이동을 돕는 리튬염 생산. 배터리 성능, 안정성 향상 기여
- LG에너지솔루션, CATL 등에 납품하며 해당 기업의 생산된 배터리가 테슬라 전기차에 탑재
- 리튬염 생산량, 2020년 대비 2026년에 약 10배 성장 전망

최근 실적 및 주요 재무지표

	2021년	2022년(전망)	2023년(전망)		2022년 상반기	
매출액	2,716억 원	3,339억 원	5,077억 원 (yoy 52%)	매출액	1,601억 원	PER 42.6 PBR 6.3
영업이익	506억 원	635억 원	1,011억 원 (yoy 59%)	이익	300억 원	ROE 16% 부채비율 99%

엔켐

☑ 전해액

시가총액	주요 주주	브라만피에스창인신기술사업투자조합 28%
1조 1,100억 원	주 매출처	전해액 100%

- 배터리의 안정성 및 고성능을 좌우하는 필수 물질인 전해액 생산(세계 6위권)
- LG에너지솔루션, SK온, CATL 및 폭스바겐, 포드 등 글로벌 전기차 상위 기업들을 고객사로 확보
- 전해액 생산 능력, 2022년 12만 5,000톤에서 2023년 약 25만 5,000톤으로 증설 계획. 또한 2025년까지 총 80만 톤 확보 계획
- 현대차, LG에너지솔루션의 인도네시아 배터리 합작사 대응 위한 현지 전해액 공장 설립 계획

최근 실적 및 주요 재무지표

	2021년	2022년(전망)	2023년(전망)		2022년 상반기	
매출액	2,143억 원	4,594억 원	8,672억 원 (yoy 88%)	매출액	2,181억 원	PER 41.0 PBR 4.9
영업이익	-260억 원	-78억 원	711억 원 (흑자 전환)	이익	-88억 원	ROE 12% 부채비율 143%

SK아이이테크놀로지

☑ 습식 분리막

시가총액 **3조 4,500억 원**	주요 주주	SK이노베이션 외 5인 61%, 국민연금 5%
	주 매출처	LiBS(배터리 분리막) 100%

- 배터리 원가의 약 15%에서 20%를 차지하며 안정성과 성능에 영향 미치는 분리막 생산
- 습식 분리막 글로벌 점유율 약 26%로 최선두권. 고객사는 SK온, LG에너지솔루션 등
- 베트남 전기차 기업 빈패스트와 협력 및 폴란드 투자 등으로 해외 시장 공략

최근 실적 및 주요 재무지표

	2021년	2022년(전망)	2023년(전망)		2022년 상반기	
매출액	6,038억 원	6,536억 원	1조 994억 원 (yoy 68%)	매출액	2,731억 원	PER -1764 PBR 1.5
영업이익	892억 원	-97억 원	1,519억 원 (흑자 전환)	이익	-200억 원	ROE 0% 부채비율 48%

종목명	시가총액 (억 원)	사업 내용	2022년, 2023년 전년비 이익 성장률 (전망)
한솔케미칼	20,573	반도체 특수가스, 퀀텀닷 소재를 생산하며 배터리 분야에서는 음극 바인더를 삼성SDI에 납품	13%, 18%
더블유씨피	15,652	전기차 배터리용 코팅 습식 분리막 생산. 주요 고객사는 삼성SDI임	전망치 미집계
동진쎄미켐	15,372	배터리 양극재 CNT 도전재, 실리콘 음극재 생산	전망치 미집계
대주전자재료	13,600	실리콘 음극재 첨가물인 실리콘산화물 생산	8%, 77%
동화기업	13,092	자회사를 통해 전해액 생산. 삼성SDI와 SK온에 공급	52%, 27%
후성	11,344	전해질 핵심물질 리튬염(LiPF6) 국내 유일 생산	349%, 4%
나노신소재	9,438	음극재용 CNT 도전재 세계 최초 상용화	179%, 51%
피엔티	8,824	배터리 전극 공정장비, 롤투롤(Roll-to-Roll) 장비 등 생산	14%, 28%
코스모화학	8,139	배터리 양극재 소재인 황산코발트 생산. 코스모신소재 지분 27% 보유	36%, 52%
씨아이에스	7,693	배터리 전극 공정장비 생산. 삼성SDI, LG에너지솔루션, CATL, 파나소닉 등에 납품	흑자 전환, 75%
하나기술	4,932	배터리 조립, 화성, PACK 공정장비 및 검사장비 등 생산. 원형, 각형, 파우치형 등 모든 종류의 배터리 전공정 양산 장비 생산 가능	흑자 전환, 222%
솔브레인홀딩스	4,832	2차전지용 전해액 생산·판매	전망치 미집계
디와이피엔에프	4,468	양극활물질 원료를 각 공정으로 이송하는 설비인PCS(분체 이송 시스템) 설계, 제작, 설치	전망치 미집계
대보마그네틱	4,413	배터리 셀의 품질, 안전에 중요한 탈철장치 생산. 주 고객사는 삼성SDI, LG에너지솔루션, BYD, 에코프로, 코스모신소재 등	258%, 53%
상아프론테크	4,037	엔지니어링 플라스틱을 이용해 배터리 전해액 누수방지 부품을 만들어 삼성SDI에 공급	전망치 미집계
신흥에스이씨	3,796	원형, 각형 배터리의 전류 차단장치, 뚜껑 역할의 Cap Ass'y 생산. 주요 고객사는 삼성SDI, 상아프론테크, 상신이디피 등	28%, 33%
DI동일	3,567	자회사 통해 배터리용 알루미늄박 제조. 국내 배터리 대형 3사에 공급	전망치 미집계
KG케미칼	3,106	양극활물질 원료인 고순도 황산니켈을 생산하는 KG에너켐 지분(78.7%) 소유	전망치 미집계
원준	3,072	양극재, 음극재 열처리 소성로 장비(RHK, PK) 등 생산. 포스코퓨처엠, LG엔솔, 에코프로비엠 등에 공급	176%, 62%
원익피앤이	2,860	배터리 활성화 공정과 검사 장비 생산. 주요 고객사는 삼성SDI, LG에너지솔루션 등	전망치 미집계
테이팩스	2,849	양극보호, 절연용 등에 사용하는 배터리 테이프 생산. 국내 배터리 대형 3사에 납품	23%, 28%

에코앤드림	2,827	양극활물질의 전구체 제조 기술 보유	전망치 미집계
코윈테크	2,447	배터리 전, 후공정 자동화 시스템 판매	94%, 55%
에이프로	2,318	배터리 활성화공정 장비인 일반, 고온 가압 충방기 생산	흑자 전환, 195%
새로닉스	2,236	자회사 엘앤에프(지분율 14.9%)로 통해 2차전지 양극활소재 등 생산·판매	전망치 미집계
상신이디피	2,146	삼성SDI 배터리의 CAN(양극재, 음극재, 전해액 등을 담는 케이스) 개발 업체	39%, 27%
아바코	2,142	배터리 코팅 장비, 캘린더링 장비, 롤투롤 장비 생산	전망치 미집계
필옵틱스	1,757	배터리 공정에 사용되는 레이저 응용장비 생산·판매	전망치 미집계
지아이텍	1,708	배터리 전극공정 핵심 부품인 슬롯다이 생산. SK온, LG에너지솔루션, 피엔티, 노스볼트 등에 공급	전망치 미집계
엠플러스	1,658	파우치형 배터리의 조립 공정장비 제조	전망치 미집계
티에스아이	1,491	배터리 믹싱 공정장비 제조. 주요 고객사는 삼성SDI, LG에너지솔루션	전망치 미집계
세아메카닉스	1,350	배터리에 쓰이는 알루미늄 부품 제조	전망치 미집계
나인테크	1,312	배터리 조립 공정의 라미네이션 및 스태킹 장비 생산	흑자 전환, 424%
이노메트리	956	배터리 검사 공정의 자동화 장비 제조	전망치 미집계
디에이테크놀로지	910	배터리 자동화설비(노칭, 폴딩 설비) 등 생산	전망치 미집계
삼진엘앤디	634	배터리 뚜껑 역할의 가스켓 제조. 삼성SDI에 주로 공급	전망치 미집계

※ EPS: Earning Per Share. 주당순이익을 뜻하며, 기업의 자본 규모와 상관없이 1주당 얼마의 이익을 창출했는지를 나타내기에 기업의 실질적인 수익성을 가늠해볼 수 있음

2차전지 리튬이온 전지

액체 겔 타입의 전해질을 통해 리튬이온이 양극과 음극을 오가며 충전과 방전이 이뤄진다. 이때 리튬이온이 전해질을 타고 움직이는 속도가 전지의 출력을 좌우한다. 이후 충전하면 리튬이온을 이음극에 저장한다. 그 과정은 다음과 같다.

* 배터리를 사용하게 되면 방전되면서 리튬이온이 음극에서 양극으로 이동하면서 에너지가 방출된다.
* 모든 리튬이온이 방출되어 양극으로 이동되면 방전된다.
* 다시 재충전하면 리튬이온이 양극에서 음극으로 이동되며 에너지가 저장된다.

양극재

알루미늄판에 리튬을 도포하는 + 극 역할을 한다. 리튬이온을 생성하는 역할을 하기에 2차전지 성능에 있어 핵심 기능이다. 특히 출력을 좌우하며 배터리 원가에서도 비중이 가장 높다. 주요 원재료로 리튬, 코발트, 알루미늄, 망간 등이 사용되며 어떤 원재료를 사용했는지에 따라 NCM, NCA, LCO, LFP 등으로 2차전지를 분류한다.

음극재

동박(구리)위에 흑연을 씌워 – 극 역할을 한다. 배터리 성능 강화 및 충전 용량 향상시키는 역할을 한다. 특히 실리콘, 흑연 등으로 동박을 씌워 성능을 향상시킨다.

분리막

양극과 음극의 접촉을 차단해 전기적 쇼트를 막는 역할을 한다. 배터리 안정성에 기여하며, 습식과 건식 타입이 있으며 SK아이이테크놀로지는 습식 분리막 세계 1위 기업이다.

전해액

리튬 이온이 원활하게 이동하도록 돕는 매개체.

CNT(탄소나노튜브) 도전재

배터리 양극, 음극 내 전자 이동을 촉진시키는 역할을 하는 도전재다. 전극에 소량만 사용되지만 리튬 2차전지 성능 향상에 매우 중요한 역할을 담당하고 있다. 양극재, 음극재의 에너지 밀도 개선을 극대화시켜주는 기능을 한다. 기존 카본블랙 대신 CNT 사용 시, 사용량을 5분의 1 수준으로 줄여주며 고가의 바인더 사용량도 줄일 수 있는 장점이 있다. 음극재에서는실리콘 음극재의 팽창을 잡아주는 보완재로서 역할을 한다.

바인더

전극을 물리적으로 안정화시켜주는 역할을 한다. 도전재를 집전체에 정착시켜주는 일종의 접착제 역할을 한다. 배터리 원가의 2%밖에 안 되지만 최근 배터리 화재사고로 배터리 안정성이 화두가 되고 있기에 바인더의 역할은 더욱 부각될 전망이다.

ESS

Energy Storage System. 에너지 저장 시스템을 뜻한다. 태양광 등 발전소에서 불규칙적으로 생산된 전력을 저장해둔 후, 전력이 부족할 때 송전해주는 저장장치다. 일종의 대용량 배터리. 전력사용 급증에 따른 대규모 정전사고, 신재생에너지 보급 확산 등 다양한 환경 변화에 따른 전력 불확실성에 대비하기 위한 니즈가 증가하는 것에 ESS 수요 증가 추세다.

전구체

Precursor. 배터리 성능을 좌우하는 양극재를 만드는 데 필요한 핵심 재료다. 리튬 산화물에 여러 다양한 금속 물질을 더해 여러 조합의 양극재를 만들 수 있는데 이런 원료들을 섞은 화합물을 전구체라 부른다.

집전체

외부도선에서 제공되는 전자를 전극 활물질로 공급하기 위해 중간 매집 역할을 하거나 반대로 전극 반응의 결과 생성된 전자를 모아서 외부도선으로 흘려주는 전달자 역할을 하는 극판 형상 구현재료다.

젤리롤

Jelly Roll. 배터리의 기본단위인 셀(Cell)을 만들기 위해 양극/음극판과 분리막을 접합해 롤형태로 감아 놓은 전극 조립체다.

믹싱

Mixing. 활물질과 바인더를 용액에 녹여 코팅 슬러리(Slurry)를 만드는 공정으로 양극과 음극의 슬러리를 제조한다.

코팅

Coating. 양극은 알루미늄 호일을 음극은 동박을 코팅(Substrate)해 양극과 음극 슬러리(Slurry)를 음양극판에 코팅하는 공정이다.

슬리팅

전극을 셀(Cell)의 규격에 맞게 재단해 감는 공정을 뜻한다.

권취

Winding. 젤리롤(Jelly Roll)을 만들기 위해 전극에 탭(Tab)을 부착하고 분리막을 삽입시켜 감은 후 테이프로 고정하는 공정을 뜻한다.

노칭

Notching. 롤형태의 전극판을 실제 사용될 셀(Cell) 형태로 재단하는 공정을 뜻한다.

에이징

Aging. 전지 내부에 전해액을 충분히 분산시켜 줌으로써 충전이나 방전 시 이온의 이동성을 최적화시켜 주기 위한 공정이다.

충방전

Formation. 조립공정을 마친 셀(Cell)에 일정한 전류를 흘려주어 충전과 방전을 반복해 배터리로 활성화하는 공정을 뜻한다.

디게싱

Degassing. 충전후 셀(Cell) 내부에 발생된 가스를 제거하는 공정을 일컫는다.

IR/OCV

완성된 셀(Cell)의 출하전 마지막 내부저항 및 전압을 측정해 셀의 양/불을 검사하는 과정이다.

모듈

Module. 배터리 셀(Cell)을 외부충격과 열, 진동으로부터 보호하기 위해 일정한 개수(일반적으로 열 개 남짓)로 묶어 프레임에 넣은 배터리 조립체(Assembly)를 뜻한다.

팩

Pack. 전기차에 장착되는 배터리 시스템의 최종 형태이며 배터리 모듈 6~10개에 BMS(Battery Management System), 냉각 시스템 등 각종 제어 및 보호 시스템을 장착해 완성된다.

3

미래 모빌리티

배터리 리사이클링

재활용 ○
재사용 ○
습식, 건식 방전 ○
습식, 건식 제련 ○

1 전기차 시장이 성장할수록 배터리 리사이클링 시장도 더불어 성장할 수밖에 없음

2 배터리 핵심 원재료를 둘러싼 글로벌 열강들의 패권 싸움으로 인해 배터리 리사이클링은 생존을 위한 필수 사업이 됨

3 한국 전기차, 배터리 기업 및 글로벌 전기차 및 소재 기업들도 경쟁적으로 산업에 뛰어들고 있음

▎약 10년 정도에서 교체 주기가 도래하는 전기차 배터리

출시 후 큰 인기를 얻은 테슬라의 모델 S를 비롯해 2013년 즈음부터 전기차는 본격적인 성장을 보이기 시작했고 이와 더불어 차량용 배터리도 본격적으로 공급되기 시작했다. 배터리의 기본적인 수명은 8년에서 10년 정도라고 한다. 주로 쓰이는 리튬이온 배터리는 약 500회 정도 충전하면 주행거리가 짧아지고 충전 속도가 느려지게 되는데, 초기에 출고된 배터리 용량 대비 70%~80% 수준으로 성능 저하가 되는 시점이 대략 10년 내에 도래한다고 한다. 또한 15만km~20만km 정도의 주행거리 구간도 배터리 성능이 저하되는 지점이다.

▎전기차 시장 성장과 함께 확대될 폐배터리 시장

배터리의 성능이 다하면, 새것으로 교체하면 간단하겠지만 실상은 그렇지 못하다. 그렇지 않아도 보조금 없이는 전기차 값이 부담되는 상황인 데다 배터리는 차량 가격의 약 40%를 차지하는 만큼 매우 비싼 만큼 배터리 교체가 좋은 대안은 아니다. 이에 성능이 다소 저하된 배터리를 다시 사용하거나 (재사용), 배터리 내 핵심 원자재 및 부품을 회수해 재활용하자는 인식이 커지게 되었다. 글로벌 전기차 시장이 2018년에서 2020년 사이에 본격적으로 보급된 점을 고려한다면 2025년을 시작으로, 2030년부터 막대한 양의 폐배터리가 공급될 전망이다. 전기차 시장이 2050년까지도 성장한다면 그보다 더 오랫동안 폐배터리 시장 성장세가 이어질 전망이다. 배터리 리사이클링 시장은 이제 막 개화 단계다.

| 배터리 핵심 원자재를 둘러싼 글로벌 열강들의 패권 싸움

2022년 2월, 우크라이나를 침공한 러시아는 여러 원자재 및 에너지원을 전략 무기화하면서 서방 세계에 압박을 가하고 있다. 이어 중국이 러시아와 같은 행보를 보이자 배터리의 핵심 광물인 니켈, 코발트, 리튬, 흑연 등의 공급이 큰 차질을 빚게 되었다. 배터리의 주요 원자재를 생산하는 국가는 다양하지만 효율적으로 정제하는 기술이 매우 중요한데, 중국이 핵심 자원 대다수에 절대적 비율로 정제를 담당하고 있다 보니, 중국의 행보 한 번이면 전세계 전기차 생산이 배터리 문제로 인해 차질을 빚을 수밖에 없는 상황이 야기될 전망이다.

이를 대비하기 위해 미국과 유럽은 맞불 작전을 펴고 있다. 조 바이든 미국 대통령이 서명한 인플레이션감축법(IRA)으로 인해 미국 내에서 전기차를 판매할 때 소비자에게 주어지는 보조금 혜택은 미국 또는 미국과 FTA를 체결한 국가에서 생산, 가공 및 재활용되는 배터리 부품과 원재료를 일정 비율 사용한 배터리에만 지급한다. 배터리의 핵심 자원 중, 니켈 생산의 31%를 담당하는 인도네시아, 그리고 코발트 생산의 67%를 담당하는 콩고는 미국과 FTA를 맺지 않았다. 이에, 미국 전기차 시장에 진출하고 있는 타 국가나 기업뿐 아니라 미국 입장에서도 폐배터리 재활용을 통한 핵심 자원 활용이 더욱 중요해지게 되었다. 또한 유럽도 2022년 3월에 배터리 관련 법안을 통과시키면서 전기차 배터리 재활용을 의무화했다.

│ 배터리 기업들의 생존을 위한 리사이클링 사업 도전

세계적인 배터리 기업들을 보유한 대한민국도 결국엔 배터리 핵심 광물의 수급이 원활해야 한다. 그런데 배터리를 제조할 때 필요한 천연흑연, 리튬 및 코발트의 중국 의존도가 80%를 넘을 만큼 절대적이다 보니 한국 기업들도 폐배터리에서 핵심 자원을 추출해 재활용하는 리사이클링 사업에 사활을 걸지 않을 수가 없게 되었다.

현대자동차는 계열사인 현대모비스, 현대글로비스와 함께 폐배터리 순환 체계 구축 시스템을 갖추고 있다. 삼성SDI는 국내와 헝가리에 폐배터리 재활용을 추진하고, LG에너지솔루션은 북미 최대 배터리 재활용 업체 Li-Cycle에 지분 투자를 하고 모든 사업장에 배터리 재활용 체계를 구축하고 있다. SK온은 북미 재활용 업체와의 협약을 맺었다. SK에코플랜트는 싱가포르 폐기물 업체를 인수했고 미국 리사이클링 업체에 지분 투자를 하며 착실히 미래를 위한 준비를 하고 있다. 또한, 포스코그룹, GS그룹도 그룹 차원에서 폐배터리 시장에 진출하고 있다. 그 외 성일하이텍은 글로벌 리사이클링 사업에서 주목받는 실력을 갖추고 있고 새빗켐, 에코프로CNG, 코스모화학 등의 기업도 생산 능력을 확충하고 있다.

글로벌 전기차 분야에서 압도적 점유율 1위를 차지하는 테슬라도 미국 네바다주에 배터리 재활용 설비를 구축했고 중국 상하이, 미국 텍사스, 독일 베를린 등 모든 사업장에서 재활용 사업을 추진하고 있다. 완성차 기업인 폭스바겐, GM, 포드 등도 해당 산업에 적극 뛰어들고 있다. 이제 폐배터리 사업에 뛰어들지 않으면 생존을 담보할 수 없기 때문에 반 강제적으로라도 사업을 진행해야 한다.

글로벌 전기차 폐차 대수와 폐배터리 시장 규모 전망

2010년 후반부에 본격적으로 보급된 전기차의 폐차는 약 10년~15년이 지난 2025년~2030년부터 본격적으로 증가할 전망이며, 폐배터리 시장도 해당 시기에 동반 성장세를 보일 전망이다.

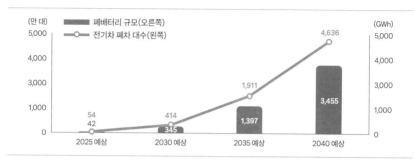

출처: SNE리서치, 키움증권

글로벌 사용 후 배터리 시장 전망

2023년부터 2050년까지 연평균 무려 27%라는 고성장세를 이어갈 전망이다.

출처: SNE리서치

전기차 배터리의 생애주기

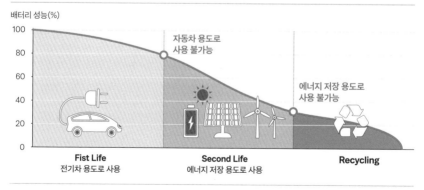

출처: Elektoautomatik, 메리츠증권 리서치센터

리튬이온 배터리 재활용 글로벌 시장 전망

전기차에 사용된 리튬이온 배터리의 재활용 시장은 2021년~2027년 구간에 연평균 32%라는 초고속 성장세가 전망된다.

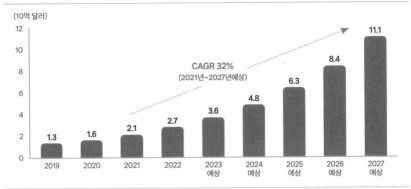

출처: Statista, 메리츠증권리서치센터

중국이 움켜쥔 배터리 원재료 제련 시장

코로나19, 우크라이나 전쟁으로 촉발된 배터리 수급망 혼란은 심화된 미중 갈등으로 인한 미국 인플레이션감축법(IRA), 유럽 원자재법(RMA) 시행으로 인해 격변의 시기로 접어들었다. 이는 배터리 원재료 확보를 위해 각국이 폐배터리 산업에 투자하는 이유 중 하나다.

한국의 배터리 핵심광물 수입의 중국 의존도

한국의 흑연, 리튬, 코발트 수입의 80% 이상이 중국으로 심각하게 편중되어 있어 한국도 폐배터리 활용 사업에 투자를 하지 않을 수 없다.

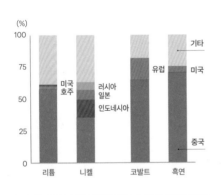

출처: IEA, 한국경제

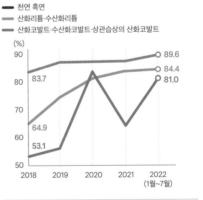

출처: 한국무역협회, 연합뉴스

배터리 재사용을 감안한 판매가격

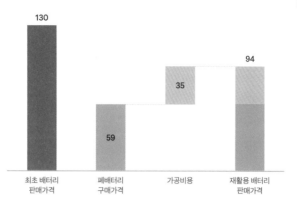

(단위: 달러/KWh)

출처: Science Direct, 메리츠증권리서치센터

폐배터리 재활용 프로세스

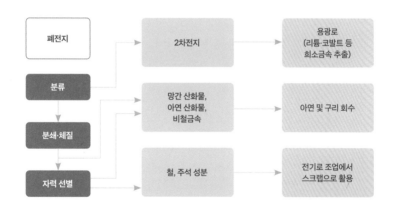

출처: JFE환경, 포스코경영연구원, 케이프투자증권리서치본부

배터리 재활용 공정 방식

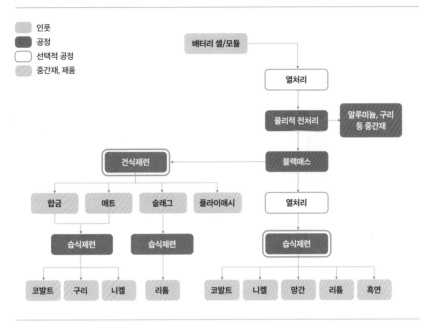

출처: 한국전지산업협회, PWC 재인용, 키움증권

배터리 리사이클링으로 충당 가능한 주요 배터리 소재 공급량 전망

폐배터리 재활용 시장이 성장할수록 더욱 많은 코발트, 니켈, 리튬 등의 배터리 핵심자원을 다시 사용할 수 있을 것으로 전망된다.

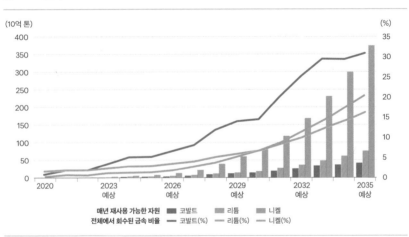

출처: BNEF, 키움증권

국내외 주요 기업들의 배터리 리사이클링 사업 현황

기업	배터리 리사이클링 사업 동향
현대차그룹	- 현대차, 전기차 폐배터리를 ESS(에너지저장시스템) 용으로 재사용하는 사업 진행 - 현대글로비스, 전 세계 폐차장과 딜러사로부터 폐배터리 회수, 운반을 위한 네트워크 구축 - 현대모비스: 재제조 배터리를 A/S용으로 활용. 울산 사업장에서 재사용 배터리 활용한 ESS, 태양광 발전 연계 실증 사업 중
삼성SDI	- 국내 및 헝가리 사업장에서 배터리 재활용 추진 - 배터리 재활용 기업 피엠그로우에 지분 투자 - 배터리 재활용 대표 기업 성일하이텍 지분 8.5% 보유 - 삼성물산도 성일하이텍 지분 4.9% 보유
LG에너지솔루션	- 2025년도까지 모든 사업장에 배터리 재활용, 재사용 통한 자원 선순환 고리 체계 구축 - 중국 최대 코발트 생산 기업 화유코발트와 배터리 재활용 위한 조인트벤처 설립 발표. 추출된 메탈은 동사의 중국 난징 배터리 공장에 공급 예정 - 2021년, 북미 최대 배터리 재활용 기업 Li-Cycle과 파트너십 구축. 2023년부터 10년간 니켈 2만 톤 공급받을 예정 - 동사와 GM의 합작법인인 얼티엄 셀즈, Li-Cycle과 배터리 재활용 계약 - 동사의 청주, 폴란드 공장의 폐배터리를 에코프로씨엔지가 코발트, 니켈, 망간 등 금속 추출
SK이노베이션	- 폐배터리에서 수산화리튬을 추출하는 기술 보유 - 동사와 포드의 합작법인인 블루오벌SK, 북미 재활용 업체 Redwoods와 협약 체결 - SK에코플랜트와 재사용 배터리로 ESS 구축해 건설 현장에서 운영 계획 - SK에코플랜트, 싱가포르 전자 폐기물 업체 테스 인수 - SK에코플랜트, 미국 배터리 리사이클링 기업 어센드 엘리먼츠에 5,000만 달러 투자
포스코그룹	- 2021년, 중국 최대 코발트 생산 기업 화유코발트와 조인트벤처 포스코HY클린메탈 설립 - 포스코홀딩스, 폴란드에 배터리 재활용 공장 PLSC 준공. 리튬, 니켈, 코발트, 망간 등 추출해 포스코HY클린메탈에 공급 예정
GS그룹	- GS건설의 자회사 에네르마를 통해 리튬이온 배터리 재활용 사업 진출 - GS퓨처스, 폐배터리 재수명 30% 늘리는 기술 보유한 호주 Relectrify에 투자 - GS칼텍스, 전국 주유소 네트워크 활용해 폐배터리 회수. 추후 재사용 사업 추진
아이에스동서	- 캐나다 재활용 업체 리시온에 지분 5% 투자
성일하이텍	- 헝가리, 중국, 말레이시아, 인도 등 전처리 설비 공장에서 생산된 금속분말을 처리하는 2개의 국내 습식 제련 공장 가동 - 국내 유일 배터리 재활용 일괄 공정 보유
에코프로CNG	- 폐배터리 전처리 공장 완공. 이후 순차적으로 습식제련 공장 가동 예정
엘엔에프	- 미국 배터리 재활용 기업 Redwoods와 조인트벤처 체결
테슬라	- 네바다 기가팩토리에 자체 배터리 셀 재활용 설비 구축. 소재의 92% 회수 가능한 기술적 역량 확보 발표 - 추후 중국 상하이, 미국 텍사스, 독일 베를린 등 모든 사업장에서 재활용 사업 추진
폭스바겐	- 폐배터리 소재 회수율을 60%에서 95%로 늘리는 연구 진행
GM	- JV를 맺고 있는 LG에너지솔루션과 함께 Li-Cycle과 협업
포드	- JV를 맺고 있는 SK이노베이션과 함께 Redwoods와 협업
유미코어	- 건식, 습식 제련 기술을 결합한 배터리 재활용 사업
바스프	- 프랑스 광산업체 Eramet과 협력해 배터리 재활용 기술 개발
CATL	- 자회사 비럼프를 통해 폐배터리 사업 진행
글렌코어	- 캐나다 폐배터리 업체 Li-Cycle에 2억 달러 투자

출처: 언론 기사

배터리 재활용 및 재사용 비교

	배터리 재활용(Recycle)	배터리 재사용(Re-Use)
정의	폐배터리 분해, 방전, 파쇄 및 열, 화학적 처리를 통한 소재 및 금속 회수	폐배터리 모듈, 팩 등을 ESS 및 UPS 용으로 재사용
필요 설비	방전 시스템 필요 및 소재 추출을 위한 장비, 공정설비 필요, 소재 추출 공정 기술 필요	폐배터리 진단설비 필요(잔존수명 검사 등) ESS 및 BMS 관련 기술 필요
대상	소형, IT용 배터리 등	중, 대형 배터리 등
효과	소재 단위로 추출 가능하므로 셀(Cell) 제조 공정에 투입 가능	분해 공정이 없어 안전, 비용 절감 가능
업체	성일하이텍, 유미코어 Li-Cycle 등	완성차 OEM 및 배터리 업체 등

출처: 산업자료, SK증권

배터리 재활용 전처리 공정에서 진행되는 방전기술 비교

구분	습식(염수) 방전(기존 기술)	건식 방전(솔라라이트 다단 건식 기술)
설명	폐배터리를 전해질인 염수에 담궈 양극에서 음극으로 전류가 흐르게 해 방전시킴	습식 방전의 한계 극복 위한 방식. 방전 시 소모되는 열 에너지가 자가 소비되어 에너지 절감 효과. 자원 회수율 높기에 뛰어난 경제성 확보
방전 시간	최소 48시간	3시간 이내
불능화 여부	불가능	가능 / 99.99% 방전
대용량 방전	불가능(모듈만 가능)	가능(팩, 랙, 모듈 동시 방전 가능)
성능 테스트	불가능	1차 분류 가능(재사용, 재활용)
안정성 확보	화재 및 폭발 사고 발생 우려	건식방전을 통한 안정성 확보
경제성	방전 후 처리비용 발생(폐수처리 등)	별도의 처리공정 없음(폐수 및 환경적 유해요소 없음)

출처: 하나증권

배터리 재활용 후공정에서 진행하는 제련 방식별 장단점

공정	장점	단점	주요 업체
습식 제련	- (공정) 팩 해체, 파쇄, 분쇄로 블랙파우더 생산 - 높은 원료 회수율과 선택적 추출 가능 - 상대적으로 낮은 전력 사용 - 온실가스 배출 적음 - 음극재 전구체로 전환 가능 - 코발트, 니켈, 구리, 망간, 리튬 회수	- 유기성 폐기물 다량 발생. 폐수처리로 인한 환경문제 야기 - 전처리 공정 필요해 건식 대비 공정 과정 김 - LFP 배터리에는 부적합	성일하이텍, 새빗켐, 에코프로CNG, GEM(중국), Brunp(중국) (신규 추진) 포스코HY클린메탈, GS건설에네르마, Li-cycle(미국), Redwoods(미국), 노스볼트(스웨덴)
건식 제련	- (공정) 팩 해체 이후 용융로에 투입 - 전처리 공정 필요 없기에 공정 간소화 - 화학반응 속도가 빨라 대량 처리 가능 - 양극활물질 타입에 상관없이 재활용 가능 - 원료 배합이 자유로움 - 상업적으로 검증된 프로세스 - 코발트, 니켈, 구리 회수	- 리튬, 망간 등 유기물 회수 불가능 - 원료 회수율이 습식 제련 대비 낮음 - 용융로를 사용하기에 투자비용이 높고 이산화탄소 배출 불가피	유미코아(벨기에) (신규 추진) 고려아연, 영풍
직접 재활용	- (공정) 양극활물질을 타겟 및 재생해 바로 셀 제조에 사용하는 방식 - 짧은 공정 과정 및 적은 에너지 소비 - 친환경적이며 회수율 높음	- 기술적 난이도가 높아 양산 사례가 아직 없음	

출처: 하나증권, 한국미래기술교육연구원, 성일하이텍, 메리츠증권, 키움증권

주요국의 폐배터리 산업 지원, 육성책

기업	주요 정책
미국	- 배터리 재활용 인프라에 2,050만 달러 투자 - 배터리 수거 및 재처리율, 현재 5% 수준에서 장기적으로 90%까지 확대
EU	- 유럽의회, 환경위원회(NEVI)가 채택한 EU 배터리 법안 통과 - 배터리 여권제도 도입 예정. IoT 활용해 배터리 정보, 이력 공유 - 배터리 주재료의 일정부분을 재활용 원료로 사용 - 2030년부터 전기차 배터리에 재활용된 코발트 12%, 리튬과 니켈 4%씩 사용 제안 - 폐배터리 수거율, 2020년 45%, 2025년 65%, 2030년 70% 목표
중국	- 폐배터리 회수, 사용 및 폐기에 대한 법안 존재 - 배터리 생산자 책임제 시행 및 폐배터리 재활용 시범사업 진행 중 - 니켈, 코발트, 망간 회수율 98%, 리튬 85%, 기타 회소금속은 97%로 설정 - 배터리 생산에서 재활용까지 전 과정에 대한 정보 수집 및 이행 모니터링
한국	- 폐배터리 관련 법률 개선 - 전기차, 배터리 시장 선도하는 대기업 중심으로 재활용 사업 확장 - 폐배터리 분해업체 규정: 산업통상자원부에서 인증 관련 등급별 인증 준비 중

출처: 미래에셋증권, 언론 기사

배터리 리사이클링 국내외 주요 기업 및 ETF

국내 기업
- 수거, 검사 — 하나기술
- 재활용
  - 전처리 — 성일하이텍, 에코프로CNG(비상장), 포스코HY클린메탈(비상장), 에네르마(비상장)
  - 건식 — 고려아연, 영풍, 포스코홀딩스
  - 습식 — 성일하이텍, 에코프로CNG(비상장), 포스코HY클린메탈(비상장), 새빗켐, 코스모화학

해외 기업
- 수거, 검사 — 유미코어(벨기에), BRUNP(중국)
- 재활용
  - 건식, 습식 — 유미코어(벨기에), Redwoods Materials(미국)
  - 습식 — GEM(중국), 화유코발트(중국), BRUNP(중국), Li-cycle(캐나다), Lithion(캐나다), 노스볼트(스웨덴), 듀센펠트(독일), 리덕스(독일), 스미토모 금속광산(일본), BASF(독일), Ascend Element(미국)
  - 직접식 — Battery Resourcers(미국)
  - 전처리 — 유미코어(벨기에), BRUNP(중국), GEM(중국)

ETF — GMET - VanEck Green Metals ETF

유미코아

시가총액 11조 원		2021년	2022년(전망)	2023년(전망)
	매출액	33조 5,550억 원	전망치 미집계	전망치 미집계
국적 벨기에	순이익	8,635억 원	전망치 미집계	전망치 미집계

- 2차전지 원가의 약 40%를 차지하는 양극재 분야 글로벌 선도 기업
- 양극재뿐 아니라 전구체, 니켈 및 코발트 정제 등 전 주기 생산 체계 확보
- 폭스바겐의 배터리 사업체 파워코와 배터리 부품 합작사업 위한 조인트벤처 설립 계획
- 국내 대형 배터리 3사와 협력 중이며 하이니켈 제품 및 하이망간 양극재 개발 진행 중
- 또한, 세계에서 몇 안 되는 상업화에 성공한 폐배터리 재활용 기업
- 연간 폐배터리 7,000톤 회수 가능하며 이 중 코발트, 니켈 등을 양극재 원료로 제공

Li-cycle

시가총액 1조 4,700억 원		2021년	2022년(전망)	2023년(전망)
	매출액	104억 원	553억 원	2,190억 원
국적 캐나다	순이익	-3,195억 원	-550억 원	-702억 원

- 다양한 베터리 원재료를 95% 이상 재활용 가능한 기술을 보유한 북미 최대 리사이클링 기업
- 재활용 처리 과정에서 폐수를 100% 재활용해 유해물질 최소화하는 친환경적 습식 방식 채택
- 2021년 5월, LG에너지솔루션과 GM의 조인트벤처인 얼티엄셀즈와 폐배터리 재활용 위한 사업 협약 체결
- 황산니켈 등 재활용 메탈을 LG화학과 LG에너지솔루션에 10년간 공급하기로 함
- 글로벌 배터리 및 자동차 기업 포함 약 40여 개 기업과 상업용 배터리 공급 계약 체결

GEM(거린메이)

시가총액 7조 5,000억 원		2021년	2022년(전망)	2023년(전망)
	매출액	3조 8,000억 원	6조 550억 원	7조 1,700억 원
국적	중국			
	순이익	1,828억 원	2,940억 원	4,030억 원

- 폐배터리에서 니켈, 코발트 등을 추출해 재활용하는 기술을 갖춘 폐배터리 글로벌 선도 기업
- 또한, 글로벌 3위 규모의 리튬이온 배터리 양극재용 전구체 생산 기업
- 인도네시아 니켈 광산에 지분 투자 및 글로벌 1위 코발트 업체 글렌코어와도 장기 구매계약
- 에코프로비엠과 2021년~2026년 하이니켈 전구체 소재 공급 계약
- 리사이클링 사업에서 금속 회수율이 약 98%로 매우 높은 기술 경쟁력 보유

화우코발트

시가총액 17조 6,000억 원		2021년	2022년(전망)	2023년(전망)
	매출액	6조 9,320억 원	11조 9,500억 원	15조 5,400억 원
국적	중국			
	순이익	3,890억 원	5,470억 원	8,900억 원

- 중국 3대 폐배터리 리사이클링 기업. 연간 6만 5,000톤 규모 폐배터리 처리 가능
- 코발트부터 양극재, 전구체까지 수직계열화 구축
- LG에너지솔루션, 포스코, CATL, BYD 등 글로벌 주요 배터리 및 소재 기업들과 거래
- 코발트 및 니켈 금속 회수율 약 98.5%, 리튬 85% 이상으로 중국 정부의 목표치 부합
- 코발트 생산 둔화 및 배터리 수요 증가로 코발트 가격 상승 시, 주가에 긍정적 영향

성일하이텍

☑ 삼성SDI • 니켈 • 코발트

시가총액 **1조 4,300억 원**	주요 주주	이강명 외 1인 33%, 삼성SDI 외 2인 14%
	주 매출처	황산코발트 49%, 황산니켈 22%, 전해니켈 16%

- 글로벌 폐배터리 재활용 선도 그룹에 속해 있는 기업
- 전기차에서 나오는 폐배터리를 해체한 후 처리 과정을 거쳐 코발트, 니켈, 리튬, 망간 등 배터리 제조에 필요한 핵심 소재를 용매로 추출
- 국내 배터리 대형 3사 및 삼성물산, 현대글로비스로부터 폐배터리 수거
- 전북 군산 외 헝가리, 폴란드, 인도, 말레이시아 및 중국에 해외 사업장 보유해 폐배터리 물량 확보에 강점
- 동사의 니켈 회수율은 약 95~96%, 코발트 약 96%~97% 수준

실적 추이 및 전망

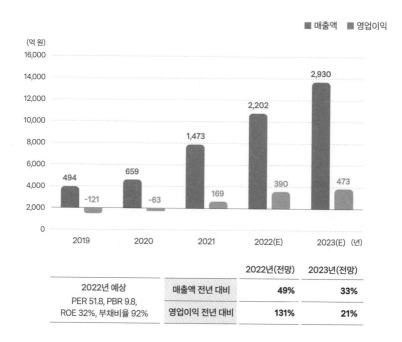

■ 매출액 ■ 영업이익

(억 원)

		2022년(전망)	2023년(전망)
2022년 예상 PER 51.8, PBR 9.8, ROE 32%, 부채비율 92%	매출액 전년 대비	49%	33%
	영업이익 전년 대비	131%	21%

새빗켐

☑ 전구체 복합액 • 한국전구체 • 습식 방전 • 태양광 패널 리사이클링

시가총액	주요 주주	박용진 외 11인 58%
5,400억 원	주 매출처	폐전지 재활용 47%, 폐산 재활용 38%

- 폐수처리 약품 처리 사업, 폐배터리 리사이클링 사업 및 전구체 복합액 생산 기업
- 동사의 고순도 정제기술을 통해 약 95% 이상의 유가금속 회수율 확보
- 2024년부터 10년간 한국전구체(LG화학, 고려아연 합작법인)에 전구체 복합액 장기 공급 계획으로 매년 1,000억 원 이상의 매출 전망
- 현 습식 방전 공정 외, 원가절감 위한 건식 공정 기술 개발 중
- 또한, 태양광 패널 교체 시기 도래에 따른 패널 리사이클링 기술을 2024년에 상용화할 목표

최근 실적 및 주요 재무지표

	2021년	2022년(전망)	2023년(전망)		2022년 상반기	
매출액	334억 원	451억 원	740억 원 (yoy 64%)	매출액	103억 원	PER 55.8 PBR 23.3
영업이익	55억 원	105억 원	177억 원 (yoy 68%)	이익	34억 원	ROE 45% 부채비율 50%

코스모화학

☑ 이산화티타늄 • 황산코발트 • 코스모신소재

시가총액	주요 주주	코스모앤컴퍼니 외 4인 30%
8,400억 원	주 매출처	신소재 62%, 이산화티타튬 22%

- 국내 유일 이산화티타늄 생산 업체이자 황산코발트 제조. 자회사로 코스모신소재, 코스모촉매 보유
- 건물 시트지 등 중저가에 활용된 이산화티타늄의 동사 제품인 아나타일이 식품첨가제, 음극재, 광촉매, MLCC 등 고부가 특수시장으로 진출할 가능성
- 2021년과 2022년 도합 약 459억 원을 투자해 폐배터리 리사이클링 사업에 진출. 2024년경 본격적으로 생산 물량 증가할 전망
- 현재 코발트에 이어 2023년 폐배터리 재활용 공장 완공 시 니켈, 망간, 탄산리튬도 회수 가능할 전망이며 이의 수요처는 코스모신소재

최근 실적 및 주요 재무지표

	2021년	2022년(전망)	2023년(전망)		2022년 상반기	
매출액	5,126억 원	5,371억 원	6,759억 원 (yoy 25%)	매출액	3,376억 원	PER 51.7 PBR 5.5
영업이익	305억 원	395억 원	542억 원 (yoy 37%)	이익	294억 원	ROE 10% 부채비율 103%

재활용

Recycle. 에너지를 제거한 배터리를 분해, 해체, 파쇄 등을 통해 소재 또는 원료를 추출해 다시 사용하는 방식을 뜻한다.

재제조

Second life 또는 Re-manufacturing. 배터리팩을 분리, 분해해 BEV(배터리전기차), PHEV(하이브리드전기차), ESS(에너지저장시스템) 등의 다른 용도로 사용하는 경우를 뜻한다.

재사용

Re-use. 배터리팩을 시험평가, 분석 후 재가공 없이 전기자동차에 다시 사용하는 방식이다.

SOH

State of Health. 잔존수명을 뜻하며 폐배터리에 대한 기준을 통상 배터리의 에너지량 즉, 배터리 상태 값으로 70~80%선인지 여부를 체크한다.

전구체 복합액

2차전지 양극활물질 제조의 원료인 전구체의 핵심 소재로 폐배터리를 분해해 나온 검은색 파우더 중 니켈, 코발트, 망간을 분리하고 기타 불순물을 제거한 후 황산에 녹여 액체상태로 판매하는 제품이다.

4

미디어 & 콘텐츠

OTT 및 콘텐츠, IP 제작

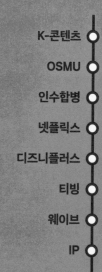

K-콘텐츠

OSMU

인수합병

넷플릭스

디즈니플러스

티빙

웨이브

IP

1 넷플릭스로 대표되는 OTT(Over The Top) 산업이 빠른 속도로 세계 미디어 시장을 선도하는 중

2 OTT 시장의 성장과 함께 K-콘텐츠의 강점이 전 세계 시장에서 증명되고 있음

3 점차 치열해지는 OTT 플랫폼 시장에서 실력 있는 콘텐츠 제작사들의 가치 향상 이 기대됨

초고속 인터넷, 스마트폰의 대중화 그리고 5G 통신 기술이 적용되면서 다양한 영상 콘텐츠를 제공하는 플랫폼이 지상파, 케이블을 넘어 OTT 플랫폼으로 확장되고 있다. 과거엔 미디어를 시청할 수 있는 매체가 집 안에 있는 텔레비전이었고 채널 선택권이 한정적이었지만 이제 미디어 시청자는 개인이 원하는 콘텐츠를 원하는 시간에 어디서든 시청할 수 있게 되었다.

OTT 콘텐츠는 시리즈 전체가 동시에 업데이트되기에 다음 회를 기다릴 필요 없이 시청자가 원한다면 앉은 자리에서 시리즈 전체를 몰아볼 수 있고 콘텐츠의 처음, 중간 등에 노출되는 광고가 없는 것도 장점이며(최근 OTT 플랫폼 경쟁 심화로 넷플릭스가 중간 광고 노출형 유료 상품제를 도입하기 시작했다) 한층 개선된 콘텐츠 스트리밍 기술, 콘텐츠 맞춤형 추천 서비스 등으로 서비스 만족도가 향상되면서 빠르게 전 세계 미디어 시장의 핵심으로 자리잡고 있다. 2022년 7월 미국 TV 시청률 조사에서는 OTT로 대표되는 스트리밍 서비스 시장의 점유율이 케이블 TV 시장을 처음으로 역전하기도 했다.

OTT 산업의 전 세계적인 성장을 견인한 넷플릭스가 여전히 세계 시장의 과반수를 점유하고 있고 애플TV플러스, 디즈니플러스, 아마존프라임비디오 등이 공격적인 콘텐츠 투자 및 각자의 핵심 IP를 무기로 경쟁을 펼치고 있으며, 국내 시장에서 토종 OTT 플랫폼들도 넷플릭스, 디즈니플러스의 시장 장악 전략에 맞서 인수합병, 콘텐츠 투자액 증액 등의 전략으로 대응하고 있다.

| OTT 시장의 성장과 함께 대두되는 K-콘텐츠의 저력

OTT 시장의 경쟁이 치열해지면서 각 플랫폼만의 차별화된 콘텐츠만이 기존 가입자를 계속해서 묶어두면서 지속해서 신규 가입자를 늘릴 수 있는 핵심 요소로 부각되고 있다. 이에 플랫폼 기업들은 양질의 콘텐츠를 직접 제작하거나 실력 있는 콘텐츠 제작사와 다방면으로 협력하며 각자의 경쟁력 있는 콘텐츠 라인업을 확보하는 데 주력하고 있다. 이 과정에서 K-콘텐츠의 저력이 빠르게 부각되고 있다.

국산 드라마, 영화 콘텐츠가 2000년 초반부터 아시아권에서 인기를 끌기 시작했고 2010년대 중후반에 〈강남스타일〉, BTS, 블랙핑크 등이 북남미, 유럽 음악 시장에서 인기를 끌면서 K-콘텐츠가 전 세계로 영역을 확장해가던 시점에서 2021년 〈오징어게임〉이 글로벌 대히트를 기록했다. 이로써 K-콘텐츠가 세계 지역을 막론하고 글로벌 시청자들을 사로잡을 수 있다는 것이 증명되며 전 세계에 콘텐츠 제작 역량을 보여줄 수 있게 되었다. 체계화된 제작 시스템을 통해 다양한 소재가 탄탄한 구성으로 높은 완성도를 자랑하며 콘텐츠로 탄생할 뿐 아니라 미국 드라마 1편 제작비에 한국 드라마 약 8편을 제작할 수 있을 정도로 비용이 적게 들어가며 가성비도 높다는 게 증명되었다.

또한 중산층 인구가 빠르게 증가하고 있고 상대적으로 젊은 인구가 밀집해 있는 아시아 지역은 OTT 플랫폼 기업들이 반드시 공략해야 하는 지역이기에, 이곳 시청자들을 사로잡을 수 있는 콘텐츠 확보 전략이 중요해졌다. 이를 공략하는 데 K-콘텐츠는 가장 알맞은 승부 전략이 되고 있다. 즉, 가성비, 퀄리티 및 한류 등 3박자가 제대로 어우러지면서 K-콘텐츠의 가치가 빠르게 상승하고 있다.

| K-콘텐츠 제작 기업들의 가치 레벨업

〈오징어게임〉의 글로벌 대히트에 이어 2022년 〈이상한 변호사 우영우〉의 글로벌 누적 시청 시간이 4억 시간에 달할 만큼 인기를 끌면서 한국적인 콘텐츠도 흥행할 수 있다는 점을 보여주었다. 이로 인해 세계 OTT 시장을 주름잡고 있는 넷플릭스와 디즈니플러스 등이 K-콘텐츠 시장에 더욱 막대한 돈을 쏟아붓고 있다. 해외 자본의 국내 시장 대규모 진입을 부정적으로 볼 수도 있지만 오히려 K-콘텐츠가 빠른 파급력으로 세계 무대를 누빌 수 있다는 장점도 있다. 또한 국내 시장에 플랫폼 기업들이 추가로 신규 진입하면서 양질의 K-콘텐츠를 구매하려는 경쟁이 치열해지며 제작사 입장에서는 보다 유리한 위치에서 제작비를 회수할 수 있는 리쿱율(제작비 지원비율) 협상에 나설 수 있다는 점도 장점이다.

흥행에 성공한 IP를 보유하게 된 제작사 입장에서는 성공 IP를 다양한 매체, 형태로 재탄생시키는 원소스 멀티유즈(OSMU)로서 수익 및 콘텐츠 영향력을 극대화할 수 있다. 〈이상한 변호사 우영우〉의 경우, 해당 IP가 웹툰, 디지털 굿즈, 뮤지컬 및 OST의 형태로도 매출을 창출하고 있다. 또한 해당 IP를 활용한 시즌제 콘텐츠를 제작하며 향상된 리쿱율을 통한 매출 증대를 꾀할 수 있으며 흥행한 IP를 제작했다는 이력을 통해 타 OTT 플랫폼과도 협상을 하거나 새로운 콘텐츠를 제작할 때, 제작사의 발을 넓힐 본격적인 계기가 될 수 있다.

비단 드라마, 영화 콘텐츠뿐 아니라 네이버와 카카오가 세계 무대에서 영향력을 행사하고 있는 웹툰, 웹소설 콘텐츠도 드라마, 영화, 게임 등의 콘텐츠로 재탄생되고 있기에 인기 있는 IP를 다수 확보한 콘텐츠 기업들의 행보에 주목할 필요가 있다. 그리고 신성장 동력으로 콘텐츠 산업에 막대한 자본력으로 뛰어들고 있는 국내 통신 3사 및 기존 미디어 절대 강자 기업들의 활발한 인수합병 및 투자 행보에 지속적인 관심을 가져보자.

국내 OTT 시장 규모 전망

코로나 이후에도 OTT 플랫폼의 경쟁 심화로 인한 콘텐츠의 양적, 질적 성장이 시청자들에게 더욱 어필되며, 국내 OTT 시장 규모는 지속적인 성장을 보일 전망이다.

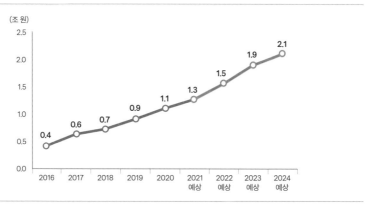

출처: 한국국제문화교류진흥원, KB증권(2021년 이후는 KB증권 추정)

국내 OTT 구독자 수 및 침투율 전망

2024년엔 국내 OTT 구독자 수가 2,000만 명을 넘어서며 경제활동을 활발히 영위하는 대부분의 사람을 구독층으로 흡수할 전망이다.

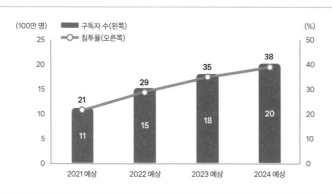

출처: KB증권 / 참고: 인구 수를 5,200만 명으로 가정한 것이다.

국내 OTT 시장 점유율

넷플릭스의 점유율이 독보적인 가운데, 티빙이 시즌을 인수하며 토종 OTT 1위로 올라설 전망이며, 웨이브와 쿠팡플레이도 각자의 전략으로 티빙과 경쟁을 벌일 것으로 예측된다.

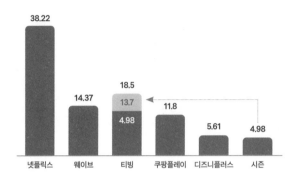

출처: 공정거래위원회 모바일인덱스 월별 점유율 산술 평균, 연합뉴스

글로벌 OTT 시장 점유율

산업의 선구자이자 압도적인 콘텐츠 투자를 집행하는 넷플릭스가 거의 과반수 점유율을 차지한 가운데, 아마존, 디즈니플러스, HBO 맥스 등이 점유율 10% 점유율 안착을 위해 노력 중이다.

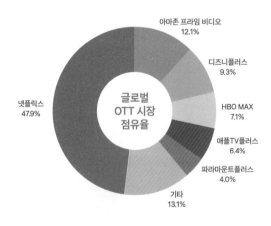

출처: 블룸버그, IBK투자증권 / 기준: 2022년 1분기

국내 콘텐츠 투자금액 전망

외국 OTT인 넷플릭스와 디즈니플러스의 국내 콘텐츠 투자액이 과반수를 넘어가는 가운데 CJ ENM의 공격적 투자가 이뤄지고 있다.

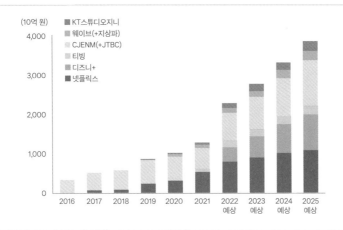

출처: 메리츠증권리서치센터

글로벌 디지털 콘텐츠 시장 규모

OTT 플랫폼 경쟁이 전 세계적으로 격화되면서 양질의 콘텐츠 확보가 더욱 중요해진 만큼, 경쟁력의 핵심인 콘텐츠향 투자가 더욱 활발해지며 시장 규모가 지속해 확대될 전망이다.

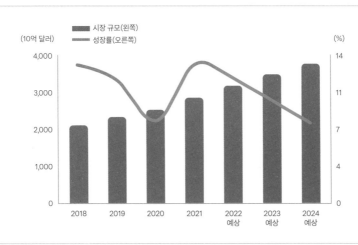

출처: PwC, M&M, Mojo, IDC, 가트너, 신한금융투자

미디어 시장의 유통 구조

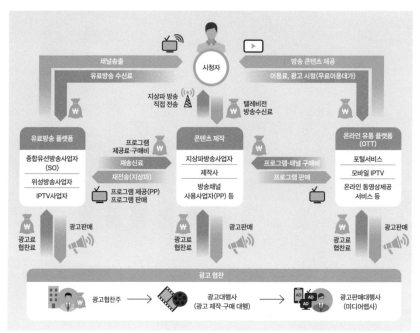

출처: 미래창조과학부

콘텐츠 IP의 원소스 멀티유즈

특정 분야에서 큰 인기를 확인한 IP는 다양한 형태로 진화하며 콘텐츠 생태계가 확대된다.

출처: 삼성증권

국내 영화관 관람객 수 추이 및 전망

포스트 코로나로 2022년 및 2023년에 영화 관람객 수가 재차 증가하며, 콘텐츠 제작 기업 입장에서 OTT 향(向) 콘텐츠분 아니라 영화 콘텐츠의 수요도 증가하며 실적 창출에 기여할 전망이다.

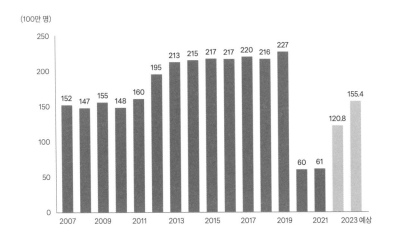

출처: KOFIC, 메리츠증권 리서치센터

주요 OTT 플랫폼 사업자의 국내 콘텐츠 투자 계획

(단위: 억 원)

	투자 계획	2019	2020	2021	2022 (전망)	2023 (전망)	2024 (전망)	2025 (전망)
넷플릭스		2,480	3,330	5,500	8,000	8,960	10,240	10,880
디즈니플러스					3,660	5,500	7,330	9,160
티빙	2021~2023년, 누적 4,000억 원			700	1,600	1,700	1,800	2,000
CJ ENM	2021~2025년, 누적 5조 원	6,000	6,000	5,300	7,000	8,200	9,600	11,500
웨이브	2025년까지 누적 1조 원 투자	250	580	800	1,300	1,500	2,200	2,500
KT스튜디오지니	2021~2023년, 누적 4,000억 원		400	600	1,200	1,800	2,000	2,500

출처: 메리츠증권

2023년 기대되는 콘텐츠 라인업

작품명	플랫폼	제작비 전망	회당 제작비	콘텐츠 제작사
무빙	디즈니플러스	500억 원	25억 원	스튜디오앤뉴
스위트홈 시즌2	넷플릭스	300억 원	30억 원	스튜디오드래곤
아스달연대기 시즌2	TvN	300억 원	25억 원	스튜디오드래곤
지옥 시즌2	넷플릭스	150억 원	25억 원	콘텐트리중앙
D.P 시즌2	넷플릭스	-	-	콘텐트리중앙
낭만닥터 김사부 시즌3	SBS	-	-	삼화네트웍스
모범택시 시즌2	SBS	-	-	스튜디오S(SBS)
택배기사	넷플릭스	250억 원	42억 원	프로젝트318
도적: 칼의 소리	넷플릭스	300억 원	-	스튜디오드래곤
별들에게 물어봐	TvN	400억 원	-	스튜디오드래곤
방과 후 전쟁활동	티빙	200억 원	20억 원	스튜디오드래곤
하이브	미정	500억 원	-	아센디오
신기록	미정	380억 원	-	스튜디오애닉

출처: 언론 기사, 현대차증권

OTT 및 콘텐츠, IP 제작

OTT 플랫폼
SK텔레콤, KT, CJ ENM, 네이버, IHQ

콘텐츠 제작, 운영사
- OTT --- 스튜디오드래곤, 콘텐트리중앙, CJ ENM, 에이스토리, 팬엔터테인먼트, 쇼박스, NEW, 래몽래인, 삼화네트웍스, 덱스터, SM C&C, 초록뱀미디어, 키이스트, IHQ
- 지상파, 케이블 전문 ---- SBS, 스카이라이프, LG헬로비전, SBS콘텐츠허브
- 영화 전문
  - 쇼박스, NEW, 초록뱀미디어
  - 기타, 멀티플렉스 운영 --- CJ CGV, 콘텐트리중앙
- 1인 미디어 플랫폼 --- 아프리카TV
- 웹툰, 웹소설 --- NAVER, 카카오, 디앤씨미디어, 대원미디어, 미스터블루, 키다리스튜디오

해외 OTT 플랫폼
넷플릭스(미국), 월트 디즈니(미국), 애플(미국), 아마존(미국), 워너브라더스(미국)
파라마운트(미국), 폭스(미국), 컴캐스트(미국), 바이두(중국), 텐센트(중국), 알리바바(중국)

해외 콘텐츠 기업
소니(일본), Wildbrain(캐나다), Toho(일본), 후지 미디어(일본), 토에이(일본), 비방디(프랑스)

해외 멀티플렉스
Cinemark(미국), Cineworld(미국), AMC 엔터테인먼트(미국), 아이맥스(캐나다)
완다시네마(중국), 빌리지 로드쇼(미국),

ETF
- XLC - The Communication Services Select Sector SPDR Fund
- VOX - Vanguard Communication Services ETF
- IXP - iShares Global Comm Services ETF
- SUBZ - Roundhill Streaming Services & Technology ETF
- SUBS - Fount Subscription Economy ETF

넷플릭스

NETFLIX

시가총액		2021년	2022년(전망)	2023년(전망)
180조 원	매출액	41조 8,700억 원	44조 5,400억 원	47조 8,000억 원
국적 미국	순이익	7조 2,100억 원	6조 5,700억 원	6조 7,100억 원

- 글로벌 OTT 시장을 선도하는 1위 사업자이자 콘텐츠 투자 기업
- 2013년, 첫 오리지널 시리즈 〈하우스 오브 카드〉를 시작으로 〈기묘한 이야기〉, 〈킹덤〉, 〈오징어게임〉 등 차별화된 콘텐츠 보유
- 2022년 3분기 기준, 전 세계 약 2억 2,300만 명의 구독자 보유
- 구독형 서비스가 주된 매출이며, 최근 업계 내 경쟁이 치열해지면서 신규 광고 요금제 도입
- 2023년에는 구독자 외형 증가보단 계정 이전, 서브 계정 오픈 등 다양한 옵션 출시로 수익성 개선 전략

월트 디즈니

WALT DISNEY PICTURES

시가총액		2021년	2022년(전망)	2023년(전망)
272조 원	매출액	95조 원	119조 원	132조 8,000억 원
국적 미국	순이익	2조 8,500억 원	5조 2,000억 원	11조 7,000억 원

- 세계적 테마파크인 디즈니랜드, 다수의 거대 미디어 기업들 그리고 OTT 디즈니플러스 보유
- 픽사(Pixar), 마블(Marvel), 훌루(Hulu), 21세기 폭스 등을 인수 합병하며 막강한 OTT 향(向) 콘텐츠 라인업 확보
- 넷플릭스에 이어 디즈니플러스도 2022년 12월에 광고 지원 구독 요금제 출시 계획
- 스포츠 채널 자회사 ESPN에서는 2018년부터 합법화된 미국 스포츠 베팅 사업 진출 계획
- 코로나19로 큰 피해를 입었던 테마파크는 객단가의 폭발적 성장으로 향후 이익 기여도 증대될 전망

스튜디오드래곤

☑ CJ ENM • 넷플릭스 • 디즈니플러스

시가총액 2조 원	주요 주주	CJ ENM 외 3인 54%, 네이버 6%
	주 매출처	드라마 판매 65%, 드라마 편성 28%

- 드라마 콘텐츠를 기획, 제작해 미디어 플랫폼에 배급하는 국내 최대 규모 회사
- CJ ENM의 드라마 사업부가 물적분할되어 설립됨
- 넷플릭스, 디즈니플러스, 애플TV플러스, 아마존플러스, 쿠팡, 티빙, tvN, OCN 등 상위권 OTT 플랫폼 다수와 협업 중
- 2021년 25편의 콘텐츠 제작에 이어 2022년엔 약 34편 제작 전망. 콘텐츠 비용 상승에 수혜
- 2022년 말, 〈더 빅도어 프라이즈(The Big Door Prize)〉를 시작으로 해외 현지 제작 본격화 및 글로벌 OTT와의 재협상 통한 수익성 강화될 전망

실적 추이 및 전망

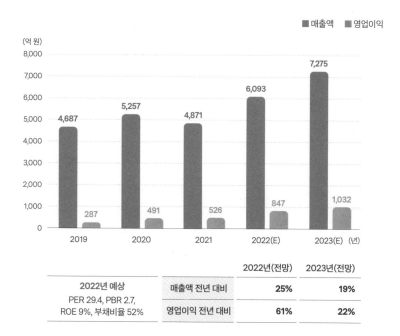

■ 매출액 ■ 영업이익

(억 원)

		2022년(전망)	2023년(전망)
2022년 예상 PER 29.4, PBR 2.7, ROE 9%, 부채비율 52%	매출액 전년 대비	25%	19%
	영업이익 전년 대비	61%	22%

CJ ENM

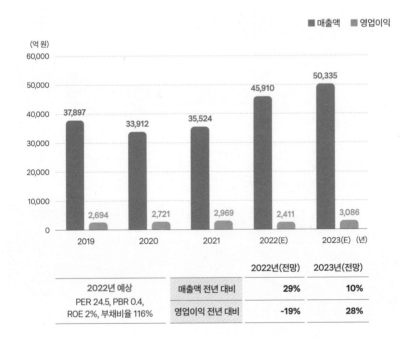

☑ 스튜디오드래곤 • 티빙

시가총액 **1조 6,700억 원**	주요 주주	CJ 외 5인 42%
	주 매출처	미디어 57%, 커머스 33%, 음악 7%

- 방송채널, 콘텐츠 제작을 하는 미디어, 커머스, 영화 및 음악 등 사업 영위하는 종합 미디어 기업
- 스튜디오드래곤, CJ ENM 스튜디오스, Fifth season, 스튜디오드래곤 재팬 등 4곳의 제작 자회사 보유
- 콘텐츠 장악력 확보 위해 지속적으로 주요 제작사 지분을 인수해 계열사로 편입 중
- 동사에서 분사된 국내 점유율 2위 OTT 티빙의 지분 약 57% 보유
- 2022년 12월경, 경쟁 OTT '시즌' 합병 완료 후 KT와 콘텐츠, 마케팅 등 전방위적 협력 전망
- 티빙은 아마존프라임비디오에 〈아일랜드〉, 파라마운트에 〈욘더〉 등 제작, 공개로 글로벌 시장 개척 본격화 전망

실적 추이 및 전망

■ 매출액 ■ 영업이익

(억 원)

	2019	2020	2021	2022(E)	2023(E) (년)
매출액	37,897	33,912	35,524	45,910	50,335
영업이익	2,694	2,721	2,969	2,411	3,086

2022년 예상 PER 24.5, PBR 0.4, ROE 2%, 부채비율 116%		2022년(전망)	2023년(전망)
	매출액 전년 대비	29%	10%
	영업이익 전년 대비	-19%	28%

NAVER

☑ 티빙 • 네이버웹툰

시가총액	주요 주주	국민연금 8%, Blackrock Fund Advisors 5%
28조 5,000억 원	주 매출처	서치 플랫폼 46%, 커머스 22%, 핀테크 14%, 콘텐츠 11%

- 국내 압도적 점유율의 검색 포털을 기반으로 커머스, 핀테크, 콘텐츠 등 다양한 사업 영위
- 국내 OTT 티빙의 주요 주주이자 웹툰, 모바일 웹소설 플랫폼, 오디오 콘텐츠 등 다양한 형태의 콘텐츠 사업으로 확대
- 네이버 웹툰의 IP를 CJ ENM, 일본 지상파 TBS, 계열사 스튜디오 N 등을 통해 영상화 사업 진행

최근 실적 및 주요 재무지표

	2021년	2022년(전망)	2023년(전망)		2022년 상반기	
매출액	6조 8,176억 원	8조 2,485억 원	9조 7,230억 원 (yoy 17%)	**매출액**	3조 8,910억 원	PER 26.9 PBR 1.1
영업이익	1조 3,255억 원	1조 3,235억 원	1조 5,252억 원 (yoy 15%)	**이익**	6,380억 원	ROE 4% 부채비율 44%

카카오

☑ 카카오엔터 • 픽코마 • 카카오게임즈

시가총액	주요 주주	김범수 외 72인 24%, 국민연금 6%
23조 3,000억 원	주 매출처	플랫폼 53%, 콘텐츠 46%

- 카카오엔터를 필두로 일본과 북미 시장에서 웹툰, 웹소설, 카카오페이지, 멜론, 카카오게임즈 등 콘텐츠 사업 다각화 중
- 수많은 계열사들을 정리, 통합하면서 현재 약 128개 계열사를 보유하고 있으며 이 중 57%가 콘텐츠 관련 계열사로 구성
- 카카오엔터테인먼트가 다수의 드라마, 영화 제작사 보유하며 넷플릭스, 디즈니플러스에 콘텐츠 수출
- 특히 웹툰 플랫폼 픽코마, 일본 앱 만화 시장 점유율 50% 이상으로 지속해 성장 중이며 프랑스 시장에도 진출

최근 실적 및 주요 재무지표

	2021년	2022년(전망)	2023년(전망)		2022년 상반기	
매출액	6조 1,367억 원	7조 4,614억 원	8조 8,643억 원 (yoy 18%)	**매출액**	3조 4,740억 원	PER 14.2 PBR 1.9
영업이익	5,949억 원	7,065억 원	9,138억 원 (yoy 29%)	**이익**	3,297억 원	ROE 15% 부채비율 67%

SK텔레콤

☑ 웨이브 · 지상파 · HBO

시가총액	주요 주주	SK 외 12인 30%, 국민연금 7%
11조 원	주 매출처	무선통신사업 74%, 유선통신사업 22%

- 국내 압도적 점유율의 무선통신 사업자이며 OTT 플랫폼 웨이브 보유
- 웨이브 OTT, SK텔레콤의 마케팅 역량 및 지상파 3사의 수십 년간 누적된 풍부한 IP 보유 강점
- 〈왕좌의 게임〉으로 유명한 HBO맥스와 독점 대규모 콘텐츠 계약 체결로 콘텐츠 포트폴리오 강화
- 티빙과 시즌와 합병, 쿠팡플레이의 최근 약진, 넷플릭스의 굳건한 아성 등으로 웨이브의 OTT 점유율 축소 중

최근 실적 및 주요 재무지표

	2021년	2022년(전망)	2023년(전망)		2022년 상반기	
매출액	16조 877억 원	17조 3,600억 원	18조 100억 원 (yoy 3%)	매출액	8조 5,671억 원	PER 11.4 PBR 0.9
영업이익	1조 3,872억 원	1조 6,701억 원	1조 7,948억 원 (yoy 7%)	이익	8,920억 원	ROE 8% 부채비율 152%

KT

☑ KT스튜디오지니 · 티빙 · 미디어지니 · ENA

시가총액	주요 주주	국민연금 10%, 현대차 외 1인 7%, 신한은행 외 2인 5%
9조 4,300억 원	주 매출처	ICT 72%, 금융 15%, 위성방송 4%

- KT스튜디오지니를 통해 오리지널 컨텐츠를 제작하고 있으며 〈이상한 변호사 우영우〉로 이름을 알린 채널 운영 계열사 ENA를 통해 자체 콘텐츠 유통 중
- KT스튜디오지니를 중심으로 시즌을 흡수한 티빙, 스토리위즈, 미디어지니, 지니뮤직, 밀리의 서재 등 미디어 밸류체인 구축
- 미디어지니와 핵심 채널을 ENA로 리론칭 및 향후 3년간 총 5,000억 원 투자로 30여 편의 드라마 콘텐츠 확보 전략
- 2022년 콘텐츠 방영편수 9편에서 2023년에는 13편~15편으로 확대 예상

최근 실적 및 주요 재무지표

	2021년	2022년(전망)	2023년(전망)		2022년 상반기	
매출액	24조 8,980억 원	25조 5,923억 원	26조 5,052억 원 (yoy 3%)	매출액	12조 5,899억 원	PER 7.7 PBR 0.6
영업이익	1조 6,718억 원	1조 7,921억 원	1조 9,150억 원 (yoy 6%)	이익	1조 858억 원	ROE 8% 부채비율 131%

LG유플러스

시가총액	주요 주주	LG 외 3인 37%, 국민연금 8%
4조 9,600억 원	주 매출처	통신 및 기타매출 76%, 단말기 판매 15%

- 넷플릭스와 콘텐츠 제휴, 자체 콘텐츠 전문 브랜드 'Studio X+U' 운영
- 기존 어린이 콘텐츠 사업 조직을 분사시켜 키즈 특화 OTT 플랫폼 구축 계획
- 〈미니특공대〉, 〈캐치 티니핑〉을 제작하며 유튜브 채널 구독자 3,600만 명을 보유한 콘텐츠 기업 SAMG에 전략적 투자

최근 실적 및 주요 재무지표

	2021년	2022년(전망)	2023년(전망)		2022년 상반기	
매출액	13조 8,511억 원	13조 9,561억 원	14조 4,320억 원 (yoy 3%)	매출액	6조 7,943억 원	PER 7.3 PBR 0.6 ROE 8% 부채비율 139%
영업이익	9,790억 원	1조 138억 원	1조 1,012억 원 (yoy 8%)	이익	5,096억 원	

아프리카TV

시가총액	주요 주주	쎄인트인터내셔널 외 6인 25%, 국민연금 5%
8,150억 원	주 매출처	플랫폼 77%, 광고 및 콘텐츠 제작 21%

- 1인 미디어 플랫폼을 운영하며 두터운 팬덤을 활용한 별풍선 구독 등 기부경제 문화 선도
- 경쟁 플랫폼 트위치의 화질 저하 이슈로 이용자 증가라는 반사효과를 가져올 전망
- 성장 초기 이용자의 기부에 의존한 매출 창출에서 점차 광고 매출비중 증대로 체질 개선 중
- 동사의 주 이용자층인 MZ세대의 소비력이 점차 높아질 전망에 광고주들의 수요 증가 기대

최근 실적 및 주요 재무지표

	2021년	2022년(전망)	2023년(전망)		2022년 상반기	
매출액	2,723억 원	3,210억 원	3,735억 원 (yoy 16%)	매출액	1,533억 원	PER 11.2 PBR 2.9 ROE 30% 부채비율 84%
영업이익	888억 원	881억 원	1,025억 원 (yoy 16%)	이익	463억 원	

에이스토리

☑ 킹덤 · 이상한 변호사 우영우

시가총액	주요 주주	이에스프로덕션 외 1인 25%, CJ ENM 10%
1,960억 원	주 매출처	저작권 75%, 드라마 저작물 23%

- 2019년 넷플릭스의 국내 첫 오리지널 드라마 〈킹덤〉 제작으로 국내 시장에 큰 영향
- 2022년 〈이상한 변호사 우영우〉의 흥행으로 웹툰, 광고, 커머스, 연극 등 OSMU 행보 가속화
- 2023년에는 〈이상한 변호사 우영우〉의 해외 리메이크 제작 기대 및 약 6작품 제작 전망

최근 실적 및 주요 재무지표

	2021년	2022년(전망)	2023년(전망)		2022년 상반기	
매출액	589억 원	960억 원	1,322억 원 (yoy 37%)	매출액	594억 원	PER 13.9 PBR 2.8
영업이익	69억 원	154억 원	188억 원 (yoy 21%)	이익	88억 원	ROE 24% 부채비율 64%

콘텐트리중앙

☑ 메가박스 · JTBC · 넷플릭스

시가총액	주요 주주	중앙홀딩스 외 2인 42%, 국민연금 12%
4,290억 원	주 매출처	방송 66%, 영화 31%

- 영화관 메가박스, 방송국 JTBC 보유 및 영화 투자, 배급을 넘어 스튜디오 사업 진행
- 국내 다수의 제작사를 공격적으로 인수해 콘텐츠 협상력 강화. 2021년에는 미국 제작사 Wiip 인수로 미국 진출 교두보 확보
- 넷플릭스향 드라마 〈D.P〉를 시작으로 OTT 향(向) 오리지널 콘텐츠 라인업 지속 증가 전망
- 연간 콘텐츠 제작편수는 2022년 31편에서 2023년 50편 이상 제작 전망

최근 실적 및 주요 재무지표

	2021년	2022년(전망)	2023년(전망)		2022년 상반기	
매출액	6,771억 원	9,107억 원	1조 639억 원 (yoy 16%)	매출액	4,015억 원	PER -40 PBR 2.4
영업이익	-574억 원	-133억 원	534억 원 (흑자 전환)	이익	-331억 원	ROE -5% 부채비율 227%

종목명	시가총액 (억 원)	사업 내용	2022년, 2023년 전년비 EPS 성장률(전망)
CJ CGV	6,632	국내 대표 멀티플렉스 영화관 운영	적자지속, 적자지속
SBS	5,266	지상파 TV방송 사업자로서 프로그램 판매, 광고사업 영위	25%, -18%
스카이라이프	3,969	〈이상한 변호사 우영우〉가 방영된 유료방송사 ENA 운영	7%, 10%
LG헬로비전	3,563	케이블TV, 인터넷 사업 운영하며 지역 밀착형 콘셉트의 자체 콘텐츠 제작	29%, 20%
SM C&C	3,041	국내 지상파, 케이블, OTT 플랫폼에 콘텐츠 제작, 납품	전망치 미집계
덱스터	2,368	영화, 방송용 VFX 제공. 영화 〈신과 함께〉, 〈백두산〉 등 자체 콘텐츠 제작	전망치 미집계
키다리스튜디오	2,335	웹툰, 웹소설 전문 기업으로 활발한 인수합병으로 규모 확대	114%, 45%
초록뱀미디어	2,280	〈펜트하우스〉, 〈오케이광자매〉 등 드라마 및 방송 프로그램 기획, 제작 및 판매	전망치 미집계
쇼박스	2,076	〈내부자들〉, 〈터널〉, 〈도둑들〉 등 한국영화 배급	전망치 미집계
디앤씨미디어	1,590	웹툰, 웹소설 제작, 출판, 유통 담당. 카카오엔터테인먼트와 주로 협력	-47%, 56%
NEW	1,566	영화 배급사로 〈반도〉, 〈태양의 후예〉 등 투자, 제작. 디즈니플러스와 장기 콘텐츠 공급 계약	흑자 전환, 83%
대원미디어	1,500	웹툰, 웹소설, 애니메이션 제작 및 보유 IP를 활용한 완구, 게임 사업 영위	143%, 15%
래몽래인	1,280	드라마 제작, 콘텐츠 IP를 활용한 부가 콘텐츠 제작	68%, 49%
미스터블루	1,199	디지털 만화 및 웹툰 등 온라인 콘텐츠 공급	전망치 미집계
키이스트	1,132	연예 매니지먼트 및 드라마 콘텐츠 제작	적자지속, 흑자 전환
SBS콘텐츠허브	1,077	SBS 그룹 내에서 드라마 제작을 위한 IP확보 및 유통을 담당	전망치 미집계
삼화네트웍스	1,058	드라마 콘텐츠 기획 및 드라마 사업, 연기자 발굴 등 매니지먼트 사업 영위	76%, 13%
IHQ	996	종합 엔터테인먼트 회사로 연예인 기획, 드라마·영화 제작 등 진행	-36%, 311%
팬엔터테인먼트	889	〈해를 품은 달〉, 〈동백꽃 필 무렵〉 등 지난 20여 년간 드라마 60여 편을 제작한 기업	전망치 미집계

※ EPS: Earning Per Share. 주당순이익을 뜻하며, 기업의 자본 규모와 상관없이 1주당 얼마의 이익을 창출했는지를 나타내기에 기업의 실질적인 수익성을 가늠해볼 수 있음

OTT

오버 더 톱(Over The Top) 서비스. 전파나 케이블이 아닌 인터넷을 통해 영상 콘텐츠를 볼 수 있는 형태를 뜻한다. 초고속 인터넷의 발달 및 보급으로 고화질 영상을 언제든 즐길 수 있게 되면서 산업이 부각되었다. 지상파 및 케이블 TV와 달리, 콘텐츠 시청자가 본인의 시간 및 취향에 맞는 콘텐츠를 취사 선택할 수 있다는 장점이 있다. 대표적으로 넷플릭스가 세계 시장을 선도하고 있으며 후발주자인 아마존프라임과 디즈니플러스가 뒤따르는 형태다. 국내에서는 웨이브, 티빙, 쿠팡플레이 등이 사업을 진행 중이며 글로벌 주요 미디어 콘텐츠 업체들이 OTT 지향 오리지널 자체 콘텐츠 확보를 위한 막대한 투자 집행 진행 중이다.

OSMU

One Source Multi Use. 하나의 콘텐츠를 영화, 게임, 음반 애니메이션, 캐릭터상품, 장난감, 출판 등의 다양한 영역으로 확대해 부가 가치를 극대화시키는 마케팅 방식을 뜻한다.

리쿱

Recoup. 제작비를 회수한다는 뜻으로 OTT 경쟁 심화 및 양질의 콘텐츠 수요 증가로 인해 우수한 콘텐츠를 제작하는 제작사는 OTT 플랫폼과의 리쿱율 상향 등 우호적 협상을 통해 제작비 회수율을 높일 수 있다.

디지털 콘텐츠

정보통신망에서 사용하기 위해 문자·부호·음성·음향·이미지·영상 등을 디지털 방식으로 제작해 처리·유통하는 각종 정보 또는 그 내용물을 통틀어 이르는 개념이다.

킬러 콘텐츠

Killer contents. 미디어가 폭발적으로 보급되는 계기가 된 콘텐츠다.

텐트폴

Tentpole. 텐트를 세울 때 쓰는 중앙 지지대를 의미하며, 콘텐츠 제작 시 많은 자본, 유명한 감독 및 배우 등이 투입된 대작 상업 영화나 드라마를 일컫는 말이다. 콘텐츠 제작사와 투자자에게 수익 보장을 위한 사업 지지대 역할을 한다는 의미에서 붙여진 용어다.

4

미디어 & 콘텐츠
게임, 디지털 콘텐츠

콘솔

P2E

메타버스

AR, VR 기기

블록체인

NFT

1 국내 게임 산업의 양적 성장을 견인한 MMORPG의 성장이 한계에 봉착하면서
   새로운 도전이 요구되고 있음

2 북미, 유럽에서 인기를 얻으며 글로벌 시장 점유율이 상향되고 있는 콘솔 게임으
   로의 자신감 있는 진출

3 암호화폐 시장이 깊은 침체기에 빠져 있지만 게임사의 P2E 게임 출시, 블록체인
   플랫폼 구축 움직임은 지속

4 매크로 환경 및 성장통을 겪고 있는 메타버스 산업에서 국내외 빅테크 및 게임사
   들이 지속적인 투자 집행

글로벌 게임 산업은 컴퓨터 성능 발전의 역사와 함께 성장해왔다. 특히 2010년 이후 대중화된 스마트폰의 출현으로 모바일 게임 시장이 개화되면서 이전의 성장 정체를 뛰어넘는 도약을 이뤘고 특히 2010년대 후반 및 코로나 팬데믹을 거치며 새롭게 부상한 메타버스, 블록체인, NFT 등의 산업과 융합되며 폭발적인 성장세를 보여주었다. 비록 2022년에는 이전의 급격한 성장으로 인한 후유증, 글로벌 금리 인상으로 인한 밸류에이션 하락 및 투자 환경 악화로 인해 산업 전반적으로 침체를 겪었지만, 게임 산업의 근본적 수요가 탄탄하고 컴퓨터 성능 및 그래픽 기술 향상에 의한 고성능 게임이 계속 출시되고 있으며 새로운 플랫폼과의 접목을 통한 생태계가 거듭 확장되고 있기에 게임 산업의 장기적 성장을 전망한다.

콘솔, 블록체인, 메타버스가 이끌 2023년 게임 산업

최근 몇 년간 국내 게임 산업의 매출액 성장을 이끌었던 모바일 다중접속역할수행게임(MMORPG)의 성장이 한계에 직면하면서 게임 산업 전반적으로 어려움을 겪고 있다. 글로벌 모바일 게임 시장은 2026년까지 약 150조 원의 규모로 성장하며 전체 게임 시장의 약 60% 비중을 차지할 정도로 여전히 주력을 이루겠지만, 국내 게임사들은 대형 신작 게임의 부재, 부담으로 다가오는 인건비 상승, 국산 MMORPG 게임 과금 체계 및 콘텐츠 구성에 대한 소비자들의 저항 등을 극복하기 위해 이제는 내수가 아닌 해외에서도 성과를 낼 수 있는 게임에 주목해야 한다. 이에, 국내 게임 산업은 새로운 돌파구를 찾고 있다. 여러 대안 중, 서구에서 인기를 얻고 있는 콘솔 시장 그리고 현재 성장통을 겪고 있는 블록체인 플랫폼과 메타버스 시장이 중요한 대안으로 떠오르고 있다.

| 콘솔 게임 산업으로의 자신감 있는 진출

코로나19 팬데믹 기간 동안 플레이스테이션, XBOX, 닌텐도 스위치로 대표되는 콘솔 기기의 신규 보급량이 약 5,000만 대에 이르면서 콘솔 게임 수요가 증가하고 있다. 실제로 2021년 대비 2022년 글로벌 콘솔 게임 시장은 약 8% 성장하면서 전체 게임 시장의 성장률인 5%를 초과하는 성과를 보였다. 하지만 2020년 글로벌 콘솔 게임 규모는 전체 게임 시장의 약 42% 점유율을 차지하며 PC, 아케이드 게임 시장 규모를 크게 상회하는 데 비해 한국 콘솔 시장은 단 5%의 점유율만 기록할 만큼 대한민국 콘솔 시장은 불모지에 가깝다. 그동안 국내 게임사들은 모바일, PC 시장에서 선전해왔지만 이제는 환경이 바뀌었기에 게임사들은 이런 변화에 기민하게 대응하기 시작했다.

엔씨소프트는 2022년 4분기 중, 북미와 유럽을 겨냥한 신작 〈스론 앤 리버티〉를 콘솔로도 제작해 출시하고 넥슨은 대전 격투게임 〈DNF 듀얼〉과 〈카트라이더 드리프트〉의 콘솔 플랫폼, 펄어비스는 2022년 하반기에 〈붉은 사막〉, 넷마블은 〈오버프라임〉, 스마일게이트는 〈크로스파이어X〉, 〈로스트 아크〉 그리고 크래프톤은 2022년 4분기 중 기대작 〈칼리스토 프로토콜〉을 콘솔 버전으로 내놓으며 콘솔 생태계에 본격적으로 발을 딛기 시작할 전망이다. 콘솔 시장에 쟁쟁한 경쟁자가 많지만 어려운 환경에서도 성과를 보여주는 콘솔 기업에 관심을 가져볼 필요가 있다.

▎성장통을 딛고 도약할 준비를 하는 블록체인 게임 산업

최근 몇 년 사이 가파르게 성장한 블록체인 산업이 게임 산업과 접목되면서 2021년 글로벌 게임 시장은 블록체인 게임의 시대였다. 해외에서는 〈엑시 인피니티〉, 국내에선 〈미르4 글로벌〉이 P2E(Pay to earn, 과금) 요소를 도입해 게임 머니를 NFT로 바꿔 거래해 게임을 하며 돈을 번다는 새로운 개념으로 큰 인기를 얻었고 여기에 넷마블, 컴투스, 네오위즈 등의 대표 게임사들이 대거 블록체인 게임 산업에 뛰어들었다.

2022년은 글로벌 매크로 환경, 자체 성장통 및 루나 코인 이슈로 힘든 시기였으므로, 대형 게임사들의 블록체인 게임 출시 시기가 조정되고 있지만 블록체인 게임이 향후 게임업계의 대세가 될 것이란 전망은 여전한 상황이다. 2021년 약 5조 원 규모였던 글로벌 블록체인 게임 시장은 2025년에 약 66조 원 규모로 성장할 전망이다. 2022년 4분기 중, 넷마블의 〈킹오브파이터스:아레나〉, 위메이드의 〈미르 M〉이 P2E 게임으로 출시될 전망이고 2023년에는 컴투스의 〈서머너즈워 크로니클〉, 네오위즈의 〈고양이와 스프〉 IP를 활용한 캐주얼 게임이 출시될 전망이다. 그리고 위메이드의 블록체인 플랫폼인 〈위믹스(Wemix) 3.0〉, 카카오게임즈의 〈BORA 2.0〉, 넷마블의 〈마블렉스〉, 컴투스의 〈XPLA〉, 네오위즈의 〈인텔라 X〉 등 각 게임사들이 독자적인 블록체인 플랫폼을 더욱 가다듬어 구축하고 있다.

다만, 블록체인 게임도 결국엔 게임이다. 어떤 형태의 게임이든 게임 흥행의 가장 중요한 요소는 게임성이 기본이다. 이에, 경쟁력을 갖춘 콘텐츠를 지속 발굴하고 국내 정부의 P2E 게임에 대한 제재 수준이 합리적이고 건설적인 방향으로 개선된다면 매크로 환경의 전환과 함께 2023년에는 블록체인 게임이 다시 한번 도약할 수 있다고 전망한다.

ㅣ 새로운 주도 플랫폼이 될 메타버스 게임 산업

현실을 초월해 만들어낸 세계, 확장된 가상 세계라는 뜻의 신조어인 메타버스는 코로나 팬데믹 시기에 비대면 사회, 경제라는 새로운 패러다임을 선도하며 전 세계적인 인기를 얻었고 각국 주요 선거 후보자들이 메타버스에서 선거활동을 하거나 아티스트들이 메타버스에서 콘서트를 개최했으며 페이스북은 아예 사명을 '메타'로 바꾸면서 기업의 미래 운명을 메타버스와 함께 하겠다는 의지를 보였다. 다만, 메타버스 기술이 아직 성장 단계에 있다보니 실생활과의 괴리 및 킬러 콘텐츠의 부재로 2022년에는 다소 침체기를 겪고 있다.

그럼에도 메타버스에 많은 기업들이 높은 성장성을 전망하며 꾸준히 투자를 이어가고 있다. 글로벌 1위 메타버스 플랫폼 로블록스를 따라잡기 위해 네이버는 이미 3억 명의 가입자를 확보한 '제페토'를 내세워 글로벌 서비스 확대를 위한 게임 콘텐츠를 확대하고 있고, 넷마블, 넥슨, 펄어비스, 카카오게임즈, 위메이드, 컴투스 등 국내 대표 게임사들이 각자의 전략으로 메타버스 생태계에서 활발히 전략을 실행하고 있다.

애플, 마이크로소프트, 구글, 메타 등 세계 최고의 IT 기업들이 메타버스 생태계에 여전히 막대한 투자를 이어가고 있기에, 메타버스를 구현하는 하드웨어 인프라(VR, MR, HMD 등)의 지속적인 기술 발전, 보급 확대, 소프트웨어 인프라의 발전 그리고 NFT, 가상화폐 시장의 재도약에 기인한 가상과 현실 세계간 거래 증가가 활발해지면 메타버스 게임 생태계가 빠르게 재도약할 수 있을 전망이다.

글로벌 게임시장 규모

모바일 게임의 규모가 절대적인 가운데, 콘솔 게임의 성장세가 점차 확대될 전망이다.

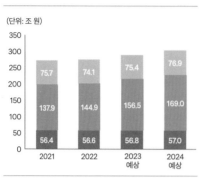

(단위: 조 원)

출처: Newzoo, 상상인증권

글로벌 P2E 게임 시장 전망

암호화폐 시장의 부진에도 P2E 시장은 2021년 이후 4년간 연평균 약 19%의 성장세를 보일 전망이다.

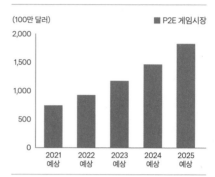

(100만 달러)

출처: 비트코이니스트닷컴, 현대차증권

게임의 진화, P2W에서 P2E까지

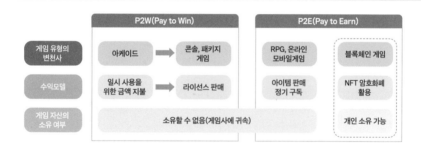

출처: 삼성증권

국내 주요 게임사들의 해외 매출 비중(2022년 상반기 기준)

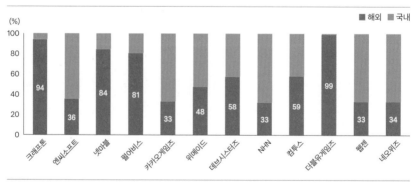

주: NHN은 게임 부문 별도 매출 기준

출처: 각 회사 자료, 신한투자증권

글로벌 메타버스 시장규모 전망

구글, 애플, 마이크로소프트가 증강현실(AR) 글라스 출시를 준비하는 등, 증강현실이 메타버스 시장의 성장을 견인하며, 전체 시장은 2019년 이후 11년간 연평균 약 37%라는 고성장세를 이룰 전망이다.

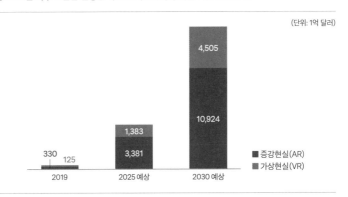

(단위: 1억 달러)

■ 증강현실(AR)
■ 가상현실(VR)

메타버스 유형 4가지

메타버스가 구현되는 방식은 크게 4가지지만, 서로 융합된 상태로 구현되는 추세다.

	증강현실 AR	라이프로깅 Lifelogging	거울세계 Mirror World	가상세계 Virtual World
정의	일상의 환경에 가상의 사물 및 인터페이스 등을 겹쳐 놓음으로써 만들어지는 혼합현실	신체, 감정, 경험 등의 일상 정보를 기록/저장하고 가상의 공간에서 재현하는 활동	실제 세계를 재현하되 추가정보를 더해 확장한 가상세계	정치·경제·사회·문화등 특정 분야의 세계를 디지털 기술로 확장시켜 그와 유사하거나, 대안으로 구축한 세계
활용 분야	차량용 HUD, 스마트 팩토리	소셜미디어, 웨어러블 디바이스	지도기반 서비스	온라인 멀티플레이어 게임
대표 사례	이케아 플레이스, 포켓몬고, 제페토	메타360, 웨어러블기기, 트레이닝 클럽(나이키)	구글어스, 에어비앤비, 업랜드	로블록스, 포트나이트, 제페토

출처: ASF, NIA

메타버스를 구성하는 핵심 산업의 수익원

성장 사이클의 차기 주자는 하드웨어 부문의 AR/VR 디바이스가 유력하다.

	수익원	기업 및 서비스
인프라	5G망, 클라우드, 솔루션 이용료	통신사, 클라우드 서비스 기업, 데이터 센터기업, 반도체기업(아마존, 구글 등)
하드웨어	AR/VR 등 메타버스 구현 디바이스, 관련 부품 판매	메타 오큘러스, 애플 AR 글래스, MS 홀로렌즈, 구글 글래스
소프트웨어 /콘텐츠	라이선스 사용료, 플랫폼/서비스 구축료, 솔루션 이용료, 게임 및 엔터테인먼트 등 콘텐츠 사용료	유니티 소프트웨어, 에픽게임즈
플랫폼	광고, 아이템 거래 수수료, 오프라인 브랜드 입점, 자체 화폐 거래 수수료 등	로블록스, 포트나이트, 이프랜드, 호라이즌, 제페토

출처: KB증권

메타버스 생태계의 주요 당사자

플랫폼	**메타버스 생태계를 구축 및 관리** • 개발자가 콘텐츠를 만들 수 있는 환경 제공 • 플랫폼은 이용자를 관리하면서도 자율성을 부여해 자발적 참여 유도 • 개발자와 이용자 사이에서 결제 및 가상체계를 구축 Ex) 로블록스의 로북스(Robux), 포트나이트의 브이벅(V-buck)
개발자	**콘텐츠 생산에 참여하고 보상 획득** • 메타버스 생태계 내 이용자들의 참여를 유도하는 콘텐츠 제공 • 과거 개발자의 역할은 게임사에서 직접 수행했으나 최근에는 이용자가 개발자로 참여하여 플랫폼 내에서 직접 콘텐츠를 판매 • 개발자가 많아질수록 콘텐츠는 증가하고 새로운 이용자를 유입시킬 수 있기에 규모의 경제효과도 기대

이용자	**생태계 및 공동체를 조성**
	• 메타버스 내에서 이용자들끼리 소통하면서 하나의 공동체를 형성하고, 콘텐츠 소비, 구독, 인앱 결제(In
	  App Purchase)가 이루어짐
	• 연예인, 게임, 공연 등의 콘텐츠를 기반으로 공감대를 형성한 유저들끼리 공동체와 같은 문화적, 정서적 집
	  단을 형성
	• 게임 내 콘텐츠를 SNS으로 공유, 2차 콘텐츠를 생산하면서 바이럴 효과 발생

출처: KB증권

VR, AR 시장의 잠재력 비교

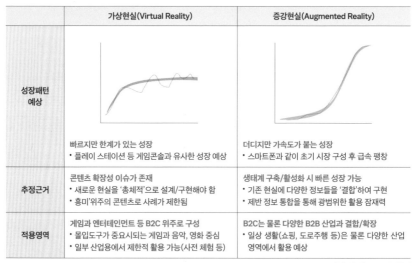

	가상현실(Virtual Reality)	증강현실(Augmented Reality)
성장패턴 예상	**빠르지만 한계가 있는 성장** • 플레이 스테이션 등 게임콘솔과 유사한 성장 예상	**더디지만 가속도가 붙는 성장** • 스마트폰과 같이 초기 시장 구성 후 급속 팽창
추정근거	**콘텐츠 확장성 이슈가 존재** • 새로운 현실을 '총체적'으로 설계/구현해야 함 • '흥미'위주의 콘텐츠로 사례가 제한됨	**생태계 구축/활성화 시 빠른 성장 가능** • 기존 현실에 다양한 정보들을 '결합'하여 구현 • 제반 정보 통합을 통해 광범위한 활용 잠재력
적용영역	**게임과 엔터테인먼트 등 B2C 위주로 구성** • 몰입도구가 중요시되는 게임과 음악, 영화 중심 • 일부 산업용에서 제한적 활용 가능(사전 체험 등)	**B2C는 물론 다양한 B2B 산업과 결합/확장** • 일상 생활(쇼핑, 도로주행 등)은 물론 다양한 산업 영역에서 활용 예상

출처: 테크월드, KTB투자증권

블록체인의 활용 분야

금융

잠재적 활용처
- 무역금융
- 결제
- 체결 및 청산

진행 중인 프로젝트
- R3 consortium of banks
- Nasdaq linq

기술 & 커뮤니케이션

잠재적 활용처
- 사물인터넷(IOT)
- 지적재산권 및 NFT

진행 중인 프로젝트
- Microsoft partnership with R3
- IBM, Samsung

소비재 / 산업재

잠재적 활용처
- 소매 결제
- 전자서명
- 공급망 관리
- 위변조 보안

진행 중인 프로젝트
- DocuSign and Visa
- IBM, Walmart

헬스케어

잠재적 활용처
- 의료기록 보관 및 전송
- 의료기록 보호

진행 중인 프로젝트
- Factom/HealthNautica
- Philips Blockchain Lab

운송

잠재적 활용처
- 자율주행
- 자율 정비
- 운송 관리

진행 중인 프로젝트
- Arcade City

공공부문

잠재적 활용처
- 정부 자산 관리
- 전자 투표
- 공공 인증

진행 중인 프로젝트
- Factom Pilot with Honduras Government

출처: 모건스탠리

가상 경제의 발전 단계

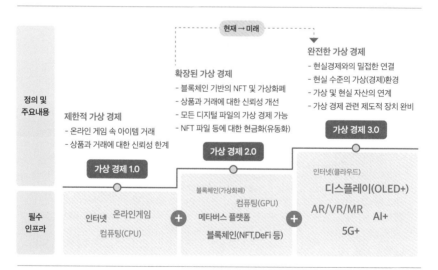

출처: 하나금융경영연구소

대체 가능 토큰과 대체 불가능 토큰(NFT)의 구분

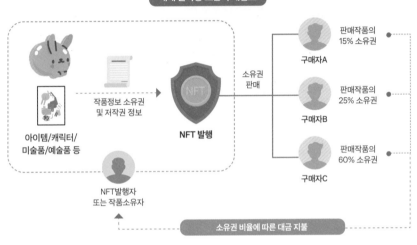

출처: KISA

NFT의 장점

위조하기 어려움	추적하기 쉬움	부분에 대한 소유권 인정	순환증가
복제가 어렵기 때문에 희소성을 더 잘 보장할 수 있고, 위조품으로 인해 가치가 무너지지 않도록 보장	블록체인의 데이터는 공개적이고 투명하여 누구나 NFT의 출처, 발행 시간/횟수, 소유자 내역 및 기타 정보를 볼 수 있음	부분에 대한 소유권을 인정해, 토큰을 1/n과 같은 형태로 나눠서 구매(거래)할 수 있음	게임을 예로 들면, 아이템이 NFT로 만들어지면 플레이어는 아이템의 진정한 소유권을 얻게 되고 NFT 경매 시장에서 자유롭게 거래 가능

출처: Medium.com

국내 주요 게임사들의 미래 먹거리 전략(콘솔, 콘텐츠, 블록체인 분야)

기업	미래 먹거리 전략
크래프톤	- 콘솔: 칼리스토 프로토콜 출시 - 콘텐츠: 펍지 유니버스(동사 게임 배틀그라운드의 세계관. 영화, 웹툰 등으로 IP 확장) - 블록체인: 네이버 Z와 조인트벤처 진행
엔씨소프트	- 콘솔: 프로젝트 TL(Throne and Liberty) 출시 계획 - 콘텐츠: 유니버스(글로벌 팬덤 플랫폼) - 블록체인: 자사 게임 플랫폼 '퍼플'을 NFT, 블록체인과 결합한 플랫폼으로 개발 계획
넥슨	- 콘솔: 〈카트라이더 드리프트〉, 〈워헤이븐〉, 〈퍼스트 디센던트〉 등 - 콘텐츠: 〈캡틴 아메리카〉를 제작한 미국의 영화, 드라마 제작사 'AGBO'에 4억 달러 전략적 투자 - 블록체인: NFT, IP 중심의 탈중앙화 생태계 〈메이플스토리 유니버스〉 공개
펄어비스	- 콘솔: 〈붉은 사막〉 PC와 콘솔로 글로벌 출시 목표, 차후 '도깨비' 콘솔 출시 계획
넷마블	- 콘솔: 〈파라곤: 디 오버프라임〉 콘솔 출시 - 콘텐츠: 자체 IP 사업 역량 강화 위한 자회사 '스튜디오 그리고' 설립. 웹툰, 웹소설 사업 전개 전망 - 블록체인: 〈킹 오브 파이터 아레나〉의 NFT 판매 / MBX(마브렉스) 2.0 본격화
카카오게임즈	- 블록체인: 2022년 하반기, '아키월드' P2E 게임 글로벌 서비스, '오딘'의 P2E 적용 / 보라 2.0 플랫폼
네오위즈	- 콘솔: 〈P의 거짓〉 콘솔 출시. 유럽 최대 게임쇼 게임스컴 3관왕 수상 이력 - 블록체인: 웹 3.0 블록체인 게임 플랫폼 '인텔라X'에 NFT 서비스 구축 예정
컴투스	- 콘텐츠, 블록체인: SM엔터테인먼트 및 위지윅스튜디오 지분 취득. 엔터테인먼트, NFT, 블록체인 분야 진출 계획 및 자체 메타버스 '컴투버스' 출시 계획, 자체 메인넷 'XPLA' 구축 예정. 동사 게임의 P2E화 추진(서머너즈워 크로니클 등)

출처: 언론 기사, 현대차증권

XR의 공통된 기술적 이슈 및 내용

구분	주요 내용
디스플레이 (가시화)	- VR/AR 속 몰입 콘텐츠를 사용자가 감각적으로 경험할 수 있도록 제공하는 표시장치 기술 - 기술적 이슈: 시야각, 해상도, 재생빈도(주사율) 등
센싱, 트래킹	- AR에선 실제 현실 공간의 정밀한 위치를 인지하는 게 핵심 - VR/AR 모두 사용자의 생체 데이터를 실시간으로 추적
렌더링	- 표시장치에 보이는 몰입콘텐츠를 고해상도, 고화질로 구현하는 데 필요 - 대용량 데이터의 실시간 가시화를 위한 지연시간 단축 중요
상호작용 및 UI	- 몰입 콘텐츠를 지각, 인지, 조작, 입력할 수 있도록 돕는 상호작용 및 인터페이스 기술 - 키보드나 마우스와 같은 입력 장치를 사용하지 않는 음성이나 동작 기반 사용자 환경

출처: 유안타증권

메타버스 시대, 섹터별 현황 및 전망

섹터	현황	전망
인터넷서비스	- 네이버Z의 제페토 3억 명 가입자 보유	- 네이버, 제페토에 이용자 유입 후 지속적으로 사용 유지를 하기 위해(lock-in) 아이돌 콘텐츠 IP 등 제페토 안에서 즐길 거리 마련을 위한 투자 및 제휴 확대 중 - 제페토는 초기 시장 선점에 유리할 전망이기에 중장기 가치에 주목할 필요
게임	- 펄어비스, 넥슨, 위메이드 등 메타버스 게임, 플랫폼 출시 준비 중	- MMORPG 등 게임과 메타버스의 유사성을 활용해 기존 게임 개발을 통해 축적된 기술력, 게임 내 즐길거리에 대한 노하우 등에 기반한 게임사업자들의 시장 진입 활발할 전망 - 플랫폼 내 트래픽 유입, 락인(Lock-in)을 위한 지속적인 콘텐츠 제공 여부 관건
엔터	- 하이브, 와이지, JYP와 네이버Z의 전략적 지분투자	- 네이버와 국내 아이돌 콘텐츠 제작사들과의 고리가 강화되면서 향후 아이돌 IP의 활용 확대를 통해 양측이 상생할 수 있는 기반 마련
통신, 서비스	- AR과 VR 기반 콘텐츠 개발 중 - 메타버스 얼라이언스에 참여하는 등 국내 메타버스 산업의 선두 그룹에 위치	- 통신 처리 속도 및 네트워크 환경이 갈수록 중요해짐에 따라 통신사들의 기술 수요가 확대될 전망 - 일회성에 그치지 않고 지속 가능성 있는 킬러콘텐츠 개발 필요
미디어	- 드라마나 영화 등은 아직 메타버스 관련 수요나 콘텐츠가 많지 않은 상황 - 키즈 콘텐츠를 중심으로 XR 기술 결합 콘텐츠 제작	- 숏폼 형태의 콘텐츠(웹드라마, 웹 예능 등)가 메타버스 플랫폼에서 먼저 방영될 가능성 - 작품 전체 판권보다는 IP의 확장 측면에서 드라마나 영화 캐릭터가 활용될 가능성 높음
광고	- 패션계를 중심으로 마케팅 - 동물의 숲: 발렌티노, 마크 제이콥스 의상 - 제페토: 구찌, 나이키, 컨버스	- 새로운 플랫폼은 광고 매체의 신설과 같음. 컬래버 광고, 콘텐츠 속 PPL 등 다양한 형태의 콘텐츠 형 광고 개발 필요 - 가상공간 내에서 캐릭터나 사람의 시야 폭, 동선 예측을 기반으로 한 타겟팅 등 AD-Tech 중요성 확대될 것

출처: DB금융투자

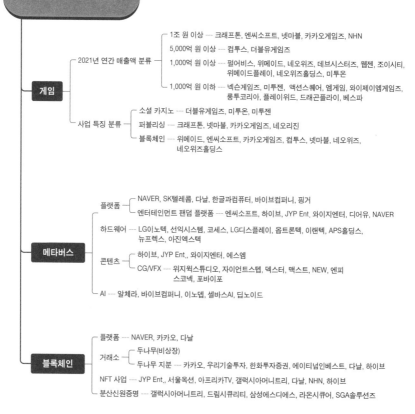

게임 및 디지털 콘텐츠

게임

2021년 연간 매출액 분류
- 1조 원 이상 ─ 크래프톤, 엔씨소프트, 넷마블, 카카오게임즈, NHN
- 5,000억 원 이상 ─ 컴투스, 더블유게임즈
- 1,000억 원 이상 ─ 펄어비스, 위메이드, 네오위즈, 데브시스터즈, 웹젠, 조이시티, 위메이드플레이, 네오위즈홀딩스, 미투온
- 1,000억 원 이하 ─ 넥슨게임즈, 미투젠, 액션스퀘어, 엠게임, 와이제이엠게임즈, 룽투코리아, 플레이위드, 드래곤플라이, 베스파

사업 특징 분류
- 소셜 카지노 ─ 더블유게임즈, 미투온, 미투젠
- 퍼블리싱 ─ 크래프톤, 넷마블, 카카오게임즈, 네오리진
- 블록체인 ─ 위메이드, 엔씨소프트, 카카오게임즈, 컴투스, 넷마블, 네오위즈, 네오위즈홀딩스

메타버스

플랫폼
- NAVER, SK텔레콤, 다날, 한글과컴퓨터, 바이브컴퍼니, 핑거
- 엔터테인먼트 팬덤 플랫폼 ─ 엔씨소프트, 하이브, JYP Ent. 와이지엔터, 디어유, NAVER

하드웨어
- LG이노텍, 선익시스템, 코세스, LG디스플레이, 옵트론텍, 이랜텍, APS홀딩스, 뉴프렉스, 아진엑스텍

콘텐츠
- 하이브, JYP Ent., 와이지엔터, 에스엠
- CG/VFX ─ 위지윅스튜디오, 자이언트스텝, 덱스터, 맥스트, NEW, 엔피 스코넥, 포바이포

AI ─ 알체라, 바이브컴퍼니, 이노뎁, 셀바스AI, 딥노이드

블록체인

플랫폼 ─ NAVER, 카카오, 다날

거래소
- 두나무(비상장)
- 두나무 지분 ─ 카카오, 우리기술투자, 한화투자증권, 에이티넘인베스트, 다날, 하이브

NFT 사업 ─ JYP Ent., 서울옥션, 아프리카TV, 갤럭시아머니트리, 다날, NHN, 하이브

분산신원증명 ─ 갤럭시아머니트리, 드림시큐리티, 삼성에스디에스, 라온시큐어, SGA솔루션즈

게임 및 디지털 콘텐츠
글로벌 주요 기업 및 ETF

게임
- 미국 — 마이크로소프트, 액티비전 블리자드, 일렉트로닉 아츠, 테이크투 인터렉티브, 로블록스, 유니티, 게임스탑, 징가, 에픽게임즈
- 중국 — 텐센트, 넷이즈
- 일본 — 닌텐도, 반다이 남코, 코나미, 코에이, 세가, 캡콤, 스퀘어 에닉스, 소니, 프롬 소프트웨어
- 유럽 — 유비소프트(프랑스), 패러독스 인터렉티브(스웨덴), CD 프로젝트(폴란드)

메타버스
- 플랫폼 — 메타(미국), 알파벳(미국), 나이키(미국), 로블록스(미국), 닌텐도(일본)
- 하드웨어
  - AR/VR 기기 — 마이크로소프트(미국), 알파벳(미국), 애플(미국), 메타(미국), 뷰직스(미국), 코핀(미국), 고어텍(중국), 소니(일본)
  - 반도체 — 엔비디아(미국), AMD(미국), 퀄컴(미국)
  - 레이저, 센싱 — 루멘텀(미국), 마이크로비전(미국)
- 콘텐츠
  - 알파벳(미국), 텐센트(중국), 테이크투 인터렉티브(미국), 일렉트로닉 아츠(미국)
  - 제작 — 유니티(미국), 오토데스크(미국), 어도비(미국)
  - 햅틱 기술 — 이머전(미국)
- 결제 — 비자(미국), 페이팔(미국), 블록(미국)

블록체인
- 거래소, 플랫폼 — 로빈후드(미국), 코인베이스(미국)
- 암호화폐 채굴 — 라이엇 블록체인(미국), 마라톤디지털(미국), 아르고 블록체인(영국), Voyage digital(미국), Grayscale Bitcoin Trust(미국)
- 암호화폐 중개 — 실버게이트 캐피탈(미국), Hut 8 Mining(캐나다)
- 암호화폐 수탁 — BNY멜론(미국), 스테이트 스트리트(미국)
- 암호화폐 지갑, 결제 — 메타(미국), 페이팔(미국), 블록(미국), 비자(미국), 마스터카드(미국)

ETF
- 게임
  - GAMR - PureFunds Video Game Tech
  - ESPO - VanEck Video Gaming and eSports
  - HERO - Global X Video Games & eSports
- 메타버스 — META - Roundhill Ball Metaverse ETF
- 블록체인
  - BLCN - Siren Nasdaq NexGen Economy ETF
  - BLOK - Amplify Transformational Data Sharing ETF
  - BKCH - Global X Blockchain ETF
  - LEGR - First Trust Indxx Innovative Transaction & Process ETF
  - KOIN - Capital Link NextGen Protocol ETF

텐센트

Tencent 腾讯

시가총액 **450조 원**		2021년	2022년(전망)	2023년(전망)
	매출액	110조 9,000억 원	114조 3,600억 원	130조 5,000억 원
국적	중국 **순이익**	44조 5,200억 원	22조 6,200억 원	27조 9,600억 원

- 중국의 대표 IT 기업이며 게임, 핀테크, 온라인 광고, SNS 위챗, 온라인 교육, 미디어 콘텐츠, 클라우드 등 다각화된 사업 영위
- 2022년엔 대형 게임 출시 부재, 정부의 미성년 보호정책 및 플랫폼 산업 규제 등으로 실적 창출에 어려움 겪음
- 시진핑 주석의 3연임으로 정부의 빅테크 대상 반독점 규제책이 강화될 우려에 동사는 보유한 로컬 빅테크 기업들의 지분율을 낮춰가는 중
- 동사 매출의 약 14%를 차지하는 온라인 광고 부문 성장 전략으로 위챗 내에서 비디오 숏폼 콘텐츠 사업 시작
- 2022년 4월, 중국 정부의 게임 판호 재개 이후 아직 판호 발급은 받지 못했으나 신규 게임 출시 기대감은 높아지고 있음

마이크로소프트

 Microsoft

시가총액 **2,327조 원**		2021년	2022년(전망)	2023년(전망)
	매출액	237조 원	279조 6,000억 원	300조 원
국적	미국 **순이익**	86조 4,000억 원	102조 6,000억 원	102조 원

- 컴퓨터 OS인 윈도우, 게임, 광고, 기업향 서비스, 서버, 클라우드, 오피스 프로그램 등 영위하는 글로벌 최선도 빅테크 기업
- 미래 먹거리로 메타버스, 게임을 선택, 경쟁력 확보를 위한 전략 시행 중
- 2025년 약 11조 원 규모로 전망되는 글로벌 클라우드 게임 시장에서 구독형 서비스로(게임패스) 선도
- 2022년 1월, 글로벌 게임 공룡 액티비전 블리자드를 당시 환율 기준 약 82조 원에 인수
- 글로벌 빅테크 메타의 VR 기기로 XBOX 클라우드 게임 서비스를 이용할 수 있는 파트너십 논의 중

일렉트로닉 아츠

시가총액 **51조 원**		2021년	2022년(전망)	2023년(전망)
	매출액	7조 9,800억 원	9조 9,000억 원	11조 원
국적	미국	순이익	1조 1,800억 원	1조 1,200억 원	1조 6,500억 원

- 스포츠 게임 〈피파〉, 〈매든 NFL〉, 레이싱 게임 〈니드포스피드〉 시리즈 등으로 유명한 미국 게임사
- 〈반지의 제왕〉, 마블 IP 등을 확보하며 IP 라인업 지속 확대 중이며 마블의 대표적 IP인 아이언맨을 활용, 3편 이상의 액션 어드벤처 게임 개발 위한 장기계약 체결
- 마이크로소프트의 블리자드 인수, 소니의 번지 인수, 테이크투의 징가 인수 등이 이어지며, 2022년 8월 글로벌 빅테크 아마존의 동사 인수설 제기

메타 플랫폼스

시가총액 **344조 원**		2021년	2022년(전망)	2023년(전망)
	매출액	166조 2,800억 원	163조 7,000억 원	172조 7,000억 원
국적	미국	순이익	55조 5,100억 원	35조 3,400억 원	31조 1,000억 원

- 전 세계 수많은 이용자를 확보한 페이스북, 인스타그램 등 SNS를 운영하는 글로벌 빅테크
- 2014년 VR 제작사 오큘러스를 인수한 뒤 사명을 메타로 변경하며 메타버스 올인 전략 공개 표명
- VR 기술 개발에 막대한 비용이 필요한 상황에서 SNS 광고 수입이 줄어드는 상황
- 영업비용의 효율적 집행, VR 기술 개발 속도 박차, 릴스와 같은 숏 폼 비디오 성장, 유료 메시지 서비스의 수익성 향상 등 기대

로블록스

시가총액 **34조 원**		2021년	2022년(전망)	2023년(전망)
	매출액	2조 7,000억 원	4조 원	4조 3,500억 원
국적 · 미국	**순이익**	-6,900억 원	-1조 200억 원	-1조 1,100억 원

- 2004년 설립된 게임 유통 플랫폼이며 동사의 개발 툴로 사용자가 직접 게임 제작 가능한 장점
- 다양한 장르의 게임이 꾸준히 생성되기에 콘텐츠 부족 현상은 없으며 경쟁이 치열해지며 콘텐츠의 퀄리티가 향상되는 장점
- 2023년부터 비즈니스 모델 다각화 일환으로 몰입형 광고 출시 발표. 피파, 나이키, 랄프로렌, 구찌 등 다양한 파트너사와 파트너십 체결
- 메타버스 플랫폼으로의 지속 성장을 위해 게임 내 가상화폐 '로벅스'를 기반으로 현실 경제와 연계된 다수의 콘텐츠 카테고리의 확장 필요

크래프톤

☑ 배틀그라운드 · 텐센트 · 칼리스토 프로토콜

시가총액 **9조 2,500억 원**	주요 주주	장병규 외 25인 35%, 국민연금 7%
	주 매출처	모바일 게임 75%, PC 21%

- 전 세계적인 인기를 얻은 배틀그라운드 IP를 보유한 기업
- 동사 매출의 큰 비중인 아시아지역에서 텐센트 향(向) 매출은 약 70%
- 중국 정부의 빅테크, 게임사에 대한 규제 정책으로 텐센트 게임 〈화평정영〉에 대한 기술수수료 수취 관련 불확실성
- 인도, 중국 지역에서의 매출 약세로 모바일 배틀그라운드 매출 감소 중
- 2022년 12월, PC 및 콘솔로 출시되는 '칼리스토 프로토콜'의 성과에 기대

실적 추이 및 전망

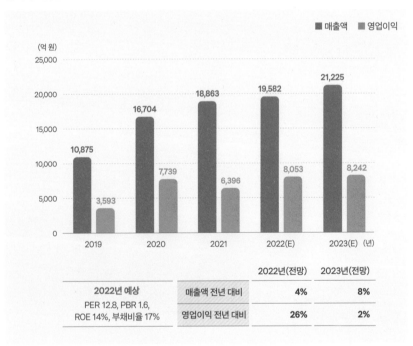

		2022년(전망)	2023년(전망)
2022년 예상 PER 12.8, PBR 1.6, ROE 14%, 부채비율 17%	매출액 전년 대비	4%	8%
	영업이익 전년 대비	26%	2%

엔씨소프트

☑ 리니지・아이온・블레이드앤소울

시가총액	주요 주주	김택진 외 6인 12%, 퍼블릭 인베스트먼트 펀드 9%
8조 9,000억 원	주 매출처	〈리니지W〉 42%, 〈리니지M〉 18%, 〈리니지2M〉 15%

- 〈리니지〉, 〈아이온〉, 〈블레이드앤소울〉, 〈길드워〉 등의 IP를 가진 국내 대표 게임사
- 국내 게임사 중, 북미, 유럽 PC 게임 사용자를 대상으로 흥행한 게임 개발 및 운영 경험 가장 풍부
- 이용자들의 저항이 제기되는 Pay to win 모델 이외에 인터랙티브 무비 장르, 수집형 RPG 장르 및 배틀로얄 장르 등으로 해외시장 진출 확대 준비
- 2023년, AAA급 PC/콘솔 향(向) 게임 '프로젝트 TL'의 스팀 등 글로벌 출시, 블레이드앤소울 신작 등의 성과 기대

실적 추이 및 전망

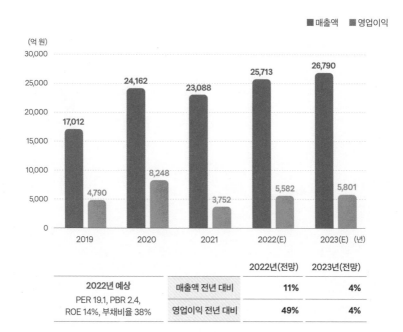

■ 매출액　■ 영업이익

(억 원)

	2019	2020	2021	2022(E)	2023(E) (년)
매출액	17,012	24,162	23,088	25,713	26,790
영업이익	4,790	8,248	3,752	5,582	5,801

2022년 예상		2022년(전망)	2023년(전망)
PER 19.1, PBR 2.4, ROE 14%, 부채비율 38%	매출액 전년 대비	11%	4%
	영업이익 전년 대비	49%	4%

넷마블

☑ 세븐나이츠 • 리니지2 레볼루션 • 모두의 마블 • 퍼블리셔

시가총액 **4조 원**	주요 주주	방준혁 외 13인 24%, CJ ENM 21%
	주 매출처	모바일 게임 98%

- 〈세븐나이츠〉, 〈리니지2 레볼루션〉, 〈모두의 마블〉 등의 IP를 통한 퍼블리싱 사업
- 기존 대표 게임들 및 2022년 3분기에 출시한 〈세븐나이츠 레볼루션〉의 성과 부진
- 매크로 환경에 의한 동사의 투자 지분 가치 하락 지속(엔씨소프트, 하이브, 코웨이 등)
- 인건비, 마케팅 비용 통제 및 신작의 성과 창출이 필요한 상황(〈킹오브 파이터즈〉, 〈몬스터 아레나〉, 〈모두의 마블〉, 〈오버프라임 글로벌〉 등)

실적 추이 및 전망

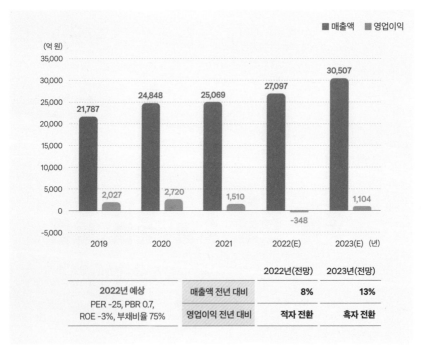

2022년 예상 PER -25, PBR 0.7, ROE -3%, 부채비율 75%		2022년(전망)	2023년(전망)
	매출액 전년 대비	8%	13%
	영업이익 전년 대비	적자 전환	흑자 전환

NAVER

시가총액 **28조 5,000억 원**	주요 주주	국민연금 8%, Blackrock Fund Advisors 5%
	주 매출처	서치 플랫폼 46%, 커머스 22%, 핀테크 14%, 콘텐츠 11%

- 국내 압도적 서치 플랫폼 점유율을 기반으로 게임, 웹툰 등 콘텐츠, 커머스, 핀테크, 클라우드 등의 사업 영위
- 전 세계 3억 명의 가입자를 확보한 메타버스 플랫폼 '제페토' 운영. 플랫폼 내에서 NFT도 판매
- 월간 활성 이용자 수 약 8,500만 명을 기록하고 있는 네이버 웹툰 서비스를 제페토와 접목하는 콘텐츠 선순환 효과 전략
- 흥행이 검증된 웹툰 IP를 활용해 2016년부터 2022년까지 약 25종의 웹툰 IP 기반 게임 출시

실적 추이 및 전망

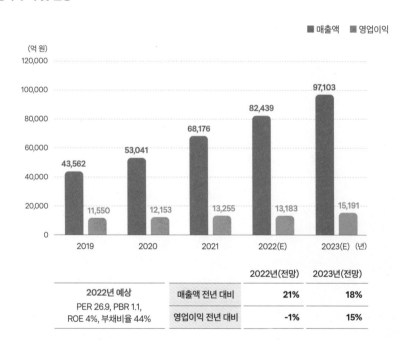

(억 원)

■ 매출액　■ 영업이익

	2019	2020	2021	2022(E)	2023(E)
매출액	43,562	53,041	68,176	82,439	97,103
영업이익	11,550	12,153	13,255	13,183	15,191

		2022년(전망)	2023년(전망)
2022년 예상 PER 26.9, PBR 1.1, ROE 4%, 부채비율 44%	매출액 전년 대비	21%	18%
	영업이익 전년 대비	-1%	15%

삼성에스디에스

☑ 클라우드 • 인공지능 • 블록체인 • 넥스레저

시가총액	주요 주주	삼성전자 외 10인 52%, 국민연금 6%
9조 8,000억 원	주 매출처	물류 BPO 66%, IT 서비스 33%

- 삼성그룹 내 클라우드, 인공지능, 블록체인 기술에 기반한 IT 플랫폼 제공 기업
- 금융, 제조, 유통 등 약 210개 이상의 기업이 채택 중인 블록체인 플랫폼 '넥스레저' 기반 사업 영위
- 생산부터 유통까지 전 과정을 블록체인 기반으로 이력 관리하는 '첼로 트러스트' 서비스 및 클라우드 기반 서비스형 블록체인(BaaS) 사업 확대 중

최근 실적 및 주요 재무지표

	2021년	2022년(전망)	2023년(전망)		2022년 상반기	
매출액	13조 6,300억 원	17조 165억 원	16조 1,970억 원 (yoy −5%)	매출액	8조 7,867억 원	PER 9.7 PBR 1.2
영업이익	8,081억 원	9,328억 원	9,392억 원 (yoy 1%)	이익	5,435억 원	ROE 13% 부채비율 45%

펄어비스

☑ 검은 사막 • 도깨비

시가총액	주요 주주	김대일 외 12인 44%, 서용수 5%
2조 9,000억 원	주 매출처	온라인게임 69%, 모바일 22%

- AAA급 자체 게임엔진으로 글로벌 성공을 거둔 〈검은 사막〉을 개발한 게임사
- 모바일 게임 시장의 경쟁 심화 및 게임 매력도 감소로 검은 사막 모바일의 실적 하향 중
- 글로벌 컨솔시장 공략을 위해 〈붉은 사막〉, 〈도깨비〉 등의 신작 게임 준비 중

최근 실적 및 주요 재무지표

	2021년	2022년(전망)	2023년(전망)		2022년 상반기	
매출액	4,038억 원	3,712억 원	6,551억 원 (yoy 76%)	매출액	1,854억 원	PER 65.1 PBR 3.5
영업이익	430억 원	47억 원	1,808억 원 (yoy 3,758%)	이익	10억 원	ROE 6% 부채비율 70%

컴투스

☑ 서머너즈워 • 위지윅스튜디오 • 컴투버스

시가총액 **9,500억 원**	주요 주주	컴투스홀딩스 외 6인 29%
	주 매출처	모바일게임 70%, 미디어/콘텐츠 27%

- 서구권에서 인기가 많은 '서머너즈워' IP를 보유한 국내 1세대 모바일 게임 업체
- VFX 및 영상 콘텐츠를 제작하는 위지윅스튜디오 지분 인수 및 자체 메타버스 '컴투버스' 출시 준비
- 자사 메인넷인 'XPLA' 구축 예정이며 향후 출시될 동사의 대부분의 게임에 블록체인 도입 검토
- 당사의 최대 기대작 〈서머너즈워: 크로니클〉, 2022년 12월부터 미국을 시작으로 대만, 일본 등으로 확대 출시될 계획

최근 실적 및 주요 재무지표

	2021년	2022년(전망)	2023년(전망)		2022년 상반기	
매출액	5,587억 원	7,385억 원	8,784억 원 (yoy 19%)	매출액	3,267억 원	PER 19.7 PBR 0.7
영업이익	526억 원	224억 원	674억 원 (yoy 201%)	이익	11억 원	ROE 4% 부채비율 38%

넥슨게임즈

☑ 넥슨 • 서든어택 • 블루아카이브 • HIT

시가총액 **9,700억 원**	주요 주주	넥슨코리아 60%
	주 매출처	모바일게임 77%, 온라인 22%

- 일본에 상장된 넥슨의 한국 자회사 넷게임즈와 넥슨GT가 합병해 탄생한 회사
- 〈서든어택〉, 〈HIT2〉, 〈V4〉 등의 게임으로 PC, 모바일 게임에서 안정적 수익 창출
- 2023년, '베일드 엑스퍼트', PC와 콘솔로 출시되는 〈퍼스트 디센던트〉, 〈갓썸: 클래시오브갓〉 등의 신작 모멘텀 기대

최근 실적 및 주요 재무지표

	2021년	2022년(전망)	2023년(전망)		2022년 상반기	
매출액	631억 원	1,396억 원	2,133억 원 (yoy 52%)	매출액	435억 원	PER 3.5 PBR 1.1
영업이익	-40억 원	216억 원	718억 원 (yoy 232%)	이익	-83억 원	ROE 37% 부채비율 115%

카카오게임즈

☑ 오딘 • 우마무스메 • 라이온하트스튜디오

시가총액	주요 주주	카카오 외 17인 52%
3조 2,400억 원	주 매출처	모바일게임 75%, 골프 11%, PC게임 10%

- 〈오딘〉, 〈우마무스메〉, 〈아키에이지〉 등의 게임을 보유
- 〈오딘〉 개발 자회사 라이온하트스튜디오의 상장에 따른 불확실성. 우선 2022년 10월에 상장 철회 신고서 제출함
- 모바일게임 시장 위축, 기존 주력 게임의 매출 하향 등의 돌파구를 2023년에 출시될 신작 게임들로 기대(〈에버소울〉, 〈아키에이지 워〉, 〈아레스: 라이즈 오브 가이언즈〉)

최근 실적 및 주요 재무지표

	2021년	2022년(전망)	2023년(전망)		2022년 상반기	
매출액	1조 125억 원	1조 2,152억 원	1조 5,900억 원 (yoy 30%)	매출액	6,051억 원	PER 36.9 PBR 1.5
영업이익	1,119억 원	2,128억 원	3,284억 원 (yoy 54%)	이익	1,231억 원	ROE 4% 부채비율 82%

위지윅스튜디오

☑ CG • VFX • 컴투스 • 넷플릭스 • 승리호

시가총액	주요 주주	컴투스 외 2인 47%
7,550억 원	주 매출처	콘텐츠사업 63%, 전시/행사대행 사업 22%

- 가상 그래픽을 제작하는 VFX, 드라마/영화/예능 등의 콘텐츠 제작 및 전시, 행사 대행 사업 영위
- 메타버스 사업모델 개발 및 콘텐츠 제작 가속화 목적으로 게임사 컴투스가 최대 주주로 등극
- 래몽래인, 엔피 등 지분 보유 중이며 강력한 CG/VFX 기술력으로 자체 콘텐츠 생산을 통해 메타버스 산업 진출

최근 실적 및 주요 재무지표

	2021년	2022년(전망)	2023년(전망)		2022년 상반기	
매출액	1,203억 원	1,857억 원	2,861억 원 (yoy 54%)	매출액	775억 원	PER -229 PBR 3.5
영업이익	-40억 원	-3억 원	418억 원 (흑자 전환)	이익	-142억 원	ROE -1% 부채비율 48%

자이언트스텝

☑ CG · VFX · 제일기획 · 이노션 · 넷플릭스

시가총액	주요 주주	하승봉 외 14인 44%, 네이버 6%
4,000억 원	주 매출처	광고/영상 VFX 64%, 영상 콘텐츠 24%

- CG/VFX 기술을 바탕으로 리얼타임 콘텐츠 솔루션 제공. 제일기획, 이노션 등과 협업 이력
- 또한, 넷플릭스, 디즈니, NBC 유니버설 등 해외 굵직한 OTT, 콘텐츠 기업과 협업
- 2023년 공개될 웹툰 원작 작품 '하이브'의 CG/VFX 작업, 버츄얼 스튜디오 활용 실시간 AR 콘텐츠, 버추얼 휴먼 사업 등 기대

최근 실적 및 주요 재무지표

	2021년	2022년(전망)	2023년(전망)		2022년 상반기	
매출액	332억 원	421억 원	558억 원 (yoy 32%)	매출액	177억 원	PER -208 PBR 3.2
영업이익	-29억 원	-15억 원	38억 원 (흑자 전환)	이익	-63억 원	ROE -1% 부채비율 13%

덱스터

☑ VFX · 오징어게임 · 버츄얼 프로덕션 · 메타버스

시가총액	주요 주주	김용화 외 2인 21%, CJ ENM 6%
2,550억 원	주 매출처	VFX제작 등 용역 71%, 광고제작 25%

- 영화향 VFX 프로젝트의 강점을 통해 〈신과 함께〉, 〈기생충〉, 〈오징어게임〉 등의 작업에 참여
- 동사의 음악 자회사가 넷플릭스와 장기 파트너십 체결 및 OTT 전용 스튜디오 설립
- 버추얼 프로덕션 'D1 스튜디오', 실감형 콘텐츠 프로젝트 수주 등을 통해 미래 먹거리로 메타버스 관련 콘텐츠 사업 진출
- 통합 결제 비즈니스 기업 '다날'과 블록체인 기반 메타버스 사업 MOU 체결. NFT 제작 및 유통 등 협업 예정

최근 실적 및 주요 재무지표

	2021년	2022년(전망)	2023년(전망)		2022년 상반기	
매출액	430억 원	전망치 미집계	전망치 미집계	매출액	292억 원	PER 3.5 PBR 1.1
영업이익	-6억 원	전망치 미집계	전망치 미집계	이익	-55억 원	ROE 37% 부채비율 115%

위메이드

미르 • P2E • 위믹스

시가총액	주요 주주	박관호 외 1인 45%
1조 8,000억 원	주 매출처	RPG/액션 게임 57%, 라이선스 27%

- 〈미르4 글로벌〉게임으로 블록체임 게임의 새로운 장을 연 P2E 생태계의 대표 기업
- 가상화폐 위믹스의 신뢰도 저하에 따른 돌파구 확보 전략 필요
- 암호화폐 시장의 약세에서도 위믹스 플랫폼 고도화 실행. 자체 메인넷 위믹스 3.0 출시, 위믹스달러 발행 및 금융 플랫폼 위믹스파이 출시
- 2022년 11월, 마이크로소프트, 신한자산운용, 키움증권 등으로부터 약 660억 원 규모 투자유치 성공

최근 실적 및 주요 재무지표

	2021년	2022년(전망)	2023년(전망)		2022년 상반기	
매출액	3,350억 원	4,700억 원	7,493억 원 (yoy 59%)	매출액	2,400억 원	PER -18 PBR 3.3
영업이익	974억 원	-716억 원	853억 원 (흑자 전환)	이익	-293억 원	ROE -17% 부채비율 109%

두나무(비상장)

✅ 업비트 • 증권플러스

시가총액	주요 주주	송치형 26%, 김형년 13%, 카카오 11%
5조 5,200억 원	주 매출처	거래 플랫폼 수수료 98%

- 가상화폐 거래소 '업비트' 운영 및 주식정보 서비스 '증권플러스'를 운영하는 국내 대표 블록체인, 핀테크 기업
- 투자자 피해의 빠른 피드백 및 이용자 친화적 UI, UX로 단시간 내 국내 1위 가상화폐 거래소 사업자로 등극
- 메타버스 플랫폼 '세컨블록 베타', NFT 플랫폼 '업비트 NFT 베타', 하이브와의 미국 내 합작법인인 '레벨스'를 통한 아티스트 NFT 신사업 등 진행

최근 실적 및 주요 재무지표

	2021년	2022년(전망)	2023년(전망)		2022년 상반기	
매출액	3조 7,045억 원	전망치 미집계	전망치 미집계	매출액	7,850억 원	PER - PBR -
영업이익	3조 2,713억 원	전망치 미집계	전망치 미집계	이익	5,660억 원	ROE 10% 부채비율 169%

다날

시가총액	주요 주주	박성찬 외 2인 17%, 한국증권금융 5%
3,940억 원	주 매출처	커머스 82%, 디지털콘텐츠 11%

- 시장 점유율 1위인 휴대전화 결제 및 신용카드, 가상계좌, 오픈형 간편결제, QR 코드 등 다양한 결제 서비스 제공
- 실력있는 VFX 기업 '덱스터'와 블록체인, 메타버스, NFT 사업 관련 시너지 위한 MOU 체결
- 블록체인 자회사 '페이프로토콜'을 통해 디지털 자산 '페이코인' 운영

최근 실적 및 주요 재무지표

	2021년	2022년(전망)	2023년(전망)		2022년 상반기	
매출액	2,856억 원	전망치 미집계	전망치 미집계	**매출액**	1,459억 원	PER 25.2 PBR 1.4
영업이익	160억 원	전망치 미집계	전망치 미집계	**이익**	-33억 원	ROE 6% 부채비율 120%

서울옥션

시가총액	주요 주주	이호재 외 11인 31%
2,850억 원	주 매출처	미술품 판매 54%, 미술품 경매 35%

- 국내 최대 미술 경매업체이며 미술품 판매, 중개 및 대출 사업도 영위
- 리오프닝 기대감으로 국내, 홍콩 등에서 활발한 경매 추진에 의한 실적 상향 기대감
- 2021년 6월, 두나무와 NFT 사업 MOU 체결. NFT로 제작한 한정판 예술품이나 명품을 경매로 판매
- 아트 비즈니스에 관심을 갖고 있는 신세계가 동사 인수를 두고 오랜 고민 중

최근 실적 및 주요 재무지표

	2021년	2022년(전망)	2023년(전망)		2022년 상반기	
매출액	790억 원	전망치 미집계	전망치 미집계	**매출액**	348억 원	PER 27.2 PBR 2.8
영업이익	197억 원	전망치 미집계	전망치 미집계	**이익**	91억 원	ROE 13% 부채비율 64%

게임

종목명	시가총액 (억 원)	사업 내용	2022년, 2023년 전년비 EPS 성장률 (전망)
더블유게임즈	8,728	페이스북 플랫폼을 기반으로 하는 소셜카지노 게임인 더블유 카지노 운영. 2021년 기준 시장 점유율 7%로 세계 5대 소셜 카지노 기업으로 자리매김	-81%, 390%
NHN	8,482	국내 웹보드 게임 압도적 1위 기업. 클래식웹보드, 모바일웹보드 및 캐주얼 게임 사업 영위	-97%, 1,471%
네오위즈	8,130	진짜야구슬러거 for Kakao, 전략 RPG 브라운더스트 및 웹툰 IP 게임인 노블레스를 출시. 콘솔 게임 P의 거짓이 주목받고 있으며 블록체인 게임 플랫폼 '인텔라 X' 구축	-10%, 59%
위메이드맥스	6,345	위메이드 그룹의 중추적 기업이며 P2E 분야를 주도하는 위메이드커넥트를 자회사로 보유	전망치 미집계
데브시스터즈	5,842	대표작 쿠키런 IP을 활용 다양한 시리즈 출시	-86%, 457%
웹젠	5,402	모바일 게임 〈샷온라인M〉, 〈뮤 오리진(MU IP)〉 서비스	-16%, -5%
조이시티	2,898	모바일 게임 〈룰더스카이〉, 〈건쉽배틀〉, 〈건쉽배틀VR〉, 〈캐리비안의 해적〉 등을 서비스	-60%, 543%
위메이드플레이	2,248	애니팡으로 유명한 소셜 게임 전문 업체. 구, 선데이토즈	전망치 미집계
미투젠	1,874	홍콩 소셜 카지노 게임업체. 미국 등 글로벌 시장에서 〈소셜카지노〉 게임과 카드 게임인 〈솔리테어〉 서비스 제공	전망치 미집계
미투온	1,475	웹/모바일게임 개발 및 서비스업체. 〈풀팟포커〉, 〈풀하우스 카지노〉 등의 소셜 카지노 게임 서비스	전망치 미집계
액션스퀘어	1,459	모바일게임 〈블레이드 for Kakao〉와 〈삼국블레이드〉 서비스 중. 후속작으로 〈블레이드2〉, 슈팅액션 게임, 턴 방식 게임 등을 개발 중	전망치 미집계

메타버스

종목명	시가총액 (억 원)	사업 내용	2022년, 2023년 전년비 EPS 성장률 (전망)
한글과컴퓨터	3,226	싸이월드제트와 합작법인 '싸이타운' 운영 및 한컴 오피스 프로그램과 연동되는 메타버스 오피스 런칭	188%, 7%
맥스트	2,094	메타버스 공간 구축 시 편리하게 VR, AR 클라이언트 개발 가능한 플랫폼 제공	전망치 미집계
엔피	2,037	XR 콘텐츠 사업과 기업의 제품, 서비스 등을 온·오프라인에서 직·간접적으로 체험하게 하는 브랜드 익스피리언스 사업 영위	전망치 미집계
코세스	1,426	AR·VR 구현에 필요한 마이크로LED의 핵심 공정장비인 리페어 장비 제작기술 보유	전망치 미집계
알체라	1,416	네이버 메타버스 핵심 기업인 스노우와 제페토에 AI 인식 기술 제공	전망치 미집계

선익시스템	1,364	OLED 장비 제조 및 판매 업체로 마이크로 OLED 증착 장비 등을 생산. 마이크로 OLED 패널은 고해상도 디스플레이로 AR·VR 기기에 주로 사용	전망치 미집계
스코넥	1,335	XR 교육·훈련, 메타버스 VR 게임 컨텐츠 개발·제작. 다수의 인원이 동시에 참가할 수 있는 '대공간 워킹 XR 시스템' 기술을 보유하고 있으며, VR 게임 '모탈블리츠' IP를 기반으로 다양한 VR 게임 개발	전망치 미집계

블록체인, NFT

종목명	시가총액 (억 원)	사업 내용	2022년, 2023년 전년비 EPS 성장률 (전망)
한화투자증권	5,289	국내 가상화폐 거래소 1위 업비트를 운영하는 두나무 지분 약 5.9% 보유	전망치 미집계
우리기술투자	3,881	국내 가상화폐 거래소 1위 업비트를 운영하는 두나무 지분 약 7.4% 보유	전망치 미집계
갤럭시아머니트리	1,993	효성그룹 CEO와 계열사가 지분을 보유한 메타버스 및 NFT 플랫폼 운영 기업	전망치 미집계
드림시큐리티	1,376	삼성SDS와 블록체인 공식 파트너 기업. 블록체인 산업 고도화 기술개발 사업 지정공모 과제의 주관기업으로 선정	전망치 미집계
에이티넘인베스트	1,334	국내 가상화폐 거래소 1위 업비트를 운영하는 두나무 지분 약 6.6% 보유	전망치 미집계

※ EPS: Earning Per Share. 주당순이익을 뜻하며, 기업의 자본 규모와 상관없이 1주당 얼마의 이익을 창출했는지를 나타내기에 기업의 실질적인 수익성을 가늠해볼 수 있음

P2W

Pay to win. 상대방을 이기거나 게임 상 캐릭터의 스펙을 향상시키기 위해서 많은 돈을 지불해야 하는 게임이다.

P2E

가상화폐를 기반으로 하는 거래 시스템과 NFT 등의 블록체인 기술을 결합해 사용자가 암호화폐로 게임 아이템을 거래함으로써 수익을 얻는 게임이다. P2E 게임에는 유틸리티 토큰이 활용되며, 이 토큰을 가상화폐로 바꾼 다음 거래소에서 현금으로 교환할 수 있다. 이처럼 P2E 게임 생태계에서는 사용자가 돈을 쓰면서 동시에 벌 수도 있다.

AAA게임

자본투자가 많이 들어간 블록버스터급 게임을 의미한다.

콘솔

Console. 플레이스테이션, 닌텐도, XBOX 등 비디오 게임기를 뜻한다.

소셜 카지노

모바일로 슬롯머신, 룰렛, 포커 등 카지노 게임을 제공하는 서비스다. 국내에선 무료 게임만 할 수 있으나 미국 등 해외에서는 현금을 게임머니로 바꿔 베팅할 수 있다. 주 이용층은 40대 이상 성인이며 코로나19 이후 오프라인 카지노에 갈 수 없는 상황이 장기화되자 해당 이용층이 소셜카지노를 이용하게 되어 업황이 성장했다. 단, 초기 진입비용이 크기에 이미 기반이 갖춰진 기업을 인수합병하는 형태가 활발하게 진행되고 있다.

퍼블리싱

게임 개발 및 서비스를 독자적으로 수행하기에 재무적으로 넉넉하지 않거나 개발 인력 외에 마케팅 팀이나 사업팀이 없는 개발사의 경우, 마케팅을 해 줄 수 있는 퍼블리셔와 협력하게 되며 이와 같은 부분을 퍼블리싱이라 한다.

IP

intellectual property. 엔씨소프트의 리니지나 넥슨의 던전앤파이터 등 히트를 기록한 게임 콘텐츠의 지적재산권을 의미한다. 인기 IP를 타사에 빌려주는 대신 부가 비용 없이 로열티 수입을 얻을 수 있고 IP를 활용한 웹툰, 영화, 서적 및 캐릭터를 활용한 피규어 등 다양한 방면으로 부가수입을 창출할 수 있다. 인기 IP를 보유한 게임사들의 실적을 분석해보면 IP에서 나오는 로열티 수입이 높은 비중을 차지한다.

메타버스

Metaverse. 가상, 초월을 의미하는 메타(Meta)와 현실세계를 의미하는 유니버스(Universe)의 합성어로, 현실을 초월한 가상의 세계를 지칭하는 개념이다. 하지만 개념이 모호하므로 주요 기업들의 진행하고 있는 사업의 실체와 그들의 정의를 통해 이해하는 것이 좋다. 예를 들어 1) 메타는 메타버스를 '커뮤니티', 2) 스페이셜은 '나라 혹은 도시', 3) 마이크로소프트는 '디지털트윈'이라고 개념을 소개한다. 메타, 스페이셜, 마이크로소프트가 준비 중인 메타버스 플랫폼은 업무와 실생활에서 사용할 수 있는 협력 툴이라는 공통점이 있다.

AR

Augmented Reality, 증강현실. 실제 환경을 배경으로 가상의 사물이나 정보를 합성해 해당 환경에 존재하는 것처럼 보이도록 하는 기술이다.

VR

Virtual Reality, 가상현실. 가상에 실제와 유사한 환경, 상황을 구현한 것, 혹은 그 기술 자체를 의미한다.

XR

eXtended Reality. AR(Augmented Reality, 증강현실), VR(Virtual Reality, 가상현실), MR(Mixed Reality, 혼합현실), HR(Hologram, 홀로그램) 등을 망라하는 기술로 확장현실을 말한다.

HMD

Head Mounted Display. AR, VR, XR을 이용자 개인에게 구현시켜주는 웨어러블 기기를 칭한다. 머리에 착용하는 디스플레이라는 의미에서 붙여진 이름이다.

디지털 트윈

Digital Twin. 실제 사물이나 환경을 가상세계에 똑같이 구현해 다양한 가정, 변수를 투입하고 시뮬레이션해서 미래의 형태가 예측되도록 하는 기술이다. 구글 어스(Google Earth)가 대표적이다.

CG

Computer Graphics. 컴퓨터로 만든 그래픽 이미지를 말한다. 2D 그래픽과 3D 그래픽이 모두 해당되는 개념이지만 보편적으로는 3D그래픽을 지칭하는 뉘앙스로 사용된다.

VFX

Visual effect. 특수영상이나 시각효과를 뜻한다. 영화나 애니메이션 그림 등에 적용되는 영상제작기법 중 현장에서 촬영하기 어려울 때 사용하는 기법으로 흔히 CG 특수효과라고 한다. 폭발화재 등의 임의적인 효과를 연출할 때 사용한다.

실감형 콘텐츠

다양한 센서를 이용해서 사람의 제스처, 모션, 음성 등 사람의 행위를 인식하고 분석하는 기술을 활용해 가상의 디지털 콘텐츠를 실제의 물체처럼 조작할 수 있게 만든 디지털 콘텐츠를 뜻한다. 실감형 콘텐츠 시장은 VR, AR, MR을 모두 포괄한 정보통신기술(ICT)을 기반으로 인간의 오감을 극대화해 실제와 유사한 경험을 제공하는 차세대 콘텐츠 시장이다. 5G 이용자 확대, AR, VR 등의 실감형 콘텐츠 확산, 리얼타임 엔진 적용을 통한 확장성은 스마트폰 이후의 트렌드를 이끌 원동력으로 인식되고 있다.

가상 경제

Virtual Economy. 암호화폐, NFT 거래 등 가상 세계의 경제현상을 포괄하는 의미다. 증가하는 디지털 자산의 생산과 소비, 관련 플랫폼의 안정화, 꾸준한 참여자 유입 등으로 가상 경제 규모는 급격히 팽창하면서 진화되고 있다.

블록체인

일종의 전자 장부로 서로의 거래 내역이 블록(장부)에 담기고 이 블록들을 체인처럼 연결해 참여자들이 공동으로 기록 및 보관하는 기술을 뜻한다. 이런 특징 때문에 공공거래장부로 불리기도 한다. 장부가 특정 주체나 중앙에 보관되지 않고(탈중앙화), 모든 참여자가 동일한 장부를 갖게 되므로 해킹과 위조나 변조로부터 안전할 뿐만 아니라, 신뢰성과 효율성을 얻을 수 있다.

가상화폐

게임머니와 같은 디지털 형태로 특정 영역에서만 화폐처럼 쓰인다.

코인

암호화폐는 코인과 토큰으로 발행된다. 코인과 토큰을 구분하는 큰 기준은 독자적인 블록체인 네트워크(메인넷)를 보유했느냐 여부이다. 독자적인 네트워크란 다소 복잡한 개념이 혼재하므로 하나의 독자적인 생태계로 이해해도 무방하다. 비트코인, 이더리움같이 독립적인 블록체인 네트워크를 구축해 그 생태계 안에서 통용되는 가상화폐는 코인이라고 부른다. 기술적인 차이를 떠나 코인의 궁극적 목적은 화폐와 같이 사용되는 것으로 현재에도 거래와 지불, 결제 수단으로 대부분 활용되고 있다.

토큰

코인보다는 넓은 의미의 가상자산으로 특정 목적이나 역할을 위해 발행되고 거래된다. 기술적으로는 코인과 달리 자체 블록체인 네트워크가 없이 여러 블록체인 네트워크에서 두루 통용된다. 토큰은 특정 자산의 권리와 소유, 가치를 개별적으로 부여하면서 자산화될 수 있다. 이것이 바로 NFT로 개별 자산의 특징과 가치가 모두 달라 토큰끼리 단순 1:1 대체, 혹은 교환이 불가능하다. 즉, 코인이 거래와 지불 수단에 가까운 반면, 토큰은 그에 더해 권리와 소유권, 자산의 특징이 담겨질 수 있다.

WEB 2.0

인터넷 사용자 간 정보 공유와 참여를 통해 만들어지는 생태계다.

WEB 3.0
2.0 대비 탈중앙화 및 지능화를 지향하는 유저 맞춤형 생태계다.

NFT
Non-Fungible Token. 블록체인 기반으로 구성되는 위변조가 불가능한 디지털 자산이다.

메인넷
독립적으로 생태계를 구성하는 블록체인 플랫폼이다.

DeFi
Decentralized Finance. 탈중앙화된 금융을 뜻한다. 주로 암호화폐의 대출 및 전송 등에 사용된다.

스테이킹
Staking. 암호화폐를 저축(예치)하는 개념. 사용자가 암호화폐를 예치하면 운영자는 예치된 암호화폐를 운영에 사용하고 그 대신 일정의 이율을 제공한다.

가버넌스
Governance. 조직공동의 목표를 달성하기 위해 구성원들이 의사결정에 참여해 조직의 중요사항 등을 집단으로 결정하는 체계다.

4

미디어 & 콘텐츠

엔터테인먼트

K-POP

팬덤 플랫폼

유튜브

콘서트

매니지먼트 시스템

OSMU

1   오랜 기간 쌓아왔던 K-POP의 매력은 코로나 팬데믹을 전화위복의 기회로 삼아
    글로벌 팬덤을 확보함

2   팬덤 플랫폼의 빠른 성장, 흥행 아티스트의 IP를 활용한 원소스 멀티유즈(OSMU),
    한국 엔터테인먼트사 매니지먼트 시스템의 현지화 전략 등의 성과 기대

3   포스트 코로나 시대를 맞아 2023년에는 본격적인 콘서트 수익이 엔터사 실적에
    기여할 전망

1990년대 후반, 1세대 아이돌로 꼽히는 HOT, SES, 젝스키스, 핑클, 신화 등이 본격적으로 아이돌로 불리며 아이돌 팬덤 문화가 형성된 후, 에스엠 엔터테인먼트, 와이지 엔터테인먼트, JYP 엔터테인먼트 등의 소속사들이 본격적으로 국내 엔터테인먼트 산업에 중추적 역할을 하기 시작했다. 이후 2000년 중반~2010년대 초반, 한국 엔터테인먼트 사업은 동방신기, 슈퍼주니어, 소녀시대, 원더걸스, 빅뱅 등이 활동하면서 활동 무대를 일본, 중국, 동남아시아로 넓혀가며 아이돌 2세대를 이끌었으며 이 시기에 K-POP 매니지먼트 시스템이 본격적으로 갖춰지기 시작했다.

2010년대 중후반, IT 기술의 발달로 유튜브 플랫폼이 세계적으로 인기를 끌었고 K-POP 아티스트들의 매력이 시간이 지날수록 긍정적 효과를 내며, 엑소, BTS, 블랙핑크를 필두로 K-POP은 아시아를 벗어나 세계 무대로 활동 반경을 넓히게 되었다. 단순히 활동 무대만 넓어진 것이 아니라 미국 빌보드 차트에서도 상위권에 차트인하며 월드 투어를 진행할만큼 세계적으로 큰 성공을 거두게 되었다.

2010년대 후반, 한일관계 악화, 중국의 한한령(限韓令) 등 여러 악재로 한국 엔터테인먼트 산업은 잠시 주춤했지만 코로나19 팬데믹을 전화위복의 기회로 삼아 실력 있는 신인들이 대거 출현하면서 K-POP 산업은 지금도 세계 시장에서 큰 주목을 받고 있다. BTS를 보유한 소속사 하이브는 미국 대형 레이블을 인수했으며, 유튜브뿐 아니라 애플뮤직, 텐센트, 스포티파이 등 음원 전반적 산업으로 한국 엔터테인먼트의 영향력이 확대되며 이제는 해외에서 벌어들이는 음원 수익이 내수보다 훨씬 질이 좋은 상황으로 변모하고 있다.

| 더욱 강화될 K-POP 팬덤

코로나19로 인한 강제적 비대면 상황에서 K-POP 아티스트들은 오히려 전성기를 구가했다. 콘서트를 진행할 수 없다 보니 아티스트들은 유튜브 플랫폼을 통해 팬들을 찾아갔고 지역과 문화 경계의 구분이 없는 유튜브 플랫폼을 통해 매우 빠른 속도로 K-POP의 매력이 전 세계로 확대되었다.

이와 같은 환경에서 엔터테인먼트 사는 경험 경제(Experience Economy)를 활용하기 시작했다. 팬 경험의 효용가치를 극대화하기 위한 전략으로 위버스, 버블, 유니버스 등의 팬덤 플랫폼이 운영되며, 수많은 글로벌 팬들과 아티스트들을 팬덤 플랫폼 내에서 양방향으로 연결해주었다. 팬은 앨범 구매, 스트리밍 구매, 콘서트 방문, 굿즈 구매 등으로도 소비를 하며 만족감을 느끼지만 아티스트와 대화를 나눴다는 사실, 경험을 친구 또는 불특정 다수에게 알리는 데에서도 만족감을 느낀다. 이런 활동들이 이뤄지며 팬덤 플랫폼들이 빠르게 성장하고 있으며 자연스레 실적도 창출하는 선순환을 이루고 있다.

미디어, 게임, 웹툰 등 다른 콘텐츠와 마찬가지로 대중적 인기를 얻은 아티스트는 그 자체가 IP로서 매력을 갖게 되었다. 이에, 흥행 IP는 해당 아티스트를 활용한 게임, 메타버스, 영화, 드라마, 웹툰, 웹소설 또는 NFT의 형태로 재창출되면서 진정한 OSMU의 장점을 보여주게 되었다. 엔터사가 보유한 이런 IP들의 가장 큰 특징은 무한성을 이끌어낼 수 있는 소비층이 존재한다는 사실이며 이 소비층은 즉 팬덤이다. IP에 대한 강력한 로열티를 갖고 있는 팬덤의 크기와 그에 따른 구매력은 IP 보유 기업 실적의 핵심이 된다.

▌ 포스트 코로나 시대, 콘서트 수익 본격화

포스트 코로나 시대를 맞아 그간 확보한 글로벌 팬덤은 이제 엔터테인먼트 산업 본연의 핵심 실적원인 콘서트 수익에 기여할 전망이다. 2022년 4분기와 2023년에 하이브는 BTS의 공백을 TXT, 엔하이픈, 세븐틴이 아시아, 미국, 일본 콘서트 투어로 커버할 전략이며 JYP는 니쥬, ITZY, 스트레이키즈가 아시아, 미주, 호주에서 그리고 에스엠은 NCT127, 슈퍼주니어, 동방신기 등이 한국, 일본 및 아시아, 미국 콘서트를 계획 중이며 마지막으로 와이지 엔터테인먼트는 블랙핑크, 트레저, 아이콘이 한국, 일본, 미국, 유럽, 호주 등전 세계를 무대로 콘서트 활동을 펼칠 계획이다.

2023년에도 계속해서 실력 있는 신인들이 체계적인 매니지먼트 시스템을 바탕으로 육성되어 데뷔를 준비하고 있는데, 한국 엔터테인먼트사들은 이제 한국에서 벗어나 각자의 시스템을 타 국가에서 현지 아이돌을 개발하는 데 접목하고 있다. 에스엠은 중국 보이그룹 WayV, JYP는 일본에서 현지 걸그룹 니쥬를 런칭시켰고 하이브는 일본과 미국에서 신규 아티스트를 발굴해 런칭시킬 계획이다. 글로벌 아티스트 제작 모델로도 수익을 창출한다면 엔터테인먼트 사의 기업가치는 한 단계 도약할 전기를 마련할 전망이다.

엔터테인먼트 4사 음반 출하량 추이

코로나 팬데믹 악재에도 유튜브 플랫폼을 활용한 전략으로 글로벌 팬덤을 확보하며, 음반 출하량이 지속적으로 증가했다.

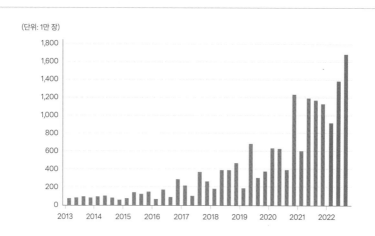

(단위: 1만 장)

출처: 유안타증권리서치센터

팬덤 플랫폼을 통한 팬덤 수익화 구조

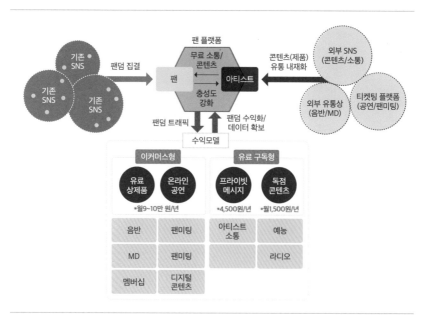

출처: 하이투자증권

K-POP의 빌보드 100, 200 차트인 케이스

빌보드 100

소속사	아티스트	2018년	2019년	2020년	2021년	2022년
하이브	BTS	10	8	1	1	10
	Agust D(슈가)			76		
	뷔					79
	제이홉(BTS)		81			82
	정국					95
JYP	트와이스				83	
YG	블랙핑크	55	41	13		
	로제				70	
	리사				84	

빌보드 200

소속사	아티스트	2018년	2019년	2020년	2021년	2022년
하이브	BTS	1	1	1		1
	세븐틴				13	4
	TXT		140	25	5	4
	Agust D(슈가)			11		
	엔하이픈				11	6
	제이홉(BTS)	38				
	RM	26				
JYP	스트레이키즈					1
	트와이스			72	3	
	나연(트와이스)					7
	ITZY				11	8
에스엠	SuperM		1	2		
	NCT 127	86	11	5	3	
	에스파				20	3
	NCT			6		20
	EXO	23	182			
	NCT Dream					50
	종현(샤이니)	177				
YG	블랙핑크	40	24	2		

출처: 케이프투자증권

엔터 4사의 아티스트 파이프라인

소속사	아티스트	2015	2016	2017	2018	2019	2020	2021	2022 (전망)	2023 (전망)
하이브	BTS				재계약					입대
	뉴이스트					재계약		재계약		
	TXT					데뷔				
	세븐틴	데뷔								
	엔하이픈						데뷔			
	르세라핌								데뷔	
	뉴진스								데뷔	
	신인남자(일본)								데뷔	
	신인여자(미국)									데뷔
	신인남자(자회사)									데뷔
	신인남자									데뷔
JYP	2PM				재계약/입대	입대				
	GOT7							계약해지		
	트와이스	데뷔							재계약	
	DAY6	데뷔						입대	입대	
	스트레이키즈				데뷔					
	ITZY					데뷔				
	니쥬(일본)						데뷔			
	Xdinary Heroes							데뷔		
	엔믹스								데뷔	
	신인남자									데뷔
	신인남자(일본)									데뷔
	신인남자(중국)									데뷔
	신인여자(미국)									데뷔
에스엠	동방신기			입대	재계약					
	슈퍼주니어			입대						
	샤이니					재계약/입대	입대			
	소녀시대			재계약						
	EXO						입대	입대		
	레드벨벳								재계약	
	NCT		데뷔							재계약
	에스파						데뷔			
	신인남자									데뷔
	신인남자									데뷔
YG	빅뱅	재계약				입대	입대	재계약		재계약(?)
	위너							입대		
	아이콘	데뷔								
	악동뮤지션								재계약	
	블랙핑크		데뷔							
	트레저						데뷔			
	신인여자									데뷔

출처: 신한투자증권

엔터테인먼트 4사의 향후 주요 일정

소속사	아티스트(2023년)	앨범(2022년 4분기)	콘서트	
			2022년 4분기	2023년
하이브	걸그룹 1팀, 보이그룹 3팀 데뷔	엔하이픈, 르세라핌, 진(BTS), 세븐틴, RM(BTS), 뉴진스 신규 앨범	- TXT(아시아) - 엔하이픈(미국, 일본) - 세븐틴(아시아, 일본)	- 엔하이픈(아시아) - TXT(북미)
JYP	보이그룹 3팀, 걸그룹 1팀 데뷔	스트레이키즈, ITZY, 트와이스 신규 앨범	- 니쥬(일본) - ITZY(미주) - 스트레이키즈(아시아)	- 스트레이키즈(아시아, 호주, 미주) - ITZY(아시아)
에스엠	NCT 도쿄, 보이그룹 1팀 데뷔	슬기(레드벨벳), NCT127, WayV, SM Town, 카이(엑소) 신규 앨범	- NCT127(미국, 한국, 아시아) - 슈퍼주니어(아시아) - NCT Dream(일본) - 수호(EXO)(일본) - 키(샤이니)(한국, 일본)	- 동방신기(일본)
YG	걸그룹 1팀, 하반기 데뷔 전망	트레저, 이찬혁 신규 앨범	- 아이콘(일본) - 블랙핑크(서울, 북미, 유럽) - 트레저(서울, 일본)	- 블랙핑크(아시아, 호주, 일본) - 트레저(일본)

출처: 대신증권

팬덤 플랫폼의 주요 기능 및 비교

	위버스(하이브)	디어유 버블(디어유)	유니버스(엔씨소프트)
런칭 시기	2019년 6월	2020년 2월	2021년 1월
아티스트	- 하이브, YG, 이타카홀딩스, UMG 소속 아티스트 외 타사 아티스트 (뮤지션) - 2022년 8월 기준 총 59팀 소속	- SM, JYP 소속 아티스트 외 타사 아티스트(뮤지션, 배우, 스포츠 스타, 인플루언서) - 2022.06 기준 총 103팀 소속	- 대형 엔터테인먼트 4사 외의 아티스트 - 2022년 8월 기준 총 43개의 채널
수익 모델	- 유료 멤버십 - 영상 콘텐츠, MD 상품 구매	- 아티스트 1인당 월 4,500원의 구독형	- 기본 월정액 3,500원 - 아티스트 1인당 월 4,400원의 구독형
이용자 지표	- 2022년 2분기 기준 MAU 500만 명	- 2022년 2분기 기준 MAU 135만 명	- 2022년 2분기 기준 MAU 100만 명 수준 추정
실적 지표	- 2022년 상반기 매출 1,465억 원, 순이익 1억 원	- 2022년 상반기 영업수익 234억 원, 순이익 89억 원	- 자회사 클렙, 2022년 상반기 매출 56억 원, 영업손실 2억 원
비고	- 2021년 1월, 네이버의 팬 커뮤니티 플랫폼 'V Live' 인수로 플랫폼 확대 - 2022년 말 이타카홀딩스 소속 아티스트(저스틴 비버, 아리아나 그란데) 입점 예상	- 2022년 4분기, 중국 안드로이드 마켓 서비스 예정 - 2023년 아시아 지역 아티스트 영입 예정	

출처: 대신증권

하이브

☑ BTS · 위버스 · 세븐틴 · 저스틴 비버 · 아리아나 그란데

시가총액	주요 주주	방시혁 외 9인 33%, 넷마블 18%, 국민연금 6%
5조 1,000억 원	주 매출처	앨범 34%, MD 및 라이선싱 21%, 공연 18%

- BTS를 포함한 다수의 아티스트를 양성하고 음악, 영상, 공연 등 콘텐츠를 제작하는 엔터테인먼트 기업
- 2021년, 저스틴 비버, 아리아나 그란데 등 글로벌 탑 아티스트 소속된 미국 대형레이블 이타카 홀딩스를 1조 원 대에 인수
- 보유한 아티스트 IP를 활용해 DVD, OTT, 게임 등 플랫폼향 콘텐츠 제작해 수익 창출
- 2022년 8월 기준 총 59팀이 소속된 팬덤 플랫폼 '위버스' 운영
- 2023년, 하이브 매출의 약 60%를 차지하는 핵심 아티스트 BTS의 입대로 세븐틴, TXT, 르세라핌, 뉴진스 등의 도약에 기대
- 멀티 레이블 확장 전략으로 미국, 일본 등 해외 레이블, 매니지먼트사 인수에 의한 IP 확보 검토

실적 추이 및 전망

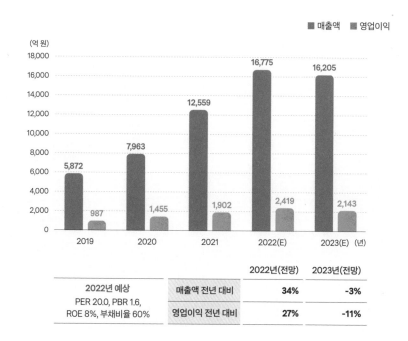

		2022년(전망)	2023년(전망)
2022년 예상 PER 20.0, PBR 1.6, ROE 8%, 부채비율 60%	매출액 전년 대비	34%	-3%
	영업이익 전년 대비	27%	-11%

에스엠

시가총액	주요 주주	이수만 외 13인 19%, 국민연금 9%
1조 5,200억 원	주 매출처	엔터테인먼트 88%, 광고 10%

- HOT, SES, 보아, 신화, 소녀시대, 동방신기, 슈퍼주니어, EXO, 샤이니 등의 아티스트를 키워내며 한국 엔터테인 먼트 사업을 선도하고 있는 대표 기업
- 엔터테인먼트 사업, 공연, 콘텐츠 제작 및 광고 사업(SM C&C, 키이스트) 등 자회사로 구성
- 동사와 미국 영화 제작사 MGM이 합작해 NCT 할리우드 프로젝트 진행 예정
- 이수만 총괄 프로듀서의 개인 회사 라이크 기획과의 계약이 2022년 12월 31일부로 종료되며 관련된 불확실성 해소 전망
- 컴투스가 동사의 IP를 활용해 시너지를 내려는 전략으로 지분 약 4% 확보 중

실적 추이 및 전망

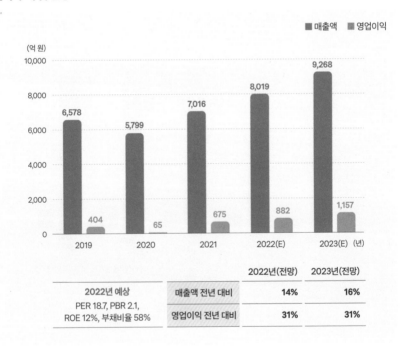

(억 원)

■ 매출액 ■ 영업이익

	2019	2020	2021	2022(E)	2023(E)
매출액	6,578	5,799	7,016	8,019	9,268
영업이익	404	65	675	882	1,157

		2022년(전망)	2023년(전망)
2022년 예상 PER 18.7, PBR 2.1, ROE 12%, 부채비율 58%	매출액 전년 대비	14%	16%
	영업이익 전년 대비	31%	31%

JYP Ent.

☑ 스트레이키즈 • 트와이스 • ITZY

시가총액	주요 주주	박진영 외 3인 15%
1조 8,900억 원	주 매출처	음반/음원 49%, 광고 7%, 출연료 6%

- 원더걸스, 트와이스, 2PM 등 성공 이후 스트레이키즈, ITZY 등의 아티스트의 성과가 기대되는 엔터테인먼트 기업
- 사업 다각화 전략을 취하는 타 엔터테인먼트사와 달리 엔터테인먼트 사업 위주의 단순한 수익 구조에 집중(음악 출판, 콘텐츠 제작, MD 제작 및 유통 등)
- 팬덤 기반 비즈니스 모델을 미국 및 글로벌로 확대 이식하기 위한 전략으로 2022년 3월에 미국 현지 법인 설립
- 미국에서 오디션을 진행하며 K-POP 시스템 기반의 트레이닝 및 계약 이뤄질 전망
- 트와이스의 전원 재계약으로 주력 그룹 스트레이키즈의 2025년 초 재계약 시즌까지 계약 관련 리스크 요인이 거의 없다는 평가

실적 추이 및 전망

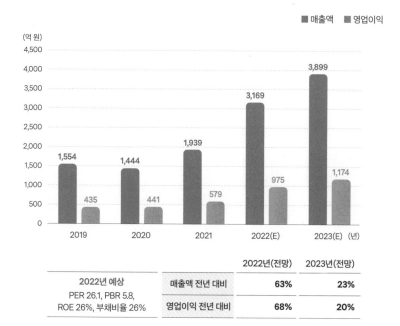

■ 매출액 ■ 영업이익

(억 원)

	2019	2020	2021	2022(E)	2023(E) (년)
매출액	1,554	1,444	1,939	3,169	3,899
영업이익	435	441	579	975	1,174

2022년 예상		2022년(전망)	2023년(전망)
PER 26.1, PBR 5.8, ROE 26%, 부채비율 26%	매출액 전년 대비	63%	23%
	영업이익 전년 대비	68%	20%

와이지 엔터테인먼트

시가총액	주요 주주	양현석 외 7인 20%, 네이버 8%, 국민연금 7%
7,800억 원	주 매출처	상품, 기타 제품 39%, 음악서비스 매출 22%

- 빅뱅, 블랙핑크 등 글로벌 팬덤을 갖고 있는 아티스트를 보유한 엔터테인먼트 기업
- 외부에 음악을 맡기는 대신 내부 프로듀서를 육성함으로써 동사만의 음악적 색채를 유지
- 블랙핑크의 공연, 앨범, 콘서트 등 여부에 따라 실적 변동성이 커진 상황
- 트레저, 아이콘, 위너 등의 아티스트의 국내외 콘서트 투어 기대

실적 추이 및 전망

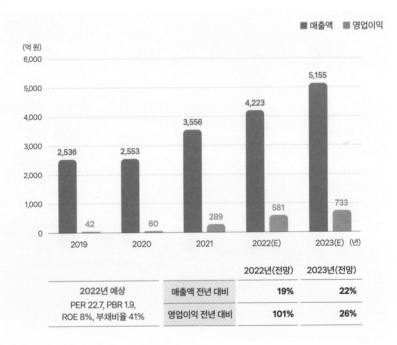

(억 원)

■ 매출액　■ 영업이익

	2019	2020	2021	2022(E)	2023(E)
매출액	2,536	2,553	3,556	4,223	5,155
영업이익	42	60	289	581	733

2022년 예상		2022년(전망)	2023년(전망)
PER 22.7, PBR 1.9, ROE 8%, 부채비율 41%	매출액 전년 대비	19%	22%
	영업이익 전년 대비	101%	26%

디어유

☑ 버블 • 에스엠 • JYP

시가총액 **5,810억 원**	주요 주주	에스엠스튜디오스 외 3인 36%, JYP Ent 외 6인 19%
	주 매출처	디어유 버블 95%

- 에스엠과 JYP 등이 대주주이며 팬덤 플랫폼 '디어유 버블' 운영. 2022년 말, MAU 약 155만 명 기록 전망
- 재구독 등 리텐션 리스크 우려 낮고 재투자 부담이 작기에 규모의 경제로 인한 수익성 개선 효과 기대
- 2022년 4분기 중국 안드로이드 서비스 예정으로 의미있는 유료 가입자 수 증가 기대
- 2023년에는 해외 유명 아티스트들의 디어유 입점, '팬클럽' 서비스 개시, '버블 라이브' 및 '디지털 아이템 스토어' 서비스 런칭으로 트래픽 증가 기대

최근 실적 및 주요 재무지표

	2021년	2022년(전망)	2023년(전망)		2022년 상반기	
매출액	400억 원	513억 원	867억 원 (yoy 69%)	매출액	238억 원	PER 26.3 PBR 4.0
영업이익	132억 원	183억 원	323억 원 (yoy 76%)	이익	75억 원	ROE 16% 부채비율 8%

엔씨소프트

☑ 리니지 • 유니버스

시가총액 **8조 9000억 원**	주요 주주	김택진 외 6인 12%, 퍼블릭 인베스트먼트 펀드 9%
	주 매출처	리니지W 42%, 리니지M 18%, 리니지2M 15%

- 리니지 IP로 유명한 국내 대표 게임사이며 자회사 클렙이 팬덤 플랫폼 '유니버스' 운영
- 위버스, 디어유에 비해 아직은 아티스트 라인업 인프라가 다소 아쉬운 상황
- 독자적인 오리지널 콘텐츠 '유니버스 오리지널', 단독 온/오프라인 행사, 동사가 보유한 AI 음성 합성 기술 등의 차별화 전략

최근 실적 및 주요 재무지표

	2021년	2022년(전망)	2023년(전망)		2022년 상반기	
매출액	2조 3,088억 원	2조 5,713억 원	2조 6,790억 원 (yoy 4%)	매출액	1조 4,196억 원	PER 19.1 PBR 2.4
영업이익	3,752억 원	5,582억 원	5,801억 원 (yoy 4%)	이익	3,672억 원	ROE 14% 부채비율 38%

종목명	시가총액 (억 원)	사업 내용	2022년, 2023년 전년비 EPS 성장률(전망)
YG PLUS	2,676	YG 엔터테인먼트, 하이브 소속 아티스트들의 앨범 및 음원 유통 담당	전망치 미집계
큐브엔터	2,526	아티스트 (여자)아이들, 비투비, 펜타곤 등 활동 지원 및 일본에서 화장품 사업	흑자 전환, 145%
에프엔씨엔터	706	아티스트 씨엔블루, FT아일랜드, 배우 정해인 등 지원. NFT 사업에도 진출	전망치 미집계

※ EPS: Earning Per Share. 주당순이익을 뜻하며, 기업의 자본 규모와 상관없이 1주당 얼마의 이익을 창출했는지를 나타내기에 기업의 실질적인 수익성을 가늠해볼 수 있음

알아두면 좋은 용어

빌보드
Billboard. 미국 음악 잡지 『빌보드』에서 매주마다 앨범과 싱글 성적을 합산해서 발표하는 차트다. 미국의 음악 순위 관련 차트 중 가장 대중성 있고 공신력을 인정받기에 역사적으로 전 세계 대중 음악계의 중심에 있는 차트다.

빌보드 100
빌보드 최고의 메인 차트이며 개별 곡 단위의 인기를 음원 다운로드, 스트리밍, 싱글 음반 판매량, 라디오 방송 횟수 및 유튜브 조회 수 등의 지표를 종합해 순위를 산정한다.

빌보드 200
아티스트의 앨범 단위의 인기를 볼 수 있는 차트다. 앨범 판매량 및 앨범 수록곡 전체의 음원 판매량까지 합산해 순위를 산정한다.

팬덤
Fandom. 가수, 배우, 운동선수 등 유명인이나 특정 분야를 열성적으로 좋아하거나 몰입해 그 속에 빠져드는 사람들을 뜻한다.

MAU
Monthly Active Users. 월별 서비스 활동 이용자 수를 의미한다.

5

로봇 & AI

고령화

탈세계화

산업용 로봇

서비스 로봇

스마트 팩토리

빅데이터

신경망

머신러닝

딥러닝

1 주요 선진국들의 심각한 고령화로 인한 노동력 부족, 패권 다툼에 의한 글로벌 공급망이 심화 재편되어 로봇 수요가 빠르게 증가하고 있다

2 스마트 팩토리가 활성화되고 서비스 로봇의 보급, 미래 모빌리티 산업이 발전하며 더 높은 인공지능 기술을 요구한다

3 주요 선진국의 정책 지원 및 글로벌 빅테크들의 공격적 투자로 로봇과 인공지능 산업의 빠른 성장세가 전망된다

인류 역사에서 노동의 주체는 사람과 가축으로 상당히 오랫동안 단순화된 작업을 반복해왔지만, 1760년~1820년 사이에 영국에서 일어난 산업혁명을 기점으로 기계를 활용한 자동화가 이뤄지며 대량 생산이 활성화되었다. 이후 전 세계에 산업화가 빠르게 전파되면서 전 세계 경제는 비약적인 성장세를 이뤘다. 지금은 다양한 요인들이 복합적으로 엮이며 고속 성장세에 제약이 발생했고, 단순 작업만 반복하는 기계 대신 지능을 보유한 기계 즉, 로봇의 필요성이 크게 대두되고 있다.

▌ 고령화, 탈세계화로 인한 로봇의 니즈 증가

주요 선진국들의 경제가 고속 발전하면서 평균 수명이 증가하고 삶의 질을 우선시하는 라이프스타일이 확산되면서 인구 증가세가 주춤해지는 대신 고령 인구 비중이 증가하고 있다. 2022년 9월 한국 통계청의 발표에 의하면 2022년 대한민국 전체 인구의 약 17%가 65세 이상인 고령 인구인데 이 비중은 점차 증가해 2025년엔 총 인구의 20%, 2035년엔 30%에 육박할 전망이다. 고령화는 필연적으로 국가 경제 발전에 제약을 가한다. 한국개발연구원 KDI는 2023년~2027년 대한민국 경제의 잠재성장률은 2.0%로 전망했는데 이 수치는 고령화에 따른 노동 공급 감소의 영향으로 인해 점차 줄어들며, 2050년에는 성장률 0.5% 수준까지 하락할 것으로 전망했다. 미래 한국 경제가 매우 어두운 터널을 피할 수 없다는 전망이다.

미국도 2021년 고령 인구 비중이 약 18%였는데 2060년에는 23%까지 증가할 것이란 전망이며 고령화가 가장 빠른 일본은 이미 2006년에 고령 인구 비중이 20%를 넘어 초고령사회로 진입했다. 14억 인구를 자랑하는 중국도 2021년에 고령 인구 비중이 14%였는데 2033년경엔 20%를 넘을 전망이다. 게다가 저출생까지 겹치며 중국도 성장 엔진이 꺼져가는 방향으로 진행되고 있다. 이로 인해 주요 선진국을 필두로 부족해진 노동력을 확보하고 동시에 산업 현장에서의 안전성을 위해, 또 삶의 질을 더욱 높이기 위한 목적으로 다양한 기능의 로봇이 앞다퉈 제작되고 있다.

미국과 중국의 패권 전쟁에 따른 무역갈등과 진영 간 경제 블록화로 인한 탈세계화 현상도 로봇의 수요를 증가시키고 있다. 제2차 세계대전 이후 중국의 값싼 노동력이 글로벌 경제 시장에 뛰어들면서 세계 각지의 제조 기업들은 경쟁력 강화를 위해 중국 현지에 공장을 짓고 공산품과 부품을 만들었다. 미국이나 유럽과 같은 선진국들은 그렇게 번 돈으로 고부가가치 제품에 주력하고 첨단 기술 개발에 집중했다. 다만, 경제 성장이 가속화된 중국은 중국인들의 소득 수준 향상, 인건비 상승, 중국인들의 삶의 질 추구에 따른 노동력 부족 그리고 미국과의 무역 전쟁을 포함한 다각화된 갈등으로 인해 더 이상 세계의 값싼 공장으로서의 역할을 하지 못하게 되었다.

또한, 2022년 러시아-우크라이나 전쟁이 글로벌 패권 다툼으로 심화되면서 주요국들은 해외에 설치했던 제조시설을 본국으로 복귀시키는 리쇼어링 및 동맹국들과 밸류체인을 다시 정립하는 프렌드쇼어링을 진행하게 되었다. 미국의 인플레이션감축법(IRA)과 반도체산업지원법(CHIPS Act), 유럽 원자재법(RMA), 중국의 제조2025(중국의 산업고도화 전략) 등은 향후 글로벌 공급망의 분리를 가속화시킬 전망이다. 이에 글로벌 공급망 재편이 불가피해졌으며 이는 기업의 인건비 등 비용 확대에 따른 각국의 고용난을 유발하게 되었다. 이런 현상들로 인해 선진국들은 제조업 부흥 및 인력난 해소 문제를 해결하기 위해 로봇을 더 활용하게 될 것이며 특히 인공지능, 디지털 트윈, 스마트팩토리의 발전 덕분에 성능이 개선된 로봇이 빠르게 산업 현장과 실생활에서 쓰이게 될 전망이다.

┃ 로봇의 발전을 가속화시킬 인공지능 기술

선진국들의 리쇼어링은 산업 자동화 수요를 자극한다. 일반적으로 선진국의 노동자 인건비는 기업의 수익성을 리쇼어링 이전보다 악화시킬 수 있는 중요한 요인이다. 이에 기업의 수익성 확보를 위해 산업 자동화 투자는 필연적이며 이를 위해서는 공장 내 설비와 기계에 첨단 센서를 설치해 실시간 정보 획득 및 효과적인 제어를 해야 하고 수많은 기계장치, 로봇의 활동 빅데이터를 분석해 최적화를 이뤄내야 한다. 단순한 자동화보다 진일보한 자율화 개념이 적용된 제조 현장으로, 이런 스마트 팩토리를 효과적으로 구현하기 위해선 인공지능 기술이 필요하다.

또한, 제조 현장의 동일한 공간에서 작업자와 함께 일하는 협동 로봇, 실생활의 다양한 분야에서 부족한 노동력을 커버하고 삶의 질을 높이는 데 사용되는 각종 서비스 로봇들은 사람의 활동 영역을 공유하기에 반드시 진일보된 인공지능 기술을 필요로 한다. 그리고 미래 모빌리티인 자율주행차, 로보택시, 도심항공교통(UAM) 그리고 물류 분야에서의 자율배송 로봇 등의 소프트웨어 성능을 발전시키기 위해서도 인공지능 기술의 발전이 필요한 상황이다. 최근 전쟁의 승패는 첨단 기술이 결정짓기에 전장에 투입되는 군사용 로봇 역시도 고도의 인공지능 기술이 필요하다.

로봇 산업에 있어 가장 큰 걸림돌은 스스로 생각하는 능력, 곧 판단 능력이다. 이런 판단의 핵심인 인공지능의 완성도가 로봇 산업의 성패를 좌우할 것이다. 인공지능이 발전하기 위해선 광범위한 데이터를 순간적으로 빠르게 연산하는 능력이 필요하기에 고성능 소프트웨어 및 하드웨어가 필요한데, 신경망, 머신러닝, 딥러닝 등의 알고리즘이 개발되고 GPU로 대표되는 병렬연산의 성능이 대폭 좋아지면서 최근 인공지능의 성능이 획기적으로 발달했다. 또한 고성능 카메라, 센서, 다양한 디바이스를 통해 수집되는 구조화된 데이터가 대규모로 형성되며 인공지능을 정교하게 학습시킬 수 있게 되었다. 그리고 클라우드 컴퓨팅, 5G 및 향후 6G가 이끄는 초고속 통신도 인공지능 발전을 지지할 것이다.

글로벌 로봇 시장 분야별 성장 전망
산업용 로봇이 큰 비중을 차지하고 있지만, 서비스 로봇의 성장세가 더욱 확대될 전망이다.

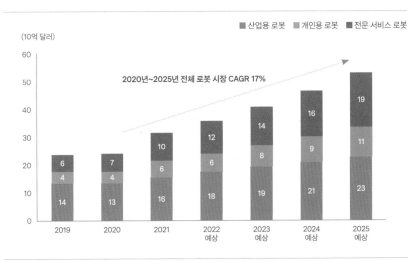

주: 서비스 로봇 시장은 미래에셋증권 추정치
참조: IFR, 미래에셋증권리서치센터

글로벌 산업용 로봇 설치 대수 전망

주요국의 리쇼어링 정책, 노동력 부족 및 인건비 상승 환경에 의해 산업용 로봇 설치 수요는 지속 증가될 것이다.

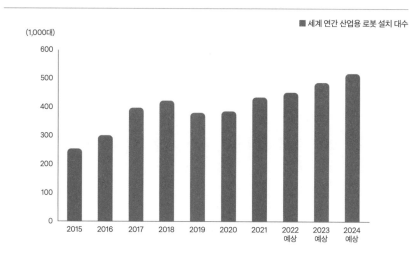

글로벌 협동 로봇 시장 규모 및 설치 대수 전망

현재는 제조용 로봇 시장에서 약 10%의 점유율을 보이지만 협동 로봇의 장점으로서 설치 수요가 크게 증가될 전망(한 공간에서 작업자와 로봇의 공존 가능, 저렴한 가격, 효율적 공간 활용, 높은 안전성 등)이다.

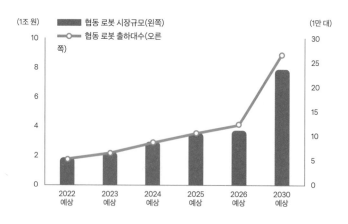

글로벌 서비스 로봇 시장 전망

극심한 노동력 부족 현상 및 삶의 질 향상 추구 니즈로 서비스 로봇 시장은 제조용 로봇 시장보다 더 높은 성장세를 기록할 것으로 예상된다.

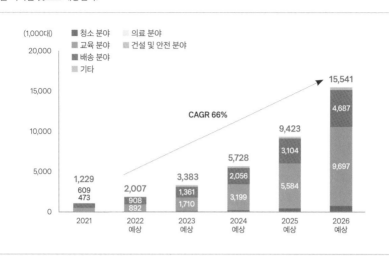

글로벌 자율주행 로봇 시장 규모

크게 로보택시, 개인형 목적기반 차량 및 자율주행 물류 이송 로봇의 형태로 시장이 크게 확대될 전망이다.

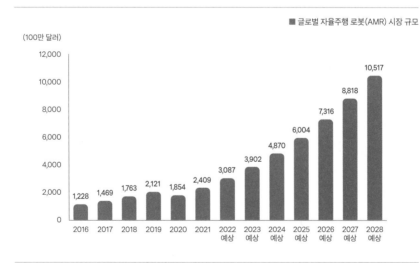

로봇의 구동 과정

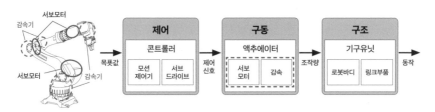

1) 산업용 로봇은 미리 정의된 작업만 하도록 되어 있어 외부환경 인지나 힘, 동작조정 기능 등이 없는 경우가 대부분이다.
2) 협동 로봇은 포스-토크 센서가 추가되며 외부환경을 감지하고 대응하는 제한된 능력을 갖추었다.

출처: 로봇산업협회, 산업자원부, IBK투자증권

로봇 산업이 발전할 토양의 구축

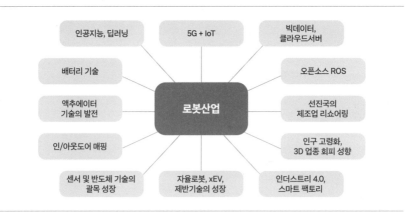

출처: 하이투자증권리서치센터

인공지능 학습 방법에 따른 분류

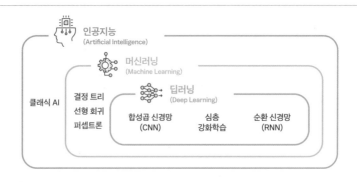

출처: 키움증권리서치

글로벌 인공지능 시장 전망

컴퓨터에 많은 데이터를 주고, 패턴을 찾아내게 하는 등의 방식으로 학습시켜 인간의 지적 능력을 구현하는 기술인 머신러닝 분야가 인공지능 시장의 성장을 견인할 전망이다.

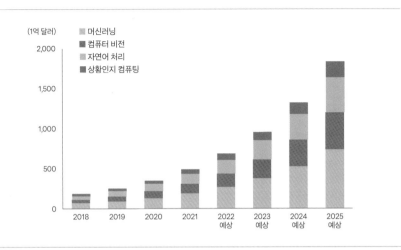

인공지능 발전의 역사

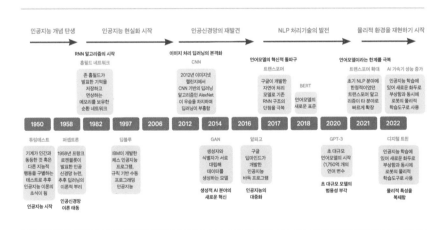

글로벌 빅테크들의 로봇 투자 현황

빅테크	투자 사례	투자 시기	투자 규모	관련 기업	비고
알파벳	로봇 및 관련 기업 투자	2013년	-	Schaft	일본 휴머노이드 로봇 개발 스타트업
				Industrial Perception	트럭 상하차용 컴퓨터 비전 시스템 및 로봇팔 기술 스타트업
				Meka	휴머노이드 로봇, 로봇팔 제조 기업
				Redwood Robotics	휴머노이드 로봇, 로봇팔 제조 기업
				Bot & Dolly	로봇 카메라 시스템 기업
	Abundant Robotics 투자	2017년	1,000만 달러	Abundant Robotics	과일 수확 로봇 기업
	Nuro 투자	2021년	6억 달러	Nuro	자율주행 배송 로봇 제조
테슬라	휴머노이드 로봇 옵티머스	-	-	-	오토파일럿용 카메라를 머리 부분에 탑재하고 FSD 컴퓨터를 토르소에 탑재하는 형태
	슈퍼컴퓨터 Dojo	-		-	완전자율주행 데이터 처리용 슈퍼컴퓨터
MS	Luminous 투자	2019년	-	Luminous	AI 반도체 스타트업
	Vicarious Surgical 투자	2019년	-	Vicarious Surgical	VR 수술용 로봇
	Iron Ox 투자	2021년	5,000만 달러	Iron Ox	자율운영농장 로봇 Grover
	오픈 AI 투자	2019년	10억 달러	오픈 AI	범용 인공지능 개발 목표
애플	디디추싱 투자	2016년	10억 달러	디디추싱	중국 자율주행 로보택시
	Drive.ai 인수	2019년	인수	Drive.ai	자율주행 기업
J&J	Verb surgical 인수	2019년	인수	Verb surgical	수술용 로봇 기업
	Auris Health 인수	2019년	인수	Auris Health	수술용 로봇 기업
아마존	Kiva Systems 인수	2012년	7억 7,500만 달러	Kiva Systems	무인 운반 로봇 기업
	Canvas Technology 인수	2019년	-	Canvas Technology	공간 AI 기술 활용, 모바일 로봇이 역동적 환경에서 안전하게 탐색 가능하도록 지원
	시리즈 B 펀딩 참여		5억 3,000만 달러	Aurora Innovation	자율주행차 개발 기업
	Zoox 인수	2020년	-	Zoox	자율주행 스타트업
	iRobot 인수		17억 달러	iRobot	로봇 청소기 제조 기업
	10억 달러 규모 펀드 조성. 공급망, 물류, 풀필먼트 기술 기업 투자	2022년	-	Modjoul	웨어러블 세이프티 기술 기업
				Vimaan	컴퓨터 비전, AI 기술 사용해 재고관리 개선
				Agility Robotics	이족보행형 로봇 개발 기업
				BionicHive	기존 물류 인프라에 적용 가능한 자율 로봇 솔루션 개발 기업
				Mantis Robotics	촉각 로봇팔 기업

출처: NH투자증권, KB증권

국내 대기업들의 로봇 산업 진출 동향

기업	진출 동향
삼성전자	- 2021년 12월, 조직 개편에서 로봇사업화 TF를 로봇사업팀으로 격상 - 2022년 CES에서 가사도우미 로봇 '삼성 봇 핸디', 상호작용 로봇 '삼성 봇 아이' 등 전시 - 2022년 3월 로봇·메타버스 AI, 5G 이동통신 등 신사업 진출 발표 - 2022년 말 웨어러블 주행 보조 로봇 '젬스 힙' 출시 예정
현대차	- 2020년 12월, 항공 로봇 사업으로 자동차 시장 비중을 부분 대체 - 2022년 5월, 로보틱스, UAM 등 미래산업에 2025년까지 미국에 50억 달러 투자 - 2022년 8월, 미 보스턴다이나믹스와 AI 역량 강화를 위해 미국 내 로봇AI연구소 및 국내 '글로벌 SW 센터' 설립 추진(5,500억 원 투자)
LG전자	- 2017년부터 로봇사업 착수(2017년 인천공항 LG클로이 가이드봇 시범운영) - 2022년 6월 자율주행 기반 물류로봇 'LG 클로이 캐리봇' 출시 - 2022년 8월 LG전자·KT, 로봇사업 확대(자율주행 센서 등 관련 기술 보유한 LG전자와 KT의 통신·네트 워크 기술 활용) - 카카오모빌리티와 협업해 자율주행 로봇 배송 등 모빌리티, 가전 간 데이터 연계를 활용한 서비스 개발 등 추진 - CJ대한통운과 협업해 물류시설의 스마트화 등 물류 로봇 솔루션 공급 전망
LG유플러스	- 2021년 9월, 5G 활용 자율주행 로봇 상용화 가속 - 2022년 7월, 초정밀측위 기술 기반 자율주행 스마트항만으로 확대 - 폐기물 운반 로봇 등 다양한 서비스 출시 계획 - LG전자 로봇 '클로이' 기반 AI, 실시간 모니터링, 관제 등의 로봇 플랫폼 개발 등 전방위적 사업 협력
포스코 ICT	- 2022년 7월, 산업로봇 육성 계획(현재 주력사업인 스마트 팩토리에 로봇 연동)
현대로보틱스	- 2022년 1월, B2B 간 거래로 서비스 로봇 보급 확대 계획 - 2022년 7월, 대면 방역로봇 출시 - 현재 서빙, 방역, 산업용 로봇 출시
현대엔지니어링	- 2020년 11월, 로보블럭시스템과 'AI 미장로봇' 공동 개발로 스마트 건설에 활용
현대두산인프라코어	- 2022년 4월, 삼성물산과 건설자동화·무인화 기술 MOU 체결
GS건설	- 2020년 7월 국내 건설현장에 4족 보행로봇 '스팟' 도입 - 2021년 10월, LG유플러스와 5G 로봇 건설현장 실증 성공적 진행
한화에어로스페이스	- 2022.7월, 영국 Vertical사와 전기식 작동기 공동 개발
SKT	- 2020년, 로봇 전문 기업 '로보티즈'와 5G MEC 자율주행 로봇 개발 협력 - 2021년, 용인세브란스 병원과 세계 최초 안내로봇과 방역로봇의 역할이 합쳐진 5G 복합방역로봇 'keemi' 상용화 - 2021년, 대구 인터불고 호텔에 서빙로봇 '서빙고' 상용화 - 2022년, AI 로봇 물류 사업 위한 씨메스와 100억 원 지분투자 및 업무 협약 - 2022년, 포스코와 산업안전 및 품질검사 시 자율주행 로봇, 드론 활용한 AI 솔루션 기술 협력 MOU - 2022년, 자율주행 로봇 배달플랫폼 '뉴빌리티'와 서비스 공동개발 및 사업화 추진 위한 MOU
현대로템	- 2022년 4월, 레인보우로보틱스와 국방로봇 분야 교류 MOU 체결, 대테러작전용 다족보행로봇 공동 개발 착수
KT	- 2021년, 현대로보틱스에 500억 원 지분투자 후 5G 스마트팩토리 산업용 로봇 출시 - 2021년 6월, 대동, 대동모빌리티, KIRO-KIST와 MOU 체결로 대구 제조공장 설립 - 2022년 3월 메뉴톡과 AI 서비스 로봇 활성화 MOU 체결 - 2022년, 시니어 돌봄 인공지능 로봇 솔루션 'AI 케어로봇 시니어' 출시 - 2022년, 러시아 얀덱스 그룹의 자율주행 그룹사 '얀덱스 SDG'와 로봇 이용한 실내 물류배송 기술 개발 협력 추진 - 2022년, LG전자와 차세대 서비스 로봇 플랫폼 구축 본격화 위한 MOU 체결

신세계	- 2018년 10월, 안내로봇·자율주행카트 개발 - 2020년 12월, KT와 AI 버틀러 로봇 공동 개발(AI 기반 호텔서비스 로봇)
네이버	- 2022년 3월, 네이버랩스, 클라우드기반 로봇제어 시스템과 5G 연동 - 2022년 6월, AI, 로봇, 클라우드 결합 '아크', 2023년 상용화 목표(디지털트윈 기술, 의료·항공·물류 분야 수요 예상)
카카오	- 2022년 3월, 카카오모빌리티, 뉴빌리티와 MOU 체결로 자율주행 로봇 배송 플랫폼 출시 계획 - 가정용로봇 개발사 '토룩'과 재활로봇 솔루션 개발업체 '엑소시스템' 투자
한화디펜스	- 무인수색차량, 정찰로봇, 폭발물 탐지, 초소형 자폭 로봇 개발
두산	- 협동 로봇 분야 국내 1위, 글로벌 5위 사업자 두산로보틱스를 자회사로 보유 - 두산로보틱스, 글로벌 협동 로봇 제조사 중 가장 많은 10개 제품 보유. 저가 제품 라인 확대 추진 중 - 저가라인을 통해 식음료 소매 분야에 진출 계획

출처: 이베스트투자증권, NH투자증권

주요국 정부의 로봇 관련 정책

국가	로봇 관련 정책
한국	- 2022년 3월, 2022 지능형 로봇 실행계획 발표. 서비스 로봇 1,600여 대 보급 및 관련 법령 정비 계획 - 2022년 5월, 자율주행 로봇 민간 협의체 발대식 개최 - 2022년 6월, 로봇산업 규제 개선 민간 협의체 출범 - 2022년 7월, 자율주행 로봇 실증 특례 부가조건 대폭 완화. 현장요원 동행 없이도 원격으로 로봇 관제 허용 - 업종별, 공정별 108개 로봇활용 모델 개발 - 4대 서비스 로봇(돌봄, 웨어러블, 의료, 물류) 분야 집중 육성책 마련
미국	- NRI(National Robotics Initiative)를 통해 로봇 R&D 지원 - 미국 국방부와 화성 탐사 프로그램 등 추진, 국방과 우주 분야 로봇 개발에 적극 지원 - 제조업 부흥을 위한 첨단제조 파트너십 발표. 안보, 첨단소재, 로봇공학, 제조공정 분야 경쟁력 강화와 일자리 창출
유럽	- EU의 8차 프레임워크 프로그램인 '호라이즌 2020'을 통해 로봇 개발 프로젝트 지원 - 제조, 산업, 건강, 교통, 농업 등 분야를 중심으로 로봇 개발 투자 - EU 집행위원회와 유럽 로봇산업협회가 주축이 되어 세계 최대 규모의 민관 합작 로봇프로그램인 SPARC 진행(2014년~2022년 27억 달러 투자)
중국	- 중국 제조 2025의 10개 핵심사업 내 첨단 로봇 분야 포함 - 2020년, 3~5개의 글로벌 경쟁력 제조기업을 육성 계획 발표 - 고성능 로봇 시장에서 중국산 제품의 점유율을 45% 수준으로 높이겠다 표명

출처: 융합금융처, 유안타증권

로봇의 분류

구분	용도	분야	주요 제품 및 기술
산업용 로봇	출하를 위한 작업 수행	매니퓰레이터 로봇 플랫폼	로봇 핸드, 감속기, 엑추에이터, 모터, 관절, 다축 로봇 팔, 직교좌표 로봇
		이동용 플랫폼	자율주행 가능한 이동제어 제조 로봇
		로봇용 제어기	제어보드, 제어 소프트웨어 및 제어 알고리즘, 경로계획, 위치추적, 모션제어
		로봇용 센서	위치, 모션센서, 가속도 센서, 초음파 센서, 토크 센서, 터치 센서
서비스 로봇	개인 서비스	가사 지원	실내 청소, 잔디깎기, 창문닦기, 주방보조, 무인경비 로봇
		교육용	저연령 교육, 에듀테인먼트, 교구재 로봇
		엔터테인먼트	게임, 여가지원, 애완로봇
		실버 케어	소셜, 헬스케어, 이동보조 로봇
	전문 서비스	필드 로봇	농업, 착유, 임업, 채광, 우주 로봇
		전문 청소	바닥청소, 건물 창문 및 벽청소, 탱크/관 청소, 선체 청소 로봇
		검사 및 유지보수	시설 및 공장검사, 유지보수, 탱크/관/하수구 검사 및 유지보수 로봇
		건설 및 철거	핵 철거 및 해체, 빌딩 건설, 토목 로봇
		유통 물류	화물 및 야외물류 로봇, 물류이송 로봇
		의료	진단, 수술 보조, 치료, 재활 로봇
		구조 및 보안	화재 및 재난, 감시 및 보안 로봇
		국방	지뢰 제거 로봇, UAV, UGV

출처: 중소기업청

로봇 세부 분야별 전망

분야 구분		전망 코멘트
산업용 로봇	전통 산업용 로봇	- 중국 수요 둔화 및 부품 수급 차질 장기화 우려 - 중국 향(向) 및 EV 산업 향(向) 수요에 기반한 중장기적 성장 모멘텀 존재 - 장기적으로는 일부 협동 로봇에 대체될 전망
	협동 로봇	- 협동 로봇 시장 본격 개화 기대 - 고가반화중 라인업 출시로 전통 산업용 로봇 대체 가능성 - 협동 로봇 활용 애플리케이션 확대 중
서비스 로봇	물류 로봇	- 높은 물류 자동화 수요에 따른 물류 로봇 보급 확대 기대 - 장기적 관점에서 실외 자율주행 로봇 상용화에 따른 배송 분야로의 확대 기대
	F&B 로봇	- F&B 산업 내 인력 부족에 따른 서빙 및 조리 로봇 보급 확대 기대 - 애플리케이션 확대(조리 영역 확대, 청소 기능 등)에 따라 추가 성장 여부 판단 가능
	기타 분야	- 농업, 건설, 가사 등 새로운 서비스 로봇 분야 개화 기대
로봇 부품		- 로봇 시장 성장과 동반 가능성이 높은 감속기 관련 기업에 관심 유효

출처: 유진투자증권

국내외 주요 기업들의 AI 사업 진출 현황

기업	진출 동향
삼성전자	- CES2020에서 삼성전자 로봇 연구방향 제시, 지능형 반려로봇 Balle 공개 - 웨어러블 보험 보조 로봇 '젬스힙' 2022년 발표 예정 - AI를 통한 맞춤형 케어, 카이저 퍼트넌트와 협업 개발된 심장 질환 재활 프로그램 소개 - AI 서비스 '빅스비' 갤럭시 시리즈에 접목 - bT 냉장고, 패밀리 허브 2.0' 발표 및 모든 가전에 빅스비 도입 추진 - AI가 접목된 의료기기 시장 진출 추진 - 딥러닝 기반 A로 인공인간 '네온(Neon)' 공개 - CES2021 에서 AI 솔루션 탑재한 로봇 청소기 '제트봇 AI' 공개 - 로봇 및 AI 산업에 2022년부터 3년간 240조 원 신규 투자 발표
SKT	- 다양한 5세대 이동통신(5G) 기반 미디어, 모빌리티 기술 전시 - AI 플랫폼 '누구'를 적용한 스피커 출시 - '누구'에 왓슨 기반 영어 대화 기능 추가 - T맵에 음성인식 AI 서비스 도입 - 음성과 영상 인식 결합한 인공지능 서비스 로봇(탁상형 소셜봇, 토이봇, 펫봇 등 공개) - 성장형 AI 서비스 '에이닷' 안드로이드 오픈 베타 버전 출시 - 아이버스(AI + UNIVERSE) 서비스 2022년 연내 본격화 예정
LG전자	- 인공지능연구소와 로봇선행연구소 신설 - AI를 4단계로 구분 Effency- Personalization-Reasoning->Exploation - CES2017에서 로봇 3종(가정용 허브 로봇, 공항 도우미 로봇) 공개 - 인공지능 에어컨 '휘센 듀얼 에어컨' 출시 - 로봇청소기 로보킹, 한국 내 40만 대 초과 판매 - 스마트폰에 AI 원격 고객서비스(AS) 제공 - 2017년 인천국제공항 클로이 시범 운행을 시작으로 현재 클로이 라인업은 총 6종
현대차	- 고하중물 핸들링 전신착용형 웨어러블 로봇 공개 - 보행 성능 웨어러블 로봇 공개 - 의자형 착용 로봇 CEX 시범 적용 - CES2019에서 로봇형 콘셉트카 '엘리베이트' 공개 - 상향 작업용 착용 로봇 '벡스' 개발 - 글로벌 로봇 하드웨어 업체 보스턴 다이나믹스 인수 - 2025년까지 로봇, UAM 등 미래 산업에 50억 달러 투자 발표
구글	- Deep Mind 등 총 9개 인공지능 관련 기업 인수 - 'Reward is Enough' 발표하며, 알파고에 이은 강화 학습 개발 의지 표명 - 스마트 홈 서비스 제공 음성 인식 기기 '구글 홈' - AI 기술이 적용된 모바일 메시지 앱 '알로'와 모바일 영상통화 앱 '듀오' 공개 - AI 서비스를 접목한 스마트폰 '픽셀' 공개 - 지메일에 기계학습을 적용한 자동 답신 기능을 제공 - 영국 국립보건의료서비스(NHS)에 등록된 160만 명 의료정보, AI에 학습 - 1,750억 개의 매개변수 연산이 가능한 GPT-3 발표
아마존	- 음성인식 A 플랫폼 'Alexa'를 이용한 AI 기기 'Echo'로 시장 확대 - Alexa 적용 범위 확장(온라인 쇼핑, IoT, 자율주행자동차 등) - Alexa Skil 활용 서비스 1만 개를 돌파해 '아마존 AI 생태계' 구축 - 물류 창고 20곳, 4만 5,000대의 로봇이 임무 수행 - 딥러닝을 활용한 계산대 없는 매장, '아마존 고'
애플	- 머신러닝 벤처기업인 Tun와 AI 분야 스타트업 6개 인수 - AI 스타트업 래티스 데이터 인수, 의료 분야 사업 추진 - 음성인식 'Sin' 애플 전 분야 활용, AI, 스피커 '홈팟' 소개

마이크로소프트	- 하노버 프로젝트 진행(종양의 상태 분석, 약물 치료 옵션 제공) - AI 자연어 처리 기술 '루이스' 활용한 기상캐스터 '샤오빙' - 음성인식 코타나 기술 활용 및 이를 안드로이드 IOS에 활용 모색
IBM	- IBM 왓슨을 이용한 지식 산업 - 왓슨 기반 'Connie , Nao-m 서비스' 시작 - 메디컬 Seieve 라는 의료용 알고리즘 개발 진행
알리바바	- 세계 최대의 전자상거래 플랫폼에서 고객이 원하는 상품을 예측 - '시티 브레인 브로젝트'로 회사가 개발한 시티 브레인이 AI를 사용해 도시의 모든 교차로 동영상과 자동 차 위치 GPD 데이터 등 도시 전역의 정보를 수집해 교통 제어
메타	- 안면 인식에 뛰어난 딥페이스와 문장을 사람처럼 인지하는 딥텍스트 개발 - 2021년 'Meta'로 사명을 변경하며 메타버스 사업 육성 의지 표명 - 가상 회의 공간 'Horizon Workrooms' 테스트 버전 출시 - VR 단말기 '오큘러스 퀘스트' 출시
화웨이	- AIoT 전략을 도입, 생태계 3가지 측면에서 화웨이의 제품 생태계 구축 예정 - 생태계 구축을 위해 '하이 AI'와 하이 Link를 활용할 계획 - Ascend, MindSpore 와 같은 인공지능 하드웨어 및 소프트웨어 프레임워크 출시 - 클라우드마인즈와 로봇 응용 기술 협력 발표

출처: 하이투자증권

로봇, AI

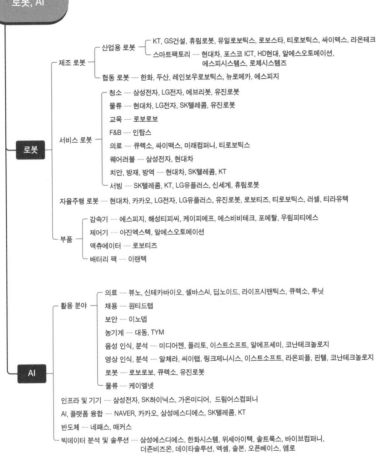

로봇

- **제조 로봇**
  - 산업용 로봇 — KT, GS건설, 휴림로봇, 유일로보틱스, 로보스타, 티로보틱스, 싸이맥스, 라온테크
  - 스마트팩토리 — 현대차, 포스코 ICT, HD현대, 알에스오토메이션, 에스피시스템스, 로체시스템즈
  - 협동 로봇 — 한화, 두산, 레인보우로보틱스, 뉴로메카, 에스피지

- **서비스 로봇**
  - 청소 --- 삼성전자, LG전자, 에브리봇, 유진로봇
  - 물류 --- 현대차, LG전자, SK텔레콤, 유진로봇
  - 교육 --- 로보로보
  - F&B --- 인탑스
  - 의료 --- 큐렉소, 싸이맥스, 미래컴퍼니, 티로보틱스
  - 웨어러블 --- 삼성전자, 현대차
  - 치안, 방재, 방역 --- 현대차, SK텔레콤, KT
  - 서빙 --- SK텔레콤, KT, LG유플러스, 신세계, 휴림로봇

- 자율주행 로봇 --- 현대차, 카카오, LG전자, LG유플러스, 유진로봇, 로보티즈, 티로보틱스, 러셀, 티라유텍

- **부품**
  - 감속기 --- 에스피지, 해성티피씨, 케이피에프, 에스비비테크, 포메탈, 우림피티에스
  - 제어기 --- 아진엑스텍, 알에스오토메이션
  - 액츄에이터 --- 로보티즈
  - 배터리 팩 --- 이랜텍

AI

- **활용 분야**
  - 의료 --- 뷰노, 신테카바이오, 셀바스AI, 딥노이드, 라이프시맨틱스, 큐렉소, 루닛
  - 채용 --- 원티드랩
  - 보안 --- 이노뎀
  - 농기계 --- 대동, TYM
  - 음성 인식, 분석 --- 미디어젠, 플리토, 이스트소프트, 알에프세미, 코난테크놀로지
  - 영상 인식, 분석 --- 알체라, 씨이랩, 링크제니시스, 이스트소프트, 라온피플, 핀텔, 코난테크놀로지
  - 로봇 --- 로보로보, 큐렉소, 유진로봇
  - 물류 --- 케이엘넷

- 인프라 및 기기 --- 삼성전자, SK하이닉스, 가온미디어, 드림어스컴퍼니
- AI, 플랫폼 융합 --- NAVER, 카카오, 삼성에스디에스, SK텔레콤, KT
- 반도체 --- 네패스, 매커스
- 빅데이터 분석 및 솔루션 --- 삼성에스디에스, 한화시스템, 위세아이텍, 솔트룩스, 바이브컴퍼니, 더존비즈온, 데이타솔루션, 엑셈, 솔본, 오픈베이스, 엠로

로봇, AI 글로벌 주요 기업 및 ETF

로봇

제조 로봇

- 산업용 로봇
  - KUKA(독일), 화낙(일본), Yaskawa(일본), 메이디그룹(중국), ABB(스위스), 선전 이노방스(중국), 다이후쿠(일본), Kawasaki(일본)
  - 산업 자동화 ─ 로크웰 오토메이션(미국), UIPath(미국), 아젠타(미국)
- 협동 로봇 ─ 유니버설 로봇(덴마크), 화낙(일본), Omron(일본), Teradyne(미국), Hahn group(독일)

서비스 로봇

- 청소 ─ 아이로봇(미국), 에코백스(중국), 로보락 테크놀로지(중국)
- 물류 ─ 아마존(미국), 지브라 테크놀로지스(미국), Teradyne(미국), Omron(일본), Symbotic(미국), 오토스토어(노르웨이), 어질리티 로보틱스(미국)
- F&B ─ Ocado(영국)
- 의료 ─ 인튜이티브 서지컬(미국), 일루미나(미국), 글로부스 메디컬(미국), 옴니셀(미국), 엘렉타(스웨덴) 스트라이커(미국)
- 웨어러블 ─ 엑소 바이오닉스(미국), US 바이오닉스(미국), Levitate(미국)
- 치안, 방재, 방역 ─ Knightscope(미국)

자율주행 로봇 ─ 아마존(미국), 테슬라(미국), 소프트뱅크(일본), Omron(일본), Teradyne(미국), 쇼피파이(캐나다)

기타

- 방산 ─ 록히드 마틴(미국), 노스롭그루먼(미국), 엘빗 시스템즈(이스라엘), 에어로바이런먼트(미국)
- 농업 ─ 디어(미국)
- 4족 보행 ─ 보스턴 다이내믹스(미국)

부품

- 감속기 ─ 하모닉 드라이브(일본), Nabtesco(일본), 니덱 심포(일본)
- 서보 모터 ─ 화낙(일본), Yaskawa(일본), 지멘스(독일), 미쓰비시 전기(일본), Rexroth(독일), 파나소닉(일본)
- 제어기 ─ 지멘스(독일), Yaskawa(일본), 로크웰 오토메이션(미국), Omron(일본)
- 머신 비전 ─ Keyence(일본), Cognex(미국)

AI

활용 분야

- 헬스케어 ─ 유나이티드 헬스케어(미국), 엔비디아(미국), 슈뢰딩거(미국), AbCellera(캐나다) 인튜이티브 서지컬(미국), 텐센트(중국)
- 보안 ─ 크라우드 스트라이크(미국), 마이크로소프트(미국), 트렌드마이크로(미국)
- 자율주행 ─ 테슬라(미국), 바이두(중국)

인프라 및 기기 ─ 애플(미국), 마이크로소프트(미국), 엔비디아(미국), 아마존(미국), 지브라 테크놀로지스(미국), 낭조정보(중국)

AI 반도체

- 범용 AI ─ 엔비디아(미국), 인텔(미국), AMD(미국), 퀄컴(미국), 래티스(미국)
- IP 제공, 설계 대행 ─ 시놉시스(미국), ARM(영국), 브로드컴(미국), 케이던스(미국)
- 생산 ─ 시놉시스(미국), 케이던스(미국), TSMC(대만), 인텔(미국)

AI, 플랫폼 융합 ─ 알파벳(미국), 메타(미국), 아마존(미국), 넷플릭스(미국), 스포티파이(스웨덴)

빅데이터 분석 및 솔루션 ─ 마이크로소프트(미국), 세일즈포스(미국), 팔란티어(미국), C3.ai(미국), 아마존(미국) 스노우플레이크(미국), 아틀라시안(미국), 몽고DB(미국), 센티널원(미국)

데이터 모니터링 ─ 데이터독(미국), Splunk(미국), Dynatrace(미국)

딥러닝 ─ 알파벳(미국), 메타(미국), 이노바 인타내셔널(미국), 테슬라(미국), 앤시스(미국), 로크웰 오토메이션(미국), 바이두(중국), 신비정보(중국)

ETF

- BOTZ - Global X Robotics & Artificial Inteligence ETF
- IRBO - iShares Robotics & Artificial Intelligence Multisector ETF
- ROBT - First Trust Nasdaq Artificial Intelligence and Robotics ETF
- AIQ - Global X Artificial Intelligence & Technology ETF
- THNQ - Robo Global Artificial Intelligence ETF
- LRNZ - Listed Funds Trust TrueMark Technology AI & Deep Learning ETF
- IQM - Franklin Intelligent Machines ETF
- XDAT - Franklin Exponential Data ETF
- ARKQ - ARK Autonomous Technology & Robotics ETF
- ROBO - Global Robotics and Automation Index ETF

테슬라

시가총액			2021년	2022년(전망)	2023년(전망)
900조 원		매출액	75조 3,500억 원	119조 750억 원	173조 5,400억 원
국적	미국	순이익	7조 7,300억 원	17조 6,300억 원	26조 4,600억 원

- 글로벌 시장에서 가장 많은 전기차를 판매하고 있는 압도적 1위 기업
- 전기차 생산 노하우로서 로봇에 필요한 AI와 엑추에이터 구축에 자신감
- FSD를 앞세운 독보적 소프트웨어 기술로 자율주행 시장에서도 핵심 플레이어
- 약 10여 년간의 자율주행 AI 기술 노하우를 AI 휴머노이드형 로봇 '옵티머스'에 접목
- AI 반도체를 사용한 슈퍼컴퓨터(Dojo)를 활용해 전기차, 자율주행차 소프트웨어 성능 향상 목적

화낙

시가총액			2021년	2022년(전망)	2023년(전망)
35조 8,400억 원		매출액	5조 1820억 원	6조 8900억 원	7조 7900억 원
국적	일본	순이익	8,840억 원	1조 4600억 원	1조 6100억 원

- 글로벌 1위 산업용 로봇 제조사(점유율 약 21%)
- 명령을 입력해 제품을 만드는 수치제어 공장기계 점유율은 약 60%이며 첨단 분야에서는 80%의 압도적 점유율 기록
- 애플, 폭스콘, 테슬라, 삼성전자 등 글로벌 굴지의 제조기업들이 동사의 산업용 로봇 주 고객사
- 전기차 시장 성장에 따른 리튬이온 배터리 공장 수요, 물류 및 식품 산업 등에서 동사 로봇 수요 증가
- 2022년 초, 새로운 협동 로봇 시리즈 출시(검사, 기계 적하/하역, 포장, 샌딩, 용접 등 다양한 용도)

현대자동차

☑ 보스턴 다이내믹스 • AI 연구소

시가총액 **36조 원**	주요 주주	현대모비스 외 8인 29%, 국민연금 7%
	주 매출처	차량(RV) 42%, 차량(승용) 34%

- 국내 완성차 1위이자 글로벌 전기차 3강 체제를(테슬라, 폭스바겐) 형성 중인 글로벌 완성차 기업
- 2021년 6월, 미국 로봇 기업 보스턴 다이내믹스를 약 1조 원에 인수. 4족 보행 로봇 및 창고/물류 시설 특화 로봇 등 노하우 보유
- 기아, 현대모비스와 함께 미국 보스턴 케임브리지에 로봇 AI 연구소 설립 위해 약 5,500억 원 출자
- 중장기적으로 로봇 AI 플랫폼을 판매하는 수익 모델 갖출 계획

실적 추이 및 전망

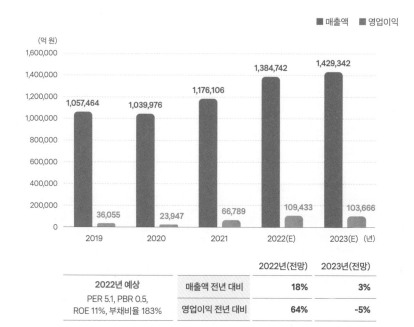

		2022년(전망)	2023년(전망)
2022년 예상 PER 5.1, PBR 0.5, ROE 11%, 부채비율 183%	매출액 전년 대비	18%	3%
	영업이익 전년 대비	64%	-5%

삼성전자

☑ AI포럼 • 무인 반도체 공장 • 웨어러블 로봇

시가총액	주요 주주	삼성생명 외 15인 20%, 국민연금 7%, 블랙록 펀드 5%
332조 원	주 매출처	무선 38%, 메모리 26%, 영상기기 10%, DP 10%

- 글로벌 메모리 반도체 압도적 1위이자 파운드리 2위 등 반도체 산업을 선도하는 기업
- '삼성AI 포럼' 개최하며 동사의 AI 연구 동향 및 미래 전략 공유
- 평택 반도체 공장에 AI 기술을 적용해 디지털 트윈, 자동화 시스템 구축으로 효율성 제고
- 2030년부터 무인 반도체 공장 운영 계획 발표했으며 이를 위한 TF 구성
- 웨어러블 주행 보조 로봇, 청소용 서비스 로봇 출시 및 수술/재활 로봇 특허 등 보유

실적 추이 및 전망

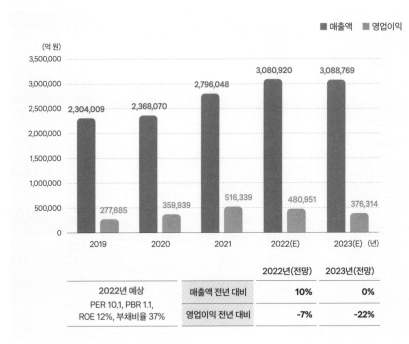

		2022년(전망)	2023년(전망)
2022년 예상	매출액 전년 대비	10%	0%
PER 10.1, PBR 1.1, ROE 12%, 부채비율 37%	영업이익 전년 대비	-7%	-22%

더존비즈온

☑ 더존 • ERP • 아마란스

시가총액	주요 주주	김용우 외 13인 31%, 국민연금 5%
9,510억 원	주 매출처	제품(ERP, 클라우드 등) 45%, 유지보수 서비스 24%, 용역 및 기타 24%

- 회계프로그램 더존 및 ERP, IFRS 솔루션, 그룹웨어, 정보보호, 전자세금계산서 등 기업 정보화 소프트웨어의 국내 대표 기업
- 국내 전사적 자원관리(ERP) 기업 중 매출 1위(2021년 점유율 약 20%)
- 산업계로 확산되고 있는 디지털 전환 움직임으로 동사의 스탠다드 ERP 플랫폼 버전인 '아마란스 10' 가입자 확대 중
- 동사의 AI 역량으로 자금관리 통한 회계부정 방지, 의료현장에 적용해 데이터 기반 의료 혁신 분야 등에 도전

최근 실적 및 주요 재무지표

	2021년	2022년(전망)	2023년(전망)		2022년 상반기	
매출액	3,187억 원	3,133억 원	3,391억 원 (yoy 8%)	매출액	1,506억 원	PER 27.4 PBR 1.9
영업이익	712억 원	526억 원	646억 원 (yoy 22%)	이익	265억 원	ROE 7% 부채비율 80%

레인보우로보틱스

☑ 휴보 • 이족보행 로봇

시가총액	주요 주주	오준호 외 6인 58%
5,190억 원	주 매출처	제품 95%, 용역 3%

- 국내 최초 인간형 이족보행 로봇 '휴보' 개발
- 엑추에이터, 제어기 등 로봇 핵심 부품 내재화로 높은 가격 경쟁력 보유
- 현대로템과 국방로봇 분야 교류 및 협력사업 추진 MOU 체결
- 4족 보행로봇, 의료용 로봇, 푸드테크 관련 자동화 로봇 등 신규 로봇 분야 사업 확장 중

최근 실적 및 주요 재무지표

	2021년	2022년(전망)	2023년(전망)		2022년 상반기	
매출액	90억 원	145억 원	267억 원 (yoy 84%)	매출액	70억 원	PER 462 PBR 10.8
영업이익	-10억 원	18억 원	61억 원 (yoy 245%)	이익	8억 원	ROE 2% 부채비율 36%

인탑스

☑ 플라스틱 사출 및 금형 • 로봇 EMS • 서빙로봇 • 삼성전자

시가총액 **5,100억 원**	주요 주주	김재경 외 5인 37%
	주 매출처	IT 디바이스 44%, 자동차부품 7%

- 모바일, 가전 분야 플라스틱 사출 및 금형 기술을 기반으로 로봇 EMS 사업 영위(EMS: 부품 조달부터 생산, 조립, A/S 등 과정 전체 서비스)
- 미국 로봇 스타트업 베어로보틱스의 서빙로봇 독점 제조. 2021년 생산량 5,000대에서 2022년에는 1만 대 생산 목표
- 삼성전자의 웨어러블 로봇 '젬스 힙'의 EMS 사업 담당. 향후 삼성전자의 신규 로봇 라인업향 추가 수주 기대감 존재

최근 실적 및 주요 재무지표

	2021년	2022년(전망)	2023년(전망)		2022년 상반기	
매출액	1조 520억 원	1조 1,653억 원	1조 744억 원 (yoy -7%)	매출액	7,018억 원	PER 4.8 PBR 0.8
영업이익	876억 원	1,389억 원	904억 원 (yoy -34%)	이익	1,057억 원	ROE 18% 부채비율 24%

에스피지

☑ 모터 • 감속기

시가총액 **4,000억 원**	주요 주주	이준호 외 4인 39%
	주 매출처	모터제품 99%

- 정밀 제어용 모터 및 감속기 전문 제조 기업
- 삼성, LG, 코웨이, SFA, 하이얼, 폭스콘, GE, 월풀, 스트라이커, 보쉬 등 다수의 글로벌 기업에 납품
- 일본 업체들이 독과점하는 로봇용 정밀 감속기 양산에 성공하며 부품 국산화 트렌드에 수혜

최근 실적 및 주요 재무지표

	2021년	2022년(전망)	2023년(전망)		2022년 상반기	
매출액	4,163억 원	4,300억 원	5,170억 원 (yoy 20%)	매출액	2,363억 원	PER 15.9 PBR 1.8
영업이익	235억 원	280억 원	380억 원 (yoy 35%)	이익	151억 원	ROE 12% 부채비율 88%

미래컴퍼니

☑ 에지 그라인더 • 복강경 수술 로봇

시가총액	주요 주주	김준구 외 2인 31%
2,000억 원	주 매출처	디스플레이 제조장비 95%

- 디스플레이 및 반도체 장비, 수술 로봇, 센서 등 사업 영위
- 다빈치가 독점하고 있는 수술 로봇 시장에 동사는 복강경 수술 로봇(레보 아이)으로 국내외 판매 진행
- 국내 3개 병원이 레보 아이를 도입 중이며 태국을 포함해 2022년 9월에는 우즈베키스탄에 수출

최근 실적 및 주요 재무지표

	2021년	2022년(전망)	2023년(전망)		2022년 상반기	
매출액	1,164억 원	전망치 미집계	전망치 미집계	매출액	840억 원	PER 6.1 PBR 1.2
영업이익	46억 원	전망치 미집계	전망치 미집계	이익	194억 원	ROE 24% 부채비율 30%

유일로보틱스

☑ 플라스틱 사출 • 직교 • 다관절 • 협동 로봇

시가총액	주요 주주	김동헌 외 3인 48%, 한국증권금융 5%
2,380억 원	주 매출처	자동화시스템 70%, 로봇 22%

- 플라스틱 사출 자동화장비 및 산업용 로봇제품(직교, 다관절, 협동 로봇) 제작
- 로봇 제작부터 생산 자동화 솔루션까지 원스톱으로 제공
- 고속 정밀제어를 위한 가감속 제어기술 등 핵심 원천기술 확보 및 1,600개 이상의 고객사에 공정 자동화 설계 및 제품 납품 이력 장점
- 로봇산업 클러스터 조성 사업이 추진되고 있는 인천 청라에 대규모 공장 증설 준비

최근 실적 및 주요 재무지표

	2021년	2022년(전망)	2023년(전망)		2022년 상반기	
매출액	350억 원	400억 원	550억 원 (yoy 37%)	매출액	161억 원	PER 188 PBR 5.4
영업이익	32억 원	1억 원	55억 원 (yoy 5,400%)	이익	-7억 원	ROE 3% 부채비율 38%

종목명	시가총액 (억 원)	사업 내용	2022년, 2023년 전년비 EPS 성장률(전망)
휴림로봇	3,554	직각좌표 로봇 등 제조업 로봇 및 스마트 퍼스널 로봇 '테미' 제작	전망치 미집계
이랜텍	3,111	자율주행 서빙로봇에 배터리팩 공급	96%, 23%
로보티즈	3,049	서비스로봇 솔루션 및 로봇부품 연구 개발. LG전자가 2018년에 90억 원 투자	전망치 미집계
루닛	2,971	딥러닝 기반 인공지능을 통한 암 진단 및 치료 솔루션 개발 업체. 암 진단 관련 영상 판독 보조 솔루션 '루닛 INSIGHT', 암 치료 관련 이미징 바이오마커 솔루션인 '루닛SCOPE' 보유	전망치 미집계
큐렉소	2,809	정형외과 수술로봇 로보닥의 개발, 제조	전망치 미집계
뉴로메카	1,981	로봇 제조 및 로봇 기반의 자동화 시스템 구축 전문 기업. 협동 로봇 분야 전문	전망치 미집계
GST	1,947	계열사 로보케어(지분율 65%)가 치매 치료 및 케어 로봇, 인지훈련 로봇, 기계식 감정 교류 로봇 개발	15%, 11%
플리토	1,931	AI를 이용해 언어 데이터 및 전문 번역 서비스 영위	전망치 미집계
에브리봇	1,871	로봇 청소기 국내 시장점유율 1위 기업. 온라인 커머스 아마존 입점(미국, 프랑스, 일본, 인도 등)으로 해외 진출 가속화 및 매출 증가	-5%, 미집계
로보스타	1,799	LG전자가 최대주주인 산업용 로봇 전문 기업	전망치 미집계
유진로봇	1,624	로봇 솔루션, 자율주행 및 지능형 서비스 로봇, AMS 기술 개발	전망치 미집계
알체라	1,549	영상인식 인공지능 솔루션 전문 기업(네이버 자회사 스노우가 최대주주)	전망치 미집계
드림어스컴퍼니	1,538	최대주주인 SK텔레콤과 협력해 휴대용 인공지능(AI) 기기 '누구' 출시	전망치 미집계
에스비비테크	1,519	로봇에 들어가는 베어링과 정밀 감속기 제조	전망치 미집계
싸이맥스	1,382	반도체 웨이퍼 이송 장비 제조. 지능형 서비스 의료용 로봇(노인 치매 예방 의료용 로봇) 제조	전망치 미집계
엑셈	1,330	데이터베이스 관리 업체. AI기반 IT 운영 지능화 솔루션인 'XAIOps(싸이옵스)' 출시	전망치 미집계
로보로보	1,308	교육용 로봇/교육용 로봇 전문 업체. 초등학생 및 유아를 위한 로보키즈, 로보키트 등과 로봇용 학습 소프트웨어 등 교육에 사용되는 로봇 등 생산	전망치 미집계
라온테크	1,254	트랜스퍼 모듈에서 진공 챔버 속으로 반도체용 웨이퍼를 이송하는 로봇 제조 업체	전망치 미집계
셀바스AI	1,234	음성지능, 필기지능, 영상지능 등 기술을 기반으로 인공지능 솔루션 개발·판매	전망치 미집계
코난테크놀로지	1,221	텍스트, 비디오 분야의 AI 소프트웨어 전문 기업	47%, 89%
알에스오토메이션	1,200	공장 자동화장비 개발, 생산, 판매. 로봇모션제어기, 전력변환 장치 등	전망치 미집계

매커스	1,159	비메모리 반도체 솔루션 기업. 인공지능 로봇이나 가상현실 제품 개발에 사용되는 FPGA 반도체가 주력 제품	-25%, 미집계
이스트소프트	1,149	국민 대표 유틸리티 소프트웨어 '알툴즈' 서비스. 기업, 정부, 개인 등 3,000만 명 이상의 고객 보유	전망치 미집계
신테카바이오	1,099	AI, 유전체 빅데이터, 슈퍼컴퓨터를 활용한 AI 헬스케어 플랫폼 개발	전망치 미집계
우림피티에스	1,026	로봇에 들어가는 감속기 제조	전망치 미집계
솔본	997	자회사 솔본인베스트먼트(지분율 100%)가 빅데이터 검색 솔루션과 인공지능 기반 지능 정보 솔루션을 개발한 '와이즈넛' 지분 보유	전망치 미집계
바이브컴퍼니	993	20년 업력(다음 커뮤니케이션 분사 후 설립)을 보유한 국내 AI 및 빅데이터 1위 기업(2016년 세계 최초 AI Report 개발)	전망치 미집계
러셀	969	자회사 러셀로보틱스가 물류공정 로봇 개발, 무인지게차, 모바일 로봇의 상용화 목표	44%, 54%
라온피플	948	AI 비전기술 기반 통합 솔루션 공급 업체. 시각(카메라 + 영상인식 알고리즘)을 부여하는 머신비전과 AI를 융합한 영상분석 솔루션 제공	전망치 미집계
티로보틱스	901	국내 유일 진공 이송로봇 기업	전망치 미집계
아진엑스텍	885	제조용 로봇 제어기 전문 기업. 반도체 제조 및 검사 장비 자동화에 필요한 모션제어 칩, 모듈, 시스템을 생산. 신사업으로 정부 및 글로벌 기업의 지원을 받아 로봇용 컨트롤러, 액추에이터 등을 개발 중	전망치 미집계
위세아이텍	825	AI, 빅데이터 분석, 데이터 품질 등의 응용 소프트웨어 개발 공급 업체. 주요 제품으로는 AI 프로세스를 체계화 해 코딩 없이 AI 프로젝트를 수행할 수 있는 AI 개발 플랫폼(WiseProphet)이 있음	95%, -15%
오픈베이스	809	자회사 데이타솔루션(지분율 66.8%)을 통해 빅데이터/AI 플랫폼 구축 사업 영위	전망치 미집계
에스피시스템스	803	산업용로봇 제조 시스템 업체. 갠트리로봇, 주차, 컨베이어, 자동적재장치, 자주검사대 등 해당 산업의 생산설비 관련 시스템 제작, 납품 등 자동화 관련 사업을 진행 중	전망치 미집계

※ EPS: Earning Per Share. 주당순이익을 뜻하며, 기업의 자본 규모와 상관없이 1주당 얼마의 이익을 창출했는지를 나타내기에 기업의 실질적인 수익성을 가늠해볼 수 있음

빅데이터

Big Data. 전통적인 데이터 처리 방식으로는 감당하기 어려운 대용량의 복잡한 데이터 그룹을 뜻한다. 인공지능을 탄생시키고, 학습시키며, 작동하게 하는 근간이 바로 이 빅데이터다. 인간과 기업의 모든 활동이 데이터로 남는 현재 4차 산업혁명 사회에서 데이터는 핵심 자산이다. 누가 더 많은 데이터를 가지고, 어떻게 활용하느냐에 따라 산업의 주도권이 바뀔 것이다. 따라서 모든 산업에서 기업마다 데이터를 가공하고, 인공지능으로 활용하는 기술에 몰두하고 있다. 지금처럼 데이터가 가치를 갖게 된 것은 그것을 활용해 기업에 경쟁력을 제공해주는 인공지능이 발달했기 때문이다.

머신러닝

Machine Learning. 인간이 경험과 시행착오를 통해 지식을 얻듯이 컴퓨터에 많은 데이터를 주고, 패턴을 찾아내게 하는 등의 방식으로 학습시켜 인간의 지적 능력을 구현하는 기술이다. 경험적 데이터가 누적되면서 예측 기능과 스스로 성능을 향상시키는 시스템을 갖추게 된다.

딥러닝

Deep Learning. 머신러닝 범주에 포함되나 기존의 전통적인 머신러닝(지도, 비지도, 강화 학습)보다 진보된 성과와 결과물을 가져오는 방식이다. 즉 특정 분야에서 목적에 맞게 특화된 AI 형태로 학습할 데이터를 인간이 직접 입력하지 않아도 기계 스스로 중요한 패턴과 규칙을 학습하고, 이를 토대로 사람처럼 예측, 의사결정을 수행하는 기술이다. 이를 위해 사람의 뇌(신경망)를 모방한 구조를 가지고 데이터를 처리하며, 머신러닝보다 방대한 양질의 데이터를 필요로 한다.

스마트 팩토리

Smart Factory. 생산과정이 모두 연결되고, 로봇이 스스로 데이터를 축적, 학습하면서 비용 절감과 생산성을 향상하는 공장이다. 공장 자동화는 각 공정별로 최적화가 이루어지지만, 스마트 팩토리는 공정을 유기적으로 연계, 각 기기가 해당 공정의 효율화에 적합한 판단을 하고, 실행한다는 면에서 차이가 있다.

알고리즘

Algorithm. 어떤 문제의 해결을 위해, 입력된 자료(데이터)를 토대로 원하는 결과를 유도하기 위한 규칙이나 절차의 집합체이다. 즉, 인공지능이 주어진 데이터를 바탕으로(머신러닝이든 딥러닝이든) 학습하고, 분류하며, 결과물을 창출하느냐를 가이드해주는 기본 메커니즘 틀이라고 할 수 있다. 유튜브에서 추천되는 영상과 쇼핑몰의 추천 상품은 일상에서 쉽게 접할 수 있는 알고리즘의 결과다.

로보틱스

Robotics. 로봇공학을 의미하는 로보틱스는 로봇의 설계, 제조, 응용을 포함하는데, 사용처에 따라 단순 산업용 로봇과 스스로 환경을 인식하고 행동하는 지능형 로봇으로 구분된다. 최근에는 4차 산업혁명과 기업간 기술 경쟁이 심화되면서 로보틱스와 인공지능의 융합은 필수적인 환경이 되었다.

전통 산업용 로봇

Industrial Robot. 제조현장에서 조립 등의 작업을 수행하는 기계 장치다.

서비스 로봇

Service Robot. 서비스업에서 활용되는 로봇으로 개인 서비스 로봇과 전문 서비스 로봇으로 분류된다.

협동 로봇

Collaborative Robot. 사람과 같은 공간에서 작업이 가능하며 물리적 상호작용이 가능한 산업용 로봇을 뜻한다.

감속기

Speed Reducer. 전기 모터의 회전속도를 줄이고 감속비에 비례해 토크를 증폭시키는 기계적 에너지 변환 장치를 의미한다.

서보 모터

Servo Motor. 위치와 속도 등을 제어하는 용도로 활용되는 모터 종류다.

하모닉 드라이브

Harmonic Drive. 파동치형장치(Strain Wave Gearing) 기구의 감속기로 백래쉬, 경량, 소형, 고감속비의 특징을 지니며 소형 로봇에 활용된다.

AMR

Autonomous Mobile Robot. 고정 경로에 제한받지 않고 카메라와 센서 등을 사용해 자율적으로 주행 경로를 생성하고 장애물 회피 기능을 갖춘 자율이송로봇이다.

RaaS

Robotics as a Service. 서비스로서의 로봇. 로봇 기술을 제공하는 서비스다.

지능형 로봇

Intelligent Robot. 인공지능 등 IT 기술을 바탕으로 인간과 상호작용하면서 가사 지원, 교육, 엔터테인먼트 등 다양한 형태의 서비스를 제공하는 인간지향적 로봇이다.

공장 자동화

Factory Automation. 제품의 설계에서 제조, 출하에 이르기까지 공장 내 공정을 자동화하는 기술이다. 컴퓨터 시스템이나 산업 로봇을 도입해 공장 무인화, 생산 관리 자동화 등을 행하는 시스템이다.

엑추에이터

Actuator. 제어기기에서 출력된 신호를 바탕으로 대상에 물리적으로 동작시키거나 제어하는 데 쓰이는 기계장치다. 일반적으로 전기, 압축공기, 유압형태로 된 에너지원으로 작동하며 에너지를 움직임으로 변환시킨다.

제어기

Controller. 로봇의 운동과 시퀀스를 총괄하는 통신 및 정보처리 장치로 필요한 입력을 받아 로봇의 실제 움직임과 원하는 움직임이 일치하도록 제어모터 또는 엑추에이터에 출력 구동 신호를 주는 장치를 뜻한다.

6

K-글로벌

K-반도체 ●

K-배터리 ●

K-바이오 ●

K-조선 ●

K-콘텐츠 ●

K-푸드 ●

K-방산 ●

1 한국의 경제 성장 가속화, 산업별 기술력 향상으로 세계 무대를 주름잡는
품목 증가

2 K 브랜드로 인정받고 있는 산업 내 핵심 기업들에 장기적 관심 필요

한국의 경제 성장이 가속화되고 각 산업별 기술력이 향상되면서 반도체와 같이 세계 시장을 주름잡는 품목이 점차 증가하고 있다. 2020년 세계 수출 1위 품목 수를 참고해보면 중국이 1,798개의 1위 품목 수로 압도적인 1위를 차지하고 있고 이어 독일, 미국, 이탈리아, 일본, 인도 등이 상위권을 차지하는 가운데, 한국의 1위 품목 수가 2018년 65개에서 2020년 77개로 점차 증가하고 있다. 또한, 1위에서 10위 안의 품목 수로 범위를 넓혀봐도 해가 지날수록 점차 품목 수가 증가하고 있다.

이제는 특정 품목이 아닌 산업 자체가 K-반도체, K-POP 등 브랜드화되어 세계 시장에서 인정받고 있다. 여기서는 세계 무대에서 특히 인정받고 있는 한국의 산업들에 대한 성장 배경, 현황 및 전망, 과제 등에 대해서 간략히 알아보고자 한다. 해당 산업들은 지금도 실력을 잘 발휘하고 있지만 향후에도 현 위치를 공고히 다질 수 있다고 전망되기에 해당 산업을 주도하는 핵심 기업들에 장기적 관심도 필요하다.

▎ K-반도체

1970년대는 인텔, 텍사스 인스트루먼트와 같은 미국 기업들이 D램 시장을 주도했지만 곧 기술력을 앞세운 일본의 기업들(도시바, NEC, 후지쓰, 히타치 등)이 글로벌 D램 시장을 주도했다. 이 시기 삼성전자는 오일 쇼크로 경영난을 겪자 첨단 하이테크 산업에 진출해야 한다는 확신을 갖고 1974년에 파산 직전에 몰린 한국반도체를 인수하고 1982년에 반도체 조직을 구성하며 반도체 사업을 본격적으로 시작했다. 이미 반도체 산업이 성장궤도에 오른 미국, 일본보다 20여 년 이상 늦은 출발이었지만 삼성전자는 확신을 바탕으로 과감한 투자를 이어갔으며 1983년에 국내 최초로 64K D램 개발에 성공하는 성과를 거뒀다.

1980년대 중후반 미국이 일본의 반도체 산업을 압박하게 되자 삼성전자는 선두권을 따라잡을 시간적 기회를 얻게 되었다. 또한, 1990년대 초 글로벌 PC 붐으로 인한 D램의 초호황기 시기에 삼성전자는 1992년에 64M D램을 세계 최초로 개발하며 메모리 강국 일본을 추월했다.

1994년에는 256M D램을 출시하며 글로벌 반도체 7위권으로 진입하는데 성공했으며 1996년에 1G D램을 연달아 출시하며 글로벌 반도체 시장을 본격적으로 견인하게 되었다. 1990년대 후반 PC 붐 이후 과잉투자에 따른 공급 과잉으로 D램 치킨게임 및 아시아 외환위기의 순간에도 삼성전자는 시설투자를 축소하지 않으며 과감한 투자를 이어갔고 일본, 미국, 대만 반도체 기업들이 차례로 합병 및 파산을 이어가는 중에도 압도적 기술력 및 투자 집행으로 현재까지 글로벌 메모리 시장의 압도적 선두 자리를 이어가고 있다.

2022년 2분기 기준, 메모리 반도체에서 글로벌 D램 시장은 삼성전자가 43%, SK하이닉스가 28%, 낸드 플래시 시장에서는 삼성전자가 33%, SK하이닉스가 20%를 차지하며 여전히 압도적인 점유율을 차지하고 있다. D램은 빠른 처리 속도를 필요로 하는 메인 메모리나 그래픽 처리용으로 주로 쓰이는데, PC, 모바일에 주력으로 쓰이지만 D램 시장 내에선 서버용 메모리가 압도적인 탑재량을 필요로 한다. 또한 낸드 플래시는 전원이 차단되어도 데이터를 보유할 수 있고 전력을 적게 소모하는 장점으로 모바일, 디지털 기기, SSD, USB 등에 주로 쓰인다. 메모리 반도체가 적용되는 IT 기기들은 앞으로도 전 세계적으로 수요가 지속 증가될 수밖에 없으며 삼성전자, SK하이닉스가 미래 성장 기반을 마련하기 위한 투자를 이어가고 있기에 메모리 반도체 시장에서의 K-반도체의 위상은 오래 지속될 수 있을 전망이다.

다만, K-반도체가 딛고 일어서야 할 과제들도 많다. 최근 메모리 시장 불황이 지속되면서 수익성에 비상등이 켜졌다. 글로벌 기준 금리의 지속 상승, 고물가 환경 및 러시아-우크라이나 전쟁 등으로 반도체 수요가 줄어들고 있기 때문이며 매크로 환경상, 2023년에도 반도체 산업은 한파를 이겨내야 하는 상황이다.

반도체 시장 조사업체 트렌드포스는 2022년 9월 보고서에서 2022년 3분기에 D램과 낸드 플래시 가격이 전 분기 대비 각각 13%~18%, 30% ~35%가량 하락할 것으로 전망했는데 이는 4분기 및 2023년 초에도 이어질 것으로 전망했다. 반도체 수요가 급격히 줄어들면서 다시 한번 업계 치킨게임이 도래할 수 있다는 우려도 제기되고 있다.

이런 환경에서 미국은 중국의 반도체 굴기를 억제하고자 강력한 견제를 이어가고 있는데 반도체지원법안(CHIPS Act) 등을 통해 중국의 화웨이, ZTE, SMIC 같은 반도체 선도 기업들에 미국의 핵심 반도체 기술이 적용된 장비를 수출하지 못하도록 규제하고 있다. 여기에 더해 반도체 장비 수출의 최종 목적지가 중국 내 반도체 시설인 경우에도 미국의 규제가 적용될 수 있는데 한국 반도체 기업은 중국 현지에 제조 공장이 있어 문제가 될 수 있다. 홍콩을 포함한 중국은 한국 반도체 수출의 약 60%를 차지할 만큼 절대적이기에 현 상황은 상당한 위협일 수밖에 없다. 이에, 삼성, SK하이닉스는 한국 및 미국 현지에 막대한 시설투자를 집행하며 현 상황에 대응하고 있다.

K-반도체가 더욱 위용을 떨치려면 메모리 반도체 외에 존재감이 미약한 미래 성장 핵심 분야에 지속적인 연구개발과 과감한 투자가 필요하다. 메모리 반도체 시장보다 규모가 훨씬 크면서 4차 산업혁명에서 수요가 더욱 급증할 시스템반도체 분야에서 아직 한국 반도체는 두각을 나타내지 못하고 있다. 시스템반도체 중 팹리스 부분은 점유율 1% 수준으로 매우 미미하다. 그나마 파운드리 분야에서 삼성전자가 과감한 극자외선 장비(EUV) 및 기타 시설투자로 TSMC에 이어 점유율 16%의 2위를 차지하고 있다. 미국의 제제로 중국이 EUV 노광 장비 수급을 못하게 되어 10nm 이하 공정 진입에 제동이 걸린 상황이다. TSMC가 설비투자 속도를 늦추고 일부 고객들이 주문을 취소하는 상황이며 삼성전자가 3nm에 이어 2nm 등 초미세공정에서도 실력을 발휘할 전망이기에 점유율을 소폭이라도 올릴 수 있는 기회가 되길 바란다.

| K-배터리

여러 차례 반복해서 사용할 수 있는 2차전지는 1990년대~2000년대 일본 기업들이 자국의 압도적인 화학 기술력을 바탕으로 글로벌 무대를 사로잡고 있었다. 2차전지는 다양한 IT 기기의 동력원으로 두루 쓰였기 때문에 글로벌 경제가 발전해가면서 그 수요도 크게 증가했는데 한국 기업들은 기술 유출을 국가적으로 금지한 일본이 기술 제휴 및 설비, 재료 지원조차도 거절했기에 오랜 시간 막대한 투자를 진행하면서 기술력을 키워야 했다. LG화학의 경우, 일본 배터리 업체가 아닌 장비 업체를 끈질기게 설득해 어떤 장비가 사용되는지부터 확인하면서 배터리를 연구했고 1998년에 국내 최초로 리튬이온 배터리의 상업화 및 대량 생산체제를 구축하는 데 성공했다.

미래 모빌리티 시장이 전기차부터 개화할 것이란 전망에 리튬이온 배터리 시장 성장에 대한 확신을 가졌지만, 일본 업체의 공고한 아성 및 중국의 노골적인 로컬 기업 보조금 지급 정책으로 인해 LG화학, SK이노베이션, 삼성SDI 등 K-배터리 기업들은 오랜 기간 엄청난 적자에 시달리면서 사업을 영위해야 했다. 그럼에도 각 기업 총수들의 확신에 찬 지원이 있었다. 이후 글로벌 전기차 시장이 빠른 속도로 성장하면서, K-배터리는 높은 수율로 안정적 제품을 값싸게 만든다는 장점으로 시장 점유율을 꾸준히 확대할 수 있게 되었다. 적자를 지속하는 동안에도 K-배터리는 중국 배터리 기업들이 장악하고 있는 LFP 양극재 배터리보다 출력 및 주행거리가 우수한 NCM 배터리를 주력으로 생산했고 고성능 전기차 라인업에 주로 탑재되면서 차별화를 보여주게 되었다.

2022년 상반기 기준, 글로벌 2차전지 시장은 한, 중, 일이 장악하고 있는데 중국 CATL(점유율 30%)과 BYD(점유율 9%)는 중국이 전기차 시장의 지배적 위치라는 수혜를 받으며 높은 점유율을 기록하고 있고 한국은 LG에너지솔루션이 14%, 삼성SDI가 7%, SK온이 5%의 점유율을 기록하고 있다.

2022년 하반기를 기점으로 K-배터리는 점유율을 더욱 높일 기회를 맞이하고 있다. 미국이 첨단 산업에서 중국을 다각도로 견제하고 있는데 2차전지 시장에서도 인플레이션감축법을 발표하면서 중국을 억누를 준비를 하고 있다. 2021년 기준으로는 중국이 전기차 침투율 약 20%를 기록하며 유럽과 함께 상당한 성장을 보여주고 있는 데 반해 미국은 아직 침투율이 8% 수준에 머물고 있다. 그렇지만 미국 정부의 적극적 지원과 세계 유수의 전기차 완성차 기업들이 대거 미국 시장에 진출하는 흐름에 의해 2030년 미국의 전기차 침투율은 약 44% 수준으로 가파르게 증가할 전망이다. 미국 정부는 지금이 중국 배터리 기업을 견제할 적기로 판단하고 있는데, 미국에 진출하려는 완성차 기업들의 2차전지 업체 중 중국 배터리 기업을 제외한 양질의 성능을 보여주는 선택지는 단연코 K-배터리인 점에서 성장 기회를 맞고 있다.

K-배터리는 상당히 적극적으로 이 기회를 활용하고 있다. LG에너지솔루션은 GM, 스텔란티스, 혼다와 조인트벤처를 설립해 미국과 캐나다에 배터리 공장을 짓고 있고 SK온은 포드와 조인트벤처를 설립했다. 그리고 삼성SDI는 스텔란티스와 조인트벤처를 설립해 미국 현지에 막대한 투자를 집행하고 있다. LG에너지솔루션은 2025년까지 북미에 무려 265GWh의 시설투자를 확보할 계획이고 SK온은 139GWh, 삼성SDI는 23GWh 가량을 확보할 계획이다. 또한 대형 3사는 EU의 RMA 법안 발효도 기회로 삼고 헝가리, 폴란드, 터키 등에도 생산 공장을 보유 및 신, 증설을 앞다퉈 발표하고 있다.

중국이 장악한 배터리 원자재 시장에서의 돌파구를 찾는 게 매우 중요해졌는데 LG에너지솔루션, 포스코, SK온 등은 적극적으로 해외 광산을 보유한 기업들과 핵심 광물 장기공급 계약을 맺으며 미래를 준비하고 있다. 또한, 일본이 여전히 실력을 보유한 2차전지 소재 부분에서도 고성능 배터리용 양극재 전구체는 에코프로비엠과 엘앤에프가, 음극재 인조흑연은 포스코퓨처엠이, 습식 분리막은 SK아이이테크놀로지가 일본 업체를 누르고 경쟁력을 보여주고 있으며 전해질 분야에서는 천보가 세계 최고 기술력을 갖고 있다고 평가받고 있다.

더불어 K-배터리는 배터리 밸류체인 전반에서 수직계열화까지 성공적으로 이뤄내면서 실력을 키워가고 있다. 향후 2차전지 시장에서 수요가 증가할 하이니켈 배터리, 전고체 배터리, 실리콘 음극재, 하이망간 배터리, 양/음극 도전재, 4680 배터리 등에서도 K-배터리는 선제적인 연구개발과 투자로 차근차근 준비해가고 있다. 전기차의 글로벌 자동차 시장 침투율이 현재

12% 수준이기에 침투율 50% 수준에 도달할 2030년 중반 및 그 이후에도 K-배터리의 장기적 영향력은 커질 수 있을 전망이다.

| K-바이오

국내 바이오 벤처 1호인 바이오니아 설립을 시작으로 K-바이오는 30여 년간 꾸준히 성장해 왔다. 전통적인 제약사들의 행보로 거슬러 올라간다면 오랜 역사를 지니고 있음에도 바이오 분야는 뚜렷한 존재감을 오랫동안 드러내지 못했으나 최근 10여 년 사이 눈부신 성과들을 일궈냈다. 비록, 미국, 유럽 바이오 기업들의 역사와 실력이 너무 뛰어나서 현재 국내 바이오 산업은 글로벌 시장 점유율의 2% 정도지만 셀트리온, 삼성바이오로직스 등이 굴지의 바이오 기업으로 성장하면서 향후 K-바이오의 선전을 기대하게 한다.

오랜 기간, 막대한 투자금이 필요한 바이오 산업의 특성으로 인해 한국 바이오는 긍정적 성과가 기대되는 파이프라인을 임상 도중 수출하는 라이센스아웃(기술 수출)이 유일한 비즈니스 전략으로 간주되어왔다. 2015년 한미약품이 일라이 릴리에 총 6억 9,000만 달러의 블록버스터 기술 수출을 기록한 후 (이후 임상이 중단되었다), 같은 해 7월 한미약품이 베링거 잉겔하임, 사노피, 존슨앤존슨, 2016년 한미약품이 제넨텍, 2018년 유한양행이 얀센, 2019년 유한양행과 브릿지바이오가 베링거 잉겔하임에 기술 수출을 이어가면서 K-바이오의 기술 수출 빅딜 릴레이가 이어지게 되었다. 다만, 기술 수출은 임상 이후 최종적으로 시장에 진출하기까지 50% 이상의 실패 확률을 갖고 있는데 빅딜 이후 권리 반환 및 임상 중단이 이어지며 아쉬움을 보이기도 했다.

한국거래소가 2005년 기술특례상장을 도입해 매출이 없는 바이오 벤처들이 증시에 상장해 양질의 투자금을 받을 수 있도록 기회를 열어주었지만 일부 기업들의 경우 경영진의 횡령, 배임, 성과 부풀리기, 투자받은 자금의 고위험 금융상품 투자, 임상 관련 중요 사항 미공시, 임상 실패, 매출 요건 미충족에 의한 주식 거래 정지 등 악재가 꼬리에 꼬리를 물듯 발생하며 투자자들에게 불신과 아픔을 주기도 했다. 급기야 2022년에는 매크로 환경에 의한 바이오 기업들의 투자금 확보의 어려움 및 미국의 바이오 분야 자국 생산 정책 공식화 등으로 추가 악재에 직면하고 있다.

그럼에도 K-바이오는 꿋꿋이 성과를 창출하면서 글로벌 시장에서 존재감을 점차 드러내고 있다. 2019년에 SK바이오팜이 간질치료제 혁신 신약 '세노바메이트'로 미국에서 시판 승인을 획득했고 유럽, 일본에 기술 수출하는 데 성공했으며 이후 에이비엘바이오, 레고켐바이오도 빅딜 소식을 들려주었다. 2020년 코로나19 시기에는 한국의 진단키트 기업들이 세계 각지에 진단키트를 폭발적으로 수출하기도 했다. 무엇보다도 큰 성과는 셀트리온과 삼성바이오에피스 및 삼성바이오로직스가 보여주고 있다.

셀트리온은 직접 바이오시밀러 임상시험 내재화를 통해 글로벌 허가까지 진행할 수 있는 역량을 갖췄다. 이 실력으로 2013년 9월, 자가면역질환 치료제 램시마를 유럽에 출시하는 데 성공했으며 이후 5년 만에 얀센의 오리지널 의약품 레미케이드의 처방액을 추월하기까지 했고 2022년 3분기 현재 램시마는 유럽 점유율 53%, 미국 점유율 31%를 기록하고 있다. 이후 셀트리온은 트룩시마(미국 점유율 27%), 허쥬마(유럽 점유율 12%)를 수출했고 유럽 주요 국가에 램시마 SC도 수출하며 연매출 2조 원에 육박하는 기업으로 성장했다. 삼성바이오에피스도 렌플렉시스, 플릭사비, 온트루잔트, 에이빈시오, 하드리마, 임랄디 등의 판매를 미국과 유럽 시장에서 받았다. 글로벌 블록버스터 의약품인 휴미라, 아일리아, 스텔라라, 키트루다의 특허 만료 시기가 2023년 이후에 도래하는데 K-바이오 대표 기업들의 향후 행보에 주목해본다.

삼성바이오로직스는 공격적인 시설 투자와 기술력을 바탕으로 의약품 위탁생산 기존 강자였던 론자, 캐털런트, 베링거 잉겔하임 등을 모두 제치고 현재 생산 능력 62만 리터로 글로벌 1위를 기록하고 있다. 신규 항체치료제, 세포/유전자 치료제에서 특히 위탁생산 수요가 증가하면서 2026년까지 글로벌 위탁개발생산(CDMO) 시장은 연평균 약 7%~10% 성장할 전망이다. 윤석열 정부의 국가 바이오 파운드리 구축 정책, 미국 바이오 정책에 부합하는 적극적인 미국 현지 시설투자, 더욱 공격적인 R&D 투자 및 끊임없는 미국, 유럽 현지 직판 도전 등으로 K-바이오의 미래가 더욱 활짝 열리길 기대한다.

| K-조선

압도적인 기술력으로 세계 조선 시장을 오랜 기간 선도해왔던 국내 조선사들은 2008년 글로벌 금융위기 이전까지 높은 유가를 기반으로 해양플랜트 시장에서 절대적인 위치를 점했으나 중국의 조선소가 급증하고 과도한 가격 경쟁을 가하면서 어려움을 겪었다. 특히 수많은 중소 조선업체들이 도산했는데 이후 2010년 초반 유럽 경제 위기까지 이어지면서 대형 조선사들도 매우 어려운 환경에 처하게 되었고 중국이 이를 기회로 삼아 턱밑까지 추격하게 되었다.

다만, 2010년대 후반부터 글로벌 환경 규제 움직임이 거세지고 정부가 한국이 기술력을 갖춘 LNG선 시장 육성 및 금융 지원을 강화하자 다시 한국 조선업이 'K-조선'으로 불리며 다시금 전성기를 구가하고 있다. IMO 2020(유엔 산하 국제해사기구가 시행한 황산화물 함유량 규제 조치)을 포함해 해가

지날수록 환경 규제 움직임은 더욱 강력해졌고 더불어 2022년 초, 우크라이나 전쟁에 따른 러시아의 LNG 전략 무기화로 인해 유럽 국가들이 중동, 동남아, 미국 등 새로운 가스 수입처를 찾으면서 LNG 운반선 수요가 폭증하게 되었다. 유럽 국가들이 지리적 특성상 천연가스를 사들이려면 해상 운송에 의존할 수밖에 없었기에 LNG선박 가격도 역대 최고 수준으로 치솟았다. 2022년 겨울철이 다가오면서 유럽 지역에서 LNG를 우선 확보하려는 움직임도 가격 상승을 부채질하게 되었는데, LNG 운반선을 하루 빌리는 용선료가 2022년 초 대비 5배나 급등한 점도 이런 환경에 의한 결과다.

2022년에도 중국이 4년 연속 세계 선박 수주 1위 자리는 지켰지만 K-조선은 척당 단가가 높은 고부가가치 선박에 집중했기에 높은 수익성을 기록하고 있다. 그중에서도 앞서 설명한 LNG 운반선 시장이 가파르게 성장하며 K-조선의 전성기를 견인하고 있다. 2021년 전 세계 LNG선박 발주 78척 중 68척을 국내 조선 3사(한국조선해양, 대우조선해양, 삼성중공업)가 수주했는데 2022년에는 LNG 생산 대국 카타르의 LNG 증설 전략에 따른 카타르 발 LNG 운반선 대량 수주 이벤트가 한국 조선사에 집중되었다. 건조 난이도를 고려한 지표인 CGT로 2022년 10월까지 누적치를 보면 올해 발주된 LNG 운반선 중 K-조선이 76%를 수주했으며 조선 3사의 수주잔고는 2026년까지 100% 가동률을 기록할 수 있는 물량 수주를 완료했다. LNG 운반선 수주량이 늘면서 LNG 저장에 필수인 보냉자재 발주 규모도 급증하고 있는데 대표 기업인 한국카본은 공장 가동률 96%, 동성화인텍은 92% 이상을 유지하며 바쁜 행보를 보이고 있다.

다만, 중국의 LNG선박 시장에서의 추격을 살펴볼 필요가 있다. 중국의 추격으로 K-조선의 LNG선박 점유율은 2021년 96%에서 2022년 76%까지 하락했다. 수주 경쟁에서 밀린 것이 아니라, 한국 조선사들의 도크 여유가 없고 노동력 부족에 따른 생산 능력 확충이 어렵다 보니 빠른 선박 공급을 원하는 선주들이 꿩 대신 닭으로 중국 업체를 찾고 있기 때문이다. 컨테이너 시장에서 중국의 추격이 매우 거센 점을 들어 LNG 시장에서도 위기 의식을 갖자는 의견들이 있지만, LNG선박 건조 기술에서 중국과 큰 격차를 유지하고 있기에 지금처럼 친환경, 스마트 선박 등 고부가가치 선박에 더욱 집중하자는 의견도 제기되고 있다.

K-조선의 미래가 더욱 희망적인 것은 LNG 운반선뿐 아니라 LNG 추진선, LNG 벙커링선 그리고 떠다니는 LNG 터미널로 불리는 LNG-FSRU의 수요가 증가하고 있는데, 이 분야에서도 압도적인 기술력을 보유하고 있다는 점이다. 또한, LNG 이외에 암모니아를 동력으로 삼는 암모니아 추진선이 미래 선박으로 꼽히고 있는데 여기서도 K-조선이 기술력을 빠르게 향상시키고 있다.

| K-콘텐츠

2000년 초반, 드라마 〈겨울연가〉가 일본에서, 〈대장금〉이 중화권, 중동, 유럽에서 인기를 끌면서 유행했던 단어는 바로 '한류'였다. 한류는 우리의 대중문화가 해외에 알려지고 있다는 것을 의미했다. 당시만 해도 콘텐츠를 주로 소비하는 층이 해외 콘텐츠에 열광을 해오며 자랐던 세대였기에 '한류'는 운이 좋아 잠시 불어온 바람으로 치부되기도 했다. 그러나 이후 20여 년간 한국 콘텐츠는 한류라는 단어를 넘어 K-POP, K-드라마 등을 통칭하는 'K-콘텐츠'라는 단어로 확고하게 자리매김하게 되었다. 이제 한류는 잠깐 반짝했다가 사라지고 마는 유행이 아니라 전 세계 대중문화의 새로운 트렌드로 확고히 자리매김하고 있다.

미국과 일본 음악에 영향을 받아오며 이를 동경해왔던 한국 음악산업은 이제 반대로 K-POP이란 열풍을 미국, 일본 및 전 세계에 가하고 있다. 2000년대에는 한국 아이돌이 일본, 중국, 동남아 등 아시아 영역에서 인기를 끌었지만 2010년 초, 싸이의 〈강남스타일〉 그리고 2010년대 후반에 BTS가 음악산업의 최대 격전지에서 뛰어난 성과를 거두게 되면서 K-POP의 저력을 과시했다. BTS는 2020년과 2021년에 빌보드 100에서 1위를 연거푸 차지했으며 UN을 비롯한 그래미 무대에서 공연했다. 또한 블랙핑크는 유튜브 플랫폼 구독자 8,000만 명으로 전 세계 아티스트 중 독보적인 1위로 올라섰고 이런 K-POP의 인기와 영향력에 힘입어 BTS의 소속사 하이브는 미국 대형 레이블 이타카 홀딩스를 인수했다. 이는 한국 엔터테인먼트 기획사들의 실적에도 큰 영향을 미치고 있는데, 2018년 약 2,200만 장이었던 음반 판매량은 2021년 5,700만 장이 팔리며 3년 새 2.5배가 증가했다.

한국 영화 〈기생충〉도 K-콘텐츠의 위상을 크게 드높였다. 〈기생충〉은 2019년 칸국제영화제 황금종려상, 2020년 아카데미 4관왕을 기록했고 2021년에는 영화 〈미나리〉로 윤여정 배우가 한국 배우 최초로 오스카 여우조연상을 수상했다. 또한, 박찬욱 감독이 칸국제영화제 황금종려상, 송강호 배우가 칸국제영화제에서 남우주연상을 수상하기도 했다. K-콘텐츠가 세계 무대를 휘어잡게 된 또 하나의 큰 이벤트는 바로 넷플릭스 오리지널 콘텐츠 〈오징어게임〉의 대성공이었다. 이 콘텐츠는 2021년 9월 첫 공개 후 9주 연속 1위를 차지했고 이듬해 에미상 6관왕을 휩쓸며 전 세계에 '오징어게임 신드롬'을 불러 일으켰다.

이후 〈이상한 변호사 우영우〉, 〈수리남〉 등이 인기를 끌면서 K-콘텐츠의 매력, 저력을 발산했고, 이에 글로벌 OTT 시장을 이끄는 넷플릭스, 디즈니 플러스는 K-콘텐츠에 막대한 투자를 예고했으며 애플TV플러스, HBO 맥스 등 미국 플랫폼이 뒤이어 한국 시장을 두드리고 있다. 한국 제작진과 배우들이 세계를 무대로 활동할 기회가 더욱 크게 열리게 되었으며 〈오징어게임〉을 잇는 콘텐츠도 기대해볼 수 있게 되었다.

K-콘텐츠의 열풍으로 뉴욕증권거래소에는 K-POP 기업들의 ETF가 상장되었고 2022년 아메리칸 뮤직 어워드에서는 K-POP만 따로 떼어 별도의 시상을 하기로 계획했다. 그리고 세계적 권위의 영국 옥스퍼드 영어사전에는 K-POP, K-드라마 등 K-콘텐츠의 인기를 반영하는 단어들이 등재되기도 했다. K-콘텐츠의 인기는 한국의 음식, 언어, 역사, 관광 등 다양한 분야의 관심을 불러일으켜 전 세계 세종학당에 한국어를 배우려는 외국인 수요가 급증하고 있다는 소식도 들려왔다. K-콘텐츠의 저력에 힘입어 한국어 교육 기관 '세종학당'은 84개국 244곳까지 확대되었다.

가히 K-콘텐츠 전성시대가 열렸다. 높은 퀄리티의 완성도, 유연한 조직, 끊임없는 콘텐츠 제작 방법 쇄신의 노력이 세계 최고 수준의 IT 인프라와 접목되면서 빠른 속도로 글로벌 팬덤을 다지고 있다. 이를 더욱 발전시키고자 한국 정부는 에너지, 디스플레이, 첨단 방위산업과 함께 콘텐츠 산업을 4대 신규 초격차 확보 분야로 선정했다. 이로써 국내 콘텐츠 산업 활성화를 위한 정부의 적극적인 지원을 기대할 수 있게 되었고 제작비 조달을 위한 미디어 사업자의 투자가 활성화할 수 있는 정책적 기반도 기대할 수 있게 되었다. 향후 NFT, 메타버스 생태계에서도 K-콘텐츠가 인기를 이어갈 수 있는 K-콘텐츠 르네상스가 이어지길 바라며 콘텐츠 시장에서 성과를 내고 있는 기업들에 장기적 안목으로 관심을 가져보자.

| K-푸드

K-콘텐츠가 세계 무대에서 활약하면서 자연스레 K-푸드 역시 아시아를 넘어 유럽, 북미 지역으로 확산되고 있다. K콘텐츠를 통해 자신들이 좋아하

는 가수나 배우가 먹는 음식을 보고 익숙해진 후 직접 먹어보는 확장된 경험에 나서는 사람들이 늘어난 것이다. 2021년 K-푸드 수출 1, 2위는 담배를 제외한다면 김과 라면인데, 영화 〈기생충〉을 통해 한국 라면이 미국에서 인기를 끌었고 K-콘텐츠에 자주 나오는 김이 K-푸드 세계화 선두에 나서게 된 배경이다. 과거 이명박 정부 때의 한식 세계화 사업은 비록 실패했지만 이후 실패를 보완하고 K-콘텐츠 열풍을 기회로 적극적인 공략을 나서며 K-푸드는 빠르게 세계 무대에서 자리를 잡고 있다.

글로벌 대표 SNS 등에선 라면을 즐기는 '먹방'이 공유되고 베트남에선 초코파이가 제사상에 올라간다. 미국 유명 농구선수는 비비고가 새겨진 유니폼을 입고 코트에 누비며 한국 치킨 프랜차이즈 BBQ는 미국에서 가장 빠르게 성장한 외식 브랜드 2위로 선정되었다. 파리의 대형 백화점을 포함해 해외 유명 백화점 식품관에 한국 식품 코너가 생겼고 미쉐린가이드에 한식 레스토랑 다수가 미쉐린 스타를 받기도 했으며 스페인의 인기 프로그램에서는 김치를 주제로 한 음식 경연이 높은 시청률을 기록하기도 했다. CNN은 한국의 가장 쿨한 수출품은 K-POP이 아닌 막걸리라고 보도하며 막걸리의 역사와 제조법, 마시는 법까지 소개하기도 했으며 급기야 프랑스 파리 등세계 주요 식품박람회에서는 K푸드페어가 개최되는 등 전 세계적으로 K-푸드가 인기를 얻고 있다.

2018년 식품산업 주요 통계를 참고하면 세계 식품 시장은 6조 1,280억 달러로 세계 자동차 시장의 4.4배 규모라고 한다. 실제 2021년 K-푸드 수출액은 사상 최초로 100억 달러를 돌파하며 코로나19, 물류대란 등 매크로 위기에도 불구하고 역대 최고 실적을 기록했다. 약 110개국에 수출되고 있는 김, 35%의 수출 성장률을 기록한 고추장, 미국 식품업계에서 히트해 매출이 급성장하고 있는 비비고 만두, 미국 두부 시장 점유율 73%를 차지하고 있는 풀무원 두부, 러시아 용기면 시장 점유율 60%를 차지하고 있는 팔도 도시락 등은 K-푸드로 월등한 성과, 실적을 거두고 있는 몇 가지의 예시일 뿐이다.

K-콘텐츠의 도움으로 빠르게 세계 시장을 공략하게 된 K-푸드는 비단 익숙함뿐 아니라 음식 자체의 매력으로도 인기를 얻고 있다. 최고의 품질을 자랑하는 채소와 전통기법인 발효를 이용한 건강한 음식이라는 이미지가 어필되었는데, 이로써 면역력 증가에 도움이 되기에 코로나19 시기 김치를 필두로 인기가 높았다. 또한 냉동 유통 기술이 발달하고 저장 기간이 길어지면서 접근성 개선에 따른 한식의 해외 경쟁력이 향상된 점도 꼽을 수 있다.

현지화, 고급화, 차별화는 K푸드 세계화를 지속하기 위한 핵심 전략으로 꼽힌다. 이를 위해 정부도 적극적 지원책을 펼치고 있으며 특히 국내 식음료 기업들이 활발히 해외에 진출하며 각자의 전략을 실행하고 있다. 빅히트 브랜드 '비비고'를 보유한 CJ제일제당은 미국에서의 성공을 바탕으로 독일, 영국에 법인을 설립했고 루마니아에도 진출했다. 세계적 위상이 날로 높아지고 있는 김치를 활용해 대상은 미주, 유럽, 대만 및 홍콩 등 40여 개 국가에 진출해 있는데 미국 시장을 적극 공략하기 위해 LA 인근에 3,000평 규모 대규모 김치 생산 설비를 갖췄다. '신라면' 브랜드로 미국, 멕시코, 동남아, 호주 시장을 공략하고 있는 농심, 떡볶이로 미국, 일본에서 인기를 확보한 동원F&B 그 외 오뚜기, 롯데제과, 롯데칠성음료, 오비맥주, 하이트진로, 오리온, 풀무원, 삼양식품 등이 적극적인 해외 시장 공략으로 미래를 준비하고 있다.

| K-방산

우리나라는 한반도라는 작은 권역에서 북한과의 전면전을 상시로 준비해야 하기에 항시 국방 분야에 많은 투자를 진행해왔다. 그렇다 보니 무기

체계의 현대화를 끊임없이 추구하며 글로벌 방산 업계에서 10위권 안에 위치하고 있었다. 미국, 러시아, 프랑스, 독일 등 국방 분야에서 워낙 막강한 실력을 갖춘 국가들이 많기에 대규모 무기 수주전에서는 1순위로 고려되는 주요국은 아니었다. 하지만 K-방산의 장점인 화력 위주의 무기 체계, 북대서양조약기구(NATO) 표준과의 호환성 그리고 가격 경쟁력을 지난 30여 년간 꾸준히 발전시켜오던 중, 2022년 동유럽 위기가 K-방산에 기회가 되었다.

2022년 2월, 러시아가 우크라이나를 침공한 후 전쟁이 장기화되고 전선이 타국으로 확대될 위험이 고조되자, 우크라이나에 인접한 폴란드는 우크라이나 방어를 위해 자국 전차, 자주포, 다연장 로켓, 장갑차 등을 지원해줬다. 그렇다 보니 폴란드 국방력에 공백이 생겼고 폴란드 내에서 무기 도입을 서둘러야 하는 상황에 놓였다. 독일, 프랑스 등은 냉전 종식 이후 군수 무기 생산 규모가 줄었고 미국은 세계 최대 방산 국가다 보니 일정이 밀려 폴란드로서는 적시에 발주 물량을 공급받기 어려운 상황이었다. 이에, 미국처럼 전면전을 위해 항시 준비 중인 한국에 수주를 맡기게 되었다. 폴란드는 무려 12조 원에 이르는 한국산 무기를 수입하기로 결정했는데, 우선 KAI(한국항공우주)가 수출한 FA-50은 타 국가 비행기에 비해 가성비가 입증된 항공기로 소개되었고 다연장 로켓의 대표인 미국 하이마스는 발주 일정이 밀려 있다 보니, 적기 생산이 가능하면서 사후 서비스까지 철저한 한화디펜스가 수주를 따내게 되었다. 폴란드는 무기 체계 도입뿐 아니라 관련 기술도 함께 이전받아 자국 방산 기술을 키우겠다는 구상인데, K2 전차, K9 자주포 등은 폴란드 현지에 공장을 건설해 2026년부터는 물량 대부분을 현지에서 생산할 것으로 알려졌다.

한국산 전차와 전투기가 처음 유럽 시장에 진출하면서 K-방산의 글로벌화가 본격적으로 속도를 낼 전망이다. 이번 발주 이력을 통해 차후 폴란드

외의 유럽 국가, 중남미, 호주, 아프리카 등으로 수출 활로가 열릴 가능성이 높아졌다. 탄약, 함정 중심의 수출에서 기동, 화력, 항공, 함정, 유도 무기 등으로 수출 제품이 다양해진 점도 향후 수출 전망을 밝게 한다. 한국은 세계 5위 수준의 제조업 실력을 갖추고 있기에 K-방산의 글로벌화는 예상보다 더욱 빠른 속도로 발전할 가능성도 있다.

이 같은 K-방산의 인기는 실제 실적으로도 증명되고 있다. K-방산 수출액은 2010년부터 2020년까지는 연간 30억 달러 안팎에 머물렀으나 2021년에 K-9 자주포 계약 등 굵직한 수주로 약 70억 달러로 급증했고, 2022년에는 천궁, K-9 자주포, 천무 등 수출로 무려 170억 달러를 돌파했다. 최근 미국 CNN은 K-방산 특집을 보도하면서 한국 방위산업은 메이저리그 수준이라고 평가하기도 했다. 국내 대표 방산 기업인 한국항공우주, LIG넥스원, 현대로템, 한화에어로스페이스 등 4개 기업의 2022년 3분기까지의 수주잔고를 살펴볼 필요가 있다. 전년 동기 대비 한국항공우주는 수주잔고 17% 증가, LIG넥스원도 17%, 현대로템 디펜스솔루션 부분은 무려 263% 증가했다.

K-방산은 이제 호주 레드백 장갑차, 말레이시아 F-50 경공격기, 노르웨이 K-2 전차 등에서 무기 수주를 앞두고 있고 추가 수주가 기대되며 세계 4대 방산 국가로의 진입을 목표로 하고 있다. 현재 방산 수출은 미국, 러시아, 프랑스, 중국, 독일이 전체의 약 78%를 차지하고 있고 한국은 약 2.8%로 8위 수준이지만 올해를 포함해 지속적으로 수주 물량이 증가하고, 러시아, 중국산 무기의 신뢰도가 의심 받으며 미중 분쟁에 따른 경쟁 구도가 이어지면 K-방산의 성장 기회가 더욱 열릴 전망이다. 이런 기회를 살리기 위해 국방부는 범정부 차원의 방산수출을 주도하는 컨트롤타워를 신설했다. 또한, 적극적인 인수합병을 통해 방산 기업들이 규모의 경제를 추구하고 폴란드 수출 케이스처럼 현지 생산 비율을 높이며 부품 국산화 개발 및 채택률을 더

욱 높이는 노력을 통해 장비 수출의 제한을 점차 보완해간다면, 점차 고조되는 글로벌 긴장 관계 상황에서 K-방산이 한 단계 레벨 업을 통한 세계 4대 방산 국가로 도약할 수 있다.

7

여행 & 소비

포스트 코로나

펜트업

중국 코로나 정책

명품 시장

비대면 소비

1 코로나19 수위가 완화되면서 국내외 여행, 항공, 소비 업종의 회복세 전망

2 여행과 항공 산업은 펜트업 수요 증가로 실적 개선이 전망되며 중국 코로나19 정책으로 인해 면세 산업은 회복 필요

3 경기 변화에 민감하지 않은 명품 소비 증가 트렌드가 백화점 및 의류 기업 실적을 뒷받침 중

코로나19의 수위가 점차 완화되면서 국내외 여행, 소비 업종도 2022년을 기점으로 기지개를 켜고 있다. 비록 고환율, 고유가, 고금리 등 매크로 환경 악재가 겹치며 기대했던 것만큼의 빠른 회복이 나오진 못하고 있으나 2023년에는 더욱 개선된 실적이 전망된다. 이에, 아직은 경제 상황이 완벽한 회복이 이뤄지기 전이며 각 산업의 핵심 종목들의 주가가 본격적인 회복세로 접어들기 전에 2023년의 회복을 염두한 투자 접근을 고려해야 한다.

| 펜트업 수요가 견인하는 여행 산업

각국의 코로나 관련 방역 조치 해제가 급물살을 타면서 한국인의 주요 여행지 중, 중국과 홍콩을 제외하고 대부분 자유로운 여행이 가능해진 상황이다. 다만, 가족 여행 또는 대규모 인원의 여행보다는 소규모 친목 단체, 2030 세대의 젊은 층 그리고 허니문 수요가 빠른 회복세를 견인하고 있다.

2022년에는 유럽과 동남아 지역을 중심으로 회복세를 보였는데 그간 코로나 쇄국을 고집했던 대만과 일본이 각각 대만은 2022년 9월 말, 일본은 2022년 10월에 외국인 관광객의 무비자 입국을 허용하면서 국내 여행 관련 업종의 추가 실적 개선세를 예고하고 있다. 다만 중국 정부가 제로 코로나 정책을 고수하면서 중국 여행은 아직 어려운 상황이다. 중국 정부의 방역 정책 기조가 완화되어 중국, 홍콩 여행까지 활발해질 경우 국내 여행사의 해외 여행 패키지 실적, 항공사 실적뿐 아니라 공항 면세점 실적도 더욱 개선될 여지가 있다.

활발해진 출국 수요와 달리 부진한 인바운드 성적으로 아직은 한국의 여행수지는 적자를 보이고 있다. 그래도 점차 일본 오사카, 도쿄, 대만, 홍콩 등의 직항 노선 재개가 확정될 예정이기에 인바운드 유입 증가를 전망하며, 코로나19 시기에 더욱 인기를 얻은 K-POP을 대표로 K-콘텐츠를 인바운드 홍보에 활용한 전략이 필요하다. 그리고 그간 여행사는 카드사와 제휴해, 여행 비용에 부담을 느끼는 소비자들을 대상으로 무이자 할부 혜택과 프로모션 전략을 구사해왔는데 기준금리가 인상되는 환경에 카드사들이 비용 절감에 나서면서 여행사에 부여했던 판매 인센티브가 축소되어가는 상황이다. 이런 기조는 2023년에도 이어질 수 있기에 이와 관련한 여행사들의 돌파구 마련이 필요하다.

| 항공 산업, 줄어드는 화물 수요를 여객 수요로 커버

코로나 팬데믹 수위가 낮아졌음에도 국내 항공 산업은 고유가에 따른 항공유 부담 및 고환율에 따른 비행기 리스 비용 증가로 어려움을 겪었다. 또한, 매크로 환경에 의해 해외여행 상품 가격이 크게 인상되면서 소비자들의 가격 저항에 직면해 보복 여행 소비가 폭발하는 데 어려움을 겪고 있다.

그럼에도 점차 여객 이용 수요는 증가하고 있다. 2022년 11월 초 기준 인천공항의 여객 회복률은 2019년 동월 대비 39% 선까지 올라간 상태며, 중국 노선을 제외한다면 48% 수준까지 올라와 코로나19 이전 시기 대비 절반 수준까지 회복한 상황이다. 국내 항공사들이 위드 코로나, 포스트 코로나를 전망해 미리 국제선 운항을 확대했고 괌, 사이판, 방콕, 다낭 등 동남아 휴양지 운항을 확대하며 여름 휴가 성수기 수요에 적시 대응한 전략이 유효했다. 그리고 상대적으로 짧은 거리의 여객 수요를 담당했던 LCC들이 생존 전략의 일환으로 장거리 네트워크 시장에 뛰어들며 LCC 만의 장점을 장거리 시장에서도 어필하고 있다.

코로나19 시기에 항공사들은 여객 수요가 급감한 상황을 화물 수요 대응 전략으로 이겨냈다. 기존부터 항공 화물 수송 사업을 해왔던 대한항공, 아시아나항공뿐 아니라 제주항공을 필두로 LCC도 놀고 있는 여객용 항공기를 화물용 항공기로 개조해 화물 수요 대응으로 실적을 커버해왔다. 비록 코로나19로 인한 여객 수요 부진을 극복할 수 있는 근본적 해결책은 아니었지만 이번 위기를 통해 살아남은 대형, LCC 항공사들은 위기 대응 능력을 증대시킨 중요한 시기였다고 분석한다.

2022년 하반기에 접어들며 해운 운임 급락, 선박 적체 현상 완화, 선박 정시성 개선 등으로 그간 항공편을 이용했던 화물 수요가 해운으로 옮겨질 전망이기에 항공 화물 수요는 다소 줄어들 수 있다. 하지만 여전히 글로벌 이커머스 시장의 성장세가 굳건하기에 항공 화물 시장이 침체로 접어들진 않을 것이란 전망도 유효하며, 항공사 매출에 큰 부분을 차지하는 일본, 대만 여객 노선이 각각 활로를 찾으며 다소 부진할 수 있는 화물 수요를 여객 수요로 커버할 수 있을 전망이다.

| 회복이 필요한 면세 산업

2022년 3분기까지 급등했던 환율로 인해 증가하는 여행객 수요 혜택을 누리지 못했던 면세점은 2023년에는 글로벌 물가의 완연한 피크 아웃(정점을 찍고 하락하는 현상)에 따른 미국 기준금리의 완만한 상승 및 동결이 전망되며 원달러 환율도 점차 하향 안정세를 취할 전망이기에 이에 따른 실적 회복을 기대할 수 있다. 또한 일본, 대만 여행 활로가 뚫렸고 당장은 아니지만 2023년에는 중국, 홍콩 여행 활로 개선도 기대할 수 있다.

이겨내야 할 변수도 아직 존재한다. 정부의 인천공항 임대료 지원이 2023년 1월 1일자로 종료되는데 사업 기간이 만료되는 롯데, 신라와 달리 기간이 남은 신세계, 현대 등은 수백억 원의 임대료 폭탄을 다시 부담해야 하는 상황에 놓였다. 또한 인천공항 제1터미널의 신규 면세사업자 입찰이 진행되는데 그간 여러 차례 유찰로 공실이 발생한 상황에서 3년 만에 부활하는 고정임대료 부담으로 과연 사업자들이 입찰에 적극 참여할지는 미지수다. 국내 면세점 실적에 큰 영향을 미치는 한국과 중국을 오가며 물건을 대신 구입해주는 보따리상 '따이공'들의 수익성이 위안화 약세가 길어지면서 악화되었는데 중국의 제로 코로나 정책도 길어지면서 이런 이슈들이 고스란히 면세점 업계의 실적에 부정적 영향을 끼치고 있다.

| 보복 소비의 수혜를 누리고 있는 백화점, 의류 등 소비 산업

코로나19 시기에 백화점 업계는 주로 '집콕' 관련 카테고리인 가전, 가구 등 내구재 중심의 판매가 이뤄졌는데 2022년에는 위드 코로나로 인한 보복 소비가 이뤄지고 있고 특히 고물가로 인한 경기 침체 우려의 시기에 소비 양극화 현상으로 인한 명품 소비가 확대되면서 백화점 실적 성장에 기여하고 있다. 또한, 고수익성 카테고리인 패션, 잡화 수요 회복도 계속해서 이뤄지고 있고 2022년 4분기에 연말, 크리스마스 수요 그리고 2023년 초에 연초 및 설 수요 특수가 이어지고 있는 점도 긍정적이다.

2023년 한국의 경제 성장률은 고금리 및 글로벌 동반 경기 침체 영향으로 2022년보다 어려울 것으로 전망되지만 백화점 실적의 약 30%~40%를 차지하는 VIP 고객들의 소비는 경기 악화에 크게 좌우하지 않기에 VIP 비중이 높고 럭셔리 브랜드를 풍부하게 보유한 백화점은 현재의 성장성이 유지될 수 있을 전망이다.

의류 산업도 리오프닝 효과 및 고마진의 수입 상품 수요가 활발한 덕분에 호실적을 창출했다. 또한 고환율로 인해 주로 미국 등 글로벌 시장에 납품할 때 달러로 결제하는 의류 OEM 기업들은 환율 효과도 톡톡히 봤다. 다만, 코로나19 시기 인기를 끌었던 골프복 시장이 축소될 우려가 있고 환율의 하향 안정화로 인해 의류 OEM 기업들의 실적 감소 우려 및 경기 침체에 따른 가정의 의류비 지출 감소 우려 등은 의류 업계가 헤쳐나가야 할 이슈들이다. 한섬, 코오롱, 삼성물산, 신세계인터내셔널, LF 등은 온라인몰 경쟁을 더욱 가속화하고 있다. 과거엔 소비자들이 온라인에서 의류를 구매할 때 사이즈 선택 및 반품 등에 어려움을 겪었지만 코로나19 시기에 온라인 구매 경험이 늘어나면서 위드 코로나, 포스트 코로나 시기에도 구매에 편리한 온라인 구매가 증가할 전망이다.

글로벌 항공 여객 수 전망
2022년부터 본격적인 회복세를 보이며, 2025년경엔 코로나19 이전의 수치를 넘어설 전망이다.

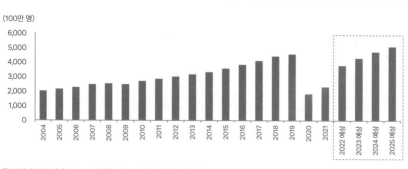

주: 2022년~2024년 자료는 2019년 여객 수와 IATA 연간 전망치를 곱해 산정함

출처: IATA, ICAO, 키움증권리서치센터

국내, 국제선 여객 수 추이

한국인들의 주요 출국 수요 국가들의 방역 정책 완화로 국제선 여객 수 회복이 빠르게 증가하는 중이며 향후 중국, 홍콩 입국도 수월해진다면 수치는 가파르게 상승할 것으로 전망된다.

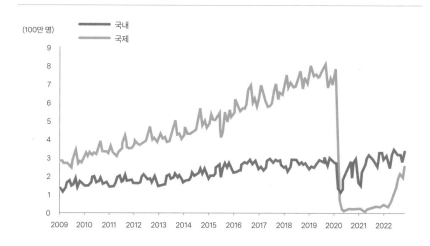

출처: 항공정보포털시스템, 메리츠증권리서치센터

아시아 지역별 여객 수 추이

아직 중국행 출국은 제로 코로나 정책 유지로 쉽지 않은 상황이며, 무비자 입국을 허용한 일본, 대만행 출국 수요가 증가할 것이다.

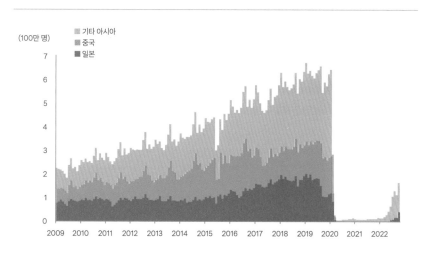

출처: 항공정보포털시스템, 메리츠증권리서치센터

한국 면세점의 해외사업 현황

● 롯데면세점　● 신라면세점

일본
❶ 도쿄긴자시내점
❶ 간사이공항점

❶ 하노이시내점
❷ 하노이공항점
❸ 다낭시내점
　(이달 중 개점 예정)
❹ 다낭공항점
❹ 나짱공항점

베트남

❶ **홍콩** 첵랍콕공항점

❷ **마카오** 공항점

❶ **괌** 공항점

싱가포르
❶ 창이공항점
❶ 창이공항점

❶ **뉴질랜드** 웰링턴공항점

❶ 브리즈번 공항점
❷ 다윈공항점
❸ 멜버른시내점
❹ 시드니시내점

호주

출처: 매일경제

국내 면세점 산업 전망

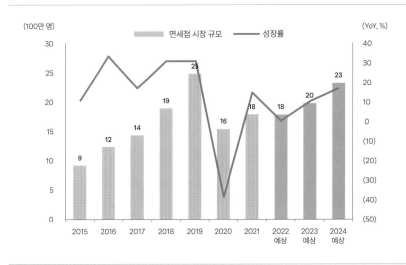

출처: 면세점협회, 하나증권

내국인 아웃바운드 증가율 추이 및 전망

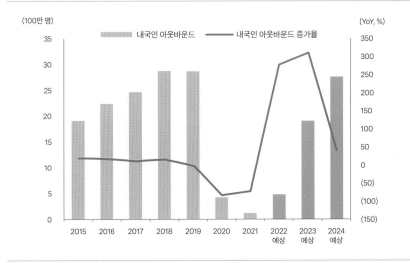

출처: 면세점협회, 하나증권

소매매출 내 비대면 소비 증가 전망

코로나 팬데믹 이후에도 비대면 소비의 장점에 익숙해진 트렌드로 인해 비대면 비중이 과반을 넘어갈 전망이다.

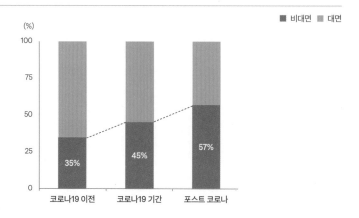

출처: GRI, 신한금융투자

글로벌 럭셔리 시장 규모 전망

경기 불황 상황에서 여러 개 물품보다 단일 명품 하나를 소비하는 문화가 글로벌 럭셔리 시장 성장세를 견인할 전망이다.

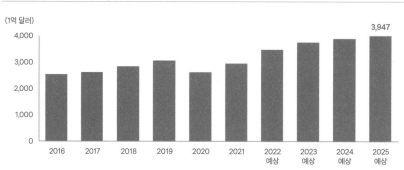

주: 2022년 이후 데이터는 Statista 자체 전망치

출처: Statista(2022년 3월)

백화점 매출에서 점차 증가하는 해외명품 비중

경기 침체 시기에 오히려 소비 양극화가 뚜렷하게 부각되는 양상이 진행되며, 명품 주 구매층인 VIP 수요가 견고하게 유지되는 백화점 채널에 대한 관심이 유효하다.

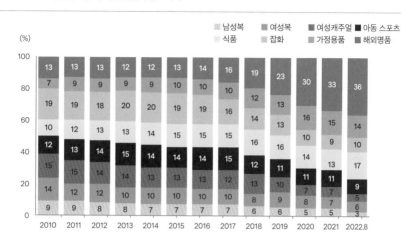

출처: 산업자원통상부, 현대차증권

주요 백화점별 3대 명품 브랜드 입점 현황

(단위: 1억 원)

점포	해외 주요 명품 입점 현황	2020년 매출	2021년 매출	증감율
신세계 강남	에르메스, 루이비통, 샤넬	20,390	24,940	22%
신세계 센텀시티	에르메스, 루이비통, 샤넬	12,320	15,660	27%
롯데 잠실점	에르메스, 루이비통, 샤넬	14,730	17,970	22%
롯데 본점	루이비통, 샤넬	14,770	16,670	12%
현대 판교점	루이비통	10,070	12,410	23%
신세계 대구	에르메스, 루이비통, 샤넬	7,890	11,940	51%
현대 무역점	에르메스, 루이비통, 샤넬	8,840	10,860	22%
현대 본점	에르메스, 루이비통, 샤넬	8,820	10,810	22%
롯데 부산본점	루이비통	9,280	10,730	15%
신세계 본점	에르메스, 루이비통, 샤넬	7,830	10,030	28%

출처: 현대차증권

국내 주요 의류 브랜드 보유 기업 현황

기업명	대분류	보유 브랜드
F&F	브랜드	- 라이선스 계약: 디스커버리, MLB - 라이선스 보유: Stretch angel, Duvetica
한섬	브랜드	- 라이선스 계약: 토미 힐피거, DKNY, 캘빈 클라인, 아메리칸 이글 - 라이선스 보유: 타임, 마인, 랑방컬렉션, 시스템, SJSJ, 타임 옴므, 시스템 옴므
신세계인터내셔날	브랜드	- 라이선스 계약: 아르마니, Maison Margiela, Diesel, Marni, ST. .John, Brunello Cucinelli, J.Lindeberg, UGG, Paul Smith, Chrome Hearts, Gap, Celine, Man on the boon, Chloe, VOV, G-Cut, Juicy Couture, Design United - SPA 보유: JAJU
코웰패션	브랜드	- 라이선스 계약: 리복, 카파, 컬럼비아, FTV, 푸마, 아디다스, 아식스, 엘르키즈, 캘빈 클라인, 엘르, 비전나이키
휠라홀딩스	브랜드	- 라이선스 보유: FILA, Acushnet(지분 보유)
LF	브랜드	- 라이선스 계약: 라푸마코리아, 폴라리스, 스텝하이, 이에르도르 - SPA 보유: TNGT
영원무역	OEM/ODM	- 라이선스 보유: Scott
한세엠케이		- 라이선스 계약: LPGA, PGA Tour - 라이선스 보유: TBJ, Andew, Buckaroo, NBA
LS네트웍스	OEM/ODM	- 라이선스 보유: 프로스펙스
신성통상	OEM/ODM	- 라이선스 계약: Olzen, Ziozia, Andz, Edition Andz - SPA 보유: Topten10
신영와코루	브랜드	- 라이선스 보유: 비너스, 와코루, 아르보, 자스민, 솔브, 오르화, 트레노, 아네타, 마더 피아, 리맘마
코오롱인더	브랜드	- 라이선스 계약: 헤드, 잭니클라우스, 엘로드, WAAC, 엘로드 클럽, 혼마, 시리즈, 에피그램, 커스텀멜로우, 헨리코튼, 마크제이콥스, 닐바렛, 로에베, 쿠론, 슈콤마보니, 캠브리지멤버스, 지오투, 브렌우드, 럭키슈에드, 이로 - 라이선스 보유: 코오롱스포츠
더네이처홀딩스	브랜드	- 라이선스 계약: Whatever it takes, National Geographic, NFL - 라이선스 보유: Tiehug, Motomoto, Project Wheelie, ttgo
에스제이그룹	브랜드	- 라이선스 계약: Kangol, Helen kaminski
브랜드엑스코퍼레이션	브랜드	- 라이선스 보유: 젝시믹스, 믹스투믹스, 마르시오디에고
삼성물산(패션)	기타	- 라이선스 보유: 빈폴 - SPA 보유: 에잇세컨즈
케이투코리아	기타	- 라이선스 보유: K2, 아이더, W.Angle, Dynafit, K2 Safety
이랜드	기타	- SPA 보유: SPAO, WHOAU, 슈펜, Latem

출처: 이베스트투자증권

인천공항 제 1, 2 터미널 면세사업권 현황

사업권	사업자	매장	면적(단위: m²)	품목 구성	계약 종료일
T1 DF1	신세계 디에프	3	1,324	향수, 화장품	2023년 7월
T1 DF5	신세계 디에프	4	1,814	피혁, 패션(부티크)	2023년 7월
T1 DF7	현대백화점	6	2,786	패션, 잡화	2025년 8월
T1 DF10	엔타스듀티프리	5	172	주류, 담배, 식품	2025년 9월
T1 DF11	그랜드면세점	1	234	향수, 화장품, 잡화	2023년 9월
T2 DF1	호텔신라	6	2,105	향수, 화장품	2023년 1월
T2 DF2	호텔롯데	8	1,407	주류, 담배, 식품	2023년 1월
T2 DF3	신세계 디에프	14	4,300	패션, 잡화	2023년 1월
T2 DF4	에스엠면세점	2	825	전 품목	2023년 1월
T2 DF5	엔타스듀티프리	1	741	전 품목	2023년 1월
T2 DF6	시티플러스	2	241	패션, 잡화, 식품	2023년 1월

출처: 하나증권

여행, 소비

소비

백화점 —— 롯데쇼핑, 현대백화점, 신세계, 대구백화점, 광주신세계, 베뉴지
홈쇼핑 —— 롯데쇼핑, 현대홈쇼핑, GS리테일, 태광산업
편의점 —— BGF리테일, GS리테일
마트 —— 이마트, 롯데하이마트
면세점 —— 신세계, 호텔신라, 현대백화점, JTC, 글로벌텍스프리

의류

브랜드 —— 삼성물산, LF, 한섬, 신세계인터내셔날, TBH글로벌, F&F, 코웰패션, 더네이쳐홀딩스,
　　　　　　에스제이그룹, 대현, 한세엠케이
스포츠 —— 휠라홀딩스, 배럴, 브랜드엑스코퍼레이션, 크리스에프앤씨, 삼성물산, 코오롱인더스트리
아웃도어 —— 감성코퍼레이션, 영원무역
SPA —— 신성통상
OEM/ODM —— 영원무역, 한세실업, 화승엔터, 화승인더, 태평양물산, 국동, 신원, 호전실업

여행, 항공

항공 ┬ FSC —— 대한항공, 아시아나항공
　　　├ LCC —— 제주항공, AK홀딩스, 티웨이항공, 진에어, 에어부산, 하이즈항공
　　　└ 서비스 —— 한진칼, 아시아나IDT
여행 —— 하나투어, 모두투어, 노랑풍선, 참좋은여행, 레드캡투어, 세중, 그래디언트
카지노 —— GKL, 파라다이스, 강원랜드, 롯데관광개발
호텔 —— 호텔신라, 파라다이스, 롯데관광개발, 아난티, 용평리조트, SK네트웍스, 대명소노시즌

여행, 소비 글로벌 주요 기업 및 ETF

소비

- 백화점 — 메이시스(미국), 노드스트롬(미국), J.C.페니(미국), Marks & Spencer(영국), 이세탄 미츠코시(일본), J프론트 리테일링(일본), 다카시마야(일본)
- 홈쇼핑 — QVC(미국), Happigo(중국), momo.com(대만)
- 편의점 — Seven & I(일본), 패밀리마트(일본), Lawson(일본)
- 마트 — 월마트(미국), 코스트코(미국), 크로거(미국), 타겟(미국), 테스코(영국), 까르푸(프랑스)
- 통신 유통 — 아마존(미국), Ocado(영국), 알리바바(중국), 라쿠텐(일본), JD.com(중국)
- 전문점 — 베스트바이(미국), Gome retail holdings(중국), 야마다 덴키(일본), 빅카메라(일본)
- 면세점 — 듀프리(스위스), 라가데르(프랑스) , CITS(중국)

의류

- 브랜드 — LVMH(프랑스), 에르메스(프랑스), Kering(프랑스), VF Corp(미국), Cie Financiere Richemont(스위스), 버버리 그룹(영국), 프라다(이탈리아), 랄프로렌(미국), 페라가모(이탈리아), 파페치(영국)
- 스포츠 — 나이키(미국), 아디다스(독일), 언더아머(미국), 아식스(일본), Columbia Sportswear(미국), 스케쳐스(미국), 캘러웨이(미국), 룰루레몬(미국)
- SPA — Hennes & Mauritz(스웨덴), 인디텍스(스페인), 갭(미국), 유니클로(일본)
- OEM/ODM — Shenzhou(중국), Eclat(대만), Makalot(대만), 펑타이(대만)

여행, 항공

- 항공 — ANA(일본), JAL(중국), Air China(중국), China Southern(중국), Cathay Pacific(홍콩), 에어아시아 X(말레이시아), SouthWest(미국), Delta Airlines(미국), Ryanair(영국), Lufthansa(독일), American Airlines(미국), United Airlines(미국)
- 여행 — 에어비앤비(미국), 익스피디아 그룹(미국), 카니발(미국), 트래블주(미국), 로얄 캐리비안 크루즈(미국), 노르웨이지안 크루즈(미국), 부킹홀딩스(미국), 트립어드바이저(미국), 돈키호테 홀딩스(일본)
- 카지노 — MGM(미국), Galaxy(미국), SJM(미국), Wynn Resorts(미국), LV sands(미국), 시저스 엔터테인먼트(미국), Melco(홍콩)
- 호텔 — 힐튼(미국), 하야트(미국), Choice hotels(미국), 인터컨티넨탈 호텔스 그룹(미국), Wyndham Hotel & Resorts(미국), 매리어트(미국), MGM(미국)

ETF

- 항공, 여행, 레저
  - JETS - U.S. Global Jets ETF
  - PEJ - Invesco Dynamic Leisure and Entertainment ETF
  - AWAY - ETFMG Travel Tech ETF
  - TRYP - SonicSharesTM Airlines, Hotels, Cruise Lines ETF
- 카지노 — BJK - VanEck Vectors Gaming ETF
- 소비
  - IBUY - Amplify Online Retail ETF
  - XBUY - Amplify International Online Retail ETF
  - MILN - Global X Milennial Consumer ETF
  - BFIT - Global X Health and Wellness ETF
  - ECON - Columbia Emerging Markets Consumer ETF
  - LUXG - Amundi ETF S&P Global Luxury UCITS ETF

LVMH

시가총액 **493조 원**		2021년	2022년(전망)	2023년(전망)
	매출액	89조 5,800억 원	110조 620억 원	118조 6,400억 원
국적	프랑스	순이익	16조 7,900억 원	20조 3,300억 원	22조 3,000억 원

- 1987년 루이비통 패션하우스와 모엣 헤네시의 합병으로 탄생한 글로벌 초대형 럭셔리 기업
- 가죽, 패션명품, 주류, 시계, 보석, 화장품, 향수, 안경 및 유통 등 다양한 사업 영위
- 루이비통, 디올, 펜디, 지방시, 모엣, 헤네시, 돔페리뇽, 티파니, 불가리, 겔랑, 세포라 등 브랜드 보유
- 2023년 글로벌 경기 침체 우려에도 베블런 효과 증폭에 따른 명품 소비 수요 트렌드 확산 전망. 동사와 같은 하이엔드 브랜드의 수혜 전망

에어비앤비

시가총액 **94조 원**		2021년	2022년(전망)	2023년(전망)
	매출액	8조 1,000억 원	11조 2,700억 원	12조 7,000억 원
국적	미국	순이익	-4,800억 원	2조 3,200억 원	2조 5,800억 원

- 글로벌 최대 규모의 숙박 공유 서비스 제공 플랫폼
- 동사의 웹사이트, 어플 직접 접속 이용 고객 비중이 90% 이상으로 경쟁사 대비 마케팅 비용 효율화 장점
- 여행업계 내에서 독특한 비즈니스를 보유하며 선호하는 브랜드, 고유한 상품 구성, 충성도 높은 고객이라는 3가지 해자를 갖추고 있다는 평가
- 국제 여행 수요가 코로나19 이전 수준으로 빠르게 회복되어가는 추세에서 여행 예약 건수 증가, 평균 객단가 상승 등 실적 호조세

대한항공

☑ 1위 국적기 • 아시아나항공 합병

시가총액	주요 주주	한진칼 외 21인 27%, 국민연금 6%
9조 7,600억 원	주 매출처	항공운송 97%

- 국내 1위 항공사이며 항공운송서비스, 항공우주사업, 기내식 제조사업 및 기내면세점 판매사업 등 영위
- 국내 13개 도시 및 해외 43개국 110개 도시에 여객 및 화물 노선을 개설해 여객 및 화물 운송
- 2018년 델타 항공과 미주노선 조인트벤처 설립 및 지속적으로 노선 포트폴리오 다각화 노력
- 2028년까지 보잉, 에어버스 등 약 90대의 신형기 도입 계획
- 2025년에 영종도 엔진 공장 완공 후 연간 항공기 엔진 약 300개를 자체 정비 가능한 능력 확보 전망
- 소형 우주 발사체 개발 추진 등 미래 먹거리 사업인 '뉴 스페이스' 사업의 장기 관점 준비 중
- 아시아나항공 합병 관련 주요 항공 산업 경쟁국의 독과점 관련 심사 진행 중

실적 추이 및 전망

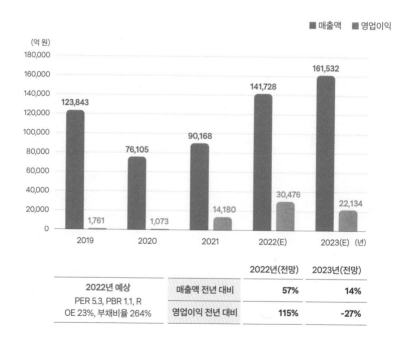

■ 매출액 ■ 영업이익

(억 원)

연도	매출액	영업이익
2019	123,843	1,761
2020	76,105	1,073
2021	90,168	14,180
2022(E)	141,728	30,476
2023(E)	161,532	22,134

2022년 예상		2022년(전망)	2023년(전망)
PER 5.3, PBR 1.1, R OE 23%, 부채비율 264%	매출액 전년 대비	57%	14%
	영업이익 전년 대비	115%	-27%

롯데쇼핑

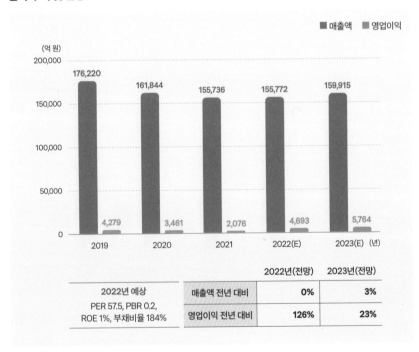

☑ 롯데백화점 · 롯데하이마트 · 롯데시네마

시가총액	주요 주주	롯데지주 외 30인 61%
2조 5500억 원	주 매출처	할인점 38%, 전자제품전문점 22%, 백화점 20%

- 국내 백화점 32개, 아웃렛 28개 및 대형마트 112개, 롯데시네마를 운영 중인 국내 대표 유통 기업
- 펜트업(억눌렸던 수요가 급속도로 살아나는 현상) 소비 트렌드로 주력 사업인 백화점의 수익성 개선 중이며 롯데시네마(컬처웍스) 역시 영화 산업 업황 회복의 수혜 받는 중
- 영국 오카도와 파트너십 체결해 온라인 식품 시장 확대에 따른 소싱, 수요예측, 물류, 배송에 이르는 밸류체인 경쟁력 강화 전략
- 지속 확대되는 국내 이커머스 시장 대응 위해 2025년에 첫 물류센터 완공, 가동 예정
- 2030년까지 약 9,500억 원을 투자해 6개의 자동화 물류센터 설립해 식료품 부문에서 규모의 경제 달성 기대

실적 추이 및 전망

■ 매출액 ■ 영업이익

(억 원)

연도	매출액	영업이익
2019	176,220	4,279
2020	161,844	3,461
2021	155,736	2,076
2022(E)	155,772	4,693
2023(E)	159,915	5,764

2022년 예상		2022년(전망)	2023년(전망)
PER 57.5, PBR 0.2, ROE 1%, 부채비율 184%	매출액 전년 대비	0%	3%
	영업이익 전년 대비	126%	23%

현대백화점

☑ 더현대 · 지누스

시가총액 1조 3,800억 원	주요 주주	정지선 외 3인 36%, 국민연금 9%
	주 매출처	백화점 55%, 면세점 48%

- 현대그린푸드의 백화점 사업 부문이 분할되어 설립되었으며 백화점 및 면세점 사업 영위
- 명품 매출 증가로 백화점 실적은 호조지만, 면세점 부진 및 정부의 인천공항 임대료 지원 종료에 따른 2023년 임대료 불확실성 우려
- 2023년 초, 지주사 전환에 따른 쇼핑, 백화점, 면세, 리빙(신사업) 등의 역량 강화 기대

최근 실적 및 주요 재무지표

	2021년	2022년(전망)	2023년(전망)		2022년 상반기	
매출액	3조 5,724억 원	4조 5,680억 원	5조 2,500억 원 (yoy 15%)	매출액	2조 596억 원	PER 5.7 PBR 0.3
영업이익	2,644억 원	3,752억 원	4,650억 원 (yoy 24%)	이익	1,601억 원	ROE 5% 부채비율 91%

신세계

☑ 신세계백화점 · 신세계DF · 신세계인터내셔날

시가총액 2조 1,550억 원	주요 주주	정유경 외 2인 28%, 국민연금 11%
	주 매출처	면세점 43%, 백화점 33%, 의류제조 20%

- 신세계백화점, 면세점 DF, 패션 의류 자회사 신세계인터내셔날 등 사업 영위
- 2023년 경기 침체 우려에도 명품 향(向) 매출이 백화점 실적 방어를 견인할 전망
- 중국 제로 코로나 정책, 인천공항 임대료 이슈로 면세점 사업은 불확실성 해소 필요

최근 실적 및 주요 재무지표

	2021년	2022년(전망)	2023년(전망)		2022년 상반기	
매출액	6조 3,164억 원	7조 7,696억 원	8조 5,450억 원 (yoy 10%)	매출액	3조 6,436억 원	PER 5.8 PBR 0.5
영업이익	5,174억 원	7,366억 원	8,003억 원 (yoy 8%)	이익	3,510억 원	ROE 9% 부채비율 129%

호텔신라

시가총액	주요 주주	삼성생명 외 5인 17%, 국민연금 7%
2조 8,610억 원	주 매출처	면세유통 88%, 호텔, 레저 13%, 기타 조정 -1%

- 국내외 총 11개의 면세점 및 서울, 제주, 중국에 호텔 보유
- 해외 여행객 증가에도 면세점 실적 부진이 이어지고 있으나 2023년 중국의 코로나19 정책 변화에 따른 면세점 실적 회복 기대
- 2023년에는 외국인 관광객 방한 증가에 따른 국내 면세점 및 글로벌 트래픽 증가에 따른 해외 공항 면세점 실적 개선 기대

최근 실적 및 주요 재무지표

	2021년	2022년(전망)	2023년(전망)		2022년 상반기	
매출액	3조 7,791억 원	4조 9,726억 원	5조 8,750억 원 (yoy 18%)	매출액	2조 2,603억 원	PER 60.9 PBR 4.5
영업이익	1,188억 원	1,196억 원	2,043억 원 (yoy 70%)	이익	583억 원	ROE 8% 부채비율 367%

영원무역

시가총액	주요 주주	영원무역홀딩스 외 7인 50%, 국민연금 10%
2조 1,400억 원	주 매출처	제조 OEM 112%, SCOTT 36%, 연결 조정 -53%

- 약 40여 개 해외 바이어들로부터(노스페이스, 룰루레몬, 파타고니아 등) 아웃도어, 스포츠 의류, 신발, 백팩 제품 생산, 수출 사업
- 2014년 미국 아웃도어 브랜드 아웃도어리서치(Outdoor Research) 인수 및 2015년 자전거 브랜드 회사 스코트(Scott)의 과반수 지분 취득으로 자전거, 스포츠 브랜드 유통, 물류 사업 진행
- 수요가 증가하는 트렌드인 요가복, 골프웨어 등 품목 매출 비중 상승 중
- 동사 매출 비중의 10%를 상회하는 노스페이스, 룰루레몬의 지속적인 성장으로 경기 침체 우려에도 낮은 경기 민감도를 통한 실적 방어 기대

최근 실적 및 주요 재무지표

	2021년	2022년(전망)	2023년(전망)		2022년 상반기	
매출액	2조 7,925억 원	3조 5,522억 원	3조 6,575억 원 (yoy 3%)	매출액	1조 7,120억 원	PER 4.3 PBR 0.8
영업이익	4,425억 원	7,051억 원	6,040억 원 (yoy -14%)	이익	3,540억 원	ROE 20% 부채비율 53%

BGF리테일

☑ 편의점 CU

시가총액	주요 주주	비지에프 외 21인 54%, 국민연금 8%
3조 700억 원	주 매출처	편의점 99%

- 국내 약 1만 5,800여 개(2021년 말 기준)의 편의점 'CU'를 운영
- 팬데믹 시기를 거치며 대체 불가능한 식품 소비 채널로 성장
- 2022년, 점포 수가 더욱 증가함에도 점당 매출액이 2022년 대비 약 6% 성장하며 물가 상승에도 우수한 가격 전가력 입증
- 주요 유통 채널 중 객단가가 가장 낮고(약 7,000원) 지근거리 쇼핑 채널, 24시간 영업이라는 특징으로 경기 및 가격 민감도 낮음
- 향후 국내 편의점 사업 지속 확대 및 몽골, 말레이시아 등 해외 진출 전망

최근 실적 및 주요 재무지표

	2021년	2022년(전망)	2023년(전망)		2022년 상반기	
매출액	6조 7,812억 원	7조 5,966억 원	8조 2,513억 원 (yoy 8%)	매출액	3조 6,108억 원	PER 15.7 PBR 3.2
영업이익	1,994억 원	2,614억 원	3,046억 원 (yoy 16%)	이익	1,086억 원	ROE 22% 부채비율 230%

GS리테일

☑ GS25 · GS슈퍼 · GS홈쇼핑 · 파르나스호텔

시가총액	주요 주주	GS 외 1인 57%, 국민연금 8%
3조 원	주 매출처	편의점 68%, 슈퍼마켓 11%, 홈쇼핑 11%

- 편의점 GS25, 슈퍼마켓 GS슈퍼, GS홈쇼핑 및 호텔 운영
- 2022년에는 호텔의 투숙률, 객실료 상승에 따른 실적 호조세에도 주력 사업 편의점의 성장률 반등 속도 저하, 신규 투자 집행으로 전체적 실적 아쉬움
- 수익성 위주 전략으로 선회하며 비효율적 포트폴리오 정리 중(새벽배송 서비스 중단, H&B 사업 철수, 프로모션 비용 절감 등)

최근 실적 및 주요 재무지표

	2021년	2022년(전망)	2023년(전망)		2022년 상반기	
매출액	9조 7,657억 원	11조 2,110억 원	11조 8,933억 원 (yoy 6%)	매출액	5조 4,154억 원	PER 20.9 PBR 0.7
영업이익	2,085억 원	2,107억 원	3,085억 원 (yoy 46%)	이익	747억 원	ROE 3% 부채비율 123%

하나투어

시가총액	주요 주주	하모니아 1호 유한회사 외 6인 16%, 박성환 6%
8,500억 원	주 매출처	여행알선서비스 84%

- 국내 1위 여행사로서 일본 지역에 특화된 사업 포트폴리오 구조
- 코로나19 이전, 패키지 송출객 수 기준 40% 및 해외법인 매출액 중 절반 이상이 일본향 매출
- 일본의 무비자 입국 허용으로 동사의 가파른 일본 향(向) 매출 증가 전망
- 기존의 패키지여행과 차별화에 방점을 찍은 '하나팩 2.0' 및 소규모 여행 지향 추세에 대응하는 상품 등 신규 여행상품 지속 출시

최근 실적 및 주요 재무지표

	2021년	2022년(전망)	2023년(전망)		2022년 상반기	
매출액	403억 원	1,374억 원	4,715억 원 (yoy 243%)	매출액	314억 원	PER -9.5 PBR 12.1
영업이익	-1,273억 원	-1,019억 원	314억 원 (흑자 전환)	이익	-634억 원	ROE -111% 부채비율 297%

파라다이스

시가총액	주요 주주	파라다이스글로벌 외 8인 46%
1조 5,000억 원	주 매출처	사교장 수입 39%, 복합리조트 38%, 호텔 20%

- 외국인 전용 카지노 4개소(서울, 인천, 부산, 제주) 및 복합리조트, 호텔 및 스파 사업 영위
- 코로나로 인한 이동제한의 완화로 인해 영종도 복합리조트 방문객 증가 수혜 기대
- 일본과의 상호 무비자 정책 허용 및 인천공항의 하네다, 오키나와 노선 재개로 영종도 복합리조트로의 일본 단체 관광객 유입 기대
- 중국 인바운드 수요 저조 및 중국의 카지노 관련 규제로 카지노 실적 부진 지속 우려

최근 실적 및 주요 재무지표

	2021년	2022년(전망)	2023년(전망)		2022년 상반기	
매출액	4,145억 원	5,917억 원	9,186억 원 (yoy 55%)	매출액	2,049억 원	PER 66.8 PBR 1.1
영업이익	-552억 원	145억 원	1,038억 원 (yoy 616%)	이익	-461억 원	ROE 1% 부채비율 118%

종목명	시가총액 (억 원)	사업 내용	2022년, 2023년 전년비 EPS 성장률(전망)
삼성물산	229,871	빈폴, 에잇세컨즈, 비이커, 갤럭시, 로가디스 등 브랜드 보유	24%, -2%
강원랜드	51,667	국내 유일 내/외국인 출입이 허용되는 복합리조트 시설을 갖춘 카지노 보유	흑자 전환, 93%
한진칼	27,906	대한항공으로부터 인적분할 방식으로 설립된 지주회사. 대한항공, 한진 등 지분 보유	전망치 미집계
이마트	25,785	국내 대형마트 1위업체로 신세계그룹의 편의점(이마트24) 운영. 2022년 반기 기준 6,209개 점포 운영	-41%, -66%
휠라홀딩스	20,200	FILA 브랜드를 보유한 휠라코리아를 물적분할한 후 휠라홀딩스로 사명 변경하고 지주회사로 전환함	8%, 14%
코오롱인더	12,879	산업자재, 필름, 전자재료, 화학소재 및 패션/의류 사업 영위. 헨리코튼, 코오롱스포츠, 마크제이콥스 등 라이센스 계약, 보유	2%, 16%
GKL	10,299	외국인 전용 카지노 '세븐럭'을 운영하는 공기업	적자 축소, 흑자 전환
아시아나항공	9,301	국내 2위 대형항공사. 여객기 70대, 화물기 12대 보유. 대한항공과 합병을 위한 기업결합심사 진행 중	적자 축소, 흑자 전환
신세계인터내셔날	8,693	캐주얼, 라이프스타일 브랜드 기획, 생산, 유통 및 해외 럭셔리 및 자체 코스메틱 브랜드 런칭	36%, 7%
롯데관광개발	8,391	국내(일반패키지, 철도권판매 등) 및 해외(법인 및 단체 기획 상품, 자유여행, 어학연수 등) 여행업 영위. 제주 드림타워 복합리조트 오픈으로 호텔과 리테일 카지노 사업도 영위	적자 축소, 적자 축소
태광산업	8,150	석유화학, 섬유 사업 영위. 스판덱스 브랜드 '엘라핏', 의류용 섬유 통합 브랜드 '에이스포라'로 일원화	전망치 미집계
진에어	7,517	한진그룹 내 계열사로 저비용항공사. 한진칼이 보유하고 있던 지분 전량(54.91%)을 대한항공에 매각	적자 축소, 흑자 전환
한섬	6,391	타임, 시스템, 캘빈 클라인, DKNY 등 의류 브랜드 보유	14%, 5%
한세실업	6,240	갭, 타겟, 올드네이비, 월마트, H&M 등에 납품하는 의류 OEM 제조사	72%, 4%
화승엔터프라이즈	5,926	신발 및 스포츠 의류 분야에서 OEM 사업 확장. 아디다스의 Top 2 벤더사 중 하나	흑자 전환, 42%
제주항공	5,847	애경그룹의 저비용항공사. AK홀딩스가 지분율 50.9% 보유한 최대주주	적자 축소, 흑자 전환
아난티	5,186	골프시설 및 호텔 운영 등 레저 사업 영위	109%, 282%
코웰패션	4,744	아디다스, 퓨마, 캘빈 클라인 등 글로벌 브랜드를 통한 패션 사업 영위. 언더웨어/레포츠/패션 브랜드 30개, 코스메틱스 11개, 잡화 6개 브랜드 보유	전망치 미집계
LF	4,518	닥스, 헤지스, TNGT 등의 브랜드를 보유한 패션, 의류 기업	전망치 미집계
더네이처홀딩스	4,182	내셔널 지오그래픽 브랜드를 필두로 의류, 잡화류를 제조하는 기업	27%, 14%

신성통상	3,621	탑텐 브랜드 등을 통해 섬유, 의류 수출, 내수 패션브랜드 제조 및 판매 영위	전망치 미집계
롯데하이마트	3,293	전자제품, 생활용품 등을 판매하는 마트 사업 영위	적자 축소, 적자 축소
모두투어	3,071	국내외 기획여행상품과 항공권 등을 판매. 자회사 모두스테이 (지분 100%)를 통해 해외에 1개, 국내에 6개 호텔을 운영	적자 전환, 흑자 전환
티웨이항공	2,894	국내 최초의 저비용항공사인 충청항공 모태. 국내 저비용항공사 3위. 티웨이홀딩스가 지분율 40.9%를 보유한 최대주주	전망치 미집계
에어부산	2,589	금호아시아나 그룹의 저비용항공사. 아시아나항공이 지분율 42.8% 보유한 최대주주	전망치 미집계
광주신세계	2,560	광주광역시 유스퀘어에 위치한 신세계백화점 운영	전망치 미집계
크리스에프앤씨	2,484	골프웨어, 골프용품 등 다양한 브랜드 포트폴리오 보유	-44%, 139%
레드캡투어	1,666	렌터카 사업과 여행 사업을 동시에 영위 중. B2B 부문에 주력	전망치 미집계
에스제이그룹	1,618	캉골, 캉골키즈, 헬렌 카민스키 브랜드 등을 보유한 패션 기업	38%, 16%

※ EPS: Earning Per Share. 주당순이익을 뜻하며, 기업의 자본 규모와 상관없이 1주당 얼마의 이익을 창출했는지를 나타내기에 기업의 실질적인 수익성을 가늠해볼 수 있음

OTA

Online Travel Agency. 온라인 여행사를 뜻하며 온라인으로 숙박, 렌트카, 티켓 등을 예약하는 회사 혹은 웹사이트. 대표적으로 익스피디아, 아고다, 부킹닷컴, 에어비앤비, 씨트립 등이 여기에 속한다.

따이공

한국과 중국을 오가며 농산물, 면세품 등을 소규모로 밀거래하는 보따리상. 한국 면세점 기업 실적의 절대적 비중을 차지한다.

ASK

Available Seat Kilometers. 공급좌석킬로미터, 유효좌석거리를 뜻하며 운항하는 항공기 좌석 수에 운항거리를 곱한 총 공급량을 뜻한다.

RPK

Revenue Per Kilometer. 유상여객킬로미터, 각각의 유상여객이 비행한 거리(킬로미터)를 모두 더한 수요지표를 의미한다.

Yield

원화 기준 항공사 단가(운임). 항공사가 판매한 각 좌석을 통해 1킬로미터당 얼마를 벌었는지 알려주는 수치다. Yield 수치가 클수록 수익성이 높다는 뜻이다.

L/F

Load Factor. 항공, 여객 탑승률을 의미한다.

드랍액

베팅 금액. 방문객이 카지노에서 게임을 하기 위해 필요한 칩을 구매한 비용. 방문객 수가 많으면 드랍액이 올라갈 수 있다.

홀드율

카지노가 고객에게서 딴 돈 또는 베팅 금액. 드랍액 중 카지노가 게임에서 이겨 취득한 금액의 비율을 의미한다. 많이 이기면 이길수록 홀드율은 높아지고 카지노가 취득하는 금액이 높아진다.

정켓

Junket. 카지노를 방문하는 그룹을 명칭. 전 세계적으로 단체로 같이 움직이며 행동하는 그룹들은 중국인 계열들이 가장 많다.

콤프

Compliment. 카지노가 고객에게 제공하는 서비스 (사용금에 비례하는 포인트 혹은 숙박, F&B, 항공권 등의 서비스)를 의미한다.

펜트업 수요

Pent-up. 경기 침체기 동안 억눌린 소비가 회복시 급격하게 증가하는 수요를 뜻한다.

사전면세점

관세, 부가가치세(10%), 개별소비세(5%~20%) 등이 모두 면제된 제품을 판매하는 곳으로 내국인과 외국인 모두 이용할 수 있다.

사후면세점

외국인만 이용할 수 있으며 고객들은 제품을 구입할 때 관세를 비롯한 부가가치세, 개별소비세 등이 포함된 금액을 지불하고, 3만 원 이상의 제품을 구매한 경우 가격에 포함되된 부가가치세, 개별소비세 등의 세금을 출국 시 공항 내 Tax Free 환급 창구를 통해 환급받는 방식을 의미한다.

애슬레저 룩

애슬래틱(Atheletic)과 레저(Leisure)의 합성어로 기능성 스포츠룩을 일상복으로로도 입을 수 있는 의류를 의미한다.

PART

2

위기에서
기회를 보다

8

식량 위기

농기계

식량 위기 ●
스마트팜 ●
스마트 농업 ●
자율주행 ●
트랙터 ●
드론 ●
로봇 ●

1 점차 심각해지는 글로벌 식량 위기의 해결책으로 스마트팜, 스마트 농업이 부각받고 있음

2 디어, 구보타, 아그코 등 글로벌 농기계 선도 기업들이 앞다퉈 자율주행 트랙터를 선보이며 산업을 주도

3 국내 농기계 기업들도 자율주행 레벨 2 수준으로 올라서며 지속적인 기술 개발 및 시설투자 진행 중

| 여러 악재로 심각해지는 글로벌 식량 위기

2022년 2월 발발한 러시아-우크라이나 전쟁이 예기치 않게 장기화되었다. 러시아가 흑해 항구를 통한 수출을 막으며 밀과 옥수수 수출에 큰 차질이 발생했고 서방의 러시아 제재로 인해 러시아의 비료 수출도 막히면서 전 세계 농민들이 어려움을 겪고 있다. 이 과정에서 농산물의 전략 무기화 조짐도 드러나고 있다. 값비싸진 농산물 가격에 가계가 부담을 안고 있는데, 일각에서는 전쟁만 잘 마무리되면 러시아와 우크라이나에서 생산되는 농산물들이 정상 유통이 되어 지금의 부담이 감소할 것이라는 의견이 있지만, 여타 이유로 인해 앞으로도 식량과 관련된 위기는 계속 지속될 수밖에 없을 것이다.

그중 매년 반복되면서 위험 수위가 높아져만 가는 이상 기후 현상이 식량 위기에 기름을 붓고 있다. 2022년 겨울에 3년 연속 라니냐 기후가 지속될 것으로 전망되면서 브라질, 아르헨티나 등 남미 지역의 파종과 작황이 악영향을 받을 것으로 전망된다. 라니냐 이외에도 지구온난화 현상이 심화되면서 전 세계가 이상 기후 위기에 직면해 있다. 2022년 여름, 유럽의 심각한 폭염과 가뭄, 파키스탄의 홍수 그리고 한국의 긴 장마, 여름 폭염, 태풍 등은 인류가 화석연료에 중독된 대가인데, 점차 이런 이상 기후 현상의 빈도가 잦아지고 있다. 토양이 황폐화되고 있고 점차 사막화가 진행되고 있는 곳이 많아질 것이다. 2015년 파리에서 체결된 파리기후변화협정, 유럽의 2050년 탄소 중립, 선진국들의 친환경 정책에도 극단적인 기후 현상이 점차 늘어날 전망이다.

게다가 코로나19 장기화로 인해 쌀 주요 수출국인 베트남, 인도, 태국 그리고 밀 주요 수출국들이 일시적으로 곡물 수출을 중지해왔는데 이상 기후에 환경 오염까지 겹치면서 2010년대 이후, 전 세계 1인당 농작물 생산 수치가 줄어들고 있다. 이에, 국제 곡물, 식량 시장의 불안정성이 계속 높아지면서 식량 위기가 심화되는 수순으로 진행되고 있다. 이런 상황에서 2021년에 약 78억 명이었던 세계 인구가 2030년에는 85억 명으로 증가될 것이기에 식량 생산의 중요성은 계속 제기될 수밖에 없으며 인구 증가에 따른 식량 수급 문제는 인류가 극복해야 할 중대한 도전 과제로 급부상하고 있다.

식량 위기에서 한국은 절대 예외가 아니다. 식량 안보에서 한국은 매우 취약한 상태인데 한국의 사료용 곡물을 포함한 식량 자급률은 OECD 회원국 중 최하위권인 22% 수준이다. 우리가 쌀이 주식이어서 한국의 농업 구조가 벼농사에 치중돼 있다 보니 쌀 수급에 어려움이 없어서 지금껏 식량 위기를 체감하지 못했겠지만, 쌀 외에 옥수수, 밀, 대두 등은 거의 대부분 수입에 의존하고 있다. 우리 국토 대부분이 산지라서 농지 비율은 16%에 불과하고 농업인의 절반 이상은 60대 이상 고령자인 상황이라 대다수의 농산물을 수입에 의존하고 있기에 여러 원인으로 식량 위기가 재발하면 우리가 처할 리스크는 매우 클 수밖에 없는 상황이다.

| 식량 위기 시대의 답은 스마트팜

위기에 닥치면 각국은 식량 수출을 옥죄고 자국에만 식량을 유통하면서 철저히 식량 안보에 임하고 있다. 앞서 서술한 것처럼 한국은 대부분 수입에 의존하고 있기에 우리도 식량 안보에 철저히 대응해야 하며, 비단 우리뿐 아니라 모든 국가에 당면한 문제가 식량 위기다. 마침, 인공지능, 사물인터넷, 5G 통신, 빅데이터 등 4차 산업혁명의 주요 기술들이 눈부시게 발달하면서 이를 농업에 접목하는 시도가 늘어났고, 우수 사례들이 빠르게 공유되면서 전 세계는 식량 위기에 대응하기 위한 방법으로 스마트팜에 집중하고 있다.

스마트팜은 빅데이터, 인공지능, 무인자동화 등 기술을 활용해 작물, 가축을 지능화된 시설에서 기르고 관리해 어떤 상황에서도 재배 가능하고 생산비와 수확량을 일정하게 맞출 수 있는 산업을 말한다. 원격, 자동 방식 등 최소한의 노동력 및 에너지를 투입해 생산성을 극대화하고 고품질을 이끌어낼 수 있는 장점이 있으며 PC 또는 모바일로 간단하게 온실의 온도, 습도, 이산화탄소 등을 모니터링할 수 있고 원격으로 과수에서 병해충을 관리할 수 있다. 또한, 축사의 온도, 습도 및 환경을 모니터링하고 동물들에게 사료 및 물 공급 시기와 양 등을 쉽게 제어할 수 있게 된다. 기술력과 자본력이 있는 국가들 또는 심각한 식량 위기를 겪고 있는 나라들이 스마트팜을 적극 도입하고 있다.

스마트팜 산업에 글로벌 스마트 머니에도 주목하고 있는데, 구글, 아마존, 소프트뱅크, 마이크로소프트 그리고 한국의 자금력 있는 벤처캐피털들이 스마트팜 산업에 투자하며 미래 성장의 과실을 투자 수익으로 거두기 위해 공격적으로 투자에 임하고 있다.

| 스마트 농기계, 드론 분야에 주목

스마트팜 산업은 더 나아가 스마트 농업으로 성장하고 있다. 스마트 농업이란 스마트팜에서의 생산 단계뿐 아니라 가공, 유통, 소비 등 농업 가치사슬의 모든 단계에 걸쳐 데이터, 인공지능에 기반을 두고 농업 혁신을 창출하는 개념이다. 우수한 성능을 가진 센서, 액추에이터, GPS 등이 개발되면서 농기계의 자동화 기술이 빠르게 발전하고 있다. 광범위한 산업의 세부 분야 중, 앞으로는 자율주행 기술을 이용한 농기계, 드론, 로봇 분야의 성장성이 가파를 전망이기에 해당 분야에 중장기적 관심이 필요한 시기다.

재배 규모가 넓은 미국에서는 존 디어(John Deere)의 자율주행 트랙터를 포함해 센티미터 단위의 오차 이내로 잡초를 제거하는 벼농사용 제초 로봇, 이양기, 콤바인, 수확기 및 등이 농업 현장에 적용되고 있다. 또한, 농업용 로봇이 낙농가에서 활용되는 로봇착유기, 딸기 수확 로봇, 모종 이식 로봇 등의 형태로 활용되고 있으며, 국내외에서 드론을 도입한 방제가 시작되고 있다. 게다가 드론 촬영으로 얻은 이미지를 분석해 작업 효율성을 높이고 있는데, 카메라에 수집된 작물의 형상과 색, 분광 정보를 통해 작물의 건강도와 질소 결핍 등을 파악한다. 또한, 어느 구역에 수분이 부족한지, 성장이 더딘 부분이 어디인지를 파악하는 등의 유용한 데이터도 얻을 수 있다.

세계 지역별 스마트팜 시장 전망

중국, 인도, 동남아 등 많은 인구를 보유한 아시아 지역의 시장 규모가 가장 큰 상황에서 북미와 유럽이 자금력, 첨단 기술력 등을 앞세워 발전할 전망이다.

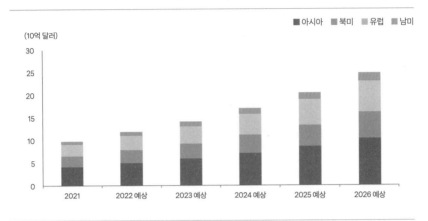

출처: TechNavio, NH투자증권리서치본부

글로벌 스마트 농업 주요 분야별 성장 전망

로봇, 드론 시장이 보조제, 분사기 시장보다 월등한 성장세를 보일 전망이다.

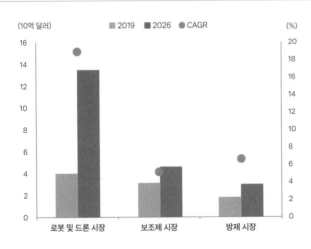

글로벌 자율주행 농기계 시장 전망

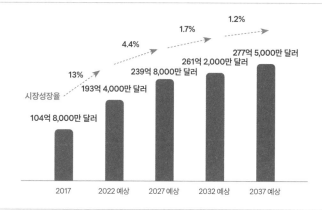

시장성장율

- 104억 8,000만 달러 (2017)
- 193억 4,000만 달러 13% (2022 예상)
- 239억 8,000만 달러 4.4% (2027 예상)
- 261억 2,000만 달러 1.7% (2032 예상)
- 277억 5,000만 달러 1.2% (2037 예상)

출처: IDTechEX

농기계 자율주행 4단계

2023년~2024년경, 글로벌 주요 농기계 기업들의 기술력은 자율주행 레벨 3단계에 접어들 것으로 전망된다.

단계	레벨 0	레벨 1	레벨 2	레벨 3	레벨 4
기술 구분	원격제어식	자동조향	자율주행	자율작업	무인자율작업
자동화 범위	조향 변속 지능 AUTO 작업	조향 변속 지능 AUTO 작업	조향 변속 지능 AUTO 작업	조향 변속 지능 AUTO 작업	조향 변속 지능 AUTO 작업

출처: 대동, NH투자증권리서치본부

스마트 농업의 주요 기술

구분	주요 내용	비고
스마트팜	- 비닐하우스·유리온실 등의 시설원예, 축사 등에 사물인터넷(IoT), 빅데이터, 인공지능, 로봇 등 정보통신기술(ICT)을 접목해 작물과 가축의 생육환경을 원격자동으로 적정하게 유지·관리할 수 있는 농장 - 대상 품목에 따라 시설원예, 축산, 노지작물, 과수 등으로 구분할 수 있으며, 일반적으로 시설원예의 경우를 '스마트팜', 축산의 경우는 '스마트축사', 노지작물, 과수의 경우를 '노지 스마트팜'이라고 부르고 있음	생산 기능을 강화하기 위한 시설장비에 초점을 둔 협의적 개념
스마트 농업	- 시설원예, 축산, 노지작물 · 과수 분야에 생산 · 유통 · 소비 분야와 전후방산업까지를 포함하며, 전후방산업은 종자부터, 자율주행 농기계, 드론, 로봇 등을 말함 - 모든 분야에 ICT 기술을 융복합해 생산의 정밀화, 유통의 지능화, 경영의 선진화 등 농업에 새로운 가치 및 혁신을 창출하는 것	생산뿐만 아니라 가공, 유통, 소비 등 농업 가치사슬의 모든 단계에 걸쳐, 데이터, 인공지능에 기반을 두고 농업 혁신을 창출하는 광의적 개념

출처: 농림축산식품부

국내 농기계 기업들의 자율주행 대응 수준

종류	기능
수확 관리용	기능 적절한 시기에 작물을 수확해 수확 시기가 되지 않거나 또는 수확 시기가 지난 작물 수확으로 인한 농민들의 손실을 예방하는 데 사용됨
밭농사용	잡초, 해충, 균 감염, 작물 조직 영양분을 포함한 작물의 상태를 모니터링하는 데 사용됨
낙농장 관리용	자동화된 착유 시스템을 통해 우유 생산량을 증가시키는 데 사용됨
토양 관리용	최적의 농작물 수확을 위해 토양에 필수적인 생태계 기능을 유지할 수 있도록 정보를 제공하는 데 사용됨
관개 관리용	토지의 생산성을 향상시키고 물 낭비, 토양 불모, 염화, 작물 수분 스트레스를 최소화하는 데 사용됨
가지치기 관리용	죽은 나무 제거, 이식을 위한 표본 준비, 꽃과 열매의 수확량 증가 및 품질 향상 등을 위해 가지, 새싹. 뿌리와 같은 부분을 제고하는 데 사용됨
날씨 추적 & 모니터링용	온도, 비, 풍속, 풍향, 일사량 등의 기후 상태를 제공하는 데 사용됨
재고 관리용	수확물 유지, 재고 이동 및 거래 사용에 대한 과거 기록을 관리하는 데 사용됨

출처: NH투자증권, 대동

스마트 농업의 주요 기술

기술	정의	용도
사물인터넷	사물에 다양한 센서 디바이스를 활용, 실시간으로 수집, 공유하며 인터넷으로 주고받는 기술	로봇, 드론, 센서 등 활용. 토양, 작물, 환경 등 정보 수집
빅데이터	디지털 환경에서 생성된 방대한 데이터, 데이터를 구성하고 있는 물리적 하드웨어와 이를 기반으로 하는 앱과 소프트웨어를 포괄하는 플랫폼	IoT 기반 수집된 데이터 분석, 예측으로 최적의 재배환경 컨설팅
클라우드	데이터를 중앙컴퓨터에 저장해 인터넷 접속만 언제 어디서든 데이터를 이용할 수 있는 것	데이터 보관과 농장 관리에 필요한 정보처리 및 커뮤니케이션 제공
인공지능	인간의 지능적 행동(사고, 학습, 자기계발 등)을 모방할 수 있는 컴퓨터공학 및 정보기술	축적된 빅데이터 분석 후 필요한 정보 제공
농업용 로봇	스스로 외부 환경을 인식하고 상황을 판단해 자율적인 동작을 통해 지능화된 또는 서비스를 제공하는 기계	노지농업용, 시설농업용, 축산용 구분 - 자율주행 트랙터, 콤바인, 방제용 드론 - 파종, 제초, 수확용 로봇 - 로봇 착유기, 생육관리 로봇
농업용 드론	무선전파로 조정하는 무인항공기(Unmanned Aerial Vehide)	항공 촬영으로 매핑, 파종, 살포, 작물의 생육상태, 병해충 검출 등 사용
5G	5세대 이동통신 기술 / 4G 대비 전송속도 20배 빠름 / 처리 용량은 100배 많음	가상현실, 자율주행, 사물인터넷 기술 구현 5G 바탕 새로운 서비스 시장 출현 전망

출처: NH투자증권

디어 & 컴퍼니

시가총액		2021년	2022년(전망)	2023년(전망)
165조 원	**매출액**	59조 2,350억 원	63조 8,100억 원	69조 7,500억 원
국적 미국	**순이익**	8조 500억 원	9조 5,200억 원	10조 4,800억 원

- 글로벌 점유율 약 32%의 세계적 농업 중장비 제조 회사
- 전통적 농기계에 빅데이터, 인공지능 기술을 접목해 글로벌 스마트 농기계 분야를 선도
- 최근 5년간 약 7조 원을 투자해 12개의 농업 관련 기술을 보유한 기업 인수
- 트랙터, 트랙터 로더, 콤바인 등 다양한 농업 기계와 더불어 상업용 잔디깎기 기계, 각종 건설, 임업 기계도 생산
- CES 2022에서 자율주행 농기계 공개. GPS를 기반으로 정밀한 측정이 가능한 센서와 자동 조향 기능 탑재
- 더 나아가 자율 드론 분무기까지 상용화(공중에서 잡초를 스캔한 후 제어 가능한 모델)
- 차후, 테슬라의 완전자율주행처럼 트랙터의 자율주행 기능을 구독 서비스 형태로 제공할 가능성

그 외 해외 대표 기업 소개

종목명	시가총액 (억 원)	사업 내용	2022년, 2023년 전년비 EPS 성장률(전망)
탑콘(일본)	1조 6,500억 원	트랙터 자율 주행 키트 전문 생산	359%, 19%
쿠보타(일본)	22조 4,500억 원	일본의 대형 농기계 전문 기업. 자체 개발한 농업 클라우드 시스템 항공우주학회(KSAS)와의 연동으로 자율주행 농기계와의 시너지 장점. 유럽 시장에 전기트랙터 출시 계획	6%, 8%
AGCO(독일)	13조 1,000억 원	농업 장비 및 관련 교체 부품 제조 및 유통. 농업 자동화에 집중 투자 중이며 향후 기상관측 장비, 토양 센서, 원격측정 네트워크 등의 포트폴리오를 발전시켜 갈 전망	전망치 미집계
CNH (미국-이탈리아)	28조 원	토양 준비 및 경작 도구를 포함하는 농기계 및 도구 제조. 자율주행 기술을 접목한 차세대 트랙터 프로토타입 확대 위한 노력	13%, 9%

※ EPS: Earning Per Share. 주당순이익을 뜻하며, 기업의 자본 규모와 상관없이 1주당 얼마의 이익을 창출했는지를 나타내기에 기업의 실질적인 수익성을 가늠해볼 수 있음

대동

☑ 스마트팜 · 스마트모빌리티 · 무인 트랙터

시가총액	주요 주주	김준식 외 6인 27%, 국민연금 8%
2,750억 원	주 매출처	트랙터 등 91%

- 국내 농기계 시장 최대 점유율을 보유
- 제주대동을 통해 스마트팜 사업, 대동모빌리티를 통해 스마트 모빌리티 사업에 진출
- 무인화 트랙터 등 자동화된 농기계를 공급할 수 있는 국내 소수 기업 중 하나
- 카메라·라이다 등을 활용한 환경 인식 및 텔레매틱스 서비스 연계에 기반해 2022년 말까지 자율주행 레벨 2 수준의 기술을 상용화할 예정
- 국내 농기계 업체 최초로 직진자율주행 기능을 이양기에 탑재
- 글로벌 자동차 기업이 집중하는 자율주행 기술을 농기계에도 접목할 계획

최근 실적 및 주요 재무지표

	2021년	2022년(전망)	2023년(전망)		2022년 상반기	
매출액	1조 1,792억 원	1조 3,007억 원	전망치 미집계	**매출액**	8,141억 원	PER 5.7 PBR 0.6
영업이익	382억 원	626억 원	전망치 미집계	**이익**	677억 원	ROE 13% 부채비율 237%

TYM

☑ 자율주행 트랙터 · 미국 시설투자

시가총액	주요 주주	김희용 외 7인 31%, 엠케이에셋 외 1인 6%
3,520억 원	주 매출처	농기계 97%

- 국내 대표 농기계 기업 중 하나이며 전 세계 약 600개 이상의 딜러점 운영
- 스마트 자율주행 농기계 본격 개발, 양산 위해 자회사 설립 및 시연회 진행
- 정부 주도의 전기, 수소 트랙터 개발 프로젝트에 참여
- 동사의 자회사 '브랜슨'의 트랙터, 북미 딜러 초이스 대회에서 3년간 트랙터 부문 1위 달성
- 유의미한 데이터를 축적해 농업에 활용하는 애그테크 중심의 미래 성장 전략 추구
- 2023년 6월 완공 목표로 미국 조지아주에 약 2,000만 달러 규모의 농기계 생산 및 부품센터 시설투자 진행

최근 실적 및 주요 재무지표

	2021년	2022년(전망)	2023년(전망)		2022년 상반기	
매출액	8,415억 원	전망치 미집계	전망치 미집계	**매출액**	6,907억 원	PER 4.4 PBR 1.1
영업이익	353억 원	전망치 미집계	전망치 미집계	**이익**	930억 원	ROE 36% 부채비율 167%

LS

☑ LS엠트론 • 자율주행 트랙터 • LSMnM • LS전선

시가총액	주요 주주	구자열 외 43인 32%, 국민연금 13%
2조 1,960억 원	주 매출처	전선 46%, I&D 25%, 일렉트릭 19%, 엠트론 8%

- 트랙터와 사출기 등을 생산하는 국내 대표 농기계 기업 LS엠트론 지분 100%를 보유한 지주회사
- 2021년에 자율작업 기능 탑재한 트랙터 출시하였으며 북미 시장 수출 전략 진행
- 전기 구동 트랙터 상용화를 준비 중이며 LS엠트론만의 원격 관제 시스템 '아이 트랙터'로 농기계 운영 효율성 증대
- LS엠트론 외 LSMnM의 전기동 사업, LS전선의 대만 및 국내 해저케이블 사업 그리고 전력기기, 전력 인프라 사업 매출 증가 중

최근 실적 및 주요 재무지표

	2021년	2022년(전망)	2023년(전망)		2022년 상반기	
매출액	13조 891억 원	15조 8,776억 원	20조 3,166억 원 (yoy 28%)	매출액	7조 8,333억 원	PER 6.3 PBR 0.5
영업이익	4,785억 원	6,670억 원	8,156억 원 (yoy 22%)	이익	3,641억 원	ROE 9% 부채비율 186%

8

식량 위기

식음료

식량 자급률 ●
식량 안보 ●
식량 위기 ●
푸드테크 ●
대체육 ●
배양육 ●
메디푸드 ●

1   식자재 가격 상승, 유통망 교란, 기후 변화 등으로 야기되는 식량 위기는
    반드시 적극적으로 헤쳐나가야 함

2   식품 시장이 첨단 기술과 융합되어 성장하고 있는 '푸드테크'가 식량 위기를
    해결하기 위한 수단으로 부상 중

3   대체육, 메디푸드 등의 시장에서 우리 정부와 기업들이 K-푸드의 저력에
    힘입어 민첩한 대응이 요구됨

▎ 식량 위기를 적극적으로 헤쳐나가야 하는 이유

글로벌 경제위기로 인한 식자재 가격의 급격한 상승, 전쟁과 코로나19로 인한 유통망의 교란 그리고 위협적인 속도로 다가오는 기후변화는 식량 안보 상황을 크게 악화시키고 있다. 2021년 통계에 의하면 세계적으로 약 1억 9,300만 명 이상이 심각한 식량 위기를 경험한 것으로 추정되고 있는데 2022년에 벌어진 전쟁, 기후 이슈를 고려하면 이 수치는 더욱 악화되었을 것이다. UN은 식량 위기를 당장 해결하지 못하면 전 세계 약 8억만 명 이상 이 굶주림에 처해 식량 전쟁의 우려가 나오고 있다고 전망하기도 했다.

이 같은 문제는 더욱 심각해질 수 있다. 유엔 식량농업기구는 세계 인구 가 2050년까지 90억 명에 달할 것으로 예측했는데 증가하는 인구가 필요로 하는 식량을 충족하기 쉽지 않을 전망이다. 또한 신냉전이 더욱 심화될 여지 가 있으며 전 세계적인 탄소중립 목표 이행을 위한 노력에도 이상 기후 현상 은 지속될 전망이기 때문이다. 특히 이상 기후는 전 세계 식량 수급에 즉각 적인 악영향을 끼친다. 2007년과 2008년에 있었던 인도, 러시아 등 곡창지 대의 심각한 가뭄으로 인한 밀, 쌀, 옥수수, 콩 등 곡물 수출 금지가 중동 국 가들의 식량 위기를 불러오며 2010년 아랍의 봄 시위가 발생했고 2010년대 초 옥수수 주산지인 미국 중서부의 심각한 가뭄으로 세계 옥수수값이 급등했다. 이에, 각국은 위기가 발생할 때마다 극단적인 식량 보호주의를 내세워 해외로 식량을 수출하는 것을 금지하고 있기에 식량 위기가 앞으로도 현실 생활에 위협을 가할 수 있다.

식량 자급률은 한 국가가 소비하는 식량 중 국내에서 생산된 식량의 비율인데 2020년 기준 한국은 약 45% 수준으로 OECD 국가 중 식량의 해외 의존도가 가장 높은 편에 속한다. 4대 주요 곡물 중 쌀은 대부분 자급하지만 밀, 콩, 옥수수 등은 해외 수입에 의존하는데 이에 곡물 가격 변동을 초래하는 이슈에 상당히 민감하게 영향을 받는다. 한국은 인구는 많은데 농지는 좁아 식량 자급률을 100%로 끌어올리기 힘든 상황이기에 더욱 식량 위기를 헤쳐나가기 위한 노력이 필요한 상황이다.

| 푸드테크의 부상

식량 위기를 해결하기 위해 전 세계적으로 식품 산업에 인공지능, 사물 인터넷, 첨단 통신 기술 등을 융합한 푸드테크가 주목받고 있다. 식품 생산 과정에 로봇을 투입해 식품 생산성을 높이고 비용을 절감하며 소비자의 식품 소비 관련 정보를 분석해 맞춤형 상품 및 서비스를 제공한다. 식물이나 세포배양기술을 이용해 쇠고기나 달걀 등 기존 식품을 대체하기도 하며 곤충을 이용한 식품도 만들어내고 있다. 더불어 환경문제까지 고려해 먹을 수 있는 빨대, 접시, 컵 등을 개발하고 자연재해로 인한 농작물 피해를 최소화하기 위해 환경 조건을 인위적으로 조작할 수 있는 식물 공장도 푸드테크 산업에서 이뤄지고 있다.

이런 장점들로 인해 CES2022에서는 푸드테크가 주목해야 할 5대 기술 트렌드 중 하나로 꼽히기도 했으며 주요 선진국들이 자국의 식량 안보 강화의 수단으로 푸드테크를 선정해 지원하고 있다. 식량의 90%를 수입에 의존하는 아랍에미리트(UAE)의 경우, '국가 식량안보전략 2051'을 세우고 글로벌 1위를 목표로 푸드테크 투자에 나서고 있으며 자본력과 기술력을 갖춘 글로벌 기업들이 푸드테크 시장에 뛰어들고 있다.

푸드테크 내에서 가장 주목받고 있는 분야는 대체육인데 건강과 안전, 환경보호와 동물복지 등 지속 가능성을 지닌 미래 먹거리에 관한 관심이 높아지면서 기존 식품의 단점을 보완할 수 있는 대체식품이 대안으로 부각받고 있다. 식물성 원료를 가공하거나 세포를 배양해 기존 육류, 해산물, 유제품 등에서 느낄 수 있었던 것과 같이 맛과 식감은 유지하면서 단백질을 그대로 함유한 형태로 가공한다. 이는 국가의 식량 위기, 식량 안보 확립뿐 아니라 탄소 저감으로 이어져 환경 문제에도 도움을 줄 전망이다. 대체육은 제조방식으로 인해 소나 동물들을 대규모 사육하면서 나오는 이산화탄소 배출이 사실상 없기 때문이다.

아직은 대중적 지지를 받진 못하고 있으나 맛, 식감, 영양이 더욱 개선되며 대중적 인식이 높아진다면 상당히 빠른 속도로 산업이 성장할 전망이다. 우리 정부는 이에 발맞춰 푸드테크 산업 육성을 지원하고 있고 CJ제일제당, 신세계푸드, 농심 등 국내 대표 음식료 기업들이 기술개발, 협력 등을 통해 해외 무대에 진출해 있다. 그리고 고혈압, 당뇨 등 만성질환자가 증가하면서 환자들의 영양 보충 및 관리식으로 주목받고 있는 '메디푸드'가 푸드테크와 연계되며 산업이 빠르게 성장하고 있는 점도 주목할 필요가 있다.

식량 안보 확립은 국민의 생명권 및 건강권에 직결되는 이슈이자 경제에도 큰 영향을 미치는 중요한 사안이다. 이에, 정부와 기업이 치열한 식량 확보 전쟁에 적극적으로 뛰어들어 식량 자급률을 높이고 더 나아가 수출도 활발히 할 수 있는 실력과 체력을 갖출 필요가 있다. 마침 K-푸드가 전 세계 무대에서 큰 인기를 얻고 있고 아시아, 미국, 유럽, 남미에 현지 공장을 갖추거나 이미 수출 활로를 뚫어놓은 국내 기업들이 많기에, 푸드테크 시장에서도 민첩하게 대응해 제2의 K-푸드 전성기가 오래 지속될 수 있길 바라며, 눈에 띄는 행보를 보여주는 기업들에 투자 측면에서의 관심도 필요하다 생각한다.

K-푸드 수출액 추이

K-POP, K-콘텐츠의 인기에 힘입어 K-푸드의 수출액은 2017년 이후 5년간 연평균 5%씩 성장하고 있다.

(단위: 달러)

출처: 농림축산식품부, 해양수산부

글로벌 푸드테크 시장 규모 전망

전 세계적으로 식품산업에 인공지능, 사물인터넷 등 각종 혁신기술을 융합한 푸드테크가 식량 위기의 해결사로 급부상하고 있다.

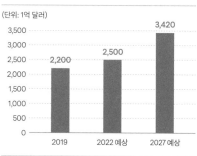

(단위: 1억 달러)

출처: 리서치앤드마켓

글로벌 온라인 식품 시장 전망

코로나 팬데믹 이후 비대면 소비에 익숙해진 글로벌 소비자들은 그간 더욱 발전한 IT 및 배달, 배송 인프라를 활용하며 온라인 식품 소비를 지속 늘려갈 전망이다.

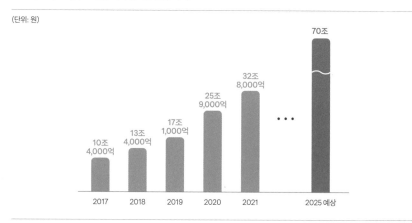

(단위: 원)

출처: 통계청, AT커니

글로벌 육류 소비 시장 전망 및 대체육 비중 추이

푸드테크 산업 내에서 가장 주목받고 있는 대체단백식품은 글로벌 육류 전체 시장에서 점차 비중이 높아질 전망이다.

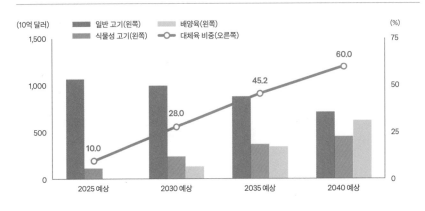

글로벌 식물성 대체육 시장 규모 전망

식량 위기의 해결책 중 하나로 부상하고 있는 대체육은 안정적인 단백질원을 공급할 수 있는 유망한 대안으로 꼽히고 있다.

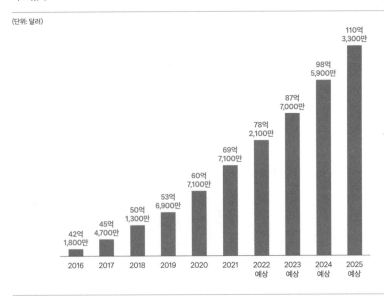

푸드테크의 5대 서비스 유형

개인 맞춤화

생산·제조 혁신

차세대 식품

업무 효율 향상·업무대체

유통플랫폼·전자상거래

출처: IRS 글로벌

푸드 사업의 밸류체인

투입	생산	가공	도소매 유통	소비

• 에너지
• 노동, 기술
• 연구개발
• IT, NT, ET 등
• 로봇 및 자동화
• 그린바이오(농약, 종자 외)
	• 스마트농업
	• 정밀농업
	• 디지털농업
	• 바이오농업
	• 재생농업
		• 지속가능성(건강 및 안전)
		• 자원절약형 식품
		• 대체식품 및 단백질원
		  다양화(식물기반 생산)
			• 로컬푸드 운동
			• 식품 전자상거래 및
			  새벽배송, 퀵배송 등
			• 물류최적화 및
			  유통단계 최소화
				• 제로웨이스트
				• 폐기 최소화
				• 식품안전 및
				  이력추적 외

농업기술

푸드테크

소매분야

출처: 리딩투자증권

주요 곡물의 생산지 및 생산 달력

구분	국가	1월	2월	3월	4월	5월	6월	7월	8월	9월	10월	11월	12월	생산 (%)	수출 (%)
소맥	유럽(봄밀)			파종					수확					18	20
	유럽(겨울밀)						수확			파종				18	20
	중국(봄밀)			파종					수확					17	1
	중국(겨울밀)					수확				파종				17	1
	인도			수확							파종			14	0
	러시아(봄밀)				파종				수확					10	18
	러시아(겨울밀)							수확		파종				10	18
	미국(봄밀)				파종				수확					7	14
	미국(겨울밀)							수확		파종				7	14
옥수수	미국				파종					수확				31	26
	중국				파종					수확				23	0
	브라질(1기)			수확							파종			9	21
	브라질(2기)		파종				수확							9	21
	유럽				파종					수확				6	3
	아르헨티나				수확						파종			5	21
대두	브라질			수확							파종			38	56
	미국					파종				수확				29	28
	아르헨티나(1기)				수확							파종		14	6
	아르헨티나(2기)		파종			수확							파종	14	6
	중국					파종				수확				5	0
	파라과이				수확						파종			3	4

출처: USDA, 이베스트투자증권

국내 주요 식음료 기업의 K-푸드 관련 전략

기업	전략
CJ제일제당	- 비비고 만두 브랜드를 앞세워 글로벌 시장 공략 - LA레이커스와 마케팅 파트너십 체결, PGA 투어 정규대회 'The CJ CUP'의 메인 스폰서 브랜드 - 미국 진출 초기에 코스트코에 진입해 시장 공략, 현재 미국 만두 시장 점유율 1위 - 동사의 해외 생산기지는 미국 21곳을 포함 총 36곳 - 유럽 시장 확대 추진. 루마니아 까르푸 매장에 비비고 브랜드 입점 - 중국 온라인 채널, 일본, 베트남에 이어 호주 수출로 확대 계획
대상	- '종가집 김치' 브랜드로 미주, 유럽, 대만, 홍콩 등 40여 개 국가에 진출 - 2021년 한국 김치 수출액 중 동사 비중이 약 42% - 2019년부터 미국 내 종가집 김치 수요 증가하며 서부 및 중부의 메인스트림 유통채널까지 입점 점포 확대 - 글루텐 프리, 비건 등 미국 현지 식문화와 트렌드를 반영한 비건 김치, 백김치 등 총 10종 수출 - 미국 LA 인근에 총 대지 면적 약 3,000평 규모 현지 김치 생산 공장 완공 - 식물성 대체단백식품 제품 개발 중이며 배양육 사업을 위해 관련 기업들과 전략적 파트너십 체결 및 지분 투자 단행
오비맥주	- 대표 브랜드 카스, 2021년 기준 19개 국가에 수출하며 매년 해외 매출액 증가 중 - ODM 방식으로 제조해 홍콩에 수출하는 '블루걸', 2007년부터 16년간 홍콩 맥주 시장 점유율 1위
하이트진로	- 미국과 중국에서 인기 있는 과일리큐르 시장에 '청포도에이슬', '복숭아에이슬' 출시
농심	- '신라면' 제품을 해외에서 프리미엄 전략으로 판매 중이며 미국, 중국, 동남아 등지에서 높은 품질을 보유한 브랜드로 여겨짐 - 신라면의 2021년 수출액은 총 매출액 중 53%를 지하며 이는 국내 매출을 넘어섬 - 신라면 제품, 월마트를 비롯한 미국 주요 유통채널에서 판매 중 - 미국 2공장 가동으로 미국에서의 연간 라면 생산량이 8억 5,000만 개로 증가. 이를 바탕으로 멕시코를 시작으로 중남미 시장 진출에도 준비 - 자체 기술로 개발한 대체육을 활용한 메뉴로 비건 레스토랑 오픈
동원F&B	- '떡볶이의 신' 제품이 일본, 미국의 대형마트에 입점. HMR 형태로 인기 - 해당 제품의 해외 현지 판매액이 2018년 11억 원 규모에서 2021년 200억 원까지 성장 - 태국, 말레이시아, 호주, 영국, 프랑스 등으로 수출 확대 중 - 2019년 미국 대체육 기업 비욘드 미트와 독점 공급계약 체결 - 비욘드 버거를 독점 수입, 유통하면서 국내에서 약 13만 개 이상 판매됨 - 이후, 비욘드 비프, 비욘드 소시지 등 신제품 출시하며 브랜드 라인업 확대
오뚜기	- 미국, 베트남, 뉴질랜드 등에 현지 법인을 두고 라면, 카레, 차, 소스류 다양한 제품 수출 - 베트남 내 K-라면 열풍에 힘입어 동사의 진라면, 진짜장, 북경짜장 등 인기 - 유럽, 오세아니아, 중앙아시아 지역에서 소비 트렌드 반영한 마케팅 활동 적극 전개 중
롯데제과	- 인도 아이스크림 제조, 판매회사 인수 후 '설레임', '월드콘'을 내세워 인도 시장 점유율 높여가는 중 - 인도에서의 성공을 바탕으로 카자흐스탄, 러시아 등에서 마케팅 강화해 매출 확대할 전략 - 미래 대체 단백질로 주목받고 있는 식용 곤충산업에 집중. 10년 뒤 인류의 주요 단백질 섭취원이라는 판단 - 식용 곤충 제조기업 아스파이어 푸드 그룹에 100억 원 투자. 캐나다에 세계 최대 규모 곤충 단백질 생산 시설 완공 전망
롯데칠성	- 미국, 중국, 베트남 등에 소주 브랜드 '처음처럼 순하리' 제품 수출 - 최근 3개년 연평균 성장률로 보면, 미국 연평균 45%, 중국 49%, 베트남 102%, 필리핀 271%의 고속 성장세 지속 중 - '밀키스' 제품을 러시아, 중국, 미국 및 대만에 수출 - 대만의 대형 할인마트와 최대 슈퍼마켓에 밀키스를 입점시키고 있고 밀키스 신제품 출시 앞두고 있음
오리온	- '초코파이' 제품을 중국, 베트남, 러시아 등 해외 11개국에서 현지 생산, 가동 중 - 베트남 내에서 글로벌 식품 제조사 몬델리즈를 제치고 1위 식품기업이 되겠다는 목표

풀무원	- 글로벌 식품 소재 기업들과 협업해 풀무원표 식물성 대체육 개발 본격화 - 자체 개발 대체육을 미국 웰빙푸드 레스토랑 체인 '와바그릴'의 200여 개 매장 전점에 입점 - 미국 최대 학교 급식 서비스인 메사추세츠대 다이닝과 파트너십 체결 - 또한, 미시건대, 버지니아 공대, 예일대 등 타 유수 현지 대학들과 파트너십 체결해 학생들의 건강한 식단을 위 한 지속가능식품 제공 및 메뉴 개발 협의 중 - 영양보충음료 '단백한 하루' 출시, 간편식 정기구독 서비스 '당뇨케어 밀플랜' 등 운영하며 메디푸드 카테고리 확대 중
삼양식품	- '불닭볶음면' 제품의 인기에 힘입어 미국, 중국, 일본에 현지 판매법인 설립 및 중동시장(시리아, 레바논 등)에 본격 진출
신세계푸드	- 대체육 브랜드 '베러미트' 출시 및 강남에 식물성 정육 델리 오픈 및 제품 출시

출처: 언론 기사, 각 사 DART

대체식품의 국내외 산업 현황 비교

구분		기술현황	시장 및 업체 현황	투자 현황
배양육	해외	기술개발 성공, 대량 생산 준비	네덜란드, 미국, 일본 발달	투자 활발
	국내	초기 연구단계	대학 및 벤처기업	없음
식물성 고기	해외	고기와 유사	빠르게 성장. 기업 – 비욘드 미트	투자 활발
	국내	콩고기 수준	일부 영세업체	벤처투자
식용 곤충	해외	벨기에, 중국 발달	미국, 유럽, 태국 등	일부 국가 활발
	국내	세계 선도	에너지바, 분말형태	국가 투자
식물성 계란	해외	미국이 선도	미국, 홍콩, 일본 등 판매	투자 활발
	국내	벤처기업	온라인, 채식주의자 대상	벤처투자

출처: KREI, 신한금융투자

대체육의 종류 및 정의

종류	정의
배양육	체외 배양을 통해 생산된 조직 또는 세포를 바탕으로 생산한 고기
식물성 고기	식물, 미생물 등에서 추출한 식물성 단백질 성분을 이용해 만든 고기
식용 곤충	식용이 가능한 곤충

출처: 한국과학기술기획평가원

국내 식음료 업체들의 2022년 가격 인상 이력

월	기업	인상 이력
1월	코카콜라	코카콜라 6종 가격 평균 5.7% 인상
	동아오츠카	포카리스웨트 등 가격 4.7% 인상
	동원F&B	동원 양반죽 전종 가격 15% 인상
2월	하이트진로	참이슬 후레쉬 등 소주 출고가 7.9% 인상
	CJ제일제당	냉동만두 제품 가격 평균 5%~6% 인상
	CJ제일제당	고추장 등 장류 제품 가격 평균 9.5% 인상
	샘표	간장 출고 가격 8% 인상
	대상	고추장 등 장류 가격 평균 11.3% 인상
	풀무원	고기만두 제품 가격 5.9% 인상
	동원F&B	냉동만두 제품 가격 평균 5% 인상
3월	롯데칠성	처음처럼 등 소주 출고가 7.2% 인상
	무학	좋은데이 등 주류 출고가 평균 8.84% 인상
	보해양조	잎새주 등 주류 출고가 평균 14.6% 인상
	농심	스낵 과자 출고 가격 평균 6% 인상
	오뚜기	컵누들 일부 제품 가격 14.3% 인상
	CJ제일제당	햇반 판매가격 7~8% 인상
4월	롯데제과	일부 초콜릿 및 빙과류 평균 13.8% 인상
	농심	새우깡 등 과자 가격 약 7% 인상
	서울우유	체다슬라이스 치즈 등 평균 10% 인상
	CJ제일제당	냉동피자 및 닭가슴살 제품 평균 10% 인상
	풀무원	냉동피자 제품 평균 9.8% 인상
5월	해태제과	8개 제품 가격 평균 12.9% 인상
	롯데제과	우유식빵 등 양산빵 14.2% 인상
6월	오뚜기	냉동피자 등 평균 13.0% 인상
	농심	일본 컵라면 및 봉지라면 평균 10% 인상
	오뚜기	업소용 식용유 평균 20% 인상
	CJ제일제당	햄, 소시지 제품 가격 평균 9.8% 인상
7월	동원F&B	햄, 소시지 제품 가격 평균 5% 인상
	오뚜기	소면, 마요네즈 등 평균 13.3% 인상
	사조	카놀라유 등 19.3% 인상
8월	CJ제일제당	카놀라유, 포도씨유, 올리브유 각각 29.1%, 19.3%, 12.7% 인상
	CJ제일제당	스팸 등 편의점 가격 평균 8.2% 인상
	동원F&B	리챔의 편의점 판매가 20% 인상
	오뚜기	부침가루 등 20개 품목 10% 인상
9월	농심	라면, 스낵의 출고가 11.3%, 5.7% 인상
	팔도	라면 12종의 가격 평균 9.8% 인상
	오리온	16개 제품 가격 평균 15.8% 인상
	CJ제일제당	'비비고 김치' 가격 평균 11% 인상
	오뚜기	라면류 출고가 평균 11% 인상
	대상	'종가집 김치' 가격 평균 10% 인상
10월	서울우유	치즈 출고가 약 20% 인상
	샘표식품	간장 등 17종 11.5% 인상
	삼양식품	13개 제품 가격 평균 9.7% 인상
11월	팔도	음료 8종의 출고가 7.3% 인상

출처: 신한투자증권

식음료

원재료

- 밀가루 ─ CJ제일제당, 대한제분, SPC삼립
- 옥수수 ─ CJ제일제당, 대상, 삼양사
- 대두 ─ CJ제일제당, 사조대림
- 사탕수수 ┬ 설탕 ─ CJ제일제당, 삼양사, 대한제당
           └ 라이신, 핵산 ─ CJ제일제당, 대상
- 원양어업 ─ 동원산업, 사조산업, 동원수산, 신라교역, 사조오양, 한성기업, 신라에스지
- 축산업 ─ 선진, 이지홀딩스, 팜스코, 우리손에프앤지, 하림, 동우팜투테이블, 체리부로, 마니커, 정다운, 윙입푸드, 마니커에프앤지
- 농산물 직거래 ─ 지어소프트
- 주정 ─ 진로발효, MH에탄올, 풍국주정, 창해에탄올
- 식자재 유통 ─ CJ프레시웨이, 현대그린푸드, 롯데제과, 신세계푸드, 대상, SPC삼립, 동원F&B, 풀무원
- 조미료 ─ CJ제일제당, 삼양식품, 대상, 샘표식품
- 사료 ─ 선진, 이지홀딩스, 팜스코, 하림, 동우팜투테이블, 체리부로, 대한제당, 대주산업, 한일사료 케이씨피드, 팜스토리, 고려산업, 카나리아바이오, 우성, 우진비앤지, 씨티씨바이오
- 비료 ─ 대유, 우진비앤지, 롯데정밀화학, 카프로, 효성오앤비, 조비, 경농, KG케미칼, 태원물산

제품

- 제빵 ─ SPC삼립, 롯데제과, 서울식품
- 라면 ─ 농심, 오뚜기, 삼양식품, 풀무원, 팔도(비상장)
- 유지가공 ─ 롯데제과, 오뚜기, 사조대림
- 제과 ─ 오리온, 롯데제과, 크라운제과, 해태제과식품, 농심, 서울식품
- 탄산음료 ─ 롯데칠성, LG생활건강
- 종합가공 ─ CJ제일제당, 대상, 오뚜기, 동원F&B, 풀무원, 롯데제과
- 육류 ┬ 육계 ─ 하림, 마니커, 체리부로, 동우팜투테이블, 교촌에프앤비
       ├ 오리 ─ 정다운
       └ 종합육가공 ─ 마니커에프앤지, 윙입푸드
- 유제품 ─ 매일유업, 남양유업, 빙그레
- 빙과 ─ 빙그레, 롯데제과
- 주류 ┬ 맥주 ─ 하이트진로, 롯데칠성, 제주맥주
       └ 소주 ─ 하이트진로, 롯데칠성, 무학, 진로발효, 국순당, 보해양조
- 쥬스, 커피 등 ─ 농심, 롯데칠성, 풀무원, 매일유업, 빙그레, 롯데제과, 남양유업, 대한제분, 흥국에프엔비, 매일홀딩스, 보해양조
- 캔 가공식품 ─ 동원F&B, 사조대림, 샘표식품
- 냉동식품 ─ CJ제일제당, 오뚜기, 대상, 동원F&B, 해태제과식품
- 양념소스 ─ 오뚜기, 대상, 샘표식품
- 김치 ─ CJ제일제당, 풀무원
- HMR ─ CJ제일제당, 오뚜기, 대상, 동원F&B, 롯데제과, 풀무원, 농심, 빙그레

음식료 지주사

크라운해태홀딩스, 롯데지주, 샘표, 대상홀딩스, 삼양홀딩스, 매일홀딩스, 오리온홀딩스, 신송홀딩스, 하림지주, 하이트진로홀딩스, 농심홀딩스, 삼양홀딩스

식음료 글로벌 주요 기업 및 ETF

원재료

- 곡물 ── 카길(미국, 비상장), 아처 대니얼스 미들랜드(미국), 루이 드레퓌스 컴퍼니(프랑스, 비상장), 번지(미국)
- 육가공 ── 타이슨 푸드(미국), JBS(브라질)
- 가금류 가공 ── 샌더스 팜(미국, 비상장)
- 아미노산 ── 아지노모토(일본), 아처 대니얼스 미들랜드(미국), Meihua(중국), GBT(중국), 에보닉(독일)

제품

- 냉장 ── 호멜 푸드(미국), 콘아그라 브랜즈(미국)
- 캔 가공식품 ── 호멜 푸드(미국)
- 제빵 ── 플라워스 푸드(미국)
- 수프 ── 캠벨 수프(미국)
- 제과, 간식 ── 제너럴 밀스(미국), 몬델리즈(미국), 허쉬(미국), 크래프트하인즈(미국), 마즈(미국), 켈로그(미국), 펩시코(미국), 콘아그라 브랜즈(미국), Meiji(일본), Dali(중국), Tingyi(중국), Want Want(중국), Calbee(일본)
- 유제품 ── 제너럴 밀스(미국), 다논(프랑스), 유니레버(영국), Meiji(일본), Tingyi(중국), Want Want(중국), Fonterra(뉴질랜드)
- 인스턴트 등 간편식
  - 시리얼 ── 포스트(미국), 켈로그(미국)
  - 피자 ── 도미노피자(미국)
  - 기타 ── 네슬레(스위스), 제너럴 밀스(미국), 닛신 식품(일본), 치폴레 멕시칸 그릴(미국), Tingyi(중국)
  - 햄버거 ── 맥도날드(미국), 레스토랑 브랜즈(미국), 쉐이크쉑(미국)
- 커피, 콜라, 음료 등 ── 스타벅스(미국), 네슬레(스위스), 크래프트하인즈(미국), 몬델리즈(미국), 코카콜라(미국), 펩시코(미국)
- 생수 ── 다논(프랑스), 네슬레(스위스)
- 치즈 ── 크래프트하인즈(미국), 몬델리즈(미국)
- 주류 ── LVMH(프랑스), 귀주모태주(중국), Ambev(브라질), AB 인베브(벨기에), 하이네켄(네덜란드), 아사히(일본), 디아지오(영국), 페르노 리카(프랑스), 몰슨 쿠어스(미국)
- 양념, 조미료, 소스 ── 맥코믹앤컴퍼니(미국), Kewpie(일본)
- 대체육 ── 비욘드 미트(미국)

ETF

- 농산물
  - DBA - Invesco DB Agriculture Fund
  - MOO - VanEck Vectors Agribusiness ETF
- 옥수수 ── CORN - Teucrium Corn Fund
- 콩 ── SOYB - Teucrium Soybean Fund
- 커피 ── JO - iPath Series B Bloomberg Coffee Subindex Total Return ETN
- 밀 ── WEAT - Teucrium Weat Fund
- 곡물 ── JJG - iPath Bloomberg Grains Subindex Total Return ETN
- 축산물 ── COW - iShares Global Agriculture Index ETF
- 필수 소비재
  - XLP - Consumer Staples Select Sector SPDR Fund
  - VDC - Vanguard Consumer Staples Index Fund ETF

크래프트 하인즈

시가총액 **60조 9,000억 원**		2021년	2022년(전망)	2023년(전망)
	매출액	35조 1,500억 원	35조 4,200억 원	35조 6,400억 원
국적	미국 순이익	1조 3,662억 원	3조 9,900억 원	4조 5,300억 원

- 글로벌 굴지의 식품 제조 기업. 2015년 하인즈와 크래프트 푸즈의 합병으로 탄생
- 조미료, 소스, 치즈 및 유제품, 식사, 고기, 음료, 커피 등 제조
- 크래프트, 하인즈, 필라델피아, 맥스웰하우스, 쿨에이드, 카프리썬 등의 브랜드 보유
- 투자의 귀재 워런 버핏이 운영하는 버크셔 해서웨이가 동사 지분 약 26% 보유
- 독보적인 보유 브랜드 파워뿐 아니라 친환경, 비건 제품 출시로 미래 포트폴리오 구축

펩시코

시가총액 **328조 원**		2021년	2022년(전망)	2023년(전망)
	매출액	107조 2,800억 원	114조 6,300억 원	118조 1,800억 원
국적	미국 순이익	10조 2,800억 원	13조 7,000억 원	13조 6,000억 원

- 네슬레에 이어 매출 기준 전 세계 2위, 북미 1위 식음료 기업. 스낵 및 식품 매출 55%, 음료 45%
- 펩시콜라, 마운틴듀, 게토레이, 프리토레이, 도리토스, 치토스 등 세계적으로 친숙한 브랜드 보유
- 약 50여 년간 배당 증액 및 최근 10년간 연평균 배당금 증가율 약 7% 기록
- 글로벌 전 지역에서 전반적으로 인플레이션 부담을 소비자 가격 인상으로 전가
- 음료 분야 소비 패턴 변화에 맞춰 제로 슈거, 에너지 음료, 스포츠 음료 등에 집중

CJ제일제당

☑ 비비고 • K-푸드 선봉장

시가총액	주요 주주	CJ 외 8인 45%, 국민연금 13%
5조 9,700억 원	주 매출처	물류 38%, 식품 36%, 바이오 16%

- 식품, 물류(대한통운) 및 바이오 산업 등 영위
- 음식료 원재료인 밀가루, 옥수수, 대두, 설탕, 조미료 그리고 냉동식품, 김치, 종합가공 식품 등을 제조
- 비비고 브랜드를 필두로 미국, 유럽, 중국 등에서 K-푸드 영토확장에 선봉 역할
- 전 세계에 K-푸드가 인기를 얻으며 동사의 주력제품 경쟁력 강화에 따른 매출 지속 확대 전망
- 미래 식품소재, 영양식품, 해양 생분해 소재 PHA, 레드 바이오, 건강기능식품, 대체 단백질 등 신성장동력 강화 전망

실적 추이 및 전망

(억 원)

■ 매출액 ■ 영업이익

	2019	2020	2021	2022(E)	2023(E) (년)
매출액	223,525	242,457	262,892	301,625	318,084
영업이익	8,969	13,596	15,244	17,821	19,035

2022년 예상		2022년(전망)	2023년(전망)
PER 9.2, PBR 0.9, ROE 10%, 부채비율 153%	매출액 전년 대비	15%	5%
	영업이익 전년 대비	17%	7%

오리온

☑ 초코파이 • 마이구미 • 카스타드 • 중국 • 베트남 • 러시아

시가총액	주요 주주	오리온홀딩스 외 6인 43%, 국민연금 9%
4조 2,100억 원	주 매출처	제과 117%, 연결조정 -17%

- 초코파이 브랜드로 유명한 국내 대표 음식료 기업
- 중국에서 '마이구미' 젤리, 베트남에서 '초코파이'와 '카스타드' 그리고 러시아에서 '초코파이' 등 강력한 히트 상품 보유
- 중국 춘절, 베트남 명절 시즌, 크리스마스 등 이벤트에 판매량 증가 기대
- 글로벌 인플레이션에 따른 경기 침체에도 꾸준히 경쟁력 있는 신제품 출시
- 중국의 제로 코로나 정책 고수 및 경제 성장률 저하로 중국 매출 성장에 우려가 있으나 중국 병역 정책 완화 시 소비 경기 활성화 기대
- 신제품 출시, 채널 확장, 제품 카테고리 확장 및 지역 확장 등을 진행 중

실적 추이 및 전망

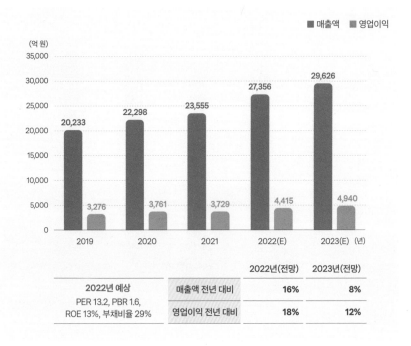

	2022년 예상		2022년(전망)	2023년(전망)
	PER 13.2, PBR 1.6, ROE 13%, 부채비율 29%	매출액 전년 대비	16%	8%
		영업이익 전년 대비	18%	12%

하이트진로

☑ 하이트 • 테라 • 참이슬 • 진로이즈백

시가총액 **1조 8,830억 원**	주요 주주	하이트진로홀딩스 외 8인 53%, 국민연금 6%
	주 매출처	소주 60%, 맥주 31%

- 하이트, 테라, 참이슬, 진로이즈백, 필라이트 등 굳건한 브랜드 파워를 바탕으로 국내 주류 시장을 선도
- 리오프닝 효과로 내수 맥주, 소주 매출 증대(2022년 3분기 각각 +15%, +18%)
- 다만, 이익 측면에서는 화물연대 파업 관련 인건비, 운송비, 임단협에 따른 인건비, 광고판촉비 등 투입으로 아쉬움
- 맥주 시장에서 테라의 점유율 확대 그리고 소주 시장에서는 수출 시장(미국, 일본, 동남아 등) 주력 계획

최근 실적 및 주요 재무지표

	2021년	2022년(전망)	2023년(전망)		2022년 상반기	
매출액	2조 2,029억 원	2조 4,720억 원	2조 6,008억 원 (yoy 5%)	매출액	1조 2,315억 원	PER 15.7 PBR 1.6
영업이익	1,741억 원	2,073억 원	2,424억 원 (yoy 17%)	이익	1,205억 원	ROE 10% 부채비율 208%

오뚜기

☑ 진짬뽕 • 피자 • 3분 카레 • 케찹

시가총액 **1조 8,000억 원**	주요 주주	함영준 외 2인 50%, 국민연금 5%
	주 매출처	면제품 25%, 유지류 16%, 양념소스류 13%

- 국내 2위 라면 기업이자 건조식품류, 양념소스류, 유지류, 면제품류, 농수산 가공 품류 사업 등의 종속회사 보유
- 최근 몇 년사이 크게 성장한 글로벌 K-푸드 열풍에도 2022년 3분기 기준 동사의 해외 매출 비중은 11% 수준으로 미미
- 마진이 높은 HMR, 냉동식품 등을 기반으로 기업 실적 증대 노력

최근 실적 및 주요 재무지표

	2021년	2022년(전망)	2023년(전망)		2022년 상반기	
매출액	2조 7,390억 원	3조 1,335억 원	3조 2,827억 원 (yoy 4%)	매출액	1조 5,317억 원	PER 12.0 PBR 1.0
영업이익	1,666억 원	1,911억 원	2,054억 원 (yoy 7%)	이익	1,067억 원	ROE 9% 부채비율 69%

롯데칠성

☑ 칠성사이다 • 밀키스 • 레쓰비 • 펩시콜라 • 델몬트

시가총액	주요 주주	롯데지주 외 13인 65%, 국민연금 10%
1조 3,130억 원	주 매출처	음료사업 66%, 주류사업 34%

- 칠성사이다, 밀키스, 레쓰비, 펩시콜라, 델몬트, 칸타타, 트레비, 아이시스, 핫식스 등 음료 및 주류 브랜드 보유
- 리오프닝 효과로 음료, 주류 판매 증가 및 소주 가격 인상으로 실적 증가 추세
- 젊은 층에 인기있는 제로탄산 점유율, 2022년 3분기 기준 50%까지 확대
- 미래 성장동력 확보 위해 제주 증류소 건축, 신규 와이너리 확보 등 본격화 전략

최근 실적 및 주요 재무지표

	2021년	2022년(전망)	2023년(전망)		2022년 상반기	
매출액	2조 5,061억 원	2조 8,277억 원	3조 227억 원 (yoy 6%)	매출액	1조 3,885억 원	PER 10.5 PBR 1.0
영업이익	1,822억 원	2,286억 원	2,605억 원 (yoy 13%)	이익	1,235억 원	ROE 9% 부채비율 153%

롯데제과

☑ 빼빼로 • 자일리톨 • 빠삐코 • 월간 과자 • 제로미트

시가총액	주요 주주	롯데지주 외 16인 70%
1조 1,650억 원	주 매출처	빙과 및 기타 45%, 비스킷 및 초콜릿 43%

- 빼빼로, 마가레트, 꼬깔콘, 자일리톨, 가나, 크런키, 빵빠레, 설레임, 빠삐코, 구구 등 스낵, 껌, 초콜릿, 빙과 브랜드 보유
- 카자흐스탄, 인도, 파키스탄 등 8개국에 법인 운영
- 과자 구독 서비스 '월간과자'를 바탕으로 HMR 정기구독 서비스로 확대 계획
- 롯데푸드를 흡수한 후 대체육 브랜드 '제로미트'를 비롯해 비건 카테고리 확장에 집중

최근 실적 및 주요 재무지표

	2021년	2022년(전망)	2023년(전망)		2022년 상반기	
매출액	2조 1,454억 원	3조 1,850억 원	4조 1,590억 원 (yoy 30%)	매출액	1조 736억 원	PER 14.5 PBR 0.5
영업이익	1,085억 원	1,070억 원	1,675억 원 (yoy 56%)	이익	358억 원	ROE 4% 부채비율 99%

농심

시가총액	주요 주주	농심홀딩스 외 6인 45%, 국민연금 12%
1조 9,300억 원	주 매출처	라면 78%, 스낵 14%

- 안성탕면, 신라면, 너구리, 짜파게티, 새우깡, 츄파춥스, 멘토스, 카프리썬, 프링글스 등 면, 스낵, 음료 및 해외 브랜드 등을 보유
- 중국 매출 회복이 필요하지만 북미 지역 매출이 크게 성장 중이며 호주, 일본, 베트남 지역 판매 견고
- 분야별 꾸준한 신제품 출시, K-푸드의 글로벌 열풍에 각 해외법인들의 침투율은 2023년에 더욱 상승할 전망이며 멕시코 및 남미로 해외 커버리지 확대할 전망

최근 실적 및 주요 재무지표

	2021년	2022년(전망)	2023년(전망)		2022년 상반기	
매출액	2조 6,630억 원	3조 798억 원	3조 3,364억 원 (yoy 8%)	매출액	1조 4,925억 원	PER 16.9 PBR 0.9
영업이익	1,061억 원	958억 원	1,413억 원 (yoy 47%)	이익	386억 원	ROE 5% 부채비율 32%

현대그린푸드

시가총액	주요 주주	정교선 외 2인 38%, 국민연금 8%
6,790억 원	주 매출처	가구 25%, 푸드서비스 19%, 법인영업 14%

- 단체 급식업 및 이와 관련된 식재유통 사업 영위
- 특수용도 식품인 케어푸드 시장 확대에 따라 해당 사업을 차세대 성장동력으로 추진
- 스마트푸드센터 설립을 통해 연화식, 소스, HMR 생산에 필요한 설비들을 갖추며 효율성 제고
- 건강, 미용 관련 제품의 구독 서비스 판매에 이어 해외 유명 비건, 유기농 식단 등 환경 중심 제품 라인업 출시 계획

최근 실적 및 주요 재무지표

	2021년	2022년(전망)	2023년(전망)		2022년 상반기	
매출액	3조 4,861억 원	3조 7,919억 원	3조 9,071억 원 (yoy 3%)	매출액	1조 8,557억 원	PER 7.0 PBR 0.4
영업이익	586억 원	779억 원	893억 원 (yoy 14%)	이익	478억 원	ROE 5% 부채비율 43%

종목명	시가총액(억 원)	사업 내용	2022년, 2023년 전년비 EPS 성장률(전망)
동서	22,083	포스트, 오레오, 맥심, 맥스웰하우스, TOP, 동서녹차 등 브랜드 보유한 식품 제조기업	전망치 미집계
동원산업	8,955	수산업, 수산물 가공, 판매, 냉장, 냉동 보관업 영위. 유통 분야가 매출 약 48%, 수산업은 약 13%	전망치 미집계
카나리아바이오	8,766	동물용 배합사료 제조사. 주력제품은 산란계 사료. 유해미생물의 완전 살균 처리로 청정사료를 만들어내는 '익스팬딩 공법'을 국내 최초로 도입	전망치 미집계
삼양식품	7,721	삼양라면, 불닭볶음면, 볶음짜짜로니, 간짬뽕, 나가사끼짬뽕, 쇠고기면, 맛있는라면 등을 주요 제품으로 생산·판매	58%, 2%
대상	7,293	청정원, 순창고추장, 종가집 등을 운영하는 식품 전문업체. 그룹 내부와 호텔, 전국 프랜차이즈 사업자에 식자재 유통사업도 영위	-31%, 28%
SPC삼립	6,290	SPC그룹 계열사로 유통사업부문에서 식재료 및 관련 식자재 유통사업 영위. 제빵 및 프랜차이즈 사업도 영위	49%, 16%
동원F&B	5,364	'동원참치' 브랜드로 유명한 참치 캔, 음료 등 판매. 미국 대체육 기업 비욘드미트와 독점 계약 체결	14%, 10%
풀무원	4,384	투자사업을 영위하는 순수 지주사. 주요 종속회사로는 풀무원식품, 풀무원푸드앤컬처(푸드서비스), 풀무원건강생활(건강기능식품) 등 영업회사 보유	188%, 22%
매일유업	4,212	낙농품 및 음료 제조판매수출입 등을 주요 사업으로 영위. 조제분유, 이유식, 시유, 가공유, 발효유, 치즈, 유지류 등 유제품 등을 생산, 유통. 선천성 대사이상 환아를 위한 특수분유 개발	-47%, 59%
빙그레	4,083	우유 및 유음료, 아이스크림, 스낵 제조. 주요제품으로는 바나나맛우유, 요플레, 아카페라, 투게더, 꽃게랑 등	흑자 전환, 26%
삼양사	4,033	식품(설탕, 밀가루, 유지, 전분당)과 화학(엔지니어링 플라스틱, PET 용기) 사업을 영위	전망치 미집계
CJ프레시웨이	3,787	CJ그룹 계열의 국내 1위 식자재 유통 전문기업. 병원 위탁 급식 시장내 1위	141%, 12%
교촌에프앤비	3,035	치킨 프랜차이즈 '교촌치킨' 운영	-47%, 52%
하림	3,016	원종계의 사육 및 종란의 생산에서부터 부화, 사료생산, 사육, 도계 및 가공(육가공) 등 최종 제품의 유통까지 각 단계를 수직적으로 통합 운영하는 육계 업체	전망치 미집계
남양유업	2,934	우유와 분유, 시유, 발효유, 치즈 등 유가공제품 및 커피믹스, 음료제품 등 제조사. 맛있는우유GT, 아인슈타인GT 등 우유류, XO World Class 등의 분유류 생산	전망치 미집계
대한제당	2,444	설탕, 사료 제조 사업이 주력이며 사료사업 물적분할로 경쟁력 제고 전략	전망치 미집계
팜스토리	2,345	이지바이오(지분 49.93%) 계열사로 배합사료 제조사. 양돈 수직계열화 구조 구축	전망치 미집계
대한제분	2,282	소맥분 식품, 사료, 하역 및 보관, 반려동물, 식음료 등의 사업을 영위. 밀가루 대표 브랜드로는 '곰표' 밀가루. CJ제일제당, 사조동아원과 함께 밀가루 시장에서 높은 점유율을 확보. 튀김/부침가루 프리믹스 제품 등도 생산/판매	전망치 미집계

사조대림	2,282	사조그룹 계열사로 종합식품기업. 2019년 해표식용유를 생산하는 계열사인 사조해표를 흡수합병	전망치 미집계
한일사료	2,270	동물용 배합사료 제조. 축산물 유통 및 낙농 임대 사업도 영위	전망치 미집계
사조산업	2,150	참치연승, 참치선망, 대구저연승 사업을 영위해 주요 제품은 참치, 대구 등. 국내 참치 업체 중 횟감용 참치를 잡는 참치독항(연승) 어업에서 시장점유율 1위(26%). 수산물캔, 장류, 김 등의 제품도 생산	전망치 미집계
선진	2,021	하림그룹 계열로 옛 선진에서 인적 분할된 배합사료 및 축산물 제조업체. 선진사료라는 상표의 배합사료 및 선진포크 브랜드의 식육제품 생산	전망치 미집계
경농	1,950	화학비료 제조사인 조비를 자회사로 보유하고 있으며 작물보호제품인 살균제, 살충제, 제초제등을 생산	전망치 미집계
신세계푸드	1,898	신세계 그룹 내 식자재 유통 담당하고 있으며, 단체급식과 외식 사업도 영위 중. PB(자체상표) 상품 및 HMR(가정간편식) 개발에도 적극적	675%, 15%
신라교역	1,832	통조림용 참치를 주력으로 하는 원양어업 기업. 횟감용 참치, 가공용 참치 및 수산물 유통 영위	전망치 미집계
해태제과식품	1,817	과자와 냉동식품의 생산·판매. 주요제품으로는 허니버터칩, 홈런볼, 오예스, 에이스, 맛동산, 자유시간, 버터링, 사브레 등 장수식품	전망치 미집계
풍국주정	1,695	주류의 기초 원료인 주정 생산 및 수출	전망치 미집계

※ EPS: Earning Per Share. 주당순이익을 뜻하며, 기업의 자본 규모와 상관없이 1주당 얼마의 이익을 창출했는지를 나타내기에 기업의 실질적인 수익성을 가늠해볼 수 있음

알아두면 좋은 용어

HMR
Home Meal Replacement. 가정식 대체식품. 일반적으로 가정에서 음식을 먹을 때의 과정은 식재료 구입부터 식재료 손질, 조리, 섭취, 정리의 순서로 진행되는데 HMR은 이런 과정에서의 노력과 시간을 최대한 줄이려는 목적으로 만들어진다. 음식의 재료들을 손질한 후 어느 정도 조리가 된 상태에서 가공 및 포장이 이루어지기 때문에, 데우거나, 끓이거나 등의 단순한 조리 과정만 거치면 음식이 완성이 되서 간편하다. 별도의 드레싱이 있는 샐러드와 밥, 갈비탕이나 육개장 같은 한식과 스파게티나 라자냐 같은 양식까지 종류가 매우 다양. 기존의 냉장, 냉동 식품에 비해 신선도가 높다는 특징을 지니고 있다.

비건
Vegan. 채식주의를 뜻하며 1944년 영국에서 유래된 용어다. 채소, 과일, 해초 따위의 식물성 음식 이외에는 먹지 않는 채식주의자를 의미한다.

대체육
식물성 원료를 가공하거나 세포를 배양해 기존 육류·해산물·유제품 등에서 느낄 수 있었던 것과 유사한 맛과 식감은 유지하면서 단백질은 그대로 함유한 형태로 가공한 식품을 뜻한다.

푸드 테크
Food Tech. 대체단백식품부터 생명공학, AI, 3D 프린팅 등 식품산업에 적용돼 새로운 가치나 신시장을 창출하는 첨단기술을 뜻한다. 식품 생산과정에 로봇 등을 투입해 식품의 생산성을 높이고 비용을 절감하기도 하며, 소비자의 식품 소비 관련 정보를 분석, 맞춤형 상품이나 서비스를 제공한다.

9

에너지 위기

태양광 & 풍력

에너지 위기 ○

에너지 안보 ○

탄소중립 ○

미국 IRA ○

LCOE ○

1 지구온난화 및 전쟁 장기화로 인해 에너지 위기가 고조되며 에너지 안보가
   각국의 주요 화두로 부상
2 글로벌 탄소중립 이행 움직임으로 미국의 인플레이션감축법(IRA), 유럽의
   리파워EU(REPowerEU, EU가 선언한 에너지 계획) 등 정책이 시행되며
   태양광, 풍력 산업의 빠른 성장 기대
3 미국 현지에 진출한 국내 태양광, 풍력 기업들의 행보에 주목

│ 지구온난화 및 우크라니아 전쟁에 의한 에너지 위기 부상

심각해지는 지구온난화 그리고 이로 인한 기후위기로 인해 국제사회는 1992년 유엔 기후변화협약 채택, 1997년 교토의정서 채택, 2015년 파리기후변화 협정을 타결하며 신재생에너지 산업에 주목하기 시작했다. 유럽 역시 그린 리커버리 플랜, 핏포 55(Fit for 55)에 이어 리파워EU(REPowerEU) 등의 정책 패키지를 발표했다. 미국은 탄소 제로 플랜에서 더 나아가 인플레이션감축법(IRA)을 시행했고 한국은 그린뉴딜을 발표하며 각 경제 블록별로 국가적 정책 과제를 신재생에너지 중심으로 변화하고 있다.

주요국들 대부분이 2050년까지 탄소 순 배출량 0을 목표로 하는 탄소중립을 각자의 실정에 맞춰 발표하면서 전 세계적으로 탄소중립 이행을 위한 대규모 투자와 변화가 이뤄지고 있다. 이에 친환경 에너지로 꼽히는 태양광, 풍력, LNG 등의 비중을 크게 늘려야 한다는 공감대가 형성되며 미국, 중국, 유럽을 필두로 막대한 투자가 이뤄지고 있다.

이런 환경에서 2022년 초 러시아가 우크라이나를 침공한 전쟁이 발발하면서 러시아가 자국의 LNG를 전략 무기화 삼으며 서방 국가들을 압박하는 상황이 발생했다. 그간 태양광, 풍력 등에 정책 지원과 투자를 이어갔지만 당장의 위기를 이겨낼 만한 충분한 에너지가 생산되지는 못했기에 유럽 및 세계 각국은 폭등한 에너지 가격에도 각자의 수요를 확보하지 못할 만큼 에너지 위기를 맞게 되었다. 이와 같은 지정학적 요인 외에도 지구온난화에 따른 수력 발전량 급감, 탄소중립 달성을 위한 단계적 석탄 발전소 폐지에 따른 화력 발전량 감소 등으로 인해 각국의 에너지 안보 확립이 매우 중요한 화두로 부상했다.

| 미국 IRA 시행으로 빠른 성장세를 보일 태양광, 풍력 산업

중국에 경제 규모와 첨단 기술력 등에서 빠르게 따라잡히고 있던 미국은 태양광, 풍력, 2차전지 등 미래 먹을거리 산업에서의 중국 의존도를 크게 낮추기 위해 2022년 여름, 인플레이션감축법(IRA)을 발표했다. ITC(투자세액 공제), PTC(생산자세액 공제) 등의 혜택을 미국산 원재료를 사용하거나 미국 내 생산 설비를 보유한 업체에 부여하는데 이로써 미국 내 친환경 산업 관련 제조역량을 제고 및 에너지 안보를 확립하겠다는 전략이다.

리서치 및 컨설팅 회사인 우드 매킨지(Wood Mackenzie)에 따르면 인플레이션감축법에서 주어지는 세제 혜택으로 재생에너지에 대한 투자는 2022년 400억 달러에서 2030년엔 800억 달러까지 증가할 것으로 전망했다. 유럽도 러시아산 에너지 의존도를 빠르게 낮춰 에너지 자립 및 수입처 다변화 필요성이 절실해졌기에, 두 거대 경제 블록의 행보는 글로벌 태양광, 풍력 발전 산업의 빠른 성장을 주도할 전망이다. 국제에너지기구(IEA)가 전망한 자료에 의하면 2030년에 EU는 태양광과 풍력발전의 에너지 비중이 45%, 미국은 2030년 26%, 2050년에 48% 수준으로 늘어날 것으로 전망했다. 전 세계로 보더라도 2030년에 약 23%, 2050년에는 40% 수준으로 에너지 발전 비중이 증가할 것으로 전망하고 있다.

난공불락과 같은 중국 태양광 시장에 균열을 가하려는 움직임

태양광은 지구상에서 가장 풍부하고 고갈 염려가 없는 청정에너지원으로 공해와 환경 오염이 상대적으로 적고 무인화가 쉽다는 장점을 갖고 있다. 2010년대에 중국의 공격적 증설로 업황이 오랫동안 침체되기도 했지만 기술력이 발전하면서 태양광의 LCOE(균등화 발전비용)은 지난 10여 년간 80% 이상 하락했다. 이에, 태양광은 발전 원가 측면에서 화석연료의 원가와 같아지는 그리드 패리티(Grid Parity)를 이뤄냈고 지속적으로 투자가 이뤄지고 있기에 2050년 탄소중립 모멘텀에서 가장 강한 성장을 보일 전망이다.

중국은 값싼 노동력과 넓은 영토를 바탕으로 태양광 산업의 밸류체인 전반을 독점하다시피 하고 있다. 폴리실리콘부터 웨이퍼, 셀, 모듈 분야에 이르기까지 최소 77%에서 최대 97%의 압도적인 점유율을 기록하고 있는데, 점차 고조되는 에너지 위기에서 미국과 유럽 및 주요국들은 에너지 안보 확립 및 탄소중립 목표 이행을 목적으로 탈중국 움직임을 보이고 있다.

전 세계 태양광 기업들은 폴리실리콘의 대부분을 중국에서 수입하는데 중국 내 생산의 약 54%가 신장위구르자치구에서 생산되는 점과 관련해 미국은 신장위구르자치구 지역 위구르인들의 인권 문제를 거론하며 중국의 태양광을 적극 견제하고 있다. 중국과의 태양광 산업 경쟁에서 뒤처지며 미국 내 수많은 태양광 웨이퍼 생산 기업, 태양전지 생산 기업들이 파산했고 뒤늦게 트럼프 전 미국 대통령이 세이프가드(Safeguard, 특정 상품의 수입으로부터 국내 산업을 보호하기 위한 긴급 수입 제한 조치)를 시행했으나 이미 미국 내 기술력을 갖춘 기업들이 도산했고 그 틈에 아시아 기업들에 일부 점유율마저 뺏기게 되었다. 미국의 미래 에너지 안보에 큰 위협이 될 수밖에 없는 상황은 조 바이든 미국 대통령이 인플레이션감축법을 발표하게 된 계기가 되었다.

미국뿐 아니라 EU 태양광 설치의 약 38%를 차지하는 독일도 태양관 산업 확장에 힘쓰고 있다. 중동 시장에서는 대규모 태양광 프로젝트가 개발되고 있으며 특히 사우디 네옴시티에서의 대규모 수요가 전망되고 있다. 대한민국도 2025년까지 약 11조 원을 그린에너지에 투자, 2040년까지 재생에너지 비율을 현재 7%에서 35%까지 늘리겠다는 계획을 발표하며 고효율 태양전지 개발 지원에 나섰다.

국내 태양광 기업들은 국내 시장 성장에 따른 수혜도 기대하지만 특히 미국 현지에 진출해 인플레이션감축법의 수혜를 누리려는 행보를 보이고 있다. 미국의 태양광 밸류체인이 지금은 거의 전무한 상황이기에 태양광 유틸리티, 주거용 및 상업용 태양광 산업 쪽의 성장에 함께하고자 준비 중이다. 한화솔루션의 태양광 자회사 한화큐셀이 미국 태양광 패널 분야에서 오래전부터 압도적 실력을 보여주고 있고 OCI가 미국 텍사스에 공장 증설 그리고 현대에너지솔루션이 그간 축소된 미국 시장 점유율을 다시 회복하고자 노력하고 있다.

| 해상풍력이 견인할 풍력 시장의 고속 성장세

다양한 신재생에너지원들이 관심을 받고 있는 가운데, 기술발전 덕분에 규모의 경제를 달성해 주요 제품의 생산단가가 하락하고 있는 풍력에 대한 관심도 높아지고 있다. 풍력은 수력발전을 제외하면 발전단가가 가장 저렴해 경제적 효율이 뛰어난 산업이다. 글로벌 풍력 시장은 중국, 미국, 독일이 전 세계 풍력발전 용량의 61%를 차지하고 있으며, 태양광처럼 풍력에서도 미국과 중국이 공격적인 정책을 펼치는 와중 유럽이 해상풍력으로 치고 나가는 상황이며 한국도 그린뉴딜 정책을 통해 선진국의 행보에 맞춰가고 있다. 탈탄소 정책과 신재생에너지 확대 필요성 증대로 글로벌 풍력 발전 시장은 지금부터 2030년까지 매년 100GW~140GW 이상 신규 설치가 이어질 전망이다.

산업 초기엔 육상 풍력이 주를 이뤘으나 육상 풍력의 단점인 설치 구역 한정, 주민 반발, 운반의 어려움, 낮은 송전망 접근성, 전파 방해, 시계 등의 단점을 보완할 수 있는 해상풍력에 글로벌 투자가 집중되고 있다. 풍력발전기는 같은 면적에 같은 바람이 불어온다면 대형의 풍력발전기를 설치할수록 더 많은 바람을 전기 에너지로 전환할 수 있다는 원리로 움직인다. 풍력 터빈 크기가 상승해야 더 나은 효율을 낼 수 있다는 결론이 나오자, 터빈 크기를 확대하고 풍력 단지를 대형화하는 데 육상보다 해상풍력이 더욱 용이하다는 장점도 부각되고 있다. 해상풍력은 터빈의 대형화, 대형 발전단지 구축 및 육지보다 강한 풍속의 장점을 바탕으로 2023년에 글로벌 신규 설치 20GW에서 2030년엔 연간 신규로 약 55GW가 설치될만큼 빠른 성장이 전망된다. 게다가 해상풍력은 수소 수전해 시설 발전에도 맞물리기에 수소 산업의 성장세가 해상풍력 산업에도 영향을 미칠 것이다.

풍력 시장에서도 중국의 영향력이 강하기에 미국 인플레이션감축법에서 풍력 관련한 지원도 이뤄지고 있다. 풍력 산업에서도 미국은 자국 내 생산 설비를 보유한 기업에 혜택 지원을 주면서 빠른 산업 성장을 꾀하고 있다. 씨에스윈드는 미국 콜로라도주에 위치한 굴지의 풍력 터빈 기업 베스타스의 공장을 인수했는데 추가로 공장 증설 및 인원 확충을 준비하고 있으며 동국 S&C는 이미 동사 매출의 약 80%가 미국 향(向)일 만큼 향후 미국의 강력한 풍력 산업 지원책에서의 수혜를 기대한다.

글로벌 에너지 패러다임 전환의 장기적 변화

4차 산업혁명의 시기엔 Green으로 대표되는 신재생에너지가 주된 에너지원으로 급부상할 전망이다.

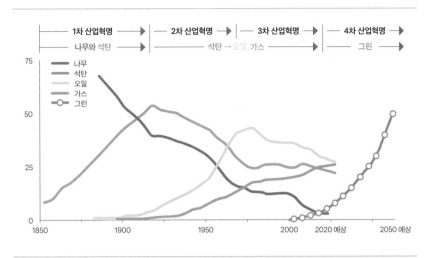

출처: BP, OECD, Smil, 신한금융투자

글로벌 및 주요 지역의 태양광, 풍력 발전비중 전망

세계 경제를 이끄는 미국, 중국, EU가 태양광, 풍력 산업에서 주도하며, 탄소중립 목표 이행 시기인 2050년경 40%~50% 정도의 에너지를 태양광, 풍력 에너지로 활용할 계획이다.

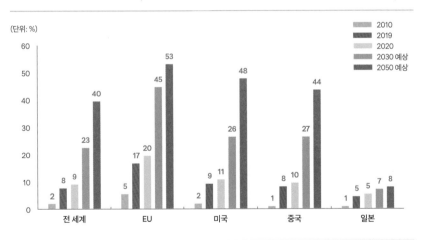

출처: IEA, 하이투자증권리서치센터

태양광, 풍력의 글로벌 가중평균 LCOE 추이

태양광, 육상 풍력, 해상풍력 모두 기술력이 발전하고 수요처가 증가하면서 모든 비용을 감안한 전력 생산비용이
계속해서 낮아지고 있다.

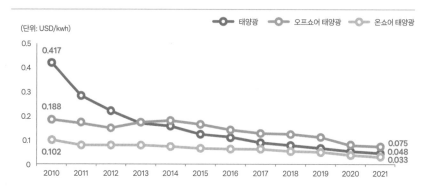

(단위: USD/kwh)　　　　　　　　　　　　　　─○─ 태양광　　─○─ 오프쇼어 태양광　─○─ 온쇼어 태양광

주: 발전소 초기투자비, 자본비용과 연료비 등 전력 생산에 필요한 직간접 비용과 폐쇄비용까지 감안해 추정한 전력 생산비용

출처: IREANA, 삼성증권

태양광 산업 밸류체인

폴리실리콘(태양광 원재료 가공) → 잉곳(폴리실리콘을 녹여 결정으로 만든 것. 원통형 덩어리) → 웨이퍼(원판.
얇은 판) → 셀(태양전지) → 모듈(태양전지를 모아놓은 패널) → 발전소 개발(발전 시스템)로 구성된다.

출처: 유안타증권

글로벌 태양광산업 성장 사이클

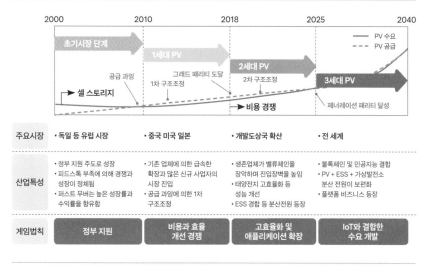

출처: 수출입은행, 삼성증권

태양광 신규 설치량 지역별 전망

미국이 IRA 시행으로 태양광 산업에 적극적 지원을 이어가지만 중국과 유럽 지역에서 신규 설치량이 더욱 크게 증가할 것으로 전망된다.

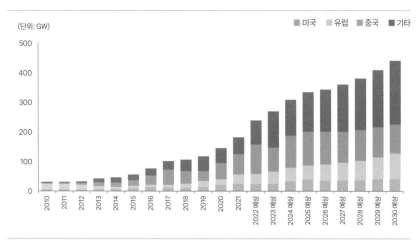

출처: Bloomberg, 다올투자증권

미국의 주거용 및 상업용 태양광 설치 전망

미국의 태양광 시장은 주거용 설치가 향후에 더욱 크게 이뤄질 전망이다. 특히 한화솔루션은 미국 주거용, 상업용 무도에서 태양광 패널 1위를 차지하고 있다.

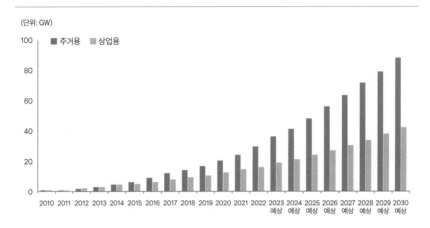

(단위: GW)

풍력발전의 원리

바람 에너지를 전기 에너지로 바꿔주는 장치로 풍력발전기의 날개를 회전시켜 이때 생긴 날개의 회전력으로 전기를 생산한다. 환경 오염을 발생시키지 않는 청정에너지에 해당한다.

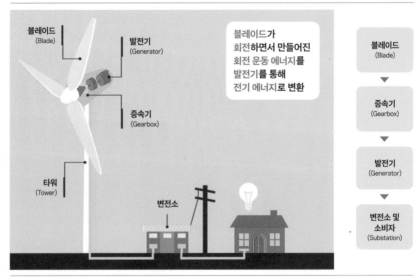

해상풍력 발전기의 종류

고정식과 부유식으로 나눌 수 있으며 부유식은 수심이 깊은 해상에 설치되어 민원이 발생하지 않고 대단지로 조성이 가능하며 심해의 풍부한 바람 자원을 활용한다는 장점이 있다.

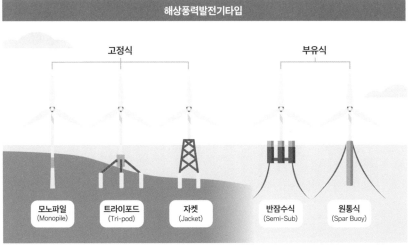

출처: 포스코

해상풍력 터빈의 대형화

풍력 발전기는 같은 면적에 같은 바람이 불어온다면 대형 풍력 발전기를 설치할수록 더 많은 바람을 전기 에너지로 전환할 수 있기에 풍력 터빈 대형화 트렌드가 진행되고 있다.

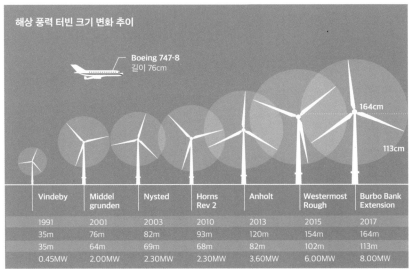

출처: Open Ocean

글로벌 풍력 신규 설치량 전망

태양광 시장과 마찬가지로 풍력 시장에서도 중국과 EU 지역에서의 신규 설치량이 크게 증가할 전망이다.

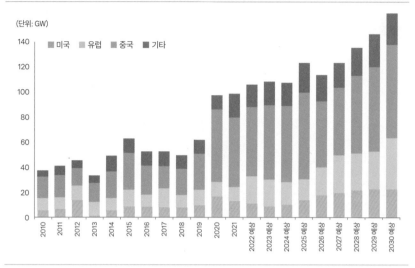

(단위: GW)

출처: Bloomberg, 다올투자증권

글로벌 해상풍력 설치량 전망

육상 풍력 대비 많은 장점을 가지고 있는 해상풍력의 성장세가 상대적으로 높은 상황이며 2022년 14GW에 불과한 연간 설치량이 2030년엔 3배 이상 증가한 50GW 이상을 기록할 전망이다.

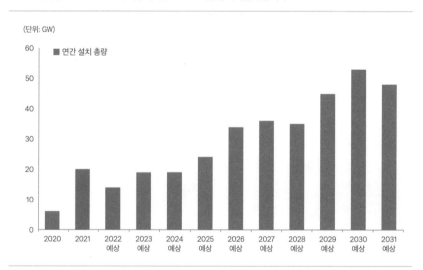

(단위: GW)

출처: 우드매켄지, GWEC, 하이투자증권

글로벌 태양광 생산 능력 및 수요 점유율(2022년 전망치)

폴리실리콘		웨이퍼		셀		모듈		태양광 수요	
국가	점유율	국가	점유율	국가	점유율	국가	점유율	국가	점유율
중국	77%	중국	97%	중국	85%	중국	80%	중국	39%
미국	7%	대만	0.8%	말레이시아	3%	베트남	4%	미국	9%
독일	7%	베트남	0.4%	베트남	3%	인도	2%	인도	6%
말레이시아	3%	노르웨이	0.2%	태국	2%	말레이시아	2%	브라질	4%
일본	1%	싱가포르	0.2%	한국	1%	한국	2%	독일	3%

출처: 삼성증권

미국의 태양광 관련 IRA 정책

수혜대상	종류	IRA Section	내용
발전사업자	PTC	Sec. 13101	2006년 만료된 PTC의 부활. kWh당 2.6센트 지급
		Sec. 13701	PTC 수혜대상을 온실가스 배출량이 제로 이하인 설비로 한정
	ITC	Sec. 13102	일몰 예정이었던 ITC의 연장. 투자금액의 30% 세액 공제
		Sec. 13702	ITC 수혜 대상을 온실가스 배출량이 제로 이하인 설비로 한정
태양광 제조업체	생산	Sec. 13502	청정 에너지 관련 부품 생산 세액 공제 신설. 폴리실리콘, 웨이퍼, 모듈, 셀 생산 시 수령
	투자	Sec. 13501	생산 설비 투자 금액의 30% 세액 공제. 100억 달러의 예산 제한

출처: 삼성증권

태양광, 풍력

태양광
- 폴리실리콘 --- OCI, 한화솔루션
- 웨이퍼 --- 한화솔루션
- 셀 / 모듈
  - 셀 / 모듈 통합 --- 한화솔루션, 신성이엔지, 현대에너지솔루션
  - 모듈 --- 에스에너지, LS Electric
  - 건식 진공펌프 --- 엘오티베큠
  - 태양전지 --- 한솔테크닉스, 제우스
  - 인버터 --- SDN
- 기자재
  - 인버터용 필름 캐퍼시터 --- 뉴인텍
  - PCS --- 윌링스, 알에스오토메이션
  - 발전 설비, 시스템 --- KC코트렐, 파루
- 디벨로퍼(개발사업자) --- SK디앤디, 현대에너지솔루션, 신성이엔지, LS Electric, 에스에너지, SDN, 대명에너지

풍력
- 풍력 타워 --- 씨에스윈드, 동국S&C, 스페코, 유니슨, 효성중공업
- 하부 구조물
  - 자켓, 파이프랙 --- 삼강엠엔티
  - 모노파일 --- 삼강엠엔티, 세아제강
  - 하부 부유체 --- 세진중공업
- 부품
  - 터빈 --- 두산에너빌리티, 유니슨
  - 케이블 --- LS
  - 증속기, 발전기
    - 효성중공업
    - 플래닛 캐리어 --- 삼영엠텍
  - 피치, 요 --- 씨에스베어링, 우림피티에스
  - 베어링 --- 씨에스베어링, 태웅
  - 메인 샤프트, 타워 플랜지 --- 태웅
  - 화스너(볼트, 너트) --- 케이피에프
  - 기어 박스 부품 --- 삼영엠텍, 우림피티에스, 포메탈
  - 로터 블레이드 --- 국도화학
- 발전 시스템
  - 발전 사업 --- 두산에너빌리티 SK디앤디, DMS, 대명에너지, 유니슨
  - EPC 사업 --- 두산에너빌리티, SK디앤디, 코오롱글로벌, 우리기술

테마 밸류체인(해외 및 ETF)

태양광, 풍력 글로벌 주요 기업 및 ETF

태양광

- 폴리실리콘 ─── 융기실리콘(중국), Daqo(중국), Xinte Energy(중국), GCL-Poly(중국), Tongwei(중국), Wacker(독일), Hamlock(미국), MEMC(미국), REC(노르웨이)

- 웨이퍼 ─── 융기실리콘(중국), GCL-Poly(중국), 징코솔라(중국), Canadian Solar(중국), LDK(중국), JA Solar(중국)

- 셀 / 모듈 ─── 융기실리콘(중국), 징코솔라(중국), Trina Solar(중국), First Solar(미국), Maxeon(미국), Tongwei(중국), Sunteck(중국), Canadian Solar(중국), 테슬라(미국)

- EVA ─── FAM(중국), Sveck(중국), HIUV(중국)

- 태양광 유리 ─── Flat Glass(중국), 기빈그룹(중국), Xinyi Solar(중국)

- 기자재 ─── Enphase Energy(미국), SolarEdge(미국), 양광전력(중국), Xinyi Solar(중국)

- 마이크로인버터 ─── First Solar(미국), Enphase Energy(미국)

- 발전 시스템 ─── Exelon Corporation(미국)

- 디벨로퍼(개발사업자) ─── Sunrun(미국), Sunpower(미국), Nextera Energy(미국), Clearway(미국), Scatec Solar(노르웨이), Vivint Solar(미국), 듀크에너지(미국), 엑셀에너지(미국)

풍력

- 터빈 ┬ 베스타스(덴마크), 지멘스 가멘샤(스페인), Goldwind(중국), Dongfang Electric(중국), Ming Yang Smart Energy(중국), Nordex(독일), Enercon(독일), GE(미국)
  └ 기자재 ─── TPI Composites(미국), Broad Wind(미국), 천순풍력에너지(중국)

- 타워 ─── 트리니티(미국), Titan Wind Energy(중국), Gestamp(스페인), 천순풍력에너지(중국), Broad Wind(미국)

- 부품 ┬ 블레이드 ─── 베스타스(덴마크), 지멘스 가멘샤(스페인), TPI Composites(미국), Toray(일본), Weihai guangwei(중국), LM Wind Power(덴마크)
  └ 케이블 ─── Prysmian(이탈리아), 동방케이블(중국), VNKT(덴마크), Nexans(프랑스), 강소충천테크놀로지(중국), 강소형통광전자(중국)

- 발전 시스템 ─── 베스타스(덴마크), GE Energy(미국), Enercon(독일), Nordex(독일), Goldwind(중국), Senvion(독일), United Power(미국), Avangrid(미국), Exelon Corporation(미국)

- 디벨로퍼 ─── Orsted(덴마크), RWE(독일), SSE(영국), Northland Power(캐나다), Lampell(UAE), NextEra Energy(미국), 용원전력(중국), 에퀴노르(노르웨이)

ETF

- 신재생에너지 ┬ ICLN - IShares Global Clean Energy ETF
  ├ QCLN - First Trust NASDAQ Clean Edge Green Energy ETF
  ├ PBW - Invesco WilderHill Clean Energy ETF
  ├ PBD - Invesco Global Clean Energy ETF
  ├ ACES - ALPS Clean Energy ETF
  ├ RNRG - Global X Renewable Energy Producers ETF
  ├ CNRG - SPDR S&P Kensho Clean Power ETF
  └ CTEC - Global X CleanTech ETF

- 태양광 ─── TAN - Invesco Solar Portfolio ETF

- 풍력 ─── FAN - First Trust Global Wind Energy ETF

융기실리콘

LONGi

시가총액 **72조 원**		2021년	2022년(전망)	2023년(전망)
	매출액	15조 9,400억 원	24조 1,800억 원	29조 4,400억 원
국적	중국	순이익	1조 8,000억 원	2조 9,030억 원	3조 7,000억 원

- 글로벌 1위의 태양광 단결정 실리콘 제조 기업(글로벌 점유율 약 40%)
- 잉곳부터 모듈까지 모두 생산 가능하며 태양광 발전소 개발, 건설, 운영 사업도 영위
- 제품별 매출 비중, 태양광 모듈 66%, 웨이퍼 및 잉곳 29%, 해외 매출 비중은 39%로 글로벌 매출 다각화 중
- 글로벌 태양광 신규 설치가 확대되면서 동사의 웨이퍼 및 모듈 출고량이 지속 증가
- 태양광 발전 효율이 중시되면서 대형 웨이퍼를 선호하는 추세가 지속 중인데 이 트렌드를 동사가 주도 중
- 차세대로 꼽히는 4세대 셀 개발에 성공했으며, 높은 전환 효율, 빠른 양산 일정으로 빠른 보급 기대
- 건물 일체형 태양광 발전(BIPV)과 이종접합형 태양전지(HJT)에서 기술력 우위
- 미중 마찰 장기화 및 미국의 인플레이션감축법 시행으로 인한 리스크 요인 상존

퍼스트 솔라

시가총액 **23조 원**		2021년	2022년(전망)	2023년(전망)
	매출액	3조 9,460억 원	3조 5,380억 원	4조 6,400억 원
국적	미국	순이익	6,330억 원	-675억 원	7,530억 원

- 미국 최대 태양광 모듈 제조사. 박막 반도체 기술로 태양열 모듈 설계, 제조 및 판매
- 동사의 모듈 생산지는 미국, 베트남, 말레이시아, 인도, 독일에 있기에 미국의 중국 제재로 인한 피해는 없다는 분석
- 중국에 치중된 태양광 공급망을 경계하는 유럽 업체들의 분산화 수요로 동사의 유럽 시장 점유율 증가 기대
- 중국 기업들이 독점하고 있는 결정질 실리콘 전지가 아닌 박막형 그중에서도 CdTe 생산
- 미국 인플레이션감축법, 미국 에너지부가 출범한 CdTe 태양전지 컨소시엄은 동사의 R&D 부담 줄여줄 것
- 2021년 이후 적극적 투자로 8.2GW의 생산설비를 확장해 2025년경 총 20.5GW로 확대될 것

베스타스

시가총액 **29조 원**		2021년	2022년(전망)	2023년(전망)
	매출액	21조 7,400억 원	20조 8,200억 원	21조 5,700억 원
국적	덴마크			
	순이익	2,330억 원	-1조 1,000억 원	4,500억 원

- 세계 최대 풍력 터빈 업체(2021년 점유율 19%로 1위)
- 사업별 매출 비중은 풍력 터빈 제조 및 판매 85%, 풍력 터빈 유지 관리 서비스 15%
- 미국 인플레이션감축법에 의한 PTC 부활로 미국 프로젝트 발주 본격 시작될 것. 미국 내 사업장 구축
- 세계 최초로 해상풍력 발전단지 조성 사업(벨기에)에서 수소 선박 활용
- 2022년 3월, 글로벌 풍력타워 1위인 씨에스윈드와 합작 법인 설립하며 한국 및 동아시아권의 신재생에너지 수요에 대응 전략

지멘스 가메사

시가총액 **17조 원**		2021년	2022년(전망)	2023년(전망)
	매출액	14조 2,300억 원	13조 2,800억 원	14조 4,700억 원
국적	스페인, 독일			
	순이익	-8,740억 원	-2,470억 원	2,850억 원

- 독일 지멘스에너지의 풍력 전문 자회사로 지멘스의 풍력과 스페인 풍력회사 가메사가 합병해 2017년 설립
- 세계 풍력 터빈 제조 2위 기업이며 해상풍력 분야 글로벌 리더 지위(누적 점유율 70%)
- 해상풍력에 쓰이는 풍력 터빈이 대형화되는 추세에서 막강한 기술력 보유
- 씨에스윈드의 해상풍력 타워를 2024년부터 7년간 약 5,000억 원~6,000억 원 규모로 생산하는 계약 체결
- 2025년부터 유럽의 해상풍력 설치량이 급증하는 것을 대비한 전략
- 두산에너빌리티와 협력해 한국 해상풍력 관련 생산, 부품업체 발굴 및 밸류체인 강화 전략

한화솔루션

☑ 한화큐셀 • 미국 태양광 패널 1위 • REC 실리콘 • EVA

시가총액 **9조 8,000억 원**	주요 주주	한화 외 4인 36%, 국민연금 10%
	주 매출처	태양광 71%, 원료 52%, 기타 -37%

- 동사의 태양광 사업 자회사 한화큐셀이 미국 주거용(24%), 상업용(20%) 태양광 패널 점유율 1위
- 미국 인플레이션감축법 시행에 대응해 미국 내 모듈 1.7GW의 생산 능력에서 2022년 5월, 2,000억 원 투자로 1.4GW 증설 결정
- 2023년부터 미국 인플레이션감축법에 따른 첨단 제조 생산세액공제 도입으로 동사의 미국 투자 프로젝트의 투자 회수기간이 단축될 전망
- 동사가 최대주주로 지분을 보유 중인 REC 실리콘의 폴리실리콘 생산 능력 활용해 미국 내 통합 밸류체인 구상 가능성
- GS에너지와 협력해 태양광 모듈용 시트의 핵심 소재인 EVA를 생산. 2025년 글로벌 1위 목표

실적 추이 및 전망

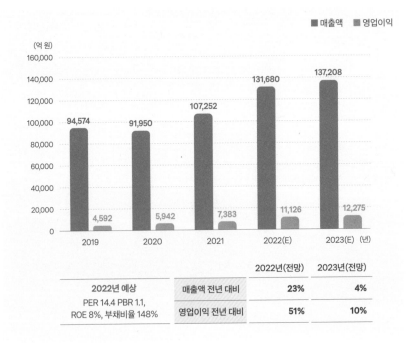

	2022년 예상		2022년(전망)	2023년(전망)
	PER 14.4 PBR 1.1, ROE 8%, 부채비율 148%	매출액 전년 대비	23%	4%
		영업이익 전년 대비	51%	10%

씨에스윈드

☑ 풍력 타워 세계 1위 • 베스타스 • 지멘스 가메사

시가총액	주요 주주	김성권 외 22인 42%, 국민연금 11%
3조 2,000억 원	주 매출처	풍력타워 제품 97%

- 글로벌 타워 1위 점유율 업체로서 글로벌 풍력 터빈 상위 기업들과 거래
- 2021년말 베스타스로부터 인수한 타워 공장. 약 2GW~3GW 규모의 생산 능력 보유하며 본격 가동 전망
- 미국 인플레이션감축법으로 인한 PTC 연장이 2024년까지 이어지며, 그전까지 풍력 발전소 착공 증가 전망에 수혜
- 베스타스와 JV 설립해 국내 공장 증설 후 국내 및 아시아 시장 대응 계획
- 2022년 11월, 지멘스 가메사와 4조 원 규모의 해상풍력타워 장기 공급 빅딜 수주
- 운송비 문제로 가동률 낮았던 말레이시아, 베트남 공장의 가동률 회복에 따른 수익성 회복 기대

실적 추이 및 전망

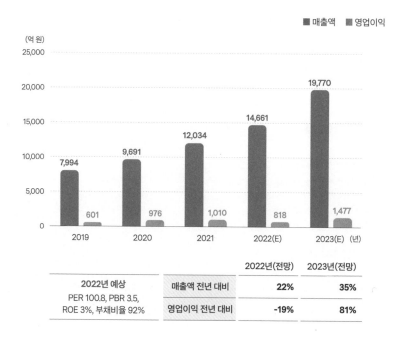

(억 원)

■ 매출액　■ 영업이익

연도	매출액	영업이익
2019	7,994	601
2020	9,691	976
2021	12,034	1,010
2022(E)	14,661	818
2023(E)	19,770	1,477

2022년 예상		2022년(전망)	2023년(전망)
PER 100.8, PBR 3.5, ROE 3%, 부채비율 92%	매출액 전년 대비	22%	35%
	영업이익 전년 대비	-19%	81%

OCI

☑ 폴리실리콘 • 말레이시아 공장 • 미국 텍사스 공장 증설

시가총액	주요 주주	이화영 외 29인 22%, 국민연금 9%
2조 5,300억 원	주 매출처	폴리실리콘 34%, 가소제/알키르/수지 등 32%, 열병합/태양광 발전 14%

- 국내 유일의 태양광 폴리실리콘 제조 기업
- 2022년 초, 국내에서 태양광 폴리실리콘 생산 중단 후 전량을 전기요금이 저렴한 말레이시아 공장에서 생산
- 미국의 중국산 태양광 규제 장기화, 중국 신장 인권 관련 원산지 검증 등으로 중국산 외 폴리실리콘 수요 증가 전망에 수혜
- 미국 인플레이션감축법 시행에 대응해, 미국 텍사스 태양광 모듈 공장 증설 및 총 5개의 태양광 발전 및 1개의 ESS 프로젝트 개발 중

최근 실적 및 주요 재무지표

	2021년	2022년(전망)	2023년(전망)		2022년 상반기	
매출액	3조 2,440억 원	4조 6,670억 원	4조 9,180억 원 (yoy 5%)	매출액	2조 3,376억 원	PER 3.3 PBR 0.6
영업이익	6,260억 원	9,400억 원	1조 351억 원 (yoy 10%)	이익	4,701억 원	ROE 21% 부채비율 71%

삼강엠앤티

☑ 해상풍력 • 하부구조물 • 후육강관 • 오스테드

시가총액	주요 주주	SK에코플랜트 30%, 송무석 외 4인 24%
1조 2,700억 원	주 매출처	플랜트 70%, 후육 강관 13%

- 선박용 블록 및 플랜트 구조용 후육강관을 생산하다 해상풍력용 하부구조물로 사업 영역 확장
- 해상풍력 발전기가 거센 파도에 견딜 수 있도록 단단한 구조물 제조 가능한 기술 보유
- 아시아 해상풍력 하부구조물 절대 강자
- 2019년 대만 해상풍력 프로젝트에 제품 납품 및 글로벌 해상풍력 디벨로퍼 오스테드와 협력
- 한국의 그린 수소와 해상풍력 연계 프로젝트 확장으로 인한 해상풍력 추가 수요 증가에 수혜

최근 실적 및 주요 재무지표

	2021년	2022년(전망)	2023년(전망)		2022년 상반기	
매출액	5,031억 원	7,017억 원	7,616억 원 (yoy 8%)	매출액	3,406억 원	PER 20.4 PBR 2.2
영업이익	264억 원	769억 원	849억 원 (yoy 10%)	이익	375억 원	ROE 14% 부채비율 283%

현대에너지솔루션

☑ 태양광 셀 · 모듈 · 유럽 · 호주 · 주거용 모듈

시가총액	주요 주주	한국조선해양 53%, 국민연금 8%
7,260억 원	주 매출처	모듈 93%, PCS 5%

- 태양광 셀, 모듈 제조 및 PCS, ESS 등의 솔루션 사업 영위
- 2022년 상반기 기준, 매출 비중은 국내 52%, 유럽/호주 46%이며 미국은 아직 1% 수준(2020년 30% 수준에서 급감)
- 2022년 하반기부터 미국 향(向) 제품 비중 늘려갈 계획이며 2025년 이후 연 30GW 이상의 수요에 대응 가능한 생산 시설 확보 전망
- 미국 인플레이션감축법 시행, 가정용 전기요금 인상, 정전 등 에너지 위기 등의 요인으로 고출력 주택용 태양광 모듈 수요 확대 전망에 수혜
- 유럽의 리파워 EU(REPowerEU) 계획으로 유럽 매출의 지속적인 증가 전망

최근 실적 및 주요 재무지표

	2021년	2022년(전망)	2023년(전망)		2022년 상반기	
매출액	5,932억 원	1조 409억 원	1조 1,236억 원 (yoy 8%)	매출액	4,402억 원	PER 12.2 PBR 1.9
영업이익	95억 원	960억 원	1,133억 원 (yoy 18%)	이익	315억 원	ROE 17% 부채비율 83%

대명에너지

☑ 신재생에너지 · EPC · 운영 · 발전

시가총액	주요 주주	서종현 외 6인 75%, 아네모이 제3호 9%
4,640억 원	주 매출처	공사 84%, 발전 11%

- 풍력, 태양광, ESS 등 사업의 EPC, 운영, 발전 등 밸류체인 전사업 영역을 확보한 기업
- 총 7개의 태양광, 풍력 발전소 운영 및 2024년까지 4개 발전소 추가 운영 계획
- 지속적인 발전단지 조성을 위해 추가로 15개소에 대해 발전사업허가 취득
- 육상 풍력 개발에 치우쳐진 사업구조를 점차 해상풍력 프로젝트로 확대 방안 추진

최근 실적 및 주요 재무지표

	2021년	2022년(전망)	2023년(전망)		2022년 상반기	
매출액	1,361억 원	1,150억 원	1,790억 원 (yoy 55%)	매출액	699억 원	PER 16.4 PBR 5.7
영업이익	469억 원	370억 원	620억 원 (yoy 67%)	이익	180억 원	ROE 39% 부채비율 73%

동국S&C

☑ 풍력 타워 · EPC · GE · 베스타스

시가총액	주요 주주	동국산업 50%
3,280억 원	주 매출처	철강 44%, 신재생에너지 38%

- 풍력 타워, 풍력 단지 건설 및 철강 분야에서 칼라강판 제조
- GE, 베스타스, 노르덱스 등 세계 굴지의 풍력산업 기업들로부터 매출 창출
- 동사의 풍력 타워 매출액은 미국이 80% 비중으로 가장 크기에 미국 인플레이션감축법 시행의 수혜 전망
- 해상풍력 타워 신공장 완공 시 국내, 일본, 호주, 미국 캘리포니아 등으로 시장 확대할 전망

최근 실적 및 주요 재무지표

	2021년	2022년(전망)	2023년(전망)		2022년 상반기	
매출액	3,788억 원	4,806억 원	4,760억 원 (yoy -1%)	매출액	3,097억 원	PER 29.3 PBR 1.1
영업이익	183억 원	130억 원	137억 원 (yoy 5%)	이익	137억 원	ROE 4% 부채비율 79%

종목명	시가총액 (억 원)	사업 내용	2022년, 2023년 전년비 EPS 성장률(전망)
두산에너빌리티	110,108	원자력 플랜트, 풍력 터빈 및 건설 기계 등 사업 영위. 국내 최초 해상풍력 단지 건설 외 국내외 다수의 프로젝트에 터빈 공급	-37%, 13%
효성	15,740	풍력발전 증속기, 발전기, 제어기 및 타워 생산. 태백풍력발전(지분율 53%), 평창풍력발전(지분율 42%)을 자회사로 보유	-73%, 43%
SK디앤디	4,960	부동산 이외 신재생에너지 디벨로퍼로 성장 추구. 150MW 규모 당진 태양광 발전 사업, 군위 풍력단지 착공. 풍력발전 국내 민간 중 1위 전망	-14%, -8%
신성이엔지	4,343	반도체, 디스플레이, 태양광용 클린룸 설비를 제조하며 태양광 모듈, 셀 제조 및 태양광 발전소 설치 사업 영위	흑자 전환, 미집계
세진중공업	3,513	해상풍력용 부유식 하부체와 변전설비를 제조해 현대중공업에 주로 납품. 울산 해상풍력단지 공급망에 포함	전망치 미집계
수산인더스트리	3,314	원자력, 화력, 신재생에너지 등 다양한 발전 플랜트의 설비가 동률 고장과 정지를 예방·대처하는 발전 플랜트 종합 정비사업을 영위. 전국 22개의 발전소에 기술인력을 상주시켜 경상정비, 계획예방정비, 발전설비 유지 관리 등의 서비스를 제공	전망치 미집계
씨에스베어링	2,650	풍력용 피치, 요 베어링을 주력으로 생산. 매출처가 GE에서 지멘스, 베스타스 등 최상위 풍력타워 기업으로 확대되는 중	전망치 미집계
유니슨	2,524	국내 핵심 풍력 EPC 기업(시스템, 타워, 단지 건설)	전망치 미집계
우리기술	2,410	원전 발전소 감시 및 제어장비 시스템 개발 기업이며 동해 부유식 해상풍력 발전단지에 모니터링 및 운영 제어시스템 공급 이력	전망치 미집계
태웅	1,841	글로벌 풍력 타워플랜지 시장 점유율 확대 중. 세계 풍력 터빈 업체 탑 10 등 약 400여 고객사 확보	전망치 미집계
DMS	1,339	풍력 발전기 개발, 풍력 발전단지 운영 사업 영위. 호남 풍력발전단지 지분 30% 보유	전망치 미집계
케이피에프	1,321	국내 유일 풍력 화스너 생산 설비 구축해 미국 GE에 공급 및 유럽 풍력시장 공략. 국내는 서남해 해상풍력 사업에 참여	전망치 미집계
SDN	1,236	태양광 모듈, 발전소, 선박 엔진 생산. 불가리아에 동유럽 최대 규모 태양광 발전소 건설	전망치 미집계
우림피티에스	1,010	풍력발전기용 기어박스 개발·생산	전망치 미집계

※ EPS: Earning Per Share. 주당순이익을 뜻하며, 기업의 자본 규모와 상관없이 1주당 얼마의 이익을 창출했는지를 나타내기에 기업의 실질적인 수익성을 가늠해볼 수 있음

폴리실리콘

태양전지의 핵심 소재로 모래 등에 있는 규소를 정제해 만든다. 반도체용 실리콘보다는 순도가 상대적으로 낮다. 단결정이 다결정 대비 전력효율이 2% 이상 높다.

잉곳

고순도 실리콘을 녹여 얇은 웨이퍼로 잘라내기 위해 결정성 덩어리로 만든 것이다.

웨이퍼

잉곳을 얇은 막 형태로 자른 태양전지 기판이다. 반도체 기판에 비해 순도는 낮다.

태양광 셀

태양광 발전을 위한 가장 기본이 되는 단위로, 2차전지에서 배터리셀이라고 볼 수 있다. 전기를 일으키는 최소 단위다. 태양전지 셀에 빛을 쏘이면 직류전기가 생산되는데, 우리가 전자제품에 바로 사용할 수 없기 때문에 태양광 인버터를 통해 상용전원(220V~, 60Hz)으로 변환하게 된다.

태양광 모듈

태양전지 셀 약 60개~72개가 모여서 만든 패널로 전기를 꺼내는 최소 단위를 뜻한다.

인버터

집전판에서 직류 형태로 저장된 발전 전력을 교류로 변환시켜 전기 형태로 변환하는 장치다. 태양광 원가의 약 13%를 차지한다.

PCS

Power Conditioning System. 전기의 성격을 바꿔주는 전력변환 장치다. 전기 변환뿐 아니라 주파수, 전압 등을 조정하는 역할도 하는데 용도에 따라 다양한 성능과 구조 등을 포함한다. 태양광에 설치되는 인버터는 직류를 교류로만 바꿔줄 수 있는 단방향 PCS이고 ESS시스템에 설치되는 PCS는 직류-교류 양방향으로 변환할 수 있는 PCS다.

그리드 패리티

Grid Parity. 기존 화석에너지와 발전 단가가 같아지는 구간이다. 재생에너지가 비용적인 면에서 경제성과 경쟁력을 갖는 시점을 의미한다.

RE 100

Renewable Energy 100%. 기업 활동에 필요한 전력의 100%를 재생에너지 전력으로 대체하겠다는 선언으로, 해당 기업은 2050년까지 기존 소비 전력을 재생에너지 전력으로 단계적 전환해야 한다.

REC, 재생에너지 공급 인증서

Renewable Energy Certificate. 대규모 발전 사업자는 일정 비율 이상을 태양광이나 풍력 등 신재생에너지로 공급해야 한다. 신재생에너지 발전사업자의 REC를 구매하는 방식으로 기준치를 맞춘다. 발전 방식의 REC 가중치가 높을 수록 신재생에너지 사업자 수익성이 좋아진다.

LCOE

Levelized Cost Of Electricity. 발전설비 운영 기간에 발생하는 연료비, 초기 자본 투자비, 자본비용, 유지관리 등 모든 비용을 숫자로 나타낸 값이다. 화석연료 발전을 통해 전력을 구입하는 가격보다 작거나 같아지는 지점을 뜻한다.

피치 베어링

Pitch. 블레이드와 로터를 연결하고 지지하는 역할을 한다. 바람 세기에 따라 날개의 경사각 조절로 출력을 능동적으로 제어한다. 변화하는 풍력에 대응해 최적의 출력을 나타내야 하기 때문에 정밀 성형 공정 및 가공 기술이 필수적으로 요구된다.

나셀

수평축 풍력발전기에서 발전기가 받는 공기의 흐름을 조정하기 위한 덮개로 상부에 동력 전달 장치와 그 밖의 장치가 내장되어 있다.

요 베어링

Yaw. 고정된 타워와 회전하는 나셀을 연결하고 지지하는 기어 타입의 핵심 부품이다. 풍력 로터축을 항상 바람이 불어오는 방향에 맞게 제어해야 한다. 조직의 균일성 및 오차설계 등 제품의 요구 특성이 까다로우며, 기어 가공 기술은 물론 고주파 열처리 등에 의한 표면 강화 기술이 요구된다.

타워

풍력발전기를 지지해주는 구조물을 뜻한다.

블레이드

바람에너지를 회전 운동에너지로 변환시켜 풍력발전 시스템의 용량과 제어방식을 결정하는 중요한 장치이다.

허브 시스템

날개 또는 날개 조립 부품을 로터축에 설치하는 고정 부품이다.

메인 샤프트(주축)

블레이드의 회전 운동에너지를 증속기 또는 발전기에 전달한다.

기어박스(증속기)

주축의 저속회전을 발전용 고속회전으로 변환해 날개에서 발생한 회전력을 발전기에서 요구되는 회전수로 변속해 발전기로 회전시키는 장치이다.

발전기

증속기로부터 전달받은 기계에너지를 전기 에너지로 전환하는 장치이다.

화스너

Fastener. 건설, 중장비, 배관, 풍력 등의 분야에 시설물과 구조물에 연결부를 고정하는 제품으로, 볼트, 나사 등 부속품을 통칭하는 용어를 뜻한다.

에너지 위기

LNG

LNG

PNG

전략 무기화

탄소중립

운반선

벙커링선

FSRU

FLNG

보냉재

1 러시아의 천연가스 전략 무기화 및 글로벌 탄소중립 이행 압박으로 에너지
   위기 심화 및 에너지 안보 대두

2 천연가스를 액화시킨 LNG의 글로벌 수요 증가로 이를 운반하기 위한 LNG
   운반선 발주 증가

3 K-조선은 LNG 운반선 외 추진선, 벙커링선, FSRU, FLNG 및 보냉재 수요가
   증가하며 중장기 호황을 맞이할 전망

▎ 글로벌 에너지 위기의 핵심이 된 천연가스

2022년 초, 러시아-우크라이나 전쟁에서 러시아가 서방을 압박하는 수단으로 자국의 에너지원을 전략 무기화했다. 그중 가스관 '노드스트림'을 통해 독일로 이어진 천연가스 공급 루트를 차단하며 세계 천연가스 시장에 큰 혼란을 가져왔다. 2020년 기준으로 스웨덴은 러시아산 가스 의존도가 70%에 달했으며 독일은 49%, 이탈리아는 46%, 프랑스는 24%로 다수의 유럽 국가들이 이번 사태로 인해 에너지 위기에 봉착했다.

게다가 전 세계적인 탄소중립 이행과정에서 탈원전, 탈석탄 등이 최근 몇 년간 이어져 오면서 에너지 위기 대응력이 감소했고 지속되는 이상 기후에 의한 에너지 확보 차질로 인해 에너지 위기가 더욱 확산되었다. 이런 상황에서 호주가 2023년 천연가스 공급 부족을 우려해 LNG 수출 축소를 검토 중일 만큼 에너지 안보 이슈까지 거론되고 있다.

▎ 치열한 LNG 확보전에서 더욱 부각되는 K-조선

천연가스는 기체 형태로 파이프라인을 통해 공급되는 PNG와 -162도까지 냉각한 액체 형태로 수출되는 LNG로 나뉜다. 러시아산 천연가스를 파이프라인 형태로 공급받기 어려워진 유럽 국가들은 중동, 동남아, 미국의 천연가스를 공급받기 위해 해상 운송 경로를 이용한 LNG 수요를 크게 늘리고 있다. 천연가스를 LNG로 액화시키면 그 과정에서 부피가 600배 감소하기에 적은 부피로 많은 에너지를 운반할 수 있다는 장점이 있으며 이 과정에서 LNG 운반선 수요가 더불어 급증하고 있다.

앞서 기술한 것처럼, 압도적인 건조 기술로 2000년~2010년대 세계 무대를 주름잡았던 한국 조선업체들은 2010년대에 들어 값싼 노동력을 무기로 한 중국에 추격을 허용했으나 글로벌 탄소중립 이행 및 글로벌 에너지 안보 확립 이슈로 인한 LNG 운반선 수요 증가에 다시 한번 전성기를 맞고 있다. 2021년 전 세계 LNG선박 78척 중 87%를 한국 조선사가 수주했는데 2022년도 10월까지의 누적치 기준 76%의 점유율이며 수주하지 못한 선박도 실력 부족이 아닌 한정된 도크 및 인력 부족에 의한 것일 만큼 압도적 지위를 확보하고 있다.

미국은 LNG 터미널 공사를 확대하고 있고 유럽은 네델란드 등지에 LNG 수출 터미널을 설치하고 있으며 카타르, 모잠비크 등에서 대규모 LNG 운반선 발주 기대 물량이 남아 있으며 IMO 2020(유엔 산하 국제해사기구가 2020년 1월 1일부터 시행할 황산화물 함유량 규제 조치) 준수 압박으로 인해 운항 중인 선박의 추진 동력이 LNG로 바뀌는 부분에 의한 발주도 이어질 전망이다. 또한 LNG 추진선, 벙커링선, FSRU(운송을 위해 액화한 LNG를 다시 기화해 육상에 공급할 수 있는 선박형태의 설비)의 발주 시작 그리고 수소 밸류체인과의 시너지를 통한 산업 확장까지 이어질 것이기에 LNG 산업 확대에 따른 K-조선의 중장기 지배력 확대가 전망된다. 또한 LNG 운반선에 반드시 필요한 보냉재를 포함해 각종 기자재를 만들어 국내 조선사에 납품하는 기업들도 중장기 성장성을 확보하고 있기에 지속적인 투자 관심이 필요하다.

글로벌 천연가스 부문별 수요

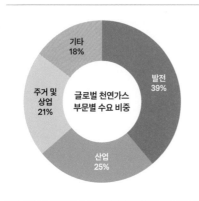

출처: IEA, NH투자증권리서치본부

선박 연료의 중장기 전망

출처: 한국조선해양, 파이낸셜뉴스

LNG 밸류체인

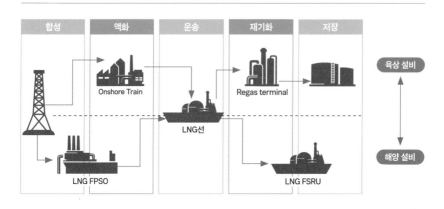

출처: 삼성증권

글로벌 LNG 수출량 전망

2000년대 들어 꾸준히 증가한 수출량은 2020년대 이후 고조되는 글로벌 에너지 위기, 주요국의 에너지 안보 확립 트렌드로 인해 지속 증가할 전망이다.

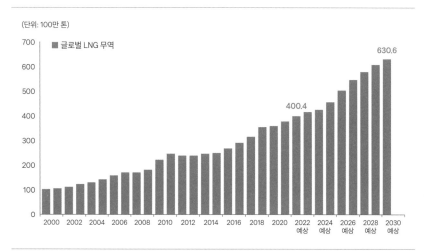

(단위: 100만 톤)

■ 글로벌 LNG 무역

출처: Clarkson, NH투자증권리서치본부

글로벌 LNG선박 누적 수주 (2000년~2022년 10월)

2000년~2022년까지의 기간 누적이며 한국 조선업체가 약 70% 이상 점유율로 글로벌 시장을 장악하고 있다.

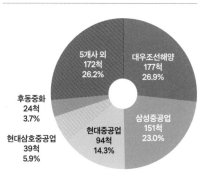

주: 2000년에서 2022년까지 인도된 LNG선 인도량을 합산해 조선사별로 비중을 계산함

출처: Clarkson, 한국투자증권

국내 조선사의 2022년 LNG선박 수주 비중 (2022년 10월 기준)

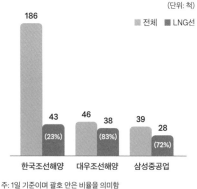

(단위: 척)

■ 전체 ■ LNG선

주: 1일 기준이며 괄호 안은 비율을 의미함

출처: 머니투데이

글로벌 LNG 추진선의 연도별 전망

2022년~2024년 기간에 신규 발주 및 LNG선박으로의 전환을 추진 중인 선박이 대규모로 집중되어 있다.

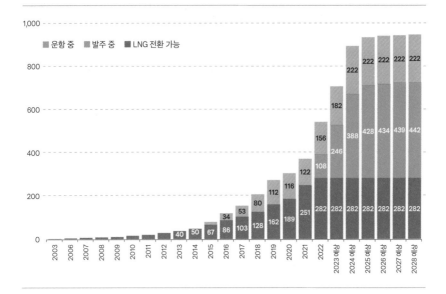

천연가스 생산, 수출, 소비 순위(2020년 기준)

생산		수출(PNG+LNG)		소비	
국가명	비중	국가명	비중	국가명	비중
미국	23.7%	러시아	19.1%	미국	21.8%
러시아	16.6%	미국	11.1%	EU	14.2%
이란	6.5%	카타르	10.3%	러시아	10.8%
중국	5.0%	노르웨이	8.9%	중국	8.6%
카타르	4.4%	호주	8.5%	이란	6.1%
캐나다	4.3%	캐나다	5.5%	캐나다	2.9%
호주	3.7%	알제리	3.3%	사우디아라비아	2.9%
사우디아라비아	2.9%	말레이시아	2.6%	일본	2.7%
노르웨이	2.9%	투르크메니스탄	2.5%	독일	2.3%
알제리	2.1%	나이지리아	2.3%	멕시코	2.3%

출처: IEA, 한국무역협회

천연가스 사업의 분류

산업	내용
업스트림 (Upstream)	천연가스 생산단계로 탐사, 개발 및 시추, 생산까지가 업스트림 부문에 해당함. 육해상에서 가스 존재 여부 확인부터 장비를 이용한 개발 및 생산까지의 과정
미드스트림 (Midstream)	대형 가스관(Pipeline)과 기타 운송 시스템을 이용해 정제시설로 운송 및 저장하는 단계
다운스트림 (Downstream)	운송된 천연가스가 최종 판매되기까지의 단계

출처: NH투자증권리서치본부

천연가스의 장단점

석탄/원유 대비 장점	- 탄소 배출량이 낮음
재생에너지 대비 장점	- 안정적인 전력 공급이 가능 - 설비 위치에 대한 제약이 크지 않음 - 오랜 기간 축적된 기술의 활용
단점	- 가격 등락이 심한 편 - 운송/저장을 위해서는 특수한 형태의 인프라 시설이 필요함 - LNG 형태로 사용할 시 가격이 높아짐

출처: 삼성증권

세계 3대 천연가스 트레이딩 허브

명칭	HH	NBP	TTF
세부 명칭	Henry Hub	Natural Balancing Point	Title Transfer Facility
소재	미국 루이지애나	영국	네델란드
생산	미국, 캐나다	북해, 네델란드, 노르웨이, 러시아 등	
특징	- 미국 천연가스 배관망 집결지 - 저장시설, 파이프라인 시스템과 뛰어난 연결성	- 가상거래 시장 - 가스업체 연합 - 유럽 2대 거래소	- 가상거래 시장 - 네델란드 국영 - 유럽 최대의 거래소 - 유럽 대표 가격 지표

출처: 한국무역협회

현재 수주잔고를 바탕으로 한 국내 조선사들의 LNG선 인도 일정

(단위: 척)

	2023(예상)	2024(예상)	2025(예상)	2026(예상)	2027(예상)
삼성중공업	16	24	20	10	0
현대중공업	10	15	18	8	0
현대삼호중공업	8	15	12	5	0
대우조선해양	6	13	21	16	0

출처: Clarkson, 삼성증권

LNG 운반선 발주가 예상되는 프로젝트

국가	이름	운반선 발주 예상시점	척수	비고
카타르	North Field	2023년 상반기	25	- Golden Pass와 함께 2차 발주 50척 예정 - 2023년 조선 3사 각 8척 내외 수주 전망
카타르	Golden Pass	-	-	
모잠비크	Mozambique LNG	2023년 중	17	- 나이지리아 내전으로 지연 - 현대중공업 9척, 삼성중공업 8척 수주 예정
기타	-	-	40	

출처: Clarkson, 신한투자증권

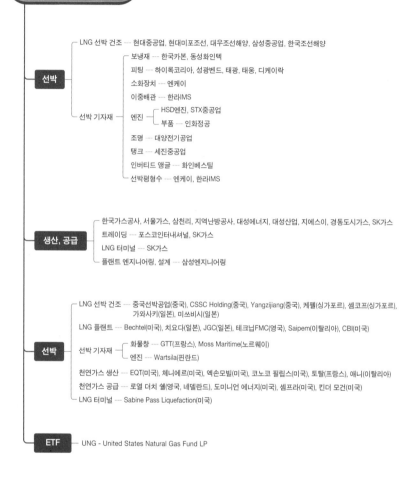

LNG
국내외 주요 기업 및 ETF

선박

LNG 선박 건조 ─ 현대중공업, 현대미포조선, 대우조선해양, 삼성중공업, 한국조선해양

선박 기자재
- 보냉재 ─ 한국카본, 동성화인텍
- 피팅 ─ 하이록코리아, 성광벤드, 태광, 태웅, 디케이락
- 소화장치 ─ 엔케이
- 이중배관 ─ 한라IMS
- 엔진 ┬ HSD엔진, STX중공업
      └ 부품 ─ 인화정공
- 조명 ─ 대양전기공업
- 탱크 ─ 세진중공업
- 인버티드 앵글 ─ 화인베스틸
- 선박평형수 ─ 엔케이, 한라IMS

생산, 공급

- 한국가스공사, 서울가스, 삼천리, 지역난방공사, 대성에너지, 대성산업, 지에스이, 경동도시가스, SK가스
- 트레이딩 ─ 포스코인터내셔널, SK가스
- LNG 터미널 ─ SK가스
- 플랜트 엔지니어링, 설계 ─ 삼성엔지니어링

선박

- LNG 선박 건조 ─ 중국선박공업(중국), CSSC Holding(중국), Yangzijiang(중국), 케펠(싱가포르), 셈코프(싱가포르), 가와사키(일본), 미쓰비시(일본)
- LNG 플랜트 ─ Bechtel(미국), 치요다(일본), JGC(일본), 테크닙FMC(영국), Saipem(이탈리아), CBI(미국)
- 선박 기자재 ┬ 화물창 ─ GTT(프랑스), Moss Maritime(노르웨이)
            └ 엔진 ─ Wartsila(핀란드)
- 천연가스 생산 ─ EQT(미국), 체니에르(미국), 엑손모빌(미국), 코노코 필립스(미국), 토탈(프랑스), 애니(이탈리아)
- 천연가스 공급 ─ 로열 더치 쉘(영국, 네덜란드), 도미니언 에너지(미국), 셈프라(미국), 킨더 모건(미국)
- LNG 터미널 ─ Sabine Pass Liquefaction(미국)

ETF

UNG - United States Natural Gas Fund LP

현대중공업

☑ 친환경 선박 • 엔진 • FPSO

시가총액	주요 주주	한국조선해양 외 2인 78%, 국민연금 6%
10조 800억 원	주 매출처	조선 75%, 엔진기계 18%

- 2019년 6월, 한국조선해양에서 물적 분할되어 설립된 기업
- 일반 상선, 고부가가치 가스선, 특수선, FPSO, 선박 엔진 등 제조
- 엔진사업부 보유 장점으로 점차 확대될 친환경 선박 시장에서 중요한 엔진 분야에서의 효율적 대응 기대
- 글로벌 1위 컨테이너선사 머스크로부터 친환경 선박인 메탄올 추진 컨테이너선 수주
- 매출과 인도 일정상 2025년까지 일감 모두 확보. 향후 양질의 일감으로 2026년부터의 인도 슬롯 채워갈 계획
- 적자 지속 중인 해양 플랜트 사업의 점진적 회복 기대(P-78 FPSO, 브라질 Shenandoah FPS 등 설계 본격화)

실적 추이 및 전망

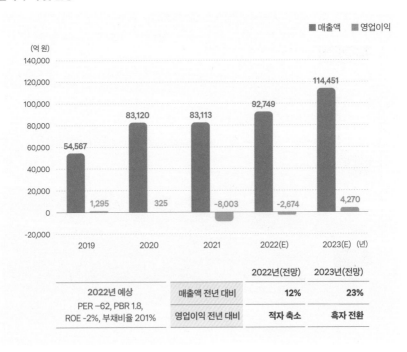

		2022년(전망)	2023년(전망)
2022년 예상 PER -62, PBR 1.8, ROE -2%, 부채비율 201%	매출액 전년 대비	12%	23%
	영업이익 전년 대비	적자 축소	흑자 전환

한국가스공사

☑ 공기업 • LNG 수입 및 국내 유통 • 수소 밸류체인

시가총액	주요 주주	정부 46%, 국민연금 10%
3조 2,000억 원	주 매출처	천연가스 판매 96%

- 국내 천연가스 도입 및 판매를 위해 설립된 에너지 공기업
- 호주 GLNG, Prelude FLNG, 모잠비크 Coral FLNG 가스전 등 보유
- 호주 Prelude 파업 이슈 해소로 해외 주요 사업 실적 개선세 기대
- 글로벌 에너지 수급 불균형 지속에 따른 아시아 LNG 현물 가격 상승에 수혜
- 2022년 3분기 기준 누적 미수금 약 8조 원. 차후 요금 인상을 통한 미수금 정점 확인 필요
- 해외 그린 수소의 현지 생산 및 도입, CCUS 적용을 통한 국내 블루 수소 생산기지 건설, LNG 기반 현장 제조식 수소충전소 구축 등 수소 밸류체인 구축 중

실적 추이 및 전망

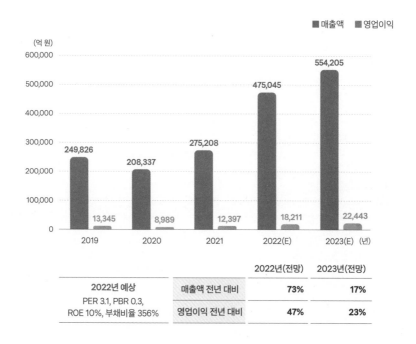

(억 원)

■ 매출액 ■ 영업이익

	2019	2020	2021	2022(E)	2023(E) (년)
매출액	249,826	208,337	275,208	475,045	554,205
영업이익	13,345	8,989	12,397	18,211	22,443

2022년 예상		2022년(전망)	2023년(전망)
PER 3.1, PBR 0.3, ROE 10%, 부채비율 356%	매출액 전년 대비	73%	17%
	영업이익 전년 대비	47%	23%

한국조선해양

☑ 현대중공업 · 현대미포조선 · 현대삼호중공업 · IPO

시가총액	주요 주주	현대중공업지주 외 10인 36%, 국민연금 5%
5조 5,000억 원	주 매출처	조선 85%, 그린에너지 5%

- 자회사로 엔진 사업의 현대중공업(지분 78%), 중소형선 독점 현대미포조선(지분 42%), 현대삼호중공업(지분 80%), 현대에너지솔루션(지분 53%) 등 보유
- 2023년에 비상장 자회사 현대삼호중공업의 IPO 진행 전망
- 자회사 현대삼호중공업, 2007년 한국 조선 호황기 때보다 현재의 수주가 더 많은 상황
- 주가 할인율 평가에 영향을 줄 수 있는 보유 현금이 2022년 3분기 기준 약 1조 3,000억 원으로 현금 활용 용도에 관심(조선산업 투자 또는 주주환원 정책 등)

최근 실적 및 주요 재무지표

	2021년	2022년(전망)	2023년(전망)		2022년 상반기	
매출액	15조 4,934억 원	17조 5,344억 원	21조 2,005억 원 (yoy 20%)	매출액	8조 963억 원	PER -159 PBR 0.5
영업이익	-1조 3848억 원	-3,453억 원	9,303억 원 (흑자 전환)	이익	-6,615억 원	ROE -0.3% 부채비율 145%

삼성중공업

☑ FPSO · FLNG

시가총액	주요 주주	삼성전자 외 9인 20%, 국민연금 6%
4조 7,500억 원	주 매출처	조선해양 97%

- LNG선, 대형 컨테이너선, 유조선, FPSO, FLNG 등 건조
- 2022년 9월, 세계 최대 에너지 기업 에퀴노르와 해양 EPC 사업 경쟁력 강화 관련 MOU 체결
- 2023년에는 FLNG(부유식 천연가스 생산설비) 신규 수주 기대(전 세계 FLNG 총 5기 중 3기를 동사에서 건조한 이력)

최근 실적 및 주요 재무지표

	2021년	2022년(전망)	2023년(전망)		2022년 상반기	
매출액	6조 6,220억 원	6조 1,073억 원	7조 8,950억 원 (yoy 29%)	매출액	2조 9,099억 원	PER -11 PBR 1.1
영업이익	-1조 3,120억 원	-5,810억 원	1,068억 원 (흑자 전환)	이익	-3,506억 원	ROE -9% 부채비율 226%

현대미포조선

시가총액	주요 주주	한국조선해양 외 5인 42%, 국민연금 10%
3조 6,300억 원	주 매출처	조선 100%

- 중형 LPG선, 석유화학제품 운반석(MR), 중형 컨테이너, 자동차 운반선 등 중소형 선박 전문 조선사
- 국내에서 블록을 건조해 현대베트남조선에서 최종 작업을 마무리하며 비용 통제 전략
- 2023년에 인도할 선박은 약 80척 이상으로 역대 최대 물량 전망
- 선주사에 선박을 인도하기까지의 소요 기간은 평균 20개월로 짧기에 2023년 신규 수주로 2024년 인도 슬롯 채울 수 있을 전망
- 유럽의 러시아산 석유 금수 조치 시행으로 디젤 등 석유제품의 해상 운송 거리가 늘어난 상황에서 동사 MR 탱커의 수주 증가 기대

최근 실적 및 주요 재무지표

	2021년	2022년(전망)	2023년(전망)		2022년 상반기	
매출액	2조 8,872억 원	3조 6,521억 원	4조 1,605억 원 (yoy 13%)	매출액	1조 8,114억 원	PER 43.8 PBR 1.6
영업이익	-2,173억 원	-245억 원	2,142억 원 (흑자 전환)	이익	-684억 원	ROE 3% 부채비율 99%

대우조선해양

시가총액	주요 주주	한국산업은행 외 3인 56%, 하나은행 8%
2조 1,620억 원	주 매출처	선박 87%, 해양특수선 12%

- LNG 운반선, 유조선, 컨테이너선, LPG 선 등의 선박 및 FPSO, 고정식 플랫폼 등 해양 설비, 특수선 건조
- 2022년 3분기엔 불법 파업, 인력 수급 문제, 추석 연휴, 태풍, 해양플랜트 매출 감소 및 공정지연 등 악재에 노출
- 군함 및 해상풍력 설치선 등의 비 LNG선 수주 확대 기대
- 2022년 9월, 한화그룹이 동사 인수를 결정했으며 인수절차 진행 중
- 한화그룹으로부터 자본 투입으로 재무구조 개선을 통한 주가 할인율 축소 기대

최근 실적 및 주요 재무지표

	2021년	2022년(전망)	2023년(전망)		2022년 상반기	
매출액	4조 4,866억 원	5조 4,270억 원	7조 8,620억 원 (yoy 44%)	매출액	2조 1,656억 원	PER -1.9 PBR 1.4
영업이익	-1조 7,547억 원	-9,306억 원	2,024억 원 (흑자 전환)	이익	-7,273억 원	ROE -60% 부채비율 1,291%

한국카본

시가총액	주요 주주	조문수 외 5인 23%, 국민연금 8%
5,450억 원	주 매출처	산업재 제품(GP, D/F, LNG 보냉재 등) 87%

- 선박용 LNG 보냉재 납품으로 지속적인 한국 조선사들의 LNG 운반선 발주 프로그램에 수혜
- LNG선박 국내 3사 중 한국조선해양, 삼성중공업을 고객사로 두고 있음
- 2022년 5월, 대우조선해양과 보냉재 공급의향서 체결. 고객사로 확보 성공 시 수주 확보 기대
- 과거 조선사들의 선박 인도기한 1~2년치 물량을 넘어 3.5년치 물량의 보냉재까지 수주 받는 중
- 신성장 동력으로 자동차, 항공기, 철도 차량 제조업체들 대상 복합소재 공급 확대 노력

최근 실적 및 주요 재무지표

	2021년	2022년(전망)	2023년(전망)		2022년 상반기	
매출액	3,678억 원	3,473억 원	5,250억 원 (yoy 51%)	매출액	1,493억 원	PER 28.1 PBR 1.3
영업이익	327억 원	255억 원	624억 원 (yoy 144%)	이익	68억 원	ROE 5% 부채비율 31%

동성화인텍

시가총액	주요 주주	동성케미컬 38%
3,440억 원	주 매출처	PU 단열재 93%, 가스사업 6%

- 선박용 LNG 보냉재 시장에서 한국카본과 점유율을 양분
- 2022년 3분기말 기준 수주잔고는 1조 6,000억 원으로 3년 치 이상의 일감 보유(LNG선박용 보냉재, LNG 추진선 연료탱크 등)
- 현대중공업, 삼성중공업, 대우조선해양에 납품
- 수소 상용차의 액체 수소 저장 용기용 극저온 단열 소재 기술개발 국책과제의 주관기업으로 선정
- 신성장 동력으로 선박용 액화수소 단열재에 주목

최근 실적 및 주요 재무지표

	2021년	2022년(전망)	2023년(전망)		2022년 상반기	
매출액	3,650억 원	4,296억 원	4,831억 원 (yoy 12%)	매출액	2,145억 원	PER 24.2 PBR 2.2
영업이익	302억 원	266억 원	441억 원 (yoy 65%)	이익	71억 원	ROE 9% 부채비율 115%

종목명	시가총액 (억 원)	사업 내용	2022년, 2023년 전년비 EPS 성장률(전망)
삼성엔지니어링	50,470	LNG 프로젝트의 엔지니어링 및 설계	41%, -4%
포스코인터내셔널	27,142	LNG 생산, 저장, 발전 등 LNG 밸류체인 보유. 신재생에너지, 수소 등 친환경 에너지 사업도 영위	73%, -41%
서울가스	17,850	한국가스공사로부터 도시가스를 공급받아 서울시 11개구와 경기도 파주, 김포, 고양시 일반 수요자에게 배관을 통해 공급	전망치 미집계
삼천리	13,584	경기·인천 지역 도시가스 공급 사업자. 자회사 에스파워(지분율 51%) 통해 834MW급 LNG 복합화력 발전소도 운영	전망치 미집계
SK가스	11,030	LPG 해외 트레이딩, 국내 도입, 저장 및 판매 영위	-25%, 8%
HSD엔진	5,580	선박용 디젤엔진 등을 주요제품으로 생산. 저속엔진 시장점유율 20% 수준으로 세계 2위. 국제해사기구(IMO) 유해가스 기준에 대응할 수 있는 차세대 친환경 디젤엔진 및 고효율 선박 기자재 개발	적자 축소, 흑자 전환
태광	4,677	LNG선에 필요한 피팅류 생산	139%, 24%
성광벤드	4,419	LNG선에 필요한 피팅류 생산	흑자 전환, -10%
세진중공업	3,417	선박의 데크하우스, LPG 탱크, 어퍼 데크유닛 등 조선 기자재 생산, 판매	전망치 미집계
지역난방공사	3,149	열병합발전기로 생산한 열과 전기를 판매. 수소차 최대 6,000대까지 충전할 수 있는 30톤 규모의 액화수소플랜트 건설 중	적자 전환, 적자 축소
대성에너지	3,080	한국가스공사로부터 천연가스를 공급받아 취사용, 난방용, 냉난방 공조용, 영업용 및 산업용 도시가스를 공급하고, 시내버스 등 연료공급을 위한 천연가스 충전소를 12개소 운영. 대구광역시 죽곡지구에 열과 전기를 공급하는 열병합발전소도 운영	전망치 미집계
하이록코리아	2,981	LNG선에 필요한 피팅류 생산	105%, 10%
대성산업	1,943	GS칼텍스 정유회사의 대리점으로, 주유소, 가스 충전소 등을 설치, 운영	전망치 미집계
지에스이	1,453	진주, 사천 등 경남 총 면적의 약 48% 가량에 도시가스 공급	전망치 미집계
경동도시가스	1,412	울산 및 경남 양산 일대에 도시가스 공급. 수소충전소도 운영	전망치 미집계
대양전기공업	1,287	LNG선 등 다양한 선박의 조명제품을 제조·판매	전망치 미집계
인화정공	1,264	선박용 엔진부품, 발전설비 부품 등을 생산. 주요 고객사는 HSD엔진, 현대중공업, STX중공업 등 보유	전망치 미집계
디케이락	1,091	LNG 추진선, 벙커링에 사용되는 계장용 피팅 및 밸브 제조	32%, 44%
엔케이	785	LNG 운반선 소화장치 등을 생산. LNG선박 등 특수선박(해양)의 건조용 소화장치도 대용량, 청정소화장치로 다양화되고 있음	전망치 미집계

※ EPS: Earning Per Share. 주당순이익을 뜻하며, 기업의 자본 규모와 상관없이 1주당 얼마의 이익을 창출했는지를 나타내기에 기업의 실질적인 수익성을 가늠해볼 수 있음

GT

Gross Tonnage. 용적톤수. 톤이라 표현되었지만 무게단위가 아니라 부피 단위를 뜻한다.

DWT

Dead Weight Tonnage. 선박이 적재할 수 있는 화물의 중량을 말하며, 여기에는 화물, 여객, 선원 및 그 소지품, 연료, 음료수, 밸러스트, 식량, 선용품 등의 일체가 포함되어 있으므로 실제 수송할 수 있는 화물의 톤수는 재화중량톤수로부터 이들 중량을 차감한 것이 된다.

CGT

Compensated Gross Tonnage. 표준 화물선 환산 톤수. 선박의 단순한 무게에 선박의 부가가치, 작업 난이도 등을 고려한 계수를 곱해 산출한 무게 단위를 뜻한다.

IMO

International Maritime Organization. 국제해사기구. 선박의 항로, 교통규칙, 환경 관련 규칙을 통일하기 위해 설치한 유엔 전문기구다.

도크

Dock. 선박의 선적, 하역, 건조 또는 수리를 진행하는 공간이다.

FRSU

LNG Floating Storage and Re-gasification Unit. 부유식 LNG 저장 재기화 설비이다.

FPSO

Floating Production Storage and Off-loading. 부유식으로 생산, 저장 및 하역 기능을 함께 갖춘 설비다.

FLNG

LNG + FPSO. 부유식 액화천연가스 시설. 해상에서 천연가스 자원 개발을 위한 액화 천연가스 작업을 수행하는 부유식 생산, 저장 및 하역 설비이다.

MR Tanker

Medium Range Tanker. 석유화학제품을 주로 운반하는 선박이다.

LNG 추진선

LNG를 주 연료로 사용해 선박의 이동에 필요한 동력을 얻는 선박이다.

LNG 벙커링

해상선박에 LNG를 안정적이고 효율적으로 급유하는 기술과 사업 및 관련 설비를 통칭한다. 현재 관련 인프라는 북유럽, 서유럽, 미국 걸프 및 동부 해안에 집중되어 있음. EU 회원국들은 최소 1개 이상의 LNG 벙커링 항구를 보유하도록 권고받고 있다. 아시아에서는 싱가포르, 일본, 중국 등이 활발하게 LNG 벙커링 인프라 건설을 추진 중이다.

9

에너지 위기

원전

친원전 ●
EU Taxonomy ●
SMR ●
원전 해체 ●
저온 수전해 ●

1 탈원전 정책을 펼쳤던 국가들이 친원전으로 방향을 선회하며 글로벌 원전 시장이 크게 확대될 것

2 대형 원전의 단점을 커버하고 독자적인 장점을 보유한 SMR이 원자력 산업의 미래 성장 동력이 될 전망

3 다수의 친원전 정책을 통해 폴란드 등 굵직한 원전 수출 성과를 기대하며, 원전 해체 및 원전과 연계한 수전해 산업도 중장기 관점의 관심 필요

| 에너지 위기로 탈원전에서 친원전으로의 변화

1970년대 오일쇼크는 세계 경제에 상당한 변화를 가져왔는데 그중 원자력 발전소는 발전 비용 및 에너지 안보 이슈를 해결할 수 있는 대안으로 부상했다. 이후 미국, 유럽을 중심으로 수많은 원전이 건설되었으나 1979년 미국 스리마일섬 원전, 1986년 우크라이나 체르노빌 사고 이후 안전 문제가 부각되며 과도기를 맞았고 2011년 일본 후쿠시마 사고를 계기로 글로벌 탈원전이 진행되었다. 또한 원전의 장점에도 앞서 언급한 심각한 사고뿐 아니라 처리하기 힘든 핵폐기물이 급속도로 쌓여가는 점도 탈원전을 고려하게 했다.

심각해지는 지구온난화를 막기 위한 범지구적 공감대가 형성되어 1992년 리우환경회의에서 UN 기후변화협약 체결, 1997년 교토의정서(선진국 감축의무) 채택 그리고 2015년에는 파리 기후협정이 도출되었다. 유럽은 2050년 탄소중립 대륙을 내세우며 핏포55(Fit for 55), 유럽 그린 딜 등의 정책을 발표했고, 선진국을 중심으로 신재생에너지로 불리는 태양광, 풍력 발전이 각국 정부의 막대한 지원에 힘입어 산업을 육성했다. 다만, 이런 환경에서 탈원전으로 인해 부족해진 에너지 공급량을 태양광, 풍력 등으로 창출하는 데 비용, 기술력 등의 한계로 목표를 이루지 못하여 에너지 수급 문제를 점차 야기했다. 2022년 러시아-우크라이나 전쟁에 의한 에너지 전략 무기화 트렌드가 확산되며 다시 원전을 활용해야 한다는 의견이 설득력을 얻게 되었다.

이에 세계 각국에서 원전의 활용도를 높이는 정책 방향이 뚜렷해지고 있다. EU는 2022년 7월에 택소노미(taxonomy, 친환경 투자 기준인 녹색 분류체계) 원전을 포함시켰고 미국은 2022년 8월에 인플레이션감축법을 발표하며 원자력 세액 공제 적용 분야를 지정했다. 영국, 프랑스, 폴란드, 체코, 중국 등은 신규 원전을 건설하겠다는 정책을 발표하고 있고 한국도 윤석열 정부가 들어서며 친원전 정책으로 방향을 선회하며 다양한 정책 지원을 공표했다.

풍력, 태양광은 날씨에 영향을 받지만 원전은 이와 상관없으며 글로벌 탄소중립 이슈에서 원전은 가동 시 탄소를 배출하지 않으면서 24시간 발전이 가능하다. 이런 장점들에 주목하여 2022년 6월 기준, 세계 33개국에서 441기의 원전이 운영 중인데 17개국이 향후 53기의 신규 원전을 추진하겠다고 발표했다. 국제원자력기구(IEA)의 발표에 따르면 세계 원전 발전 설비량은 2020년에 415GW에서 2050년에는 2배 증가한 812GW로 확대될 것으로 전망했다.

| 원자력 산업의 미래 성장 동력이 될 SMR

원전의 필요성에는 공감하지만 원전이 야기할 수 있는 사고에 대한 우려, 긴 건설 공기 및 막대한 비용 등은 신규 원전을 건설하는 데 있어 어려운 부분이다. 이를 보완하기 위해, 원자로와 증기발생기 등을 하나의 용기에 담은 규모가 300MW(메가와트) 이하인 소규모 원전인 SMR 시장이 빠르게 형성되고 있다. SMR은 고압의 전력을 수용할 수 있는 송전망이 충분치 않거나 분산형 전력원으로 소규모 전력을 공급하는 데 활용하기 위해 개발되었는데 그 외에도 대형 원전 대비 보유한 장점이 많아 원전을 운영하는 선진국들이 SMR 시장에 관심을 보이고 있다.

SMR은 기존 대형 원전에 비해 다양한 핵심 장점 덕에 주목받고 있다. 상대적으로 초기 건설 비용이 대형 원전 대비 적게 들어가며 건설 기간이 대형 원전 5년에 비해 2년으로 짧다. 안전하다는 점 역시 큰 장점이다. 그리고 SMR은 이동 및 설치가 자유로워 범용성이 높고 떠오르는 차세대 신재생에너지인 그린 수소를 생산하는 데 활용 가능한 장점도 보유하고 있다. 단, 대형 원전 대비 초기 건설비는 저렴한 반면 건설 단가는 크게 증가한다는 단점이 있고, 단위 용량 기준으로 기존 원전보다 경제성이 낮으며 사용 후 핵연료 처리 방법은 대형 원전과 마찬가지로 여전히 풀기 어렵다는 것은 SMR이 해결해야 할 문제점이다.

SMR은 미국의 원자력 발전업체 뉴스케일 파워가 개발에 앞서 있는데 미국 정부가 총 13억 6,000만 달러를 지원하고 있고 한국의 두산에너빌리티, 삼성물산, GS에너지도 이 기업에 투자하며 SMR 개발 협력에 나섰다. 마이크로소프트 창업자 빌 게이츠가 세운 원자력 회사 테라파워는 신형 원전을 건설하며 더불어 미국 아이다호에 실험용 SMR을 건설한다고 밝혔으며 영국 항공기 엔진 제조사 롤스로이스, GE-히타치 등도 SMR 시장에 뛰어들었다. 원전 주요국들의 적극적 지원 및 다수의 기업들이 경쟁을 펼치며, SMR 시장은 당장은 아니지만 2030년 이후 본격적으로 상용화되며 시장이 크게 확대될 전망이다.

| 글로벌 원전 시장에 다시 나서는 한국 원전

탈원전에서 친원전으로 정책을 변화시키며 정부는 다각도로 원전 사업 지원에 나서고 있다. 2022년 5월, 정부는 '110대 국정과제 발표'를 통해 에너지 안보 및 탄소중립 수단으로 원전을 적극 활용하기로 결정했고 한미 원전동맹 MOU를 체결하며 SMR 개발, 제4세대 원자로와 핵융합, 원전 연계 수소생산 등 미래 원전기술 확보를 위한 R&D 집중 추진 계획을 발표했다. 2022년 6월에는 현재 영구 정지 중인 고리 1호기, 월성 1호기 해제를 위한 노력에 나섰고 정부는 원전산업 생태계 복원을 위한 원전산업 협력업체, 중소기업 지원 방안을 발표했다. 2022년 8월에는 약 19% 비중인 원전 발전 비중을 2030년까지 32%로 높이겠다 발표했고 2023년 원자력 사업 예산을 2022년 대비 약 18% 확대하겠다는 계획도 발표했다.

2022년 8월에 한국수력원자력이 이집트 엘다바 원전 건설 3조 원을 수주하며 2009년 UAE 바라카 원전 수주 이후 13년만의 성과를 거뒀는데 이의 기세를 몰아 최대 20조 원 규모로 전망되는 폴란드 정부와 폴란드 퐁트누프 지역 원전 수출 관련 협력의향서(LOI)를 체결했다. 차후 원전 수주 격전지로 불리는 폴란드 추가 원전 건설, 체코, 사우디 등에서의 성과를 기대해본다.

이외에 전 세계적으로 원자력 분야의 블루오션으로 떠오르고 있는 노후 원전의 해체 산업 그리고 원전과 연계해 청정 수소를 생산하는 저온 수전해 기술을 활용한 산업에서도 사업을 진행하여 유의미한 성과를 보여주는 기업들에 중장기적 관심이 필요하다.

탈원전 재검토하는 세계

글로벌 탄소중립 이행 및 전쟁으로 인한 에너지 위기로 인해 한국, 프랑스 등 탈원전 정책을 펼치던 국가들이 정책 재검토를 고려 중이다.

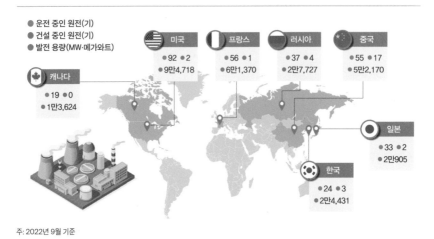

- ● 운전 중인 원전(기)
- ● 건설 중인 원전(기)
- ● 발전 용량(MW·메가와트)

캐나다
- ● 19 ● 0
- ● 1만3,624

미국
- ● 92 ● 2
- ● 9만4,718

프랑스
- ● 56 ● 1
- ● 6만1,370

러시아
- ● 37 ● 4
- ● 2만7,727

중국
- ● 55 ● 17
- ● 5만2,170

일본
- ● 33 ● 2
- ● 2만905

한국
- ● 24 ● 3
- ● 2만4,431

주: 2022년 9월 기준

출처: 국제원자력기구

탄소중립을 위해 늘어나는 원전 설비 용량 전망

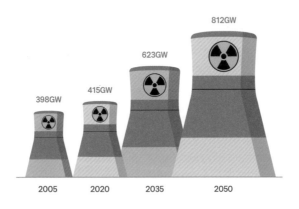

- 398GW — 2005
- 415GW — 2020
- 623GW — 2035
- 812GW — 2050

주: 2020년 이후는 전망치

출처: 국제에너지기구

원전과 신재생에너지의 현 설비이용률에 따른 발전 단가

실제 설비이용률을 고려한 각 재생에너지의 발전단가를 비교해보면, 원자력이 현재 가장 우수한 에너지원이다.

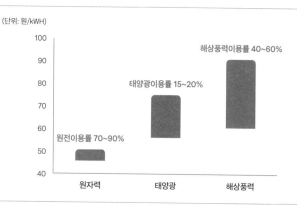

출처: 전력통계정보시스템, 전자공시시스템, NH투자증권리서치본부

원자로의 구분

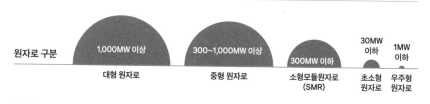

출처: 국제에너지기구

여러 전망 단체의 SMR 시장 전망

SMR의 장점을 기반으로 주요 원전 국가들의 지원에 힘입어 2030년~2050년 구간에 SMR 시장이 본격적으로 확대될 전망이다.

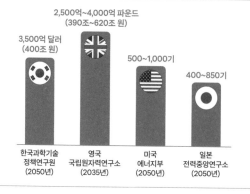

출처: 한국원자력연구원

대형 원전과 SMR의 구조 비교

대형 원전 대비 출력은 낮은 대신, 부품수가 1% 수준으로 적게 들어가고 큰 사고가 날 확률이 매우 낮으며 건설 공기를 절반으로 낮출 수 있기에 건설 비용을 줄일 수 있다.

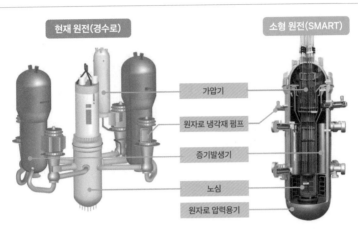

대형 원전	구분	혁신형 SMR
1,200~1,600MW	노심출력	100~300MW
100만 개	부품 수	1만 개(모듈)
100만 년에 한 번	중대사고 확률	10억 년에 한 번
반경 16km	비상 대피 구역	반경 300m
48개월	건설공기	24개월
10조 원(2기 기준)	건설 비용	1조 원

출처: 한국원자력연구원

SMR의 활용처

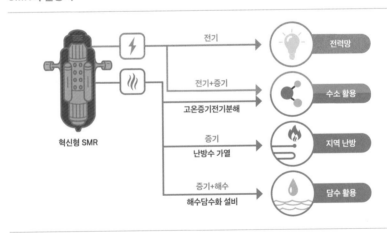

주요국 원전 정책 및 동향

국가	원전 비중 (2020년 기준)	정책, 동향
미국	19%	- 원전을 CFE에 포함(Carbon Pollution Free Electricity). 원전 지원 확대 - 노후원전 조기폐쇄 방지를 위해 60억 달러 배정 - 뉴스케일파워의 SMR 개발에 총 13억 6,000만 달러 지원 계획 - 2022년 8월, 인플레이션감축법을 통해 원자력 세액 공제 적용 분야로 운영 중인 원전, 신규 및 차세대 원전, 고순도 저농축 우라늄 개발 지정
영국	15%	- 2050년까지 최대 8기 추가 건설(2021년 6.8GW → 2050년 24GW) - 총 전력생산 중 원전 비중을 25%로 점진적 확대 계획
벨기에	38%	- 원전 2기에 대한 계속운전 기한을 기존 2025년에서 2035년으로 연장
프랑스	66%	- 2050년까지 신규 6기 건설 및 추가 8기 검토 중
폴란드	10%	- 2043년까지 6기 건설
체코	36%	- 2040년까지 최대 4기 추가 건설 추진 - 총 전력생산 중 원전 비중을 58%까지 점진적 확대 계획
핀란드	35%	- 신규 1기 가동 개시, 가동 원전 2기 계속운전 추진
일본	5%	- 원전을 재생에너지와 함께 에너지 안보에 공헌하고 탈탄소 전원으로 적극 활용 방침
독일	12%	- 폐쇄 예정이었던 원전 3기의 수명을 연장할 가능성 시사
EU	-	- 2022년 7월, 유럽의회에서 원전을 EU 택소노미에 포함하는 것으로 최종 결정
캐나다	15%	- 2022년 3월, SMR 개발 및 실증 지원안 발표
중국	5%	- 2022년 3월, 재상가능 에너지 발전 5개년 계획 통해 2025년까지 원전 설비 용량을 70GW로 확대 시사 - 2022년 4월과 9월에 각각 신규 원전 6기, 4기 승인하여 원전 5개, 원자로 10기가 추가 증설될 예정 - 경제분야 국가 최고계획 중 하나로 해상부유식 SMR을 선정, 8개의 SMR 노형 개발
한국	19%	- 2002년 5월, 정부는 110대 국정과제 발표를 통해 에너지 안보 및 탄소중립 수단으로 원전 적극 활용 시사 - 2022년 5월, 한미 정상회담에서 상호 간 원전 기술 협력 공식화, 원전 동맹 추진 - 신한울 3,4호기 건설 조속 재개 및 운영허가 만료 원전의 계속 운전 진행 - 총 전력생산 중 원전 비중을 2030년까지 약 32.8% 수준으로 높일 계획 - 2023년 원자력 예산을 전년 대비 18% 확대 - 2025년까지 약 1조 원 이상의 일감을 국내 원전 생태계에 조기 공급 추진 - 폴란드와 MOU 체결하여 폴란드 퐁트누프 지역 원전 개발 계획 수립 추진

출처: 언론 기사, 대한민국 정책브리핑

SMR의 장단점

장점	단점
중대사고 발생 시 대형 원전과 달리 방사성 붕괴열 제거 용이. 노심 손상 가능성 적음	대형원전보다 규모의 경제 힘듦. 비용 절감 필수
모듈 형태로 제작, 이송, 건설하면 건설공기 단축 가능	비용 절감 위한 운영인력 최소화, 자율운전 등 필요
금융조달 비용 낮음	3세대 플러스 이상 원전도 핵폐기물 처리 과제
신재생에너지 간헐성 보완 가능	원전에 대한 지역사회 거부감 여전
도서, 오지 등 다양한 지역과 목적에 따라 활용 가능	국가별 핵물질 규제 해소 미지수
대형보다 송전망 건설 용이	현재 기술 개발, 실증단계이며 미래에 상용화됐을 때 시장 경쟁력 관련 변수가 많음

출처: 한국수력원자력

SMR의 유형 및 개발 현황

종류	작동 방식	출구 온도	특징	주요 개발사, 파트너	
경수로 (PWR)	열중성자 핵분열	290 ~ 330	- 기존 원전 기술 활용 가능	주요 개발사	미국 뉴스케일파워
				국내 파트너	- 두산에너빌리티(지분 투자, 주기기 제작) - GS에너지(지분 투자) - 삼성물산(지분 투자, EPC 건설)
소듐 냉각 고속로 (SFR)	고속 중성자 핵분열	500~550도	- 전기 생산, 사용후 핵연료 재처리 - 에너지 저장설비 연계	주요 개발사	미국 테라파워, 캐나다 정부, 한국원자력연구원
				국내 파트너	현대엔지니어링(EPC 건설)
고온가스 냉각로 (VHTR)	열중성자 핵분열	800~1,000도	- 전기 및 수소 생산 - 높은 열효율로 수소 생산 최적화	주요 개발사	미국 엑스에너지
				국내 파트너	두산중공업(주기기 제작, 설계)
납냉각 고속로 (LFR)	고속 중성자 핵분열	480~570도	- 전기 생산 사용후핵연료 재처리	-	
가스냉각 고속로 (GFR)	고속 중성자 핵분열	850도	- 전기 및 수소 생산 - 사용후핵연료 재처리	-	
용융염 원자로 (MSR)	열, 고속 중성자 핵분열	700~800도	- 전기 및 수소 생산 - 초소형화 통해 선박 탑재 가능	주요 개발사	한국원자력연구원, 덴마크 시보르크 등
				국내 파트너	삼성중공업(해양 원자력 설계) 등 국내 조선사

출처: 한국원자력연구원, 에너지경제연구원

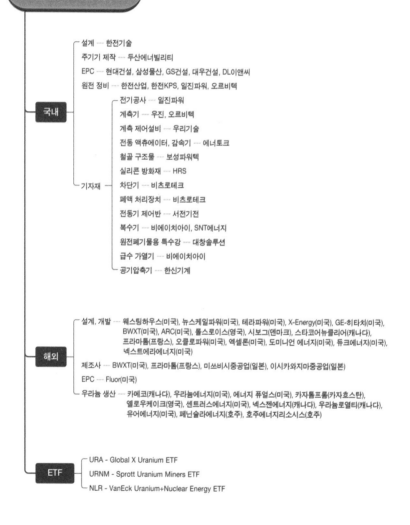

원전
국내외 주요 기업 및 ETF

국내

설계 … 한전기술
주기기 제작 … 두산에너빌리티
EPC … 현대건설, 삼성물산, GS건설, 대우건설, DL이앤씨
원전 정비 … 한전산업, 한전KPS, 일진파워, 오르비텍

기자재
┌ 전기공사 … 일진파워
│ 계측기 … 우진, 오르비텍
│ 계측 제어설비 … 우리기술
│ 전동 액츄에이터, 감속기 … 에너토크
│ 철골 구조물 … 보성파워텍
│ 실리콘 방화재 … HRS
│ 차단기 … 비츠로테크
│ 폐액 처리장치 … 비츠로테크
│ 전동기 제어반 … 서전기전
│ 복수기 … 비에이치아이, SNT에너지
│ 원전폐기물용 특수강 … 대창솔루션
│ 급수 가열기 … 비에이치아이
└ 공기압축기 … 한신기계

해외

설계, 개발 … 웨스팅하우스(미국), 뉴스케일파워(미국), 테라파워(미국), X-Energy(미국), GE-히타치(미국),
BWXT(미국), ARC(미국), 롤스로이스(영국), 시보그(덴마크), 스타코어뉴클리어(캐나다),
프라마톰(프랑스), 오클로파워(미국), 엑셀론(미국), 도미니언 에너지(미국), 듀크에너지(미국),
넥스트에라에너지(미국)

제조사 … BWXT(미국), 프라마톰(프랑스), 미쓰비시중공업(일본), 이시카와지마중공업(일본)

EPC … Fluor(미국)

우라늄 생산 … 카메코(캐나다), 우라늄에너지(미국), 에너지 퓨얼스(미국), 카자톰프롬(카자흐스탄),
옐로우케이크(영국), 센트러스에너지(미국), 넥스젠에너지(캐나다), 우라늄로열티(캐나다),
유어에너지(미국), 페닌슐라에너지(호주), 호주에너지리소시스(호주)

ETF

URA - Global X Uranium ETF
URNM - Sprott Uranium Miners ETF
NLR - VanEck Uranium+Nuclear Energy ETF

뉴스케일파워

시가총액		2021년	2022년(전망)	2023년(전망)
7,790억 원	매출액	-	216억 원	1,350억 원
국적 / 미국	순이익	- 43억 원	전망치 미집계	전망치 미집계

- SMR 원자로 설계 및 판매 기업. 격납고, 백업 전원이 필요 없는 조립식 원전 개발 중
- 19개국에 630개가 넘는 특허를 내며 전 세계에서 SMR 연구에 가장 적극적인 기업
- 2020년 8월, SMR 최초로 미국 원자력규제위원회(NRC)의 설계인증 심사 최종 통과
- 2020년 7월, 두산중공업이 약 500억 원 규모로 동사 지분을 투자. 협력하여 SMR 모델 시제품 개발 중
- 또한 삼성물산, GS에너지로부터 투자 유치
- 미국 아이다호에 60MW급 SMR 12기로 이뤄진 총 720MW 규모의 원전 발전단지 건설 중
- 그 외 미국, 캐나다, 유럽, 요르단, 일본, 카자흐스탄, 한국 등지에서 다수의 SMR 프로젝트 진행 중

카메코

시가총액		2021년	2022년(전망)	2023년(전망)
12조 8,300억 원	매출액	1조 5,880억 원	1조 8,570억 원	2조 2,900억 원
국적 / 캐나다	순이익	-1,100억 원	전망치 미집계	전망치 미집계

- 캐나다에 본사를 둔 세계 최대 우라늄 채굴 업체
- 우라늄 농축물을 정제, 변환 및 가공하며 우라늄 및 연료 판매
- 2022년 10월, 북미 최대 원전기업 웨스팅하우스의 지분 49% 인수
- 우라늄 채광, 핵연료 제조에 이어 원자로 설계 등 분야로 사업 영역 확장 계기 마련
- 미국 엑스에너지, GE-히타치, 캐나다 테레스트리얼 등 SMR 업체들과 우라늄 공급 MOU
- 글로벌 친원전 정책 및 SMR 시장 확대로 동사가 채굴하는 우라늄 수요의 지속적 증가 전망

두산에너빌리티

☑ 원전 • SMR • 풍력 • 담수 • 두산밥캣

시가총액	주요 주주	두산 외 26인 30%, 국민연금 5%
10조 4,000억 원	주 매출처	건설기계 및 소형장비(두산밥캣) 54%, 원전 관련 사업(두산에너빌리티) 43%

- 2022년 3월에 두산중공업에서 사명 변경
- 원전 설비의 소재부터 최종 제품 제작까지 모든 공정 처리 가능한 일괄 생산 시스템 보유
- 또한 풍력 터빈, 건설기계, 담수 설비 사업도 영위
- 대형원전의 핵심 주기기는 한국전력의 APR 1400과 웨스팅하우스의 AP 1000 제작 경험
- SMR의 핵심 주기기는 2020년에 동사가 500억 원 지분 투자한 미국 뉴스케일 파워와 계약
- 고온가스로 SMR 개발 중인 미국 X-Energy와 설계 용역 계약 맺음
- 국내 최초 해상풍력단지 건설 외 국내외 다수 프로젝트에 공급
- 한국 정부의 친원전 정책, EU 택소노미에 원전 포함, 글로벌 에너지 안보 대두 등으로 동사 사업의 업황 호조 전망

실적 추이 및 전망

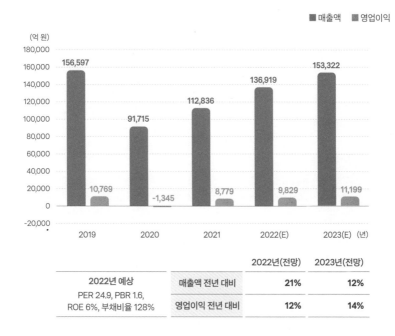

■ 매출액 ■ 영업이익

(억 원)

	2019	2020	2021	2022(E)	2023(E) (년)
매출액	156,597	91,715	112,836	136,919	153,322
영업이익	10,769	-1,345	8,779	9,829	11,199

		2022년(전망)	2023년(전망)
2022년 예상 PER 24.9, PBR 1.6, ROE 6%, 부채비율 128%	매출액 전년 대비	21%	12%
	영업이익 전년 대비	12%	14%

한전KPS

☑ 원전 정비 · 개보수 공사

시가총액 **1조 5,200억 원**	주요 주주	한국전력공사 51%, 국민연금 12%
	주 매출처	화력 35%, 원자력/양수 32%, 해외 19%

- 발전 설비에 대한 정비를 주 사업으로 영위
- 화력, 원자력/양수, 송변전사업의 주 고객은 한국전력 및 발전 자회사
- 국내 원전 산업 활성화로 계획예방정비, 개보수 공사 등의 물량 증가 전망
- 2022년 내 신한울 1호기 준공 및 한빛 4호기 재가동 그리고 2023년 신한울 2호기 준공 예정에 수혜 전망
- 폴란드 퐁트누프 원전의 구체화, 사우디아라비아 네옴시티 관련 원전 협력 등 이슈가 진전될 시, 실제 사업분 아니라 단기 주가 측면에서도 상승 촉매로 작용할 전망

실적 추이 및 전망

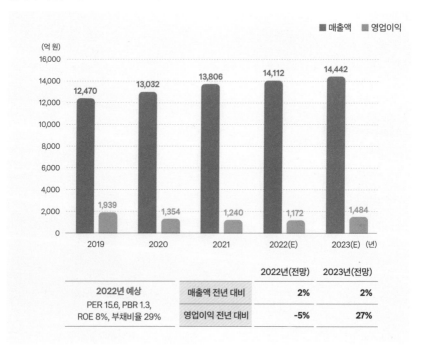

■ 매출액　■ 영업이익

(억 원)

연도	매출액	영업이익
2019	12,470	1,939
2020	13,032	1,354
2021	13,806	1,240
2022(E)	14,112	1,172
2023(E)	14,442	1,484

2022년 예상 PER 15.6, PBR 1.3, ROE 8%, 부채비율 29%		2022년(전망)	2023년(전망)
	매출액 전년 대비	2%	2%
	영업이익 전년 대비	-5%	27%

현대건설

☑ 대형 원전공사 · 웨스팅하우스 · SMR · 원전해체

시가총액	주요 주주	현대차 외 5인 34%, 국민연금 9%
4조 5,700억 원	주 매출처	건축/주택 57%, 플랜트 25%, 토목 11%

- 대형 원전 프로젝트에서 핵심 시공사로의 수행 경험 및 협력 관계 확보
- 국내와 UAE에서 APR 1400을 토대로 하는 대형 원전공사 다수 시행 이력
- 2030년까지 대형 원전 약 13기, 100조 원 규모의 시공 진행 목표
- 2022년 5월 미국 웨스팅하우스와 제휴. 미국의 동유럽 원전 시장 진출에 동사의 시공 기회 부여될 전망
- 미국 홀텍 인터내셔널과의 제휴를 통한 원전 해체시장 진출, SMR 사업 기회 등 기대

최근 실적 및 주요 재무지표

	2021년	2022년(전망)	2023년(전망)		2022년 상반기	
매출액	18조 655억 원	20조 6,936억 원	21조 8,841억 원 (yoy 5%)	매출액	9조 7,247억 원	PER 7.3 PBR 0.6
영업이익	7,535억 원	7,101억 원	8,536억 원 (yoy 20%)	이익	3,469억 원	ROE 8% 부채비율 108%

한전기술

☑ 원전 종합설계 · APR 1400 · 해양용 SMR

시가총액	주요 주주	한국전력공사 외 1인 67%, 국민연금 7%
2조 4,200억 원	주 매출처	원자력 47%, 에너지신사업 37%, 원자로설계 15%

- 세계에서 유일하게 원자로 계통 설계 및 원전 종합설계 수행
- 2023년 신한울 3, 4호기 건설 재개 및 원전 수출 관련 이슈에 수혜 전망
- 특히 폴란드 퐁트누프 지역 노후 석탄발전소에 APR 1400을 기반으로 한 원전 개발 추진 전망에 동사의 설계 용역 수주 가능성 높음
- 대우조선해양과 해양용 SMR 'BANDI-60' 개발 진행 중

최근 실적 및 주요 재무지표

	2021년	2022년(전망)	2023년(전망)		2022년 상반기	
매출액	4,331억 원	4,345억 원	4,359억 원 (yoy 0.3%)	매출액	2,029억 원	PER 146 PBR 4.7
영업이익	101억 원	106억 원	111억 원 (yoy 4%)	이익	11억 원	ROE 4% 부채비율 42%

비에이치아이

시가총액	주요 주주	박은미 외 6인 56%
2,050억 원	주 매출처	HRSG 53%, 보일러 14%, BOP 3%

- HRSG(배열회수보일러), B.O.P. 등 발전용 설비를 생산
- 원전 보조기기인 복수기(발전기 터빈을 돌린 증기를 물로 환원), 급수 가열기(터빈에서 발생한 잠열을 사용해 급수 전 예열 역할) 공급
- 국내 LNG 발전소 향(向) HRSG 설비 수주(발전소당 1,000억~1,500억 원 규모)
- 국내 SMR 수출을 전담하는 특수목적법인 'SMART Power'에 출자함. 향후 한국의 SMR 관련 사업 재개 시 동사 수혜 전망

최근 실적 및 주요 재무지표

	2021년	2022년(전망)	2023년(전망)		2022년 상반기	
매출액	2,349억 원	3,468억 원	4,150억 원 (yoy 19%)	매출액	1,564억 원	PER -8.9 PBR 4.8
영업이익	-306억 원	68억 원	276억 원 (yoy 305%)	이익	2억 원	ROE -42% 부채비율 671%

우진

시가총액	주요 주주	이재원 외 11인 31%, 한국증권금융 5%
1,850억 원	주 매출처	기기 및 계측기 사업 70%, 원전기기 사업 18%

- 원자로 온도, 냉각수 수위, 제어봉 위치를 측정해 원전 제어시스템에 데이터를 전송하는 원전 계측기가 핵심 사업
- 기술 장벽으로 국내 원전 계측기를 동사가 독점 공급
- 대형 원전분 아니라 SMR 분야로도 사업 확장성 보유
- 2013년부터 정부 과제에 참여해 SMR에 사용되는 계측기 연구개발 진행
- 신사업으로 반도체 전공정 에칭 공정에 사용되는 반도체 온도센서 제품 공급

최근 실적 및 주요 재무지표

	2021년	2022년(전망)	2023년(전망)		2022년 상반기	
매출액	1,076억 원	1,186억 원	1,305억 원 (yoy 10%)	매출액	646억 원	PER 21.6 PBR 1.2
영업이익	84억 원	102억 원	121억 원 (yoy 18%)	이익	94억 원	ROE 5% 부채비율 29%

종목명	시가총액 (억 원)	사업 내용	2022년, 2023년 전년비 EPS 성장률(전망)
한국전력	126,467	국내 전력공급을 위해 설립된 에너지 공기업. 동사와 한국수력원자력 주도로 한국형 대형 원전수출 이뤄지고 있음	적자확대, 적자 축소
대우조선해양	21,565	종합 선박 및 해양 특수선 제작하는 국내 대표 조선사. 한전기술과 해양용 SMR 개발 진행 중이며 인도네시아 해상 원전 사업 프로젝트에 참여	적자 축소, 흑자 전환
LS Electric	16,800	전력 송배전 관련 기기 및 시스템 제공	40%, 32%
수산인더스트리	3,386	원자력, 화력, 신재생에너지 등 다양한 발전 플랜트의 설비가 돌발 고장과 정지를 예방·대처하는 발전 플랜트 종합 정비사업을 영위. 전국 22개의 발전소에 기술인력을 상주시켜 경상정비, 계획예방정비, 발전 설비 유지 관리 등의 서비스를 제공	전망치 미집계
한전산업	3,100	원전 부대설비, 발전기 등 시운전, 정비 사업 영위	전망치 미집계
한신기계	2,378	원자력 발전에 필요한 공기압축기의 원천기술을 보유	전망치 미집계
우리기술	2,267	원자력, 화력발전, 철도시스템 설치용역 및 유지보수. 원자력 발전소 감시제어시스템 정비용역 사업 영위	전망치 미집계
보성파워텍	2,130	원전에서 사용되는 철골 구조물 등 생산 및 발전용 기자재 사업으로 스마트그리드 사업 영위	전망치 미집계
일진파워	2,058	발전 경상정비, 원전 기자재 제조. 한국형 SMR을 포스코, 대우와 함께 설계 및 개발. 핵융합 핵심 원료인 삼중수소 취급 기술 보유. 하동화력발전소, 일산복합화력발전소, 포천파워, 오산열병합발전소 등 총 10개 발전소에서 점검정비 수행	전망치 미집계
금화피에스시	1,710	원자력, 화력발전소 등에 경상정비 업무 수행	10%, 4%
지투파워	1,670	수배전반, 태양광 발전 시스템에서 주로 매출을 창출하며 원전 전력설비 분야 성장에 수혜 전망	전망치 미집계
비츠로테크	1,648	차단기 및 개폐기 수배전반 제조사. 원전용 차단기, 폐액처리 장치 제조사로 국제핵융합실험로 수주 경험	전망치 미집계
SNT에너지	1,524	석유화학, GAS플랜트 등에 사용되는 공랭식 열교환기, 원자력 발전소에 사용되는 복수기 등을 설계, 생산	전망치 미집계
오르비텍	1,328	원전 방사선 관리, 계측 및 폐기물 규제해제 사업	전망치 미집계
HRS	885	원자력발전소에 활용되는 실리콘 방화재 개발·생산	전망치 미집계
에너토크	801	원전에 사용되는 액츄에이터, 감속기 판매	전망치 미집계
서전기전	626	원자력발전소에 활용할 수 있는 배전반 및 MCC 제조	전망치 미집계

※ EPS: Earning Per Share. 주당순이익을 뜻하며, 기업의 자본 규모와 상관없이 1주당 얼마의 이익을 창출했는지를 나타내기에 기업의 실질적인 수익성을 가늠해볼 수 있음

알아두면 좋은 용어

SMR
Small Modular Reactor. 전기출력 300MWe급 소형 원자로. 원전 건설과는 별개로 외부에서 모듈화되어 제작. 여러 개 원하는 양만큼 배치한 후 가동시키면 핵분열을 통해 전기를 생산한다.

경수로
경수를 감속재와 냉각재로 사용하는 동력용 원자로. 핵분열이 일어나는 것을 감속하기 위해 쓰는 물이다. 바닷가 근처에서 바닷물을 끌어와 핵분열 감속에 사용한다.

APR 1400
Advanced Power Reactor 1,400MW. 한국의 기존 주력 원전 모델을 개량하여 계속운전 갱신기한을 기존 40년에서 60년으로 늘리고 발전용량도 기존 1,000MW에서 늘렸다. 2006년 신고리 3, 4호기 원전 건설에 처음으로 적용되었다.

냉각재
Reactor Coolant. 핵분열 과정에서 발생한 열에너지를 흡수 및 운반하여 증기를 발생시키고 증기의 운동 에너지를 발전기의 터빈으로 전달해 터빈이 돌아가면서 전기 에너지가 만들어지게 하는 열매체를 뜻한다.

복수기
Condensor. 발전기 터빈을 돌린 증기를 물로 환원하는 장치이다.

급수 가열기
터빈에서 발생한 잠열을 사용해 급수 전 예열 역할을 담당한다.

가압기
Pressurizer. 가압수형 원자로(PWR) 운전 시 고온의 1차 냉각수를 미포화상태로 유지하는 동시에 원자로 용기 내 수위를 유지하는 데 사용되는 세로형 원통 용기이다.

사용후핵연료
Spent Nuclear Fuel. 핵연료 주기를 거치고 쓰고 남은 핵연료. 국내에 저장고 및 원전 내 한시 저장 중인 사용후핵연료가 쌓여가고 있기에 영구처분시설 마련 등 방안이 필요하다. 한국 및 글로벌 친원전 환경 도래로 더욱 중요해지고 있다.

원자로
Reactor. 핵분열 연쇄반응을 제어하면서 지속시키는 장치이다.

IEA
International Energy Agency. 국제에너지기구이다.

IAEA
International Atomic Energy Agency. 국제원자력 기구이다.

우라늄
Uranium. 원자번호 92의 원소로서 기호 U로 표시한다. 지각 중에 널리 분포되어 100종 이상의 광물에 함유되어 있다. 핵연료 또는 그 어미 물질로서 사용되며 원자력 발전의 세계적 보급, 확대와 함께 중요한 에너지자원으로 부각되고 있다.

10

지정학 위기

핵심광물 & 희토류

중국 독점

니켈

코발트

리튬

미국 IRA

유럽 RMA

글로벌 공급망

프렌드 쇼어링

자원 확보

1 미국/유럽, 중국/러시아로 대표되는 양 진영간 패권대립이 더욱 치열해지고 있음

2 미중 패권대립이 팬데믹, 탄소중립, 러시아-우크라이나 전쟁 장기화 이슈와 맞물려 글로벌 공급망 위기를 야기함

3 미래 성장산업에 필수적인 핵심광물, 희토류의 중국 의존도를 탈피하기 위한 자원 확보 중요성 대두

| 첨예하게 대립하는 글로벌 패권 전쟁

지구, 인간의 역사에서는 힘을 가진 주체들 각자의 이해관계를 둘러싼 대립이 수도 없이 이어져왔다. 최근 100년의 역사만 보더라도 두 번의 세계 대전, 베트남전쟁, 한국전쟁, 걸프전쟁 등 수많은 전쟁이 지구 곳곳에서 벌어지고 있다. 당장 내 삶에 큰 영향을 끼치지 않는다면 빈번한 전쟁 이슈를 다소 무덤덤하게 느낄 수도 있겠으나 급속도로 발달하고 있는 통신, 위성 기술, 첨단 무기 개발로 인해 전쟁 전략이 과거 대비 상당히 고도화되고 있고, 세계 경제를 이끌어가는 미국, 중국, 유럽, 러시아 등이 모두 첨예한 대립을 이어가고 있기에 현 글로벌 지정학적 위기는 결코 가볍게 넘어갈 수 없는 사안이다.

1991년 미국, 소련의 냉전이 종식되었지만 이후 중국의 가파른 경제 성장세가 미국을 위협하게 되자 2018년 7월, 당시 미국의 트럼프 대통령은 중국산 제품에 관세 폭탄을 투하하면서 미중 무역전쟁을 시작했고 그 이후에도 중국의 첨단기술력 및 군사력이 향상되자 미국은 2022년에 중국 반도체 견제를 위한 반도체 법안인 CHIPS Act, 중국 전기차, 2차전지, 신재생에너지 산업 견제를 위한 인플레이션감축법을 통과시키며 중국을 다각도로 옥죄고 있다.

2022년 2월, 러시아는 기어코 우크라이나를 무력 침공했고 뜻하지 않게 장기전으로 치닫고 있다. 대표적인 곡창지대로 꼽히는 우크라이나의 장점을 이용하려는 측면도 있겠지만 지정학적으로 러시아와 대립 중인 북대서양조약기구인 NATO의 동진 우려를 저지하기 위함이 주된 원인으로 꼽힌다. 이미 2014년에 러시아는 우크라이나 크림반도를 강제로 자국 영토로 병합한 후 다시 침공했는데, 이로 인해 미국/유럽에 대항하는 중국/러시아의 양강 구도의 대립이 더욱 심화되고 있다.

또한, 이해관계가 얽혀 있어 표면적으로 우호적 관계를 맺고 있던 미국과 사우디아라비아의 관계가 퇴보하고 있다. 미국은 중동 문제를 위해 사우디아라비아가 필요했고, 사우디아라비아는 이란과 핵 합의 파기에 관련해서 사이가 좋지 않은 미국을 이용해 이란을 견제하는 것이 필요했다. 사우디아라비아는 이란과 오래된 종교적 대립(시아파 vs 수니파)을 하고 있기 때문이다. 그런데 미국과 사우디아라비아는 최근 몇 년간 여러 이슈들로 관계에 흠집이 나기 시작했는데 특히 2022년 7월, 원유 증산을 요청하는 미국 바이든 대통령의 사우디아라비아 방문 이후 사우디아라비아가 감산을 결정하게 되면서 미국의 입장에 반하는 흐름을 보여 관계가 퇴보되고 있다.

▎ 상대 진영을 견제하기 위한 안보협력기구들

미국, 유럽, 호주, 일본 등의 진영 입장에서는 중국은 빠르게 부상하고 있는 실질적 위협으로 인식되고 있다. 이에 중국 견제를 위한 다자 안보협력기구들이 구성되고 있다. 제2차 세계대전 종료 후 미국, 영국, 독일, 프랑스 등 30개국이 북대서양조약기구(NATO)를 창설해 군사동맹, 집단 안보체제를 구축했고 1946년에는 미국, 영국, 호주, 캐나다, 뉴질랜드가 파이브 아이즈

(Five Eyes)를 구성하며 서로의 기밀정보를 공유하기 시작했다. 이후 2017년에 재개된 미국, 호주, 일본, 인도 4개국으로 구성된 안보협의체 쿼드(Quad), 2021년 출범한 미국, 영국, 호주 간 군사기술을 공유하는 오커스(AUKUS)가 출범했다.

중국과 러시아 진영도 2001년 중국, 러시아, 중앙아시아 국가들이 함께 출범한 정치, 경제, 안보 협의체인 상하이협력기구(SCO), 그리고 2002년에 출범한 집단안보조약기구(CSTO)를 구성하며 견제에 맞서고 있다. 이렇듯 양 진영이 계속해서 대립을 이어가며 지정학적 긴장 수위를 높여가고 있다.

┃ 지정학적 위기로 야기되는 글로벌 공급망 위기

양 진영간 대립은 안보 분야뿐 아니라 경제 분야에서도 이뤄지고 있다. 한, 중, 일, 호주 등 15개국이 참여하고 미국이 참여하지 않는 역내 포괄적 경제동반자협정(RECP)이 발효되자 미국은 중국 의존도 축소, 중국 영향력 견제를 목적으로 인도, 태평양 경제 프레임워크(IPEF)를 구상했다. IPEF의 핵심 어젠다는 반도체, 배터리 등 첨단기술 분야에서 중국을 배제한 공급망을 구축하는 것이다.

중국은 이런 압박 속에서도 2025년까지 70%의 핵심기술 및 부품 소재를 자급하겠다는 중국 제조 2025 계획을 부활시키며 독자적인 공급망 구축에 박차를 가하고 있다. 미래 산업 핵심광물인 희토류 채굴 및 제련, 2차전지 배터리 핵심광물 제련 및 양극재, 음극재 가공의 압도적인 비중을 내세우고 있다.

이렇듯 글로벌 통상질서 주도권, 첨단산업 전략 물자 개발 및 보호 등을 놓고 미중 패권 경쟁이 지속되는 상황에서 중국은 그간 중간재를 수입하고 최종재를 수출했던 산업구조에서 원자재 수입, 중간재 수출 구조로 변화하고 있다. 즉, 세계 도처에서 생산되고 있는 미래 산업을 위한 원자재들을 공격적으로 수입해 가공 분야를 독점하는 전략을 취하고 있다. 이에 한국을 비롯한 세계 주요 산업국은 공급망 중국 의존도를 줄여나가야 하는 과제를 안고 있다. 이런 형태의 탈세계화, 프렌드 쇼어링은 미국의 인플레이션감축법, 유럽 역시 중국 의존도를 낮추는 RMA 법안까지 발효하면서 더욱 가속화되고 있다. 애플의 에어팟 중국 생산공장 이전, 삼성전자의 중국 스마트폰, 소재, LCD 생산 라인 가동 중단 및 매각, 현대기아차, GM, 폭스바겐, 국내 배터리 대형 3사 등의 미국 투자 등이 현재 활발히 진행되고 있다.

미중 진영 간 분쟁 첨예화 이외에도 코로나19로 아비규환이었던 공급망 혼란 시기를 이겨내려는 시기에 러시아-우크라이나 전쟁이 발발했다. 이로 인해 러시아 생산량이 높은 알루미늄, 니켈, 우크라이나의 주요 수출품인 밀, 옥수수 등의 가격 급등이 심화되었고 특히 러시아는 천연가스와 원유를 전략 무기로 삼으며 세계 에너지 위기를 야기했다. 환경 문제를 위한 글로벌 탄소중립 이행 압박까지 더욱 강해질 것이기에 글로벌 공급망 위기는 더욱 심각해질 수 밖에 없을 것이다.

| 핵심광물, 희토류 확보의 중요성

주요국들은 미래 성장 산업의 경쟁에서 도태되지 않기 위해 경쟁적인 투자를 이어가고 있다. 이에, 해당 산업에서 필수적으로 쓰이는 원자재의 원활한 수급이 무엇보다 중요한데, 앞서 언급한 지정학적 이슈로 인한 글로벌 공급망 위기가 심각해지며 핵심광물, 희토류 등의 원자재 확보를 위한 주요국들의 자원 전쟁이 이어질 것이다.

전기차, 수소, 2차전지, 태양광, 풍력 등 성장산업에 쓰이는 핵심광물로는 알루미늄, 구리, 아연, 리튬, 니켈, 코발트, 흑연, 희토류 등을 꼽을 수 있는

데 대부분 중국이 원자재 정, 제련 분야를 독점하고 있다. 2차전지 배터리의 핵심 원자재인 리튬의 중국 가공 비율은 60%에 육박하며 니켈은 60% 초반, 코발트는 80% 대 그리고 망간은 무려 90%를 상회한다. 핵심광물의 주 수요처가 전기차, 풍력, 태양광, 원자력 분야인 점을 고려한다면 핵심광물 수급은 한 국가의 경제 성장 여부를 좌우할 수도 있는 중요한 사안이다.

희토류는 휴대폰, 반도체, 전기차 등 첨단제품, 미사일, 레이더 등 첨단 군사무기의 핵심 부품 그리고 신재생에너지 및 첨단 의료 분야 등에 두루 쓰이는데 희토류 분야에서도 중국이 세계 최대 희토류 생산국이자 소비국이다. 중국은 연간 약 15만 톤의 희토류를 공급하고 있는데 이는 세계 공급량의 약 80%에 육박한다. 이를 중국은 전략 무기로 활용하고 있다.

이런 환경을 이겨내기 위해 한국 기업들은 중국에 의존된 공급망을 다변화하기 위한 시도를 하고 있다. 2차전지 배터리 세계 2위인 LG에너지솔루션은 중국이 독점하고 있는 리튬, 니켈, 코발트를 호주, 칠레, 캐나다, 미국 등으로부터 공급받기 위한 계약을 체결했고 포스코는 계열사와 함께 그룹 차원에서 핵심광물 공급망을 활발히 구축하고 있다. 또한 현대차그룹, 고려아연, 범 LG 기업들이 원자재 확보 노력을 하고 있다. 미국 IRA, 유럽 RMA 법안 발효 이슈까지 겹쳐 있기에 자원 확보의 중요성은 더욱 커질 것이며, 중장기 원자재 수급 플랜이 원활히 구성된 기업들에 관심을 가질 필요가 있다.

핵심광물의 주 수요처

미래 모빌리티를 이끌어갈 전기차 그리고 신재생에너지인 태양광, 풍력 산업에서 핵심광물의 수요가 높은 상황이다. 핵심광물을 확보하지 못하면 미래 성장산업에서 뒤처질 수밖에 없다.

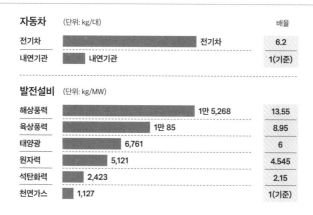

자동차	(단위: kg/대)	배율
전기차	전기차	6.2
내연기관	내연기관	1(기준)

발전설비	(단위: kg/MW)	
해상풍력	1만 5,268	13.55
육상풍력	1만 85	8.95
태양광	6,761	6
원자력	5,121	4.545
석탄화력	2,423	2.15
천연가스	1,127	1(기준)

출처: 국회입법조사처, IEA

급증하는 금속 원자재 수요

탄소중립 목표 달성을 위한 태양광, 풍력, 원자력, 수소, LNG, 전기차, 수소차 등의 다양한 산업에서 구리, 니켈, 코발트, 리튬의 수요는 급속도로 증가할 전망이다.

(단위: 1만 톤)　　　　━━━ 탄소중립 정책 시행 시　　━━━ 탄소중립 정책 미 시행 시

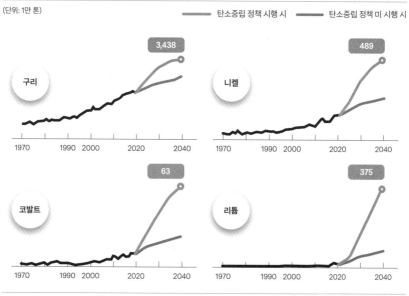

출처: IEA

리튬, 니켈, 코발트 매장량 비율

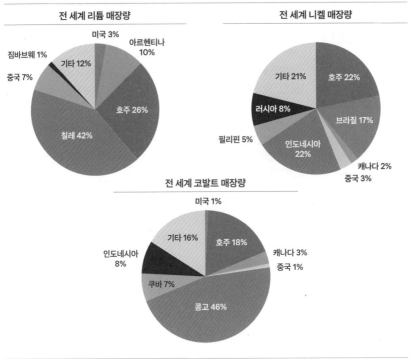

전 세계 리튬 매장량

- 미국 3%
- 아르헨티나 10%
- 짐바브웨 1%
- 기타 12%
- 중국 7%
- 호주 26%
- 칠레 42%

전 세계 니켈 매장량

- 기타 21%
- 호주 22%
- 러시아 8%
- 브라질 17%
- 필리핀 5%
- 인도네시아 22%
- 캐나다 2%
- 중국 3%

전 세계 코발트 매장량

- 미국 1%
- 기타 16%
- 호주 18%
- 인도네시아 8%
- 캐나다 3%
- 중국 1%
- 쿠바 7%
- 콩고 46%

출처: USGS, 유진투자증권

리튬, 니켈, 코발트, 망간의 정제련 비율

주요 원자재의 매장지는 도처에 흩어져 있으나 가공 부분은 중국이 독점하고 있기에 지정학적 위기가 고조될수록 중국과 다른 노선에 있는 국가들은 원자재 수급 문제가 계속해서 제기될 전망이다.

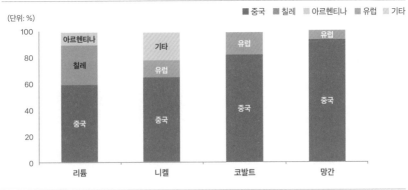

(단위: %)

■ 중국 ■ 칠레 ■ 아르헨티나 ■ 유럽 ■ 기타

출처: 하나증권

자동차에 필요한 광물량

출처: 프랑스석유에너지연구소, 서울신문

발전유형별 필요 광물량

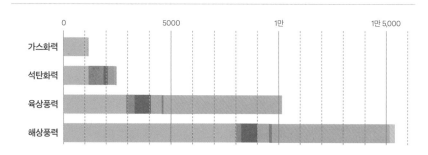

	구리	니켈	망간	코발트	크롬	몰리브덴	아연	희토류	기타
가스화력	1,100	15.75		1.8	48.34				
석탄화력	1,150	721	4.63	201	307	66			33.9
육상풍력	2,900	403	780		470	99	5,500	14	
해상풍력	8,000	240	790		525	109	5,500	239	

출처: 프랑스석유에너지연구소, 서울신문

2차전지 배터리에 필요한 핵심광물의 비중 전망

배터리의 출력, 안정성 등을 높이기 위한 하이니켈, 하이망간 등의 새로운 배터리 수요가 증가하면서 배터리용 핵심광물의 비중은 지속 증가될 전망이다.

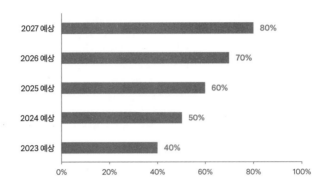

출처: 미 의회, 유진투자증권

리튬의 생산 방식별 공정

리튬은 채굴 방식에 따라 경암형, 염수형으로 나뉘며 위치, 경제성, 환경 관점에서 염수형 리튬 채굴 방식이 경암형 대비 우위라는 평가다.

경암형(Hard Rock) 방식의 리튬 채굴: 중국/호주　　　**염수형(Brine) 방식의 리튬 채굴: 남미**

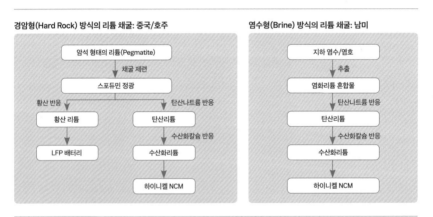

출처: 메리츠증권리서치센터

니켈의 서플라이 체인

최종 제품의 순도에 따라 클래스 1, 2로 구분되며, 2차 전지 리튬이온 배터리 제조에 사용되는 니켈은 고순도 니켈에(클래스 1) 황산을 첨가한 황산니켈 육수화물 형태로 전구체 생산에 투입된다.

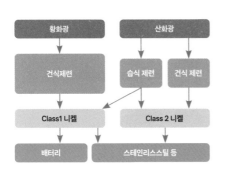

출처: 삼성증권

희토류의 용도별 수요

(단위: %, 2019년 중량 기준)

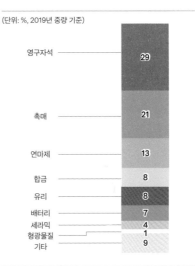

용도	%
영구자석	29
촉매	21
연마제	13
합금	8
유리	8
배터리	7
세라믹	4
형광물질	1
기타	9

희토류 매장량 및 생산량 주요국

중국에 희토류가 가장 많이 매장되어 있을 뿐 아니라 생산도 가장 많이 하고 있다.

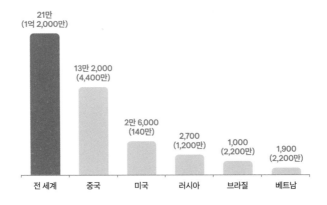

출처: 미국지질조사국(USGS)

국내 기업들의 핵심광물 확보 노력

독일
LG에너지솔루션
(수산화리튬)

미국
LG에너지솔루션
(황산코발트, 수산화·
탄산리튬)

스위스
SK온(코발트)

한국
SK하이닉스
(네온가스)

캐나다
LG에너지솔루션
(황산코발트, 리튬정광)

칠레
LG에너지솔루션
(수산화·탄산리튬)

말레이시아
SK어스온
(원유·천연가스)

아르헨티나
포스코(리튬)

인도네시아
LG컨소시엄(LG에너지솔루션,
LG화학, LX인터내셔널, 포스코
홀딩스 등)
(니켈)

호주
LG에너지솔루션
(니켈, 코바트, 흑연, 리튬정광)
포스코(니켈)
SK온(리튬)

글로벌 공급망에 영향을 주는 요인

요인	내용		
	영향을 주는 기간	영향의 범위	주요 대응 방안
팬데믹	단기(2~3년)	다소 넓음	- 원자재, 원재료, 재고 비축량 증대 - 생산, 판매, 운영의 디지털화
미중 패권 경쟁	중기(10년~20년)	매우 광범위함	- 공급망 다변화, 공급망 회복력 확대 - 글로벌 통상 환경 변화에 선제적 대응 - 글로벌 경제 협력체에 적극 참여
러시아-우크라이나 전쟁	단기(1~2년)	보통	- 원자재 공급처 다변화 - 제품 생산 원가, 비용 관리
기후 변화 및 탄소 중립	장기(20~30년)	다소 넓음	- 친환경 기술 개발 - 기업의 친환경 이미지, 아이덴티티 확립

출처: 딜로이트

러시아-우크라이나 전쟁이 국내 주요 산업에 미치는 공급망 측면 영향

산업	공급망 측면 영향
반도체	네온, 크립톤, 크세논(제논) 등의 원자재 수급 불안으로 원재료 조달 및 생산에 부정적 영향
자동차	차량용 반도체 수급난 야기, 현지 공장 가동 중단 및 물류 측면 리스크
전자, 가전	첨단기술제품이 러시아로 수출되지 못하기에, 이를 공급받아 생산하는 기업들의 생산에 타격
철강	니켈, 알루미늄 등 비철금속 가격 변동 심화가 철강 원자재 가격 변동에 영향
에너지, 석유화학	러시아산 원유, 천연가스 등 에너지 자원 공급 차질 지속으로 에너지 가격 변동 심화. 이에 석유화학 기업의 원재료 확보에 어려움
건설	철근, 기타 건설 원자재 가격의 급등으로 건설 시공사 및 철근 콘크리트 공급사와의 가격 협상 난항
조선, 해운, 물류	선박 건조 시 주 원재료인 철강 가격 급등에 영향. 또한 유가 상승으로 인해 대형 수송 선박 및 차량 운영 비용 상승에 영향
유통, 소비재	전 세계 밀 공급의 30%를 담당하는 우크라이나에서의 밀 공급 차질로 음식료 기업의 원가 상승

출처: 딜로이트

주요 핵심광물의 주 수요처 및 수요 전망

수요 산업	핵심 광물	주 수요처	2040년 예상 수요 (2020년 대비, IEA 기준)
친환경 차량, ESS	리튬	배터리 양극재	42배 증가
	코발트		21배 증가
	니켈		19배 증가
	흑연	배터리 음극재	25배 증가
수소 경제	백금족	촉매, 연료전지	3배 증가
고효율 기기, 신재생에너지	희토류	모터(전기차), 발전기(풍력) 등	7배 증가

출처: 한국무역협회

탄소중립 이슈로 인한 원자재 전망 변화

미래를 주도하는 원자재	안정적인 수요 성장 기대	점진적 수요 둔화 예상	도태가 불가피한 원자재
- 구리, 니켈, 알루미늄 - 리튬, 코발트 - 주석, 희토류 - 메탈 스크랩	- 천연가스	- 석유 - 철광석, 철강 - 아연, 납	- 제철 원료탄 - 발전 연료탄

출처: 피치 솔루션, NH투자증권

주요 성장산업별 주요 금속

원자재	태양광	풍력	전력 네트워크	전기 배터리	전기자동차	수소
알루미늄	O	O	O	O	O	O
구리	O	O	O	O	O	O
아연	O	O	O	O	O	O
규소	O			O	O	
리튬				O	O	
니켈	O	O		O	O	O
코발트				O	O	O
디스프로슘		O			O	
네오디뮴		O		O	O	
프라세오디뮴		O		O	O	

출처: Eurometaux, 유진투자증권

글로벌 주요 완성차 업체의 광산업체 협력, 투자 관계

완성차 업체	리튬	니켈	니켈 + 코발트
테슬라	- 간펑리튬 - Liontown Resources - Core Lithium	- Talon Metals - 발레	
GM	- CTR - Livent Corp.	- 글렌코어	
포드	- 리오 틴토 - 콤파스 미네랄 - Ioneer	- 레이크 리소시스 - Liontown Resources - BHP - Syrah Resources	- 발레 & 화유코발트
스텔란티스	- 벌칸 에너지 - CTR		
폭스바겐	- 벌칸 에너지		- 화유코발트 & 칭산 그룹
르노	- 벌칸 에너지 - Menagem		- Terrafame
BMW	- Livent Corp.		
다임러	- Rock Tech Lithium		
도요타	- Ioneer	- BHP	

출처: 유진투자증권

핵심광물, 희토류 국내외 주요 기업 및 ETF

국내

원자재

구리 ── 풍산, LS, LS전선아시아, 이구산업, 국일신동, 대창, 서원, 영풍, 가온전선

금 ── 고려아연, 비에이치, 영풍, 엘컴텍, 엠케이전자

니켈 ── 포스코인터내셔널, 황금에스티, 현대비앤지스틸, 티플랙스, 세아특수강, 유에스티, 대양금속, TCC스틸

리튬 ── POSCO홀딩스, 에코프로, 에코프로비엠, 포스코퓨처엠, 엘앤에프, 후성, 유일에너테크, 이엔플러스, 웰크론한텍

코발트 ── LG에너지솔루션, POSCO홀딩스, 포스코퓨처엠, 엘앤에프, 코스모화학, 웰크론한텍

아연 ── POSCO홀딩스, 고려아연, 한일화학, 한국주강, 영풍, 한국선재

알루미늄 ── 남선알미늄, 조일알미늄, 알루코, DI동일, 대호에이엘, 피제이메탈, 그린플러스, 삼보산업, 포스코엠텍, 파버나인, 코다코, 삼아알미늄

흑연 ── 대보마그네틱, 국일제지, 티씨케이, 상보, 덕양산업, 크리스탈신소재, 경인양행

망간 ── LG화학, SIMPAC, 태경산업, 웰크론한텍, 동일산업, 포스코엠텍, 에코프로비엠, SKC, 엘앤에프

희토류 ── 유니온, 유니온머티리얼, 포스코엠텍, 노바텍, 동국알앤에스, 비엠팜텍, 티플랙스, 쎄노텍, 혜인

상사 ── 포스코인터내셔널, SK네트웍스, LX인터내셔널

해외

구리 ── 프리포트 맥모란(미국), 서던코퍼(미국), Hudbay Minerals(캐나다), Turquoise Hill Resources(캐나다), 리오틴토(영국), 발레로에너지(미국), 앵글로아메리칸(영국)

귀금속 ── 뉴몬트 마이닝(미국), 로얄골드(미국), Coeur Mining(미국), 칼레도니아 마이닝(미국), US골드(미국)

니켈 ── 발레(브라질), 노르니켈(러시아), Jinchuan(중국), 글렌코어(스위스), GEM(중국), 스미토모(일본), 앵글로아메리칸(영국), 라이온타운(호주), BHP(호주), Syrah(호주)

리튬 ── 앨버말(미국), SQM(칠레), 강봉리튬(중국), Livent(미국), 텐처리튬(중국), 벌칸에너지(독일), 라이온타운(호주), CTR(미국), 콤파스미네랄(미국), Ioneer(호주)

코발트 ── 글렌코어(스위스), 화유코발트(중국), 노르니켈(러시아), ERG(영국), 차이나몰리브덴(중국), Hunan(중국), Terrafame(핀란드)

아연 ── 니르스타(네덜란드)

알루미늄 ── 알코아(미국), 아르코닉 코퍼레이션(미국), 컨스텔리움(네덜란드)

흑연 ── Westwater(미국), 푸타이라이(중국), Renascor Resources(호주), Syrah Resources(호주)

희토류 ── MP Materials(미국), 베이팡희토(중국), 라이너스(호주)

ETF

산업금속 ── DBB - Invesco DB Base Metals Fund

금속, 광산 ── XME - SPDR S&P Metals & Mining ETF

구리 ── CPER - United States Copper Index Fund

금 ── GLD - SPDR Gold Shares ETF / IAU - iShares Gold Trust / GDX - VanEck Gold Miners ETF

니켈 ── JJN - iPath Bloomberg Nickel Subindex Total Return ETN

리튬 ── LIT - Global X Lithium & Battery Tech ETF

알루미늄 ── JJU - iPath Series B Bloomberg Aluminum Subindex Total Return ETN

희토류 ── REMX - VanEck Rare Earth/Strategic Metals ETF

앨버말

시가총액 43조 8,000억 원		2021년	2022년(전망)	2023년(전망)
	매출액	4조 4,920억 원	9조 9,200억 원	13조 2,700억 원
국적 미국	순이익	1,674억 원	3조 3,630억 원	4조 4,730억 원

- 글로벌 리튬 생산 선도 기업이며, 미국 내 리튬 생산 기지, 채굴권 보유
- 전 세계 최대 리튬 생산국인 호주와 칠레에 광산 및 리튬 함유량이 높은 염호 등 총 5개의 리튬 생산 기지 보유
- 2023년부터 미국 인플레이션감축법 발효로 미국 및 미국과 FTA 체결한 국가에서 생산 및 가공된 광물의 사용 비중을 확대해야 하는 상황에 수혜 전망
- 특히 미국과 FTA가 체결되어 있는 호주, 칠레에 이미 진출해 있음
- 글로벌 전기차 시장 성장과 함께 증가할 리튬 수요에 대비해 북미 지역 중심으로 선제적 생산 설비 증설

발레

시가총액 92조 4,200억 원		2021년	2022년(전망)	2023년(전망)
	매출액	73조 4,400억 원	58조 7,000억 원	54조 9,400억 원
국적 브라질	순이익	33조 4,500억 원	20조 8,500억 원	14조 5,400억 원

- 세계 최대 철광석 제조업체이며 니켈, 망간, 금, 은, 코발트 등 핵심광물 생산
- 또한 원자재를 운송하는 도로, 선박, 항구 등 광범위한 네트워크 운영
- 2022년 5월, 테슬라와 니켈 장기 공급계약 체결로 고순도(클래스 1) 니켈 매출 비중 확대 계획
- 캐나다 퀘백주의 황산니켈 프로젝트 개발 승인 대기 중. 개발 시, 북미에서 연간 2만 6,000톤의 황산니켈 생산 체제 구축 전망

글렌코어

시가총액			2021년	2022년(전망)	2023년(전망)
105조 2,000억 원		**매출액**	237조 5,500억 원	전망치 미집계	전망치 미집계
국적	스위스	**순이익**	5조 8,100억 원	전망치 미집계	전망치 미집계

- 글로벌 원자재 공룡이란 별칭을 가진 세계 최대 코발트 생산 기업이자 구리 원광 생산량 세계 2위 기업
- 핵심광물이 다수 매장되어 있는 콩고, 호주, 캐나다 등에 광산 보유
- SK온, 삼성SDI, BMW, GM 등 세계 시장에서 굵직한 전기차 및 2차전지 기업들을 고객사로 보유
- 석탄 산업은 완전히 배제하기보다 향후 30년간에 걸쳐 생산량을 줄여가는 전략
- 2019년에 글렌코어는 테슬라와 콩고 광산에서 생산되는 코발트 공급계약을 체결하며 협력 유지
- 2022년 10월, 테슬라가 원자재 확보를 위해 글렌코어 지분 인수를 논의 중이라는 이슈

POSCO홀딩스

☑ 철강 · 리튬 · 해외 광산 지분투자

시가총액 **24조 4,000억 원**	주요 주주	국민연금 9%, 블랙록 펀드 5%
	주 매출처	철강부문 54%, 친환경 인프라 43%

- 국내 철강시장에서 독점적 지위를 보유하고 있는 종합 제철기업
- 포항, 광양제철소에서 열연, 냉연, 스테인리스 등 철강재 생산
- 철강제품 스프레드 악화, 전방산업인 건설업 회복 부진 등으로 본업인 철강 산업 업황은 2023년에도 쉽지 않을 전망
- 신사업인 리튬을 포함한 2차전지 소재 분야 투자로 국내 최대 배터리 업스트림 업체로의 성장 기대
- 2021년, 호주 RNO 광산에 30% 지분 투자로 2024년 ~ 2039년까지 연간 7,500톤의 니켈 공급 확보
- 경암형 리튬에서 나온 리튬 정광 및 염수형 리튬에서 사업을 영위하며 이를 토대로 포스코퓨처엠 양극재 향(向) 리튬 화합물인 탄산리튬, 수산화리튬을 제조

실적 추이 및 전망

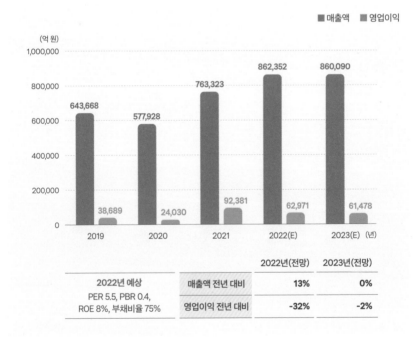

(억 원)

■ 매출액　■ 영업이익

	2019	2020	2021	2022(E)	2023(E)
매출액	643,668	577,928	763,323	862,352	860,090
영업이익	38,689	24,030	92,381	62,971	61,478

2022년 예상 PER 5.5, PBR 0.4, ROE 8%, 부채비율 75%		2022년(전망)	2023년(전망)
	매출액 전년 대비	13%	0%
	영업이익 전년 대비	-32%	-2%

LG에너지솔루션

☑ 배터리 세계 2위 • IRA 수혜 • 핵심광물 장기계약

시가총액	주요 주주	LG화학 외 1인 81%, 국민연금 5%
119조 5,700억 원	주 매출처	배터리 수출 66%, 내수 34%

- LG화학의 전지사업부문이 물적분할되며 설립됨. 전기차, ESS, 2차전지 등 제조
- 글로벌 전기차용 배터리 점유율 2위이자 중국 향(向) 물량을 제외하면 글로벌 1위 점유율
- 테슬라, 폭스바겐, 르노, GM, 포드, 현대, 기아차 등에 전기차 배터리를 공급
- GM, 스텔란티스와의 조인트벤처 및 공격적인 북미지역 생산시설 확충으로 미국 IRA 법안의 장기 수혜 전망
- 배터리 핵심광물의 장기적 확보 위해 다수의 광산 기업에 투자
- 2021년, 호주 QPM의 지분 7.5% 인수해 2024~2030년 니켈, 코발트 공급 확보
- 2021년, 호주 오스트레일리안 마인즈와 장기 계약. 2024~2030년 니켈, 코발트 공급 확보
- 2021년, 중국 그레이트파워의 지분 4.8% 투자. 2023~2029년 니켈 공급 확보
- 그 외 리튬 계약(칠레 SQM, 브라질 시그마리튬, 독일 벌칸에너지, 미국 콤파스미네랄, 캐나다 아발론, 캐나다 스노우레이크, 호주 라이온타운). 니켈, 코발트 계약(북미 라이사이클), 코발트 계약(캐나다 일렉트라), 천연 흑연 계약(호주 시라)

실적 추이 및 전망

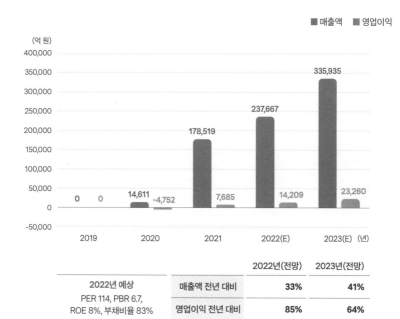

		2022년(전망)	2023년(전망)
2022년 예상 PER 114, PBR 6.7, ROE 8%, 부채비율 83%	매출액 전년 대비	33%	41%
	영업이익 전년 대비	85%	64%

고려아연

☑ 아연 · 신재생에너지 · 수소 · 리사이클링 · 황산니켈 · 동박 · 전구체

시가총액 **12조 8,800억 원**	주요 주주	영풍 외 50인 41%, 국민연금 8%
	주 매출처	아연 38%, 은 22%, 연 16%, 금 10%

- 영풍그룹 계열의 종합비철금속 제련 기업. 아연, 은, 연, 금 등의 금속 제련
- 정광 내 아연 추출 비율이 세계 최고 수준으로 글로벌 시장 내에서도 높은 수준의 기술력 보유
- 철강 수요 부진에 따른 아연 수요 정체, 납축전지 수요 감소에 따른 연 수요 정체로 신사업에 적극 투자 중
- 신사업으로 신재생에너지(제련 자회사 SMC) 및 수소사업(호주 자회사 아크에너지), 폐배터리 리사이클링(계 열사 영풍) 사업 및 2차전지 소재사업(황산니켈, 동박, 전구체-LG화학과 조인트벤처) 추진
- 비철금속 제련을 통해 쌓은 기술력으로 황산니켈 양산 중이며 동박, 전구체는 2023년 이후 양산 계획

최근 실적 및 주요 재무지표

	2021년	2022년(전망)	2023년(전망)		2022년 상반기	
매출액	9조 9,768억 원	11조 1,400억 원	10조 9,061억 원 (yoy -2%)	매출액	5조 5,958억 원	PER 17.3 PBR 1.5
영업이익	1조 961억 원	1조 749억 원	1조 996억 원 (yoy 2%)	이익	5,319억 원	ROE 9% 부채비율 35%

포스코퓨처엠

☑ 양극재 · 음극재 · 화유코발트 · GM · 철강 내화물

시가총액 **15조 2,000억 원**	주요 주주	포스코 외 4인 62%, 국민연금 5%
	주 매출처	에너지소재 53%, 라임화성 27%, 내화물 19%

- 포스코의 철강 생산용 내화물 제조가 주력 사업이며 국내 유일의 배터리 양극재, 음극재 생산
- 배터리 사업 호조로 2022년 3분기 기준, 9분기 연속 매출 증가
- 적극적인 배터리 원재료 현지 수급 전략 및 그룹차원의 배터리 밸류체인 시스템으로 독보적 성장세 전망
- 중국 화유코발트와 양극재 조인트벤처, GM과 하이니켈 양극재 조인트벤처(얼티엄캠) 설립
- 2025년 양극재 34만 톤, 음극재 17만 톤 및 2030년 양극재 61만 톤, 음극재 32만 톤으로 생산 능력 확대 계획

최근 실적 및 주요 재무지표

	2021년	2022년(전망)	2023년(전망)		2022년 상반기	
매출액	1조 9,895억 원	3조 5,401억 원	5조 9,775억 원 (yoy 68%)	매출액	1조 4,678억 원	PER 71.3 PBR 5.7
영업이익	1,217억 원	2,396억 원	4,526억 원 (yoy 89%)	이익	807억 원	ROE 8% 부채비율 78%

에코프로

☑ 에코프로비엠 • 하이니켈 양극재 • 리사이클링 • 전구체 • 수산화리튬

시가총액	주요 주주	이동채 외 9인 27%
3조 6,000억 원	주 매출처	에코프로비엠(연결) 96%, 에코프로머티리얼즈 14%, 기타 조정 -22%

- 2차전지용 양극활물질 및 전구체를 제조
- 배터리 자회사 에코프로비엠(지분 46%), 에코프로GEM(지분 51%) 등 보유
- 리사이클된 배터리 원재료 공급받기 위해 미국 어센드 엘리먼츠와 MOU 체결
- 에코프로비엠 및 삼성SDI와 공동 출자한 에코프로이엠 운용으로 양극소재 생산 능력 대거 증대
- 자회사 에코프로머티리얼즈의 전구체 2공장이 2023년 1분기부터 풀가동 전망
- 자회사 에코프로이노베이션의 수산화리튬 2공장이 2023년 1분기부터 착공 전망

최근 실적 및 주요 재무지표

	2021년	2022년(전망)	2023년(전망)		2022년 상반기	
매출액	1조 5,041억 원	5조 129억 원	6조 7,453억 원 (yoy 34%)	**매출액**	1조 9,124억 원	PER 8.7 PBR 2.3
영업이익	865억 원	4,955억 원	5,923억 원 (yoy 19%)	**이익**	2,238억 원	ROE 30% 부채비율 127%

종목명	시가총액 (억 원)	사업 내용	2022년, 2023년 전년비 EPS 성장률(전망)
에코프로비엠	103,083	국내 대표 배터리 양극재 제조 기업(NCA+NCM). 하이니켈 양극재 사업 강화 중. 배터리 원재료 수직계열화 진행으로 미국 IRA, 유럽 RMA 대응 경쟁력 확보	173%, 52%
엘앤에프	76,422	전기차 배터리용 양극재 NCM 및 하이니켈 NCMA 타입 생산. 미국 IRA 법안 대응 위해, 미국 Redwoods와 협력해 미국 전기차향 양극재 납품 준비 중. 원재료 수급이 어렵고 가격이 비싼 코발트 함량을 대폭 줄인 cobalt less 양극재, 2023년에 양산 계획	흑자 전환, 36%
SKC	40,330	PO 등의 화학제품 및 일반 산업재에 쓰이는 PET 필름을 생산 및 배터리 동박 생산. 미국 IRA에 따라 북미 지역에 5만 톤 규모 동박 공장 2곳 신설 검토 중	-10%, -28%
포스코인터내셔널	27,081	철강원료, 부품소재, 식량소재, 자동차부품, 화학, 플랜트 등의 트레이딩 사업을 진행. 미얀마 가스전을 필두로 에너지 사업 개발·운영, 수소 및 LNG 인프라 사업 등도 영위	73%, -15%
LS	21,864	LS그룹 지주회사이며, 국내 구리 시장을 독점 중인 LSMnM 지분 100% 보유. LS의 대부분 계열사들은 구리를 주요 제품의 핵심 원료로 삼고 있어 구리 가격이 상승하면 제품 판매단가도 상승	36%, 14%
LX인터내셔널	15,465	에너지·팜(석탄, 석유, 팜 등), 생활자원·솔루션 부문(화학, 헬스케어, 전자부품 등), 물류 부문(해상운송, 항공운송 등) 사업 영위. 인도네시아, 중국, 호주 등지에 석탄 광산을 보유하고 있으며 인도네시아에서는 다수의 팜 농장을 운영 중. 니켈 광산 투자에도 속도 냄	75%, -24%
영풍	14,386	종합 비철금속 제련회사. 고려아연 지분 29%, 코리아써키트 지분 39% 보유. 배터리 재활용 원료인 '리튬배터리 플레이크(LiB Flake)' 생산. 2022년 10월 리튬배터리 플레이크를 석포 제련소의 공장에 투입해 리튬 등 주요 전략소재를 시범 생산하고, 2024년에 1차 상용화 시범공장을 완공할 계획	144%, 6%
티씨케이	12,469	반도체 노광에 쓰이는 고순도 카바이드 제조. 고순도 흑연 부문에서 독점적인 공급망 구축	24%, 16%
후성	12,131	전해질 핵심물질 리튬염(LiPF6) 국내 유일 생산	349%, 4%
SK네트웍스	10,176	화학·소재 중심의 글로벌 트레이딩 사업을 비롯해 정보통신·에너지 유통, 자동차 경정비, 렌탈 사업 등과 워커힐호텔을 운영	-30%, -17%
풍산	8,141	구리를 가공해 만드는 신동 제조사. 총알 제조 등 방산 사업도 영위	-31%, -12%
코스모화학	8,104	배터리 양극재 소재인 황산코발트 생산. 코스모신소재 지분 27% 보유	36%, 52%
동일산업	4,438	봉강(환봉, 마환봉 및 특수강 등),합금철(합금철 등), 주조(주강 및 특수강 등) 등 생산. 네옴, 포스코, 현대제철, 현대두산인프라코어 등이 주요 고객사	전망치 미집계
대보마그네틱	4,405	배터리 셀의 품질, 안전에 중요한 탈철장치 생산. 주 고객사는 삼성SDI, LG에너지솔루션, BYD, 에코프로, 코스모신소재 등	258%, 53%
DI동일	4,308	자회사 통해 배터리용 알루미늄박 제조. 국내 배터리 대형 3사에 공급	전망치 미집계

SIMPAC	3,834	양질의 철강을 생산하기 위한 필수 원료인 합금철 생산. 페로망간이 주력 제품이며 국내 시장 점유율은 약 20~30%	전망치 미집계
이엔플러스	3,629	리튬 생산업체인 강봉리튬의 자회사 강봉리튬전지와 전기차 사업 및 LFP 배터리팩, 셀 사업에 대한 업무제휴 협약 체결	전망치 미집계
삼아알미늄	3,394	포장재, 전기재료 등에 쓰이는 알루미늄 포일 생산	전망치 미집계
국일제지	3,216	산업용 지류 중 특수지에 해당하는 박엽지를 주력 제품으로 제조. 국일제지의 자회사 국일그래핀이 글로벌 기업 구글과 NDA(비밀유지계약) 체결 및 8인치 웨이퍼 그래핀 개발	전망치 미집계
포스코엠텍	3,015	포스코 페로망간공장, 동판재공장 등을 위탁 운영	-47%, 32%
남선알미늄	2,949	주택용 새시에서 빌딩용 커튼월, 산업용 구조재 등 다양한 분야의 알루미늄 압출제품을 생산 및 판매	전망치 미집계
알루코	2,767	알루미늄 기반의 샷시, 거푸집, 휴대폰 외장재 등 생산	전망치 미집계
조일알미늄	2,602	은박지 등의 원료인 알루미늄 관 생산	전망치 미집계
TCC스틸	2,546	식·음료 및 산업 포장용기와 전자제품에 쓰이는 전기주석 도금강판, 전기동 도금강판 등을 생산하는 표면처리강판 제조	전망치 미집계
엠케이전자	2,421	금, 은, 팔라듐, 구리 등 원재료로 반도체 재료인 본딩와이어, 솔더볼 제조하며 2차전지 신소재 사업도 영위. 고용량 음극활물질을 개발해 글로벌 전지회사 자동차 회사 등에 상용화 평가 진행 중	전망치 미집계
LS전선아시아	2,343	LS그룹 계열로 베트남 내 1위 전력 케이블 생산 업체인 LS-VINA Cable & System Joint Stock Co와 LS Cable & System Vietnam Co., Ltd. 등의 회사들을 지배하는 지주회사. 구리 가격 상승 시 수혜받는 구조	3%, 6%
노바텍	2,179	영구자석 및 관련 응용제품 생산. 주요 제품으로는 자석(무선충전패드, 태블릿PC 본체 및 케이스 / 액세서리 등에 응용), 차폐자석(스마트 커버 및 센서인식 등에 응용), 심재(태블릿PC 커버 등에 응용) 등. 희토류 원재료인 네오디뮴을 생산해 삼성전자에 납품	전망치 미집계
유일에너테크	2,002	2차전지 양극재 리사이클링 전문업체인 재영택 지분 18% 가량 보유. 재영택은 블랙파우더에서 고순도 2차전지 탄산리튬을 추출할 수 있는 기술력 보유	전망치 미집계
경인양행	1,985	국내 최대의 염료 전문 제조사. 국내 유일의 사카린 제조업체인 (주)JMC를 자회사로 보유. JMC가 고품질 산화그래핀(그래핀 옥사이드) 제조 신기술 개발	전망치 미집계
유니온머티리얼	1,193	자동차 전장부품과 가전기기 등 페라이트 마그네트를 생산하는 기업.페라이트 마그네트는 희토류 대체품으로 주목	전망치 미집계
티플랙스	1,062	스테인리스 봉강 절삭가공 및 후판 전문업체. 희토류를 비롯해 티타늄, 니켈, 텅스텐, 몰리브덴 등 특수재질의 소재를 산업전반에 걸쳐 전문적으로 유통	전망치 미집계
혜인	886	건설기계 및 육상용 발전기, 선박 및 산업용 엔진/발전기 수입 판매 전문업체. 희소 광물 중 하나인 몰리브덴 개발 회사인 혜인자원 지분 51% 보유	전망치 미집계
쎄노텍	863	기초 무기화학물질(세라믹 비드제품) 제조사. 희토류 등 광물분쇄에 필요한 필수 산업재인 세라믹 비드를 생산해 페인트/잉크, 제지, 광물 생산업체에 공급	전망치 미집계

※ EPS: Earning Per Share. 주당순이익을 뜻하며, 기업의 자본 규모와 상관없이 1주당 얼마의 이익을 창출했는지를 나타내기에 기업의 실질적인 수익성을 가늠해볼 수 있음

구리

Copper. 제조업 전반에 널리 사용되며 내식성이 뛰어나 다른 금속과 합금해 주로 건축자재, 구조용재, 자동차 부품 등에 사용된다. 은보다 전기와 열 전도열이 높은데 은보다 생산 비용이 저렴하기에 전자기기 소재로도 보편적으로 사용된다. 광산 채굴 이후 제련과 정련 과정을 거쳐 최종적으로 정련구리 형태로 사용되며, 건설, 기계, 인프라 부문에서 수요가 가장 높다. 풍력, 태양광, 배터리, 전기차 등 산업이 빠르게 부상하면서 구리가 해당 산업들에 쓰이는 전기배선 핵심 소재이기에 구리 수요는 향후에도 지속 증가할 전망이다.

니켈

Nickel. 철과 함께 지구 내핵을 이루는 주요 성분이며, 지각 내에는 약 80ppm의 농도로 존재해 구리, 아연, 납 등 다른 비철금속에 비해 풍부하다. 은백색 광택을 띄는 금속으로, 전성과 연성이 우수하고 대부분의 환경에서 높은 내식성을 가질 뿐만 아니라 고온 및 저온 강도 또한 우수해 다양한 산업에 활용되고 있다. 니켈은 공기 중에서 산화 보호막을 형성하고 산 또는 알칼리에 대한 반응이 느려 내식성이 강한 금속으로, 저온과 고온에서 모두 사용 가능해 가공이 용이하고, 내식성 재료로 인해 스테인레스 강철 생산 수요가 높다. 합금, 도금, 특수강 등 다양한 용도로 사용되나 생산량의 약 70%는 스테인리스강 제조에 사용되며, 최근 들어 배터리 제조에 쓰이는 비중이 빠르게 상승하는 추세다. 또한 수소연료전지의 전극, 지열 발전 등 청정에너지 부문에서도 필수적인 원료로 각광받고 있다.

리튬

Lithium. 주기율표상 가장 가벼운 금속으로 활성이 높고 전류가 쉽게 흘러 배터리·알루미늄 산업에서는 '21세기 하얀 석유'로 불린다. 현재 쓰이는 전기차 배터리 대부분의 주 원료다. 칼로 자를 수 있을 만큼 무른 금속이기도 하다. 은백색을 띄며 강한 전기 화학적 성질을 보인다. 가장 밀도가 낮은 알칼리 금속이며 공기 또는 물과 접촉하면 인화하거나 폭발하는 특성도 지녔다. 세계 리튬의 87%는 염호에 매장되어 있으며 나머지는 경암 내 존재한다. 전기차 배터리에 사용되는 리튬은 고순도(99.5% 이상) 수산화리튬과 탄산리튬으로 구분되는데 리튬은 양극재 핵심 원료로, 배합되는 양극재는 리튬 종류에 따라 삼원계와 LFP로 구분된다.

망간

Manganese. 지각에서 무게로 약 0.1% 정도 존재하는 물질로 12번째로 풍부한 원소다. 단단하나 부서지기 쉬운 은색 금속이다. 비교적 반응성이 큰 원소로, 공기 중에서 덩어리로 있을 때는 느리게 산화되나 가루로 있을 때는 불이 붙게 된다. 물과 반응해 수소 기체를 발생시키는 특성. 2차전지 배터리에서는 안정성 측면에서 중요한 역할을 한다.

아연

Zinc. 아연은 부식 방지에 효과적으로 사용되어 주로 철강제품 도금 용도에 쓰인다. 아연도금은 수요의 과반수를 차지하며, 건설자재, 자동차강판 등에 활용된다. 용점이 낮아 주물 제작에도 쓰이는데, 다이캐스팅(주형에 용융된 아연을 주입)을 통해 복잡하고 정밀한 모형의 제조가 가능하다. 타 금속과의 합금 수요도 상당하며, 대표적인 황동(아연-구리 합금)은 금색을 띠어 장신구, 악기 등에도 사용하고 있다.

알루미늄

Aluminium. 보크사이트를 녹여 알루미나를 추출 후 전기분해를 통해 제조하며, 가볍고 단단한 특성을 가지고 있어 자동차, 항공기 등 운송 분야에서 보편적으로 사용된다. 알루미늄 표면에 형성되는 부동화 막(film)은 부식이 진행되는 것을 방지해 건설, 인프라 자재로도 활용된다. 전기차 배터리 보급 확대, 차량 경량화 요구 등으로 알루미늄 수요가 증가하고 있다.

코발트

Cobalt. 니켈과 구리를 생산할 때 생기는 부산물로 얻는 광물로 전기차 한 대에 10kg가량 들어간다. 니켈, 코발트, 망간으로 구성된 2차전지 배터리 양극재에서 코발트는 니켈의 불안정성을 보완해주는 역할을 한다. 안전하게 장시간 출력을 해야 하는 전기차 배터리의 핵심 재료다. 에너지 밀도와 안정성을 높이는 역할을 한다 현재 콩고와 중국 위주로 코발트 생산이 쏠려 있다.

희토류

Rare Earth Elements. 고유한 화학적, 금속적 특징을 가진 원소 17종을 의미한다. 원소가 가진 특징에 따라 전자, 화학 분야에 널리 사용되며 첨단산업 및 친환경 산업의 핵심 재료로 수요가 지속 확대 중이다. 지구 지각에 매장된 양은 비교적 풍부하지만 일부 원소는 특정 지역에 편중되어 있고 원소별 분리 및 정, 제련이 까다로우며 해당 과정에서 환경 오염물질이 다량 발생한다. 가장 중요하게 사용되는 분야는 영구자석이며, 네오디뮴 영구자석은 현재까지 개발된 자석 중 가장 강한 자력을 지녀 전자제품의 소형화, 경량화를 구현하는 데 필수적이며 전기차 모터, 첨단가전 등 친환경, 신산업의 핵심 부품으로 사용된다. 희토류 채굴부터 제품 제작까지의 모든 가치사슬을 보유한 유일한 국가가 중국이다 보니 글로벌 신냉전으로 인한 원자재 전략 무기화로 인해 희토류 확보전이 향후 치열해질 전망이다.

10

지정학 위기

방산 & 우주산업

지정학적 위기 ●

K-방산 ●

무기 수출 ●

미중 우주경쟁 ●

우주 여행 ●

위성 인터넷 ●

저궤도 위성 ●

아르테미스 프로젝트 ●

스타링크 ●

1 한국 방산은 독자적인 장점을 꾸준히 키워오며, 글로벌 정세에 의한 기회를
   포착해 세계 4대 방산 수출국으로의 도약에 도전 중

2 지정학적 위기가 고조되면서 강대국들은 우주 공간으로 각자의 영향력을
   넓히며 경쟁에 나섬

3 우주 산업에 스마트 머니가 집중되면서, 우주 여행, 위성 인터넷 등의 사업이
   빠르게 성장하고 있음

| 세계 4대 방산 수출국으로의 도약에 도전하는 K-방산

미국, 유럽, 일본 그리고 이에 대응하는 중국, 러시아 그리고 중동 세력 등 각 동맹 연합 간의 군사적 긴장도가 커지고 있다. 이에, 자주국방 및 동맹 간 방어력 증대를 위해 세계 주요국들은 경쟁적으로 무기체계 현대화를 위한 국방비 지출액 증대에 주력하고 있다. 이런 상황에서 오랫동안 끊임없이 무기체계를 개발해 온 한국의 방산 무기들이 2021년을 기점으로 2022년에도 크게 주목받고 있다. 2022년 한 해에만 한국판 패트리어트 미사일 '천궁-2', 이미 세계 자주포 시장의 베스트셀러로 꼽히던 'K-9 자주포', 가성비 좋은 경공격기 'FA-50' 그리고 전차 'K-2'를 잇따라 수출하면서 일명 'K-방산'으로 불릴 만큼 세계 방산 시장에 신선한 충격을 주고 있다.

마침 2022년에 출범한 윤석열 정부는 국정과제에 첨단전력 건설과 방산 수출 선순환 구조 정착을 갖추겠다고 발표했다. K-방산의 장점인 가성비, 적기 생산 및 철저한 사후 서비스 등의 장점을 더욱 부각시킨다면 (글로벌 방산 수출시장의 약 58%를 차지하고 있는 미국과 러시아의 아성은 넘을 수 없겠으나) 2021년과 2022년의 폭발적인 수출 실적 및 2023년에도 이어질 우호적인 수주 전망에 힘입어 수출 4~5위권인 중국, 독일의 위치는 충분히 뛰어넘을 수 있을 것으로 전망된다. 무기를 직접 제조하며 지속적으로 수주 잔고를 쌓고 있는 국내 방산 대기업들에 중장기 꾸준한 관심이 필요하다.

▎ 우주 공간으로 확장된 강대국들의 전장터

기존 우주 산업의 절대 강자로 꼽히던 미국, 러시아를 넘어 중국의 첨단 기술력이 급부상하면서 열강들의 패권 다툼 전장터는 이제 우주로 확장될 전망이다. 지구 주위에 자국의 수많은 첨단 위성을 띄워놓고 타국의 행보 하나하나를 실시간 체크하며 효과적이고 즉각적인 군사 전략을 취할 수 있기 때문이다. 미국이 매년 압도적인 투자로 우주산업을 키워가는 가운데 러시아를 넘어 중국이 우주굴기를 내세우며 우주산업에 정부 예산을 대규모로 쏟아붓고 있다. 중국은 2021년에 화성탐사선을 화성에 착륙시켰을 뿐만 아니라 독자적인 우주정거장을 건설하며 눈에 띄는 행보를 밟고 있는데 이런 행동은 미국을 자극해 산업 전체의 성장을 더욱 가속화시킬 전망이다.

우주 산업은 군사적 목적으로만 한정해 발전하는 것은 아니다. 고도의 훈련을 받은 우주비행사가 아닌 일반인도 우주 공간으로 나가 여행을 할 수 있는 사업이 경쟁적으로 이뤄지고 있다. 제프 베이조스(Jeff Bezos)는 블루오리진을, 일론 머스크(Elon Musk)는 스페이스X를, 버진그룹은 버진 갤럭틱을 설립해 우주 여행 사업을 추진해왔는데, 모두 시범 우주 여행을 성공적으로 마쳤다.

또한, 위성 고도가 200~2,000km 범위 내에 위치하며 활동하는 저궤도 위성(LEO)의 기술력이 빠르게 발전하면서 위성을 통한 고도의 통신 서비스, 지구 관측, 자원 개발, 자율운행, 우주 태양광 등의 분야로 새로운 산업들이 태동하고 있다. 위성 발사에 사용되는 로켓은 대개 일회용에 그쳤고 발사 비용이 천문학적으로 컸지만 스페이스X가 자신들의 로켓 재활용 기술을 실제로 수차례 증명하면서 이를 통한 위성 산업의 상업적 이용이 한층 수월해졌다. 스페이스X는 저궤도 위성의 장점에 주목해 2018년 이후 약 3,000개에 달하는 저궤도 위성을 발사하며 '스타링크'라는 거대한 위성군을 갖추고 있다. 지구상에 초고속 인터넷이 연결되지 않은 오지에 거주하는 사람들을 대상으로 위성 인터넷 서비스를 제공하기 위함이다. 그뿐 아니라 2030년에 본격 상용화될 6G 통신에 맞추어 머지않아 상용화 단계에 올라설 자율주행차, 자율주행 선박, UAM 등의 모빌리티 산업을 빠르고 정확하게 지원하기 위한 목적으로도 위성 인터넷 서비스의 수요가 급증할 전망이다.

이에 위성 인터넷 시장을 중심으로 민간 자본 투자가 집중되고 있는데 아크인베스트(Ark Invest) 등 글로벌 우주 기업에 투자하는 다양한 ETF가 출시되고 있고 벤처캐피털을 중심으로 스타트업에 대한 투자도 활발히 진행되고 있다. 특히, 비상장 기업 중 스페이스엑스의 경우 기업가치 약 1,000억 달러로 세계에서 두 번째로 큰 '헥토콘' 기업으로 평가받으며 2025년 혹은 2026년을 타깃으로 기업공개(IPO)를 준비하고 있다. 2022년 이후로 스타링크, 원웹 등 저궤도 위성 인터넷 사업 선두 업체가 본격적인 서비스를 시작하며 글로벌 우주 산업에 대한 투자는 더욱 확대될 것으로 전망한다.

산업에 스마트 머니가 집중되면서 우주산업의 세부적인 분야들의 성장세가 두드러질 전망이다. 스타링크와 원 웹을 필두로 저궤도 위성 군집 시스템을 도입한 초고속 위성 인터넷 사업과 상업용 관측 위성의 기능 향상 등이 위성 서비스 산업의 변화를 이끌 것이며 지상 장비, 위성체 제작, 발사 서비스 부문도 재사용 발사체 기술이나 저궤도 위성용 안테나 등 새로운 제품의 도입 등으로 꾸준한 성장세를 보일 것이다. 그리고 이렇게 민간 기업들의 행보 외에도 국가 차원에서의 우주 개발 프로젝트도 꾸준히 진행될 것이다. 주요 국가들의 우주 개발 예산은 계속 늘어나고 있는데 미국은 일본, 한국과 협력하며 달 탐사 프로그램인 아르테미스 프로젝트 등을 진행하고 있다. 중국은 독자적인 우주 개발 로드맵에 따라 달 탐사선과 화성탐사선 등의 발사를 수행하고 있으며 유럽은 태양궤도선 발사 및 목성 탐사 등 우주 탐사를 본격적으로 준비하고 있다. 인도 역시 민간우주 개발 사업을 장려하고 국제사회에 자국 발사체를 통한 발사 서비스 활성화를 위해 노력하고 있다. 이와 같은 산업 트렌드를 고려해보면, 우주 분야에서는 우주 산업을 영위하는 해외 굴지의 기업들과 협력하고 있는 기업들을 꾸준히 체크해둬야 한다.

국방비 지출이 심화되고 있는 세계
소련이 붕괴된 1990년대 초반 이후 새로운 형태의 지정학적 긴장도가 높아짐에 따라 미국, 중국을 필두로 국방비 지출이 심화되고 있다. 특히 해당 시기에 가파른 경제 성장을 이뤄낸 중국의 국방비 지출 규모가 큰 폭으로 상승하고 있다.

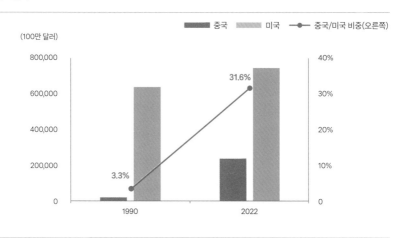

출처: SIPRI, 키움증권리서치

미국 국방비 예산 규모 전망

중국, 러시아, 이란, 북한 등의 상대 진영으로부터 아시아, 서유럽 등 주요 동맹국 및 자국 방어를 위한 국방비 예산이 지속적으로 증가할 전망이다.

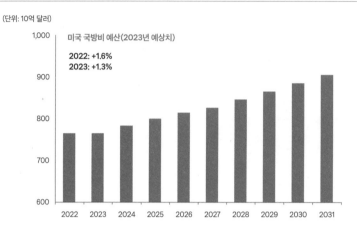

(단위: 10억 달러)

미국 국방비 예산(2023년 예상치)

2022: +1.6%
2023: +1.3%

주: 회색 숫자는 2022년 회계연도 예산안 공개 대비 변화

출처: 미국 백악관, 한국투자증권

한국 국방의 2026년까지의 계획

한국 역시 중국, 일본, 북한 등 주변 비우호국들로부터의 자주 국방을 위한 병력운영, 전력유지, 방위력개선비 목적의 국방비가 지속 증가할 전망이다.

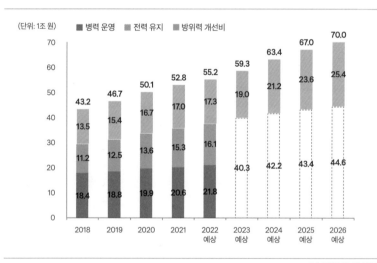

(단위: 1조 원) ■ 병력 운영 ■ 전력 유지 ■ 방위력 개선비

출처: 국방부, 한화투자증권리서치센터

K-방산의 연도별 수출액 추이

글로벌 방산 시장에서 변방에 위치했으나 지속적인 무기체계 투자 및 개발 노력이 세계 시장에서 인정받으면서 2021년을 기점으로 K-방산으로 불릴만큼 수출 실적이 급속도로 증가하고 있다.

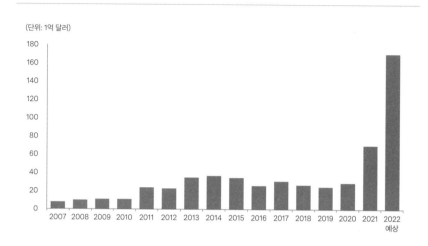

(단위: 1억 달러)

출처: 방위사업청, 하나증권

글로벌 우주산업의 분야별 매출액 전망

우주산업은 인공위성을 우주로 쏘아 올리는 로켓부터 인공위성 및 인공위성을 활용하는 각종 통신 장비, 응용 기기, 서비스까지 매우 포괄적이다.

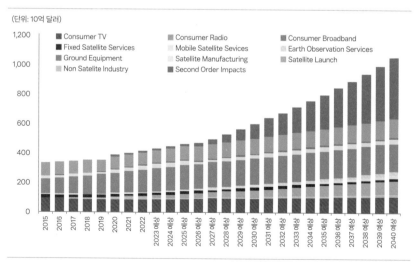

(단위: 10억 달러)

■ Consumer TV   ■ Consumer Radio   ■ Consumer Broadband
■ Fixed Satellite Services   ■ Mobile Satellite Sevices   ■ Earth Observation Services
■ Ground Equipment   ■ Satellite Manufacturing   ■ Satellite Launch
■ Non Satelite Industry   ■ Second Order Impacts

출처: 모닝스다, 신영증권 리서치센터

10-2 방산 & 우주산업

우주산업 주요국의 정부 예산 추이

미국이 압도적인 정부 지출로 우주 산업을 선도하고 있으며 중국이 독자적인 우주정거장을 건설하고 화성탐사선을 화성에 착륙시키는 등 우주 개발에 박차를 가하고 있다.

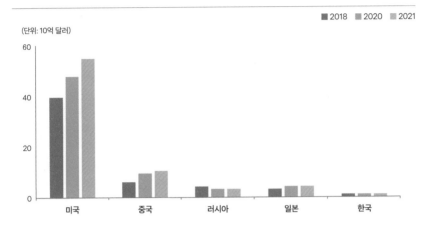

(단위: 10억 달러)

■ 2018 ■ 2020 ■ 2021

출처: Euroconsult, 신한금융투자

궤도별 인공위성 구분 및 특징

향후 이동통신 서비스는 IoT, 자율주행, UAM 등 4차 산업혁명의 대표적인 산업들이 요구하는 통신 속도, 전송량, 저지연 환경을 반영해야 한다. 이에, 2030년경 개화될 전망인 6G 인프라를 구현하는데 필수적인 저궤도 위성이 각광받고 있다.

구분	저궤도(LEO)	중궤도(MEO)	정지궤도(GEO)
위성고도(km)	200~2,000	2,000~36,000	36,000
커버면적(km)	500	1,060	13,000
주요 업무	초고속 통신, 첩보, 지구관찰	위치정보, 항법	통신, 기상, 항법
대표 사업자	스페이스X, 아마존, 원웹 등	SES 네트웍스	Inmarsat, NASA 등
통신지연율(ms)	25	140	500
위성 수	3,330	140	560

출처: UCS

6G 시대, 위성통신이 본격화되는 출발점

6G 시대에는 지상 이동통신과 공중 위성통신이 결합해 통신 서비스 패러다임이 크게 변화될 전망이다.

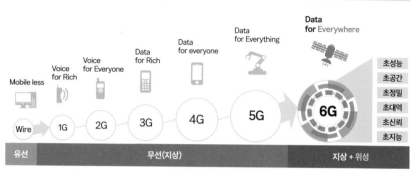

출처: 과학기술정보통신부

위성 이미지 데이터 시장 전망

타 국가의 군사적 동향을 체크하는 것에서 더욱 정교한 기상 예측, 국토의 효율적 활용 등 다양한 방면에서 위성 이미지 데이터의 수요가 증가할 전망이다.

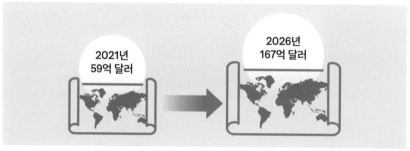

출처: 마켓앤드마켓

상업적으로 위성 정보를 판매하는 위성 수 전망

지정학적 긴장에 따른 글로벌 국방비 지출 증가뿐 아니라 자율주행, UAM 등의 산업이 빠르게 성장하면서 이를 원활히 구현하기 위해 더 많은 위성이 우주에 쏘아질 전망이다.

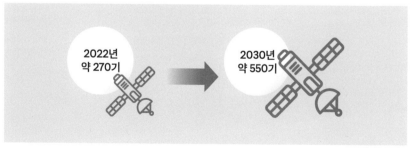

출처: 유로컨설트

글로벌 방산 수출, 수입 상위 10개국(2017년~2021년 기간 누적 데이터 기준)

수출		수입	
미국	39.0%	인도	11.0%
러시아	19.0%	사우디아라비아	11.0%
프랑스	11.0%	이집트	5.7%
중국	4.6%	호주	5.4%
독일	4.5%	중국	4.8%
이탈리아	3.1%	카타르	4.6%
영국	2.9%	한국	4.1%
한국	2.8%	파키스탄	3.0%
스페인	2.5%	UAE	2.8%
이스라엘	2.4%	일본	2.6%

출처: SIPRI, 키움증권

한국 방위산업의 2022년 수주 데이터(2022년 11월 기준)

기업명	시기	수주 내용
한화에어로스페이스	2022년 1월	UAE에 천궁-2 1조 7,000억 원(한화시스템, 한화디펜스 합산)
	2022년 2월	이집트에 K9 자주포 2조 원
	2022년 8월	폴란드에 K9 자주포 3조 2,000억 원
	2022년 내 전망	호주에 레드백 장갑차 수출 기대
LIG넥스원	2022년 1월	UAE에 천궁-2, 2조 6,000억 원
	2023년 내 전망	사우디에 천궁-2 수출 기대
한국항공우주	2022년 5월	말레이시아에 FA-50 1조 1,000억 원
	2022년 내 전망	폴란드에 FA-50 48대 수출 기대
	미정	말레이시아, 필리핀, 이집트 등 추가 수출 기대
현대로템	2022년 8월	폴란드에 K2 4조 5,000억 원
	미정	노르웨이, 이집트, 모로코 등 수출 기대

출처: 유안타증권

방산, 우주
국내외 주요 기업 및 ETF

국내

방산
- 무기 직접 제조 — LIG넥스원, 한국항공우주, 한화시스템, 한화에어로스페이스, 현대로템
- 무기 간접 제조 — 한화시스템, 비츠로셀, 쎄트렉아이, 제노코, 퍼스텍, 휴니드, 빅텍, 아이쓰리시스템, SNT중공업

우주
- 지상 장비 — 인텔리안테크, 쎄트렉아이, 한양이엔지, 제노코, 한국조선해양
- 위성체 — 한국항공우주, 한화시스템, LIG넥스원, 쎄트렉아이, AP위성, 제노코, 아스트, 오르비텍
- 위성 발사체
  - 체계 총조립 — 한국항공우주, 한양이엔지
  - 유도제어, 전자 — 한화에어로스페이스, 한화
  - 구조체 — 한국항공우주, 한화, 풍산
  - 추진기관, 엔진 — 한화에어로스페이스, 하이록코리아, 한화, 비츠로테크
  - 열 공력 — 한양이엔지
  - 시험설비 — 한화에어로스페이스, 한화, 현대로템, 한양이엔지, 신성이엔지, 이엠코리아
  - 발사대 — 현대중공업, 한양이엔지
  - 특수 소재 — 켄코아에어로스페이스
- 위성 서비스 — 한화시스템
- 위성 통신 — 인텔리안테크, AP위성
- 위성 관측 — 쎄트렉아이

해외

방산
- 미국 — 록히드마틴(미국), 레이시온(미국), 보잉(미국), Northrop Grumman(미국), 하니웰(미국), 제네럴다이내믹스(미국), L3해리스 테크놀로지(미국), Spirit Aero(미국), 트라이엄프(미국), Axon Enterprise(미국)
- 유로존 — BAE Systems(영국), Meggitt(영국), 롤스로이스(영국), 에어버스(독일), Dassault(프랑스), Rheinmetall(독일), 탈레스(프랑스), 사프란(프랑스), 레오나르도(이탈리아), 사브(스웨덴), 지멘스(독일)
- 아시아 — 엘빗시스템(이스라엘), 바라트(인도), China Avionics Systems(중국), AVI China(중국)
- 기체 부품 — 봄바르디어(캐나다), 엠브라에르(브라질), 미쓰비시중공업(일본), 가와사키중공업(일본), 후지중공업(일본), IHI(일본)
- 군용선 — Huntington Ingalls(미국)

우주
- 우주선 제작
  - 버진 갤럭틱(미국), 블루오리진(미국), 스페이스X(미국)
  - 엔진 — 에어로젯 로켓다인(미국)
- 지상 장비 — Maxar(미국), Hughes(미국), 하니웰(미국), 파나소닉(일본), Telespazio(이탈리아), Kymeta(미국)
- 위성체 — 보잉(미국), 록히드마틴(미국), 에어버스(독일), 미쓰비시중공업(일본), 탈레스(프랑스), 스페이스X(미국), Maxar(미국), L3해리스 테크놀로지(미국), 텔레다인(프랑스)
- 위성 발사체 — 보잉(미국), 록히드마틴(미국), 에어버스(독일), 미쓰비시중공업(일본), 스페이스X(미국), Rocket Lab(미국), Virgin Orbit(영국)
- 위성 서비스 — 스페이스X(미국), 이리듐(미국), Viasat(미국), Orbcomm(미국), SES(룩셈부르크), Eutesat(프랑스), Maxar(미국), Digital globe(미국), Planet Labs(미국), Globalstar(미국)
- 위성 관측 — Maxar(미국), Blacksky technology(미국), Spire Global(미국), Planet Labs(미국)
- 기타 부품 — Howmet Aerospace(미국), TransDigm Group(미국), Spirit Aero Systems(미국), Hexcel(미국), 머큐리 시스템즈(미국), 볼 코퍼레이션(미국)

ETF

방산
- ITA - iShares U.S. Aerospace & Defense ETF
- XAR - SPDR S&P Aerospace & Defense ETF
- PPA - Invesco Aerospace & Defense ETF

우주
- ARKK - ARK Space Robotics and Artificial Intel Mltsctr ETF
- UFO - Procure Space ETF
- ROKT - SPDR S&P Kensho Final Frontiers ETF

록히드마틴

시가총액		2021년	2022년(전망)	2023년(전망)
170조 원	**매출액**	90조 5,100억 원	88조 1,000억 원	89조 100억 원
국적 · 미국	**순이익**	8조 5,300억 원	7조 7,500억 원	9조 4,000억 원

- 군용 항공우주, 미사일 제품(F-22, F-35, 패트리어트, 자벨린, 하이마스 등)을 생산하는 세계 1위의 군수업체
- 매출 비중으로 보면 전투기 40%, 회전익/미션 시스템 25%, 우주 18%, 미사일/화력 통제 17% 등으로 구성
- 지역별 매출 비중으로는 미국 72%, 유럽 10% 등
- 미국 정부 의존도가 높기에 군사 정책, 예산 등의 정부 이벤트와 미국의 지정학적 갈등 상황에 실적이 좌우되는 특징
- 러시아-우크라이나 전쟁 장기화, 미중을 대표하는 강대국 간 대결구도 심화 정세로 기업가치 장기적 우상향 전망
- 2022년엔 인플레이션, 공급망 압박 등으로 실적이 다소 부진했으나 정부 계약 증가 전망 및 보잉과의 합작사 ULA(론치 얼라이언스, 민간 우주 로켓 기업)의 성장세 전망
- 2023년에 아마존의 인공위성을 발사할 예정

레이시온

시가총액		2021년	2022년(전망)	2023년(전망)
192조 원	**매출액**	86조 9,000억 원	90조 7,500억 원	97조 9,000억 원
국적 · 미국	**순이익**	5조 2,610억 원	8조 2,000억 원	9조 2,000억 원

- 세계 2위권의 항공/방산 기업으로 항공 시스템, 항공기 엔진, RIS(Raytheon Intelligence & Space), RMS(Raytheon Missiles & Defense) 등의 사업부로 구성
- 2020년 유나이티드 테크놀로지의 항공우주 부문과 레이시온의 대등 합병으로 탄생
- 글로벌 강대국 간 긴장도 심화에 따른 주요국들의 방위비 지출 증가 이슈에 중장기 수혜 전망
- 우크라이나에 첨단 지대공미사일시스템 'NASAMS' 전달 등 미국 정부의 스탠스에 맞춰 지원
- 2022년 9월, 미 국방부로부터 약 1조 3,800억 원 규모의 극초음속 공격용 순항미사일 개발 수주 계약
- 로봇의 균형을 유지하기 위한 자이로스코프/관성 측정장치 제조로 로봇 산업에도 진출

스페이스X

시가총액			2021년	2022년(전망)	2023년(전망)
		매출액	미공개	미공개	미공개
국적	미국	**순이익**	미공개	미공개	미공개

- 테슬라 CEO 일론 머스크가 2002년에 설립한 우주탐사기업
- 발사체, 로켓 엔진, 우주 화물선, 위성 인터넷, 행성간 우주선 등 설계, 제조하며 화성의 식민지화, 인류의 우주 진출 및 우주 탐사비용 절감을 목표
- 2021년 9월, 일반인 4명을 태운 동사의 우주선이 지구 궤도를 도는 우주 여행에 성공
- 경쟁업체 버진 갤럭틱, 블루 오리진보다 더 높은 궤도에서 지구를 돌다 복귀하는 기술력 입증
- 우주산업 가운데 핵심 성장사업인 위성 인터넷 서비스에서 동사는 스타링크를 앞세워 가장 앞서 있다는 평가 2021년 기준 총 42,000개의 인공위성 발사 및 위성 인터넷망 구축을 위한 소형 위성 2,700개 쏘아 올림
- 미국 국방부와 미국항공우주국(NASA)가 스페이스X에 의뢰한 로켓 발사도 담당
- 독자적인 위성 발사체 회수 기술로 우주 항공 사업의 미래 트렌드 선도

허니웰

시가총액 **198조 원**			2021년	2022년(전망)	2023년(전망)
		매출액	46조 4,500억 원	48조 원	50조 원
국적	미국	**순이익**	7조 5,000억 원	7조 7,700억 원	8조 3,000억 원

- 미국의 대표적인 다각화된 산업재 복합 기업. 주택, 건축, 원유, 천연가스, 화학제품, 자동차, 사물인터넷, 소프트 웨어 및 항공우주, 방위 산업에서도 성과 창출
- 군수업체 레이시온과 마찬가지로 로봇의 균형을 유지하기 위한 자이로스코프/관성 측정장치 제조로 로봇 산업 에도 진출
- 현대차그룹의 UAM 독립법인인 슈퍼널 및 한화시스템과 UAM의 핵심 기체인 eVTOL 관련 장비 제조 협력
- 또한 보잉, 에어버스에 항공기 장비 납품, 독일 릴리움에 볼로콥터 그리고 영국 버티컬 에어로스페이스 등 항공 택시 개발 업체에 투자

한국항공우주

☑ 위성 발사체 • 스페이스X • FA-50

시가총액 4조 5,000억 원	주요 주주	한국수출입은행 26%, 국민연금 9%
	주 매출처	방산 및 완제기 수출 62%

- 우주산업과 관련된 핵심기술을 보유한 국내 최고의 항공우주 기업
- 초소형·군정찰·다목적·중형위성 등의 설계/제작/시험 능력을 보유하고, 위성 발사체 총조립과 핵심구조물 제작 능력까지 보유
- 중장기 성장동력으로 위성 및 우주발사체 사업을 선정하며, 스페이스X와 차세대 중형위성 발사체 계약
- 2025년까지 국내 위성개발사업을 주도 및 한국형 발사체 양산 계획
- 폴란드와 30억 달러 규모 FA-50 수출 계약으로 완제기 매출 성장 전망
- 말레이시아, 이집트, 콜롬비아 등 추가적인 FA-50 수출 논의 기대
- 훈련기, 전투기에 이은 차세대 먹거리로 군용수송기 준비. 물자를 나르는 민간 화물기의 군대 버전이며 현대전에서 군용수송기의 중요성 대두

실적 추이 및 전망

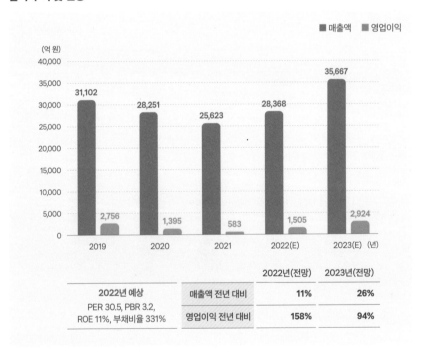

■ 매출액 ■ 영업이익

(억 원)

	2019	2020	2021	2022(E)	2023(E) (년)
매출액	31,102	28,251	25,623	28,368	35,667
영업이익	2,756	1,395	583	1,505	2,924

		2022년(전망)	2023년(전망)
2022년 예상 PER 30.5, PBR 3.2, ROE 11%, 부채비율 331%	매출액 전년 대비	11%	26%
	영업이익 전년 대비	158%	94%

한화에어로스페이스

☑ K9 천둥 • 천무 • K9 자주포 • 레드백 장갑차 • UAM

시가총액 **3조 6,000억 원**	**주요 주주**	한화 외 3인 34%, 국민연금 10%
	주 매출처	방산사업 40%, 항공엔진 21%, 시큐리티 15%

- 한화그룹의 우주산업 컨트롤타워 역할을 담당
- 위성운영 및 서비스제공업체인 쎄트렉아이와 안테나, 탐색기 등을 제작하는 한화시스템의 모회사
- K9 천둥, 한국판 하이마스 K239 천무, K9 자주포로 세계 1위 베스트셀러 무기 보유
- 우크라이나 전쟁을 통해 K239의 우수성 부각 및 폴란드에 K9 수출
- 호주의 차기 장갑차 사업 관련 수주전에서 동사의 레드백 장갑차 수출을 기대하며 폴란드 수출도 거론되고 있음
- 한화 그룹의 미래 먹거리인 UAM(도심항공 모빌리티) 사업을 한화시스템과 함께 추진 중
- 영국 버티컬 에어로스페이스와 약 2,200억 원 규모의 eVTOL 개발, 공급계약 체결. 버티컬이 상용화할 기체
  3종을 2025년~2035년까지 독점 공급 예정

실적 추이 및 전망

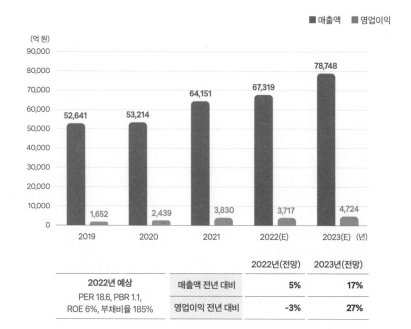

■ 매출액 ■ 영업이익

(억 원)

연도	매출액	영업이익
2019	52,641	1,652
2020	53,214	2,439
2021	64,151	3,830
2022(E)	67,319	3,717
2023(E)	78,748	4,724

2022년 예상		2022년(전망)	2023년(전망)
PER 18.6, PBR 1.1, ROE 6%, 부채비율 185%	**매출액 전년 대비**	5%	17%
	영업이익 전년 대비	-3%	27%

현대로템

☑ KTX・GTX・K2 전차・폴란드 수출

시가총액	주요 주주	현대차 외 3인 33%, 국민연금 7%
3조 2,700억 원	주 매출처	레일솔루션 63%, 디펜스솔루션 28%

- 1999년 한국철도차량으로 설립된 후, 현대모비스로부터 방위, 플랜트 사업 인수로 사업 다각화를 꾀하며 현대 로템으로 사명 변경
- KTX, SRT, GTX 같은 국내 고속철 분야에서 사실상 독점적 지위의 사업자
- 매출의 과반수 이상 비중인 철도산업의 성장성이 다소 정체된 부분을 K2 전차를 중심으로 한 방산산업 성장 집 중으로 돌파 전략
- 약 1,000대에 달하는 K2 전차의 폴란드 수출 및 지속적인 추가 수출 성과 기대
- 2022년 12월 경, 노르웨이 육군향 K2 전차 수출 관련 우선협상대상자 선정 이슈 체크

최근 실적 및 주요 재무지표

	2021년	2022년(전망)	2023년(전망)		2022년 상반기	
매출액	2조 8,725억 원	3조 1,374억 원	3조 9,296억 원 (yoy 25%)	**매출액**	1조 5,683억 원	PER 36.9 PBR 2.3
영업이익	802억 원	1,298억 원	2,327억 원 (yoy 79%)	**이익**	632억 원	ROE 6% 부채비율 208%

한화시스템

☑ 위성 • 우주 인터넷 • 원웹 • UAM

| 시가총액 **2조 2,000억 원** | 주요 주주 | 한화에어로스페이스 외 7인 59%, 국민연금 7% |
| | 주 매출처 | 방산 74%, ICT 25% |

- 전신 삼성탈레스를 2015년에 한화그룹이 인수한 후 2016년 탈레스의 지분매각으로 한화시스템으로 사명 변경. 방산, ICT 분야 사업 영위
- 다목적 실용위성, 차세대 중형위성, 초소형 SAR(지구관측 영상 레이다) 위성 등 탑재체와 체계 개발 담당
- 위성 인터넷 기업 원웹에 지분투자, 이를 통해 저궤도위성사업 주파수 확보 등 국내 우주산업 선도
- 향후 원웹의 위성, 안테나 제작, 위성 간 통신 기술 등 우주 인터넷 서비스 점유율 확대 전망에 시너지 기대
- 위성과 지상을 연결하는 안테나를 자회사 통해 개발 중(전자식과 기계식 안테나 모두 개발)
- 2023년까지 독자 통신위성을 쏘아 올려 2025년 정식 서비스를 제공을 목표
- 한화 그룹의 미래 먹거리인 UAM(도심 항공 모빌리티) 사업을 한화에어로스페이스와 함께 추진 중
- 미국 허니웰, 프랑스 사프란 등 글로벌 대표 우주항공 기업들과 UAM 밸류체인 동맹
- 또한 한국공항공사, SK텔레콤으로 구성된 K-UAM 드림팀 컨소시엄 구성. 동사는 UAM 기체개발고 제조, 판매, 운영, 유지보수, 항행/관제 솔루션 개발 담당

최근 실적 및 주요 재무지표

	2021년	2022년(전망)	2023년(전망)		2022년 상반기	
매출액	2조 895억 원	2조 1,733억 원	2조 3,947억 원 (yoy 10%)	매출액	9,699억 원	PER -325 PBR 1.0
영업이익	1,121억 원	541억 원	863억 원 (yoy 59%)	이익	169억 원	ROE -0.3% 부채비율 78%

LIG넥스원

시가총액	주요 주주	LIG 외 12인 42%, 국민연금 13%
2조 700억 원	주 매출처	정밀타격 63%, 감시정찰 14%, 항공전자 11%

- 표적탐지 후 이를 식별하고 정밀타격을 가능하게 하는 무기체계를 제공하는 방위사업 영위. M-SAM 천궁-2 체계 및 현궁 제조
- 차기 군위성통신-II사업, 한국형 위성항법 시스템 사업, 정지궤도 공공 복합 위성 개발사업에 참여 중
- 한국형 위성항법 시스템은 정지궤도 위성 3기, 경사궤도 위성 5기 등 총 8기의 위성을 발사해 한반도 초정밀 시스템 구축 목표(우주개발 분야 국내 최대 규모의 연구개발비 투입)
- K2, K9, FA-50 등 폴란드 향(向) 수출 제품의 부품 납품 예정으로 실적 호조세 지속 전망
- 현대차와 UAM 협력, UAM 관련 국책과제 참여

최근 실적 및 주요 재무지표

	2021년	2022년(전망)	2023년(전망)		2022년 상반기	
매출액	1조 8,222억 원	2조 1,661억 원	2조 5,540억 원 (yoy 17%)	매출액	1조 1,858억 원	PER 12.5 PBR 2.2
영업이익	972억 원	1,901억 원	2,316억 원 (yoy 21%)	이익	1,055억 원	ROE 19% 부채비율 228%

인텔리안테크

시가총액	주요 주주	성상엽 외 6인 30%
6,530억 원	주 매출처	위성통신 안테나 73%

- 위성통신 안테나 전문기업으로 해상용 위성통신 안테나 글로벌 시장 점유율 1위
- 저궤도 위성통신용 수신 안테나 VSAT로 저궤도 위성사업 본격화
- 위성 인터넷 기업 원웹(One Web)에 VSAT를 공급하며 원웹의 지속적인 위성 발사에 따른 서비스 커버리지 확대에 추가 수주 기회
- 해상용 VSAT 시장의 리오프닝 회복세와 경쟁업체 구조조정 반사 수혜

최근 실적 및 주요 재무지표

	2021년	2022년(전망)	2023년(전망)		2022년 상반기	
매출액	1,380억 원	2,476억 원	3,498억 원 (yoy 41%)	매출액	1,000억 원	PER 26.0 PBR 3.4
영업이익	22억 원	179억 원	371억 원 (yoy 106%)	이익	57억 원	ROE 14% 부채비율 76%

종목명	시가총액 (억 원)	사업 내용	2022년, 2023년 전년비 EPS 성장률(전망)
SNT중공업	3,009	S&T그룹 계열사로 방산용 변속기와 총화포(K-9 자주포, 소총)를 만드는 방위 사업, 차량용 변속기와 차축 만드는 자동차 부품 사업 영위	전망치 미집계
한양이엔지	2,682	우주항공 관련 연소시험설비, 발사체 설비 등 제조. 2013년 발사된 나로호에 발사대 시스템 중 추진체 공급시스템과 지상 기계설비의 공압 부분을 구축하고 운용 지원한 이력	전망치 미집계
쎄트렉아이	2,526	지구 관측 중소형 위성 시스템과 위성 탑재체, 지상체 등을 제조하는 우주 사업 영위. 주력제품은 1,000kg 이하의 중소형 저궤도 위성. 국내 유일 위성 시스템 독자 설계, 제작, 시험, 운용 기술력 보유. 2021년, 한화에어로스페이스가 동사의 최대 주주가 됨	전망치 미집계
제노코	1,650	군 전술 정보통신 체계 사업의 핵심 부품인 비접촉식 광전 케이블, 소형 무장 헬기, 대한민국 차세대 전투기(KF-X) 사업의 항공 전자 장비 등의 방위 사업을 전문으로 영위. FA-50, KF-21에 항공 전자 부품 납품으로 항공기 수출 확대 수혜 전망	-24%, 29%
빅텍	1,630	함점용 방향탐지장치, 피아식별기, 전원공급기 등을 생산	전망치 미집계
비츠로테크	1,622	국내최초로 액체로켓 연소기 개발과 제작에 성공	전망치 미집계
켄코아에어로스페이스	1,604	우주/항공 소재, 기체부품, 우주발사체 부품 등의 생산을 전문으로 영위하며 국내외 항공우주 기업을 대상으로 납품. 최대 거래처는 보잉의 기체 부품 공급 업체인 스피리트 에어로시스템스이며, 록히드마틴, 블루오리진, 스페이스엑스 등 미국 주요 항공 우주기업과 거래	흑자 전환, 124%
AP위성	1,455	위성통신 단말기와 인공위성 본체, 탑재체, 지원 장비(위성 운용 지상장비) 등의 개발/제조를 주요 사업으로 영위	전망치 미집계
퍼스텍	1,396	후성그룹 계열의 방위산업 전문업체. 항공우주 분야에서 고등훈련기 T-50 양산사업에 참여한 바 있으며, 나로호 사업에도 참여해 자세제어시스템 납품	전망치 미집계
오르비텍	1,359	원자력사업, ISI사업, 항공사업 등을 영위하는 업체. 항공기 부품 제조사 '아스트'의 종속회사인 에이에스티지(ASTG)와 항공기 부품제작 조립계약 체결. 보잉에 항공기 동체를 공급하는 스피릿사에 공식 인증을 받아 수주	전망치 미집계
아스트	1,329	항공기 부품 제조사. 제조업체 중 최초로 기술특례로 상장. 항공기 골격 및 후방동체에 들어가는 스킨과 프레임 등을 주로 생산	전망치 미집계

※ EPS: Earning Per Share. 주당순이익을 뜻하며, 기업의 자본 규모와 상관없이 1주당 얼마의 이익을 창출했는지를 나타내기에 기업의 실질적인 수익성을 가늠해볼 수 있음

F-50 경공격기

한국항공우주에서 T-50을 기반으로 발전시킨 고등훈련기이자 경전투기다. 미국의 주요 전투기인 록히드마틴의 F-16과 호환성이 높아 조종사가 쉽게 적응할 수 있다. 최근 공군 주력기로 F-35, F-16을 운용중인 나토 동맹국들에게 FA-50은 고등훈련기이자 전투 보조 기체로 매력적인 선택지로 부상되고 있다.

K-2 전차

현대로템이 제조하며 2014년부터 전략화를 시작하고 있다. 경쟁 전차는 독일의 레오파드2, 러시아의 T-90 그리고 중국의 Type 98/99 등이 있다. 자동 장전장치를 채용해 탄약수 없이 1명이 운용 가능하며 수심 4.1m까지 심수도하가 가능하다.

K-9 자주포

한화디펜스가 제조하며 급속 발사 시 15초 이내 3발, 분 당 6~8발 발사된다. 최근 폴란드 향(向) 수출 이전에도 이미 세계 자주포 시장의 베스트셀러로 자리매김한 한국의 대표적인 무기체계다.

K-239 다연장로켓

한화디펜스가 제조하며 '천무'로 불린다. 분당 12발을 발사하며 실시간 정밀타격 가능한 사격통제장치가 있다. 미국의 하이마스가 유명하나 비싼 가격, 운용의 안정성, 도입의 신속성 등의 어려움으로 K-239의 수요가 증가하고 있다.

지구 궤도

Earth Orbit. 중력과 같은 구심력에 의해 타원운동을 하는 물체의 이동 경로를 궤도라 하는데, 지구 궤도는 지상을 기준으로 고도에 따라 저궤도(200~2,000km), 정지궤도(36,000km), 중궤도(2,000km~ 36,000km), 고궤도(36,000km~)로 분류되고 있다.

저궤도위성

Low Earth Orbit, LEO. 저궤도위성은 저궤도(200~2,000km)에서 지구를 공전하는 위성으로 인공위성의 약 77.5%가 저궤도 인공위성이다. 관측 위성과 통신 위성이 여기에 속한다. 지구와 가깝기 때문에 중력

의 영향을 많이 받아 위성의 공전 속도가 매우 빠르며 높이에 따른 차이가 있지만 약 90분에 지구 한 바퀴를 돈다. 빠른 속도와 우주 입자선의 영향을 많이 받아 평균 수명은 3~7년 정도로 정지궤도위성(평균 12~20년)에 비해 짧고, 지구를 커버하는 면적도 상대적으로 좁다는 단점이 있다. 하지만 최근 저궤도위성을 기반으로 글로벌 초고속 인터넷망을 구축하는 스페이스X의 스타링크와 원웹이 4차 산업혁명 시대 다양한 영역과 맞물려 활용성이 부각되었고, 이로 인해 저궤도위성 시장이 다시 주목받고 있다.

정지궤도위성

Geostationary Earth Orbit, GEO. 정지궤도위성은 지구 궤도 약 3만 6,000km에서 지구를 공전하는 위성으로 위성의 공전주기와 지구의 자전주기가 같다. 따라서 지구에서 보았을 때 항상 정지해 있는 것처럼 보인다. 커버 면적도 넓은 편인데, 1개의 위성이 지구 표면의 3분의 1 면적을 커버하므로 주로 통신, 방송, 기상관측용으로 활용된다. 비중으로는 전체 인공위성의 약 16.7%를 차지한다. 커버면적이 넓은 반면 거리가 멀기 때문에 통신 지연시간이 길다는 단점이 있다. 이로 인해 통신용은 케이블 통신으로 대체되면서 현재의 인터넷 시장을 케이블 방식이 잠식하게 됐지만 저궤도 위성통신의 등장으로 이러한 통신시장의 판도에도 새로운 변화가 불고 있는 상황이다.

재사용 로켓

우주산업의 성장을 가로막는 가장 큰 난제가 막대한 로켓 발사 비용인데 이를 해결해 줄 대안으로 떠오른 혁신 기술이다. 로켓은 매번 발사할 때마다 완전히 새로운 로켓을 만들어야 하기 때문에 막대한 고정비용이 발생한다. 하지만 2015년 스페이스X의 재사용 로켓이 등장하면서 우주산업은 새로운 전환점을 맞이했고, 현재까지 높은 재사용 성공률과 발사 횟수를 기록하며 발사 비용을 혁신적으로 감축시키고 있다. 우주산업 장벽이 낮아지면서 가장 큰 수혜를 받을 것으로 기대되는 영역은 1) 통신위성을 저궤도에 올려 글로벌 초고속 인터넷망을 구축하는 저궤도 통신위성과 2) 위성영상의 활용도가 높아지는 추세를 감안해 관측위성 시장으로 추릴 수 있다.

11

기후위기

1.5°C

이상 기후

지구온난화

파리기후협약

COP

신재생에너지

CCUS

탄소배출권

탄소국경세

1. 이상 기후 현상이 점차 심각해지며 인류 생존을 위협하고 있음

2. 2015년 파리기후협약을 포함해 매년 COP(유엔기후변화협약 당사국총회)를 개최하며 기후위기에 맞서기 위한 국제적 대응 진행

3. 태양광, 풍력, 수소 등 에너지 적극 활용, CCUS(탄소 포집·활용·저장 기술) 개발 및 탄소가격제 시행으로 국가 및 산업계의 탄소 감축 노력 중

최근 몇십 년간 글로벌 산업 성장세가 가팔라지면서 그의 부작용으로 지구 온난화 현상이 가속화되고 있다. 문제가 제기된 초기엔 기후변화로 불렸으나 이제는 미래 인류 생존의 문제가 걸렸기에 기후위기로 부르고 있다. 인간은 생명을 원활히 유지하기 위해 적합한 기후 환경이 필요한데 비상이 걸린 상황이다. 세계보건기구(WHO)는 극단적인 기후 현상이 이제 새로운 표준이라 언급했는데, 지금 우리가 살아가는 지구에 어떤 현상들이 벌어지고 있는지 알아야 한다.

┃ 인류 생존을 위협하는 끊임없는 이상 기후

글로벌 급격한 산업화로 인해 화석연료를 태우고 삼림을 파괴하는 등의 인간 활동은 대기 중 온실가스 급증으로 이어졌다. 온실가스는 열을 지표면에 잡아둬 지구 온도를 상승시킨다. 이로 인해 산업혁명 이후 지구 평균온도가 10년마다 약 $0.2^\circ C$씩 올랐는데 현재 지표면 평균 온도는 산업화 이전 시대보다 약 $1.2^\circ C$가 높다.

지구온난화 현상은 끊임없이 이상 기후현상을 야기하며 인류 생존을 위협하고 있다. 2022년 여름에 스페인, 프랑스, 이탈리아 등 유럽 국가들은

40도를 넘기는 최악의 폭염에 시달렸다. 폭염은 그해 해당 지역에서 생산되는 농산물 작황에도 영향을 미치며 식량 위기로까지 확산되었다. 남태평양에 위치한 피지는 수몰될 수 있다는 전망이 나오고 있으며 그 외 해수면보다 지대가 낮은 지역들 대부분이 이런 위기에 봉착해 있다. 빈번하게 발생하는 미국 대형 산불, 2022년 여름 서울 강남 및 전국을 괴롭힌 폭우 사태 등도 이상기후에 관련되어 있다. 더 나아가 2022년 겨울에 3년 연속 라니냐 기후가 지속될 것으로 전망되는 등 세계 도처에서 심각한 가뭄, 폭염, 홍수, 산불이 발생하고 있다.

기후변화에 관한 정부간 협의체(IPCC)는 지표면 온도 평균 상승폭을 산업화 이전 대비 1.5°C 이하로 억제해야만 최악의 재앙을 그나마 피할 수 있다며 늦어도 2050년까지는 탄소중립을 달성해야 한다고 선언했다. 다만, 이것도 다소 안일한 예측일 수 있다. 파리기후협정의 목표를 이루더라도 기후위기에 따른 여러 위험이 촉발될 수 있다. 온도 상승이 멈추더라도 빙상이나 해양, 열대우림이 티핑 포인트를 지나면 계속해서 새로운 상태로 변하게 된다. 이에, 2050년까지 아직 시간이 많이 남은 것 아니냐는 입장은 절대 제기되어선 안 되며 지금 당장 경제가 다소 어려워질지라도 절실한 공감대를 바탕으로 전 세계가 한마음이 되어 기후위기에 맞서야 한다.

| 기후위기에 맞서기 위한 국제적 대응

기후위기에 맞서고자 1972년 스톡홀름회의를 시작으로 1995년 교토의정서, 2015년 파리기후변화 협정, 유럽의 2050 탄소중립 대륙 선언, 미국과 중국의 친환경 에너지원 투자 등이 이뤄지고 있지만 아직 뚜렷한 개선세는 보이지 않고 있다. 대응 초기에는 괄목할 만한 경제 성장을 이룬 선진국들이 앞장서서 온실가스 감축 목표를 구체적으로 이행하자는 공감대였으나 실천

이 잘 되지 않았으며 계속해서 지구온난화가 심화되자 2015년 파리기후변화 협정을 통해 전 세계 국가들이 함께 노력하자는 의견이 도출되었다.

선진국들이 개발도상국에 기후 금융을 조성해 이를 이루기 위한 지원금을 제공하고 있지만 여전히 목표 이행 상황은 어렵다. 개발도상국들 입장에선 지구온난화의 주 원인이 지금의 선진국들인데, 자금을 지원해준들 선진국들 스스로가 탄소 감축 목표를 더욱 강하게 이행하는 게 공동의 목표 달성에는 더욱 빠를 것이란 입장이며, 이런 정책들은 개발도상국들의 성장을 가로막는 부당한 유리천장이라는 입장이다. 2022년 11월 이집트에서 개최한 COP27에서 손실과 피해 보상기금 조성 문제에 합의했다는 내용이 나오지만 실제 목표 이행 여부는 계속해서 볼 수밖에 없다.

| 기후위기에 맞서기 위한 산업계의 대응

인류 생존의 마지노선을 사수해야 하는 역할은 국가만으로는 절대 부족하다. 각 산업계의 리더 기업들 역시 문제의 심각성을 인지하고 지속 가능한 성장을 위한 노력이 필요하다.

먼저 에너지 창출 과정에서 탄소 배출량이 기존 에너지원보다 적은 신재생에너지 산업이 빠르게 성장하고 있다. 이미 태양광, 풍력은 LCOE(균등화발전비용)이 가스, 석탄의 수치보다 내려갔고 선진국들이 주도적으로 산업을 견인하고 있다. 모빌리티 분야에서도 전기차가 빠른 침투율을 기록하며 대중화 로드맵을 차근차근 밟아가고 있고 에너지 동력원으로 수소가 부상하며 수소차, 수소 트럭, 수소 선박, 수소 열차 등의 분야로 확대 적용될 전망이다. 또한 2차전지 배터리에 필수적인 원자재(리튬, 니켈, 코발트, 흑연 등)의 채굴 과정에서의 환경 파괴를 줄이기 위해 배터리 리사이클링 산업이 개화되어 고속 성장세에 접어들 전망이다.

CCUS라 지칭되는 탄소포집 기술도 계속해서 개발되고 있다. 이는 정유, 석유화학, 철강 산업 등에서 배출되는 이산화탄소를 분리시켜 저장하거나 활용하는 기술인데, 포집된 이산화탄소를 EOR(석유회수증진) 기술로 활용하거나 땅 또는 바닷속에 저장하는 방법으로 탄소 배출을 최소화시키려는 방향이다. 국내 SK E&S, 포스코, 롯데케미칼, 삼성엔지니어링, 한국지역난방공사 등이 이 산업에 뛰어들고 있고 세계 굴지의 정유회사 엑손모빌 그리고 로얄더치쉘, 할리버튼, 쉘 등이 기술 개발, 프로젝트 수행에 총력을 가하고 있다.

마지막으로 탄소가격제를 시행해 탄소 발생을 인위적으로 억제하고자 하는 노력이 이어지고 있다. 탄소 경제가 본격화하면서 이를 자국에 더 유리하게 이용하려는 국가 간 경쟁이 가열되고 있다. 탄소 가격이 올라갈수록 탄소 배출 기업들은 온실가스 배출을 줄이기 위해 실제적인 투자 결정을 내려야 한다. 2020년에는 유럽 기업들이 당장 탄소배출권을 사야 할 정도로 급한 상황은 아니었지만 유럽 국가들이 온실가스 감축 목표를 기존보다 더 높게 설정하면서 상황이 급변했다. 탄소배출권 보유 기업은 팔지 않으려 하는데 매수하고자 하는 수요가 많아지면서 배출권 가격이 상승하기 시작했다. 탄소가격제는 크게 4가지로 분류할 수 있는데 탄소배출권 거래제(ETS), 탄소세(Carbon Tax), 상쇄 매커니즘(Offset Mechanism) 그리고 결과기반 기후재원(Result-based Climate Finance)이며 여기에 2023년에 EU가 탄소국경조정세를 도입해 2026년부터 실제 부과할 예정이다.

이와 같은 제도로 인해 대부분의 상품 제조 원가에 탄소배출 비용이 새로운 항목으로 등장하게 되어 각 기업들의 경영에 원가 부담이 더해지게 됐다. 탄소 중립은 지구의 지속 가능한 성장을 보장하지만 당장은 탄소 비용 부담에 따른 사회비용 상승과 기업들의 가격경쟁력을 약화시킬 수 있는 점은 우려 사항이다.

지구는 얼마나 뜨거워졌나

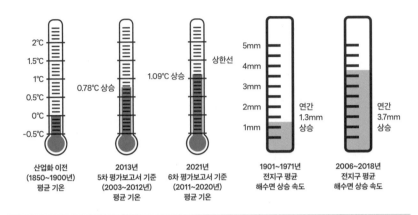

에너지원별 발전량 증감 전망

신재생에너지의 LCOE(균분 전력 비용, 에너지균등화비용)가 지속 하락하면서 해당 에너지원으로 이익을 낼 수 있는 구간에 접어들었고, 더욱 강화되는 주요국들의 친환경 드라이브로 인해 태양광, 풍력의 발전량은 매우 큰 폭으로 증가할 전망이다.

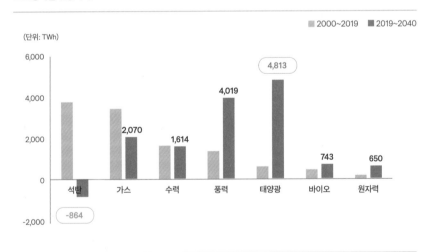

지구 온도 상승을 1.5°C 이내로 제한해야 하는 이유

인류의 안전, 생존을 위한 최소한의 마지노선이라고 판단되며 글로벌 탄소중립 목표 달성을 위한 행보는 앞으로 더욱 가속화될 수밖에 없다.

구분	1.5°C	2°C
생태계 및 인간계	높은 위험	매우 높은 위험
산호 소멸	70~80%	99% 이상
북극 해방 완전소멸 빈도	100년에 한 번(복원 가능)	10년에 한 번(복원 어려움)
	인류의 안전을 위한 최소한의 선	감당할 수 없는 자연재해 발생

출처: 한화저널

미국의 신재생에너지 중심 발전 계획

이미 태양광, 풍력, 천연가스 중심의 발전 계획을 적극적으로 시행 중이다.

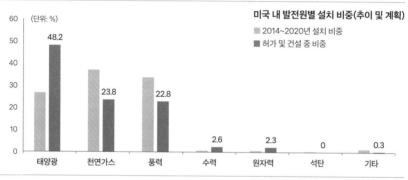

출처: American Public Power Association, 다올투자증권

전통 에너지 기업들의
적극적인 신재생에너지 투자

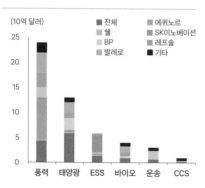

자발적 탄소배출권
시장 규모 전망

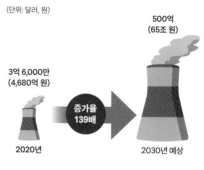

출처: 우리금융연구소

주요국 및 기업들의 탄소중립 추진 계획

주요국들은 2050년~2060년 탄소중립을 궁극적 목표로 설정한 후 수시로 온실가스 감축 이행도를 체크하며 진행 중이며 글로벌 주요 기업들도 자신들의 사업 영역 내 실천 가능한 로드맵을 세워 탄소중립 흐름에 참여 중이다.

	계획	탄소 완전중립 목표
미국	- 2030년 풍력발전 등 2배 확대 - 2035년 발전부문 탄소중립 파리기후협약 재가입 - 2025년까지 2005년 레벨 대비 28% 감축	2050년
중국	- 2030년까지 2005년 레벨 대비 GDP당 온실가스 배출량 65% 감축	2060년
유럽연합	- 2030년까지 1990년 레벨 대비 55% 감축	2050년
한국	- 2030년까지 2017년 레벨 대비 25% 감축	2050년

BP	2050년까지 탄소배출 제로 달성
엑슨 모빌	2050년까지 탄소배출 제로 달성
토탈	2050년까지 탄소강도 60% 또는 그 이상 감소
아마존	2025년까지 에너지 사용의 100%를 신재생에너지로 조달. 2040년 탄소중립 계획
애플	2030년까지 모든 비즈니스와 서플라이 체인에서 탄소중립 달성 선언
페이스북	2030년까지 모든 밸류체인에서 사용되는 에너지 탈탄소화 계획
구글	2030년까지 탈탄소로 전기 공급, 24시간 탈탄소 에너지로 운영하는 탄소중립 목표

탄소가격제 유형 4가지

구분	내용
배출권거래제 (ETS)	이산화탄소 등 온실가스를 배출할 수 있는 권리를 상품처럼 매매하는 제도
탄소세 (Carbon tax)	화석 연료에 함유된 탄소 성분을 과세 표준으로 삼아 화석 연료 생산 및 이용에 부과되는 조세
상쇄 매커니즘 (offset mechanism)	프로젝트 결과물로 발생한 배출량 감축분을 제3자의 검증을 거쳐 크레딧으로 인정받은 후 배출권이 필요한 기업에 판매하는 제도
결과 기반 기후 재원 (Result-based Climate Finance)	사전에 설정된 감축 목표를 달성할 경우 자금 지원을 받는 구조

출처: CPLC, 메리츠증권 리서치센터

탄소배출권 거래 제도

국가가 기업별로 탄소배출량을 미리 나눠준 뒤 할당량보다 배출량이 많으면 탄소배출권 거래소에서 배출권을 사야하는 제도이며 반대로 남은 배출권을 거래소에서 팔 수 있다.

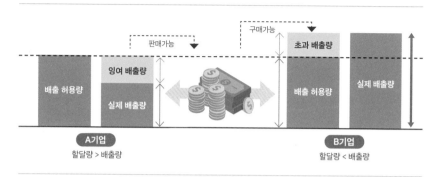

탄소배출권 가격 결정 요인

공급 및 수요단에서 다양한 결정 요인들이 탄소배출권 가격에 영향을 미친다. 배출권 수요 증가 요인에 의해 장기적인 탄소배출권 가격 상승이 전망된다.

	결정 요인	가격에 미치는 영향
공급	할당량 증가	-
	CDM 증가	-
	업체들의 설비 가동률	+ 또는 -
	배출권 이월 한도 제한 등의 제도적 요건 강화	+
수요	NDC 성향 등 탈탄소 행보 가속화	+
	기업들의 개별적 탄소 저감 활동	-
	경제 성장	+
	급격한 기온 변화	+
	석유 및 천연가스 등 연료 가격 상승	+

출처: 국민연금, 유진투자증권

EU의 탄소국경세 시스템 작동 체계

CBAM 시행으로 글로벌 국가들의 탄소규제는 더욱 가속화될 것이며 이는 탄소배출권 시장 확대에 영향을 끼칠 것이다. 2023년~2025년까지는 전환기간이며 2026년부터 본격적으로 과세가 이뤄질 전망이다.

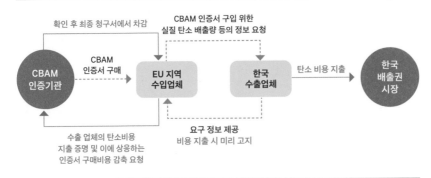

출처: 국민연금, 유진투자증권

CCS와 CCU의 개념도

CCS는 포집된 이산화탄소를 영구 저장하는 방식이며 CCU는 이산화탄소를 별도의 용도로 활용하거나 화학반응을 통해 재활용하는 방식이다.

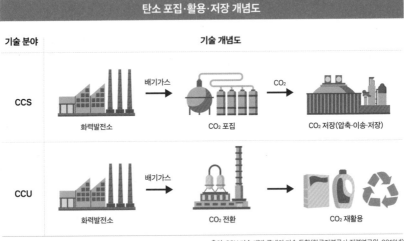

출처: CCU 기술 개발 국내외 기술 동향(한국전력공사 전력연구원, 2016년)

글로벌 주요국 CCUS 추진계획

국가	대표 정책	CCUS 핵심 목표
한국	2050 탄소중립계획	그린 수소 + CCUS 병행 추진
유럽	2030년 탄소 50% 그린딜	탄소정보 디지털화 + 그린 수소 중심의 CCUS
일본	탈 탄소 실현 계획	이산화탄소 원료인 시멘트 흡수 및 콘크리트 등 CCUS 고도화
중국	제로 카본 차이나	그린 수소 및 제론카본스틸 등
미국	클린 에너지 레볼루션	CCUS 포함 친환경 인프라 대규모 투자

출처: 머니투데이

EOR 방식(Enhanced Oil Recovery, 석유회수증진)

원유를 채굴할 때 처음보다 압력이 하락해 채굴량이 감소하면 물이나 가스를 주입해 생산량을 증대시키며 이 과정에서 이산화탄소를 봉인시키는 기술이다.

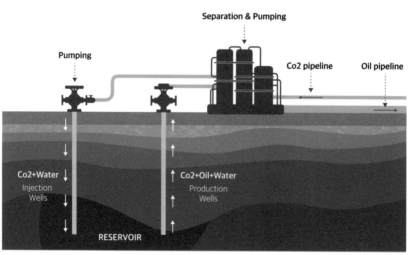

출처: KAPSARC

CCUS 기술이 제거할 이산화탄소량 전망

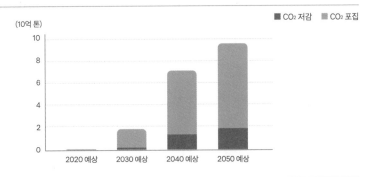

(10억 톤)

■ CO₂ 저감 ■ CO₂ 포집

출처: IEA

국제적 기후변화 대응 경과

이벤트	개최	내용
스톡홀름회의	1972년	범지구적 환경 이슈가 처음으로 국제회의에서 다뤄짐
리우환경회의	1992년 6월	기후변화에 관한 국제사회의 기본법적 역할 정의(구체적 강제사항은 없음). UN기후변화협약(UNFCCC) 체결. 이때 협약을 채택한 참가국들의 총회를 COP(당사국 총회)라고 부름
COP 7	1997년 12월	교토의정서(선진국 감축의무) 채택. 감축목표 및 구체적 이행방안 설정하고 6대 온실가스 규정
-	2005년 2월	교토의정서 발표
COP 15	2009년 12월	칸쿤 합의문 채택
COP 17	2011년 11월	교토의정서 2차 공약 설정. 2020년 이후 모든 당사자 참여하는 의무감축체제 관련 협상을 2012년부터 개시하기로 결정
COP 21	2015년 12월	파리기후협정 도출(신 기후체제). 선진국에만 온실가스 감축 의무를 부과하던 체제를 넘어 196개 모든 국가가 참여하는 보편적 체제 마련
COP 26	2021년 11월	글래스고 기후합의. 파리협정 이행규칙 완성 및 세부사항에 대한 후속 협상
COP 27	2022년 11월	이집트에서 개최. 손실과 피해 보상기금 조성 문제 합의. 기업들은 위장 환경주의 엄단 요구

출처: PwC, 환경부

온실가스 배출원의 분류 3가지

분류	정의	대상
Scope 1 (직접 배출)	기업이 소유하고 통제하는 발생원에서 발생하는 온실가스 배출	보일러, 화로, 터빈, 운송수단, 소각로, 온실가스 발생 화학공정 등
Scope 2 (간접 배출)	기업이 구입해 소비한 전기와 스팀 생산으로 인한 온실가스 배출	구입하거나 다른 경로를 통해 기업의 조직적인 경계로 들어온 전기와 스팀 등
Scope 3 (기타 간접 배출)	기업의 밸류체인에서 Scope 1, 2에 해당하지 않는 모든 간접적인 온실가스를 포함. 기업 활동의 결과이지만 기업이 소유하거나 통제하지 않은 시설에서 발생한 온실가스 배출	임대한 자산, 프랜차이즈, 아웃소싱 활동, 판매된 생산품과 용역의 이용, 폐기물 처분 등

출처: 환경부, 정책위키 2020

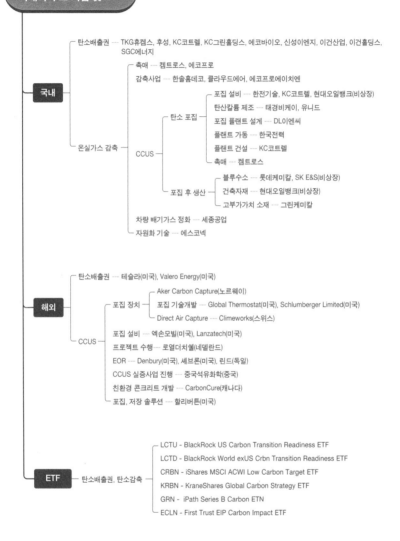

기후 위기
국내외 주요 기업 및 ETF

국내

탄소배출권 ─ TKG휴켐스, 후성, KC코트렐, KC그린홀딩스, 에코바이오, 신성이엔지, 이건산업, 이건홀딩스, SGC에너지

온실가스 감축
- 촉매 ─ 켐트로스, 에코프로
- 감축사업 ─ 한솔홈데코, 클라우드에어, 에코프로에이치엔
- CCUS
  - 탄소 포집
    - 포집 설비 ─ 한전기술, KC코트렐, 현대오일뱅크(비상장)
    - 탄산칼륨 제조 ─ 태경비케이, 유니드
    - 포집 플랜트 설계 ─ DL이엔씨
    - 플랜트 가동 ─ 한국전력
    - 플랜트 건설 ─ KC코트렐
    - 촉매 ─ 켐트로스
  - 포집 후 생산
    - 블루수소 ─ 롯데케미칼, SK E&S(비상장)
    - 건축자재 ─ 현대오일뱅크(비상장)
    - 고부가가치 소재 ─ 그린케미칼
- 차량 배기가스 정화 ─ 세종공업
- 자원화 기술 ─ 에스코넥

해외

탄소배출권 ─ 테슬라(미국), Valero Energy(미국)

CCUS
- 포집 장치
  - Aker Carbon Capture(노르웨이)
  - 포집 기술개발 ─ Global Thermostat(미국), Schlumberger Limited(미국)
  - Direct Air Capture ─ Climeworks(스위스)
- 포집 설비 ─ 엑손모빌(미국), Lanzatech(미국)
- 프로젝트 수행 ─ 로열더치쉘(네델란드)
- EOR ─ Denbury(미국), 셰브론(미국), 린드(독일)
- CCUS 실증사업 진행 ─ 중국석유화학(중국)
- 친환경 콘크리트 개발 ─ CarbonCure(캐나다)
- 포집, 저장 솔루션 ─ 할리버튼(미국)

ETF

탄소배출권, 탄소감축
- LCTU - BlackRock US Carbon Transition Readiness ETF
- LCTD - BlackRock World exUS Crbn Transition Readiness ETF
- CRBN - iShares MSCI ACWI Low Carbon Target ETF
- KRBN - KraneShares Global Carbon Strategy ETF
- GRN - iPath Series B Carbon ETN
- ECLN - First Trust EIP Carbon Impact ETF

DL이앤씨

☑ e편한세상 • ACRO • 탄소 광물화 • 탄소 포집 EPC

시가총액 1조 5,800억 원	주요 주주	DL 외 5인 24%, 국민연금 10%
	주 매출처	주택사업 70%, 토목사업 19%

- e편한세상, ACRO 브랜드를 보유한 건설 기업
- 2022년 3월, 한국지질자원연구원 탄소 광물 플래그십 사업단과 '탄소 광물화 원천기술 글로벌 상용화 협력 체계' 위한 MOU 체결
- 호주 뉴라이저(NeuRizer)사와 탄소 포집, 활용, 저장 시설 건설 위한 우선 계약 합의서 체결
- 서해그린에너지와 협력해 2023년 상반기 준공 예정으로 국내 최초 탄소 네거티브 공장 건설 프로젝트 수행 중. 연간 14만 6천톤 규모의 이산화탄소 포집 가능
- 탄소 포집 EPC 분야에서 2024년까지 국내외 누적 수주 1조 원 달성 및 2030년까지 매년 2조 원 수준까지 수주 확대 계획

최근 실적 및 주요 재무지표

	2021년	2022년(전망)	2023년(전망)		2022년 상반기	
매출액	7조 6,317억 원	7조 4,904억 원	8조 629억 원 (yoy 7%)	매출액	3조 7,259억 원	PER 3.8 PBR 0.4
영업이익	9,573억 원	5,379억 원	6,222억 원 (yoy 15%)	이익	2,510억 원	ROE 10% 부채비율 89%

후성

시가총액	주요 주주	김용민 외 13인 46%, 국민연금 7%
1조 2,600억 원	주 매출처	냉매 67%, 2차전지 소재 36%, 내부거래 -3%

- 불소 화합물(냉매가스, 반도체용 특수가스, 2차전지 전해질 소재) 제조
- 2차전지 배터리 수요 급증으로 전해질 소재의 국내 및 중국 판매 상승
- 중국의 환경규제 강화로 중국 기업의 전해질 LiPF6 증설 차질에 반사 수혜 전망
- 반도체 업황 호조로 전공정 소재인 C4F6 및 WF6 수요 증가
- 냉매가스 제조 과정에서 발생하는 온실가스를 감축할 수 있는 저감장치 보유
- 일본 스미토모 사와 탄소배출권 판매 계약

최근 실적 및 주요 재무지표

	2021년	2022년(전망)	2023년(전망)		2022년 상반기	
매출액	3,813억 원	6,404억 원	7,529억 원 (yoy 17%)	**매출액**	3,029억 원	PER 12.8 PBR 3.3
영업이익	581억 원	1,487억 원	1,515억 원 (yoy 1%)	**이익**	555억 원	ROE 24% 부채비율 97%

TKG휴켐스

시가총액	주요 주주	태광실업 외 2인 43%, 농협경제지주 8%, 국민연금 7%
8,920억 원	주 매출처	NT 계열 59%, NA 계열 35%

- 질산을 토대로 DNT, MNB, 초안을 생산하며 국내 최대 규모 탄소배출권 판매도 영위
- DNT와 MNB의 경우 국내 시장을 독점하는 등 강력한 시장지배력 확보
- 질산 공장에 탄소 저감설비를 부착해 탄소배출권을 인정받고 있음
- UN으로부터 100만 톤 규모의 CER 인증을 얻어 탄소배출권 대장주로 부각
- 동사는 2022년 기준 약 180만 톤의 탄소배출권 보유
- 질산 2~5공장에 저감장치 설치 및 2023년 6공장 증설로 탄소배출권 이익 추가 증가 기대

최근 실적 및 주요 재무지표

	2021년	2022년(전망)	2023년(전망)		2022년 상반기	
매출액	8,612억 원	1조 2,253억 원	1조 2,163억 원 (yoy -1%)	**매출액**	5,825억 원	PER 8.2 PBR 1.1
영업이익	934억 원	1,438억 원	1,508억 원 (yoy 4%)	**이익**	663억 원	ROE 14% 부채비율 37%

에코프로에이치엔 ☑ 친환경 토탈 솔루션 • 유해가스 제거 • 미세먼지 원인 제거 • 온실가스 분해

시가총액	주요 주주	에코프로 외 9인 31%
8,400억 원	주 매출처	클린룸 케미컬 필터 39%, 미세먼지 저감 솔루션 33%, 온실가스 감축 솔루션 26%

- 국내 유일의 친환경 종합 솔루션 기업
- 클린룸 케미컬 필터 사업: IT 공정 클린룸 내부의 유해가스 제거
- 미세먼지 저감 솔루션 사업: 중후장대 산업에서 발생하는 미세먼지 원인 제거
- 온실가스 감축 솔루션 사업: IT 산업에서 발생하는 온실가스 분해
- CDM 사업(탄소배출권 사업)으로의 신사업 진출
- 개도국 기업의 질산 생산과정에서 배출되는 N_2O를 저감시키는 사업 추진
- 온실가스 감축을 위한 동사의 독자적인 대용량 촉매식 PFCs 처리 설비를 기반으로 삼성엔지니어링에 2022년 한 해에만 3번의 대형 공급계약 체결

최근 실적 및 주요 재무지표

	2021년	2022년(전망)	2023년(전망)		2022년 상반기	
매출액	909억 원	전망치 미집계	전망치 미집계	**매출액**	1,076억 원	PER 36.6 PBR 10.4
영업이익	139억 원	전망치 미집계	전망치 미집계	**이익**	211억 원	ROE 31% 부채비율 91%

종목명	시가총액 (억 원)	사업 내용	2022년, 2023년 전년비 EPS 성장률(전망)
한국전력	127,430	탄소포집 플랜트 가동 및 국내 대기업들과 CCUS 시장 공략 위한 MOU 체결	적자확대, 적자 축소
한전기술	24,117	CCUS 포집 설비 운영	45%, 47%
유니드	6,845	탄소포집 흡수제인 칼륨계 세계 점유율 1위(30%). CCUS 흡수제가 탄산칼륨계로 전환 중. 최대 수혜. 건설에 쓰이는 PVC 및 가구에 쓰이는 목재합판 생산	-3%, 23%
SGC에너지	4,990	OCI 계열회사로 온실가스 감축 활동을 통한 신재생에너지 공급 인증서(REC) 판매와 확보한 잉여 온실가스 배출권 거래	68%, 22%
그린케미칼	3,096	산화에틸렌(EO)을 주원료로 화학제품 제조, 판매. 계면활성제 매출이 대다수 차지. CO_2 포집 및 고부가가치 소재로의 전환 기술 보유	전망치 미집계
켐트로스	2,358	2차전지 전해액 첨가제 및 PCB용 실리콘 생산. CCUS 촉매 상용화 기술 개발 주관사. CO_2를 에틸렌 카보네이트로 전환하는 CCU 기술 보유	전망치 미집계
태경비케이	1,768	탄소포집 탄산칼륨 제조	전망치 미집계
세종공업	1,566	자동차의 환경유해배기가스를 정화하는 컨버터와 소음진동을 줄이는 부품인 머플러 생산. 일산화탄소제거기 특허권 보유	전망치 미집계
한솔홈데코	967	뉴질랜드 조림 사업에 진출해 탄소배출권 임대 판매. 익산 폐목재 스팀 활용 온실가스 감축 사업 인증 받음. 탄소배출권 시장 확대에 따른 수혜 전망	전망치 미집계
이건산업	848	합판, 원목, 제재목 등의 목재 생산업체. 마루바닥재 산업에서 동사의 강점인 합판마루, 강화마루 분야 성장. 솔로몬군도의 해외법인 조림사업으로 온실가스 배출권 확보 및 리스 사업 영위	전망치 미집계
에코바이오	659	바이오 황을 친환경 바이오 제품으로 생산. 바이오 가스 자원화 사업을 통한 탄소배출권 판매	전망치 미집계
KC코트렐	500	환경오염 방지에 필요한 기계 및 태양광 사업 영위. CO_2 포집 후 제거하는 집진설비 국내 최초 국산화. 탈황설비, 집진설비로 탄소배출권 획득	전망치 미집계

※ EPS: Earning Per Share. 주당순이익을 뜻하며, 기업의 자본 규모와 상관없이 1주당 얼마의 이익을 창출했는지를 나타내기에 기업의 실질적인 수익성을 가늠해볼 수 있음

파리기후협정

2015년 12월에 유엔에서 195개국이 채택한 협정으로, 지구의 평균 온도를 산업화 이전 시기보다 2℃ 이상 높지 않은 수준으로 유지하는 것을 목표로 한다. 195개국 모두가 감축 의무가 있으며 국가가 자발적으로 목표치를 제출. 관련 절차에 법적 구속력을 부여할 수 있다.

탄소배출권

Carbon Emission Rights. 6대 온실가스(이산화탄소, 메테인, 아산화질소, 과불화탄소, 수소불화탄소, 육불화황) 감축 의무가 있는 국가에 배출할 수 있는 할당량을 부여한 후 이들 국가 간에 할당된 배출권 거래를 허용하는 제도다. 국가가 배출권을 각 기업에 할당하기 때문에 일반적으로 기업 사이에서 거래가 발생한다. 탄소배출 감축 설비 등이 부족한 기업은 탄소배출권을 시장에서 구입해야 한다. 반면 탄소배출 저감장치 설치, 공장 가동률 감소 등으로 잉여 배출권이 발생한 기업은 이를 팔아 수익을 얻을 수 있다.

탄소배출권 거래제

ETS, Emission Trading Scheme. 온실가스를 배출할 수 있는 권리를 상품처럼 매매하는 제도를 지칭한다. 글로벌 탄소시장은 국가 간 거래, 국내 기업간 거래 등 다양한 형태로 운용되고 있으며, 한국을 비롯한 유럽연합, 미국, 중국, 뉴질랜드 등에서 탄소배출권 거래제를 시행하고 있다. 국제협약 및 개별 국가의 법을 통해 온실가스를 배출할 수 있는 권리는 양적으로 제한되어 있다. 특정 기업이 배출권 미만으로 온실가스를 배출하면 여유분 만큼의 배출권을 다른 기업에 팔 수 있고, 배출권을 초과한 기업은 초과분을 다른 기업으로부터 매입하는 것이 허용된다. 배출권이 배출량에 비해 부족한 기업은 배출권 매입으로 과징금 부과를 피할 수 있으며, 배출권을 매도한 기업은 매각 수익을 향유할 수 있다.

탄소국경세

Carbon border tax. EU 내 생산 제품과 수입품 간의 탄소 가격 공평성 확보 및 탄소 누출 방지를 위한 목적으로 신설되었다. 국내외 친환경 생산에 투자하려는 인센티브를 약화시키는 탄소배출권 거래제의 대안이 된다. 원칙적으로 유럽연합에 포함되지 않은 모든 국가가 해당된다. 2023년에 전환기간을 거쳐 2026년부터 전면 도입될 전망이다. 수입업체가 사전에 연간 수입량을 신고하고 해당되는 탄소 배출분만큼 CBAM 인증서를 구매해야 한다. 매년 신고를 통해 인증서를 구매해야 하며, 이월은 불가능하다. 수출업체가 자국에서 탄소배출권 거래제를 통해 탄소 가격을 이미 지불한 경우, 수입 업체가 해당 가격에 상응하는 만큼의 비용 감면 요청할 수 있다.

CCU

Carbon Capture & Utilization. 포집된 이산화탄소를 별도의 용도로 활용하거나 화학반응을 통해 새로운 물질로 전환하는 기술을 뜻한다. 이산화탄소 판매를 통해 CCUS 비용을 상쇄할 수 있는 기회를 제공한다. EOR 역시 CCU 기술의 한 종류다. 주로 탄산염 생산, 콘크리트 보강, 알루미늄 광석 처리, 조류 배양, 액체연료, 폴리머, 요소비료 생산 등을 이어갈 수 있다. CCUS기술의 초점이 CCS(영구저장)에서 CCU(상업적 활용)으로 이동함에 따라 CCUS기술의 경제성이 재평가받고 있다.

CCS

Carbon Capture & Storage. 포집된 이산화탄소를 압축하고 이동하기 편한 액체 상태로 변화시킨 후 파이프라인이나 배를 이용해 땅이나 바닷속에 저장하는 기술이다. 영구 저장하는 형태이기에 특별한 수익은 발생하지 않는다. 오히려 대규모 저장소를 탐사, 개발하는 비용에 더해 저장된 이산화탄소가 다시 배출되지 않게 관리해야 하기에 추가비용이 발생하게 된다. 지하에 주입된 탄소의 누출이나 지진 등을 방지할 수 있는 CCS 기술의 안전성 강화가 필요하다.

EOR

Enhanced Oil Recovery. 석유회수증진을 뜻한다. 원유를 채굴할수록 압력이 낮아져 채굴이 어려워지는 문제를 지층에 이산화탄소를 주입해 압력을 높임으로써 해결하는 과정이다. 이산화탄소를 봉인하면서 석유 생산량도 증가시킬 수 있다. 현재 가동 중인 CCUS 대다수 시설은 이산화탄소를 정유 기업에 판매하는 것으로 매출 창출이 가능하다. 1972년 미국에서 활용된 방식인데 현재 포집된 탄소는 EOR 외에 상업성을 가진 대규모 이산화탄소 방법은 없다.

IPCC

Intergovernmental Panel on Climate Change. 기후변화에 관한 정부 간 협의체(IPCC). 기후 변화에 관련한 최신 연구를 검토한다.

PART

3

매크로 환경에
맞서다

12

고환율 대응

환율 전쟁 ●
달러 인덱스 ●
수출 비중 ●
환노출 ●

1 미국의 공격적 금리 인상이 야기한 고환율은 2023년 한국 경제에도 영향을 미칠 전망
2 수출 비중이 높고 이에 달러 노출도가 높은 기업에 주목
3 펀드, ETF 등의 경우, 환노출형 상품에 관심

2020년 초 코로나19 팬데믹으로 인해 미국을 포함한 세계 주요국들은 공격적인 확장 정책으로 막대한 돈을 시장에 풀어 급격히 위축된 경제를 살리기 위해 노력했다. 통화 완화책을 펼친 주요국들 중 미국이 제로 금리, 대차대조표 확대 그리고 기타 긴급 조치들로 달러를 많이 풀다 보니 원화가 강세를 보여 2020년 말에는 원달러 환율이 1,090원대까지 떨어지기도 했다. 이후 미국과 주요국들의 물가 상승률이 서서히 상승하면서 미국이 막대히 풀린 달러를 언젠간 회수할 것이란 우려가 제기되면서(테이퍼링, Tapering) 2022년 1월까지는 원달러 환율이 1,200원대 초반까지 상승하기도 했다. 하지만 이 환율 레벨까지는 완만한 환율 변동이었기에 기업과 가계가 충분히 대응할 수 있는 레벨이었다.

그러나 2022년 2월에 러시아-우크라이나 전쟁이 발발하며 글로벌 공급망에 충격을 가했고, 부담스러워진 물가를 잡기 위해 미국은 매우 급진적으로 기준금리를 인상했다. 이에 따른 달러 수요 증가로 인해 원달러 환율은 2022년 10월에 1,440원까지 상승했다. 다만 8~9%의 높은 레벨을 기록하던 미국 CPI(소비자물가지수)가 2022년 10월에 시장의 예상치보다 낮은 7.7%를 기록하자 물가 피크아웃(peak out)에 대한 기대감 그리고 이에 따른 미국 기준금리 추가 인상 우려가 경감되어 2022년 11월 말 기준으로는 1,340원대까지 내려왔다. 일단 환율이 추가 상승하지 않고 완만한 조정을 받으면서 다소 안도감을 찾고 있지만, 향후 예상할 수 없는 지정학적 리스크 발발, 글로벌 경제 침체 대비 미국의 강력한 상대적 체력 그리고 한국의 2023년 경제 부진 심화 등 상당히 많은 변수들로 인해 환율은 재차 상승할 여지가 있다.

코로나19 이후 2022년 11월 말까지의 원달러 환율 변화

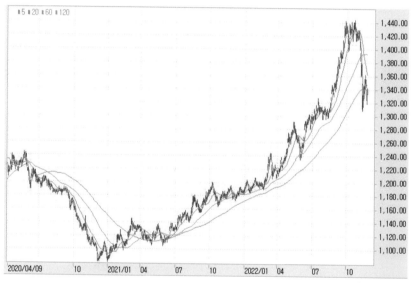

출처: 삼성증권 HTS

┃ 환율에 변화를 가하는 주요 요인들

헤아릴 수 없는 수많은 요인이 복합적으로 작용하며 환율이 변동하지만, 대표적으로 4가지 요인들에 의한 변동성이 큰 상황이다.

1. 국제 수지

국내 기업이 해외에 상품을 팔거나 서비스를 제공하면 해당 국가의 통화로 받게 되는데 한국은 주로 기축통화인 달러, 중국과의 거래 시 위안화 그리고 일본과는 엔화 등으로 대금을 수령한다. 또한 해외 기업으로부터 로열티 수령, 외국인 관광객 인바운드(Inbound) 증가, 외국인 투자 확대, 해외 차입 등이 이뤄지고, 해외 통화를 팔고 원화를 사려는 환전수요가 증가한다. 반대로 상품을 해외로부터 수입, 해외여행, 해외 기업에 로열티 지급, 해외 투자자 배당 지급, 외국인 투자분의 유출 등에선 원화를 팔고 해외 통화를 환전수요가 증가한다. 이 같은 대외 거래를 통해 외화의 입출금 차이를 국제수지라 부르며 해당 이슈들을 통해 환율이 변동하게 된다.

2. 물가

만약 한국에서 어떤 제품을 높은 생산성을 바탕으로 해외 경쟁 제품보다 저렴하게 만들어 한국에서 판매한다면 이는 국내 물가를 하락시킬 수 있는 요인이다. 통화가치는 재화, 서비스, 자본 등에 대한 구매력의 척도인데 환율은 상대 물가수준으로 가늠되는 상대적 구매력에 의해 결정된다. 재화 또는 서비스 등의 물가가 상승하게 되면 통화 가치는 하락할 요인이 되며 이에 환율에 영향을 미치게 된다.

3. 지정학적 리스크

한국은 오랜 기간 북한, 일본, 중국 등 주변국과 긴장 관계를 이어가고 있기에 지정학적 리스크에 의한 환율 변동은 수시로 체감하고 있는 요인이다. 외국 투자자 입장에서 한국의 지정학적 리스크가 급변한다면 투자금의 안전한 회수를 위해 원화를 팔고 본국 통화를 사는 환전수요가 발생하게 된다. 또한 한국의 중동 원유 수입 비중이 약 60%에 달하기에 중동 지역의 지정학적 리스크에 의한 원유 공급 차질 이슈에도 환율이 영향을 받게 된다.

4. 통화 정책

2022년 미국의 공격적인 금리 인상으로 인해 최근 맞닥뜨리고 있는 환율의 주된 변동 요인이다. 미국이 부담스러워진 물가를 낮추기 위해 기준금리를 계속해서 인상하면서 한국 기준금리보다 더 높은 금리 역전 현상이 벌어졌다. 한국보다 경제 규모가 크고 대외신인도가 높으며 통화 수요가 높은 미국의 기준금리가 우리보다 오히려 더 높아지면 달러 수요가 더욱 증가하고 원화 수요는 감소하게 되며 이는 당연히 환율에 영향을 미치게 된다.

| 환율 관련 역사적 이벤트

흔히 '환율전쟁'이라는 단어로 우리에게 친숙한 국가 간 다툼은 상당히 빈번하게 이뤄지고 있다. 제1차 세계대전이 끝나고 대공황이 터진 1930년대로 거슬러 올라가 보면, 주요 강대국들이 수출경쟁력 확보를 위해 자국의 화폐가치를 경쟁적으로 떨어뜨리며 무역장벽을 높게 쌓았다. 스페인, 오스트리아, 이탈리아 등이 자국 통화를 무려 10% 이상 절하시키자 1933년에 캐나다, 덴마크, 그리스, 일본, 미국 등이 자국 환율 절하 경쟁에 동참하며 제2차 세계대전 발발 전까지 경쟁적인 환율 절하 전쟁이 펼쳐졌다. 당시 미국 연방준비은행은 금본위제를 중단하고 미국 국채를 담보로 달러를 찍어내며 매년 통화량을 10% 이상씩 늘리며 미국의 소비와 투자를 인위적으로 살려냈다. 이로 인한 피해가 전 세계에 퍼지며, 금이 부족한 나라는 금을 많이 보유하고 있던 미국의 달러를 신뢰하게 되었고 결국 달러 중심의 세계 경제인 브레튼 우즈(Bretton Woods System) 체제가 1944년에 탄생하게 되었다.

1970년대 두 차례 오일쇼크로 원자재 가격이 급등하고 에너지 수급 약화로 재화 생산이 감소하면서 전 세계적으로 고물가가 장기화했다. 미국 역시 고물가에 시달렸는데 1980년 초에는 소비자물가지수 상승률이 15%까지 치솟았다. 이에 1979년 연준 의장에 취임한 폴 볼커는 인플레이션과의 전쟁을 선포하며 대중과 정치인들이 반발하는 긴축 정책을 강력히 펼치며 1979년 10월, 기준금리를 기존 11.5%에서 15.5%로 4%나 한 번에 올리는 조치를 단행했다. 세계 경제를 선도하던 미국의 강력한 긴축 정책에 의한 기준금리 상승은 달러 수요를 급격히 불러오게 되면서 1980년대 중반, 달러인덱스는 무려 150~160포인트 레벨까지 상승하게 되었다.

이로 인해 1985년 9월, G5 경제 선진국 재무장관들은 미국 뉴욕의 플라자호텔에 모여 달러 대비 일본 엔화와 독일 마르크화의 절상을 유도한다는 내용의 플라자 합의를 도출했다. 지나친 달러 강세가 세계 경제에 여러 문제점을 야기한다는 주장으로 달러 약세를 위한 정책 공조를 설득했는데 실상 미국은 달러 강세로 떠안은 막대한 재정, 경상수지 적자를 인위적인 달러 약세 정책으로 경감시키려는 의도였다. 급격한 달러 약세는 위기의 달러를 구했지만 엔화와 마르크화의 가치 상승을 불러왔는데 특히 이로 인해 일본의 달러 대외 자산은 가치가 반토막이 났다. 플라자합의 이후 일본은 자국 제조업까지 가격 측면에서 무너지면서 뭔가 잘못되었다는 것을 깨달았으나 이미 약속한 것을 다시 돌이킬 수는 없었고 이후 통화 완화정책으로 금리 인하를 단행하며 잃어버린 20년의 단초가 되는 극심한 거품 경제, 즉 버블을 키우기 시작하게 되었다.

이후 2007년 미국 서브프라임 모기지(Subprime Mortgage Loan) 사태로부터 시작돼 2008년 9월 리먼 브라더스(Lehman Brothers)의 파산으로 본격화된 글로벌 금융위기는 세계 경제를 크게 위축시켰는데, 대외의존도가 높은 한국의 GDP는 2007년 4.5%에서 2008년 2.1% 그리고 2009년에는 -1.3%으로 떨어졌고 경상수지도 계속해서 적자를 기록했다. 이런 상황에 환차손을 우려한 외국인 투자자들의 대규모 이탈 현상까지 벌어지며 환율은 2007년

11월 919원 수준에서 2009년 3월에 거의 1,600원에 육박할 정도까지 상승했다. 그만큼 원화 가치가 처참하게 낮아진 상황이었다. 또한 최근 2018년에 본격화된 미중 무역분쟁의 갈등이 심화되자 2019년에 미국은 중국을 환율 조작국으로 지정했다.

전통적인 환율 전쟁(경쟁적 통화 절하)의 매커니즘

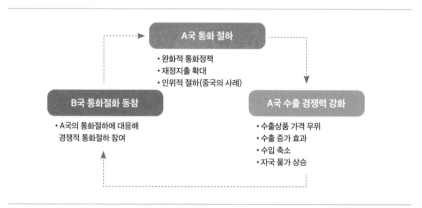

원달러 환율의 지난 20년간 변동 및 주요 이벤트

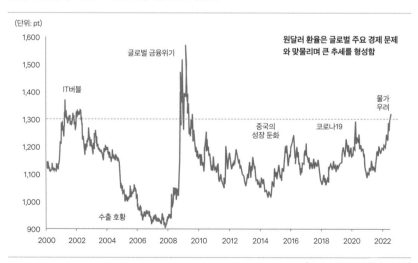

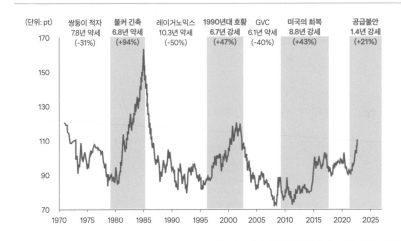

출처: Refinitiv, 신한금융투자

┃ 고환율 시기의 전략

원달러 환율이 상승하면 산업계에 다양한 영향을 미친다. 우선 긍정적인 면을 보자면, 기존에 개당 1,100원에 수출할 수 있었던 물품은 환율이 상승하면 (예를 들어) 1,400원에 팔 수 있기에 수출 가격 경쟁력을 갖출 수 있고 실적 상승도 꾀할 수 있다. 해외에 소재, 부품, 장비 등을 크게 의존했던 기업들은 국산화를 위한 투자를 할 수 있는 시기이기도 하다. 해외 기업 또는 자산에 투자했던 가치는 환차익 성과를 기대할 수도 있다.

다만, 고환율 레벨이 고착화되면 대외의존도가 높은 한국 대다수 기업의 경영 환경에 부정적 영향을 끼치게 된다. 원화 가치가 떨어지는 현상이 길어지면 해외에서 기존에 개당 1,100원에 수입할 수 있었던 물품을 (예를 들어) 1,400원에 수입해야 한다. 해외로부터의 원, 부자재 수입 비중이 높은 기업들은 막대한 비용이 환율에 의해 발생하게 된다. 그만큼 기업 실적에 악영향을 끼치는데, 이에 기업은 적자를 보며 사업을 영위할 순 없기에 상승한 비용을 판매가에 조금씩 반영해 실적 방어에 힘쓴다. 이런 현상은 시차를 두고 소비자물가에 반영이 되며, 물가 상승 속도가 빠르거나 과도할 경우 기준금리를 인상할 수밖에 없다. 기준금리 인상으로 대출금리가 인상되면 기업들은 자금 확보에 어려움을 겪게 된다. 또한, 국민들의 소비가 위축되고 기업 투자가 위축되면서 실물 경제 둔화에 따른 기업 실적 악화의 이중고에 처하게 된다.

대한항공, 아시아나항공 등 항공 업계는 달러로 유류비와 항공기 리스료 등을 지급하기에 고환율은 외화 부채 상환 부담을 야기한다. 대한항공은 환율이 10원 상승하면 약 350억 원, 아시아나항공은 약 284억 원의 외화평가 손실이 발생한다고 추정하고 있다. 또한 해외여행을 하려는 사람들이 느끼는 여행 비용 상승으로 인해 해외여행 수요가 감소하면서 항공업계뿐 아니라 하나투어, 모두투어 등 여행업계도 어려운 시기에 봉착한다. 면세점 업계는 인건비와 임차료 등을 제외하면 모든 거래가 달러로 이뤄진다. 고환율이 지속되면 같은 수량을 수입해도 더욱 비싼 값에 구매해야 한다. 특히 한국은 면세한도가 여전히 600달러로 묶여 있어 고가의 명품 브랜드 상품 중에는 백화점이 면세점보다 오히려 싼 사례가 발생하기도 한다. 또한, 해외에 대규모 시설 투자를 진행하고 있는 기업들은 고환율 시기에는 최초 계획 때보다 투자비와 인건비가 증가하기에 부담이 늘어날 수 있다.

이에, 고환율 시기에 상대적으로 수혜가 기대되는 업종 및 이를 활용한 투자 전략에 관심을 가질 필요가 있다. 2022년 10월 이후 미국 물가 피크아웃 기대감에 따른 달러화의 소폭 약세 그리고 이로 인해 원달러 환율이 소폭 하락하고 있지만 서두에 기술했던 것처럼 환율 변동을 야기하는 다양한 이슈들이 여전히 상존하고 있고 특히 예기치 않은 지정학적 리스크가 다시 확대되면 환율은 다시금 요동칠 수 있기 때문이다. 환율 방향성에 대해 100%

정확한 예측을 하는 것은 불가하다. 그렇기에 현상에 따른 시의적절한 대응이 중요한데, 이를 위한 전략 방향을 미리 숙지하는 것은 미래 성공 투자에 매우 중요하다.

반도체, 완성차

삼성전자, 현대차, 기아와 같이 수출 비중이 높은 기업은 고환율 환경이 반갑다. 한국을 대표하는 삼성전자의 해외 매출 비중은 2022년 3분기 기준 89%에 달하며, 현대차, 기아는 그간 어려움을 딛고 2022년에 환율 효과를 톡톡히 봤다. 2022년 상반기 기준으로 현대차는 전체 매출의 55%, 기아는 62%가 수출 물량인데 2022년 2분기 기준으로 보면 현대차는 순이익에서 환율 효과로 약 6,000억 원, 기아는 약 5,090억 원의 수혜를 본 것으로 알려졌다. 통상적으로 완성차 업계는 환율이 10% 상승할 때 마진이 평균 3.3% 상승한다는 분석도 있다.

조선

선박 건조대금을 달러로 받는 조선업계도 고환율 시기에 환차익 기대감이 높다. 첫 주문을 받았을 때보다 달러 가치가 오른 만큼 매출이 늘어나기 때문이다. 이에 고환율은 조선업체의 흑자 전환 시점을 앞당길 수 있는 요인이다. 선박용 엔진 및 기자재도 역시 조선 시황과 원자재 가격에 더불어 환율 변동에 영향을 받는다.

의류 OEM

한국투자증권이 2022년 하반기에 발표한 자료에 의하면, 2022년 상반기 국내 의류 OEM '빅3'인 영원무역, 한세실업, 화승엔터프라이즈의 합산 달러 매출액은 1년 전보다 38% 증가했는데, 원·달러 환율 상승에 따라 원화 환산 매출은 같은 기간 52% 늘었다고 분석했다. 이들 기업의 주요 판매처는 유럽, 미국 등이라 대금을 유로, 달러로 지급받기 때문이다. 한세실업은 미국 매출 비중이 85%를 넘으며 영원무역은 41% 수준이다. 고환율로 인해 의류 제조 시 증가한 원가 부담을 상쇄하는 구조다.

바이오 CMO, CDMO

의약품 수출 비중이 높은 바이오 위탁생산 기업은 생산공장이 국내에 있기에 인건비는 원화로 발생하고, 산업 특성 상 고객사로부터 원료비용 등을 환급받기 때문에 수입 원료의 원가 상승을 커버할 수 있다. 달러 매출이 기반이기에 환율이 상승할 때 환차익이 발생해 매출도 증가하는 효과가 있다. 삼성바이오로직스의 2022년 반기보고서를 보면 원달러 환율이 10% 상승할 시 약 331억 원의 법인세비용차감전 순이익을 볼 것으로 전망된다. 셀트리온헬스케어의 경우 매출 대부분이 해외 매출인데 달러 매출 비중은 약 50%로 알려져 있다.

게임

게임 산업은 수출 비중이 일반적으로 높기에 해외 매출 비중이 높은 기업은 환차익 수혜 기대감이 크다. 또한 게임 산업은 제조업과 달리 해외에서 원자재를 수입할 필요가 없기에 고환율로 인한 비용 발생 부담은 낮은 편이다. 미국 등 달러로 결제하는 해외 국가에서 실적을 잘 내고 있는 모바일 게임 업체 그리고 대세로 떠오르고 있는 게임 플랫폼 '스팀'을 통해 PC 게임을 출시한 업체 중 달러 사용국가에서 좋은 성과를 내고 있는 기업들도 주목해 볼 필요가 있다. 2022년 2분기 기준, 크래프톤은 해외 매출 비중이 94%, 넷마블은 84%, 펄어비스는 81%, 컴투스는 59% 수준, 엔씨소프트는 36% 수준이다. 게임 산업 전체적으로도 2021년 산업 전체 매출 20조 6,000억 원 중 56%가 해외 매출이다.

해외 직접 투자

해외 펀드 투자 시 환헤지 또는 환노출 형태를 선택할 수 있는데, 환율의 단기 방향성 예측은 매우 어렵지만 환헤지형 상품의 경우 환헤지 비용이 추가되는 부분을 고려한다면 고환율이 예상될 경우 환노출형 펀드 상품이 환헤지형 대비 유리하다. 해외지수를 추종하는 해외주식형 ETF 중에서도 환헤지, 환노출 형태를 선택해 투자할 수 있다. 또한 펀드 투자에서 벗어나 2020년부터 급속도로 인기를 얻고 있는 해외 증시 직접 투자도 고환율 시기에 환차익도 거둘 수 있다. 증시 부진으로 주식 손실은 발생했지만 달러 급등에 따른 환차익으로 오히려 수익을 얻게 될 수 있기 때문이다. 다만 해외 직접 투자의 경우, 매수 전 환전과 매도 후 환전 등 2차례의 환위험에 노출돼 환율 변동 여부에 따라 투자 손실폭이 확대될 가능성도 존재한다.

13

고인플레이션 대응

인플레이션 ●
CPI ●
스태그플레이션 ●

1 타이밍 늦은 기준금리 인상, 전쟁 장기화 및 글로벌 공급망 충격으로 글로벌 고물가 상황이 장기화되고 있음

2 고물가 통제 실패로 인해 비극에 빠진 수많은 역사적 사례를 확인할 수 있음

3 물가 상황과 상관 없이 경제적 해자를 보유한 기업 및 고물가가 가치에 반영되는 투자 수단에 관심

│ 글로벌 고인플레이션의 원인

2020년 초, 전 세계에 코로나19 팬데믹이 불어닥치자 세계 경제는 일순간 마비가 된 듯 멈춰섰다. 이로 인한 생산과 소비 활동이 크게 위축되자 세계 각국 정부는 앞다투어 시장에 막대한 돈을 풀고 기준금리를 극도로 낮추기 시작했다. 특히 미국은 2008년 서브프라임 모기지 사태 때 다각도의 양적 완화 정책으로 위기를 이겨낸 경험을 바탕으로 발 빠르게 기준금리를 제로 수준으로 낮추고 다양한 양적완화 정책을 펼쳤다. 중앙은행이 금리를 계속 낮춰 이자율을 더 낮출 수 없는 수준인 제로 레벨이 되면 통화정책은 한계에 봉착한다. 양적완화는 시장경제의 흐름을 정책금리로 제어할 수 없는 상황에서 시장에 유동성을 충분히 공급하기 위한 목적으로 시행되었다. 또한 미국은 기축통화국의 지위를 살려 더욱 공격적으로 자금을 시장에 살포했다.

시장에 풀린 돈은 제 역할을 하며 경제 하강을 최대한 방어하고 국민이 삶을 영위하는 데 필수적인 지원을 하는 데 주효한 역할을 했지만 양적완화 정책은 과도하게 풀린 돈을 최적의 타이밍에 경제 충격을 최소화하는 전략으로 회수하는 결단이 매우 중요하다. 그런데 여기서 미국 연준 파월 의장은 지속적인 시장 친화적 정책을 고수했는데 2021년 6월에 미국 CPI가 처음으로 전 년대비 5% 상승하며 2021년 11월에는 6.2%, 2022년 2월에는 무려 7.5%를 기록했음에도 여전히 미국의 기준금리는 제로 수준이었다. 제때 회수되지 못한 돈들은 미국뿐 아니라 전 세계 자산시장으로 퍼지며 지구 전체적인 고인플레이션이 야기되었다.

미국의 인플레이션 요인

사건 (CPI 5% 상회 시기)	인플레이션 요인					
	고유가	공급부족	보복소비	경기고용	통화정책	재정정책
제2차 세계대전 종전 (1946.7.~1948.10.)		◎	◎	○	○	◎
한국전쟁 (1950.12.~1951.12.)		○	○	○		
경기확장 후기 (1969.3.~1982.10.)				◎		○
제1·2차 석유 파동 (1973.4.~1982.10.)					○	◎
걸프전쟁 (1989.3.~1991.5.)	◎					
에너지 가격 급등 (2008.6.~2008.8)	○					
포스트 코로나 (2021.5.~)	○	◎	◎	○	◎	◎

이런 정책적 실수로 인한 상황에서 2022년 2월 말에 발발한 러시아-우크라이나 전쟁은 불안한 인플레이션 상황에 기름을 부었다. 러시아발 원유, 천연가스 공급 및 양국의 농산물 공급이 심각한 차질을 빚으며 추가적인 인플레이션이 발생한 것이다. 또한, 전쟁이 예상치 못하게 장기화되면서 고인플레이션은 고착화되었고, 미국이 2022년 3월부터 공격적인 금리 인상을 가했음에도 2022년 6월 미국 CPI는 9.1%를 기록하며 세계 경제에 충격을 가했다.

2022년 11월 현재, 미국 기준금리가 4.0%까지 오르며 수요를 인위적으로 억누르고 있고 원자재발 인플레이션을 야기했던 천연가스, 원유 및 원자재 가격들이 전쟁 이전 수준으로 내려오고 있지만 그럼에도 아직 미국의 10월 소비자물가지수(CPI)는 7.7% 수준이다. 또한 유로존의 10월 CPI는 전년 대비 10.7% 수준일 만큼, 물가 피크아웃을 논하며 긴장을 풀기엔 아직 갈 길이 먼 상황이다. 미중 갈등에 더해 거대 진영 간 갈등으로 심화되면서, 회복을 기대했던 글로벌 공급망은 이제 코로나19 이전의 상황으로는 돌아가기 어려울 듯하다. 각국이 리쇼어링, 프렌드쇼어링 정책을 펼치며, 인건비가 증가하고 물류 비용이 상승하여 최종 제품, 서비스 가격이 상승하더라도 안심할 수 있는 공급망을 확보하자는 '경제 안보' 시대가 도래했기 때문이다.

| 물가? 인플레이션?

물가란 시장에서 거래되는 개별 상품들의 가격 및 서비스의 요금을 경제생활에서 차지하는 중요도를 고려하여 평균한 가격 수준을 말한다. 예를 든다면, 과자 1봉지가 1년 전 대비해서 10%가 올랐고, 휘발유 가격이 1년 전 대비해서 5%가 올랐다면 단순한 가격 상승률은 과자가 휘발유보다 높지만 물가지수를 고려할 땐, 경제생활에서 휘발유의 중요도가 높기에 가중치를 더 부여하여 계산하게 된다.

물가가 점차 상승하는 상태를 '인플레이션(Inflation)'이라고도 부른다. 이 단어는 '입김을 불어 넣다'라는 뜻의 라틴어에서 유래하며 공기나 가스로 인해 뭔가 팽창한 상태를 떠올릴 수 있는데, 경제로 본다면 시중에 유통되는 돈이 크게 부풀어 있는 상황으로 볼 수 있다. 다양한 이유가 있겠지만, 한 나라의 중앙은행이 경기를 인위적으로 부양시키기 위해 시중에 돈을 막대하게 풀거나 경제가 급속도로 발전하여 서비스나 재화의 수요가 급증하는 데

반해 그것을 제공하거나 만들어내는 공급량이 뒷받침되지 못하면 인플레이션이 발생하게 된다.

만약 1년 전 대비 우리나라의 물가 수준이 5% 올랐다고 한다면, 개별 품목마다 가격 상승률은 다르겠지만 경제 전반적으로 돈의 가치가 5% 하락한 것으로 생각해볼 수 있다. 견실한 경제 성장세를 동반한 인플레이션이 발생했다면 괜찮지만, 최근과 같은 인플레이션은 주요국 중앙은행이 돈을 시중에 너무 많이 풀었는데 제때 회수하지 못했고 우크라이나 전쟁 및 중국의 코로나19 봉쇄로 인한 공급망 쇼크까지 장기화되고 있으며 핵심 광물 및 필수 에너지원의 가격 급등이 야기한 것이기에 질적으로 좋지 못한 인플레이션이다.

물가지수의 종류

① 생산에 원재료를 투입할 때: 수입 물가지수 & 중간 수요 생산자 물가지수
② 생산에서 도매로 넘어갈 때: 최종 수요 생산자 물가지수
③ 소매에서 소비자로 넘어갈 때: 소비자 물가지수

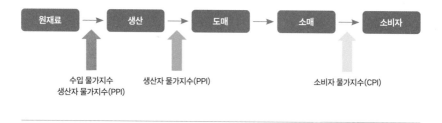

| 인플레이션의 종류

인플레이션을 야기하는 원인을 중심으로 3가지로 분류할 수 있다. 먼저, 양호한 수요 인플레이션(demand-pull inflation)으로, 경기가 호황을 맞으며 경제 도처에서 재화, 서비스 수요가 급증하면서 발생하는 인플레이션이다. 공

급은 빠르게 늘 수 없는데 수요가 크게 증가해 물가가 올라가는 것을 뜻한다. 우리나라 증시로 보면 2007년 국면에서 지수가 크게 상승했고 2018년 초에는 코스피가 2600선까지 올랐으며 2021년에는 수요 인플레이션으로서 3300까지 지수가 상승했다. 수요에서 촉발된 인플레이션은 중앙은행이 기준금리를 올리거나 시중 유동성을 회수하는 정책들을 펴면 수요를 잡을 수 있기에 대응이 어렵지 않다. 그런데 이번 사이클에서는 이런 정책을 제때 하지 못한 상황이다.

두 번째로는 비용 인플레이션(cost-push inflation)이다. 이는 공급 부분에서 문제가 발생하여 수요를 충족해주지 못해, 부족한 공급량으로 인해 생기는 인플레이션이다. 우크라이나 전쟁에 의한 음식료, 에너지 공급난, 극심해지는 자연재해로 인한 공급 차질, 중국의 계속된 코로나 봉쇄 등이 그 원인이다. 공급난을 해결하기 쉽지 않다 보니 인위적으로 수요를 억제하는 정책을 펼치게 되는데, 이는 필연적으로 경기 하강을 불러오게 된다. 그런데 수요가 마음대로 잘 억제가 안 될 때는 지금의 미국 연준처럼 강도 높은 정책을 계속해서 펼칠 수밖에 없게 된다.

마지막으로 임금 인플레이션(wage inflation)이 있다. 경제가 호황일 때 기업들은 인력을 확충하는데, 만약 인력 모집 과정 또는 사내의 우수한 인력을 유지하기 위해서 과도한 임금 인상이 이뤄지면 임금으로 인한 인플레이션이 발생할 수 있다. 2022년 7월 추경호 부총리 겸 기재부 장관은 "최근 상위 기업들과 성과 보상 또는 인재 확보라는 명분으로 경쟁적으로 높은 임금 상승을 주도하고 있다"라며, "과도한 임금 인상은 고물가 상황을 심화시킨다. 그러니 과도한 임금 인상을 자제해달라"라고 발언했던 부분을 볼 수 있다. 임금 인플레이션은 위의 비용 인플레이션의 한 종류로 볼 수도 있다.

인플레이션 용어

용어	정의	원인 및 기타
인플레이션	통화량의 증가로 화폐 가치가 하락하고 모든 상품의 물가가 전반적으로 꾸준히 오르는 경제 현상	- 유통되는 통화량의 증가는 해당 국가의 통화가치 하락을 야기함 - 소비자 투자, 재정지출 등 수요 확대는 경제 부양 효과를 기대할 수 있음
디플레이션	통화량의 감소로 화폐 가치가 상승하고 모든 상품의 물가가 전반적으로 꾸준히 내려가는 경제 현상	- 긴축 재정, 공개시장 운영, 재할인율 인하 등 의도적인 통화 정책 - 공급 증가(과잉 생산 등)와 수요 감소로 인한 불황
스태그플레이션	물가 상승과 실직 및 경기 후퇴가 동시에 나타나는 경제 상황	- 원자재 가격 상승 등 생산비 증가에 따른 물가 상승을 완화시키려면 경기가 후퇴하고, 경기를 부흥시키려면 물가가 상승하기 때문에 정책적 대응이 어려움 - 1970년대 중동 국가의 석유자원 무기화로 인해 석유 공급이 감소하며 원유 공급가격이 급등했고 이에 인플레이션이 발생하며 경기 침체 및 실업률 증가 사태 야기
하이퍼인플레이션	물가 상승이 통제범위를 벗어난 상태로서 1개월당 50% 이상의 물가 상승률을 기록하는 상황	- 전쟁이나 경제 불안 등으로 인하여 국가재정이 악화된 상태에서 화폐주조세 등을 얻기 위한 계속된 화폐 발생으로 통화량이 급격히 증가할 때 나타남
슬로우플레이션	마이너스 성장으로 내려가는 것은 아니지만 저성장을 지속하는 가운데 물가가 오르는 현상	- 더딘 경제성장 상황에서 인플레이션이 발생하는 경우 - 2022년 경제상황은 1970년대 석유파동기의 스태그플레이션 때에 비해 경기 침체 정도가 상대적으로 약해서 슬로우플레이션이라 부르기도 함
에그플레이션	농업(Agriculture)과 인플레이션의 합성어로, 곡물가격이 상승하는 영향으로 일반 물가가 상승하는 현상	- 지구온난화, 기상 악화로 인한 농산물의 작황 부진에 따른 생산량 감소 - 육식 증가로 인한 가축 사료 수요의 증가 - 국제 유가 급등으로 곡물 생산, 유통 비용 증가 - 식량 수출금지 등 식량 자원화 경향
카플레이션	자동차(Car)와 인플레이션의 합성어로, 강판과 같은 원자재의 가격상승과 초과 수요 등으로 자동차 가격이 치솟는 현상	- 러시아-우크라이나 전쟁 및 중국 코로나 봉쇄 등 국제정세 악화 및 물류대란으로 인해 차량용 소재, 부품의 수급난 및 가격 인상 - 2021년부터 이어진 차량용 반도체 수급난으로 인해 차량 제작에서 납품까지의 시간(리드타임) 증가. 이로 인한 자동차 초과 수요 발생
그린플레이션	그린(Green)과 인플레이션의 합성어로, 친환경 경제로 전환할 때 에너지 및 원자재 가격, 경제 전반의 물가 상승이 발생하는 현상	- 전기차, 경량화, 친환경 생산 등 친환경으로 변화에 따른 원자재 수요 증가를 공급이 못따라가면서 가격 상승 발생 - 친환경 에너지 발전이 늘고 석탄 발전이 줄어들어 전반적인 전력 가격 상승
슈링크플레이션	줄어들다(Shrink)라는 단어와 인플레이션의 합성어로, 제품 가격은 그대로 두면서 제품의 크기, 수량을 줄이거나 품질을 낮추는 현상. 패키지 다운사이징으로도 부름	- 인건비, 재료비 상승, 물류 대란 등에 의한 생산비 증가

출처: 한국무역협회

| 역사로부터 배우는 고인플레이션을 잡아야 하는 이유

미국 연준의 공격적 금리 인상은 의도적으로 경기 침체, 고용 상황 부진을 야기하기 위한 정책인데, 이렇게 출혈을 감당하더라도 물가를 잡으려는 이유가 무엇일까? 그렇게 해야만 하는 이유를 역사 사례에서 찾아볼 수 있다.

기원전에서 기원후로 넘어가는 시대에 로마는 막강한 군사력을 통해 유럽을 지배했다. 그런데 타국을 점령하면서 식민지가 늘어나고 통치해야 할 지역이 넓어지면서 정부의 부족해져가는 재정을 메울 방법을 찾기 시작했다. 로마는 대표적 은화인 데나리우스의 순도를 조금씩 저하시키는 방법을 택했다. 기원후 54년경에 순도 92%에서 270년에는 순도가 2% 수준이었다고 하는데 결국 이런 사실이 밝혀지자, 로마 금융 시장의 신뢰가 훼손되고 경제가 무너지면서 이후 로마가 분열되는 파국을 맞게되었다.

1200년대에 인류 역사상 가장 큰 제국을 건설한 몽골은 지폐를 남발해서 경제가 위기를 맞았고 신대륙 붐이 불었던 1600년대 유럽에서는 대규모로 금과 은이 시장에 유입되면서 물가가 급등하며 경제가 마비되고 사람들이 노동보다는 투기에 빠지는 등 비극을 불러왔다. 제1차 세계대전에서 패배한 독일이 막대한 배상금으로 인해 하이퍼 인플레이션이 발생하자 경제가 마비되면서 정국 혼란을 야기했고 이는 히틀러와 나치즘이 등장하는 계기가 되기도 했다. 제2차 세계대전 때는 중국 국민당이 장악한 지역의 물가가 2년 만에 5,400만배나 급등하면서 국민당이 몰락하여 공산당의 모택동이 권력을 잡게 되었고, 헝가리의 화폐는 1946년에 극심한 인플레이션으로 인해 길거리에 쓰레기처럼 버려지게 되었다.

1970년대엔 중동 국가들의 석유 무기화 전략으로 인한 1차 오일쇼크 그리고 이란의 팔라비 왕조 붕괴 과정에서 야기된 원유 공급 쇼크로 2차 오일쇼크가 발생하며 전 세계에 고물가 악영향을 끼쳤다. 미국의 경우, 1977년 5.9%의 물가 상승률이 1980년 초엔 14.8% 수준까지 급등하였으며, 이를 잡기 위한 공격적인 기준금리 인상이 뒤따르며 경기 침체가 야기되었다. 이후, 놀림감으로 인터넷에서 회자되었던 2007년 짐바브웨의 엄청난 인플레이션도 있었다.

적당한 인플레이션은 경제의 활력을 가져오지만 이처럼 질이 나쁜 인플레이션이 발생하게 되면, 채무 즉, 빚의 실질적 가치가 떨어지게 되니 너도 나도 돈을 빌리는 게 유리해지면서 경제가 불안정해진다. 그리고 부동산, 귀금속 등 실물자산 가치가 인플레이션으로 상승하면서 보유자의 재산이 더욱 불어날 수 있지만 그렇지 않은 사람들은 더욱 가난하게 되면서 빈부격차가 더욱 심해진다. 기업이 대출을 받는 것에 부담을 느끼면서 설비투자가 위축되기도 한다. 인플레이션을 제때 못 잡으면 만성화되면서 경제의 대부분을 갉아 먹기 때문에 인플레이션은 잡을 수 있을 때 강하게 잡아야 하는 이유가 여기에 있다.

인플레이션의 부작용

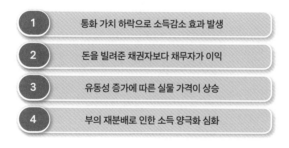

1. 통화 가치 하락으로 소득감소 효과 발생
2. 돈을 빌려준 채권자보다 채무자가 이익
3. 유동성 증가에 따른 실물 가격이 상승
4. 부의 재분배로 인한 소득 양극화 심화

| 쉽게 통제하기 어려운 고인플레이션. 이를 위한 투자 전략은?

건강한 인플레이션은 소비를 촉진하고 경제 체격을 키워주지만 2022년의 인플레이션은 구매력을 떨어뜨리고 기업의 생산성을 악화시키는 부정적 영향이 훨씬 크다. 이에, 글로벌 경제의 성장률을 하락시키는 주된 요소로 작용하고 있다. 미국 연준이 공격적 금리 인상책을 펼치고 있으나 2023년에 연준의 물가 목표인 2%~3% 수준까지 CPI가 내려가기엔 많은 진통과 오랜 시간이 걸릴 수 있다. 1973년 1차 오일쇼크로 인한 고물가 시기 때, CPI가

미국 CPI의 고점 사례 및 고점 전후 12개월 흐름

과거 CPI 고점 사례

구분	CPI 고점 시기	CPI 최고치	CPI 4% 도달까지 걸린 시간
제2차 세계대전	1942.5.	13.2	18개월
제2차 세계대전 이후 수요 회복	1947.3.	19.7	21개월
한국전쟁	1951.2.	9.4	12개월
1차 오일쇼크	1974.12.	12.3	24개월*
2차 오일쇼크	1980.3.	14.8	33개월

주: 제1차 오일쇼크의 경우, 4% 미만 도달 이전에 제2차 오일쇼크가 발생했기 때문에 저점(4.8%)을 기준으로 산정
출처: Bloomberg, 한국투자증권

과거 CPI 고점 전후 12개월의 흐름

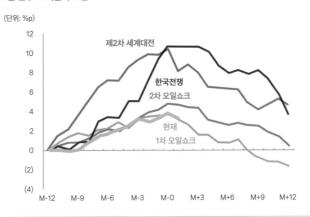

주요국의 2023년 물가 상승률 전망

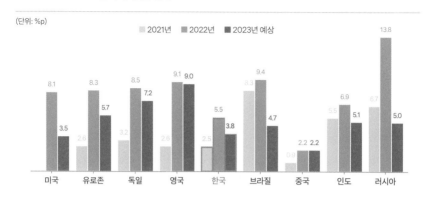

(단위: %p)

출처: IMF, 세계경제전망

미국 주요 인플레이션 고점 시기 및 강세 섹터

시기	인플레이션 정점	주요 이슈	강세 or 상승 섹터
1975.1.	12.3%	- 1차 오일쇼크에 따른 원자재 가격 급등 - 1960년대 후반 성장 + 베트남전쟁 참전으로 재정적자 확대	경기소비재, 원자재, 유틸리티
1980.3.	14.8%	- 2차 오일쇼크에 따른 원자재 가격 급등 - 볼커 연준 의장의 급격한 기준금리 인상 정책	에너지, 산업재
1990.12.	6.3%	- 이라크-쿠웨이트 전쟁으로 인한 지정학적 이슈로 유가 급등 - 이후, 지정학적 이슈 해소로 유가 및 인플레이션 하향	헬스케어, 소비재, 고배당
2005.10.	4.7%	- 중국 등 주요 신흥국 수요 지속으로 유가 상승 - 허리케인 카트리나(2005.8.) 충격으로 인플레이션 유발	에너지, 금융, 가치주

출처: 미래에셋증권

12.3%로 최고점을 기록했던 1974년 12월 이후 CPI가 4% 수준으로 안정화되는데 약 24개월이 소요되었으며 1977년 2차 오일쇼크로 인한 고물가 시기 때, CPI가 14.8%로 최고점을 기록했던 1980년 3월 이후 CPI 4% 수준까지 내려오는데 약 33개월이 소요되었다.

또한, 지정학적 위기, 글로벌 공급망 리스크 등이 재차 불거지면 물가가 재상승할 수도 있는 불안정한 시기가 지속될 전망이다. 물가가 안정되기 전까지는 강력한 통화정책 기조가 유지될 수밖에 없기에 위험자산의 온전한 투자 매력 회복에는 시간이 필요하다. 2023년에는 금리 인상으로 인한 소비

심리 둔화, 실물경제 침체가 전망되기에 이와 같은 환경에서 빛을 볼 수 있는 투자 전략이 더욱 중요해졌다.

가격 결정력, 강력한 경제적 해자를 보유한 기업

가격 결정력(Pricing Power)이란 고물가 시대, 경제 침체 시기에서도 시장점유율을 잃지 않고 원가 상승분을 판매가격에 인상시킬 수 있는 능력을 말한다. 이런 능력이 있는 기업은 주로 해당 사업 영역에서 오랫동안 실력을 인정받으며 지배력을 확보하였거나, 불황기에 가격을 인상해도 소비자들의 저항이 크지 않을 수 있는 또는 저항하기 힘든 사업을 영위하고 있는 기업들이다. 또한 강력한 경제적 해자를 보유한 기업도 고물가 시기에 힘을 발휘하는데, 신규참여자들이 쉽게 산업에 진출하기 어려운 독점적 지위, 브랜드파워, 강력한 판매망, 특허 그리고 사업권 등을 보유한 기업이다. 고물가로 소비 여력이 제한적이고 경기 침체로 소비가 위축될 때, 브랜드, 특허, 라이선스를 보유한 기업은 더욱 힘을 발휘할 수 있다.

해당 조건의 기업들은 주로 해외 기업에서 찾아보는 것을 제안하며, 소비재에서 코카콜라, 맥도날드, P&G, 스타벅스, 유통 분야에서 월마트, 코스트코, 의약품 분야에서 화이자, 머크, BMS, 존슨앤존슨, 방산 분야에서 록히드마틴, 럭셔리 산업의 LVMH, 에르메스, IT 분야에서 애플, 마이크로소프트, 오라클, 알파벳(구글) 등을 꼽을 수 있다. 기업 선택이 어렵다면 미국 증시에 상장된 ETF 중, 경제적 해자가 있는 기업에 주로 투자하는 MOAT, MOTG, MOTI, 가격 결정력이 높은 기업에 투자하는 MTUM, PSET, DGRW 등을 체크해볼 필요가 있다.

물가가 높아도 소비를 해야하는 필수소비재

앞서 경제적 해자를 보유하고 있다고 제시한 코카콜라, 맥도날드, 월마트, 코스트코, 화이자, 머크와 같이 물가 상황과 상관없이 사람이 생활하면서 반드시 소비 지출을 해야 하는 분야의 기업들에 관심을 가질 필요가 있다. 생존하기 위해 음식을 섭취해야 하고 몸이 아프면 약을 먹어야 하기 때문이다. 필수소비재의 수많은 종목 중 강력한 가격 전가력을 지닌 1등 기업에 주목하는 전략이 유효하며, 국내 기업으로는 음식료 분야에서 CJ제일제당, 농심, 하이트진로, 유통 분야에서 이마트 및 편의점 기업 BGF리테일과 GS리테일 등을 고려할 수 있다.

의약품 분야도 고려할 수 있으나 국내 업종 전체가 고금리로 인한 자금조달의 어려움 및 고환율로 인한 원료의약품, 부자재 원가 상승으로 인한 비용 증가에 부담을 안고 있기에 해당 분야에서는 앞서 경제적 해자 보유 기업으로 제시한 글로벌 최선두 기업들로 한정한다.

고물가, 불황일수록 더욱 호황을 맞이하는 럭셔리 산업

명품 시장의 주 고객층으로 떠오른 MZ세대는 명품에 관한 관심이 매우 뜨겁다. 이들은 경제가 어려워도 자기 자신을 위한 투자의 가치를 높게 여기며, 제한된 소비 여력을 명품 구매에 집중한다. 경기 불황 상황에서 여러개 물품보다 단일 명품 하나를 소비하는 문화가 자리 잡으면서 새로운 명품이 출시되면 오픈런(매장을 열자마자 손님들이 몰려드는 현상)이 수시로 발생한다. 명품 가격을 인상하면 오히려 수요도 증가하는 베블런 효과가 여전히 지속되고 있다. IMF, 외환위기 시대에도 명품 소비는 줄지 않았으며 이는 한국뿐 아니라 주요 선진국들에서 공통적으로 나타난다. 2023년에도 이어질 고물가, 경기 침체 우려의 시기에도 명품 시장은 지속적인 성장세를 보일 전망이다.

이런 현상은 국내 주요 백화점 상품군의 매출 비중 변화를 통해서도 확연히 확인할 수 있다. 2010년도에 백화점 총 매출의 약 13% 수준이었던 해외 명품 매출은 2019년에 23% 그리고 2022년에는 8월까지의 누적치 기준으로 약 36%를 기록할 만큼 백화점의 핵심 매출로 자리잡았다. 이 비중은 2023년에 더욱 커질 전망이다.

고물가를 이기는 럭셔리 산업 투자로서 국내 백화점 기업인 롯데쇼핑, 현대백화점, 신세계 투자를 고려할 수 있으며 해외 기업으로는 앞서 경제적 해자 보유 기업으로 소개했던 LVMH, 에르메스 및 케링(Kering), 버버리 그룹, 프라마, 페라가모 등을 꼽을 수 있다. 또한 미국 증시에 상장된 ETF로 MILN, 영국 증시에 상장된 ETF인 LUXG를 체크할 수 있다.

물가 상승분이 가치에 반영되는 채권 ETF

물가채권은 원금 및 이자가 물가지수에 연동되는 채권으로서 물가가 오를수록 수익률이 높아지는 구조다. 채권은 물가가 오르면 상대적으로 화폐 가치가 떨어지는 만큼 물가와 연동된 물가채 투자 시, 물가 상승으로 인한 가치 하락의 위험에서 벗어날 수 있다는 장점이 있다. 또한 정부가 발행하기에 물가가 하락하여 단기 손실이 나도 만기에는 정부가 원금을 보장한다. 또한, 타 국채 대비 표면금리가 낮기에 절세 효과도 누릴 수 있다. 다만, 만기가 10년으로 길고 리스크 부담이 적은 만큼 기대수익률이 높지 않으며, 만약 최초 투자 시 대비 물가가 하락했거나 기준금리가 상승했을 때 중도 매도를 한다면 채권 가격 하락에 따른 손실을 고려해야 한다.

그 외 전통적 고물가 수혜 투자처에 대한 의견

고물가 시기에는 원자재 가격도 높게 유지되는 경향이 있어서 원자재 관련 투자가 유망할 수 있으나 2022년 3분기를 기점으로 그간 급등했던 천연가스, 원유 가격이 하향 안정화되는 구간에 접어들었고 현재 원자재 시장은 물가보다는 지정학적 긴장에 의한 공급망 쇼크 이슈에 더욱 민감하게 반응하고 있다. 원자재 시장 투자를 고려하고 있다면 고물가 이외에 중장기 수요 증가가 전망되는 핵심 광물 분야에 관심을 갖는 게 유효하다. 대표적으로 구리, 니켈, 리튬, 코발트 등의 분야에서 글로벌 지배력을 보유한 프리포트 맥모란, 발레, 글렌코어, 앨버말 등의 기업으로 관심 대상을 압축할 수 있다.

또한, 고물가 시대에 대표적 헤지 수단으로 꼽혔던 리츠 투자도 지금의 매크로 환경에서는 보수적인 입장을 제시한다. 과거 미국 금리 상승 시기에 리츠 투자는 시장 수익률을 아웃퍼폼했던 이력이 많지만, 기본적으로 금리 상승은 부동산 가치를 떨어뜨리고 리츠의 차입비용을 늘리는 악재로 작용하며 고물가는 리츠의 배당 가치를 떨어뜨린다. 과거엔 이를 상쇄할 경제 성장세가 수반되어 리츠가 의미 있는 수익을 창출했으나 현재의 고물가, 고금리 상황은 경기 침체를 불러와 부동산 시장에 악재로 작용하고 있기 때문이다. 경제가 성장해야 부동산 수요 증가로 임대료가 상승하고 거래가 활발해지며 이를 통해 리츠 실적 상승에 따른 배당증가율이 상승할 수 있기 때문이다.

14

고금리 대응

기준금리 ●

미국 연준 ●

한국은행 ●

한미 금리차 역전 ●

보험주 ●

1 고인플레이션을 통제하기 위한 수요 억제 방법으로 미국 등 주요국들은 가파른
   금리 인상 정책을 시행 중

2 한미 기준금리 역전 현상의 장기화 및 격차 확대를 방지하기 위한 한국은행의
   추가 금리인상 우려

3 고금리 시대의 뚜렷한 대안인 보험주에 대한 관심 유효

코로나19 펜데믹을 이겨내기 위한 2년간의 과도한 양적완화 정책 그리고 러시아-우크라이나 전쟁으로 인한 글로벌 공급망 충격으로 인해 미국을 포함한 2022년 전 세계 경제는 심각한 인플레이션의 위협에 놓였다. 1970년 오일쇼크 이후 최고 수준을 기록한 미국 소비자물가지수(CPI)는 제롬 파월 연준 의장이 더 이상 시장 친화적 정책을 이어갈 명분을 제공하지 못했다. 결국, 많이 늦었지만 2022년 3월에 기준금리를 0.25% 인상하며 약 2년간 유지했던 제로금리 시대를 종료했다.

하지만 이 정도의 금리 인상으로는 시장에 풀린 막대한 유동성을 회수하지 못했기에 연준은 첫 금리 인상으로부터 약 8개월 만에 기준금리를 4%나 인상하는 매우 공격적인 행보를 보이고 있다. 통화 정책으로는 공급발 충격에 영향을 끼칠 수 없으니 인위적으로 수요를 강하게 억제하기 위한 전략인데, 1970년의 과도한 인플레이션을 공격적 금리 인상으로 대응했던 폴 볼커 전 미국 연준 의장의 전략에서 힌트를 얻은 것이다.

볼커 의장은 높은 인플레이션은 지속적인 경제 성장 및 고용을 해치는 가장 큰 위협이라는 입장이었다. 이에, 그는 1979년 취임한 후 당시 연 10%가 넘었던 기준금리를 6개월 만에 22% 수준까지 끌어올리는 공격적 긴축 정책을 실시했다. 그로 인한 경제 침체로 미국 실업률이 11%까지 상승했음에도 긴축 정책을 고수하여, 1980년 3월 14.8%이었던 소비자물가지수는 3년 후 2.5% 수준까지 떨어지는 데 성공했다. 이 전략이 40년 만에 다시 부활하고 있는 것이다.

폴 볼커 시대의 미국 기준금리 추이

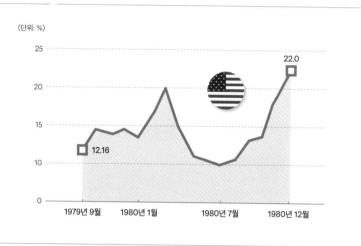

(단위: %)

| 한미 기준금리 역전 현상의 장기화 우려

세계 경제를 선도하는 미국의 가파른 금리인상 행보는 달러 수요를 증가를 야기하며 달러 가치가 폭등하는 주 원인이 되고 있다. 미국보다 더 오랫동안 제로금리를 유지하던 유로존은 확대되는 미국과의 금리 차로 인한 유로화 가치 하락으로 인해 2022년 7월, 단 번에 0.5%를 인상했고 미국보다 앞서 금리를 인상했던 한국은 미국의 빠른 금리인상 속도에 맞춰 따라가지 못하며 2022년 11월 기준으로 기준금리 역전 상황에 놓여있다.

고금리 이슈는 2023년 내내 세계 및 한국 경제에 압박을 가할 전망이다.

2022년 11월 초, FOMC에서 기준금리 3.75%~4.00% 레벨로의 인상을 발표한 후, 연준 내에서 시장 친화적 입장인(비둘기파) 인사들이 인플레이션 압력이 생각보다 훨씬 오래 이어질 수 있음을 우려하며 2023년에 미국 기준금리가 최소 5% 레벨까지 상승한 후 1년 이상 고금리 수준을 이어가야만 인플레이션을 잡을 수 있다는 입장을 보이고 있다. 기준금리에서 인플레이션 금리를 뺀 수치를 실질 금리라고 부르는데, 지금은 인플레이션이 높아 실질 금리가 마이너스이지만 2023년에 전망되는 기준금리 5% 레벨 이하로 인플레이션이 내려가면 실질 금리가 플러스로 전환될 것이다. 이후 실질 금리가 플러스로 꾸준히 유지되는 시그널을 천천히 확인한 후에야 연준은 기준금리를 인하할 전망이다.

부동산의 침체 가속화, 가계 및 기업 부채 이슈로 기준금리 정책 수립에 어려움에 봉착한 한국은행은 이미 0.75% 차이로 벌어진 미국 기준금리가

한국과 미국의 금리 격차(2022년 11월 기준)

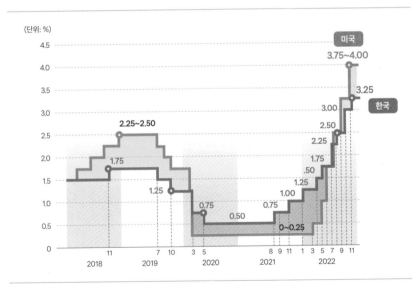

미국 기준금리의 향후 전망

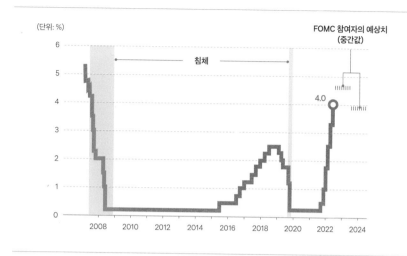

(단위: %)

FOMC 참여자의 예상치
(중간값)

침체

4.0

출처: FED

2023년에 5% 레벨까지 오를 전망이기에 더욱 정책 수립에 압박을 받을 수밖에 없다. 하지만 미국과의 금리 차가 더욱 벌어지면 고환율 이슈가 재차 붉어지기에 결국 미국 금리 정책과 맥을 함께할 것이다. 이에, 한동안 지속할 고금리 시대에 알맞는 투자 전략 수립이 필요하다고 생각한다.

참고로 한국과 미국의 기준금리 역전은 2022년의 케이스를 포함해 총 4번 있었는데, 역전시기에 항상 외인 자금의 대규모 이탈이 있었던 것은 아니다. 현대경제연구원이 조사한 내용에 따르면, 한미 기준금리 확대와 외국인 주식자본유출과의 상관관계는 -0.25로 뚜렷하지 않은 것으로 분석했다. 2018년 1분기~2019년 4분기에 발생했던 기준금리 역전 시기에선 외국인 주식 누적 순매도 규모는 약 5조원으로 과도한 유출은 발생하지 않았으며 동일 기간에 채권 시장에서는 오히려 순매수가 발생했다. 이에, 지나친 보수적 입장으로 과도한 경계는 지양할 필요가 있다. 위기 속에서 기회를 찾아야 한다.

한미 기준금리 역전 사례(2022년 11월 기준)

구분	지속 기간	최대 금리 차	국내 경기순환 국면
1999.6.~2001.2.	21개월	1.5%p(5개월)	경기 확장기
2005.8.~2007.8.	25개월	1.0%p(3개월)	경기 확장기
2018.3.~2020.2.	24개월	0.75%p(11개월)	경기 위축기
2022.7.~	4개월(진행 중)	0.75%p(1개월)	경기 둔화기

주: 국내 경기순환 국면은 통계청 기준   출처: FRED, 한국은행

| 고금리 시대의 투자 전략

기준금리의 지속된 인상으로 인해 주식을 포함한 대다수의 위험 자산에는 불리한 투자 환경이지만 은행 예금, 적금 등 안전자산에는 뭉칫돈이 몰리는 '역 머니 무브' 현상이 발생하고 있다. 이에 대출금리에서 예금금리를 뺀 예대금리차가 확대되면서 은행주의 투자 매력이 높아지는 것 아니냐는 의견들이 제시되고 있다. 다만, 경제가 안정적인 상황에서의 예대금리차 확대라면 은행주에 관심을 가져야 하나, 2023년에는 경기 침체가 깊어질 우려가 있기에 이같은 접근은 신중히 고려할 필요가 있다.

고금리와 과도하게 팽창한 부채는 공존하기 어렵다. 장기간 유지된 저금리로 2021년까지 전례 없는 호황을 누렸던 부동산 시장은 이제 부실 부채의 뇌관으로 작용하고 있다. 금리가 급격히 오르는 시기에는 대출받은 사람의 이자 상환부담이 늘어나는데 특히 변동금리대출 비중이 높은 한국은 금리 인상에 더욱 취약할 수밖에 없기 때문이다. 더불어 전국의 집값이 깊은 조정을 받는 시기이기에 대출의 담보에 해당하는 자산가치 하락에 따른 리스크가 확대되고 있다. 또한 부실, 한계 기업들이 대출을 갚지 못해 파산하거나 건실한 기업임에도 현금 유동성 미스매치로 흑자 도산할 가능성도 높아지고 있다. 이에, 대출금 회수 불확실성을 반영해야 하는 은행주는 보수적 입

국가별 GDP 대비 가계부채 비율

(단위: 2022년 2분기 기준, %)

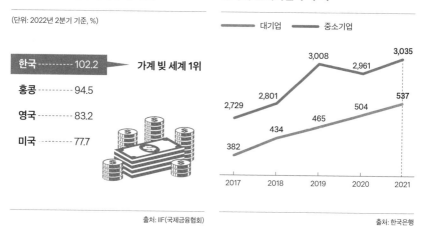

한국 ------ 102.2   ➡ **가계 빚 세계 1위**

홍콩 ------ 94.5

영국 ------ 83.2

미국 ------ 77.7

출처: IIF(국제금융협회)

한국의 한계기업 수 추이

― 대기업   ― 중소기업

	2017	2018	2019	2020	2021
대기업	2,729	2,801	3,008	2,961	3,035
중소기업	382	434	465	504	537

출처: 한국은행

장을 제시한다.

고금리 시대의 뚜렷한 대안, 보험주

금리상승은 기본적으로 보험업종에 유리하다. 보험사의 주요 수입원인 자산운용 부문에서 금리가 인상되면 투자수익률이 올라 수익성이 상승하기 때문이다. 자산운용 수익률이 오르면 과거 높은 기준금리 시기 때 판매한 고금리 저축성 보험 상품에서 발생하는 이자 부담까지 줄일 수 있는 효과도 누릴 수 있다. 예를 들면 과거에 판매한 5%대 상품의 이자를 그간 2%대의 자산운용 수익률로 커버하고 있었는데 기준금리 인상으로 수익률이 4%대로 상승한다면 그만큼 이자에 대한 부담을 줄일 수 있기 때문이다. 그리고 보험사들은 기본적으로 운용하는 자산의 규모가 상당히 크기에 0.1%의 금리 변동에도 수익률 차이가 큰 점도 고려해야 한다(2022년 3분기 기준, 삼성생명 운용자산 약 222조 원, 한화생명 98조 원, 교보생명 86조 원, 삼성화재 69조 원).

금리상승이 보험 산업에 미치는 영향

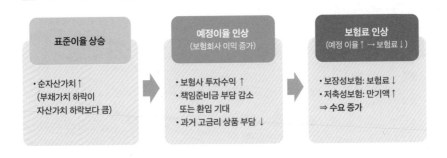

금리상승이 보험산업에 긍정적인 이유

		단기적	장기적
수익성	① 투자수익률	○	
	② 변액보증준비금 부담 감소	○	
	③ 고금리 마진 부담 축소		○
성장성	① 보험료가 싸진다(예정이율)		○
	② 연금보험이 매력적으로 보이기 시작한다(공시이율)		○
자산건전성	연체율 및 해지율 인하 우려는 크지 않음. 금리 상승 속도 및 상승폭에 따라 영향이 달라짐		
자본적정성	IFRS17(International Financial Reporting Standards 17, 국제보험회계기준) 부담 감소에 긍정적		○

보험주 투자에 앞서서 RBC 비율(위험기준자기자본)이 무엇인지 이해할 필요가 있다. 보험사는 가입자에게 매달 보험금을 받아 자체적으로 운용을 하면서 보험금을 지급하는데 보험사 입장에서 가입자들의 사고가 적어지면 지불할 보험금이 낮아지며, 사고가 많아지면 지급할 보험급이 증가(손해율 증가)한다. 보험사 입장에서는 가입자에게 보험금을 내줄 수 있을 만큼의 자기 자본을 확보해야 하는데 이를 위해 금융당국은 보험사에 일정한 RBC 비율을(150%) 요구한다(Risk-Based Capital ratio, 가용자본 / 요구자본). 2023년부터 IFRS17이(국제보험회계기준) 도입되면 부채가 시가 기준으로 변경되기에 현

재의 고금리가 실적에 노출되면서 보험사의 RBC 비율이 최대 50bp가량 떨어질 수 있다는 분석이 나오기에 보험사는 RBC 비율을 더욱 높이기 위한 자본확충 및 비용절감 작업을 해야한다.

이에, RBC 비율이 높은 보험주를 우선 체크하는 것이 중요하다. 2022년 3분기 재무제표 기준으로 손해보험사 빅4인 삼성화재는 295%, DB손해보험 208%, 현대해상 186%, KB손해보험은 181%를 기록하고 있고, 생명보험사 중에서는 신한라이프가 266%, 푸르덴셜생명 250%, 삼성생명 236%, 교보생명 175%, 한화생명 159%, DGB생명 113%, NH농협생명 107%을 기록하고 있다.

2022년 신규 상장주 리스트 및 2023년 실적 전망

※ 2022년 1월~2022년 11월 30일 기간 내 코스피, 코스닥 시장에 신규상장한 종목 리스트
※ SPAC 및 리츠는 리스트에서 다루지 않음
※ 수치가 없는 부분은 전망치 미집계
※ 시가총액, 매출액, 영업이익의 단위는 억 원

회사명	상장일	시가총액	2022년 연간 매출액 (전망)	2022년 연간 영업이익 (전망)	2023년 연간 매출액 성장률(전망)	2023년 연간 영업이익 성장률(전망)	2023년 EPS 성장률 (전망)
LG에너지솔루션	2022.1.27.	1,315,080	252,819	15,135	43%	67%	94%
더블유씨피	2022.9.30.	17,758	2,564	533	25%	24%	-19%
성일하이텍	2022.7.28.	14,489	2,260	433	31%	19%	-8%
HPSP	2022.7.15.	11,870	1,552	856	15%	26%	9%
쏘카	2022.8.22.	5,727					
새빗켐	2022.8.4.	4,607	450	104	64%	68%	48%
대명에너지	2022.5.16.	4,428					
보로노이	2022.6.24.	3,801					
윤성에프앤씨	2022.11.14.	3,750	2,300	380	95%	65%	38%
루닛	2022.7.21.	3,552					
탑머티리얼	2022.10.18.	3,226	760	153			
수산인더스트리	2022.8.1.	3,214	3,391	577	7%	8%	
풍원정밀	2022.2.28.	2,662					
범한퓨얼셀	2022.6.17.	2,414	625	98			
파인엠텍	2022.10.7.	2,339					
유일로보틱스	2022.3.18.	2,317	400	1	37%	5400%	304%
공구우먼	2022.3.23.	2,282					
가온칩스	2022.5.20.	2,033					
비씨엔씨	2022.3.3.	1,948	819	112	36%	66%	58%
오픈엣지테크놀로지	2022.9.26.	1,833	151	-107	105%	흑자 전환	흑자 전환
지투파워	2022.4.1.	1,738					
청담글로벌	2022.6.3.	1,730	2,805	182	38%	87%	68%

스코넥	2022.2.4.	1,718					
에이프릴바이오	2022.7.28.	1,690					
오토앤	2022.1.20.	1,687					
퓨런티어	2022.2.23.	1,581					
바이오에프디엔씨	2022.2.21.	1,530					
뉴로메카	2022.11.4.	1,523					
엔젯	2022.11.18.	1,420	242	83			
샤페론	2022.10.19.	1,365					
케이옥션	2022.1.24.	1,348					
큐알티	2022.11.2.	1,347	722	193			
넥스트칩	2022.7.1.	1,342	320	-191	150%	흑자 전환	흑자 전환
세아메카닉스	2022.3.24.	1,335					
포바이포	2022.4.28.	1,312					
모델솔루션	2022.10.7.	1,279	686	101			
영창케미칼	2022.7.14.	1,264	890	80	39%	152%	187%
티쓰리	2022.11.17.	1,246	712	140	15%	22%	-15%
인벤티지랩	2022.11.22.	1,239					
아셈스	2022.2.7.	1,201	547	92	61%	92%	55%
에스비비테크	2022.10.17.	1,189					
선바이오	2022.10.5.	1,181					
에이치와이티씨	2022.8.9.	1,181	411	83	15%	19%	
아이씨에이치	2022.7.29.	1,178					
코난테크놀로지	2022.7.7.	1,167	244	40	46%	115%	89%
플라즈맵	2022.10.21.	1,153	200	-66	96%	흑자 전환	
대성하이텍	2022.8.22.	1,108					
산돌	2022.10.27.	1,066	219	101			
이지트로닉스	2022.2.4.	1,057					
모아데이타	2022.3.10.	1,020					
알피바이오	2022.9.29.	1,005	1,442	136	26%	28%	16%
위니아에이드	2022.6.23.	982					
티에프이	2022.11.17.	970	750	120	46%	83%	41%
핀텔	2022.10.20.	885					
나래나노텍	2022.2.8.	865					

제이아이테크	2022.11.4.	844	720	157				
스톤브릿지벤처스	2022.2.25.	841						
펨트론	2022.11.24.	810	600	60				
유니드비티플러스	2022.11.28.	787						
노을	2022.3.3.	738						
디티앤씨알오	2022.11.11.	695	460	71				
인카금융서비스	2022.2.16.	690						
저스템	2022.10.28.	616	552	101				
레이저쎌	2022.6.24.	576						
이노룰스	2022.10.7.	573	192	38				
오에스피	2022.10.14.	565	206	36	22%	54%	12%	
브이씨	2022.2.24.	482						
애드바이오텍	2022.1.24.	334						
비플라이소프트	2022.6.20.	285						
유비온	2022.11.18.	284						

2022년 신규상장주 중 2023년 성장세 기대 종목

회사명	시가총액 (억 원)	2023년연간 성장률 전망 (매출액, 영업이익, EPS 순서)	투자 포인트
LG에너지솔루션	1,315,080	43%, 67%, 94%	- LG화학의 전지사업부문이 물적분할되며 설립됨. 전기차, ESS, 2차전지 등 제조 - 글로벌 전기차용 배터리 점유율 2위이자 중국 향(向) 물량을 제외하면 글로벌 1위 점유율 - GM, 스텔란티스와의 조인트벤처 및 공격적인 북미지역 생산시설 확충으로 미국 인플레이션감축법(IRA)의 장기 수혜 전망
새빗켐	4,607	64%, 68%, 48%	- 폐수처리 약품 처리 사업, 폐배터리 리사이클링 사업 및 전구체 복합액 생산 기업 - 동사의 고순도 정제기술을 통해 약 95% 이상의 유가금속 회수율 확보 - 2024년부터 10년간 한국전구체(LG화학, 고려아연 합작법인)에 전구체 복합액 장기 공급 계획으로 매년 1,000억 원 이상의 매출 전망
윤성에프앤씨	3,750	95%, 65%, 38%	- 2차전지 믹싱 시스템 공급 기업 - 세계 최초 4000L급 믹싱 시스템 개발 성공으로 세계 최대 용량의 믹싱 시스템 개발사로 등극 - 전고체전지용 믹싱 시스템 장비 개발 중 - SK온의 헝가리 이반차 배터리 신공장에 믹싱 장비 납품

유일로보틱스	2,317	37%, 5400%, 304%	- 플라스틱 사출 자동화장비 및 산업용 로봇제품(직교, 다관절, 협동 로봇) 제작 - 로봇 제작부터 생산 자동화 솔루션까지 원스톱으로 제공 - 고속 정밀제어를 위한 가감속 제어기술 등 핵심 원천기술 확보 및 1,600개 이상의 고객사에 공정 자동화 설계 및 제품 납품 이력 장점
비씨엔씨	1,948	36%, 66%, 58%	- 반도체 식각 공정에 사용되는 쿼츠, 실리콘, 세라믹 등의 소재 기반 소모성 부품 개발 - 삼성전자, SK하이닉스, 인텔 등 반도체 제조기업 및 유진테크, 세메스 등 반도체 장비기업을 고객사로 확보 - 신사업으로 세라믹 테스트 소켓용 소재, 탄탈 기반의 스퍼터링 타겟 시장 진출 및 2024년 말까지 양산 라인 구축 계획
오픈엣지테크놀로지	1,833	105%, 흑자 전환, 흑자 전환	- 인공지능 반도체 칩 설계자산(IP) 기업 - 신경망처리장치(NPU) 칩 설계에 필요한 핵심 기능 블록을 개발해 팹리스, 디자인하우스, 종합반도체기업에 공급 - 차량용 칩 매출 비중이 절반 수준으로서 미래 모빌리티 시장 확대에 따른 차량 내부 전장부품 시장 성장에 수혜
청담글로벌	1,730	38%, 87%, 68%	- 화장품, 향수 등 뷰티제품 생산 업체와 계약을 맺고, 제품 개발, 유통 및 마케팅 솔루션을 제공 - 중국 징둥닷컴, 티몰 등 중국 이커머스 플랫폼에 1차 벤더로서 상품 유통 - 화장품 분 아니라 건강기능식품 및 영유아 제품 라인업 구축
넥스트칩	1,342	150%, 흑자 전환, 흑자 전환	- 자율주행을 위한 영상인식 반도체 기술 보유 - 2019년, 자동차 블랙박스 제조기업 앤씨앤의 자동차 전장사업부가 분할되어 상장 - 차량용 카메라에 쓰이는 이미지 시그널 프로세서(ISP) 제품이 차량용 카메라 및 고해상도 영상 수요 증가 추세에 수혜받을 전망 - 2024년을 완료를 목표로 차량용 배터리관리칩 개발 중
영창케미칼	1,264	39%, 152%, 187%	- 반도체, 디스플레이, 친환경에너지 산업에 공급하는 화학소재 개발기업 - SK하이닉스 등에 포토레지스트(PR) 독점 공급 - 반도체 노광 EUV 공정용 린스 제품 국산화 성공. 양산 및 글로벌 진출에 집중
아셈스	1,201	61%, 92%, 55%	- 접착제 가공 및 설비 관련 국내외 다수의 특허 보유 기업 - 폐수가 발생하지 않는 신발 접착제가 나이키, 아디다스 신발에 적용되고 있음 - 접착필름을 기반으로 의류, 자동차 등 사업영역 확대 중 - 글로벌 친환경 강화 트렌드로서 동사 제품들의 중장기 수요 지속 확대될 전망
코난테크놀로지	1,167	46%, 115%, 89%	- 자연어 처리 사업을 시작으로 인공지능(AI) 원천기술인 비정형 빅데이터 분석 기술력 보유 - 디지털 전환으로 음성, 영상, 이미지 내 텍스트 등 다양한 형태로 데이터가 축적되고 있는 환경에 중장기 수혜 전망 - 고객사 과반 이상이 공공기관이기에 매출이 특정 시기에 집중되는 문제 해소를 위해 월 구독형 서비스 방식 도입 전략 계획

저자 엄선, 저평가 + 성장성 동시 보유 종목 10선

(단위: 1억 원. 기준: 2022.12.05. 종가)

회사명	시가 총액	주가 낙폭	2023년 매출액 전망 및 전년비 증감율	2023년 영업이익 전망 및 전년비 증감율	2023년 PER 전망	2023년 PBR 전망	2023년 EPS 증가율 (전망)
현대백화점	14,370	-19%	52,950(+15%)	4,665(+25%)	4.8	0.3	20%
SK아이이테크놀로지	46,130	-62%	9,350(+51%)	1,172(흑자 전환)	50.6	2.0	흑자 전환
와이지엔터테인먼트	8,458	-19%	5,069(+21%)	701(+31%)	18.6	1.8	30%
한솔케미칼	23,463	-33%	10,148(+13%)	2,357(+20%)	13.3	2.4	19%
덱스터	3,680	-52%	1,050(+43%)	140(+250%)	34.0	5.1	240%
스튜디오드래곤	22,450	-18%	7,650(+14%)	1,011(+23%)	27.1	2.7	13%
디엔에프	1,720	-35%	1,652(+15%)	241(+24%)	8.0	0.9	39%
인터플렉스	2,530	-36%	5,930(+22%)	429(+30%)	6.4	1.0	31%
에이프로	2,080	-18%	1,597(+61%)	167(+279%)	13.0	2.6	194%
코윈테크	2,593	-15%	2,798(+26%)	301(+86%)	13.0	1.9	124%

※ YoY: Year of Year. 전년 동기 대비 증감율
※ 2023년 PER / PBR 전망의 기준은 2023년 EPS, PBR 전망치와 2022년 12월 5일 각 기업의 종가
※ EPS: Earning Per Share. 주당순이익을 뜻하며, 기업의 자본 규모와 상관없이 1주당 얼마의 이익을 창출했는지를 나타내기에
　 기업의 실질적인 수익성을 가늠해볼 수 있음

선정 종목들의 핵심 투자 포인트

회사명	투자 포인트
현대백화점	- 2023년 내수 소비 불확실성 환경 하에서 명품 소비는 더욱 증가할 전망 - 중국의 제로 코로나 방역 해제 기대감 고조되고 있으며, 중국인 인바운드 활성화 시 실적 상향 전망 - 2023년 3월 1일에 예정된 현대백화점 인적분할 후 적극적인 배당 정책의 기대감 높음
SK아이이테크놀로지	- 배터리 원가의 약 15%~20%를 차지하며 안정성과 성능에 영향 미치는 분리막 생산 - 습식 분리막 글로벌 점유율 약 26%로 최선두권. 고객사는 SK온, LG에너지솔루션 등 - 베트남 전기차 기업 빈패스트와 협력 및 폴란드 투자 등으로 해외 시장 공략
와이지엔터테인먼트	- 빅뱅, 블랙핑크 등 글로벌 팬덤을 갖고 있는 아티스트를 보유한 엔터테인먼트 기업 - 외부에 음악을 맡기는 대신 내부 프 로듀서를 육성함으로써 동사만의 음악적 색채를 유지 - 2022년 4분기부터 블랙핑크의 월드투어 관련 매출이 반영되며 2023년에도 공연 지속 - 트레저, 아이콘, 위너 등의 아티스트의 국내외 콘서트 투어 및 2023년 상반기에 데뷔할 걸그룹 이슈 기대
한솔케미칼	- 반도체 과산화수소, 전구체, 퀀텀닷 소재, 2차전지 바인더 등 제조 - 종합 소재업체로 저변 확대 중이며 자회사 테이팩스가 전자재료용 테이프 제조 - 2차전지 바인더 및 실리콘 음극재 투자로 미래 성장동력 확보
덱스터	- 영화, 방송용 VFX 제공. 영화 〈신과함께〉, 〈백두산〉 등 자체 콘텐츠 제작 - 동사 콘텐츠를 활용한 IP 확대로 콘텐츠 재생산 및 추가 수익 기대 - 메타버스 생태계에서 주목받고 있는 실감형 콘텐츠 분야에서 적극적 행보
스튜디오드래곤	- 드라마 콘텐츠를 기획, 제작하여 미디어 플랫폼에 배급하는 국내 최대규모 회사 - 넷플릭스, 디즈니플러스, 애플TV플러스, 아마존플러스, 쿠팡, 티빙, tvN, OCN 등 상위권 OTT 플랫폼 다수와 협업 - 2022년 말, 〈빅도어 프라이즈〉를 시작으로 해외 현지 제작 본격화 및 글로벌 OTT와의 재협상 통한 수익성 강화될 전망 - 2023년에는 넷플릭스와의 계약이 기존보다 상당히 좋은 조건으로 갱신될 전망
디엔에프	- 반도체 전공정 핵심 재료인 전구체(Precursor) 생산 - 반도체 미세공정 심화로 멀티 패터닝용 희생막 재료 DPT 및 High-K 전구체 수요 증가에 적극 수혜 - 건식 PR 및 OLED 전구체 분야로 새롭게 진출하여 매출 확대 계획
인터플렉스	- 스마트폰 등 IT 기기에 적용되는 연성인쇄회로기판(FPCB) 제조 - 전 세계적으로 점차 점유율을 높여가고 있는 삼성전자 폴더블폰의 2023년 라인업 출시, 판매에 수혜
에이프로	- 배터리 활성화공정 장비인 일반, 고온 가압 충방기 생산 - 미국 IRA 법안에 따른 LG에너지솔루션의 공격적인 미국 시설투자에 동반 수혜받는 구조 - 글로벌 친환경 트렌드 및 자원 위기로 인해 발전 중인 폐배터리 사업에도 진단설비 사업으로 진출
코윈테크	- 배터리 전, 후공정 자동화 시스템 판매 - LG에너지솔루션, 삼성SDI의 미국, 유럽 시설투자 트렌드에 동반 수혜 - 그간 2차전지 제조 기업 수주에서 더 나아가 2차전지 소재 기업에도 자동화 시스템 공급

2023 미래지도
고물가, 고금리, 고환율을 이겨내는 전방위 투자 전망

초판 1쇄 발행 2022년 12월 22일
초판 2쇄 발행 2023년 9월 1일

지은이   이상우
발행인   장지웅
출판총괄   선우지운
리서치   조성일
편집   이승희
교정교열   이정은
디자인   디스커버, 박은진

펴낸곳   여의도책방
인쇄   (주)예인미술
출판등록   2018년 10월 23일(제2018-000139호)
주소   서울특별시 영등포구 국제금융로 6길 33, 11층 1108호
전화   02-6952-2431
팩스   02-6952-4213
이메일   esangbook@lsinvest.co.kr

ISBN 979-11-91904-24-6 (03320)